瑶学丛书

教育部哲学社会科学研究后期资助项目（批准号：17JHQ045）

瑶族石刻辑校

石天飞　辑校

民族出版社

抢救瑶族文化遗产
弘扬优秀的民族传统文化

——《瑶学丛书》总序

在《瑶族通史》即将出版的同时，经广西壮族自治区人民政府主席陆兵同志批准，由广西民族大学组织编写的《瑶学丛书》正式与读者见面了。《瑶族通史》和《瑶学丛书》的编纂出版，是瑶族历史文化研究的又一新成果，是海内外瑶族同胞的一件大喜事，是实践"三个代表"重要思想的重要举措，也为社会主义精神文明建设增添了光彩，具有重要的现实意义和历史意义。

瑶族是一个历史悠久的民族。在漫长的历史发展过程中，瑶族人民与兄弟民族共同缔造了伟大的祖国，还用自己的勤劳和智慧，创造了丰富多彩的民族文化，为人类文化宝库增添了珍贵的遗产。从1998年以来，我们酝酿并着手编写《瑶族通史》，就是为了抢救瑶族的优秀文化遗产，使其得以发扬光大。经过七年多的努力，通史初稿终于编写完成，并将交付出版社印刷出版，这是瑶族研究具有划时代意义的成果。那么，《瑶族通史》将出版了，怎么还要编纂出版《瑶学丛书》呢？应该说，编纂出版《瑶学丛书》，早在编写《瑶族通史》的时候就提出来了，只因当时考虑资金、人力等方面的原因，此事就搁下了。我经过这些年参与编写《瑶族通史》，深切地感到，瑶族的历史文化是瑶族人的根，是这个民族的魂。在编写通史的基础上，进一步对瑶族的传统文化进行实事求是的挖掘、总结、梳理和升华，从中发掘瑶族文化的内在规律，建立瑶学的理论体系，是及时的，也是非常必要的。因此，编写丛书绝不是凭主观愿望或一时感情的冲动，而是综合考虑了方方面面的情况，根据瑶族研究的状况以及需要和可能而提出来的。

编写《瑶学丛书》是国内外瑶族同胞，特别是从事瑶学研究的专家、学者的迫切愿望和要求。瑶族历史悠久，文化独特丰富，一向为国内外专家、学者所关注。在编写通史的时候，曾花了很大的力气搜集、整理瑶族历史文化资料，进一步弄清了瑶族的族源、瑶族的形成和发展等历史问题，为编写好通史提供了翔实的资料和科学依据。但是，瑶族丰富多彩的民族文化，在通史中只能从整体上进行叙述，通史的基本特点就是强调贯通古今，突出一个"通"字，能"通"方方面面。而瑶族支系复杂，各支系的独特传统文化受《瑶族通史》篇幅的限制，难以全面、系统地编写进去。因此，要全面、系统地总结、整理好瑶族各支系的历史文化以及历史上的有关重大历史事件的资料，并编纂出版，留给后人，就要通过编写《瑶学丛书》来完成。编纂出版《瑶学丛书》，主要考虑在编写《瑶族通史》的基础上，对瑶学研究的基础资料进一步全面、系统、科学地进行搜集、整理，对各个学术专题开展研究，重点是对各支系历史文化进行全方位、多角度、多层次的研究，使瑶学研究系统化和科学化，初步建立完整的瑶学科学体系。同时，我们还考虑到，20世纪五六十年代培养的在学术上有造诣和较大影响的专家、学者年事已高，瑶学研究有待培养后继人才。因此，通过编写丛书，无论是对抢救瑶族珍贵的文化遗产，还是培养瑶学研究人才，都有着极其重要的意义。

　　编写好《瑶学丛书》是继承、弘扬瑶族优秀传统文化和激励瑶族后人的需要。瑶族人口多，分布广。据2000年人口普查统计，瑶族人口达320多万人，其中中国瑶族人口263万余人，分布在我国南方的广西、湖南、广东、云南、贵州和江西6个省区的134个县（市）内，居住非常分散。那么，瑶族为什么形成这样的分散格局呢？我认为，原因是多方面的，但主要是由瑶族在漫长的历史发展过程中所处的地位决定的。据有关资料记载，从先秦开始，瑶族先民就遭受历代反动统治阶级的残酷压迫和歧视，走上了不断迁徙的坎坷道路，受尽了人间苦难，被迫进入高山密林，过着刀耕火种的游耕生活，直到中华人民共和国成立以后才定居下来。但瑶族是一个具有坚韧不拔精神的民族，在不断迁徙的过程中，战天斗地，顽强地生存下来，不仅保持了民族的特点和活力，发展了自己，还创造了独特的多姿多彩的文化。因此，全面、深入、系统地挖掘、整理和研究瑶族的历史文化遗产，对总结、弘扬瑶族优秀的传统文化具有十分重要的意义。

　　编写好《瑶学丛书》是促进瑶族地区实行对外开放、与国外瑶胞开展文化交流的需要。瑶族是一个国际性的民族，居住在国外的瑶族有60多万人，分布在亚洲、欧洲和美洲的8个国家和地区，其中居住在越南、美国和泰国等地的人口较多。据有关调查资料反映，这些瑶族都是明、清以后陆续从中国迁徙出去的，他们在血缘、文化和思想感情上与国内各瑶族支系之间都有着千丝万缕的联系。这些居住在国外的瑶胞也非常关心国内的改革开放和现代化建设，常回国寻根问祖、旅游参观，频繁进行双边和多边的互访活动。因此，在编写好《瑶族通史》的同时，编好《瑶学丛书》，让海外瑶胞了解本民族的过去和现在，这对促进国内外瑶族之间的经济文化交流与合作具有重要的意义。

编写好《瑶学丛书》是促进瑶族地区社会经济发展的要求。中华人民共和国成立以来，特别是改革开放以来，瑶族地区各族人民团结奋斗，共谋发展，社会经济发生了深刻的变化，取得了长足的进步。但是，由于历史、自然等方面的原因，加上"文化大革命"期间工作上的失误，瑶族地区社会经济发展比较缓慢，现代文化教育相对落后，生产力水平比较低。与发达地区相比，差距不是在缩小，而是在拉大。现在党中央正在实施"西部大开发"战略，这对瑶族地区是个难得的机遇和挑战。组织专家、学者认真总结中华人民共和国成立以来，特别是改革开放以来瑶族地区社会经济发展的经验教训，并将研究成果纳入《瑶学丛书》的出版计划，对指导瑶族地区全面建设小康社会，使瑶族人民尽快走上富裕之路有着极为重要的意义。

编纂出版《瑶学丛书》是贯彻落实《中华人民共和国民族区域自治法》的一项重要内容。新修改的《中华人民共和国民族区域自治法》明确规定：民族自治地方的自治机关应"组织、支持有关单位和部门搜集、整理、翻译和出版文化书籍……继承和发展优秀的民族文化"。因此，有组织、有领导地编写《瑶学丛书》，抢救瑶族文化遗产，是落实《中华人民共和国民族区域自治法》的重要举措。

编纂出版《瑶学丛书》是为瑶族人民办的一件好事、实事，是一件功在当代、利在千秋的事业。但是，《瑶学丛书》是一项涉及瑶族历史文化的系统工程。因瑶族是一个古老的民族，历史悠久，居住分散，资料欠缺，要实现编写丛书的目标，难度是很大的。因此，参与《瑶学丛书》撰稿的专家、学者，必须根据《瑶族通史》提出的基本观点，继续深入调查研究，弄清基本史实。正确运用民族学、人类学等学科的理论方法，把握好瑶族同胞的历史脉搏、现实状况和未来发展。要以扎实的作风、谦虚谨慎的态度，把丛书编写好，让各方面都能接受，都满意。

本丛书是广西壮族自治区人民政府拨出专项资金安排的课题，得到了自治区财政厅、教育厅和民族事务委员会的重视和支持，瑶学专家、学者不仅有瑶族，还有汉族和壮族等其他民族，大家都踊跃撰稿，体现了民族团结合作的精神。民族出版社在编辑出版方面做了大量卓有成效的工作，谨此一并表示感谢！

2005年12月19日写于南宁

2009 年 9 月 19 日于南宁修改

（作者系广西壮族自治区人民政府原副主席）

瑶族石刻辑校

前　言

　　石刻是民族历史文化的承载，由于其自身的刊刻情形、载体特点等原因，石刻有时比其他文献更为可靠。宋代赵明诚就认为："盖窃尝以谓《诗》《书》以后，君臣行事之迹，悉载于史，虽是非褒贬出于秉笔者私意，或失其实，然至其善恶大节，有不可诬，而又传诸既久，理当依据。若夫岁月、地理、官爵、世次，以金石刻考之，其抵牾者十常三四。盖史牒出于后人之手，不能无失；而刻词当时所立，可信不疑。"[①] 瑶族是我国人口较多的少数民族，主要聚居在我国广西都安、富川、巴马、金秀、防城、龙胜、南丹、全州、灌阳、贺州、荔浦、恭城、田林、凌云，湖南江华、宁远、蓝山、新宁、隆回，广东连山、连南、乳源以及贵州、云南、江西等省区共 100 多个县（市）里，居住分散，呈现大分散、小聚居的特点。在瑶族发展历史上，留下了与瑶族历史、文化和社会生活息息相关的丰富石刻。当前，瑶族石刻收集整理与研究取得了一些重要成果，主要有：黄钰辑点的《瑶族石刻录》[②]，收录瑶族石刻 256 篇；郑慧、蓝巧燕、陈妹著《瑶族石刻研究》[③]，列表显示其研究所考察的瑶族石刻范围，含广西 201 方、广东 61 方、湖南 26 方、云南 1 方、贵州 5 方、江西 4 方、福建 2 方，共计 300 方。但《瑶族石刻录》除去重收篇目，为数过少，遗漏过多，显然对于一地一时之瑶族石刻面貌，难以全面反映；《瑶族石刻研究》也仅对所见瑶族石刻的内容进行了分类叙述，研究尚欠深入。二书均未对何为"瑶族石刻"进行说明或定义，对于瑶族石刻蕴含的珍贵史料价值及其在文学艺术方面的特色等，也未作专门分析。笔者认为，瑶族石刻"应包括瑶族地区（含各瑶族县、瑶族乡、瑶族聚居地）石刻、虽不在瑶族地区但与瑶族密切相关之石刻"[④]。《瑶族石刻辑校》通过实地寻访、文献考索等途径，搜集瑶族石刻和石刻文献，对石刻文本进行辨识、录入、

---

　　① （宋）赵明诚：《金石录》（序），济南，齐鲁书社，2009。
　　② 黄钰辑点：《瑶族石刻录》（凡例），昆明，云南民族出版社，1993。
　　③ 郑慧、蓝巧燕、陈妹著：《瑶族石刻研究》，3 页，北京，民族出版社，2015。
　　④ 石天飞：《瑶族石刻唐诗之路考论》，载《西泠艺丛》，2020（6）。

标点、校勘以及必要的说明，其中既有瑶族石刻资料的发现和新收，又力争对前人整理中产生的文本错误，如断句错误、文字误录、文字未释出等有所辨析、纠正和补充，是一次大规模的瑶族石刻整理研究。

一、瑶族石刻及其整理研究

（一）瑶族石刻的界定

长期以来，学界对"瑶族石刻"的范围定义过窄，只关注内容上与瑶族密切相关的石刻，对于地处瑶区但看似与瑶族关系不大的石刻，以及瑶族地区之外与瑶族关系密切的石刻，则关注较少。为更全面、更准确反映瑶族石刻的状况，我们认为，瑶族石刻应包括瑶族地区（含各瑶族县、瑶族乡、瑶族聚居地）石刻、虽不在瑶族地区但与瑶族密切相关之石刻。

1.《瑶族石刻录》收录过窄过少

黄钰辑点《瑶族石刻录》，收录瑶族石刻256篇，在凡例中说明"在编排上，采取将内容或类型大致相同的资料，以年代为序编排在一起的办法"[①]。除去重收篇目，其数更少。因收录篇目较少，遗漏过多，显然对于一地一时之瑶族石刻面貌，难以全面反映。其收录过窄，表现为：一是少收。作者仅收录与瑶族密切相关的石刻，如"平瑶"、瑶族村规民约、金秀瑶族石牌、瑶族历史人物、瑶族墓碑，以及瑶族地区建筑、道路、祠庙、界址碑记等。

二是漏收。因成书时间较早，都安、大化、平果、龙胜、恭城、全州等地，大量瑶族石刻未收。据笔者田野访碑所见以及各地方旧志显示，全州县各瑶族乡村寨、富川县等，仍有大量石刻未被关注、收录。

三是不收。全书对瑶族地区汉族作者所留、与瑶族似乎关系不大的石刻，未予收录。如湖南江华阳华岩寒亭暖谷石刻、广东英德南山石刻等，未予收录。龙胜各族自治县石刻，多与瑶族相关，该书也未收录。

2.《瑶族石刻研究》考察范围过窄

郑慧、蓝巧燕、陈妹著《瑶族石刻研究》，列表显示其"研究"所考察的瑶族石刻范围，含广西201通、广东61通、湖南26通、云南1通、贵州5通、江西4通、福建2通，共计300通。[②] 其中主要根据《瑶族石刻录》《广西少数民族石刻碑文集》进行考察，在文献收集和田野考察上用力稍欠。在时间上，认为乳源县五代大宝元年（958）《大汉韶州云门山光泰禅院故匡真大师实性碑铭》为最早的瑶族石刻。[③] 而实际上，唐代中原与岭南交流已渐频

① 黄钰辑点：《瑶族石刻录》，昆明，云南民族出版社，1993。
② 郑慧、蓝巧燕、陈妹著：《瑶族石刻研究》，5页，北京，民族出版社，2015。
③ 郑慧、蓝巧燕、陈妹著：《瑶族石刻研究》，2页，北京，民族出版社，2015。

繁，有不少官员、文人来到瑶族地区，他们留下的石刻对瑶族文化产生了重要影响。因此最早的瑶族石刻，绝不会在南汉，而至少可推至中唐时期。

3. 瑶族地区非瑶族人及其石刻亦属瑶族石刻

凡瑶族地区石刻，均可归为瑶族石刻。所谓瑶族地区，含瑶族自治县、瑶族乡，以及有一定数量瑶族人口的少数民族杂居区。当前我国瑶族自治县，有广西富川、恭城、金秀、巴马、大化、都安6个瑶族自治县，有广东连南、乳源2个瑶族自治县，有广东连山壮族瑶族自治县，有云南河口瑶族自治县、金平苗族瑶族傣族自治县，有湖南江华瑶族自治县等。瑶族地区石刻，不论石刻内容、作者族属，因地处瑶族地区，在瑶族地区产生影响，均可归为瑶族石刻。

非瑶族人及其石刻在瑶族地区也产生较大的影响，如湖南江华瑶族自治县，广东英德南山一带是瑶族聚居区，而江华阳华岩寒亭暖谷石刻、广东英德南山石刻，虽然其作者多不是瑶族人，而是到此地为官或贬谪至此的汉人如元结、元杰、瞿令问、杜汪、李蕃等，其内容也不直接与瑶族相关，但对瑶族地区的文化客观上产生重要影响，因而也是重要的瑶族石刻。

唐代著名诗人、新乐府运动的先驱元结，代宗时任道州刺史。《新唐书·元结传》载：

> 初，西原蛮掠居人数万去，遗户才四千，诸使调发符牒二百函。结以人困甚，不忍加赋，即上言："臣州为贼焚破，粮储、屋宅、男女、牛马几尽。今百姓十不一在，鳏孀骚离，未有所安。岭南诸州，寇盗不尽，得守捉候望四十余屯，一有不靖，湖南且乱。请免百姓所负租税及租庸使和市杂物十三万缗。"帝许之。明年，租庸使索上供十万缗，结又奏："岁正租庸外，所率宜以时增减。"诏可。结为民营舍给田，免徭役，流亡归者万余。

《方舆胜览》卷二十四"道州·名宦"载：

> 《容斋三笔》云："元结为刺史，作《舂陵行》，又作《贼退示官吏》一篇。杜甫览结二诗，亦志之曰：'今盗贼未息，知民疾苦，得结辈十数公，落落然参错天下为邦伯，万物吐气，天下少安，可待矣'。"

可见元结在道州任上，关心百姓疾苦，为百姓代言，向朝廷进谏，免除百姓诸多税赋徭役，安定一方，为地方社会安定、民众安心、经济文化发展，做出了努力和贡献，"流亡归者万余"，深得民心，影响颇大。元结开创阳华岩石刻，写下一系列诗文，既是对瑶族风景的抒写，在瑶族地区传播文学、书法艺术，也为今日瑶族的文化旅游，创造了客观的历史条件。元结及其诗文、石刻，已与瑶族地区的历史文化相融合，密不可分。

除元结外，瞿令问、蒋祺、李长庚、杜汪父子等江华阳华岩寒亭暖谷石刻的参与者，他们并不是江华人，也不是瑶族人，但他们在江华任职，或路过江华，或到过景点游览，他们的活动和石刻，在瑶族地区形成影响，不可忽略。

民国柯昌泗《语石异同评》论湖南石刻，涉阳华岩寒亭暖谷者，曰："北宋迁谪名流，大半途出湖南……登览留题，情事与东都诸刻不尽同，各见风趣。"江华是早在秦代已初具雏形的潇贺古道之必经，由此到达富川、贺州而至广州，与海上丝绸之路相接。周去非《岭外代答》卷一《地理门》即记：入岭南之途有五，"自道（道州）入广西之贺（临贺）四也"。有学者认为："永州宋刻的内容，主要是文官仕宦、贬谪的题记，其中诗文有较大比例，这与国内其他地方石刻以佛教或墓志为主的情况不同，具有更大的文学史意义。实际上，永州唐宋摩崖石刻因其总量之多、分布之广，年代之连续不绝，已经构成'石头上的文学史'的一种完整系统，在我国文学史、文化史上形成了一个颇有兴味的案例。"[①] 虽然这些石刻的内容，与瑶族民众社会历史、生活规范、风俗习惯等并没有直接联系，但因为地处瑶族地区，这些石刻在当时及之后的历史长河中，已融入瑶族风景、历史、文化、文学，时至今日，更成为瑶族地区的重要旅游资源，深刻影响着瑶族群众的思想、文化和生活。

4. 非瑶族地区但与瑶族密切相关之石刻，应纳入瑶族石刻范畴

广西桂林城区、南宁城区、柳州城区等，虽非瑶族地区，但因其地理位置和政治、文化地位的原因，历代常有官员在此停驻、任职，因而所存石刻时有涉及瑶族者，亦是重要的瑶族石刻。如南宁西乡塘区金陵镇石鉴墓元代碑，因北宋邕州知州、广西经略使石鉴在侬智高反宋事件中深入三十六洞劝谕诸洞酋长的史实，实际与瑶族、壮族等少数民族历史相关，因此也可归入瑶族石刻。韩云卿《平蛮颂并序》，孔延之《瘗宜贼首级记》，余靖在桂林所刊《大宋平蛮碑》，孙沔、朱寿隆等四人龙隐岩题记等，都与瑶族历史相关，因此也应当纳入瑶族石刻。

（二）瑶族石刻整理的成就和不足

长期以来，瑶族石刻更多被作为全国石刻或各地方石刻、少数民族地区石刻的一部分进行整理。古代的如陆增祥《八琼室金石补正》、谢启昆《粤西

---

① 李花蕾、张京华著：《湖南地方文献与摩崖石刻研究》，213 页，上海，华东师范大学出版社，2011。

金石略》、汪森《粤西文载》,各地方旧志中,也往往有"艺文""碑刻"栏目,收录部分石刻,现代的如《石刻史料新编》(台湾新文丰出版公司,1982)、《中国西南地区历代石刻汇编》(天津古籍出版社,1998)、《湖湘碑刻》(湖南美术出版社,2009),以及杜海军《桂林石刻总集辑校》(中华书局,2013)、《广西石刻总集辑校》(社会科学文献出版社,2014),李楚荣主编《宜州碑刻集》(广西美术出版社,2000),都著录了部分瑶族石刻。广西民族研究所编《广西少数民族地区石刻碑文集》(广西人民出版社,1982)、广西壮族自治区编辑组的《广西少数民族地区碑文契约资料集》(广西民族出版社,1987),也著录了部分瑶族石刻,但更注重收入一些有关社会规范、瑶族历史的内容,遗漏较多,文字错误也较多。莫金山的《瑶族石牌制》(广西民族出版社,2000),专门收录和研究金秀瑶族石牌。综观这些文献中著录的瑶族石刻,一是过于分散,并不是专门著录瑶族石刻;二是并不全面,遗漏较多,不能从整体上呈现瑶族石刻的基本状况。

首次从全瑶族的范围进行石刻整理的,是黄钰辑点的《瑶族石刻录》。如前所述,《瑶族石刻录》凡例云"汇录了瑶族地区的各种石刻铭文资料256篇"[①],并对石刻文本进行了标点、补漏,以内容、年代为序进行编排。因为是第一部专门著录瑶族石刻的著作,其首倡之功是肯定的,保存了部分石刻文字和线索,为进一部收集整理创造了条件。黄慧等的《瑶族石刻研究》,对瑶族石刻基本内容作了介绍,但其基本的石刻文字资料来源是《瑶族石刻录》《广西少数民族地区石刻碑文集》《乳源文物志》等,没有增加多少石刻篇目,也没有在田野访碑、文字校勘方面做太多工作。总体来看,当前的瑶族石刻整理研究取得一些成果,但也存在一些弊病,产生不少错误。

首先是文献采集途径的原因,难以保证文献的真实、准确。

对于石刻文献文本的获取和录入,其原则是首先要实地访求,得到拓片或照片,占有第一手资料。古人访求碑刻,大多实地访求,进行拓片,据拓片以录文,这在今日仍是实用的。当然在拓片时间、条件不足时,现代还有照相、摄影、录音等作为辅助,也是很好的方法。北宋金石学家赵明诚与其妻李清照,就常到处访求拓片,并加校勘,这被记载于《金石录后序》中,形成一段佳话。清代孙星衍、邢澍编的《寰宇访碑录》,也多依赖前人拓片。曾国荃编修《湖南通志》,所录石刻文字准确率高,当是依靠团体、多人之力完成,当有访碑、拓片的过程,也较为可靠。今人朱亮主编的《洛阳出土北魏墓志选编》、毛远明《汉魏六朝碑刻校注》、曹春生主编《连州石刻史话》,主要也是访碑、拓片和拍照,后据以录文。如果由于条件所限未能访碑,仅

---

① 黄钰辑点:《瑶族石刻录》(凡例),昆明,云南民族出版社,1993。

仅依据拓片或照片，也存在不足。由于自然或人为的原因，之前的或别人的石刻拓片、照片，并不一定能真实准确反映石刻的现存位置和状况。实地访碑，还有可能发现之前文献未载之"新"石刻，因而是石刻文献采集的首选办法。

《瑶族石刻录》获取、著录石刻文本的办法，据该书凡例，有"搜集""采集""采录""某某供稿""某某采录供稿""某某按碑记原文抄录供稿""按照某某抄件校正""再次与某某手抄本校核补正"等。这些方法，与实地访求还是有一定的距离，与拓片也存在差距。因为所谓"采集""供稿"，并不一定是拓片。"抄录""手抄"的过程，意味着可能存在人为的疏漏。有时因"采集""抄录"者文化水平、专业眼光所限，并不一定能做到准确无误，或时有臆断之处。

如金秀县《州正堂龙示禁》碑，《瑶族石刻录》录成《禁示龙堂》，很可能就是首次抄录时，抄录者水平有限，不知古文编排习惯，不理解碑额意思，不广查方志等文献，不深究"龙"字之意（"龙"为官员姓氏），造成错误。此后在互相传抄流传过程中，一直延续这个错误，并且"州正"二字缺失。

第二是断句有欠准确。

一般情况下，石刻文字是不断句、无标点的。进行石刻文献整理，为了方便理解、阅读和应用，就需要断句标点。《瑶族石刻录》在"凡例"中也说："本书所收录石刻铭文资料，绝大部分未加标点断句，错漏也不少。现全部进行标点、补漏。"然而因为种种原因，《瑶族石刻录》的标点，多有不合理甚至完全错误之处。这样的标点不合理或错误，轻者给阅读造成障碍，严重者则会影响文意，甚至是颠倒文意。

如"各宜凛遵，毋违特示"，应作"各宜凛遵毋违。特示。"（《九疑舜殿碑文》）如广东英德南山颜得遇《招抚峒猺歌》中，《瑶族石刻录》将"纠曹达峰颜得遇书勒南山"断作"纠曹达峰、颜得遇书勒南山"。《宋诗纪事补遗》载颜得遇"字达峰，淳祐中英州推官"。再如恭城《平黄天贵记功碑》："奉旨征讨毛塘、石四□诸逆"句，而后说明此碑摩崖在恭城县三江乡黄坪村毛塘寨旁之溪流崖壁，显然断句者将地名"毛塘"视作人名，因而致误。《乡党禁约碑》原断句："奸逐趣起，狼心事始。则需索酒食，继则吓诈钱财。"因不熟悉古文句式"始则……，继则……"而致误。

断句问题，除影响句意外，还对文章的语言之美产生重要影响。如《潘内寨团律乡约碑》，前序部分句式整齐，几乎全用对仗，而因断句错误，句式的整齐、语言的韵律之美，荡然无存。其中"回溯当年安分者，方既见止；沿求此日越礼者，实繁有徒……将见父戒子而兄戒弟，共勉良善；士则读而农则耕，各安生业"，《瑶族石刻录》原断作"回溯当年，安份者，遂见止治求此日。越礼者，实繁有徒……将见父戒子而兄戒弟，共勉良善。士则读，而农则耕，各安生业"，不仅文字有误，而且断句也有误，未注意行文节奏，使读者读之而不明其意。

第三是不重校勘。

文献整理的目的和作用，就是要保存、反映文献原貌，所谓"以贾还贾"，同时发现或纠正其中存在的讹误，为文献的传播和利用服务。如果校勘不精，就会以讹传讹，造成不良影响。如《瑶族石刻录》所收《龙船山纪功碑》与《讨瑶纪功碑》，两碑文字完全相同，且在同一地点，是同一块碑，而编者未察，因而造成重出。类似的例子还有一些，不赘举。校勘不精还表现为文字不加考究而致误。如"以杜奸究"（《九疑舜殿碑文》），"究"应作"尻"。"奸尻"本是常见之词，该书却误作"究"，殊为可憾。《开辟府江险滩碑文》，将作者翁汝进误为"翁汝达"。此外，编者凭主观臆断，将采集稿中的疑误字，直接在其后用括号标明，未能以原碑或拓片为据，亦未给出校改理由，虽然简便，却颇显草率。

第四是格式不够规范。

一是对原碑的格式进行随意改动，造成错误。如韩云卿大历十二年《平蛮颂并序》，《瑶族石刻录》将碑文开头之撰者、书者、篆额者等内容，置于文末，同时又遗漏了碑文刊刻时间，以及正文中重要的"铭"。二是整理的格式不统一或不准确。如碑之落款，有的与正文隔一行（如兴安华江《团规碑记》），有的未隔（如恭城西岭《棉花地雷王庙碑记》）。三是格式的不合理。如墓碑文，正文是"某某之墓"，在墓碑中居中，左右两侧则是序文。在录入时，依原碑从左至右录入，造成阅读之极大不便，等等。

（三）瑶族石刻文献整理的意义和方法

瑶族石刻文献整理，对于搜集、保护瑶族石刻，降低其佚失、损毁的风险，起到重要的作用。瑶族石刻与一般石刻一样，刻于石上，历经自然风雨或人为接触甚至破坏，或多或少受到蚀损。已发现且可移动之碑刻，可移至室内加以保护。未发现之碑刻，也许仍在经受风雨，或被人移作他用。而摩崖石刻无法移动，不论其地处名胜区或是荒山野岭，也不论其是在洞内还是洞外，都会不同程度受到来自自然的侵蚀或人类的影响。因此，及时搜寻这些散处各地的石刻，进行拍照、拓片和整理校勘，将是保存、记录石刻文献及其所在环境的重要途径。

瑶族石刻文献整理，对于研究瑶族历史文化，促进民族团结，具有重要意义。瑶族是我国人口较多的少数民族，其族源及播迁情况，文化教育、宗教信仰、社会规范、经济生活等，都在石刻中有着真实的记录。搜集整理瑶族石刻，既是保护石刻文献，也可以为进一步研究瑶族历史文化创造条件，让人们更好认识瑶族，也让瑶族更好地融入中华民族大家庭，促进民族的相互了解、团结发展。

本书对瑶族石刻文献进行访求、辑录、整理，主要采取实地访碑、文献考索、标点校勘、综合研究等方法。为准确坐实碑刻地点、环境、现状和碑上文字，尽可能实地访碑，看到实物，并进行相关调查访问，避免沿袭前人所录石刻文本的错误，确定石刻之存佚、位置、现状和具体内容的可靠性。通过实地访碑，配以拓片或照片，最大限度反映碑刻的状况或环境。文献考索，即考索石刻文献的不同版本，作为文本校勘的依据。无原石、拓片可据之石刻，通过标点、校勘，力求文字准确、断句合理，订正此前成果的错误，便于阅读和理解。

二、瑶族石刻的分期和分布

瑶族石刻的起源，大约有两种情况。一是唐时官员文人贬者在瑶族地区的题刻，如湖南江华县元结的《阳华岩铭有序》等题刻、连州刘禹锡的《连州刺史厅壁记》等；二是唐时对瑶族地区的"平乱""平蛮"，产生了不少纪功、纪事类相关石刻，如唐久视元年（700）广西融水有《平蛮碑》。从瑶族石刻的产生、发展过程看，大略可作如下分期。

（一）唐五代是瑶族石刻的开创期

唐宋时期，西南、岭南一带是少数民族聚居之地，瑶族自然也在其中。地理上，这里多是山地，山高路险，河流交错，地形复杂，而又远离朝堂。这带来的结果，一方面是中原文化的影响较少，较为闭塞落后；一方面是朝廷难以对这些地区进行有效管治，因而时有战事。较早的瑶族石刻，就与"平蛮"有关。唐久视元年（700），广西融水有《平蛮碑》，惜今已无存。

朝廷对边远民族地区的治理和文化的传播，较早受到影响的，是湖南江华瑶族。江华瑶族自治县阳华岩、寒亭石刻，为元结所创始。唐代宗广德元年（763），元结任道州刺史，次年五月，诗人来到任所。永泰二年（766），道州刺史元结巡属县至江华游回山遇阳华岩，兴之所至，挥毫题写了《阳华岩铭有序》，并由时任江华县令的书法家瞿令问仿魏三体"石经"，以篆、籀、隶三体刻于岩中石壁，今仍保存完好。石刻所在免遭风雨烈日侵蚀，又有岩底流水滋养，游人不借助其他工具亦难触碰，不容易遭到损坏。《阳华岩铭有序》前7行序文为隶体，后35行铭文仿魏三体石经体例，每字先古文，次小篆，再次隶书，笔画深稳有力。石刻长约290厘米，宽73厘米，是阳华岩石刻中最大的碑刻，这一摩崖石刻名显、文美、字特，被后人称"三绝碑"，为国内所罕见。

永泰间，元结还在江华蒋家山寒亭留下了《寒亭记》一文，瞿令问书。蒋家山原为江华县城治所，风景幽美，为文人墨客游乐赏玩之佳处，因而石刻众多。阳华岩与蒋家山同在江华，相距不过约十里；由于元结的开创，阳华岩、寒亭成为游览胜地，很多官员、文人揽胜之余，吟诗作文题名留念。阳华岩、蒋家山寒亭，以及宋代开发的蒋家山暖谷，成为江华瑶族自治县石刻集中之地。从时间上看，阳华岩、寒亭石刻可谓瑶族石刻的开端。因其为元结所创，带有明显的汉族文化气息，是汉瑶文化在时空的融合和见证。

唐代瑶族石刻，还有如桂林镇南峰（铁封山）摩崖韩云卿《平蛮颂并序》，刊于唐大历十二年（777）。此碑记载大历十一年（776），潘长安起事，称"南安王"，昌巎持节平定，斩首二万余，俘虏二十余万。四言颂文一篇，前有序，述其缘起。此处所平之"蛮"，泛指岭南之民，自然也包括瑶族在内。唐书大家李阳冰篆额，正文隶字为唐代隶书四大家之一韩择木的长子、并有书名的韩秀实所书。

唐代瑶族石刻虽然数量有限，但质量较高，与著名文人、书家、将领相关，与重大历史事件相关，具有较高意义和价值。从地域来看，唐代的瑶族石刻，集中在湖南、广西、广东三省区。现存的湖南元结石刻至广西韩云卿《平蛮颂并序》，两者相差正好十年。从湖南而至广西的这十年，是瑶族地区石刻发展的十年，也是中原文化在时空上向南延伸的十年。

（二）宋元明是瑶族石刻的发展期

与唐代瑶族石刻相比，宋元明瑶族石刻呈现出数量、种类激增，内容更为丰富，作者更多更广泛的特点。

宋代瑶族石刻，主要分布在湖南江华和广西富川等地。湖南江华阳华岩石刻，在元结开创后，宋代得到迅猛发展。阳华岩现存石刻中的宋代石刻，计30余幅。从内容看主要有，一为游览题名，二为诗文。从题名人数、次数看，可见此地当时已是游览胜地。而从诗文石刻，也可见宋代诗文的繁荣。杜汪"集杜"诗，杜汪之子杜子是集元结诗，反映了杜诗、元结诗等中原文化、文学对西南少数民族地区的传播和影响。安珪的《阳华岩图并序》，"乃命丹青之士摹写形容，勒之坚珉，以示无极"，并配以长序，极具特点，具有很高的艺术价值和文献价值。

广西富川瑶族石刻中，清代的占了大部分，其次就是宋代石刻。宋时富川县治在今钟山县城，故钟山碧云岩石刻亦在考察范围。今富川、钟山石刻主要集中在通山涵虚洞、潜德岩、读书岩、碧云岩、大罗峰等处。邑人林通的通山题诗，题"潜德岩"，是林通弃官归隐后所刊。周英纠的"书字岩"，刘禽的榜下村唱和诗，反映了富川一带的读书风气，反映了他们的仕进、文学和归隐时的真实内心世界。灵溪岩醮会、设斋摩崖，以及董十二娘摩崖墓志，从内容来看，是瑶族地区十分罕见的。

宋代瑶族石刻，还有其他零星的分布，如广西贺州题"振旅台"、宜州绍熙间郭衍《沙世坚招抚苘难莫文察碑》、湖南靖县南宋淳熙间李诵《受降台记》、广东英德南宋淳祐间颜得遇《招抚峒猺歌》、江西赣县南宋时期的《盘古山碑记》等。

由于元代历时较短，且为非汉族政权，元代瑶族石刻数量较少，内容多为"平瑶""平蛮""平乱"，如今存的桂林市独秀峰摩崖李震孙元统间《广西道平蛮记》、泰定间马瑛和卢让等《融州平猺记》、广东恩平县至正间郑文邋《大田峒摩崖碑》、广东德庆县至正间杨铸《德庆路镇遏万户王侯政绩碑》，当然也有统治者对民族地区教化的开展，如广西平乐县至正间常挺的《平乐郡学记》。

元代之后，明代瑶族石刻也并不多，维持平稳发展。这时期的瑶族石刻，也延续了"平乱""纪功"以及建学、开路、宗教、粮田、风景等内容。"平乱"（"平瑶"）、"纪功"碑，如都安题"匹夫关"、富川《平猺碑》、恭城《猺目万历二年石碑古记》、柳州《柳城龙船山纪功碑》、永福姜洪《筑城记》、昭平《平昭平山寇碑》、平乐县《开辟府江险滩碑文》、兴安《纪瑶碑刻》、湖南江永《邑侯彭谦公大丞平灭贼首邓四功绩诗》等。建学、开路、宗教、粮田、风景的，如富川汪若冰刻观音像、恭城《记粮田碑》、融安县桑悦《开邃岩记》、平乐《平乐县学记》等。

（三）清代是瑶族石刻的繁盛期

从总量来看，清代瑶族石刻比宋、元、明、民国各时期都多出许多，作者的数量和广泛性，碑刻的内容、形制、性质等，都非常丰富。瑶族石刻之所以在清代达到繁盛，与清代人口的自然增长、经济的发展、交通的发展、人们生活方式的转变、社会活动的规范性需要等，都密切相关。清代瑶族石刻的繁盛，在一些地区表现得尤为明显，如广西恭城、龙胜瑶族石刻，大多数都是清代的，且数量众多，都达数十方甚至上百方。金秀瑶族的特殊石刻——金秀瑶族石牌，创始于明，盛于清代，民国仍见使用，是金秀瑶族的特殊社会治理方式，具有很大的社会学、文献学意义。

（四）民国时期是瑶族石刻的延伸期

本时期的瑶族石刻仍被广泛应用，不断产生。石刻更多带有社会治理作用的印记，如广西、龙胜、恭城系列政府告示碑，金秀石牌。捐资工程功德碑，如龙胜县、富川县、昭平县建风雨桥、重修寺庙、重修文明阁等碑，也仍十分必要，因此不断产生。官员、名流的题字、题名、题诗等传统题材，仍然常见。

从地域来看，瑶族石刻的分布并不均衡。主要分布在广西东北部恭城、贺州、富川，中西部金秀、大化、巴马、都安等瑶族聚居地区，和湖南江华、江永，广东连山、连南、乳源等瑶族聚居区，其他如云南、贵州、江西等有零星分布。其中的原因，固然与瑶民聚居情况相关，但亦应与古时交通状况密切相关。从中原入湘、桂，无论是文人出仕、行走，还是朝廷军事行动，均由湘入桂。因此湖南永州经广西全州、兴安而至桂林的湘桂走廊，永州经富川、钟山、昭平的潇贺古道，以及湖南永州、郴州经连州、乳源、英德、韶关到清远、广州的通道，沿途均会有瑶族聚居，产生不少石刻。这当中的广西瑶族石刻，又以恭城、富川、龙胜、全州、金秀、昭平、平乐、都安等地为多，桂西的大化、巴马等地瑶族石刻较少。恭城、富川、龙胜、昭平、平乐地处桂北，与湖南近邻，瑶族聚居，在政治、军事、经济、文化上，与湖湘文化、中原文化关系更密切，较容易产生石刻。金秀地处桂中，是八桂腹地，因特殊的地理位置和独特的民族文化，其"石牌"带有深厚的民族习惯法意味，是非常普遍的社会行为规范。都安地处红水河流域，靠近庆远府（今宜州）地势险要，兵家必争，且是土司管辖，于是催生不少纪功、志事碑；因其风景优美，民国时多有政客名流题字、题诗。从宋到清到民国时期，瑶族石刻有从湖南南部、桂东北向南发展延伸的趋势。本书共收录瑶族石刻570方（处），其具体时空分布如下表所示。

本书收录瑶族石刻时空分布表

单位：方（处）

地域\时期	唐	五代	宋	元	明	清	民国	共和国	合计
都安					2	8	8		18
大化						6	2		8
巴马						4	3	1	8
富川钟山			8		5	19	11		43
恭城					4	46	4		54
龙胜						60	20		80
金秀					1	32	17		50
桂林	1		4	1	1	2			9
全州						13			13
柳州				1	3	1			5
贺州			1			5	2		8

地域\时期	唐	五代	宋	元	明	清	民国	共和国	合计
平乐昭平			1		8	14	6		29
宜州			1			4	2		7
阳朔					2		3		5
广西其他地区			2		17	18	4		41
湖南江华	3		65		1	1			70
湖南其他地区			3		6	14			23
广东连州连山	1		21		1	7			30
广东乳源		2	1		3	35			41
广东其他地区	1		2	2	5	3			13
其他地区			1		3	5	6		15
合计	6	2	107	7	62	297	88	1	570

需要指出的是，本书所收瑶族石刻，虽比前人有所扩展，新收石刻不少，但应该说，限于种种原因，瑶族石刻散落民间者仍较多，期待之后能进一步收集整理。

三、瑶族石刻主要内容

（一）族源与播迁

瑶族起源、迁徙的原因、路线和具体情况，以及在迁徙中有意识地选择适合生存的环境，是瑶族石刻的重要内容之一。一般情况下，并不单纯记述族源，而是将族源与迁徙、人物生平等各部分密不可分的内容，进行层次分明的记述。如光绪年间龙胜县《盘氏墓碑》，在碑文开头即云"盘古开天，伏羲置立瑶民。始祖在于广东韶州府罗昌县竹林坪安居落业，在于景泰元年移居广西义宁县上乡里菜瓮江居住"。既提到盘古开天地、伏羲生瑶等远古传说，又记载明景泰间始迁祖从广东韶州至广西义宁（今临桂）定居的路线。《长二长滩二村共立石牌》："先适□□□开壁□天地，福照伏羲纸妹造人民。先立瑶，后立朝。我瑶山先祖公三代，□南京县广东猪纸街。"亦提到远古传说和近古之迁徙。

恭城《棉花地雷王庙碑记》载："祖籍广东肇庆府德庆州封川县良民，于景泰年间，因广西恭城雷五子作叛，招抚蚁等之祖来恭，在于下西乡高界源、大小二源、芹菜源等处，把守隘口有功，无粮度活。蒙朝廷恩赏，将此处猺山土岭，赐与蚁等之祖居住，照依四至界内耕管，永免上纳粮税及奇派一切杂项夫役等事，历久相安无异。"介绍了迁徙的原因，是明景泰间恭城"雷五子作叛"，因而来恭"把守隘口"。

湖南桂阳《先皇安瑶碑记》将远古传说、瑶族起源，如何繁衍、分支，姓氏构成，所在区域等，进行了详细记述："洪水发过，自古开国京中。初，瑶人姓盘，后正宗景定元年，平王妇女所生六男六女，敕赐名十二姓皇瑶子孙，盘、沈、包、黄、李、邓、周、赵、雷、唐、蒋、冯。梅溪水发，在京七宝山峒会稽山居住数代。飘洋过海，福子凌州、宁远、道州，江西季化县两处居住。广东阳山分居柳州、水兴、安宁、宜章、桂阳、桂东、凌县九龙山，一百三十五县去处落业。万朝山播，逢山吃山，逢水吃水，逢墙作基，遇水安桥。"① 至于瑶族迁徙的原因、地区地域地形的选择等，清咸丰间何作舟《大远凤岩山何氏族谱碑》，作出了较为完整的叙述：

> 天下之生，一治一乱，古今皆然。而乱其乱者，适彼乐土，匪不求得所，然轻去其乡。富厚者，失其家赀，贫贱者，荒其田土，残弱者，困于穷途。则求得所者，转为失所也。吾邑自发逆境以来，避乱者约有三途，曰山，曰涧，曰岩。涧则欲深，而老弱步履维艰，粮食苦于转运。岩则昼夜不分，春夏多湿，且千万人由岩口出入，易于围困。惟出日月照临，寒暑循序，以高击下，寡可敌众，虽千万贼之锋，难当一夫之石。是三者之中，山更胜于岩涧也。

其他的，有着重讲述瑶族族源者，如《上下卜泉两村石牌》："立字盘古置天立地伏羲子妹造人民，开辟天地，先立徭山，后立朝。置徭山各地立村团，先置社，后置庙。"

《这水平霞古平三村石牌》："恩为盘故至神□皇帝至造人民。先立金坛，后立社庙。祖公立这水村太平安落，祖□□□□村太平安落。"

《金秀沿河十村平兔石牌》："我等切思，恩为盘古初开天地，付稀姐妹始造人民。"

《金秀白沙两村石牌》："□字石碑：盘古立天立地，先立瑶，后立朝。我上秀、歌赦二村各公，回立村，先竟社，后竟庙。"

---

① 黄钰辑点：《瑶族石刻录》，第 3 页，昆明，云南民族出版社，1993。

《寨保杨柳将军三村石牌》："盘古开壁天地，先至山领，后至人民，住在瑶山，无有田地。"

《长滩长二昔地三村石牌》："□盘故开天自立地，先立遥山后立朝庭。遥朝各有所管。"

有着重讲述瑶族迁徙路线者，如《邓有星墓碑》："吾祖籍出粤东省韶州府乐昌县，小地名高涧底，移居粤西省桂林府义宁县龙胜分府，居住地名茶冲，兼辛成立，其德齐天。"

《蒙光文墓碑》记载："父籍庆远府南丹州，由乾隆年随先祖移居龙胜东乡寨纳。"

《潘氏令公祠碑》："原籍江西吉安府吉水县红桥村人氏，始迁居桂林粤头村，所生三子，仁虎、仁威、仁亮。吾祖仁威公人繁各意，移居平乐府恭城县北乡，卜宅上枧村，居住落成，创业兴造。"

《纪瑶碑刻》："据瑶人赵俊胜、李元应、邓福安告称，系广东肇庆府德庆州县铁凌山民瑶，情由山立招至广西，因为恭城倒平源雷五作叛，占过地方。"

这些碑刻所记，虽然并不能清晰地看到瑶族各时期的迁徙路线，但反映了瑶族"大分散，小聚居"的特点。由于战乱、婚姻等种种原因，形成人口的迁徙，这同时也是一个民族间相互影响和融合的过程。瑶民所选、所居之地的自然、社会环境，在碑刻中往往有所记述。如《盛世河碑》："照得龙胜境处深山，路非孔道，技巧不事，商旅不趋，不耕则无食，不织则无衣，是舍农麻之务，则无饶足之法。所有各团村寨之民，殷实者少，贫苦者多。且喜山多荫植，樵采可需，溪绕清流，灌溉可赖。"

《严规安民碑》："叹我龙脊地方，田罕土瘠，居民稠密，别无经营，惟赖些产以充岁计耳。贫者十家有九，强梗朋奸□寡，屡倡不善之端。富者十户有一，懦弱踟蹰不前，迭受阴柔之屈。于道光四年，蒙府主倪奉上宪巡抚大人赵，恩发示谕，举行团练，各处张挂，黎庶咸遵。奈吾境内，有饕餮不法之徒，类于梼杌，竟将禁约毁驰，仍踵前弊，非惟得陇，而欲望蜀。男则贪淫好窃，女则爱鸳轻鸡，猖獗不已，滋扰乡村。"

《永远禁止碑》："惟我地系边陲，居山林而罔知礼法，兼之异色异服，杂居斯土，不免有欺寡而持众，有熟富而凌贫，积弊深以遂蜂起而成群盗窃之事，更何待言与?"

《兴安龙胜联合禁约碑》："予等籍居偏隅，山多田少，土瘠人稠。"

《乡党禁约碑》："切照本乡地瘠民贫，烟户稀散，所居皆瑶壮汉民，俱系播种山畬务业为生，安分守己，毫无异犯。"

从内容来看，这些碑刻涉及墓碑、庙堂（祠堂）碑、金秀石牌、官方文

瑶族石刻辑校

告、民间规约碑等。从所叙述对象的民族属性来看，这些碑刻中有瑶族自身的迁徙记述，也有其他民族在迁徙中，来到瑶区，与瑶族自然融合的情况。如《廖斋墓碑》：

> 在宋，有祖自山东泰安州官游，居广西庆远河池州。后因猺乱四境不靖，有曰广道、德、元兄弟偕至桂林分途居住。广道居灵川廖家塘，广德居全州城外，广元居兴安富江洞明堂口。后有钦楼世邦等居溶江蕉岭，后有尔瞻等居蕉岭新寨。至明万历年间，有登泰、仁兄弟移居龙脊。后登泰复归溶江，登仁独住廖家寨，开辟斯土，创置田园。二世曰恩，三世曰斋，由是而后有分新寨金竹，有由廖家新寨金竹分支而外住者。回思由周召伯廖至今二千六百余年，国中不少同宗历朝递降不可得而知者也。由登仁移居龙脊至今，亦有三百余年，略计代传有五十余世，分居各地亦有数百余家。其中世代流传宗支同异，亦不可得而考者也。

此碑记述的是汉人因"平瑶""平蛮"，而最终在瑶族生活、散播，与瑶族有着密切的联系。

（二）史事与人物

在瑶族的生存和发展中，在瑶族地区的历史上，常伴随着战事。战乱、平定、纪功、抒怀，是瑶族石刻对于瑶族历史事件和人物的真实记录和生动反映。如都安瑶族自治县明成化间岑镽所题"岠岈"、清康熙间潘如禄题"灭猺关"、咸丰间"世袭安定司潘梧生擒发逆石镇吉"，以及光绪邹绍峰《安定司世侯潘公凤岗纪功碑》等，与都安历史、人物密切相关。"灭猺关"摩崖于都安县菁盛乡百旺乡交界的红水河左岸，为安定土巡检司土巡检潘如禄刻。清康熙九年（1670），安定土巡检司土巡检潘如禄举兵围剿都安、大化布努瑶民起义，随后在八堡石壁上镂下"灭猺关"三个大字，反映了当时统治者对瑶民的轻蔑和敌视。潘梧生擒石镇吉，除摩崖志事外，在潘梧（凤岗）纪功碑中，亦有提及。两碑互读，当年的史事和人物，得以记录和显现。

富川南宋绍兴间刘禽等人榜下村唱和诗、乾道时唐富八墓碑（民国重刊）、南明朱盛浓"知米"题字题诗等，与时局紧密相关。刘禽避难富川，恰遇岳飞部在富川境内败曹成兵之战事，因而有怀而作。岳飞因何至桂？此在唐富八墓碑文中，则可清楚："奈因宋皇腐败贪乐，不顾人民死活，对金屡抱儿皇，故与同僚李成、毛善良、何廷寿等于江西图事，转战赣皖，以暴易暴，四海声威。后因朝廷派岳飞进剿，由赣入湘，继而返桂，不幸事败，殉难被害，杀身成仁。"（《唐富八墓碑文》）碑文表述大胆直率，揭露了统治者的无能，颂扬了唐富八，同时对于岳飞入桂作了交待。《（光绪）富川县志》载："宋高宗绍兴二年，岳飞师发富川追曹成，败之。"[①]与志书所载史料相比，石刻的记述更具体生动。

其他如余靖《大宋平蛮碑》，内容是北宋平侬智高；南宋淳熙间李诵《受降台记》，记述宋淳熙中率逢原平蛮，"靖州中洞姚民敖等背叛，攻烧来威、零溪两寨，环地百里合为一款，抗敌官军侵攘境土。统治率逢原被旨讨捕，壮国家之威灵，秉宪台之方略。三命出师，一战破贼。戮其渠魁，焚其巢穴。既复两寨，群蛮皆恐惧屈服，号呼请命。主将不忍尽诛，乃筑台于来威洞前高阜，瘗白羊、白豕于其下，以受其降"；宋张茂良《赵崇模德政颂》，记述名相赵汝愚之子赵崇模主政广西，"屏翰我邦，六阅岁纪。政先仁恕，镇静不扰。捐利予民，恩惠周浃。本端末整，阖境晏清，人享和平之福，形诸歌颂，理则宜然"；元泰定间马瑛卢让等《融州平猺记》，记述当时"甲子冬，寇贵州。乙丑春，寇柳城。夏逾浔，寇平南，寇藤之赤水。顷之，寇郁林"的强劲态势；明弘治间姜洪《筑城记》，可知永福建城之始；明唐顺之《沈希仪生墓记》，为明著名散文家唐顺之为贵港人沈希仪所撰墓志，描绘了沈英勇睿智形象和"功绩"，客观记述了明代中叶广西的不平局势。明隆庆《莫朝玉墓碑》、陈肇波《重建浔郡八公祠碑》、同治时《王化行墓碑》、殷正茂《柳城龙船山纪功碑》、王涤心《新息马侯庙碑颂》、民国时蒋如山《记陆荣廷游富川慈云寺诗》等，都带有鲜明的记述时代大事的印记，又与当事主人要物密切相关，是详细生动的史料，也是优秀的文学作品。

（三）规约告示与风俗

瑶族石刻中有不少地区、村寨的规约，以及政府发布的告示。这些生活规约和政府告示，包含着规范、惩戒、悔罪、定界等内容，一定程度上体现了地区、村寨和民族的风俗习惯和信仰等。如广西兴安县华江瑶族乡嘉庆《团规碑记》云："为严伸大义，盘瓠列规四十八团鸣锣会议，齐集款场刊刻碑永遗不朽矣。且盘王俱瑶等，始祖共来，一脉分枝，乃是照依前评皇之券牒。始祖其一十二姓，良缘配偶，万古纲常。瑶等历来存据评王券牒律，盘王子孙妻女，毋许外民百姓为婚，如不遵者，不得轻恕。"此中即规定瑶民不许和"外民"通婚。其下又列条文：

> 一议十二姓盘王子孙妻女，毋许外民百姓迎亲交配为婚。
> 一议不得外姓豪恶，倚势强欺弱伙党，毋许害民。
> 一议外姓客民入室，各分男女。

---

① （清）顾国诰等修：《（光绪）富川县志》（卷十二），光绪十六年刻本影印本，139页，台北，成文出版社，1967。

一议团内不得偷寒送暖过壶水进缸。

一议团内不得妄生枝节，各守本分为人。

一议不得游手好闲，使人兴讼多事生非。

一议不得毁嫁生妻。

一议团内不得钩引外来闲杂人等串同伙党。以上十条众公取罚。

在经济活动方面，也有政府的严格规定、严厉措施，如《奉县封禁坑场碑》，即称"不法棍徒在于黄牛垚、清水江二处山坑，胆敢违禁刨洗矿砂，以致砂石随水壅流，殃害禾苗。棍徒作奸，农民失业，殊堪痛恨。除现在密拿，并已往不究外，合行出示刊石永禁，为此示谕两县民及附近坑场居民人等知悉。嗣示之后，无得私行刨挖。倘有不法棍徒仍蹈前辙，许尔附近千长、寨老、月甲人等立拿解赴本二县，按律究拟，尽法重处。"禁止私淘矿砂，危害环境，影响农业生产。家族内部的规定，时常与民族、国家利益相联系。如《传芳堂族规条列》：

一赋税国之重务，各宜急公奉上，毋致迟延。

一士农工商各有专业，毋得游闲放荡、党结匪徒、群居聚饮、盗窃牲畜，违者呈官究治。

一赌博有干律法，各宜恪守，毋得高招外境徒引诱华龄子弟，违者呈官究治。

一茶□松等树木，不许窃伐及纵火焚燎，犯者罚银一两。

一樵采许取枯干朽坏自生之类，如有犯及树艺之木者，罚银三钱。

一茅草各刈各收，窃收者罚银三钱。

一五谷成熟之日，不得□放成童稚奴婢冒拾稚穗之名□□窃取遗者，罚银三钱。

一油子自寒露十日以后，方许捡取其遗。如在十日中取者罚银三钱。

一夜晚自二更以后至五更初，倘有急务必须明火扬声，如无声火□□行拿获者，罚……论有赃无赃俱以盗论，栅堂重加责罚之后，仍呈官究治。

一捉获首报除本主外，量犯之轻重给赏。如知而互相隐匿者，或□失主察出，或他外知情具白，即以应罚之□坐之。①

① 富川瑶族自治县志编纂委员会编：《富川瑶族自治县志》，607页，南宁，广西人民出版社，1993。

在诸多规定之中，强调"国之重务""呈官究治"。民国《五源移风易俗碑》则对瑶族婚俗多有反映。如其规定：

> 同姓不许结婚，以待周礼而端风化。行聘礼银，女年十五岁以前壹佰贰拾毫；十五岁以后，欲取礼银者，准贰佰肆拾毫为额。头次谢媒银拾毫、米壹斗、酒肉各五斤。过茶礼银壹佰毫、首饰折银贰拾毫，完媒银、米、酒、肉照依头次。迎亲礼壹佰陆拾毫、米壹佰捌拾斤。嫁女衾被，多准壹拾贰床为额，妆奁银多止壹佰陆拾毫，各从俭朴，勿尚奢华。所有上门、回庭、过茶糍、四月初八、七月半节、妇人看痘、送鸡、送靛、送行（新）娘、装新郎、报家神，以及一切陋习，概行尽免。其童年接养为媳，每岁准取礼银拾毫、米壹斗、酒肉各拾斤，媒人随谢。若有年青寡妇不愿守节而再醮者，倘系同姓，不许招配，违者重罚，男妇解县究办。
>
> 各训儿女，不许嫌贫爱富，嫌夫跳离，嫌妻逐卖。若未嫁不守闺门，已嫁而犯七出，任由本夫处治，毋容女家滋事。
>
> 未嫁之女，不许行游城市，如有违者，一经拿获，集团公罚。
>
> 六月十六日、七月初七日、七月十七日三会期，禁止男女不许赴会互唱淫歌以及奉神，不许放花，新年不许抛球。
>
> 外家父母送葬，女婿不开肉钱，各家有事请客，宜用名帖相通，不得仍蹈旧习。①

其中对婚嫁的习俗，做了一些新的规定，故曰"移风易俗"之碑，虽然部分内容仍有不尽合理之处，但做出改变的第一步，难能可贵。有的碑刻，通过"悔罪"的形式，进行通告、规范。如道光恭城《悔罪碑》："堡役雷坤、石秀、孔和、莫亮、蔡彬、莫有常等人，今当大老爷台前实悔结等以贿夺堡田等情……自其坐罪，中间不肯，所具悔结是实。"

这些规约中，有时还记有亲友求情等世俗内容，如道光间《龙脊永禁贼盗碑》，瑶民有为匪盗者被抓获，"因各贼之亲房哀求，各自戒禁，以后再不敢为匪，情愿书立犯约，交与众等收据，倘后不遵，仍有为匪，任由众等将我等家门房族一并送官领罪"。有时又十分严厉，如金秀县民国七年（1918）《罗香七村石牌》："各村各人不得为匪。如有为匪，查出即将该犯枪决之罪。众石牌丁，每人自带钱一百文，米粮自备，齐到公地劏猪，公议将该犯由亲族出手枪决，成煲大茶药灌食即死。""各村各人不得窝匪接济。如有窝匪接

---

① 富川瑶族自治县志编纂委员会编：《富川瑶族自治县志》，660～661 页，南宁，广西人民出版社，1993。

济，一经查出，定行枪决之罪，均照上条实行。"又如龙胜《兴安龙胜联团乡约碑》"凡匪类抢掠人家财物者，拿获沉塘毙命……凡盗窃猪牛仓谷，撬壁雕墙，拿获者鸣团，或割耳刀目，或沉塘毙命。"

值得注意的是，一些禁令规约，并不全是对百姓进行规范，有时也对差役进行约束。如龙胜县乾隆五十七年《奉宪永禁勒碑》：

> 一采买茶叶，应照例选差亲信家丁赴各圩场城里，照时价公平采买，毋得任听书差发价向乡民勒买，以致短价累民。
> 一各衙门采买鸡鸭猪只等项，应在城市圩场照依时价公平采买，毋得混发官价，派勒乡民。
> 一衙役奉票缉拿要犯，至乡踹缉，均应自备盘费，毋许乘坐兜轿，滥派乡夫及需索酒饭供应。
> 一给发委牌钱壹千二百文，当堂给领，毋得假手书差，致启需索陋规。
> 一修理塘房，应官雇工匠，所需物料，随时采买给价，毋得任听书差向民间派收工价钱文。
> 一上应禁各条，尔书差人等务宜懔遵，如敢抗违，一经本府访闻，或被告发，定将尔等严拿，按例法究，从重办理，决不宽贷。

其中对"衙门书差藉端滋扰"进行了防范、惩戒，并予勒石公示，较为少见而难得。龙胜县泗水乡周家村白面寨《奉府示禁碑》亦刊于乾隆五十七年，内容与《奉宪永禁勒碑》同。

（四）宗教与宗族

瑶族石刻中与宗教相关的内容是比较多的，其中涉及佛教、道教以及民族特有的一些信仰、仪式等。而与宗族、家族相关的内容，有时又与民族宗教信仰密切相关，因此此处将二者并题进行考察。宗教方面，有刻像。如明万历间富川汪若冰刻观音像，站姿，以唐代著名画家吴道子线画观音原像为蓝本，阴刻。汪若冰为广西富川人，明万历己卯科举人，曾任云南提刑按察司副使。其《重修高田寺碑记》，亦与宗教相关。

有庙宇亭台建设、修缮、捐资之碑记。庙宇亭台建设、修缮，往往既体现民族、地区宗教信仰，又带有群众的实际功利诉求。如清同治间魏笃《重建镇江慈云寺记》，记富水"势若建瓴，江水抵城头，急流直泻，冲刷江底，穿啮研砍以为怪"，因重建慈云寺。钟山县碧云岩《碧云岩祭台记》，记此处"忽然神灵显应，遐迩昭彰。当甫罔知孰神临凡，莫测何圣下降。卜称金阙玉皇太子，暨同宋封刘猛将军。惟悯百姓永遭涂炭之忧，拯济万民坠沉水火之苦，是以无感不通，有求必应，恩膏大溥于四境，德泽广沛于万方矣……故敬发诚意，虔造石台。"① 龙胜乐江乡乐江村黑岩，有道光三十年（1850）刊、为修孟公菩萨所立《孟公永镇碑》，以求在道路僻静之处，地方冷险之所，孟公尊神"以具威灵显应"，记捐款芳名。明万历间兴安县《香田碑记》，则从"化度猺夷"方面考虑，建修严关庵："设庵堂，化度猺夷，为民造福。""迩来猺獞二种，悉听抚批，化改为童正里排，年竟得渐为一体之民，使地方之人，尽是本道之修路垦田，便人利众，相率而道化之中，不止诸夷之改为新民矣。"② 宗教信仰与瑶区社会安定诉求、政治教化功用紧密结合。

有宗教活动、布施情况者，如富川县周德滋《广种福田》，记富川富江畔慈云寺观音阁之宗教活动布施情况和名单。有儒学、儒教的布宣。如恭城县文庙康熙间御制《至圣先师孔子赞并序》，张玉书书。此碑先为北京国子监所立，后全国各地依例而立，赞孔子及颜回、曾参、子思、孟子四贤。《至圣先师孔子赞并序》碑存恭城文庙，又存崇左文物局。对于祭孔，顺治二年定制，每年春、秋二祭，均在仲月上旬丁日，称丁祭。恭城文庙"丁祭"，有《丁祭规程》，对于是否可以"共牲"，祭牲祭品要求、舞乐、人员事项安排，都做了极为详细的规定，并陈述相应在理由。宋代大观年间富川县灵溪岩（读书岩）有醮会、设斋摩崖石刻。

与尊儒尊孔相对应的，是尊武圣关帝。恭城县武庙有《众姓捐制川锡八宝执事碑记》，记捐制芳名，所制者，"香炉一座，花瓶一个，八宝八对，执事五对，吊炉一对"，而每年利息，"作帝君出游并整理执事之费"。

有宗教经典的刊刻传播。龙胜县九江江底乡桐子湾石刻洞有道光二十三年（1843）《太上感应天律》，即道教经典太上感应篇，劝人遵守道德规范，时刻止恶修善自利利他。此处又有《观音大士救劫文》《关圣帝君真经》《玄天上帝金科玉律》《文昌帝君醒世文》。龙胜县九江江底乡桐子湾石刻洞这些碑刻，据该处《捐钱姓氏芳名碑》所云，知其为道光二十三年集体捐刻，"碑文六块，包价钱二十五千文，众捐抬碑工、砌坎工一百三十二个，每一工作工价一百文，共算钱十三钱二百文，石匠寓店刊字柴火钱四百文，连开山立碑祭祀，开后修整路坎钱，大约伍千有零在内"，约略可见当地儒佛道等宗教的信仰。

宗教立庙，宗族亦立庙，二者都关乎信仰，有共同的文化基因。钟山县龙道村陶德章《龙门庙碑记》，记龙门庙供奉陶氏先祖："忆我祖建造龙门庙，以始祖陶太尉有德之令子陶吉公诰授都司官，勋德昭延，居庙之正。尊以得道为仙陶大姑□阴灵显布，居庙之右堂。以有道曾孙陶寿八尊为庙之主。寿

---

① 摩崖在广西钟山县碧云岩。
② 碑在广西兴安县岩关。兴安博物馆藏其拓片。

瑶族石刻辑校

生一子陶华七尊讳克明。明生一子陶富十二老尊讳贵潮。三公孙均行法教，得道出圣，居庙之左堂。"①

宗族碑刻，家族名人的墓碑（墓志、墓表）是重要内容。都安县清代卜永春《潘梧墓表》，记土司巡检潘梧一生"功绩"，内容与瑶区社会历史关系密切。宋乾道年间富川县唐富八墓碑民国间重刊，记唐富八事迹，记宗族为其建祠祭祀等事，与瑶族地区历史人物密切相关。恭城县文庙咸丰元年《欧沂庄公祠记》，记宗族祠堂祭祀之用，以保"祀典绵绵，蒸尝愈传而愈盛；衣冠济济，世代弥引而弥长"。宗族之碑，常涉宗祠之建设与祭祀，是了解当地思想文化发展、传承、变迁的重要资料。

宗族族规，有时通过碑刻进行公告，于此宗族族规与民族规范得以融合、统一。如前述富川朝东镇秀水八房的传芳堂乾隆年间《传芳堂族规条列》，规定"赋税国之重务，各宜急公奉上，毋致迟延……赌博有干律法，各宜恪守，毋得高招外境徒，引诱华龄子弟，违者呈官究治……茶□松等树木，不许窃伐及纵火焚燎，犯者罚银一两"②等等，这些规定，有鲜明的时代印记，对当时维护国家稳定、社会安定、生产发展，都有重要意义。位于富川县榜下村后山大罗山峰下的狮子背山脚的南宋绍兴《董二十一娘摩崖墓志》，在瑶族石刻中，是年代较早、形制较特殊的墓志，其内容也较为特殊。《富川县志》评，墓志文刻载墓主的亲人为其寻找墓穴的经过，以及从风水地理出发选择墓穴的吉祥成功之理由，即"风水皆和"，是古"堪舆学"在富川民俗中应用的范例。③

（五）建设与交通

石刻见证了瑶区的建设和发展，其内容涉及建城，建亭台、门楼，建工厂，设立市场，修驿站、水利、道路、桥梁、渡口等。

建城者，如贺州钟山康熙间刊、嘉庆重刊黄骆所作《重修钟山镇城碑记》，即记兵火过后钟山城重修事，又及此前城建历史："镇之始于明武庙豫章丁公，再完于兵宪张公、谢公，重修于直指陈公，其按部安绥，吊死抚伤，更详且周也。若余也，兴复旧基，第云不堕昔人之志，而窃喜营官之不负吾志，而更乐士民之共成其志。虽砖石其固有也，木料灰瓦，余乐输也。"清道光汪呈玉《重修南门楼碑》，现砌于明富川城南门楼面墙右侧内，记载"邑人建于斯也，由前明弘治之十有三年，春涨湍激，推崩霭石堡，各千户题请筑

---

① 碑在贺州市钟山县龙道村。

② 富川瑶族自治县志编纂委员会编：《富川瑶族自治县志》，607 页，南宁，广西人民出版社，1993。

③ 富川瑶族自治县志编纂委员会编：《富川瑶族自治县志》，605 页，南宁，广西人民出版社，1993。

土城于此"①。

建工厂、兴建、兴办圩市，如《龙胜火药厂碑记》记："绝恶劳之劣丁懦弁，暗中惑众，偷减力作，因之废事，不可不防。爰将加工程序刊刷，发给各标营立案备查，开列条款，勒石以垂久远。"清同治间《创立兴隆圩碑记》，明言："于咸丰辛酉年合江公议，将兴隆大坪创立圩场，名曰兴隆圩，使四方邻近余米者可以肩运至此发售，且各处所出山货均得交易，则钱有从出，米得通济，不独贫者无忧困乏，而富者亦不致艰应酬。"再如民国《富川县第一市场序》等，在商业经济史和社会生活史、军事史上，都具有一定的参考价值。

建亭、台、楼、阁者，为数亦众，既记其事，又兼记芳名。如乳源县大桥镇梅子山村《梯云岭建亭碑记》、富川县兹云寺《移建文昌阁记》、恭城《重修协天祠头门鼎建戏台碑》。修路建桥，是对自然条件的征服、改善，是生活、生产的需要。大化县清道光间《岩光更牌》，记其道路崎岖，"连穿光岭而过，势若羊肠。其曲凹湾凸，怪石如刀，盘旋左右。凡过往艰辛，牛马出入，每多殒殇。过此经营，攀藤负葛，每扶持方可越，似此之难！"令人心生怜悯，知修路乃急需。民国罗英《金结桥碑记》，位于龙胜县金结桥头，民国三十年（1941）立，《龙胜各族自治县碑文集》题为《湘桂公路记》："桂段自桂林至宛田，于双十节已完成通车。而宛田至青龙界，路线所经，削壁悬崖，山弯重叠，深溪绝涧，水道纵横，乍燠倏寒，气候恶劣，蛮烟瘴雨，疾疫时行。道路既极险阻，工作又多折磨。乃于是年冬十二月，征调桂民工四万，招募湘石工二万，正式开工，越四月而全段打通。工程之速，实所仅见。"光绪间广西巡抚张联桂《平梧开路纪事》："开通平梧陆路，伐山斩木，推高夷险，自平乐县之榕津，至苍梧县北□□□□□五百四十九里，造桥梁七□□□□□，行馆七所。"贺州有《修大马巷至玉锁楼石道记》《重修大马巷至玉锁楼石道记》等。

桥梁，在民族地区，有时注重交通之用，有时又兼顾美观，兼具民族地区特色，是独特的建筑和风景。都安县光绪间钟德祥《永济桥记》，所记者"永济桥"，更多是为交通之便："岁壬午，尝独出创建永济桥，费银镪以万余计。已辄大雨，水暴下，桥圮。君乃益大发钱募工材，增修桥，悉未尝醵他人一铢黍为助。推君之用心，苟属以当世之事，而肩荷以坚毅，无稊米顾藉之血，诚何所不办？而今且就老，而徒以修桥闻也。"全文记事而兼颂人功德。何廷枢等的回澜桥碑群，所记富川油沐乡回澜风雨桥，则兼具观赏之作用，是独特的风景。其中碑记题额有《回澜桥记》《乐舍芳题》《功并洛阳》

① 夏振林主编：《富川瑶族自治县概况》，42页，北京，民族出版社，2008。

瑶族石刻辑校

《山川一握》《胜跨连虹》和《金石壮志》等，本身就是独特的文化景观。民国龙胜县平等乡蒙洞村风雨桥，乃按原"接龙"桥规模所建，"效前人之规模，为后世之纪念"，"虽非舆马之要道，亦为往来之通衢"，兼具美化风景、改善交通作用和纪念意义。

修路建桥不仅为了经济发展、生活方便，更多时候承载着治"蛮"的重任。万历间韩绍题"百蛮尊道"，即带服从、不"作乱"之意义。胡醇仁《府江滩峡记》摩崖在广西平乐县东南百余里漓江龙门峡（松林峡），为明代平府江瑶后开凿府江之碑。文中罗列明时"大征"之后，因府江之险，而"剪荆伐翳"，"召土舍黄种拙制千斤撞、蜈蚣铲、五爪龙、三角船等具，先碎雷辟、藤湾、龙门、险窨、马滩、上仰、下仰、福登、穴口，次辟永滩、浪滩、长滩、廖滩、小背、金鸡、猪牙、鳖州、六禾、闹滩，共三十滩"，其中除了生活生产的需要，当然也必定包含了军事之必需。

其他如富川清代道光间毛永晋《建复登瀛桥记》、民国间《修路懿名碑》、龙胜县江底乡泥塘村《建桥集资碑》、龙胜县泗水乡《玉如冲桥》、龙胜县和平乡《江边横桥碑示》、龙胜县江底乡《江底桥碑》、龙胜县金结桥头《金结桥碑记》等，都是建桥之碑。

（六）书院与教育

瑶族地区的发展，离不开教育，而教育则与书院、学校的建设密切相关，与地区、民族向上、向学的观念，以及对教育的支持和维护，密不可分。瑶族石刻当中的这一部分内容，反映了瑶族地区书院、学校建设的历史。如广西柳州市柳侯祠内乾隆十三年刻《龙城书院碑》，开篇即云："龙城介在岭表，苗猺杂居，风来久矣。自柳侯刺郡，文路始开，教以礼法，民兴于学。"介绍了龙城柳州一带苗瑶杂居，其教育于柳宗元来到之后，始有较大变化发展，民兴于学的状况。《平乐郡学记》，记重修郡学，"应门两庑，讲堂斋馆，焕然一新。材木之良，工匠之巧，规矩准绳，深广如法。川流山峙，前拱后揖，圣容穆穆，侑坐肃然。祭祀以时，洋洋如在。春夏诗书之教，朝夕弦诵之声，使民沐浴于膏泽，被服先王之道，元善可谓知为政之本矣！"民国时钟山县《中楼记》，为时任校长建楼并记，提出教育的理念和希望："钟之士亦多矣，惟质有慧鲁，性有进退，过犹不及，岂得谓之中欤？将必教化普施，纳诸轨范，而使辅乎中，固予之所望也。楼以中名，有深意矣。况学问之道，譬如登高，层出而累进焉。是犹地之为山，山之为楼也。则中楼之记，其被于后学者何如哉！"

教育并不仅仅是官方之事，也体现为社会、民众的热情参与。民国文擅所作《深坡街恕堂书屋记》表彰义学："古者家有塾，党有庠，州有序，国有学。学虽不一，要皆藉官力提公费以赞其成。若夫一介书生固居乡里，而能辅己财立义学者，十无二三焉。有之，自富川蒋氏恕堂先生始。先生讳登云，恕堂其别号，例贡生，世居富川之深坡街，为吾粤诗礼巨族冠。先生性宽和，乐施与，见族中子弟贫富不齐，富者固可上学，贫者力有不足，教育不能普及。职是之故，先生引为己任，乐捐田租叁百叁拾叁把半为延师束修，并建学舍于村之南，遂使族之英髦，皆得讲习其中，彬彬焉多蔚为国器。"对于慷慨自费办义学的蒋登云，予以颂扬。

教育关乎文运，文运昌盛，在祀"至圣"，表乡贤，建文昌阁。清道光间阮元《平乐府重建至圣庙碑记》，记述平乐学宫变迁，记载重建"至圣庙"（即文庙），附名宦祠、乡贤祠："平乐府治背山面川，峰峦秀发。宋元学宫在城外，明迁城内凤凰山麓。国朝顺治、康熙，凡再修建，百余年来，多就倾朽。道光二年，知府唐鉴倡议重建，知县常煜佐之，于是各邑绅士奋兴从事，钜工乃集。改旧正殿为大成门，而升建正殿于后山高处，是以基廓而地爽，轮奂崇焉。大成殿崇三丈七尺有五寸，广六丈，轮四丈五尺。台广三丈九尺，轮三丈六尺。两庑崇丈八尺。左名宦祠，右乡贤祠。以旧尊经阁为崇圣祠。左尊经阁，右昭文阁。以旧启圣祠为明伦堂。泮池、门壁皆彻新之。道光三年，功既成。九月壬午，奉圣贤主入庙。……今而后，文官廉明以养民，武官治兵以卫民，士读经史以孝弟，修天爵而人爵随之。凡事皆当质诸殿中圣贤而不悖以明其道，岂以新庙翼翼而计其功哉！"《恭城乡贤碑》，则是乡贤名录，有纪录、表彰之作用。碑中在名单之后，又云"以上详刻忠义孝弟碑"，可知这些乡贤在当地的影响，不仅因其科名，还因其品德。清代道光间罗成纶富川县《移建文昌阁记》，称："余愧无德政，不能教民，而窃于是举也，欲崇文教以冀富邑之人文蔚起而为之兆云。"建文昌阁以促教化，希冀人文蔚起之意彰显。恭城县文昌宫，亦有道光间胡承烈《移建文昌宫记》等。

瑶族文化科举教育类石刻中，还有明教育为要务、保证教育活动正常进行、明确公示科考规则等内容。民国恭城县西岭镇新和村高界屯《广西各县苗瑶民户编制通则》第十四条规定："凡完全苗猺民户之村乡，未设有学校者，由区公所或县政府，参照苗猺民户习惯，设立特种学校，使苗猺青年男女入学，其费用暂时由区公所或县政府支给之。"第十五条："凡苗猺青年男女入学，一律免征学费，并得由学校暂给以书籍及笔墨纸张。"从民间到官方，都较为重视教育，在学费上给予优待。同在高界屯的民国《高界小源芹菜瑶特立古照碑记》，当中也规定："民团学堂，并不抽捐瑶人款项。其民瑶公产款项，亦不抽提，不得听信谣言，自生疑虑。"亦是"学堂"对瑶人的优待。原存湖南郴州兴宁水安堡地区清康熙间《颁示严禁文告》称："又于康熙五十一年奉学宪蒋老大爷嘉惠边瑶，题请湖南各处瑶民有子弟读书者，当考试之期，查实选册申送，以杜冒滥。文理略通者，每科考取三四名，以示鼓励。仍与民籍补廪，出贡科举，奉旨谕允在案。蚁瑶仰淋教化，移风易俗，安耕乐业。"① 则涉科考相关事项如审查、登记、录取等。

（七）风景与游览

瑶族在发展、播迁中喜欢选择高山密林，因而瑶族地区往往山清水秀，风景优美。反映到石刻中，有较多描写瑶区风景、记录游览踪迹、写景抒怀的内容。瑶族风景，与岭南地貌特点相应，多涉岩洞。宋靖康间蒋璩《碧云岩记游诗并序》写钟山县（古属富川县）碧云洞：

汉室真人已驾鸿，空留洞府旧山中。
暮云融合元非镍，俗骨腥膻自不通。
束火杖藜深杳杳，袖椎敲石喜薛薛。
若为化作双飞鸟，得与郎官继此风。

诗中将此洞之传说、洞中之景象、入洞之感受融为一体，令读者如置洞中，有神清气爽之感。明代弘治间桑悦《开邃岩记》写融安县城南邃岩："进口稍狭，内甚高明宽敞，穿穴始用火炬。直入逾深，莫知所极。玲珑透漏，户牖相通。左窍别有石室，规制如殿。上拥华盖，盖上为阁，壮丽莫比。是处石乳融结玉柱，柱顶多缭以庆云，如天枢，如承露金茎状，其他如塔，如炉，如瓶，如卓笔，如幡幢，如屏障，如狞鬼威神，如天禄辟邪者，凌乱夺目，不可正视。造化结构之精，天孙投其机杼，公输驰其绳墨，荆关董米丧其丹青，亦信奇矣哉！"这是对岭南众多岩洞的真实生动描绘。

有时碑刻作者通过写岩洞，来写山林隐逸之趣。如周英纠富川穿石岩题诗：

极判以来不计年，斯岩体朴本浑然。
凿开混沌鸿蒙地，透见明通公溥天。
老去投林得幽趣，困来枕石听潺泉。
时烹山茗供清兴，猿挂枯藤鹤避烟。

穿石岩又称书字岩、御史岩、读书岩、三倒岩，为宋朝御史周英纠罢官还乡后于嘉定八年（1215）开辟。周诗写斯岩"体朴本浑然"及由混沌到明通之景，然后将主旨落于对"得幽趣"、"听潺泉"、饮茶、观猿鹤等山林之趣的喜爱。

---

① 黄钰辑点：《瑶族石刻录》，9～12 页，昆明，云南民族出版社，1993。

除了岩洞，瑶族地区尚有不少山水胜景、休闲佳处，都在石刻中有所反映。如宋代熙宁间富川县林通于通山题诗《林公石床》：

> 一榻涵虚洞，冈峦势若堆。
> 梦魂迷蛱蝶，枕簟锁莓苔。
> 白昼晴宵里，清风明月来。
> 欲知卧云趣，不必意崔嵬。

通山不高，"冈峦势若堆"，但因作者的喜爱，便"不必意崔嵬"。民国时梁存适题小钟山诗：

> 倚剑钟山上，风云叱诧空。
> 骂天双眼白，热血一烟红。
> 铸尽心头铁，熔成警世钟。
> 奋身呼抗敌，报国志何雄。

此诗实不写景，只是登临而赋以抒情。

对山水之景的描绘，石刻以榜书的形式来体现。如都安县明成化时岑镪题"岠岈"，清代同治间富川县城北镇石狮村石龙山蒋汉卿题"山水之腴"，民国恭城西岭镇翠峰山"绿阴深处"，都安县民国潘逸仙题"绿岑仙谷"等。清同治间潘嶙于富川县城北镇石狮村石龙山题"独挽狂澜"，称："大清同治辛未率师来富，路过此岩，见俯吞一江，有龙跳虎卧之势，因题以志所历。"从中可知，既是写景，更是记事而借景抒情。

专以描摹一地之景的，如民国胡桱、张衍曾等所作"富川八景碑"，写"屏峦耸翠""富水奔涛""塔影穿云""山泉飞瀑""秀峰挹爽""钟镇耕烟""麦岭团操""西湾放艇"等八景，胡张二人为每一景各作诗一首，相互关联，又角度不同，颇为有趣。

有些碑刻借记述工程建设而兼写景，如同治间《玉如冲桥》，写江势如"桃花浪涌，竹剪奔流"。或有记名人之游以写景，如民国蒋如山记陆荣廷游富川慈云寺诗，记陆氏"于民国四年乙卯仲夏巡阅桂平……绕道富阳，驻节数日，纵览山川形势，指示诸军方略……维时适届端节，遂乃偕同官绅出游慈云寺。见其风景颇佳，留题三首"。陆氏三诗，虽非写景，但也有登高而赋的抒情意味，如其一："戎马奔驰忆卅年，好从仙佛证因缘。疮痍未起众生苦，欲借杨枝洒大千。"实是因当时局势，有感而发。

四、瑶族石刻的独特价值

瑶族石刻在各民族地区，以其多样的形制、丰富的内容，体现出重要的多样价值。综观瑶族石刻，我们认为其不仅具有珍贵的史料价值，还具有独特的艺术价值、思想价值等。以下试论其较为突出的史料价值和文学艺术价值。

（一）史料价值

瑶族石刻的丰富史料，其重要价值还体现在史料的关联性和独特性。

首先是关联性。一些历史事件、人物，在碑刻中，往往互为补充、相互印证，形成链条或系统。如清代咸丰年间何氏族人何作舟所作大远凤岩山何氏族谱碑，记湖南江永县千家峒瑶族乡大远村一带瑶族的"避乱遗记"情况，云：

> 咸丰五年，红头贼朱洪英蹈城，合村先议登山避乱，因惑讹言，遂弃先人之故址，各自逃散，卒之居岩者以岩困，走涧者以涧穷。流离之苦，惨不堪言，虽后悔已无及矣！戊午岁，贼首石达开复蹈县城，业师王业兄偕予兄弟，率族人依山为寨，迁避其中，邻近村庄景附者以数百计，由是量力捐资，按户派工，修其路，砌其门，高其墙，规模焕然一新。是年，逆匪三次蹂躏盘踞城中者七十余日，而寨栅安堵无恙。凡土地田野，并无荒芜之虞。厥后城市之亲友迁居于此者接踵而至，即邑之明府及两广文亦乐于斯侨寄焉！（《大远凤岩山何氏族谱碑》）

碑中所记，涉天地会朱洪英、太平天国石达开起事历史，以及瑶族因战乱而转移、迁避至大远的背景和具体情况。咸丰年间龙胜《永定夫役章程碑》又记："案因咸丰十年十月内，抚部院刘统兵亲剿石逆溃匪，由省来龙。嗣因夫役……"都安县咸丰志事碑之一记："咸丰十年，世袭安定司潘梧生擒发逆石镇吉之处，勒石以志其事。"咸丰十年（1860）三月，太平天国翼王石达开部将协天燕石镇吉率数千名太平军自百色入安定司境，途经匹夫关时，安定土司第十六任土巡检潘梧（字凤岗）督团兵伏击，石镇吉被俘。光绪间邹绍峰作《安定司世侯潘公凤岗纪功碑》，叙述潘梧生平，又记：

> 石逆镇吉，粤之浔洲平南人，自金田谋叛，随逆首洪秀全窜扰三楚，以迄两江，纠众数百万计。石逆犷悍骁锐，为诸贼冠，攻城

掠地，所向披靡。伪称王，绣大纛，标锦字曰"协天燕"，纵横吴楚间，无敢撄其锋者。咸丰十年，合为翼王石达开党，计四十余万，回窜粤西，围省城，经月弗克。分伙直下柳、庆、思、浔，进攻百色。贼自内变，欲寻路入黔。天夺其魄，误沿红水江下，迷不得路。公闻之，即调练□□截，复亲督千人，扼守险隘。石逆奋攻隘栅，公开栅数战不利，惟退守险要。有议贼锋锐甚，让路与出而后击之者。公曰："虎已入陷，何可纵也！吾与贼誓不俱生矣！"益激励勇练，固守严密。石逆求战不得，欲出无路，力穷粮尽，迫至匹夫关，全党束手就缚，时岁次庚申三月十二日。十数年穷凶巨恶，一旦成擒，遐迩闻风，欣幸且异。公使长子、广东即补同知承烈，解诸贼入省。中丞刘公长佑亲谳，即行正法。

都安县光绪间潘炳坤《白骨冢碑》又记："我安定咸丰丁巳，遇土匪卢、马、张、王之祸，庚申发逆继之，司衔毙命共二百余人，自是以后，夜不闭户四十余年，可谓盛矣！"咸丰七年（1857）春，张孝首事，王绣球、卢兴、马昌基为副，势力发展极快，当年十月攻打司城。咸丰九年（1859），太平天国翼王石达开解宝庆围，南下广西，九月克庆远（宜州）。次年春，石达开与诸大员等部将游宜州白龙洞，并刻石。同年石达开南路军首领石镇吉率部攻打百色城失利，沿红水河顺流而下欲与驻庆远府的石达开会合，经都安境内"匹夫关"（今广西都安县菁盛乡"娘娘关"）时，被安定土司巡检潘梧联合白山土司练勇伏击而全军覆没。咸丰十一年（1861）九月，石达开自桂北上，转战蜀黔滇，并于1863年4月渡过金沙江，突破长江防线，然最终为大渡河所阻，陷入重围。[①]咸丰九年（1859）九月至咸丰十一年（1861）九月间石达开、石镇吉等在广西的活动，通过都安县菁盛乡红水河岸边"匹夫关"摩崖《安定司世侯潘公凤岗纪功碑》、都安县《咸丰志事碑》，以及龙胜《永定夫役章程碑》、江永大远凤岩山何氏族谱碑，等等，得以记录，使石镇吉、潘梧等人的形象变得立体，反映了瑶族地区与太平天国运动的关联。

石刻所记相关历史事件、人物，可与史籍所记互为参考，提供对比研究的依据。民国重立宋乾道年间富川县《唐富八墓碑文》，依宋碑内容而刻，记唐富八"与同僚李成、毛善良、何廷寿等于江西图事，转战赣皖，以暴易暴，四海声威。后因朝廷派岳飞进剿，由赣入湘，继而返桂，不幸事败，殉难被害，杀身成仁。玉骨金骸，落于富邑牛背岭东侧塘源岗，天然成坟。亡命于

---

① 参见都安瑶族自治县志编纂委员会：《都安瑶族自治县志》，634 页，南宁，广西人民出版社，1993。

宋绍兴二年九月，享寿四十有六秋①"。而1993年版《富川瑶族自治县志》载唐氏"生于南宋末……在赵宗将相文天祥、张世杰、陈宣中号召下，参加了勤王部队，转战于湖南道、永、郴州一带。景炎二年富八被敕封为大将军，擢为罗飞部先锋，围攻永州。历经7个月的血战，罗飞部死伤惨重，富八于是役中死亡。其后，族人为他立衣冠冢和公祠'龙兴太庙'以祭祀"②云云，与碑文所记存在较大差异。按碑文，唐富八生于1086年，卒于1132年，为北宋末南宋初人，非南宋末之人，亦与南宋度宗、文天祥等无所关联。碑文与方志，可互为参考，对比研究，考证人物事件。

金鉎《(雍正)广西通志》卷一百一十八所载《张公平猺传》碑，述张泰阶平黄天贵事，称："恭城地隶平乐，万山丛莽中，猺獞杂错，性贪狠，俗剽悍，带兵挟矢，纵横出没，有司莫得而禁。时猺目黄天贵、黄公辅纠集丑类，啸众丛木寨，劫取衣被财物，掳掠妇子，焚毁屋庐，民大怨。"③事平之后，有《平黄天贵记功碑》，记"有功"诸员。④二碑相互印证，再现了官府平黄天贵的悲壮历史。

再如富川县明成化袁衷《平猺碑》记："维景泰纪元春二月二十有八，富川灵亭乡下设源猺人盘性子作梗，纠合冷水诸源猺人廖八子辈，于是岁三月之初，走往邻封湖广江华、永明二县，会合彼处民猺王茂、何音保等，妖言煽惑，集众千余人，蚁聚地名八尺漯，置立巢栅，称伪胜道君王名号，将逞恶出掠以流毒乡邑。时寨下市巡检司缉之实白于郡邑，飞报镇守广西总兵征蛮将军都督田正，摘调指挥同知葛宗荫，率领精兵往勤之。"恭城县明万历《猺目万历二年石碑古记》载："洪武下山景太元年润三月初三日，进平源剿杀强首雷通天、李通地。贼首退散，给赏良猺把守山隘口，开垦山场，安居乐土，恳给立至守把隘口。"二碑互为补充，使得此次大规模"平瑶"事件更为完整地呈现。

史料的独特性方面，一些瑶族石刻史料，对于历史事实起到独特的证明作用。日本侵华，在瑶族地区犯下什么样的罪行？民国黄振远恭城县《建筑恭城县政府大礼堂》碑，记录了日寇侵华时的暴行，为碑刻作者亲历亲见，依托石刻，永久保存，是历史的铁证：

---

① 碑原存广西富川瑶族自治县鲁洞乡，为民国重立唐富八墓碑之一，今已佚。

② 富川瑶族自治县志编纂委员会编：《富川瑶族自治县志》，614页，南宁，广西人民出版社，1993。

③ (清)陶塿修，陆履中等纂：《(光绪)恭城县志》，光绪十五年刻本影印本，530页，台北，成文出版社，1968。

④ 摩崖在恭城县三江瑶族乡黄坪村毛塘寨旁之溪流崖壁，康熙三年（1664）刊。

上年秋月，余奉命绾篆是邦，适日寇投降，县土重光，巡视属境，宣慰难胞，因知倭奴此次侵恭之惨况。三十三年九月，敌骑踹进历代军事必经之龙虎关，经嘉会和平乡至城厢，并分窜定岗坳、岛坪、椅子坪，入西岭，会师平乐。三十四年五月，复由龙虎定岗溃返，转湘投降。杂乱经年，当经湘桂边区，总指挥钟祖培将军（和平乡人）率健儿，领导机关暨地方人士，随时予敌重创，然而敌人残暴性成，兽蹄所过焚杀淫掠，无所不至其极，龙虎关内几成一片焦土，粟木嘉会城厢民房暨机关屋宇多遭破燬。劫后河山疮痍满目……

瑶族石刻的史料价值还体现在，有些碑刻的内容、信息，是非常稀缺罕见和特殊的。如《龙胜火药厂碑记》，保留了制作火药的工艺程序、用料标准等。清康熙《喜捐粮田碑记》，称"东西两粤兄弟之邦，水陆往来，货财交济，不绝如缕，以其近于邻国者也。有陈君者，讳之，原籍顺邑，少有志于江湖，壮起家于鬻海，卜筑茶城，迄今数十春秋矣。"记述两粤贸易往来情况的同时，透出恭城又别称"茶城"。清道光间《王进刚墓碑》中王进刚"皇清敕授武信骑尉……永宁人也，于乾隆四十六年来龙入营，五十三出师安南，着绩拔补右营把总，于嘉庆二十年致仕"。安南（即今越南）与清朝，联系颇为紧密，时常互派使臣，也有军事的交集、边境的议定等；《王进刚墓碑》中乾隆五十三年（1788）出师安南的记载，也为石刻所不多见。

民国灵川县蓝田瑶族乡《严禁邪蛊示碑》，乃"兴安、龙胜、义宁、灵川四县瑶族地方联合大团为严禁邪蛊示"，称：

照得我偏僻之处，民瑶杂居，风化梗塞，有等不良无知之徒，专信好习邪术，代所流行，祖传不息。窃此法术流毒极狠，人民六畜遇此毒法，动辄毙命。以昔效之，迄今繁甚，男女老少，无不学习。况此法术无功无益，惟将灾祸害人。或因私愁嫉妒，即以邪法报复，为挟行嫌怒，亦起邪念残伤。或恶人阳春茂盛，亦即放邪毁损。自古至今，人民遭邪毙命，六畜阳春被邪伤损，殊属多矣。此等法术，乃杳茫之祸患，犹如瘟之鬼神，无影无据无凭，莫能视也，何以见之诚可也？似此不良无知之徒，毫无依从善言劝导，每每惯习邪蛊，残害生灵，殊甚痛甚！

瑶族地区的"邪蛊"，即今所谓之"蛊毒"，有其存在的特定社会、民族土壤；《严禁邪蛊示碑》申明"邪蛊"危害，提出治理办法，于今之社会学、民族学研究等，是具有重要参考价值的历史文献。

瑶族石刻中的村规民约，是反映瑶族社会历史的重要资料，涉及教育、婚嫁、丧葬、治安等领域。如《罗香七村石牌》两块石牌规定："若系械斗，误会打伤打死人命，男命赔偿填命三百六十两，女命二百四十两。""红花女子并出嫁离婚、未家无夫之妇怀孕者，遵老规律，罚规律银七十二元或八十四元，石牌开会公……"① 规定："调解不下打架，不准捉女人。男人十六岁以下，六十岁以上不准捉。""无论有争论打架，不准放火烧屋，烧禾仓，挖田、挖水坝、牵牛。""无论何村何家，有女子未结婚者生育，违犯规则，定行重罚七十三至八十四两罚金。"② 《兴安龙胜联合禁约碑》规定："以娶归家，年已三十，若无生育，任从娶妾，外家不得异言，不遵者公罚不恕。"③ 这其中，真切反映了男女地位的不同、地方风俗的特殊，以及对老人、妇女、儿童的保护等。

（二）文学艺术价值

从作者构成、体裁结构、语言句式等方面看，瑶族石刻还具有鲜明的文学特色。

首先，瑶族石刻作者涉及较为广泛，反映了石刻在瑶族地区的普遍运用，也反映了社会各阶层、各民族群众对瑶族石刻、瑶族文学创作的参与。就石刻撰者而言，有帝王、政府官员或将领、土司巡检及其族人、汉瑶等各族文人、民间较有文化者、族长、墓主后人或友人等，当然其中也有集体商议撰写成文的。河池市巴马、东兰、宜州等地，是全国著名的长寿之乡，今存宜州南山的嘉庆帝所赠"赐广西宜山县永定土司境内寿民蓝祥年一百四十二岁喜成七言用志人瑞"七言诗，云"百岁春秋卌年度，四朝雨露一身覃"，是瑶族石刻中的帝王作品之一，反映了瑶族地区的良好自然生态环境，以及瑶族、壮族等少数民族群众积极健康的生活方式，反映了瑶族地区悠久的长寿文化。

在瑶族石刻文学中，不乏著名文人所撰著者。如前述唐代湖南江华阳华岩、蒋家山的元结，是唐代著名文学大家，有《阳华岩铭》《寒亭记》等；宋代富川的林通，是当时广西本土为数不多的宋代诗人，在富川通山等处有诗刻；明代茅坤，曾任广西兵备金事，编选《唐宋八大家文钞》，在阳朔县有《摩崖府江纪事》；唐顺之，有《荆川先生文集》，与茅坤同为"唐宋派"的代表人物；明代桑悦字民怿，号思亥，是明代著名文学家、学者，在融安县城南邃岩洞有其所撰《邃岩记》；明代岑云汉，是著名的壮族文人，所辖之地凌

① 莫金山：《瑶族石牌制》，343 页，南宁，广西民族出版社，2000。
② 莫金山：《瑶族石牌制》，341 页，南宁，广西民族出版社，2000。
③ 碑在龙胜各族自治县泗水乡孟山大寨旁大树底下。

云一带，也是瑶族地区，岑的《游东湖记》① 石刻，是典型的明代小品文。其他的还有明代王守仁，清代李调元、张联桂诸人的石刻。著名文人、其他民族文人的参与，反映了中原文学、其他民族文学与瑶族文学的交流及其在瑶族地区的影响，客观上提升了瑶族石刻文学的水平，促进了瑶族地区文学和文化的发展。

历来在盘点考察壮瑶等少数民族文人文学时，对石刻的关注过少，因此瑶族、壮族文人的石刻，对于当前少数民族文人文学的研究则是可贵的必要补充。瑶族石刻中的部分诗文之作者，或石刻涉及的一些人物，其族属为瑶族，有一定的文学留存，应纳入瑶族文人文学予以关注。如乾隆间重刊元光祖撰《敕封灵济忠祐惠烈王传》，称周渭"工为诗"，周氏当可归入古代瑶族文人，而不仅仅是一名贤臣，光绪《恭城县志》即录周渭诗三首。

其次，瑶族石刻文学或叙事或抒情或二者兼具而有所侧重，其中诗文铭颂一体的独特形式，兼顾了叙事与抒情的需求，被广泛运用。瑶族石刻文学常用倒叙法，有着相对固定的叙事模式，注重通过对话塑造人物形象，同时推进叙事，其大体上可分为叙事、抒情两类，或者说有的偏重叙事，有的偏重抒情。总体而言，叙事侧重于实用性，文字较为简洁，叙述事件的来源始末，塑造人物形象；抒情者，多是诗、铭之体，有抒发个人情怀的，也有赞颂他人或写景抒情的。文（序）与诗或铭、颂、赞一体，是瑶族石刻的普遍和常用文体形式。这种文体形式，在纸本文学中是常见的，在赋、文中，常有诗、歌、颂、赞的出现，如司马迁的《史记》、郦道元《水经注》中的"三峡"、谢庄的《月赋》中的"歌曰"，以及古典小说中的"诗曰""有诗为证"等。而在瑶族石刻文学中，这种文体形式则得到了更广泛的运用。如潘炳坤《白骨冢碑》、袁衷《平猺碑》、翁汝进《开辟府江险滩碑文》、陈肇波《重建浔郡八公祠碑》、杨铸《德庆路镇遏万户王侯政绩碑》、乾隆间《重刻唐代李梁墓碑并序》等，是文（序）加铭；蒋如山《记陆荣廷游富川慈云寺诗》、李震孙《广西道平蛮记》、大化县《岩光更牌》、大化县黄曜甫《甲略兰山寺碑记之一》、都安县李寿棋等《司马桥碑刻·司马桥边凉亭记》等，是文（序）加诗；邹绍峰《安定司世侯潘公凤岗纪功碑》、张茂良《赵崇模德政颂》、王涤心《新息马侯庙碑颂》等，是文（序）加颂；玄烨《至圣先师孔子赞并序》，是赞前有序文。文（序）与诗、铭、颂、赞等相结合，既有其实用性，又增强了文学性，既考虑叙事的清楚明白，又兼顾对事件、人物的歌颂和纪念。

在叙事方法和模式上，具有独特性。瑶族石刻往往有顺叙、倒叙、补叙、

---

① 摩崖在今凌云县浩坤湖。

插叙等多样方法；而在一些交通、建筑类石刻中，普遍采用倒叙法，由竣工记起，讲述工程之发起、经过，交待参与人员，描述竣工效果，然后提出期望，具有实用性，合乎逻辑，叙述清楚。在叙述之前，这些石刻往往先说基本道理，或阐述一些基本事实，然后引出所述之事，既起到说明的作用，又带有一定的教化、歌颂之意，是为此类石刻特定的行文模式。如："窃闻造桥修路，帝君曾著圣谟；除道成梁，夏令久垂王政。顾周行我既遵，王道荡平而野渡无人，仿隔天涯于咫尺，则欲免返临河之驾者，是诚宜资横木之约也。"（龙胜县《玉如冲桥》碑）"窃惟前征不远，百世仰垂裕之功；祖德难忘，千秋肃享祀之典。"（恭城县文庙《欧沂庄公祠记》）"盖惟济人利物积德，具有同心；修路平途善举，尤应注意。"（《重修大马巷至玉锁楼石道记》）"盖闻梁成十月，王乃布令与冬期；桥圮经年，民亦实忧乎春渡。伊古来济人利而靡不无亟善与人同耳，但可欲之谓善善，果蚩独立能成人之谓，美举必需时而建。"（龙胜县《固洞振风桥碑》）等等。

在叙事时，作者多注重人物对话，既塑造人物形象，又促进事件发展，这在瑶族石刻中表现得较为明显。如广西昭平县漓江旁马万恭《平昭平山寇碑》：

> 百粤远在西徼深山大泽，封豕长蛇犷然凭借。天子震怒，命大中丞吴公曰："汝其击戮蛇豕，夷剿山泽，布我王化，唯汝功！"吴公受命不半懔，逐谋于总督司马凌公，檄府江兵备徐副使曰："定百粤必先定昭平，为我调兵，募向武诸川汉土官，草薙之以还报天子！"

先写天子"唯汝功"之大望，继写"草薙之以还报天子"，将事件起因作了交待，推进事件发展，提示事件结局，并将人物的心态、"功勋"表现了出来，具有感染力。

通过对话，将当时形势、利害关系、应对之策步步引出，结以一"善"字，人物形象、事件叙述、场景描绘、作者观点等，均得以突显，可读性较强。

再次，注重句式的整齐、多种修辞方法的运用，增加可读性，客观上增强了石刻的接受度。瑶族石刻的文学价值，还突出表现在其语言特点上。一方面，侧重于实用，简洁通俗；另一方面，因为是面向广大社会群众，往往又很注重文采，这表现在喜用、多用对偶和排比，句式整齐，文势畅顺。如龙胜县龙脊村《严规安民》碑，"窃维天下荡荡，非法律弗能以奠邦国；而邦国平平，无王章不足以治闾阎""奈吾境内，有饕餮不法之徒，类于梼杌，竟将禁约毁驰，仍踵前弊，非惟得陇，而欲望蜀。男则贪淫好窃，女则爱鹜轻鸡，猖獗不已，滋扰乡村""各宜安分守己，不得肆意妄行""当惧三尺之法，可免三木之刑"诸句，句式整齐，又错落有致，节奏感极强，便于诵读和传播。又如同治时龙胜县泗水乡泗水村沂潭泗水桥头《玉如冲桥》碑：

> 窃闻造桥修路，帝君曾著圣谟；除道成梁，夏令久垂王政。……则欲免返临河之驾者，是诚宜资横木之约也。……乃水陆之要道，为官商之通衢。原架长桥，藉登彼岸。可谓着中流之砥柱，流下界之慈航。……桃花浪涌，竹剪奔流，洪水环山，徒杠付海。是由携来攘往，孰指迷津？然揭浅历深，每嗟病涉。每逢春涨，常闻隔岸之呼。甚至冬寒，深畏褰裳之苦。此当局者不免踌躇，而旁观者所为感慨也。……相与经营，共图修复。或捐资成美，皆乐助以青蚨；或因事赴工，敢效劳于乌鹊……从此鼍梁巩固，往来无匏叶之歌。龙甸通行，永远擅桑江之胜。

全篇多对偶，句式整齐，又灵活多变，错落有致，读来朗朗上口。甚至在政府的文告中，也有以韵文形式出现的。如龙胜县广西巡抚部院沈示碑，据拓片录文如下：

> 州县为民父母，分应除弊恤民。
> 据报命盗案件，勘验必须躬亲。
> 照例轻骑速往，认真约束随人。
> 夫马饭食自给，不染民间一尘。
> 倘有需索扰害，苦主指实上呈。
> 定必从严查办，当思自顾考成。
> 各属奉到此示，城乡布告分明。
> 勒碑衙前竖立，永远垂诚遵行。

全篇整齐、押韵，似与政府相关政策之解释与执行相隔较远，但实际上二者结合很好，为群众所喜闻乐见，达到了良好的效果。因此类文句整齐、字词华美的篇目较多，此不赘举。

龙胜县杨梅乡《潘内寨乡约碑》对乡盗的描写："昼则壁上之虎，夜间云里之龙身，鸡犬不得安眠。"有对比，有比喻，鲜明生动。唐大历年间韩云卿《平蛮颂并序》，云："五岭之人，若出玄泉而观白日，如蹈烈火而蒙清泉。"采用比喻、对比、对偶等手法，突出效果。全文炳《重修武帝庙记》："蚊负弗胜，一肩荷之也；虫行能疾，百足辅之也。"以对偶句式，采用对比、类比

瑶族石刻辑校

方法，说明道理，浅显易懂。南宋乾道年间唐富八墓，于民国重立新碑，称唐富八"玉骨金骸，落于富邑牛背岭东侧塘源岗，天然成坟"，采用近乎神化的夸张手法，突出了唐氏的历史、家族影响和英雄形象。

凡　例

一、本书所选石刻，含瑶族地区（瑶族县、瑶族乡、瑶族聚居区、瑶族与其他民族杂居区）石刻、虽非处瑶族地区但与瑶族密切相关之石刻。所辑录石刻均考虑其可靠性，或亲访亲见，或有拓片、照片为据，或有相关文献校勘。全书辑录瑶族石刻共 568 方（处）。

二、辑录范围一般为自古至公元 1949 年之前的瑶族石刻。极少数意义特殊的中华人民共和国成立后石刻，如广西巴马大龙凤村摩崖"愚公移山改造中国"、金秀县民族团结公约碑等，酌情选入。

三、辑录石刻形制含摩崖、碑、碣、墓铭、牌坊、造像记等今日存世者，或虽不存但曾为人拓印、整理抄写，可确定为石刻文字者。其中金秀石牌条文有刻于木上、抄于纸上者，称"木石牌""纸石牌"，与刻于石上之石牌条文有同等意义，能反映瑶族社会和历史，因此本书亦辑录部分"木石牌""纸石牌"。部分石刻配以相关照片或拓片。

四、所选石刻按区域编排；部分区域因行政区划变迁、地理位置原因等，合并编排，如富川、钟山、平乐、昭平，连州、连山。各区域石刻依时序编排；刊立具体时间不详之石刻，就近入序。

五、石刻题目，有原题者据原题，无原题则据内容而拟。每则石刻自碑额至落款整体录入，偶有摘录、省略的情况，均以"【石刻全文】"标记之。

六、石刻文字所依据，以现存原石为主，拓片或照片（或复印拓片、照片）次之，其他文献资料再次之。

七、石刻原件残毁或字迹漶漫或被他物覆盖不可见等，若其字可数，每字用一方框"□"替代；若其字不可数，以省略号"……"表示；省略处，以"（下略）"或"以下某某内容略"等标明。

八、石刻有碑额，则于原额后加括号注明，以别于正文。有印章，则于原刻处以"（印）"标明。墓碑正文一般位于碑之正中，录入时置于抬头文之前。

九、石刻原文字，无论繁体简体均以简体录入。古体字、异体字原则上不作改动；因历史原因而原本带有民族压迫、歧视的"猺""獞"等字，不作改动。金秀石牌原碑中的别字、同音近音字较多，亦不作改动。录文俱加标点。

目 录

瑶族石刻辑校

目
录

瑶族石刻辑校

广西都安县瑶族石刻

题 "岠岈"

题 "岠岈"

【题解】

岑镱题。位于都安县菁盛乡红水河岸边匹夫关崖壁上，高2米，宽1.6米。"岠岈"二字楷体，每字径为0.9米。竖排。两旁落款为小字，"时成化戊戌年谷吉旦"在右，"中顺大夫舞阴裔岑镱书"在左，楷体。明成化十四年（1478）刊。

岑镱，时思恩土知府。稽璜《续文献通考》卷二百四十六"四裔考"载："宪宗成化十六年，思恩土知府岑镱会讨土目黄明之乱，平之。镱，瑛之子也。田州府土目黄明作乱，知府岑溥避入思恩，镱会镇守官讨平之，巡抚朱英请奖镱功。"成化间，安定土司（今都安，时思恩九土司之一，其余曰兴隆，曰那马，曰白山，曰定罗，曰旧城，曰下旺，曰都阳，曰古零。）隶思恩府。《明史·列传第二百六·广西土司二·思恩府》载："（成化）十四年，瑛卒。瑛自袭父职，频年领兵于外，多所斩获。历升知府、参政、都指挥使。年且八十，尚在军中。既卒，镱以诰请，帝念其劳，特赐之。十六年，田州府土目黄明作乱，知府岑溥避入思恩，镱会镇守等官讨平之。巡抚朱英请奖镱功。镱死，子浚袭。"《明宪宗实录》卷二百三载"（成化十六年五月）两广总兵官平乡伯陈政、总督军务右都御史朱英，以擒田州叛目黄

明及平蒋江八寨奏捷，上降敕奖励之。"黄明之乱乃成化十六年，而"岠岈"刊于成化十四年，故此，"岠岈"应与平黄明之乱无关。

【石刻全文】

岠岈

时成化戊戌年谷吉旦。

中顺大夫舞阴裔岑鑅书。

题"匹夫关"

题"匹夫关"

【题解】

位于都安县菁盛乡红水河岸边"匹夫关"。楷体，阳刻。无题名日期落款。从字体看，与同处明代摩崖"岠岈"二字相近，疑所题字者亦为岑鑅。黄明之乱在明成化十六年（1480），则"匹夫关"摩崖应在此年或稍后。"匹夫"，此指有勇无谋、无知无识之人，含轻蔑之义。结合匹夫关所在地理，以及思恩土知府岑鑅题"岠岈"的情况，"匹夫关"三字当含题字者对黄明等人的贬损，同时又含为自己记功之意。

【石刻全文】

匹夫关

题 "灭猺关"

题 "灭猺关"

广西都安县瑶族石刻

【题解】

位于都安县菁盛乡百旺镇交界的红水河左岸。安定土巡检司土巡检潘如禄刻。楷体。字径长 0.70 米，宽 0.63 米。清康熙九年（1670）刊。

潘如禄，清康熙间安定土巡检司土巡检。安定土巡检司始祖潘良于明嘉靖六年（1527）跟随王守仁攻打卢苏、王受，镇压八寨少数民族起义，于第二年受封安定土司巡检，世袭。潘良而后，历代土巡检为潘宝、潘廷纪、潘玉、潘应奎、潘应壁、潘如禄、潘宗藩、潘巨集武、潘巨集猷、潘正、潘允福、潘清琪、潘清汉、潘槐、潘梧、潘承熙、潘毓鎏。潘氏土司承袭 18 任土官，历时 376 年。

明嘉靖六年（1527），都察院御史，兼两广巡抚、总督两广江西湖南军事王守仁（王阳明）领兵至都安镇压八寨瑶民起义，作《灭猺诗》一首。清康熙九年（1670），安定土巡检司土巡检潘如禄举兵围剿都安、大化布努瑶民起义。清朝调兵遣将，配合潘如禄作战。官兵数千人，加上忻城、安定、都阳三土司之兵力，四面围攻，把义军赶至八堡，瑶民义军 2000 余人在八堡与官兵激战，大部分义军在战斗中牺牲。此役过后，潘如禄在八堡石壁上镌下"灭猺关"三个大字。此关两边巨石突起，中间极为狭窄，易守难攻。"猺"字，反映了当时统治者对瑶民的轻蔑和敌视。

【石刻全文】

灭猺关

题 "红津古渡"

题 "红津古渡"

【题解】

"红津古渡" 位于都安县澄江镇红渡村。清嘉庆二年（1797）白山土官在渡口南岸崖壁刻。时红渡村属白山（今马山县白山镇）。"红津古渡" 为楷体，大字，竖排居中；落款 "大清嘉庆二年夏至日" 竖排居右；"白山三十六世主人王言纪书" 竖排居左，楷体，小字。《都安瑶族自治县志》载："古渡岸口，陡壁绝崖，怪石嶙峋，北岸崖上，曾有古庙一座，突兀峥嵘……两岸码头，人来人往，肩挑背驮，络绎不绝。因其为要津，乃兵家常争之地，清光绪年间，会党首领韦五嫂为防官军进攻曾派兵抢夺该渡，在此与思恩府官军激战。"

王言纪（1767—1833），字肯堂，号笏仙，壮族，白山司（今广西马山县白山镇）人，祖籍江苏上元（今南京市江宁区）。所著《白山司志》，是我国唯一一部壮族地区的土司专志，记载白山司的历史沿革、区域范围、官驻役田、景物资源、社会经济、风土人情等情况，是研究我国少数民族土司制度的重要宝贵资料。

【石刻全文】

红津古渡

大清嘉庆二年夏至日。

白山三十六世主人王言纪书。

咸丰志事

咸丰志事

位于都安县菁盛乡红水河岸边匹夫关。清咸丰十年（1860）刊。《都安瑶族自治县志》载："咸丰九年元月二十五日，太平天国翼王石达开部将赖裕新率兵十余万，分两路过境，一路由百勒关进兴隆司境，一路由匹夫关进白山、安定两司交界地。咸丰十年三月，太平军将领石镇吉率部自百色沿红水河经匹夫关（今菁盛乡娘娘隘），遭安定司土官潘凤岗联合白山土司练勇伏击，激战多日，石部全军覆没。"

潘梧（1828—1887），字凤岗，清代安定司（今广西都安县）第十六任土巡检。道光二十五年（1845）潘凤岗随思恩府官镇压各司之农民起义。咸丰元年（1851）9月，镇压屈承俭起义。咸丰十年（1860）3月匹夫关伏击石镇吉。同治三年（1864）4月，潘凤岗与官军围攻安定司"瑶王"蒙李旺义军，大肆屠杀起义瑶壮山民。创办司官义塾学馆，聘请塾师教训司官及其亲戚好友子弟，为安定土司创学之始。潘为安定司"世代安定"，建造宫殿式司衙，并大调司民筑建城墙以防卫。又大动司境民工民财，兴建澄江"永济桥"。

【石刻全文】

咸丰十年，世袭安定司潘梧生擒发逆石镇吉之处，勒石以志其事。

同治志事

同治志事

【题解】

位于都安县菁盛乡红水河岸边匹夫关。清同治十三年（1874）刊。

【石刻全文】

同治十三年，世袭安定司潘梧新修匹夫关并沿河一带石路。

大平峒名碑

大平峒名碑

【题解】

摩崖在都安县大兴镇江仰村大平屯。清同治六年（1867）刊。

【石刻全文】

窃以安阳地界上有六段，下有六甲，每年轮纳钱粮公项、轮当夫役、东西两陇缴纳蔴项等件，每城头各有界址，不容紊杂。如接孝峒口兼界上段地，袁[1]尚有二十四陇以答粮田，自古攸分，不期咸丰年间，张贼作乱，毁坏旧典。今奉仁王告示，仍将接孝峝口列明，刻碑以志，庶免后世紊杂云耳。

计开峝名于左：

南丁峝　吞浪峝　吞坤峝　陇何峝　吞刮峝

陇茶峝　后背峝　陇兴峝　陇蓝峝　怀气峝

陇歪峝　陇石林峝　大平峝　小平峝　怀经峝

那努峝　陇穷峝　吞仰峝　吞结峝　母魄峝

陇水峝　陇慕峝　陇仰峝　陇传峝

同治六年丁卯岁四月十二日刻于大平峒知悉[2]。

【校勘记】

[1] 袁：据句意，或应作"原"。

[2] 悉：古同"悉"。

安定司世侯潘公凤岗纪功碑

安定司世侯潘公凤岗纪功碑

【题解】

摩崖在都安县菁盛乡红水河岸边匹夫关。高110厘米，宽86厘米，字径为2.5厘米。楷书。清光绪二年（1876）刊。潘梧，字凤岗，安定土司土巡检。

此碑记颂潘梧借红水河匹夫关一带地势之险，镇压太平天国石镇吉之事，是研究都安土司、都安历史和太平天国史的重要资料。此纪功碑，分两部分，一为序文，二为颂。见《都安瑶族自治县志》第741—742页；《都安文史》第一辑，第9—10页。

邹绍峰，桂林人，同治丁卯科（1867）举人，有《痴仙吟草》（含《飞碧山馆诗集》和其妻萧玉姑《愁春诗集》）。

【石刻全文】

安定司世侯潘公凤岗纪功碑

盖维非常之人，斯负非常之志，因建非常之功。然有非常之事，必纪非常之实，斯永非常之名。没世不称，君子所以深自疾也。伏意廉能循吏，政刑足法，郡邑且和，以留名才艺；文人题咏，所经山水，亦因而生色。燕然片石，安南一柱，古人讵无意于斯哉！亦以志非常之不易耳。兹我亲翁潘公凤岗，固素负非常之志，而成非常之功者也！公袭职抚有斯土三十余年，日事军戎，智勇卓著，逆巨寇为之斩馘者不知凡几[1]。推擒获发逆石镇吉，以寡胜众，以弱制强，事出非常，仿古良将，询不多让。因论功歼厥渠魁，且得蒙恩懋膺上赏，不为纪其实，其地将亦黯然矣！过者目之，谓为纪功也，可谓为纪恩也，亦无不可。石逆镇吉，粤之浔洲平南人，自金田谋叛，随逆首洪秀全窜扰三楚，以迄两江，纠众数百万计。石逆犷悍骁锐，为诸贼冠，攻城掠地，所向披靡。伪称王，绣大纛，标锦字曰“协天燕”，纵横吴楚间，无敢撄其锋者。咸丰十年，合为翼王石达开党，计四十余万，回窜粤西，围省城，经月弗克。分伙直下柳、庆、思、浔，进攻百色。贼自内变，欲寻路入黔。天夺其魄，误沿红水江下，迷不得路。公闻之，即调练四路邀截，复亲督千人，扼守险隘。石逆奋攻隘栅，公开栅数战不利，惟退守险要。有议贼锋锐甚，让路与出而后击之者。公曰：“虎已入陷，何可纵也！吾与贼誓不俱生矣！”益激励勇练，固守严密。石逆求战不得，欲出无路，力穷粮尽，迫至匹夫关，全党束手就缚，时岁次庚申三月十二日。十数年穷凶巨恶，一旦成擒，遐迩闻风，欣幸且异。公使长子、广东即补同知承烈，解诸贼入省。中丞刘公长佑亲讯，即行正法，上其功，承旨锡晋五品衔，赏戴花翎。自今经其地，妇孺皆能历历言之，靡不羡公非常人，愿面识焉。余丙子冬道出匹夫关，度势思情，曷禁神往！及与公面谈，尽悉颠末，是诚非常之事也。公不好名，公之功曷可泯焉？走笔述此，且为之颂曰：

蠢尔石逆，罔于天命。豺虎其凶，犷悍且劲。破竹长驱，夫谁是竟。伟哉潘公，智勇兼并。用军最精，曰忠与信。闻警奋然，雷霆若迅。断贼之粮，截贼之径。二十万人，一朝力尽。虽强奚为？弱亦汝困。虽众曷施？寡亦汝胜。燕协天兮燕难飞，马迷途兮马不进。扼抗而拒险兮，吾当关之惟雄。俯首而就缚兮，尔何吉之尚镇。石兮石兮，质既碎其冥顽！风兮风兮，华益增而采振。人争睹为快兮，何如是之神奇。名不愧其实兮，应即呼之安定。

姻愚弟桂林丁卯科举人邹绍峄顿首拜撰。

光绪二年岁次丙子孟冬月吉旦立。

【校勘记】

[1] 据句意，“逆巨寇”前或有缺字，所缺字疑为“凶”。

永济桥记

永济桥记

【题解】

　　碑原在都安县镇南社区州禄村永济桥，现藏于都安文物馆。清光绪十一年（1885）刊。《中国西南地区历代石刻汇编》注：拓片长180厘米，宽130厘米。楷书。《都安瑶族自治县志》记碑高205厘米，宽138厘米，又载："同治六年，安定土巡检潘凤岗调动司民，摊派财物，在司治的清江河（今澄江河）兴建永济桥。"

　　见《中国西南地区历代石刻汇编》第八册《广西博物馆卷》，第32页。《都安瑶族自治县志》，第741页。

　　钟德祥（1849—1904），字西耘，号愚公，或曰号大愚，晚号耘翁。清广西宣化县（今南宁）人。同治五年（1866）中举人，光绪二年（1876）中进士，选庶起士。散馆授翰林院侍讲、国史馆编修、帮办福建、台澎防务。光绪十年（1884）法越之变，他奉命出关视师，和议成，回国任江南道监察御史。光绪二十九年（1903），调任广西帮办防务。著有《蛰窠全集》《宣南集》《南征集》等。

【石刻全文】

　　司马潘君凤冈为安定世官，其土人仍世沐浴善政旧矣，逮君尤好施济，生平赴趋义举，如饥若渴者之求食饮，天性慨慷然也。今以老谢去官职，犹日孳孳力行慈善有益利事，不怠以勤。岁壬午，尝独出创建永济桥，费银镪以万余计。已辄大雨，水暴下，桥圮。君乃益大发钱募工材，增修桥，悉未尝醵他人一铢黍为助。推君之用心，苟属以当世之事，而肩荷以坚毅，无稊米顾藉之血，诚何所不办？而今且就老，而徒以修桥闻也。其季子岳森孝廉，公车至京师，来请记曰："家君不敢以桥焉自功，愿得一言识兴造岁月于石，俾后之人弗忘，以续其无穷之心又何其长者也。"

　　桥工肇光绪甲申正月，迄三月落成。襄其事者，君介弟榆与榕，袭君官次子承熙。里人韦宝邦、潘清球义得并书。南宁钟德祥记。德祥系侍讲衔，翰林院编修。

潘炳堃敬书（印二）。

光绪十一年岁次乙酉仲冬月吉日立。

潘梧墓表

【题解】

潘梧墓位于都安县澄江镇六柱村六柱岭，今毁。此碑原位于潘梧墓后，碑高144厘米，宽88厘米，字径为2.5厘米的楷书。全碑1103字。立于清光绪十四年（1888）二月十四日。现存都安县博物馆。潘梧，安定土司土巡检。

见《都安瑶族自治县志》第742—743页；《都安文史》第一辑，第11—13页。

卜永春，光绪十一年（1885）乙酉科拔贡，时广西补用知县，潘梧之子潘承煦之同年。

【石刻全文】

皇清诰授奉大夫晋授朝议大夫花翎同衔勉勇巴图鲁前袭安定司潘世侯墓表

敕授文林郎广西补用知县乙酉科拔贡年家子白鹿卜永春拜撰。

公姓潘氏，讳梧，字凤岗，先世山东益都县人。明嘉靖六年，思恩土目王受与田州卢苏煽乱，新建伯王守仁受命招抚，始祖良从征有功。七年，列思恩地为九土巡检司，授良安定司，得比目于世官，祖充福、考清、汉能世其职。公生而沉毅，及长，倜傥有大志，年十三继伯兄袭职，即兼资文武，以智勇闻。时宾州、横州、永淳、隆安所在盗蠹然，公督练兵随剿，累有所获，钦加六品衔，赏戴蓝翎，大府倚任，岁时征调无虚日。

先是，所属奸民卢、马、张、王四姓，乘公督师远出，潜结党谋乱。公闻警，星夜驰归。贼张甚，仓卒与战，不利，退保山寨近十年，卒设法行间，剿抚兼施，诸逆次第就戮，境内以平。咸丰九年，发逆石镇吉鼓众数万，谋由百色窜庆远，与大股贼赖拨皮者合兵到红江。公扼要害，挫其前锋，生缚石逆匹夫关，余党悉擒。遣子承烈献俘桂林，上功，赏换花翎，晋同知衔。承烈赏戴花翎，以同知升用。一门忠勇同时膺懋赏，远近荣之。同治三年，瑶匪蒙李旺勾结河池、兴隆、都阳瑶众以数万计，借立伪号，分道四出剽掠，势汹汹不可制。公奉檄督剿，家冒矢石[1]，不半月荡平，赏"勉勇巴图鲁"勇号。公既以勤，能受知遇，声望日隆，赏摄下旺、定罗、白山司，督办九司团练，又赏摄土田州事。乌龙岗之乱，一再平之。瑶难隘距司治百余里，苗逆伪号十王爷者，率众十余万，趋隘下。公以亲军三十人先至拒守，贼仰攻一昼夜不得上。明日兵集，大破之，遂潜从他道遁去。公历戎行四十余年，身经数十战，所向有功。顾苦兵间久，干戈甫靖，即设义学，训所属土民，文风大振。又延名师课诸子，先后食廪饩登贡举者踵相接。不数年，遂以文字起家，为时望族。光绪壬午年，卸司务于承熙，徜徉山水间五六年，竟以光绪十三年十月二十九日终于正寝。

呜呼！自封建废而士大夫无世官，由来旧矣，而历代羁縻西南诸蛮之策，往往师其遗意，假以爵禄名号，使彼大姓以自相统摄。有明踵元故，事大为恢，拓自巴蔓以东及湖湘岭峤数千里，分别司郡、州、县，额以赋役，供所驱调，即有溪、峒、蛮、獠，顽梗不驯之俗，为帖然效顺，恪奉朝命，法至善也。虽其间叛服不常，诛赏互见，而二三武健魁奇之辈，猝有缓急，类能执干戈以卫社稷。故石砫一司至以一女子提孤军从万里外慷慨勤王，为诸将帅先，则土官土吏之设不，诚为国家之藩篱不可少哉！如公者，以经世之才崛起偏隅，上承祖父基绪，自前民迄我朝二百余年[2]，恪供厥职，莫不芟除大难，用固边圉，以和辑其人民，安定至今遂屹然为重镇。且以其暇，修庠序之教，广诗书之泽，使千百年榛狐之俗蒸然丕变，而其子若弟又各守其家法，以文章经济闻于世。然则公之教家以教其民者，实为中朝士大夫所不能及，岂徒区区以武功显哉！

公卒年六十有五，子男四人。承烈花翎，粤东候补同知，养疴旋里而卒。承熙廪贡生，袭职，承煦乙酉科拔贡，承照壬午科举人，承熏早世。永春、承煦为同年友，以知县分来广西。去年夏，奉役思恩，道出安定，得登堂拜公。承熙以永春年家子，状公行谊，请表于墓，将以光绪十四年二月十四日葬公于柱岭之原，因为文，俾勒诸碑石。

包侄承焘书丹。

光绪十四年岁次戊子二月十四日。

【校勘记】

[1]"家"，据句意疑当作"亲"。

[2] 前民，据句意疑当作"前明"。

题"绿岑仙谷"

题"绿岑仙谷"

【题解】

位于都安县安阳镇(即今都安县城)西北绿岑山连峰腹岫石壁。篆体。每字径高 4.6 米,宽 3.13 米,笔画宽 0.26 米,笔迹深度 0.15 米,每字面积为 14.4 平方米,系安定土司后裔潘逸仙民国十二年(1923)手书,并请匠人镌刻于此,今完好无损。石天飞 2012 年访。资料提供:黄宇。

潘逸仙,都安人,安定土司后裔,具体生平不详。

【石刻全文】

绿岑仙谷

题"福寿"

题"福寿"

【题解】

位于都安县安阳镇(即今都安县城)翠屏山左侧腹部福寿岩洞前石壁。楷体。"福"字径高 73.43 厘米,宽 78.49 厘米,"寿"字字径高 100 厘米,宽 73 厘米。石天飞 2012 年访。资料提供:黄宇。

李画新(1890—1950),原名李奇,广西南宁人,曾任国民党广西省第 4 区行政督察专员兼保安司令等职。

瑶族石刻辑校

【石刻全文】

福寿
李画新题。

题 "福寿岩"

题 "福寿岩"

【题解】

位于都安县安阳镇（即今都安县城）翠屏山左侧腹部福寿岩洞前石壁。草书。每字字径高 60 厘米，宽 55 厘米。刊于民国三十一年（1942）。石天飞 2012 年访。资料提供：黄宇。

梁方津，时任都安县长，亦曾任象州县、平南县等地县长。著有《荔江唱和集》《象台唱和集》等。

【石刻全文】

福寿岩
民卅一年县长梁方津题。

读福寿岩梁县长题字感赋

读福寿岩梁县长题字感赋

【题解】

位于都安县安阳镇（即今都安县城）翠屏山左侧腹部福寿岩洞前石壁梁方津所题 "福寿岩" 摩崖旁。楷书。民国三十二年（1943）刊。石天飞 2012 年访。资料提供：黄宇。

磨□，都安人，生平不详。

【石刻全文】

读福寿岩梁县长题字感赋
邑人磨□
地以人传易得名，林泉逸趣见高清。

忧民忧国贤侯志，乐水乐山隐士情。
字刻岩边留古迹，诗吟物外慨今生。
跂首览胜登临客，触景兴怀孺慕萦。
平南梁朝森书。
民国三十二年五月十五日。

邑人诗一首

邑人诗一首

【题解】

位于都安县安阳镇（即今都安县城）翠屏山左侧腹部福寿岩洞前石壁。

【石刻全文】

……
胜境天开倚翠屏，今朝欢聚若人星。
□□百级通嶒峭，紫翠千峰入杳冥。
□□□□□□□，□□□□□□□。
江山点□永□□，登寿□崖更□□。
邑人……

咏登寿亭诗

咏登寿亭诗

【题解】

位于都安县安阳镇（即今都安县城）翠屏山左侧腹部福寿岩洞前石壁。因原刻"凿开山径"刻有乙正符号，因而直接释文为"山径凿开"。

【石刻全文】

咏登寿亭
岩修未几长莓苔，点缀仍须贤宰来。
山径凿开成砥道，登临仿佛到元台。
卅□九。

瑶族石刻辑校

题福寿岩诗

题福寿岩诗

【题解】

位于都安县安阳镇（即今都安县城）翠屏山左侧腹部福寿岩洞内石壁。洞内石壁石刻共 7 处，呈一字排列。此为其中一处。其余难以辨认。

【石刻全文】

题福寿岩

门外千峰合，岩成不老□。

梁公□□□，增开一城新。

□□□

中华民国……

司马桥碑刻

司马桥碑刻

【题解】

立于都安县地苏镇新苏村司马桥边。该碑刻有《地苏司马桥序》、《地苏司马桥记》、《司马桥边凉亭记》和《竹枝歌》一首。刊于民国二十六年（1937）。全碑共1500多字，碑高150厘米，宽95.8厘米，楷字，字径约 3 厘米，稍大者 4.5 厘米，稍小者2.5厘米。资料提供：黄宇。

【石刻全文】

地苏司马桥序

县属南区地苏圩西畔司马桥，前卅年

石工韦永吉所创建也，而命名为司马者，谓司主及马四也。精致坚固，与县城东畔之永济桥相若。永济桥为司主潘梧所创建，费镪以万计，而人民裹粮服役二日，不与此数。我司马桥费仅二千元而葳事，虽工程浩大不及永济桥之半，石工取值最廉，亦足见一斑，夫为一司主惜耗费钜资以普渡群生宜已。区区一石工游学归来，聊思奏其技艺，卒能成兹善举。使人人如石工，其利赖当何如耶？当时倡议者圩中马和芬、杨毓英、村中蓝公行等皆踊跃输将，乃除司主潘启基捐百元外，多不过二三十元而已。用度省节，当归功于石匠无疑义！去年地方集众醵金千元有奇，兴筑石路于圩外，历桥以达，各村团务茝。余巡视各区，此而功适成，喜此间人士好为方便，有是桥复有是路，可谓相得益彰矣！区小学校教员韦成亨文士也，述其始末，爰代作司马桥路序。

前清赐进士出身、诰授奉政大夫广东补用知县，现任都安县知事李寿棋撰。时在民国十五年七月，序于南区小学校。

竹枝歌一首
大桥费近二千银，工价便宜最可人。
有记编归令有志，当年善举免沈沦。

地苏司马桥记
距地苏圩里许有石桥一座，名曰司马，为都安县城通都兴区孔道。桥分三拱，长十五丈，宽一丈二，高三丈。表里纯用青石构成，工甚精致，体亦坚牢，为全属罕有之建筑。余于民纪二十三年冬，奉令来长安定区职，区治设在地苏圩。公余时到桥畔审视工程，知非易举。每遇长老，辄询斯桥建设岁月，首倡者为谁？款从何集？名从何来？备悉斯桥在未建之前，为筏渡，为木架，更相为用。每遇水涨，过者咸有忧色，溺亦时闻。至清光绪二十四年岁次丁酉，始有圩中善士马君和芬、杨君毓英及村中善士蓝君公行等，倡而建之，易木为石，兴工于是年秋，迄次年春落成。资之筹集纯由民众踊跃乐捐，公帑丝毫不假。综计捐资，所入得银二千元有奇。初以捐款无多，拱桥费巨，深虑不敷，拟改拱为墩，上敷石板，聊便人行已耳。随有石匠覃永吉性慷慨，愿取廉价二千元包建石桥三拱，盈亏在所不计。众韪之，因命兴工按图建造，后果工满人意，不负所言。工既竣，商所以名桥者。时圩中有陈绅肯堂，拟以三星名，谓桥砌成三拱，有如三星之拱照焉。后安定司主潘公谓陈绅以名诸生，官至州司马，诚吾乡杰出人物。兹适解组锦旋襄斯美举，曷即以司马名之！地以人传，其流不当益远耶？金曰善，因名之曰司马桥，桥之得名以此。余维都安在四十年前，一边远之安定土司治耳，其政治文化虽略逊于州县治，然而人民之好善乐施、急公好义，拟之州县治则未遑多让焉。观斯桥者，非但可以兴奋，并可以征斯县之民风丕爱，已在司治之前，不在县之□始也。余以都封下车来此，供职半载于斯矣。对于当今四大建设，愧未能施行一二，言念及此，益见斯桥之成倡者、助者、建者，其贤益皆过余远甚。用不揣固陋，勉循诸故老之请，纪斯桥之兴造始末，揭之桥畔以劝来斯。至当日捐资人姓名，因四十年来迭遭兵燹，捐部缺如，倡办人亦先后物故，稽考无从寻之，故老言亦不详。谨悉司主潘公启基捐银百元为数较多，例得并书于石云。

现任都安县安定区区长前广东保安县知事武鸣韦鸿恩撰。

司马桥边凉亭记

大桥有大碑，必以亭为庇，非徒以便行人之休息，而并以防莓苔之侵蚀碑也。然此亭者建于三年前，碑刻于三年后，其故何哉？盖李公寿祺作桥路总序，询诸故老，据事成书，不词费不假借也。或谓不宜归功石匠。观总序中有喜此间人士好行方便，有是桥复有是路，可谓相得益彰之语。而李公之意非以众人为主石匠为宾。平越十年，韦公鸿恩来长是区，作此亭，另作桥记，其中则曰："都安在四十年前，一边远之安定土司治耳，其政治文化虽略逊于州县治，然而人民之好善乐施、急公好义，拟之州县治则未遑多让焉。观斯桥者非但可以兴奋，并可以征斯县之民风丕爱，已在司治之前，不在县治之始也。"长言咏叹词藻纷披而不远，遽刻诸石者，殆有待于舆论公平乎？抑如平淮西碑，韩吏部所作后，其碑遭仆而命段文昌改作乎？昔苏内翰于平淮西碑有诗曰：淮西功业冠吾唐，吏部文章日月光。千载断碑人脍炙，不知世有段文昌。今乡长□□□刻李公总序于石，以此亭为其所庇，意重韩碑，不弃段碑，亭亦可如日月之光矣！韦元伯撰及新兴村村长韦□□谨识。

九送村□尊爵敬书。

中华民国二十六年岁次丁丑六月二十八日立碑。

广西大化县瑶族石刻

题"瘴地灵岩"

题"瘴地灵岩"

【题解】

在大化县贡川乡龙眼村龙眼洞。清嘉庆元年（1796）刊。石刻高140厘米，宽40厘米。"瘴地灵岩"四个大字居中竖排，楷体。每字字径约30厘米。落款时间在右上角，小字，楷体；题名在右侧，楷体。

龙眼岩又称黑岩，距龙眼电站约一公里，与平果县凤梧镇东部接壤。岩洞呈东西走向，贯穿山体，是山之两侧村庄的通道，长约200米。东侧洞口宽敞，洞口右侧是道路，左侧则是台阶；西洞口较狭窄。因洞内阴森幽暗，当地人又称之为"黑岩"。民国二十二年修《那马县志草略》载："黑岩，县西北一百二十里，为贡川堆圩往来之孔道，其内宽广，光线不足，行人过此，视入岩内，隐约见有二石笋，其高丈余，遍有刺毛，状如铜针，阴水由岩顶滴下，石笋毛刺浑如重露，凝于箭猪刺毛。又有石龟、石牛、石羊、石田等物，中又有石床，有石人眠于其上，形象奇特，惜在深山小路，终古埋没而不传。"知此地风景实佳，但地处偏僻，人迹不多，灵岩虽幽美而被长期埋没。

从东洞口入内约数50米右侧一巨石似钻地而出，即是"瘴地灵岩"诗壁。诗壁呈梯形，下底宽约2.5米，上底宽约1米，高约1.5米。中间题

"瘴地灵岩"，两侧是唱和诗文。"瘴地灵岩"中"瘴"字上部有些许缺损。石天飞、覃阳雪访碑。

【石刻全文】

瘴地灵岩
嘉庆元年仲春月。
馥亭黄桂题。

瘴地灵岩题诗

瘴地灵岩题诗

【题解】

诗刻大化县贡川乡龙眼岩"诗壁"，分刻"瘴地灵岩"题刻左右。应均刊于清嘉庆元年（1796）。共 16 首，其中 15 首较为完整，1 首残缺，作者有黄桂、黄绵等多人。最末"嫌里径"诗刻多处残缺，仅存数字可录。《大化瑶族自治县志》载此有石刻诗 13 首，数据有误。2019 年石天飞、覃阳雪访碑。

【石刻全文】

群峰耸峙碧摩空，偕伴同游到此中。
瘴地灵岩千古迹，今朝凭眺忆宗功。
馥亭偶题。

灵岩佳景本天之，携手登临兴倍浓。
细味此间无限趣，何须蓬岛访仙踪。
馥亭戏墨。

徐步深岩上，清幽别有天。
奇形疑猛兽，怪石类飞仙。
明暗千重谷，氤氲万缕烟。

徘徊观不尽，临去尚流连。

灵岩出在万山中，岭下回环一径通。
谩羡天台多胜迹，谁言此处逊瑶宫。
生成石柱历今古，高卧仙人沐雨风。
此日登临欣共赏，聊将短句寄崆峒。
黄绵再题。

相约寻春到此间，临岩游玩兴悠然。
留题愧我无佳句，勉步芳踪续后偏。
敬堂黄渭源题。

造化生成一洞天，灵岩胜迹古今传。
中分砥柱玲珑巧，旁列丹崖碧翠鲜。
涧里嫣犹仙手合，盘间妙似骁龙眠。
赓扬世主追佳景，赏玩怡情造画焉。
悦服农以升题。

山洞景清幽，岚光射碧流。
二三予小子，随侍主人游。
童子：韦意、黄荣、陆政、黄楼联句。

漫寻蓬岛问缘由，瘴地灵岩景倍幽。
峭壁日临光永射，丹崖雨过画终留。
奇石宛似仙人像，滴蕊结成罗汉洲。
千古赤松迹尚在，临风瞻眺意悠悠。

图画本天工，临风看不穷。
挥毫多有趣，何敢赛诸公。
八峰黄缤题。

山川奇景本天工，览到灵岩更不同。
仙子浴池堪想像，还欣曲径任中通。
邕城马逸槐题。

灵岩通出异群峰，山下玲珑曲径通。
造化生成幽雅地，此中真趣玩无穷。
忠诚黄士纲题。
上林县黄兵、石匠于义高

何况登真境，岩中别有天。
凝眸多艳丽，凭眺意流连。
□□峰黄□题。

忆昔甲壬向此过，三经岁月易消磨。
野花相识迎人笑，林鸟无心日自歌。
山水有缘容再到，风光不改趣偏多。
观游未尽归来晚，明月苍苍照壁萝。

不惮山行远，逍遥物外天。
拨云入古洞，携手陟高巅。
对景尘心寂，挥毫诗兴添。
固言同志者，勒□□□□。
……重游再题。

嘉庆丙辰元年仲春，予偕馥亭□孙因公赴都勉，彼于公余之下，邀诸弟□闲□灵岩甫旬日，即有贡村之行，取道此中，偶占一绝，拂壁挥毫，聊志余怀之缱绻耳。
春游未倦促登程，策马岩中坦道行。
待到明年花发候，山前阴处听莺鸣。
亘文黄绵书

□嫌里径……亦琪行徒夫嗟……欢乐声……

岑公庙题诗

岑公庙题诗

【题解】

摩崖于大化县大化镇亮山村岑公庙所在岩洞内。岑公庙是为纪念明永乐间思恩知府岑瑛。今洞中石壁有民国间摩崖"岑公庙"。黄有伦、莫如根各题七律一首，清道光七年（1827）刊。黄有伦、莫如根生平不详，据诗之落款，黄有伦为"总管"，莫如根为"总理"。2019年石天飞、覃阳雪访碑。

【石刻全文】

朝停瑞雾晚停烟，创业开基不计年。
追远边氓诚可格，恩高主塞报弥坚。
功勋自昔民归厚，享祀于今庙食绵。
几度觅翁询往事，夕阳路遇老人传。
总管黄有伦敬题。
又
不堪回首忆当年，造化生成一洞天。
奉我州侯追远祀，羡他黎庶慎终坚。
勋名永并山同固，灵应无边雨泽绵。
此日登临须纵目，四围圹野静蛮烟。
总理莫如根敬题。
道光七年孟夏月，恭奉世袭州侯来此都，劝谕边氓征收礼。因谒祭先州主于斯岩，并造作神台以便民祀，永垂不朽！
同事……石匠。

岑公庙再题诗

岑公庙再题诗

【题解】

在大化县大化镇亮山村岑公庙所在岩洞内。清道光七年（1827）刊。当中"共为祝"句，意为时雨跟着车子而降，比喻官吏施行仁政及时为民解忧。《太平御览》卷十引三国吴谢承《后汉书》："百里嵩字景山，为徐州刺史。境旱，嵩出巡处，辄甘雨辄澍。东海、祝其、合乡等三县父老诉曰：'人等是公百姓，独不迁降。'回赴，雨随车而下。""欣歌"句：比喻道德教化见成效。《论语·颜渊》：季康子问政于孔子曰："如杀无道，以就有道，何如？"孔子对曰："子政，焉用杀？子欲善而民善矣。君子之德风，小人之德草，草上之风，必偃。"

【石刻全文】

恭奉州侯到五龙，仙山卓立在当中。
三都敬仰民安泰，四季蒸尝庙食隆。
共祝随车时化雨，欣歌偃草暮来风。
开基自昔声名振，今古流传一本同。
总管黄有伦再题。因昔年在公勤劳，历逐风尘，经十余载而州主于道光五年已符袭例，叩荷皇恩颁赐明文世袭州籍差。予来斯劝谕边氓，四民知有所主，欣歌来慕。率各图保长等刻石不朽。
……（以下列各图保长名单，略）
道光七年四月廿一日刻石，并共造神台一座。

岜楼山碑刻

岜楼山碑刻

【题解】

位于大化县百马乡百马村境内的岜楼山顶石壁。清光绪二十八年（1902）刊。正楷。刻着36人捐银献劳名单，其中覃海清等31人每人捐钱六百文，覃永成等5人为以劳代银者。岜楼，在壮语中是"我们的山"之意。石天飞访碑。

【石刻全文】

克修厥后（碑额）

谨修山岩寨以避贼风而安居待平者也。所费工银即刻芳名于后，以永世不朽云耳。

覃海清、海□、老能、凤昌、耀宗、□□、凤英、老况、老噜、老贵、秀华、锦容、老山、海□、老白、老崇、海□、小燕……

光绪二十八年二月二十日立记。

题"温泉"

题"温泉"

【题解】

位于大化县都阳镇满江村一饮用泉口。光绪三十一年（1905）刊。"温泉"二字，阳刻，楷体，每字字径约80厘米。见《大化瑶族自治县志》第956页。

黄尚文，清末土官，生平不详。

【石刻全文】

温泉

光绪三十一年黄尚文作[1]。

[1] 三十一年，《大化瑶族自治县志》误作"三十年"。

征收田粮地租告示

【题解】

摩崖在大化县大化镇岑公庙所在岩洞壁。楷书，阴刻。民国元年（1912）刊。石天飞、覃阳雪访碑。

【石刻全文】

署理恩隆县长陆治，为出示晓谕事。照得田粮地租，本系正供，固不容锱铢蒂欠，亦不得锱铢浮收。本县长莅任以后，伏查县属第五区上下王镜四图民田地税粮钱，每年两忙，每图每忙，纳钱四拾仟文，四图每忙合共纳钱壹佰六拾仟文正，经丈伊始定有成案，第恐顽愚之徒不知征额之数，除饬财政课员以及征粮书记生等，设柜照额开征外，合行出示晓谕，为此示。希县属各花户人等知悉，赴柜照额完纳不得锱铢蒂欠。如有抗欠情弊，准该征粮生等指实禀究，该征粮生等亦不得额外浮收，致干查究，切切勿违。此示。

中华民国元年六月式号

告示

实贴下恩三都岩仙处晓谕。

题"岑公庙"

题"岑公庙"

【题解】

位于大化县大化镇亮山村岜仙山脚岑公庙，距大化县城约6公里。民国十年（1921）刊。岑公庙所在岩洞高4米、宽6米、深5米，"岑公庙"摩崖即位于与洞口相对的石壁上。整幅摩崖长约1.5米，高约0.4米，每字字径约0.4米。楷体，阳刻。落款居左，小字，楷体。因岩洞内石壁有三首诗，内容与明思恩州土官岑瑛相关，此"岑公庙"当是纪念岑瑛而设。2019 年石天飞、覃阳雪访碑。

见《大化瑶族自治县志》第 956 页。

【石刻全文】

岑公庙
民国十年辛酉岁。

广西巴马县瑶族石刻

岩光更牌

岩光更牌拓片

【题解】

位于巴马县所略乡所圩村所圩街东北部巴别岭、所圩往干楼屯老路边,是清道光间罗廷连等为捐资修筑道路而立。清道光十五年(1835)刊。碑高0.9米,宽0.6米,厚0.17米。碑刻上部横刻"岩光更牌"四字。正文每字约0.13米,楷体,阴刻。文中之诗,字体略小,双行排列。石天飞访碑。摄影:黄大业;资料提供:郑植夫。

【石刻全文】

岩光更牌(碑额)

盖闻山川有海宇之分,四方有参嵯凹凸之殊,是以行人跋涉,山势有弯曲之别,往返徒劳。惟古往今来,天地生成,各尽心力而为之。自开辟之□,并无一人发善。兹余住居邻村,见门外河边有山名唤"咭更",崎岖道路连穿光岭而过,势若羊肠。其曲凹湾凸,怪石如刀,盘旋左右。凡过往艰辛,牛马出入,每多殒殇。过此经营,攀藤负葛,每扶持方可越,似此之难!余尝虑此,乐善捐资,催匠人胡世才修堑、打□、填壕,百计苦心,自咭更至岩光岭,一排尖刀崭岩之石,直至懺村马头,培筑成衢,永年不朽。不独牛马顺遂,且利千百万过往行人。即此更举,福有攸归,吾其愿矣!于是有感,兴诗一绝,

27

以纪其事。诗曰：

谩言艰道路不通，用舍行藏成大功。

此后不须攀藤葛，经营来往兴无穷。

□永□钱四千□百文，罗廷连助钱二千文，潘闰梧钱二千一百，罗□文钱二千五百文，黄廷玉钱二千文，罗□宗钱二千文，□□□钱乙千文，李朝美钱五百文，理事黄□钱五百文，黄瑞杰钱五百文，罗广祥钱五□文，罗□□钱五百文，□□财钱五百文，□□钱。

道光拾伍年岁次乙未孟秋月谷旦立。

甲略兰山寺碑记之一

甲略兰山寺碑记之一拓片

【题解】

位于巴马所略乡甲略村盘见屯东南侧甲略兰山寺遗址。清代刊，具体年份不详。据碑文，盘见屯原名"盘建"，清嘉庆元年始建，而寺庙当始建于嘉庆元年或稍后。此碑后部之诗有云"重建庙堂各样新"，知此为重建庙堂，年代则当更后一些，具体年份不得而知。巴马县文物管理所认为"甲略兰山寺始建于明朝嘉靖年间，清嘉庆元年重修"，当误。据调查，甲略兰山寺1958年被毁，80年代再次重建。现存房屋一进一院，总占地面积143.3平方米，共一栋一间，二台阶，硬山顶，砖木结构，小青瓦屋面。殿内供奉佛祖释迦牟尼、观音、玉皇大帝、岑怀远大将军等数尊塑像。90年代，又在该寺旁新建一水泥构件房屋一栋，将众佛像迁入供奉。石天飞访碑。

【石刻全文】

古者立社，夏殷周各树其土之所宜木也。嘉庆元年造村于此，名之盘建。从古树木为坛，继立厂亭。规模虽合，但四面无围，皆为风雨所飘，灯烛难亮。何如庙宇清洁，壮神光显，以表进献之诚乎？是以本坊乐善捐资，重修踊跃。砌砖以为坚固，鼎建壹亭，瞻观池鱼数尾，老少时时悦玩。侧起厢房，年年延师指示，受训英童豁达五伦而成庙焉，岂不善乎！虽非画栋雕梁，足以遮风蔽雨，亦有肃静可观。金扁恭颂与书，博厚配地明德，惟馨香之咸宜也！所以神莅益显，人敬愈虔。谨凛考之，人物财禄即添，四民安业胜意，实足征验地灵而人杰，集福无疆矣！为之诗曰：

　　重建庙堂各样新（下缺）

　　南宁府戥员黄曜甫谨书撰。

甲略兰山寺碑记之二

甲略兰山寺碑记之二拓片

【题解】

　　位于巴马所略乡甲略村盘见屯东南侧甲略兰山寺遗址。清代刊，具体年份不详。详见《甲略兰山寺碑记之一》。题目为编者所加。石天飞访碑。摄影：黄大业；资料提供：郑植夫。

【石刻全文】

建碑（碑额）

（上缺）今功业昭明青史，历朝□□田阳勋业显著，世□荫□盖□□□□□护国，殁则保境安民，精气光如日月，垂恩大似乾坤，自古奉为香火。□今□有庙堂四座，龙牌御灾锡福，保障体征。老幼心悦诚服，岁时祀事□明。但是坭墙屋一间将及倾颓，惟神显应，催出缘首，旋户向捐皆然，乐善从签，请匠烧窑砖瓦，办料鸠工。庙堂二座焕然彩新，清雅胜于前时。□然表勋，神明更胜前时。感应倍加，德泽于生民，理势昭然也。则境□安康，四民乐业，咏三多之句，诵九如之章，光景更胜前时，明□可知矣！为之歌曰：

　　神之格思兮生民永赖，敬服用情兮庙宇重新。

　　祯祥应兆兮牲醴酬荐，如在其上兮锡福无疆。

　　南宁戥员黄曜甫谨书。众信捐钱芳名列后：

　　缘首黄廷玉捐钱三十柒千文，欧阳□捐钱□拾千文，黄秉成捐钱陆千文，黄凤阳捐钱肆千伍百文，黄廷□捐钱一千五佰文。

廖学广钱壹拾□千文，韦永利钱□千五百文，财合店钱□千四百文，骆隆玷钱□千文，欧阳春钱□□文，韦龙惠□千□文。张□□、陆□学每钱□千□文，李□□、覃□正每钱二千文，廖学仁、黄河清每钱二千，饶学鹏□□千八文。

欧阳陈、何□□、周东亮、何公□每钱□千二百五十，李顺□、黄□□□千二百文，欧永良、黄世惠、欧阳珍、梁□、许公顺、蔡宏贵、罗公行、李公满、李卜□、卢三合、黄廷龙、李老四、李□、李□春、李元芳、樊□□、刘光记、黄利德、胡□全、陈日升、黄本恒、骆凤明、吴广春、韦猷聪、黄宏祥、陆明□、覃士□、罗老案、廖学义、□□顺。

永世流芳碑

永世流芳碑

【题解】

位于巴马县巴马镇盘阳村廷旧屯东侧。刊于清光绪二十一年（1895）。碑高1.38米，宽0.84米，厚0.135米。碑额"永世流芳"字径0.14米见方。碑文，13行，共334字，字径0.09米见方，楷体，阴刻。左下角人名较小较浅且模糊，难以辨别。碑面原坐北朝南，1941年本屯黄显伦在该碑背面为其子黄仲杰镌刻历史碑记，而把"永世流芳"碑面朝北、黄仲杰历史碑记朝南至今。石天飞访碑。摄影：黄大业；资料提供：郑植夫。

【石刻全文】

永世流芳（碑额）

溯夫盘古开辟，未闻有栽培文风之论。迨及从周相阴阳，而典则有要。梓潼文化，始标多士之成名。汉室武功，扶鼎三分之荡寇。而魁星慧眼，争看英雄入彀。笔星额点，好将旗鼓先登。财神聚宝，广润及乎村庄。俾尔亭寿，士习多兴，兄弟叔侄齐议，至辛卯年，择地创举楼阁，培植风水，延请木匠以起工，烧砖瓦而建造。奋志谋工五载，不惜多金，钱缗约费千余，以致告竣。幸此阁经营得地，龙仗虎伏，来脉亦觉悠远，峰头左旗右鼓。观山则排如猛兽，四都之峰秀多层；玩水则涌夫青螺，九曲之渊源有自。鸣鼓夜听，水声杂入书声。玉笋日看，山势培成文势。且阁之对面者，明塘月映，众星宛聚波心。阁之左右者，射斗文光，群峰齐来檐下。物华天宝，人杰地灵。征瑞气于千秋，培村脉于万代。诗书礼让，弥增凤岭之光。道德文章，即破龙江之浪。人文济济，卜青云之有路。笔阵巍巍，占科甲之缠绵。不诚人才崛起，文运中兴，胥赖此阁耳！共仰神灵之雨露，咸沾帝泽之甘霖。谨序。

本村首事三兄弟：武生黄桂华（于甲午年仙逝）、监生黄桂芳、黄桂心鼎建，其余包尾造作成就。收得助捐钱肆佰肆拾捌仟四百文。其田大小三块，买作地基，钱拾伍仟文。

率侄黄显新助钱贰佰仟文，职员黄有志选择并助钱肆仟文，堂弟黄桂珑乐助钱拾仟文，军功黄桂香捐钱贰拾仟文。

堂叔黄有良二千文，黄有法一千文，黄有来一千文，黄显安二千文，黄桂枝一千文，黄有朋一千文，黄卜保一千文，黄桂栋二千文，黄以呈二千文，黄以泗一千文，黄卜会一千文，黄有庆一千文，黄天补一千文、黄卜一千文，黄以廉一千文，黄桂馥六千文，黄卜茂二千文，黄卜恶二千文，韦官书一千文。

坡利村捐钱：黄有祥八千文，黄桂薰四千文，黄以票二千文，黄以连三千文，黄卜雄三千文，黄卜有二千文，黄卜群一千文，马卜尼二千文，马卜君一千文，马卜红一千文，黄有山一千文。

傍莫村乐捐：黄秉昌三十千文，武生黄秉刚十千文，监生黄秉□五千文。

问村捐钱：黄卜祥二千文，黄□荣三千文，黄总事一千文，黄以林一千文，黄卜立一千文，黄□□一千文，黄功□一千文，黄卜列一千文，黄卜平一千文，黄卜乙一千文，黄□□一□文，黄卜成一千文，黄卜□一千文。

苗村捐钱：黄卜受三千文，黄卜送二千文，黄卜雅二千文，黄受田花艮一员。

乐闲村捐钱：莫兴德拾仟文。

班当村捐钱：黄玉明二千文，黄有□一千文，黄永华二千文，黄永芳二千文，黄永康二千文，黄永昌艮一元，□□□□千文。

□□村：黄桂金□千文，黄朝□□千文，□陈□□□千文，□□□□□，□乃□二千文，黄祖□□千文，刘□清□千文，陈珠光一千文。

□好村：黄耀途□千文，黄衡申一千文。

□福村：黄永安二千文，黄永□二千文，黄永明一千文。

常□村：黄祖□□千文，黄祖□一千文，黄祖□一千文，黄祖□□千文。

□□村：黄□□一千文，黄卜□二千文，黄卜□一千文，黄□□一千文，□□□一千文，□□□二千文，□□花艮元，陈□山二千文，陈□任一千文，□□□一千文，□□□一千文，□□□二千文，□永明二千文，□□芳一千四百文，□□□二千文，□□□一千文，□□□一千文，□□□一千文，□□王一千文，黄□□□□□□，□□□□□千文，□□□一千文，□□□一千文。

坡下□：□□□□□□。

光绪贰拾壹年岁次乙未腊月二十一日吉时立碑。

黄仲杰历史碑志

黄仲杰历史碑志拓片

【题解】

该碑文刻于巴马县巴马镇"永世流芳"碑背面（详见"永世流芳"碑注）。民国三十年（1941），本屯黄显伦将其子黄仲杰留学事撰文刻于"永世流芳"碑背面，并把该碑掉转了方向。楷体，阴刻。碑题"黄仲杰历史碑志"居中，联在碑之左右两侧。石天飞访碑。摄影：黄大业；资料提供：郑植夫。

【石刻全文】

民国辛巳三十年泐立（额）

黄仲杰历史碑志

吾儿仲杰，自从幼小，秉性不凡，含育神勇。八九岁时，并无与乡间儿童作戏，夜勤诗书，鸡鸣而起。日间稍有闲暇之时，自由登高了望，旷览山河，其童性之行动若此。且承欢淑水，尽孝为先。龄及十二，自负笈到凤山县高小毕业，年十六考入百色五中。年二十，于南宁奉政府考升广东大学。民十五，由国府选送俄邦莫斯科孙逸仙大学，政治经济两科。毕业后，受俄国政府挽留，编辑汉文兼文化主任，而游历世界欧美各国十五载，于兹归国日期不远矣，并为后学者勉励之。

诗云：

民国十五赴游俄，浩气凌霄过海岳。

远望天涯何处问？怀瞻遗影有谁若！

田州一见分离后，平电三函汇款约。

欧美诸邦历普遍，幡然重振我山河。

父亲显伦忆题。

十五载离乡壮胆雄心出俄邦游历世界，

千百年抱志明身许国回中土力挽山河。

瑶民韦卜量等脱离关系执照

瑶民韦卜量等脱离关系执照拓片

【题解】

位于巴马县西山乡加而村朝马屯弄先坳上。民国十一年（1922）刊。碑高 0.65 米，宽 0.57 米，厚 0.10 米，碑上部横镌刻"执照"二字，碑文竖刻，共 23 行，681 字，字大 0.053 米见方，楷体，阴刻。石天飞访碑。摄影：黄大业；资料提供：郑植夫。

【石刻全文】

执照（碑额）

东兰县民军统领兼知事韦为癸给执。据事案：据武篆区那□石更峝猛长韦卜量、韦卜况、韦卜领、韦卜哄等呈诉，该峝山主陈有明、有和等为累难堪，恳准脱离而归团保事。窃民世居此峝，民之祖上原与山主陈有明、有和之祖上相与合，历来蒙其保护无异。迨陈有明、有和时代，欺民等愚顽无知，每年索民等供给。三十二条件稍有不从，即遭捆□吊打，不得不休。然竭民等终止之所入，尚不足填该有明之欲壑。小民何辜，遭此荼毒！且时常窥伺民等，稍有微□即乘机勒索多金使害，民等不能安其生业。至杂粮一项，该有明等以县署征收之名，其实均未报解粮，恶作中人可正。去年族内韦卜见因外居不遵索款，有明、有和遂将卜见打伤头额，曾蒙地方团保劝和，以后不准有明、有和入峝。

不料有明、有和忽于今年三月间，入峒索取卜见义父韦卜妹之钱数十千文。四月，又入峒再索卜见义父卜妹之钱又数十千文。义父且然，义儿奚让？卜见被索不堪，邀民卜量一同外出，请团保向其理论，有明等不准不理，转把卜见及民卜量捆□。民不已奔辕投诉，有明等再三拉传不到。邀恳宪天一视同仁，俯准民等与该有明兄弟永脱离关系，□□官□□接官辖，俾安生业，并祈恩施格外，将民等年缴山主有明等山规条件一概收销，请出示晓谕，准给执照收存为凭，□敢无矣！并呈苛待条件，民等请到署。据此查，此案悬搁□久，□经李前往传案并员密查前后，据报该□所呈苛待各件□属实。迨本知兹任，旋据该猺长韦卜见等□□□，经三次传案质讯。有明、有和等胆敢藐法抗传，现有苛索瑶民情弊、待遇□不平等，按照刑律三次传案不到不能其案悬。经于本月三日决席裁判，应准该猺民韦卜量等脱离山主陈有明、有和兄弟关系，所有苛待各条件一并收销，该猺民等格□该区团保民籍□，告外合行给照，仰即凛遵毋违。

　　□□执照者，团保杜连城、黄砺庄、黄安如、黄盖英。

　　右照给瑶长韦卜量、况、领、哄，准此。

　　中华民国十一年八月五日。

建筑万冈县立国民中学校记

【题解】

建筑万冈县立国民中学校记

位于现巴马县巴马高中校园内。民国二十七年（1938）刊。碑高 0.7 米，宽 0.54 米，厚 0.10 米。碑文共 11 行 294 字，字径 0.062 米见方，楷体，阴刻。石天飞访碑。摄影：黄大业；资料提供：郑植夫。

【石刻全文】

本县乃前百色恩隆、凤山之边乡，于二十四年划拨而定，文化落后不言而喻。玉怀去年二月到职，适奉省令与田东合办联立国民中学，指定校址，设于平马。查平马距本县二百余里，关山遥阻，莘莘学子就学不易，殊非为本县普及教育提高文化水平之道，因而呈请单独设立。未获邀准，复饬改与田阳联立，校址设于田阳。惟相距过远，仍无裨益。几经力争，始获批准。乃召集各机关，推选朱晖、宋永焜、罗朝祥、刘珖、石璧龙、韦汉雄、黄家声、□□□、黄荣金、陆福昌为建筑委员，并由玉怀兼任委员长。旋即成立委员会，加紧进行鸠工建筑。为时三月，第一期工程已告蒇事。当兹落成伊始，特将本校创办之经过勒之碑记，俾后者知本校创办之艰难，共同爱护并谋发展，地方幸甚！

贵县刘玉怀志。

中华民国二十七年拾月壹日。

题 "愚公移山改造中国"

题 "愚公移山改造中国"

【石刻全文】

愚公移山改造中国

【题解】

摩崖在广西巴马县所略乡大龙凤村老寨屯东北面 50 米沙弯垌隧洞口附近悬崖上，刊于 20 世纪 70 年代。当时大龙凤村群众为了开凿两条长约 1000 米的引水隧洞，鼓舞士气，于是在隧洞口附近的悬崖上镌刻此标语。距地面约 4 米，每字大约 1 平方米，阴刻。在隧道口的料石上也镌刻许多毛主席语录等标语口号。此是当时开展 "农业学大寨" 及全民大兴水利的产物，具有一定的历史意义，故予收录。石天飞访碑。摄影：黄大业；资料提供：郑植夫。

广西富川县钟山县瑶族石刻

林通通山题字

【题解】

位于富川县莲山镇莲山中学旁通山山腰。"涵虚洞"三字稍下刻"考槃石"三字，落款"大宋熙宁甲寅二月林通达夫题"。宋熙宁七年（1074）刊。"考槃"，盘桓，指避世隐居；《诗经·卫风》有诗《考槃》。光绪《广西富川县志》卷一载："通山，县东二十五里。其洞曰祥云。"并注："此即林御史归隐处。其读书及通山数处，镌刻诗字。"知祥云洞又称"涵虚洞"。

据光绪《广西富川县志》卷一；《富川瑶族自治县志》第 605 页。

林通，宋贺州富川县人，字达夫。仁宗时为御史，后弃官归。工诗，隐于富川通山、豹山。通山俗称鬼仔山、赖头岭。隐山又名豹山，位于富川县莲山乡莲山中学东南侧百米许，与通山相距一里许。宋神宗元丰四年（1081），林通在豹山一岩中题刻"潜德"，岩遂以名。《粤西金石略》卷四、清光绪《广西富川县志》卷一〇有传。

【石刻全文】

涵虚洞
考槃石
大宋熙宁甲寅二月林通达夫题。

林通通山题诗

【题解】

位于富川县莲山镇莲山中学旁之通山山腰。刊于宋熙宁七年（1074）。《粤述》《广西名胜志》记此诗刊于"元丰二年"，未知何据。《粤西金石略》注："行书，径三十。"据清顾国诰光绪《广西富川县志》和《全宋诗》，林通诗尚有《通山洞》一首，自注"在豹山"，诗云："为爱通山景致幽，携琴载酒任遨游。云封路径人烟少，翠拥峰峦树木稠。棋石闲敲偏自乐，新诗赋就顿忘忧。管他世上尘凡事，春自春来秋自秋。"

见《粤西金石略》卷三；民国重刊光绪《广西富川县志》卷一○；《全宋诗》第13册卷七四八。

按：清代金鉷雍正《广西通志》载："隐山在县东四十里，潜德岩在焉，宋林通归隐读书，岩中有林公石牀四大字。"清代闵叙《粤述》载："隐山在县东六十里，有岩曰潜德岩，上镌林公石牀四大字，元丰二年林达夫识。"曹学佺《广西名胜志》载："在县东六十里隐山，其中有潜德岩镌林公石牀四字，宋元丰二年林通达夫识。"以上皆云在隐山（豹山），盖因隐山通山相近而致。

【石刻全文】

林公石牀[1]
一榻涵虚洞，冈峦势若堆。
梦魂迷蛱蝶，枕簟锁莓苔。
白昼晴宵里[2]，清风明月来。
欲知卧云趣，不必意崔嵬。
甲寅识[3]。

【校勘记】

[1]"林公石牀"四字，《全宋诗》题作"石床"，据《粤西金石略》补。
[2]晴宵，光绪《广西富川县志》作"清霄"，误，据《粤西金石略》改。
[3]"甲寅识"三字，光绪《广西富川县志》无，据《粤西金石略》补。

林通题潜德岩

【题解】

位于富川县莲山镇莲山中学东南侧豹山潜德岩内天蓬盖顶，倒刻。《粤西金石略》注"潜德岩"三字真书，径1尺2寸；落款真书，径2寸许。刊于宋元丰四年（1081）。

据《粤西金石略》卷四；清光绪《广西富川县志》卷一；《富川瑶族自治县志》第605页。

【石刻全文】

潜德岩
大宋元丰四年辛酉八月林通达夫题[1]。

【校勘记】

[1] 光绪《广西富川县志》落款作"宋元丰辛酉年林通达夫识"。

题"灵溪喦"

题"灵溪喦"

【题解】

位于富川县福利镇雾溪村鸭母塘北面的本面山西南山脚的灵溪岩（又名读书岩）内。《富川瑶族自治县志》"文化篇"注岩高6米，宽3米，进深10米。楷书"灵溪喦"三字每字径15厘米。

见《富川瑶族自治县志》第605页。

【石刻全文】

乘头坊修设……林中桂
灵溪喦
□□崇宁四年乙酉岁……谨记。

灵溪岩醮会、设斋摩崖石刻

灵溪岩醮会、设斋摩崖石刻

广西富川县钟山县瑶族石刻

【说明】

在富川县福利镇灵溪岩（又名读书岩）内右边壁上。为宋代宗教信仰的醮会、设斋等规定内容，字径为2.5厘米。

【石刻全文】

为乘上乘头坊信善林中桂信祖蒙活溪庄灵溪岩记设会数，在丹灵观、高真观、崇福寺、灵溪岩、本坊观音寺设水□斋三会、黄□斋四会、罗天醮四会、七夕□帝斋二会，中元五百罗汉斋三会、十六罗汉斋一会。其余修祖父寺观功德、庆贺平安、荐亡等斋醮会，不具录。

大宋大观庚寅重九日题。

碧云岩记游诗并序

【题解】

摩崖在钟山县碧云岩。因富川县治原治所在今钟山县城，故收于此。宋靖康元年（1126）刊。《粤西金石略》注：诗字真书，径1寸，他字真书，径5分。摩崖左是乾道赵善政题名碑。诗中"飞舄（xi）"，意为会飞的仙鞋。《后汉书·方术传上·王乔》："王乔者，河东人也。显宗世，为叶令。乔有神术，每月朔望，常自县诣台朝。帝怪其来数，而不见车骑，密令太史伺望之。言其临至，辄有双凫从东南飞来。于是候凫至，举罗张之，但得一只舄焉。乃诏尚方诊视，则四年中所赐尚书官属履也。"南朝梁沈约《和谢宣城》："王乔飞凫舄，东方金马门。"

见《粤西金石略》卷六；民国重刊光绪《富川县志》卷一、卷十一；《全

《宋诗》第 72 册卷三七八二。

蒋燮，两宋之际人，生平不详。

【石刻全文】

碧云洞

汉室真人已驾鸿，空留洞府旧山中。

暮云融合元非镤，俗骨腥膻自不通。

束火杖藜深杳杳，袖椎敲石喜峏峏。

若为化作双飞鸟，得与郎官继此风。

白霞山、碧云洞皆富川佳处，而碧云去县南二里，中有数盘石，击之峏峏然，俗传为天师石鼓。其岩室深邃，非束火不能造其奥，信神仙之遗迹也。予遇暇，常与男耘、籽、泊，宜山罗功著、钜野程翰叔来游，因以鄙词记之。

靖康元年上巳日，仙乡山蒋燮题。

碧云岩记游

碧云岩记游

【题解】

摩崖在钟山县碧云岩。因富川县治原治所在今钟山县城，故收于此。宋乾道五年（1169）刊。碑文清楚。《粤西金石略》注：真书，径 1 寸 5 分。据拓片录。

见《粤西金石略》卷八；民国重刊光绪《富川县志》卷一。

赵善政，开封人，临贺郡丞，昭州知州，广南西路转运判官。

【石刻全文】

古汴赵善政养民罢权临贺郡丞趋八桂[1]，以乾道己丑二月十一日止富川，十三日拉邑宰共山张重起伯振丞、南城李绅元章警[2]、开封石士强宗周簿、舒城阮瀚北海，自披云亭过碧云岩，伯振命酒小酌[3]，款曲论情。是日也，风柔日暖，木秀花明，颇得一时之胜。拂石纪行，以为后日之省。汝奇、汝川、驹儿侍行。

【校勘记】

[1] 古沔赵善政，光绪《富川县志》误作"古赵沔善政"。

[2] 李，光绪《富川县志》误作"季"。

[3] 小，光绪《富川县志》误作"少"。

周英纠穿石岩诗

【题解】

穿石岩又称御史岩、读书岩、三倒岩、书字岩，位于富川麦岭镇月塘村周家自然村郎山山麓。或刊于宋德祐年间。岩口高 3 米，宽 2 米，进深 20 米。七律一首刻于进深 2 米处的左岩壁上。字径为 6 厘米，占面积为 3.2 平方米，系倒写、倒刻、倒读草书。

见《粤西诗载校注》（四）；民国重刊光绪《富川县志》卷十一；《富川瑶族自治县志》第 605 页。

周英纠，北宋理学家周敦颐后裔，南宋咸淳十年（1274）进士，官至给事中、国课御史。后归隐于穿石岩，号"拙林道人"。

【石刻诗】

穿石岩[1]

极判以来不计年，斯岩体朴本浑然。

凿开混沌鸿蒙地，透见明通公溥天。

老去投林得幽趣，困来枕石听潺泉。

时烹山茗供清兴，猿挂枯藤鹤避烟。

【校勘记】

[1]"穿石岩"题，据《粤西诗载校注》补。《粤西诗载校注》中此诗作者作"林通"，误。

平瑶碑

【题解】

碑原存富川县城关南郊古塔附近，明成化四年（1468）刊。见民国重刊光绪《富川县志》卷十一；《瑶族石刻录》第305—306页。

袁衷，明广东东莞人，字秉忠。正统六年举人。长于诗文。授户部主事，历知梧州、平乐、永州诸府，称廉明。有《竹庭稿》。

【石刻全文】

维景泰纪元春二月二十有八，富川灵亭乡下设源猺人盘性子作梗，纠合冷水诸源猺人廖八子辈，于是岁三月之初，走往邻封湖广江华、永明二县，会合彼处民猺王茂、何音保等，妖言煽惑，集众千余人，蚁聚地名八尺潒，置立巢栅，称伪胜道君王名号，将逞恶出掠以流毒乡邑。时寨下市巡检司缉之实白于郡邑，飞报镇守广西总兵征蛮将军都督田正，摘调指挥同知葛宗荫[1]，率领精兵往勦之。于时发踪主阅得藩省左参政四川钱公奂，既按察金事昆陵郑公观，乃于三月二十八日直抵其地，破其巢，斩获贼级六百六十有奇，俘获贼属男妇大小九百八十余口，仍委平乐知府王敬、富川知县羽云招抚其余党，俾复旧业，地方赖以安靖。迄今十九年，乃成化四年九月初吉，平乐通判南昌陈冕，因公务至富川，邑之耆老曾与是役者何逻、白瑾、毛珏，皆历道其事之详，而惜夫当时不有纪载以传于后，遂俯循民志，托予表着之，以勒诸山石之上，俾后人知捍大患之功有在也。因次第其实，并系以铭。

铭曰：

蠢尔小丑逞虎凶，啸聚草野如蚁蜂。

自立伪号称王公，呼群结党于邻封。

郡邑走急闻元戎，乃选士卒芟其踪。

藩垣大参才智充，出奇设策摧其锋。

一举歼灭真英雄，至今父老传无穷。

勒此铭章纪茂功，觇者正与燕然同。

明成化四年戊子岁吉旦立[2]。

【校勘记】

[1]"摘调"疑误，或当作"谪调"。谪调，指古代官吏的贬谪与选调。

瑶族石刻辑校

[2] 光绪《富川县志》无落款，据《瑶族石刻录》补。

汪若冰刻观音像

汪若冰刻观音像

【题解】

碑在广西富川县瑞光塔，观音像站姿，明万历三十二年（1604）刊。民国重刊《富川县志》：刻像仿唐代著名画家吴道子线画观音原像为蓝本。采用阴刻手法，线条流畅，仙形踏云而飞，栩栩如生。碑高 1.95 米，宽 95 厘米，厚 20 厘米，仙像身高为 1.33 米，祥云 5 朵。石天飞 2019 年访。

汪若冰，广西富川人，明万历己卯科举人，云南等处提刑按察司副使。民国重刊《富川县志》载：（汪若冰）墓位于富阳乡木樃村西面的大围塘、鹅塘山之南麓。1919 年重刻墓碑写"十世祖考中宪太夫特授云南按察使司副使汪公讳东园老太爹、妣奉屡封太恭人汪母毛氏老太奶之墓"。据此知东园应为汪若冰之字或号。

【石刻全文】

唐吴道子作。

万历甲辰季春朔邑人汪若冰刻石。

重修高田寺碑记

重修高田寺碑记

【题解】

　　碑原在富川县城报恩寺，后移迁慈云寺瑞光搭下。碑高1.78米，宽0.7米，厚12厘米。明崇祯元年（1628）刊。碑之中部断裂；部分文字破损，已不可见。光绪《富川县志》不录相关署名、落款，据原碑补；原碑模糊不可辨处，据《富川县志》补。石天飞、覃阳雪访碑。

　　见民国重刊光绪《富川县志》卷十一。

　　汪若冰，见前刻。

【石刻全文】

重修高田寺碑记（碑额）

富川县高田寺记

中奉大夫云南等处提刑按察司副使汪若冰撰文。

文林郎贵州□阡府推官邑人周烈武篆额[1]。

奉直大夫广东万州知州邑人□一公书丹。

　　按邑志[2]，白霞为白云山，世传汉羽人张道陵曾修炼于此，丹灶石臼存焉。下产丙丁姜甲乙艾，其叶颇异，盖福地云。寺名高田，创自我明成化乙巳，与在城报恩寺同一宗门，不啻辅车相倚。僧普静有徒二，致信住持报恩寺，致存住持高田寺，而存脉下曰惠珍，曰大伦，曰祥绣，曰道庆以及广懋，衣钵相传不乏。寺宇修于嘉靖辛酉，再修于万历戊戌。有田二十二亩，立寺户于一六都第六甲。迩者报恩寺中绝，广懋护印城居，而高田之产水激变迁，遂侵于豪右，山门亦就倾圮。夫田以饭僧，无田将无僧，则钟磬寂寥，一方古刹之谓何也？于是兢址履亩质于官，得归侵田。广乃募金庀材，大兴工程，殿门廊舍次第具举，鼎建法堂于殿前。经始于天启丙寅腊月[3]，落成于崇祯戊辰三月，凡再阅岁而工毕。费可若干缗，以徒明鉴承报恩，明阳守高田。盖琳宫增饰工用倍于前修，而鉴、阳分管二寺，居然普静、信、存之家范也，广懋之区画苦心如是哉！事竣乞余言以纪岁月，余谓佛者西竺之一法也，东汉始入中国，至唐昌黎氏辞而辟之不遗余力，然递诎递绅，如拨浮萍然。夫不能辟则姑存之，听其徒之缮修，固理势之必然者也，乃说者谓佛教助王化之不及而分吾儒之劳，若然，则不相害而相成，道之所不废也，修之诚是也。盖慈悲清净则恻隐峻絜之绪余，盖其息缘足以出世，而大觉接引，至举宇宙之巅连无告者，收拾而容与之，靡弃夫收拾穷民，先王不忍人之心，政所以兴也。为此说者，其议论甚大，其识见甚超也。盖至是而释子之功稍稍着人耳目，而害道之名亦渐以湔除。兹一言也，岂非救佛氏之慈航也乎？国朝自京师下逮郡邑，限披剃而不黜僧徒，毋亦采前说而裁酌之。彼道陵氏者依栖上饶，尚得世施符水，又何疑于阐飏宗旨也者？僧纲道纪并列互存圣代之仁，如天无不覆，规模宏达已然，则高田寺之修也，制之所不斩也。广懋此举，洵不泯哉！余为之记田租粮税，附勒碑阴[4]。

皇明崇祯元年岁在戊辰谷旦之吉。

【校勘记】

[1] 缺字当作"石"。明末，贵州布政司领贵州宣慰司及贵阳、安顺、平越 3 军民府并都匀、黎平、思州、思南、铜仁、镇远、石阡 7 府。

[2] "按"，《富川县志》脱。

[3] "月"，《富川县志》脱。

[4] "余为"句，原碑无，未知《富川县志》何据。

社公山题"吟所"

【题解】

位于富川县葛坡镇深坡村南社公山腰宝岩。"吟所"二字字径 40 厘米，阴刻。右边阴刻小字"邑令王海观为"；左边阴刻小字"诗人蒋拙堂书"。中华人民共和国成立前，离摩崖石刻 3 米处建有八角亭一座，现亭已毁。

见《富川瑶族自治县志》第 606 页。

【石刻全文】

诗人蒋拙堂书。

吟所

邑令王海观为。

朱盛浓知米题字题诗

【题解】

位于富川县新华乡井头湾村竹仔坳山巅石壁上，石壁离地面相对高度约50米，石壁高4米，长5米。石刻分两幅，右方是"知米"二字，刻于南明永历七年（1653），大书、横排、楷书，字径高1米，宽1.12米，阴刻入深寸许。"知米"两字是讥讽当时人只知食米，而不知抵抗清兵。"知米"诗刻对南明小皇朝的研究有一定价值。左侧小序一则并七绝四首，永历八年（1654）刻，草书、阴刻，字径10厘米。《富川瑶族自治县志》将"永历七年""永历癸巳"均注为1653年，误；"永历癸巳"应为1654年。即朱盛浓题字于1653年九月，次年秋天题诗。

见民国重刊光绪《富川县志》卷十一；《富川瑶族自治县志》第606页。

朱盛浓，《富川瑶族自治县志》载："为明永历王总督待郎。清顺治四年（1647）大兵破平乐，朱盛浓由桂林走灵川，后遁隐富川。常偕同仁数人游三辇村（即今新华乡新新华、井湾、东湾村公所辖区），爱其山石所镌。据传，朱盛浓宣传发动当地瑶汉人民抗清复明，可惜历经战祸的富川瑶汉人民，不愿从戎，无心政治。朱盛浓举事无望，只好题下了'知米'二字，意指当地人民只知米粮，不知政事。赋就抒怀七绝四首，愤然而去。"

【石刻全文】

知米

永历七年九月江夏朱盛浓题。

选石裁诗偶落名，
为他幽谷少同声。
倘能飞至西湖上，
更有三生一段情。

嶙峋罗列胜天门，
满眼青苍翠滴痕。

偶继昌黎千仞兴，
笔锋墨沉达昆仑。

削壁梯云好赋诗，
几行醉墨仗青藜。
山深不许凡夫见，
只许清风明月知。

漫说云根袖里收，
层层悬壑少人游。
直攀绝顶空宵汉，
定有萧湘一派秋。
永历癸巳秋江夏朱盛浓题并书。

改建石桥记

改建石桥记

【题解】

碑在富川县朝东镇福溪村灵溪庙旁碑墙。保存完好。刊于清嘉庆十六年（1811），楷书，阴刻。石天飞访碑。

【石刻全文】

改建石桥记（额）

稽夏令，杠梁岁时修举，人沾利济，毋庸褰裳。桥之资于行人，非自今□矣。村前溪水绕流，随建桥梁，以通来往。惟灵溪一桥，间或承祭，及瀚浴汲井，在所必由。前时资相漫架，虽堪蹑登，于历年无多，转遭毁圮。非有功令督率，仍虑心力难齐。今何姓两门，合商成议，改易石桥，藉垂不朽。随募捐助，此举遂成。将由是路者利康庄，登斯桥者占亨履，固宛然造一福桥也。聊弁数语，以志好善者。翼亭何振铎撰。

（以下相关人员名单略）

大清嘉庆十六年岁在辛未季春日谷旦立。

重修钟山镇城碑记

【题解】

原碑先立于今钟山县十字街戏楼西北方，后将碑封砌在戏楼，清康熙二年（1663）刊。嘉庆二十年（1815）重刊此碑，立于今钟山十字街戏楼西北方。碑文后半部"典史孙明祯至"只字不差"，据《广西石刻总集辑校》录。

见民国重刊光绪《富川县志》卷十一；民国《钟山县志》卷十五；《广西石刻总集辑校》第 458 页。

骆骥，号北超，黄州人，文林郎，举人，康熙二年任富川知县。

【石刻全文】

重修钟山镇城碑记[1]

富提封称县治，自汉元鼎六年然矣。距邑而南，镇曰钟山，龙平西界，冯乘东阻[2]，为三湘五羊之冲，城廓巍焕，人物骈臻，固与邑治相唇齿而称重镇者哉！兵火以后，城垣倾圮，长矛毒矢出没其间[3]，居民无以为卫，穴处崖栖，即无重门御暴克奠厥居之思，又非慎固封守设险守国之策。余壬寅冬荷天子命来莅斯土，往履其地，旧址依稀[4]，居人寥寥。于是召营官，命之曰："方今圣代鼎新，百废俱举，岂斯镇而可置之荒烟断草之间哉！况民失保障，贼得冲突，顾瞻吾人，其何恃而不恐乎？余其捐俸修之，鸠工计材，唯尔是任！[5]"乃令甫下而士民咸乐有此举也。慕义急公，三阅月而厥功告成，上之不负各上台缉理抚绥之意[6]，下之得惬吾民爱居爱处之情。揆诸《谷梁》所云"城者完旧，不时害义"，《易》云"不劳民，不伤财"，此情何如也？镇之始于明武庙豫章丁公[7]，再完于兵宪张公、谢公，重修于直指陈公，其按部安绥，吊死抚伤，更详且周也。若余也，兴复旧基，第云不堕昔人之志，而窃喜营官之不负吾志，而更乐士民之共成其志。虽砖石其固有也，木料灰瓦，余乐输也。而区划措置，赍赏鼓劝[8]，营官之力居多。今而后民其永保无虞矣，县治其克有赖矣，余亦乐与士民相游于无事之城已耳。若藐尔拮据，载之石碑，则余岂敢！则余岂敢！

文林郎知富川县事黄州骆骥捐俸谨识。典史孙明祯督工修理。营官李思宪，湖广衡州府加和县原任游击乡官、原任山东登州府莱阳县知县钟敏。原任桂林府灌阳县教谕周镮。原任贵州时扦府推官周列武。举人钟元辅。贡生周邦柄。贡生钟兆皋。贡生卢遵路。生员：钟觐圣、周壋、董天人、董汉英、钟大嵚、周士煌、钟元勋、周士经，钟兆璟，以上俱生员。生员：周士超、钟声邦、周士敏、周增、董文儒、周士吉、钟斌、周士炯，上俱生员。逸民：董汉儒、吴万廷、里排、钟兆璋、周文继、钟兆桃、周鸣岐、钟声韵、周士惚、钟兆远、周培、钟声响、周宗正、周鼎。街民：黄能焕、张德宁、彭必昌、周克羲、彭承裕、周明理、钟声显、梁材、陈宗伦、吴万应。东莞客商张拱星。男生员张翼。儒生：周均、周凤岐、钟声鼎、萧国鸾、覃起芝、李维枢、唐魁。防守富川守备曾道恩。廪生：庐起雯、卢超万、左汉元；蓝山客民：黄思诚、陈经猷。九团乡约：龚升科、麦子绅。十长：车启秦、龚啓厚、苏通、韩胜美、梁遥、王君臣、邓立□、赵文高、李胜讃、白雷华、于任奇。

康熙二年岁在昭阳单阏则且月日缠鹑火之次吉期立。

营官李思宪书。楚南石匠王玉寰。

嘉庆二十年岁在乙亥阳月中浣谷旦立。

右碑在十字街西楼戏楼底西北方[9]，后因重建戏楼将碑封砌在内，今将原碑刷出重刊，只字不差。

【校勘记】

[1] 碑题民国重刊光绪《富川县志》作"重修镇城碑记"，民国《钟山县志》作"重修钟山城记"。

[2] 冯乘，光绪《富川县志》误作"凭乘"。西汉置冯乘县，治今湖南江华县西南，属苍梧郡，三国吴属临贺郡，隋属零陵郡，唐属贺州。北宋开宝四年（971）废入富川县。

[3] 没，民国重刊光绪《富川县志》误作"殁"。

[4] 址，民国重刊光绪《富川县志》作"趾"，当误。

[5] 尔，民国《钟山县志》作"汝"。

[6] 缉理，民国《钟山县志》作"辑理"。

[7] 镇，民国《钟山县志》作"城"。

[8] 劝，民国《钟山县志》作"励"。

[9] 西楼，二字疑衍。

骆侯平寇遗爱碑

骆侯平寇遗爱碑

【题解】

碑在广西富川县慈云寺，清康熙三年（1664）刊。碑文多漫灭难辨。骆侯即骆骊，文林郎，湖广举人，康熙二年任富川知县。石天飞、覃阳雪访碑。

【石刻全文】

骆侯平寇遗爱碑（碑额）

本县太爷懿德碑

侯讳骊，号北超，湖广黄州……从来教化大行之世而遣……代而不□代无之，总不足为盛德……侯莅任富邑，甫及岁余，弦歌教化……天讨康熙三年之春□□月大兵……怀脱巾之忧，赋出加□深切□裘之……侯之能执肩其任？用是朝谋夕虑，费心……昔之摩仁渐义者固已……侯之德今而盘根错节为人□念，侯之才，才隆德懋，中心藏……

康熙叁年闰六月。

广种福田碑

广种福田碑

【题解】

碑在广西富川县慈云寺，清康熙五十六年（1717）刊。石天飞、覃阳雪访碑。

周德滋，康熙间广西富川人，贡生。

【石刻全文】

广种福田（篆额）

佛之为教，不与俗同，所有无奈，而有世法之说，故常住募赀鸠、崇识会不也焉。世或缘是为祝吾亲，地虽迄人，其人犹不至尽其类者，毋亦可太平清晏颂祝之劝耶？邑之观音阁印然于古浮屠下，当富江之冲，砥中流迫近城廓，经声佛号摩荡，川岳之灵蔚起，人文荡涤，邪秽固其所，则昔之建是阁者，岂第传灯之设也！后之为忠孝劝者，大布其常业以颂焉，此之不可不志也。僧所谓自了者，竭募余以置常住，此可为传衣者劝也，不可以不志也。岂但昭揭片慷以垂不朽，与其布施姓氏亩坵僧所募置，用列于碑。

贡生周德滋撰。

信生士萧兰、馨、馥，为母熊氏施到土名大龙井松栢窝塘水田壹分，租禾壹仟陆百斤，共大小拾壹坵。白浪车田壹架，租禾壹仟陆百斤，共大小九坵。小水牛□田四坵，工客田一坵，□□□锅塘一口，四年轮放一次，共额民税贰拾肆亩柒分陆厘正。同见叔祖萧美卿、仁卿，住持僧清懋师徒买到上九都七里何当丰、极御二户共祖遗土名禾仓岩观音阁头车田一架，价银肆两，租禾三把，每把十二斤粮，禾四十斤粮，银乙钱五分，原额民税乙亩正。户丁何第、广平、宣远、邃远、应荧共施银乙两四钱正。同见萧仁卿、地坊、吴应，中人吴邦枝、周文宗、李吉昌，僧清懋，徒净其、净三、净蒲、净寰，孙善也。

佃人罗志然、邓鼎、顾永远耕种。

康熙伍拾陆年岁次丁酉拾月初四日立。

石匠白文几、炷。

奉县封禁坑场碑

奉县封禁坑场碑

【题解】

碑在广西富川县慈云寺，清雍正十年（1732）刊。石天飞、覃阳雪访碑。

【石刻全文】

奉县封禁坑场碑（碑额）

湖广永州府江华县正堂郑，广西平乐府富川县正堂刘，为棍徒盗洗矿砂壅害禾苗永行封禁事：照得矿坑久奉严禁私采，太平法纪，兹本二县访查，不法棍徒在于黄牛垚、清水江二处山坑，胆敢违禁刨洗矿砂，以致砂石随水壅流，殃害禾苗。棍徒作奸，农民失业，殊堪痛恨。除现在密拿，并已往不究外，合行出示刊石永禁，为此示谕两县民及附近坑场居民人等知悉。嗣示之后，无得私行刨挖。倘有不法棍徒仍蹈前辙，许尔附近千长、寨老、月甲人等立拿解赴本二县，按律究拟，尽法重处。各宜凛遵毋违！特示。

雍正拾年捌月廿三日示。发倒水源、四张坝等。唐海启，周明荣，唐明质、尚日、芳侣，何道志，唐福棠、鲤鲲，唐光儒、文瑞。

移建文昌阁记

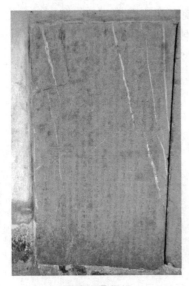

移建文昌阁记

瑶族石刻辑校

【题解】

碑在富川县慈云寺，清道光二十八年（1848）刊。现碑文完整，字迹清晰。石天飞、覃阳雪访碑。

罗成纶，今福建南平人，道光间先后署广西富川、雒容。

【石刻全文】

移建文昌阁记

道光戊申，富邑文昌阁告成，董事诸绅以是役系余倡首，走伻来雒，乞余志其事泐示来兹。忆昔余在富日浅，凡一切修废举坠之事，咸有志而未逮也，而独于缮城池及是举，则万有一焉。夫为国牧民而不能崇文教以教民，宰之耻也。余于富川，岂敢云教？第公余偶暇，辄进邑之髦士而启迪之。顾富邑人文经数十年不振，其不振余不敢知。曰士习之颓，亦不敢知。曰上之人无以为教，有精青囊者谓邑文昌阁地形卑下，文风颓坏，职是之由。夫以人事之不齐而归咎于地脉，其说谬矣。然旧阁久经风雨，实将朽蠹，不重建几无以妥神灵，用是捐廉倡首，进绅士而相与谋之，乃改卜城西隅，令绅士督工移建。而余迁任雒容，去今阁既经告成矣！余不获于春秋时祀再登是阁而瞻拜之，然喜富邑诸绅士之能相与有成也。异日邑中贤俊因崇隆之在望而想见吾儒之德之崇，由是诚以植其基，仁以培其本，义以立其干，礼以引其绳，积小高大，进而日增，则夫人文之起，虎变而龙腾也，庸可量哉！方今文教昌明，僻壤穷陬，弦歌殆遍，富虽边陲僻处，夫非犹是文物声名之地也耶？

矧今阁新构，神既得所凭依，则穰穰简简，其降福当何如矣？余喜富邑诸绅士之能相与有成也，足以补余在富时修废举坠之所未及。余愧无德政，不能教民，而窃于是举也，欲崇文教以冀富邑之人文蔚起而为之兆云。乃于簿书余隙，焚膏夜坐，书其始末，付使者归示诸绅，镌诸石。是役也，费钱壹千捌百千有奇。自道光丙午年仲秋吉日兴工，至道光戊申年仲秋吉日事讫。头门一座，正殿一座，阁三层。董其事者，贡生欧阳春，廪生毛斌，增生何品特、毛启先，庠生李宗靖、蒙锡璜、李邻昌、汪滋桱、毛文林、张羽仪、汪澧川、程焜、汪滋梅、蒋蕃、李浩然，及拔贡汪滋杏，及廪生龙光宇、周召南。而倡首则前署富川县知县罗成纶也，附书于此。

钦加监提举衔署雒容县知县前署富川县事芝城罗成纶撰。（印二）

邑庠廪生周召南书丹。

道光二十八年岁次戊申桂月吉旦。

奉县勒碑

咸丰元年奉县勒碑

【题解】

碑在富川县慈云寺，清咸丰元年（1851）刊。现碑文完整，但正文字迹较小而模糊，故暂从略。"奉县勒碑"位于碑左文末，竖排，大字，与一般碑刻之碑额相似，而排列颇异。《富川瑶族自治县志》注：碑高97厘米，宽65厘米，厚13厘米。阴刻楷书，字径2.5厘米。其内容属富川三乡绅民呈送官府的公议章程，要求官府按亩征收租税，禁革官吏妄索多取的腐败现象。公议章程条文共5条。石天飞、覃阳雪访碑。

【石刻全文】

······

咸丰元年十二月三日公立。

奉县勒碑。

乐里团三甲平凑公项章程奉县勒碑

乐里团三甲平凑公项章程奉县勒碑

【解题】

属"福溪碑刻"之一，位于富川县朝东镇福溪村。现因嵌于墙上，碑左下部为水泥覆盖。《富川瑶族自治县志》载此碑刻于清同治元年（1862），其中"慷慨陈词，要求官府按章征兵米，不许妄索"。

【石刻全文】

乐里团三甲平凑公项章程奉县勒碑

具禀呈人乐里团福溪村团总何廷翰、团长蒋中学、何福海、何志庸等为请式分理以便办公，恳恩批准而免重累事：缘民村与油草、沐龙诸村历分三甲，油草一甲，沐龙等村一甲，福溪一甲，经载《邑志》可考咸丰元年八月办。周□德、陈洪范、周南士、□宏业、团长周弼、陈有传与民等齐集"报德庵"，商议团规，凑办公项章程，□论不一，照《□志》考定[1]，公议三甲平凑，今因适宜□□主□令□长塘源联络一团，凡团内造□□帜公用，各甲照依成规凑办。

咸丰五年八团合□佐治，因议立总局，经费民村□□各甲无异。至同治元年，军粮油草、沐龙诸村添设，团总周兆凤、周任贤、陈显和、周□□、荣烈等，恃矜变乱成规，并言民村粮大两□凑办，村□不允，请八团□总毛诗、蒋世□、□□等理论，团总仍照三分平凑□□。团总不遵明示，反以包庇抗□，谎禀县□□□田土毫厘造册，并无隐匿，岂不见本□军粮现有成规派凑，岂容变异似此？希□□□□□人劳。兹幸宪临，乞转详县主饬令批准，以免重累。若不清历旧章，直陈□□恐误公，于咎不浅。为此，谨禀委宪，合大人阁下，□乞作主□□县主，拟□□富川县正堂景批，查油草、沐龙、福溪诸村历分三甲，自应按照旧章，仍着三……采其有利用……规……无得……

同治元年十二月二十三日禀。

【校勘记】

[1] 据前文，缺字疑作"邑"。

题 "山水之腴"

题 "山水之腴"

【题解】

刻于富川县城北镇石狮村石龙山川岩北进口右壁下的三角锥体大石上。《富川瑶族自治县志》：四字横排阴刻，楷书，字径 50 厘米，清同治五年（1866）刊，蒋汉卿书刻。

见《富川瑶族自治县志》第 604 页。

蒋汉卿，清代富川人，生平不详。

【石刻全文】

山水之腴
同治丙寅。
蒋汉卿书。

富邑东水五源奉县勒碑

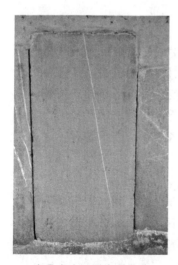

富邑东水五源奉县勒碑

【题解】

碑原存富川县五源瑶区，现存富川县文物管理所碑廊（此碑廊在慈云寺旁），清同治七年（1868）刊。楷书，阴刻。《富川瑶族自治县志》记此碑高 1.65 米，宽 77 厘米，厚 12 厘米。字径 2 厘米，额字径 6 厘米。《富川瑶族自治县志》记此碑由三块碑石合成，实为一块。《富川瑶族自治县志》未录碑文中 59 人名单。石天飞、覃阳雪访碑。

见《富川瑶族自治县志》第 608、659—660 页。

【石刻全文】

奉县勒碑（碑额）[1]

富邑七都东水五源请定完纳徭粮章程[2]

具呈五源生员唐时雍，军功唐绍景，生员唐振华、任志仁、周文郁、奉尽文、盘谷贤、唐文福、廖鹏举、任志达、唐时中、唐现龙，军功周士文、黄国乾，生员唐绍章、沈源川、奉尽伦、唐日刚、唐正元、任廷亮、李国品、沈寓璋、唐友贤、唐聘之、任志超、盘谷廉、唐绍晃，监生任廷胜、唐秀开、任志道，生员唐国昌、盘瑞刚、盘瑞山，军功唐振信、唐仕儒、李文后、李钦才、周品登、唐佛保、蒋朝昌、李洧准、秦章仁，民沈孔知、唐孔魁、奉呈珍、盘铭新、唐品达、唐志浩、陈瑞贤、钟显赐、钟光镜、唐益智、奉之委、周积元、周永兴、邓源清等，为恳赏成规，邀恩批示定数，勒碑永远无弊事：缘生民等东五源徭粮编银肆拾肆两玖钱正，折银叁拾两壹钱捌分捌厘，本米叁拾捌石玖斗捌升五合。畸岭徭粮编银壹两肆钱柒分，折粮壹两零陆分，本米一石三斗贰升五合正，逐年归户完纳，毫无蒂欠。三项撮总共折铜钱三佰肆拾千文，耗羡平余串票，一切支折在内，各户踊跃投房完纳，无论银米贵贱，无添无减，历代相沿无异。近因书吏更替不一，竟有乘机舞弊，额外加收，生民等业经先后禀明前任杨、锡二主并藩宪，均蒙批示照旧完纳在案。现值仁侯莅任三载于兹，一切增收更加体恤，生民等钱粮亦系照旧完纳，但未蒙批示勒碑，难免格外加收之弊，是以联名复恳鸿慈批示，每年纳制钱叁佰肆拾千文，定数勒碑，以垂久远，以杜弊端，沾恩万代矣。谨将杨、锡二主并藩宪批示抄粘呈验，伏乞太公祖老爷台前作主施行。

富县正堂魏批：查编折银米，各户完纳自有一定成数，岂容书吏任意加增。今据该生唐时雍等呈禀，东五源编米徭粮每年额完银柒拾六两陆钱壹分捌厘，本米肆拾石零三斗壹升，三项共完制钱三佰肆拾捌千文，其耗羡平余一切在内，向系赴房完纳，年清年欵。现闻该户粮仓房有格外加索情弊，殊属违例。该徭民等仰即查明向章应完纳三佰肆拾千文之数，踊跃投纳，如银米贵贱，毋许增减。倘有书役勒索，该生等即指名禀究。准予勒石，永远遵照可也。

同治二年正堂杨批：已于蒋团绅呈内批示矣。

同治三年正堂锡批：徭粮编折本米，向系年清年欵，毫无蒂欠。本县莅任接征，业已严谕户粮仓二房，经书吏循旧章收纳。兹据呈本年徭粮均已扫数全完，足见该生等深明大意，劝谕国课早完，诚甚嘉赏。所有徭粮自应准其照旧向例完纳，勒碑以垂永久可也。

同治四年布政使司苏批：钱粮国课正供，自应年清年欵。据呈，该绅民

瑶族石刻辑校

等将应完徭粮银米，按年清完，殊属可嘉，嗣后仍应踊跃输纳。仰富川县照向例征收解司，毋使书吏浮收滋弊。切切，抄粘存。

同治七年岁次戊辰正月吉日立案存户房。

【校勘记】

[1] "奉县勒碑"额，《富川瑶族自治县志》缺。

[2] 东水，《富川瑶族自治县志》误作"东山"。

迎恩坊捐资碑

迎恩坊捐资碑

【题解】

碑现存富川县慈云寺，镶嵌于寺墙之上，清同治八年（1869）刊。石天飞、覃阳雪访碑。此处捐资碑中，有《迎恩坊》《永兴坊》《镇武坊》《福阳坊》《福寿坊》《仁义坊》《升平坊》等，仅择《迎恩坊》《永兴坊》《镇武坊》而录之。

【石刻全文】

迎恩坊

首事：庠生周梦熊捐钱陆千文，监生欧阳忠幅捐钱五千文，拔贡蒋清涟捐钱五千文，职员欧阳献猷捐钱三千文，军功欧阳献丰捐钱贰千文，庠生程必达捐钱五千文，监生蒋菁捐钱五千文、蒋振锡捐钱肆千文，职员汪元峻、李宗晥，把总甘纯刚各捐贰千文钱，职员蒋蕙、庠生程焜、毛福成、何启芳、程熙、欧阳上林、欧阳上俊、蒋训忠各捐钱壹千伍百文，庠生周作新、汪元靖、陈敬猷、周政达、蒋蓁、汪元曦各捐钱壹千文，莫启生、李常程、何启玄各捐钱伍百文，唐得冶捐钱四百文。

同治八年岁次己巳二月吉日立。

永兴坊捐资碑

永兴坊捐资碑

【题解】

碑在富川县慈云寺，清同治八年（1869）刊。石天飞、覃阳雪访碑。该碑无落款，因与迎恩坊并列，故系此。

【石刻全文】

永兴坊

总理：监生周贤辅捐钱伍千文，张其纶捐钱肆仟文。乡宾李巍然捐钱壹千柒百肆拾文，刘志高捐钱贰千文，林中启捐钱肆千文，毛圣翘捐钱肆千文，叶世青捐钱三千文，监生胡青、张其德、合泰兴、谦益店、胡瑞赐、林中发、何得先、汪元崔各捐钱贰千文，杨宽佑壹千伍百文，唐太举壹千伍百文，杨士远壹千伍百文，周八元壹千肆百文，杨士达壹千肆百文，文庠柳春盛、毛色文、苏成林、柳春泰、周公信、杨神光、林世交、柳文益、彭洪泰、庐忠洪、元益店各捐钱壹千文。陈志发陆百文，陆维麟、杨春富、胡成章、罗朝乾各伍百文，张汝汉、任光荣、张玉成、杨神连、得隆店、张其智、杨宽裕、王文才、穗和店、张士贤、罗朝兴、杨宽喜、杨士冬、杨荣庆、何之宪、周吉新、李得胜、王绍华、黄正发、秦礼儒各捐钱肆百文。

镇武坊捐资碑

镇武坊捐资碑

【题解】

碑在富川县慈云寺，清同治八年（1869）刊。石天飞、覃阳雪访碑。该碑无落款，因与迎恩坊并列，故系此。

【石刻全文】

镇武坊

总理：佾生欧阳钟琦捐钱三千文，庠生毛文俊捐钱三千文，监生毛文藻捐钱三千文，贡生周昌期捐钱三千文。毛德成捐钱肆千文，汪呈坲捐钱三千文，欧阳钟哲捐钱三千文，雷殿辉贰千伍百文，张克亮贰千伍百文。周召和、甘文治、汪呈琳、欧阳钟哲、毛文纯、周骏期、毛明睿、邓光辉、汪滋芹、欧阳钟韶、毛明志、白良彝、汪滋芬、周作霖、王作栋、毛色浩、冯福来、周万兴、封德义。周福兴、杨成文、廖瑞福、奇香馆、秦尚庆，各捐钱贰千文。汪滋格、甘明达、周瑞麟、汪祯祥、欧阳奇恩、高岐，各壹千伍百文。白文炜、陈绍栋、陈连庆、周万隆各壹千文。毛明新八百，刘清泉七百，毛明亮、田洪发各六百，欧阳献章、全述元各伍百，周昌绵、同仁堂、甘文淇各四百，欧阳定馨、汪滋橘、汪元、欧阳钟卓、康正树、汪滋枫、陈金社、何启玉、邓元亨各捐钱三百文，周洪恩、林光先、林有凤、周土祥、周启宗、王良朋、邹有善、文贞喜、何绍洪、周成魁、诸葛娟，各捐钱贰百文。

题 "独挽狂澜"

【题解】

题 "独挽狂澜"

在富川县城北镇石狮村石龙山川岩西口右壁。镌刻于右壁上 6 米高处，竖排阴刻，行楷。"独挽狂澜"每字直径 1 米，刻深 10 厘米。"独挽狂澜"四大字居中落款分列左右，右为"大清同治辛未率师来富路过此岩见俯吞一江有龙跳虎卧之势因题以志所历南海潘璘并书"。刊于清同治十年（1871）。

石龙山为历代兵家必争之地。公元前 213 年间，秦驻守九嶷萌渚要塞的骁将赵眦，为了便利军队行动，派人以秦新道青山口（今葛坡）驿站为始，修一古驿道经养牛坪、城北、老朝东直达湖南源口，至今川岩西洞口尚存秦古道的桥墩和部分古道。见《富川瑶族自治县志》第 604 页。

潘璘，广东南海人，生平不详。《富川瑶族自治县志》作潘嶙，误。

【石刻全文】

独挽狂澜

大清同治辛未率师来富，路过此岩，见俯吞一江，有龙跳虎卧之势，因题以志所历。南海潘璘并书。（印二）

重建镇江慈云寺记

重建镇江慈云寺记

【题解】

碑在富川县慈云寺，清同治十一年（1872）刊。石天飞、覃阳雪访碑。

魏笃，钜野人，知富川县事，后署浔州府知府。

【石刻全文】

重建镇江慈云寺记

余于同治甲子铨授粤西之富水，计舟行者约五千里，所过汉口、荆门、洞庭三湘诸巨浸，迤逦抵粤，泊漓江、发昭潭，其间悬河倒峡，曲隈陡坝，绝港断岸不下数百处，一时怒涛惊浪，急溜涌湍，往往如山崩石裂、狮吼雷鸣，喷薄无际，神魂失度，不可为状，未尝不叹水之神勇如斯之剧也。既而抵富城，又枕江，每坐片时，轰轰然江声入耳与舟行者无以异，心又惕惕乎不能平。询之绅耆，皆以为地势使然。古形家以粤舆高亢无逾兴安，富次之，势若建瓴，江水抵城头，急流直泻，冲刷江底，穿啮砑砍以为怪，不稍为斡旋而停蓄之，则煞气太猛，泄气亦太尽，涓尘纤黳之不留，安得立县？为持久计，以故城之南隅，有古塔砥柱中流，塔下有寺曰慈云，与马鞍、蟠龙二山相对峙，回护城郭。然则建寺之初，岂谓是助峭拔崇观瞻已也？盖江以作镇，而寺以卫塔，障急流而蓄潆洄之势，降煞气而受和缓之脉，诚邑城之锁钥焉。咸丰乙卯，朱逆陷城，流贼接踵，刲博焚杀数年，家则露宿，室成灰烬，而斯寺亦荡然无存。迄来地方肃清，政通人和，废修坠举，邑之绅耆士庶因其旧址而重新之，事竣问记于余。余适公暇亲诣其地，江枫掩映，黄花乱开，时同治丁卯之重九日也。乃进野老而问岁，遍野黄云，晚稻熟也。乃招名品以索题，满城风雨，紫蟹肥也。乃登宝塔，俯江城，山原旷其盈视，川泽纡其骇瞩，浩浩乎有秋水长天之概焉。盖自阅历形势以来，见夫翻转地轴，斡旋地脉，未有如斯之妙造稳固者也。若夫寺塔齐辉，蔚为梁栋，风水相遭，皱为文章，旋源洄湍，蓄为富庶，相与享安澜之福，庆流泽之长也，是又余之所厚望也夫！爱书之以为记。

道衔署浔州府知府前任富川县事钜野魏笃撰。（魏笃印二）

同治壬申岁进士侯补儒学训导邑人周昌期书丹。（周昌期印二）

石匠郭盛光刻字。

修礅砌路碑

修礅砌路碑

【题解】

在富川县城北镇石狮村石龙山川岩。清光绪四年（1878）刊。

【石刻全文】

修礅砌路碑

皇清恩赐正六品山主黄瑞琇、长男功加七品郡文庠黄莺鸣、次男武监生鹤鸣、嫡孙邑文庠□□逢吉、曾孙显爵显禄显功合家仝修，并志以词：

四载同修计百千，名题石壁兆长年。非因干誉来刊刻，但愿留传示后贤。

□□□□承命学书。

光绪四年季春吉旦立。

重建江东桥石礅记

重建江东桥石礅记

【题解】

碑在富川县慈云寺,清光绪九年(1883)刊。石天飞、覃阳雪访碑。

魏笃,钜野人,知富川县事,后署浔州府知府。

【石刻全文】

重建江东桥石礅记

富江发源山谿,其流陡险,每水涨洪波巨浪,声势沸腾,江东桥廿余丈横跨其上,熙来穰往者踵接肩摩,坦然由之,而不知其险。美哉!安澜有庆矣!先是木柱为之,屡为阳侯所忌,同治八年己巳,邑侯王公紫臣率民易石礅焉,磐石之安自此始。顾工作不坚,且河水斜泻,礅基平列,不能因其上流之势而利导之,水来辄横冲其侧。丁丑夏,三山水大发,石礅七座随波漂没,于是城厢士庶理其旧料而重修之,其经营较旧制颇善。礅尖斜迎水势,不致有几触之患。礅腹安箍铁锭,不致有瓦解之虞。今而后,吾知磴道盘空,当与河山并寿,所谓一劳永逸者,非耶?是役也,诚王公倡举之善,然则修复诸君继举之功不及此。或曰:"礅固坚矣,而上仍用木,亦易朽腐,犹非事之尽善。"不知桥基匆坏,木腐重新,亦易易耳。君子思其易而重其难,天下事岂能防之至尽哉!是不能无望于后之□之者。岁在昭阳合协[1],邑人周昌期谨记。

今将镇武坊所捐之银开列(以下捐款名单略)

【校勘记】

[1] 昭阳合协,原碑如此,误,当作"昭阳协洽"。光绪九年为癸未年,昭阳属癸,协洽属未。

广西巡抚部院沈示

广西巡抚部院沈示

【题解】

碑存富川县慈云寺，无刊刻年月。据龙胜县相同内容之碑刻"广西巡抚部院沈示"，推其亦当刊于清光绪十四年（1888）。石天飞访碑。

【石刻全文】

广西巡抚部院沈示（碑额）
州县为民父母，分应除弊恤民。
据报命盗案件，勘验必须躬亲。
照例轻骑速往，认真约束随人。
夫马饭食自给，不染民间一尘。
倘有需索扰害，苦主指实上呈。
定必从严查办，当思自顾考成。
各属奉到此示，城乡布告分明。
勒碑衙前竖立，永远垂诫遵行。

重修江东桥礅碑

重修江东桥礅碑

【题解】

碑在广西富川县慈云寺，清光绪十九年（1893）刊。碑之下部文字较为模糊难辨。右上角残。石天飞访碑。

【石刻全文】

重修江东桥礅碑[1]（碑额）
仁义坊
周乃斌捐银伍元，陆润生捐银肆元（以下捐款名单略）
光绪拾玖年……

[1] 因碑之右上角残，碑额不完整，当有缺字。所缺字据文意当作"重"，径补之。

富川八景碑

富川八景碑

【题解】

碑现镶嵌于富川县瑞光塔入口左壁，民国元年（1912）刊。民国重刊《富川县志》载："富川八景始于何时？无文可考。但为八景作诗则首见于明万历年间。清乾隆二十一年（1756）赵之壁署富川县事时，将富川景写成组诗，已收入乾隆、光绪《富川县志》。民国元年夏，胡桱、张衍曾二人又分别撰写'富川八景组诗'，并将组诗始刻于石。八景诗刻现藏于瑞光塔入口左壁。刻石高30厘米，横宽102厘米，共刻富川八景组诗16首。其中，七言绝句8首，行书；五言绝句8首，正书。"石天飞、覃阳雪访碑。

见《富川瑶族自治县志》第609—610页。

胡桱，华春为其字或号；张衍曾，栗斋为其字或号，富川民国间人。

【石刻全文】

富川八景
西望屏山兴有余，几重烟翠绕清虚。
欲将此景归图画，淡抹轻描总不如。（屏峦耸翠）

神源倒峡石龙降，迤逦东南汇富江。
回抱狂澜千顷雪，浪花飞剪送轻艭。（富水奔涛）

几层浮塔倚斜曛，题雁犹怜旧日文。
一柱天南撑半壁，倒垂尖影破江云。（塔影穿云）

山水泠泠静也清，一帘寒碧雨初晴。
终归河海为膏泽，遍润田桑乐岁成。（山泉飞瀑）

蔼然平地起嶙峋，青豁眉端翠爽神。
那许桂峰称独秀，故留峭壁待诗人。（秀峰挹爽）

曾见钟山一镇雄，万家阡陌晓烟笼。
数声布谷催东作，人在霏微雾露中。（钟镇耕烟）

麦岭云高龙虎关，将军耀武服群蛮。
八门九子连环发，声在千岩万壑间。（麦岭团操）

好似平湖水一湾，江如匹练月如环。
渔舟唱晚传空谷，稳住风波任往还。（西湾放艇）
壬子夏华春胡柽。（印二）

万岫排西廓，遥瞻积翠多。
个中奇绝处，层磊迭青螺。（屏峦耸翠）

富水推波急，狂翻走巨鳌。
海门朝夕浪，恍惚落双桥。（富水奔涛）

古塔撑江岸，玲珑玉一簪。
浮光凭直射，不碍入云深。（塔影穿云）

高泻仙源水，山腰涌浪花。
甘泉休用祷，长此润桑麻。（山泉飞瀑）

富水皆环列，孤标独此名。
雨余千碧合，岚霭一峰晴。（秀峰挹爽）

易市归田舍，而今雨泽匀。
绿云团野色，无地不农人。（钟镇耕烟）

武偃修文日，英雄老白头。

闲来勤训练，还看护轻裘。（麦岭团操）

晓月浮溪白，山花夹岸红。
客舫随曲水，不借一帆风。（西湾放艇）
壬子夏栗斋张衍曾。（印三）

记陆荣廷游富川慈云寺诗

记陆荣廷游富川慈云寺诗

【题解】

碑在富川县瑞光塔。碑落款未明其时；因陆氏游慈云寺在民国四年仲夏，而修路"不数月"而成，故此碑系于民国四年（1915）。《富川瑶族自治县志》作"广西督军使者碑"，并记："此碑刻于民国四年仲夏，高1.12米，宽1.34米，厚12厘米。"石天飞、覃阳雪访碑。见《富川瑶族自治县志》610—611页。

蒋如山，广西富川人，生平不详。

【石刻全文】

广西耀武上将军陆公荣廷，于民国四年乙卯仲夏巡阅桂平，闻富邑匪乱频年，派兵搜勤，迄未奏效。因亲督大兵，绕道富阳，驻节数日，纵览山川形势，指示诸军方略，并勉励各乡团绅，准领枪械，联团自卫。随往各学校巡视一周，奖银以资鼓励。维时适届端节，遂乃偕同官绅出游慈云寺。见其风景颇佳，留题三首。惟寺前旧路临河，地既低洼，且被波涛啮蚀，泥淖难行，游客往来或濒危险。陆公慨然忧之，面嘱韦正司令荣昌、陈团长坤培，与周绅怀新、萧绅日荣，以及如山等，设法改修，筑以坚石，长约六十余丈，宽六尺有奇。路线经过，适当萧君晋荣田中，占面积约一亩，萧君慨然捐助，而修理经费则由韦公筹集。不数月，遂化曲径为坦途，游人称便。爰将陆公留题勒石，以为纪念云。

邑人蒋如山谨记，周炳熙书，周鸿基刻。

游富川城南慈云寺

戎马奔驰忆卅年，好从仙佛证因缘。

疮痍未起众生苦，欲借杨枝洒大千。

征骖小驻憩三军[1]，寺塔登临迥出尘[2]。
一览佛头青未了，却从天外礼慈云。

古塔矗岩阿，烟云幻象多。
大王风过处，仍是旧山河。
广西督军使者陆荣廷题。

【校勘记】

[1] 骖，《富川瑶族自治县志》作"骄"，误，据原碑改。
[2] 迥，《富川瑶族自治县志》脱，据原碑补。

唐南杰题碧云岩

【题解】

摩崖在钟山县碧云岩内，民国九年（1920）刊。
唐南杰，时任富川知事。

【石刻全文】

碧云岩
民国九年夏，知事唐南杰题。

唐南杰碧云岩题诗

唐南杰碧云岩题诗

【题解】

摩崖在钟山县碧云岩。落款未及题刻时间，但据其所题"碧云岩"大字，知此二首七律当同刊于民国九年（1920）。

唐南杰，时任富川知事。

【石刻全文】

余莅钟二载，新修斯岩，勒碑以志其崖，略复镌"碧云岩"大字于壁如居室然。苟美苟完，其庶几乎？因尝会宴此间，偶成二律。

其一

嵯峻山石欲参天，空洞中藏象万千。

古号官岩名已改，止题仙岛字尤悬。

百重奥窦深如海，十丈危崖淡带烟。

我岂浪游消永日，与民同乐意拳拳。

其二

披云亭畔碧云遮，惹得游人意兴奢。

每爱杯中浮竹叶，也宜洞口种桃花。

几番宴乐风光好，每到归途日影斜。

山若有灵应识我，卧游仍恐画图差。

知事正斋唐南杰题。

恕堂书屋记

【题解】

碑在富川县葛坡镇深坡村，民国十二年（1923）刊。石天飞访碑。

见《富川瑶族自治县志》第662页。

文檀，字肇元，桂林灌阳人，清末廪贡生。

【石刻全文】

恕堂书屋记（额）

古者家有塾，党有庠，州有序，国有学。学虽不一，要皆藉官力提公费以赞其成。若夫一介书生固居乡里，而能辅己财立义学者，十无二三焉。有之，自富川蒋氏恕堂先生始。先生讳登云，恕堂其别号，例贡生，世居富川之深坡街，为吾粤诗礼巨族冠。先生性宽和，乐施与，见族中子弟贫富不齐，富者固可上学，贫者力有不足，教育不能普及。职是之故，先生引为己任，

恕堂书屋记

乐捐田租叁百叁拾叁把半为延师束修，并建学舍于村之南，遂使族之英髦，皆得讲习其中，彬彬焉多蔚为国器。呜呼！先生垂念宗族，嘉惠后学，其功岂不伟欤[1]！而先生家嗣名山，以乡贡屡膺教铎，次名水，亦蜚声庠序，食饩天家，孙曾济济，继美凤毛，天之所以报施善人者有如是哉？闻者可以兴起矣！先生殁后，族人慨念高风，每逢先生诞日，率学中子弟设主致祭，并将先生之弟、邑庠名永清，配享其间，历久弗替。《周礼》有言曰"凡有道德，死则以为乐祖，祭于瞽宗[2]"，先生无愧焉。先生所捐学舍、田租，尚未刊碑，恐时事变迁，有失考据，令姪孙希龄、争荣、安吉等，因为此虑，函商于余，欲将先生立义学之意，乐捐之业，付诸贞砥，并议定章。凡族人及先生后裔，不得侵争，亦不得变卖，以期教铎长被于菁莪，耀后世而垂无穷。此则先生之志，而希龄辈亦善继善述，而不忍听其湮没也。余生也晚，未能亲炙于先生，幸尝馆于先生之族，得交先生之子姪，历有四载，故于先生之梗概，获悉大略。嘱记于余，义不容辞，爰濡毫而敬为之记。

清明地田柒坵，割鸡井柒坵，共租壹仟捌佰陆拾斤；上坝仔田拾弍坵，熟地弍块，租壹仟弍佰斤；清明地田拾玖坵，租壹仟肆佰斤；斑竹山面前田一丘，寄名石田弍坵，租叁佰斤；新买鸡公坠田弍坵，壹佰伍拾花；七香庙田一丘，禾陆拾花；戌家坝田一丘，禾伍拾花。清明地田拾柒坵，租捌百斤。合共税拾一亩一分五厘。

桂林灌阳廪贡生文檀肇元氏谨撰。族姪选鑫谨书。刊匠：黎颂仁。

中华民国拾贰年岁次癸亥元月谷旦立。

【校勘记】

[1]"先生垂念宗族，嘉惠后学，其功岂不伟欤"句，《富川瑶族自治县志》缺。

[2]《周礼》原句为："凡有道者、有德者使教焉，死则以为乐祖，祭于瞽宗。"

中楼记

中楼记

【题解】

摩崖在广西钟山县小钟山，民国十七年（1928）刊。

见民国《钟山县志》第256—257页。

卢世标，钟山县民国间人，《钟山县志·职官》载其"广西优级师范毕业，民国十五年任"，为县中校校长。

【石刻全文】

中楼记

予宰乡邦，兼长中校。校右有园，园中崖石嶙峋者，钟山也。即其上为楼，虚窗四辟，其北带富水，西枕仙山，南面碧云，东则萌渚峙焉。楼成，与校友登临凭眺，觉邱壑之荡胸，清涟之涤虑，感诸外而动于中，慨然名之曰"中楼"，盖校与山在县城之中，而楼又在山之中也。夫"桂林山水甲天下"，昔人之论审矣，然徒供禅者之休憩耳。曩予少时求学桂垣，选普陀、月牙、风洞诸胜，胥僻在校外，游辄终日，暮色苍然，懔乎其不可留矣，又安能如斯楼之置诸校中，得与二三子优游而日涉耶？噫！钟之士亦多矣，惟质有慧鲁，性有进退，过犹不及，岂得谓之中欤？将必教化普施，纳诸轨范，而使辅乎中，固予之所望也。楼以"中"名，有深意矣。况学问之道，譬如登高，层出而累进焉。是犹地之为山，山之为楼也。则中楼之记，其被于后学者何如哉！

中华民国十七年春，校长卢世标撰文，临贺张廷辅书石。

梁存适小钟山题诗

梁存适小钟山题诗

【题解】

摩崖在钟山县小钟山，民国间刊。
梁存适，民国间广西兴业县人。

【石刻全文】

倚剑钟山上，风云叱诧空。
骂天双眼白，热血一烟红。
铸尽心头铁，熔成警世钟。
奋身呼抗敌，报国志何雄。
兴业梁存适题。

富川县第一市场序

富川县第一市场序

【题解】

碑在富川县慈云寺，民国二十一年（1932）
刊。碑完整。落款处人名似有所缺失或为水泥
掩盖。碑文中"时杰任商民会务"的"杰"字，
为小字，显系作者自称，惜其姓氏生平不详。
石天飞、覃阳雪访碑。

【石刻全文】

富川县第一市场序
民国肇造，百度更新，建设一端，元当急
务。是以通都大邑，市政改良，货物别类，分
行商务。自洪杨之役，兵燹连年。人民流离破产，阛阓自此萧然。嗣虽逐建
重修，然而因陋就简。同人等有见及此，始议建筑市场，卜地于县城之东半
里，北啣永明大道，东贯道县江华，□山摄衣而上，可俯全城之景致。右临

流水，举竿得鱼，状似松江之鲈。远近民商，可称便利。上段为永兴楼公有，下段为何万胜私业，当即分头接洽，每年认租给银，两处业主俱明，□共二十八间，内为摆摊场所，中间马路畅行。不忧日晒，不惧雨淋，便民利商，莫逾于此。于□卯冬季，越明年三月告成，名之曰富川县第一市场，因以其义一而二二而三，有如无已。时杰任商民会务，识本凡赓曾□□议，爰因公益不敢后人，幸赖富川县长何公其英悉心维持。蒋如山周君怀新等极力赞助，其欧阳君上德、黄君丹铭等，尤为不避劳怨，惨淡经营，地方人士亦乐为赞美，始克相与有成，至今汽车往来，□男有如山阴道上，循此以往，地方繁盛，左券可操，惟市场草创，诚恐风雨摧残，尚冀热□不朽也，于是乎序。

前桂林东南北等区警察署署长暨桂……

建筑市场集资人：蒋如山、莫绅昌、欧阳上德（以下人名略）

中华民国二十一年岁次壬申六月日立。

修路懿名碑

修路懿名碑

【题解】

碑在富川县慈云寺，民国二十五年（1936）刊。石天飞、覃阳雪访碑。

【石刻全文】

窃思道路平坦，足称如砥之安；津迷嵚崎，每致临歧之叹。兹因市场要道地狭途倾，泥泞乏渡，春雨秋潦，□□行人，水涨波流，谇嗟过客。但兴工修筑，必须破费担劳。何以达、王喜元等为义所激，不惮烦难，于是发起，得我邑仁人善士努力乐成，盛事共襄。桥名升泰，出自仙乩。从此步趋用适，群钦济众之仁；履道周行，咸乐无疆之福矣！

发起人王喜元、毛呈孝、何以达、侯课能、何中勤、蒋泰清。

何以达捐银贰拾壹元、侯广栈捐银伍元、何中勤捐银贰元伍、蒋泰清捐银贰元伍、王喜元捐银壹元、毛呈孝捐银壹元、莫绍周捐银肆元（以下捐款名单略）

民国二十五年岁次丙子仲夏月吉旦谨立。

威灵唐相公义保始祖之墓

【题解】

《瑶族石刻录》述此碑原存富川县鲁洞乡（今莲花镇鲁洞村）。碑文落款为"乾道乙酉"（1165），然据碑文语言，应非宋代之碑。据新华乡唐家坝唐氏后人唐继保介绍，宋碑已佚，目前存碑为民国三十五年重刊，为第三次重刻；此前两次重刊墓碑，均因土地纠纷被当地人损毁，断碑埋进墓里。若此说确实，则此碑文当是其中一次重刊者，故此将其暂系于民国。

唐富八，《富川瑶族自治县志》"历代名人传略""名胜古迹"所载，"生于南宋末，其人天生颖悟，少怀大志。度宗末期，元军陷临安，广西大部分州县亦被元占领。在赵宗将相文天祥、张世杰、陈宣中号召下，参加了勤王部队，转战于湖南道、永、郴州一带。景炎二年富八被敕封为大将军，擢为罗飞部先锋，围攻永州。历经7个月的血战，罗飞部死伤惨重，富八于是役中死亡。其后，族人为他立衣冠冢和公祠'龙兴太庙'以祭祀"云云，从时间、人物上看，与碑文严重不符。据碑文所述，唐富八"亡命于宋绍兴二年九月，享寿四十有六秋"，即唐氏生于1086年，卒于1132年，为北宋末南宋初人，非南宋末之人，亦与南宋度宗、文天祥等无所关联。

见《瑶族石刻录》第378页；《富川瑶族自治县志》第598页。

【石刻全文】

威灵唐相公义保始祖之墓

吾唐姓始祖富八义保公，原任富邑抵源，后巡游至宁塘坊东泽村立居。公天资颖悟，少怀大志，曾随信国公赵榛影王抗金，威武善战，一努安民[1]，功烈周武。奈因宋皇腐败贪乐，不顾人民死活，对金屡抱儿皇，故与同僚李成、毛善良、何廷寿等于江西图事，转战赣皖，以暴易暴，四海声威。后因朝廷派岳飞进剿，由赣入湘，继而返桂，不幸事败，殉难被害，杀身成仁。玉骨金骸，落于富邑牛背岭东侧塘源岗，天然成坟。亡命于宋绍兴二年九月，享寿四十有六秋。为追溯始祖，特立此碑，以作留记永垂不朽焉耳。

大宋乾道乙酉年仲春望二日。

【校勘记】

[1] 努，据前文"抗金""威武善战"等语，疑当作"弩"。

历朝远故始祖唐公讳富八字义保公墓

历朝远故始祖唐公讳
富八字义保公墓

【题解】

据《富川瑶族自治县志·文化篇》，唐富八墓位于今莲山镇塘源岗山麓的东半坡，墓与师公山（又名凉伞山）相距 400 米处。墓向坐西朝东偏南 10 度，封土堆高 2.8 米，直径 12 米，有拜台、墓钳手，墓堆占地面积为 200 平方米。此民国三十五年重刻含碑石三块，呈"八"字形排列，每块碑高 1 米、宽 0.78 米，中间碑阴刻楷书"历朝远故始祖唐公讳富八字义保公墓"和序文。两边为后裔芳名碑。

【石刻全文】

历朝远故始祖唐公讳富八字义保公墓

而曰一脉宗亲，九族支人，百行莫大乎孝，万物育生有本。孔孟曰，故天……使之一本□□，不以天下俭其亲；不得乎亲，不可以为人，不顺乎亲，不可以为子。舜尽事亲之道，而瞽瞍底豫，瞽瞍底豫而天下化。《书》云"孝思维则"，尧舜而□矣，其言不妄也，岂不懿哉！况今吾族数百千口，耕□不少，共本同络，理合追溯鼻祖，慎终追远，祭祀蒸尝，寸诚笃敬者，方可尽仁人孝，言恍先绪哉！始祖富八字义保公，自宋以来，世态沧桑，天生颖□，□信国公勤王，威武战胜，一弩安民，功烈同如周武，以暴易暴，四海声风。□邑抵源，巡至宋塘坊，视其地势，山水美丽，土□□□，可为立居，所育……始祖厥后继之，献身救国，不意兵败殉之，杀身成仁，玉骨金骸者，落……公岩岭塘源，崔辛山乙向，坟墓天然，四面风景水秀山明。是时子孙□□，□居各处，瓜瓞绵长，遂建立宫祠，名曰龙兴太庙，朝暮侍奉，宝鼎金炉数双，□声百里，赫濯万古英灵，历代至今。时值寒食，登坟祭扫，见得碑文尚□字了然，命匠易故换新，而又日新焉。昭著光明，刻碑留记。于民国廿六年……侵占祖业，安厝斯地，□于雀角之忿，鹬蚌相持，具控官所。蒙政府判决，源崔峒围一岭永远唐氏□业无异矣。太祖龙氏□□□□月亮山癸□□。唐□□谨撰。

（以下后代名单较多，暂略）

中华民国三十五年五月廿二日午时。

广西恭城县瑶族石刻

猺目万历二年石碑古记

【题解】

碑在恭城县西岭镇新合存西岭镇新合村委路口村邓新民老屋外，明万历二年（1574）刊。碑横断，但字迹清晰可认。高 90 厘米，宽 75 厘米。据拓片照片录。碑中"猺"字，形近"猺"字。

见《广西恭城碑刻集》第 369 页；《瑶族石刻录》第 1 页。

【石刻全文】

猺目万历二年石碑古记（碑额）

申告恩赏给照，七姓良猺赵中金、邓金通、赵进珠、邓音、郑元安、盘金章七姓猺目，乃系广德庆洲肇庆府铁莲山风川县入广西恭城县到平源。雷伍子反，所有招主黄□□[1]、黄明、李富山闻知广东有好良猺，即行招德大朝兵马之因，洪武下山景太元年润三月初三日[2]，进平源剿杀强首雷通天、李通地。贼首退散，给赏良猺把手山隘口[3]，开垦山场，安居乐土，恳给立至守把隘口。又到嘉靖□十七年七月十一日[4]，被东乡贼脚越过阴家洞，抢得万名不安[5]。本县提调猺名邓贵明、郑海成、赵进旺通□带猺丁，拿得生工七名，李垦同解本县，赏给白银五十两给猺目，回源守真山源隘口地方。后至万历十五年三月十八日，贼首越过苏被口并沙江立剿，万名不安。本县提调猺名郑进旺、郑德元、赵殊禄统带猺丁[6]，拿得生工名十解报本县，实时打死，赏给白艮七十两给猺目，回家用心固守地方。至万历二十年，守把隘口地方奉公守法，照越过地方[7]，屡蒙恩赏。但良猺把守隘口地方山场四至界内土名，赵中金把手到平源[8]，郑元安把手瓮塘源[9]，邓金通把守白石大源猖，盘金章、邓启音[10]供把守高界小源猖，赵进珠把守芹菜猖，计开四至界内土名。东至鸡笼山、芦涕桥、梁顶鸡公山，南至凤凰阴顶过，西至梁伞顶、芦山曹、牛尾界，北至梯子顶、沙江界、苏被口，共把守五猖隘口山场，与猖目永远耕种管业开垦，先立升科报税，不于另招别猖影占猖源地界□□当夫上巡马脚不遗，被猖远任前公擅冷后代子孙永远当差科派[11]。那时有无凭，只德报恩开垦攻劳[12]，宝与朝报□历祠前赴本县父台前，伏乞申详上司道府各处衙门，计政存案[13]，恳给印照付猖目各收为据，子孙永远世代沾恩，详给施土司恩泽历靖，申告本县照验，准给申告准凭。景泰元年闰三月初一口进倒不源[14]。

洪武下山万历二年八月十八日恳给印照。

【校勘记】

[1] 断裂处所缺二字，《瑶族石刻录》作"措逼"。

[2] 景太，原碑如此，据文意，当作"景泰"。

[3] 把手，原碑如此，据文意，当作"把守"。

[4] 缺字处所缺一字，《瑶族石刻录》作"三"。

[5] 名，原碑如此，《瑶族石刻录》以为当作"民"，与句意合。

[6] 统带，原碑模糊，《广西恭城碑刻集》作"捅带"，《瑶族石刻录》作"统带"。据句意，当以"统带"为是。

[7] "照越过地方"五字原碑拓片模糊，据《瑶族石刻录》《广西恭城碑刻集》补。

[8] 把手，原碑如此，据文意，当作"把守"。

[9] 把手，原碑如此，据文意，当作"把守"。

[10] 盘金章、邓启音，原碑拓片模糊，据《广西恭城碑刻集》补。

[11] 冷，《瑶族石刻录》作"于"，据文意，疑当作"令"。

[12] 德，攻，原碑如此，据文意，疑当作"得"，"功"。

[13] 政，原碑模糊，《瑶族石刻录》《广西恭城碑刻集》皆作"政"。据文意，疑当作"攻"，即"功"意。

[14] 不，原碑如此，据文意，当作"平"。

田助京捐田碑

【题解】

碑在恭城县武庙，明万历三十三年（1605）刊。据《广西恭城碑刻集》

拓片录。

见《广西恭城碑刻集》第6页。

【石刻全文】

布政司吏田助京，系东乡里白羊村人。先年有租用价玖两买佃第捌排，绝户周引旺民粮叁斗玖升，该田伍拾贰工，逐年完纳粮差。后因清查军户，本排里长龙体智回报引旺，故绝京思鸶远不便，愿将前粮田施入协天祠为香田，恐后隐没无凭稽查，禀明陈爷，令助京立碑，永远不朽。

计开土名田工具后。计税每工田租谷：一处架枧田柒工，一处鱼姑田捌工，一处龟山田捌工，一处鲤鱼田拾工，一处龙塘田拾壹工，一处白竹林田伍工。

万历叁拾叁年拾月吉日立。住持道人陈大贤[1]。

【校勘记】

[1] 陈大贤，碑文模糊。《广西恭城碑刻集》作"陈太贤□□"。

协天祠记

协天祠记

【题解】

碑在恭城县武庙，明万历三十六年（1608）刊。楷书，阴刻。石天飞、覃阳雪访碑。

何廷相，字辅之，号旭岩。广西富川豪山村人。明万历四年（1576）丙子生。万历二十五年（1597）丁酉科举人，万历三十五年（1607）丁未科二甲进士。授户部主事，累升员外郎中、浙江温州府、河北保定府、广东韶州府、卫辉府同知、衡州府知府、两淮盐运使。

见《广西恭城碑刻集》第8—10页。

【石刻全文】

协天祠记（碑额）
恭城□□协天祠记[1]

粤稽汉寿亭侯云长关公慷慨有大节，始因汉室倾颓，权奸僭窃，识先主为中山靖王裔，乃与翼德公会桃源翊戴之，结同生死之义，协力匡扶，连吴讨魏，期以恢复，卒造西蜀，勋业烂然。其生平精忠大义，如秉烛达旦。报效曹操，足以维世教感人心者，史籍可征，非虚也。及守荆州，吕蒙伪袭，殒于章乡。相传神乘马行天，荆襄人若或见之，即吕蒙死亦神所殛，则其英灵精爽，上为列星，下为山岳，赫然常存于宇宙间，真称不朽矣。此盖忠魂义气隐发，亦为神所飙，殆与飞升尸解者殊也。故迄今千有余年，而我朝犹远嘉忠义，以为世仪，晋爵为王，寻尊为协天帝。所在建庙奉祠，北为最，而南亦效焉。恭城初未有是祠也，万历癸卯，邑侯陈公莅政之暇，熟度郭西岗之崖江之滨，其地爽垲僻静，为神所栖，乃首倡士大夫相与捐俸，出力营庙、置殿、绘像于中堂，旁有舍，前有庑，庑之中虚处架木为台，竖亭于上，以蔽内而幽以妥也，以敞外而明以翕也。此又侯匠心之所独创者，而门皋则列于台阶之下，庙貌焕然、遗像巍然，岁时奉祠舆往来瞻拜者森乎肃然，而恭城于是有协天之祠矣。夫世之舍利而鸠工者，从西竺苦空南华清净之是尚耳，而侯不祠，独祠云长公，虽云长之忠魂义气赫然常存者，固足以起侯之景仰尊崇，亦侯自心之神与之旷世而相感也，盖侯仁心仁政纶洽于三乡者五载，于斯直指使奏循良，最荣膺宠命，光极其亲，仁孝溢为经济者未易更。仆闻诸居家轻赀好义，间中豪杰乐就如云，即莅恭时有抗行威明者，投知莫逆，廉明和惠，卓有国士之风，此其慷慨意气，殆与云长异世同符者，故相感之深，相慕之切，而捐金建庙，诚自心之神所为潜迫而不容已也。无何而侯晋秩大夫，擢宿州牧。宿固与桃园迩也，云长公当年结义与下徐守邳之迹，侯将亲览焉。则显崇其祀于恭者，阴食其报于宿而实历其故迹者，又不啻虚营其庙貌已也。余夙受知侯尝论事无关于风教，君子弗举焉，则是祠乃表忠以励世，无徼福心，顾其感慕者若此，其庇佑者若彼，未必然者。今致于自然，即谓之福侯可也。不然，何迁之宿而与其迹迩也？事出非常，足空千古，言之令人击节云。况继侯而莅恭者，亦曰陈侯微猷懿政，后先相望，所以固垣墉涂墍茨，恒赖之以成厥终。嘻！抑又奇矣。吾廼知是祠匪啻能劝忠劝义于未艾，且阴有造于是邑，而令世受召杜之庇也，岂事西竺南华之虚幻者可得而班哉？侯讳朝策，别号献埤，闽之福宁人。新侯讳豸，别号廓寰，粤之顺德人。并为之记。进士□□□□□□[2]。

本县正堂陈续助银拾两。

陞任陈朝策捐银伍拾玖两。

署捕贺县□吏目卫九州续助银壹两伍钱。

儒学教谕袁文炳捐银肆钱。司训杜良材捐银壹两伍钱。捕厅方根捐银三两，吕秉彝捐银贰两。哨守程万里捐银贰两□□。

化首乡官欧阳州助银贰两，金星助银壹两，常梦龙助银壹两伍钱，监生周刚正助银伍钱，生员周养正助银壹两，陈懋勋助银三钱。

儒官向曜助银壹两，礼生何其英助银壹两伍钱，耆民龙日登助银壹两伍钱，欧映范助银壹两贰钱，孟胤庆助银壹两壹钱，萧朝宗助银三两，容举助银壹两三钱。

赐进士出身中宪大夫浙江温州府知府前户部广东清吏司郎中富川邻治生何廷相顿首撰。住持道人黄玄龙。

万历叁拾陆年仲冬月谷旦。

【校勘记】

[1] 碑题"恭城□□协天祠记"，原碑模糊，《广西恭城碑刻集》未录。
[2] 缺字处，原碑似被人为磨去。

装修碑记

装修碑记

【题解】

碑在恭城县武庙，明天启二年（1622）刊。石天飞、覃阳雪访碑。碑之下部较模糊。

【石刻全文】

装修碑记（额）

□□府恭城县带理县捕……信官潘一栋尝闻敬神如在，窃见关王圣像年久色退，左右将马颓塌，心欲修饬，自揣独力难成，致同客总黄大信等各发善念，记□缘首化簿名后，开资财倩工买料，装饬神像与诸将马，修理完日，设醮牲品奉酬神恩，刻碑勒名以为后鉴，计开：

信官潘一栋、会首黄大信、陆荣望、陈王、叶勋、张茂集、梁俊、冯瑞珍、周祥、何信、叶纪汉、陈化三钱、叶建袭、黄瑞麟、黄胤恭、谭应科、崔敬奉、梁惟常、邹綮霁、张光黉、邹綮国、陈朝纪、周子良、谢道贤、谢雄、卢胜和、张□□、张信、卢广、余文宇、潘达宁、谭家茂、冯元章、湛纯一、钟明、谭惟援、苏庄行、张公业、左智藏、黄诚、左智璘、黄祯婧、黄胤信、何子仁、叶益、许道恩、翟通以上银贰钱，钟引福、钟引安以上各一钱，左崇政、陈荣魁、张比缶、余胜龙、邓钟茂，黄珍阳、张□启、王儒银伍钱、罗当三钱，邓聪、左桥、张光仪……

天启贰年贰月贰拾玖日吉旦立。

重建协天祠记

【题解】

碑在恭城县武庙，清康熙二年（1663）刊。石天飞、覃阳雪访碑。碑文模糊难辨，据原碑及《广西恭城碑刻集》录。

见《广西恭城碑刻集》第11—13页。

【石刻全文】

重建协天祠记（碑额）

重修关圣□庙记[1]

汉业既衰，王纲解组，群雄蜂起，割裂神州。昭烈虽帝胄，而单弱弗克振，帝从而左右之，遂成三分业。威灵赫濯，代显神异，帝王神圣，代有褒封。自明以来，迄我大清，春秋戊祭，载有祀典。山陬海滋，穷乡僻壤，莫不肖像而崇事之。盖其忠肝义胆，与日月争光，宜其家尸户祝，与天地并永也。先大人□□□联云：壹卷春秋磨练出忠肝义胆；三分社稷扶持起帝胄天潢。予于客岁四月承命督理本府粮捕，柒月带管本县事务，下车恭谒，见榱栋就颓，粉丹无色，大门卑隘诸像剥落，欲重修而俟之。及阅戊祭，止有山川社稷、风云雷雨，周王猪羊品物，而帝祀蔑有。呜呼！周王称乡贤而得配文宣帝大享祀，而弗获与山川社稷风云雷雨同□血食，亦地方官之过也□！国典虔补猪壹只，出北乡屠户，羊壹只，出里□等村。后之官斯土者，庶有遵守乎！嗣是客民崔胤科等持传诸印，各助银米以襄盛事□□□□。大门之制，视旧恢矣！剥落之像，视旧新矣！黄者丹，白者粉，而四壁榱栋，视旧粲然美矣！自今以往，雨旸时若，猇獐帖服，俾恭之士民商贾同享宁谧。帝之呵护，当未有艾也。因纪其事，以镌之石云。

广西平乐府粮捕通判掌恭城县事白鳌宸助银三两整……新任恭城县正堂西蜀文林郎张泰阶捐银贰两整，米一斗四升税禾拾一甬。平乐府经历掌县事唐日弘捐米贰石正，恭城县镇峡司带理捕务施成泰捐银壹两整。崔日华、子琼捐田拾工土名□□塘佃人丘万贤递年税禾壹十伍甬。马秤、贾必敬捐田壹拾壹工土名□塘，门前系东九排彭而昌户记载□。客民崔胤科二两五钱，梁

瑶族石刻辑校

元聪二两，陈在和二两，崔日耀二两，梁敏生二两，罗昌二两，余□□二两，陈□德二两，崔胤伦二两，□文礼二两，王恩爵二两，陈在俊一两，范□客一两，唐伯金一两，马志历一两，梁锡□一两，周子传一两两，梁元□一两，邓□□一两，冯□□一两，梁元□一两，吴大□一两，梁□□一两，刘□□一两，崔□□一两。

　　陈直之八钱，陈在志八钱，陈碧宗八钱。陈信吾、何成泽、刘伯王、王□琳、刘眷环、邹□应、黄叔心、崔日平、谢法基、黎宗万、黄淑德、岑文灿、欧阳世、崔绍先、梁尔信、邹固柱、黄乐贵、梁圣从、王显忠、陈应昌、黄道相、关遇龙、戈建周、贺钟俊、周敬华，以上二十三人各出银伍钱。

　　周圆豪、周娄灿、吴和得、黄水异、刘木阳、陈雅仁、梁道义以上九人各三钱。麦瑞林、梁瑚、□□□、麦奇□、文道瞩、陈良蓉、潘□祖、□明道、马柒衡、潘继济、谢富□、李太□，以上十二人各出银□钱。莫时俊、□明职、□□聪、贺得寿、蒋日量、龙章□、张星明、金□扼、莫启耿、钟金麟、刘显宗、黄振声、区之机、欧□□、黄文支、邓开□、冯章斌、黄俊、□石昌，以上十九人各出银□钱。

　　广西平乐府粮捕掌恭城县事清涧白鳌宸撰文。

　　择日师：李□表。庙祝：经一庆。

　　木匠：黄振声。

　　康熙贰年岁在癸卯三月吉旦立[2]。

【校勘记】

［1］碑额模糊，《广西恭城碑刻集》未录。

［2］落款人名、日期原碑模糊，据《广西恭城碑刻集》补。

喜捐粮田碑记

【题解】

碑存恭城县城武庙。清康熙三年（1664）刊。

见《广西恭城碑刻集》第14—15页。

【石刻全文】

喜捐粮田碑记（碑额）

东西两粤，兄弟之邦，水陆往来，货财交济，不绝如缕，以其近于邻国者也。有陈君者，讳之，原籍顺邑，少有志于江湖，壮起家于赍海，卜筑茶城，迄今数十春秋矣。陈君为人朴实尚义，非庸庸者流。客岁关帝殿宇重新，其中住持奉侍者固不乏人，惟虑其香灯不继。陈君慨然捐舍粮田柒拾肆工以助香油奉祀，永垂千秋。余等见公大义，故为书铭石以彰之云。

计开

原用价银叁拾柒两，买到东乡四排人户伍文耀田壹拾柒工，载粮米乙斗柒升。伍合正、伍经正田伍拾陆工半册，载粮米伍斗陆升。

以上贰户通共田柒拾肆工，共粮柒斗肆升正。

一土名大路边禄树眼田伍工，佃人陈瑞坤。

一土名蛇田四工半，佃人陈带元。

一土名蛇哭田肆工，佃人老三。

一土名高桥头田拾贰工，佃人黎仰科。

一土名石盘田伍工，佃人马连汉。

一土名牛尾塘田柒工半，佃人冯武泉。

一土名垦头田伍工，佃人冯伍元。

一土名上岩田叁工，佃人莫象台。

一土名牛尾塘田伍工，佃人黄怀宇。

一土名社公头茶片田共拾叁工。

一土名蛇哭田乙工，佃人闭必荣。

一土名丝菜塘庙前田玖工，佃人黄朝思。

孟春□、欧承烈，佃人陈凤庄。

康熙叁年岁次甲辰季春月　日　吉旦众会友为陈君立。

平黄天贵记功碑

【题解】

摩崖在恭城县三江乡黄坪村毛塘寨旁之溪流崖壁，清康熙三年（1664）刊。三江乡地处桂东北银殿山南麓，东与富川县相邻，南与钟山县相连，北邻湖南省江永县，是瑶族聚居地。康熙二年（1663）势江源伸家瑶黄天贵与侄黄公辅率恭城瑶民在丛木寨起兵反清。恭城知县张泰阶禀请广西总督屈尽美“征剿”，屈檄文广东、湖南与广西三省合师十万“围剿”，黄天贵、黄公辅次年被俘杀。黄天贵（？—1663），瑶族，祖籍湖南千家洞，明朝正德元年（1506）迁居丛木寨（今属三江乡三寨村人）。可参见张钺《恭城令张公平猺传》。《瑶族石刻录》注此石刻距河床 5 米，字迹脱落，加之苔藓遍结，已难辨认。石刻文据《瑶族石刻录》，或有不少缺误处，姑录之以存石刻线索，待日后补正。

见《瑶族石刻录》第 350 页。

【石刻全文】

奉旨征讨毛塘、石四诸逆[1]，剿抚功成，□老爷列□于后。

钦命总督广西等处地方军□□□粮饷兵。

右侍郎兼都察院右□都□□□□□□□钦差分□□□道布政司□□参□□监军黄。

定南王广西总督部院中军部广西提督镇标中军游府□□□游府事佟。

□□镇守广西征剿将军标左陈。

广西提督镇标右营游府刘。

钦差协镇广西平乐等处地方付总兵官……

康熙三年七月　日立。

【校勘记】

[1] 石四，当作"石口"，为恭城地名。

至圣先师孔子赞并序

至圣先师孔子赞并序

【题解】

碑在恭城县文庙，清康熙二十五年（1686）刊。由"朕自巡省东国""张玉书奉敕敬书"等句，知为康熙御制，张玉书书。石天飞、覃阳雪访碑。

张玉书（1642—1711）字素存，号润甫，江苏丹徒（今江苏镇江）人。生于明崇祯十五年，卒于康熙五十年，年七十岁，谥文贞。清顺治十八年（1661）进士，历任翰林院编修、国子监司业、侍讲学士。二十三年（1684）授刑部尚书，调兵部尚书。二十九年拜文华殿大学士兼户部尚书。康熙十八年主持修《明史》，先后出任《平定朔漠方略》《佩文韵府》《康熙字典》总裁官，有《张文贞集》

十二卷。

《至圣先师孔子赞并序》碑是康熙皇帝于康熙二十五年（1686）御制，《钦定国子监志》载："圣祖仁皇帝御制《至圣先师孔子赞》碑，康熙二十五年七月初四立石，在大成殿甬路东。"并由时任户部尚书、文华殿大学士张玉书奉敕敬书。康熙皇帝御制孔子赞辞并序是要称颂孔子功德，赞辞中的"明道之圣人也""然则孔子之为，万古一人也""百世而上，以圣为师；百世而下，以圣为师"，寄寓了对孔子功业的尊崇。当时北京国子监立碑，全国各地都依例立碑。

【石刻全文】

至圣先师孔子赞并序

盖自三才建而天地不居其功，一中传而圣人代宣其蕴。有行道之圣，得位以绥猷，有明道之圣，立言以垂宪，此正学所以常明，而人心所以不泯也。粤稽往绪，仰溯前徽，尧、舜、禹、汤、文、武，达而在上，兼君师之寄，行道之圣人也；孔子不得位，穷而在下，秉删述之权，明道之圣人也。行道者，勋业炳于一朝，明道者，教思周于百世。尧、舜、禹、汤、文、武之后，不有孔子，则学术纷淆，仁义湮塞，斯道之失传也久矣。后之人而欲探二帝三王之心法，以为平天下治国之准，其奚所取衷焉？然则孔子为万古一人也，审矣！朕自巡省东国，谒祀阙里，景企滋深，敬摘笔而为之赞曰：

清浊有气，刚柔有质。圣人参之，人极以立。行著习察，舍道莫由。惟皇建极，惟后绥猷。作君作师，垂统万古。曰：惟尧、舜、禹、汤、文、武五百余岁，至圣挺生，声金振玉，集厥大成。序书删诗，正礼定乐。既穷象系，亦严笔削。上绍往绪，下示来型。道不终晦，秩然大经。百家纷纭，殊途异趣。日月无逾，羹墙可晤。孔子之道，惟中与庸。此心此理，千圣所同。孔子之德，仁义中正。秉彝之好，根本天性。庶几夙夜，勗哉令图。遡源洙泗，景躅唐虞。载历庭除，式观礼器。摘毫仰赞，心传遐企。百世而上，以圣为归。百世而下，以圣为师。非师孔子，惟师于道。统天御世，惟道为宝。泰山岩岩，东海泱泱。墙高万仞，夫子之堂。孰窥其藩，孰窥其径。道不远人，克念作圣。

康熙二十五年七月初四日，户部尚书、文华殿大学士臣张玉书奉敕敬书。

瑶族石刻辑校

四贤赞碑

四贤赞碑

【题解】

碑在恭城县文庙，清康熙二十八年（1689）刊。康熙御制，张玉书书。

石天飞、覃阳雪访碑。

【石刻全文】

颜子赞：圣道早闻，天资独粹。约礼博文，不迁不贰。一善服膺，万德来萃。能化而齐，其乐一致。礼乐四代，治法兼备。用行舍藏，王佐之器。

曾子赞：洙泗之传，曾子得之。以贯曰唯，圣学在兹。明德新民，止善为期。格致诚正，均平以推。至德要道，百行所基。纂承统绪，修明训辞。

子思子赞：于穆天命，道之大原。静养动察，庸德庸言。以育万物，以赞乾坤。九经三重，大法是存。笃恭慎独，成德之门。卷之藏密，扩之无垠。

孟子赞：哲人既萎，杨墨昌炽。子舆辟之，曰仁曰义。性善独阐，知言养气。道称尧舜，学屏功利。煌煌七篇，并垂六艺。孔学攸传，禹功作配。

康熙二十八年闰三月十六日，户部尚书、文华殿大学士臣张玉书奉敕敬书。

恭城县重建文庙碑记

恭城县重建文庙碑记

【题解】

碑在恭城县文庙，清康熙四十年（1701）刊。石天飞、覃阳雪访碑。

见光绪《恭城县志·艺文》，第526—529页。

田慕芳，贵州新贵人，康熙三十三年（1694）甲戌科进士。时任恭城知县。

【石刻全文】

恭城县重建文庙碑记（碑额）

重修恭城县文庙记

或问作边邑有司，以何政为先？曰催科也，抚字也，如防奸缉盗、案牍词讼诸庶政，皆先务也。余应之曰："否！否！"方今圣天子右文，治具毕张，海内之地风移俗易，而顾令粤西边陲民猺獞处，不沾圣教，即有豪杰秀起之士生于其间，亦将颓然自靡，无以自立于此。而欲风移俗易，庶政毕张，其可得乎？恭城僻处昭潭之东偏，自隋大业末，始以茶城置县，历唐宋以迄有明，声教渐讫，名人辈出。如周惠烈、谢天秩诸公[1]，或以忠义自显，或以文章自雄，或以科名传世者，指不胜屈，伊独非泮藻之翘楚而椷朴之美材欤？余于庚辰六月二十七日，奉命令恭城[2]。到任之明日，刻期谒圣，目击殿庑倾颓，诸祠废坠，堦墙倒塌，无有存者。余用是悚然惧，喟然叹曰："此非他人之过，乃良有司之责也！"夫恭邑之缙绅人士谒余，而来者类皆彬彬儒雅，崇尚古道。倘为厚植根本，加以灌溉，将来观光上国，黼黻隆平，何有限量[3]！多士有心，而岂忘发源之地耶？第上无以倡之，不可谓下无其人。己未先之[4]，不可谓人无其助。余用是订期会议[5]，按籍捐资，共勤厥美，诸绅士咸欣然乐从，各陈所愿。维时分调执事鼓舞众志者，儒学教谕叶开运、训导植国瓛也。协力调度经画规模者，典史朱圻也。结构完美董理终事者，新任教谕张廉也。其庠生中承催众资，俾财用相继，则有齐襄周、贺宸枚、孔世讚、李鸜、周一泗、费洪誉、周吉士、常智端、莫贵琳其人焉。购材经费量入为出，则有箫韵、欧维翰其人焉。至于董理鸠工朝夕不倦，一木一石安置得所，则有崔之翰、齐世宗其人焉。所恃群贤效力，募匠度材，首建圣殿，次及两庑，又次及棂星、侧戟诸门，又次及启圣、乡贤、名宦诸祠，最后及明伦堂、衣冠、厨膳诸室[6]。自庚辰九月朔旬兴工，越辛巳九月望日告成，期不迫而力裕，事不扰而工坚。不华彩而气象雄伟，不雕琢而植基巩固。斯庙也微，独妥圣灵奉贤位，即一时官绅士民瞻于斯、礼于斯、聚弦诵于斯，由斯人文蔚起，虎变龙腾，将来功名爵位，事业文章，有与周惠烈、谢天秩诸公而并显者[7]，余虽不必见其盛，将以斯庙执左券云。是勒石而为之记。

峕康熙四十年岁次辛巳季冬望日，赐进士文林郎知恭城县事黔南田慕芳盥手敬撰。（印二）

礼房刘璘。

灵川匠人黄玉琏刊。

【校勘记】

[1] 谢天秩，《恭城县志·艺文》作"蒋天秩"。恭城县文庙乡贤祠清代刊"乡贤碑"，上列："明举人，任南京刑部郎中蒋讳资乾，字天秩。"据此，知当以"蒋天秩"为是。蒋资乾，字天秩，曾任南京刑部郎中。

[2] 恭城，《恭城县志·艺文》作"恭城县"。

[3] 何，《恭城县志·艺文》作"曷"。

[4] 己，原碑中误刻为"已"。

[5] 订，《恭城县志·艺文》作"定"。

[6] 室，《恭城县志·艺文》作"所"。

[7] 谢天秩，当作"蒋天秩"。见校勘记注[1]。

恭城县重建文庙碑记

恭城县重建文庙碑记

【题解】

碑在恭城县文庙，清康熙四十年（1701）刊。楷书，阴刻。保存完好。石天飞、覃阳雪访碑。

见光绪《恭城县志·艺文》，第519—522页。

萧永藻，字采臣，奉天人。时以都察院右副都御史任广西巡抚。

【石刻全文】

恭城县重建文庙碑记（碑额）

修恭城县文庙碑记

皇上御极四十年，九有输诚，八方向化，事功德业，远迈百王，而崇师重道，乐育人才，尤古昔圣王莫能与京。临辟雍，诣阙里，御书"万世师表"匾额，颁行直省，悬示学宫，俾中外人士咸知瞻仰，是以遐方殊俗，莫不率其子弟梯航而止[1]，沐浴圣化，猗欤休哉，何治之隆与！岭以西，汉土襟处之地也，其间良悍殊性，淳顽异质，大半耕凿自安[2]，弦诵廖廖。此岂西鄙编氓之不克振拔而甘于自弃乎？良由宰斯土者教化不先，无所观感故耳。今粤西乡荐广额十人，昉自己卯[3]，又于壬午特举武科，凡所以策励群彦，开进取之阶者，已无复加，宁属在臣工[4]，而可不加意董率为圣朝广治化之原乎[5]？予奉命抚西，下车日辄闻粤属自兵燹后，文庙倾颓，多不足观。正拟通饬修整以勷盛治[6]，乃平乐之恭城令田慕芳者[7]，谓圣祠荒凉，有司咎也。爰偕学博倡议捐输[8]，鸠工庀材，次第修葺。为时七阅月[9]，用资二百四十缗。殿宇巍焕，廊庑聿新。工既竣，丐予一言以垂永久。夫教化为治行之本[10]，明伦为教化之先。伦纪不明，民不可得而治也；师儒勿重，伦不可得而修也。以故三代盛时，设教明伦，储一时俊义于庠序学校之中。春夏诗书，秋冬礼乐，士气振而人心古[11]，敦庞成俗，亲逊成风。今恭邑人文虽不概见，而鼓舞有人，行将英贤辈出，济济师师，为光邦国，岂徒芹芷生香[12]，泮壁增色已哉！至田令，官方虽未甚悉，而此役则有可嘉。遂循所请，而乐为之记。

　　皆康熙四十年岁次辛巳仲冬二十有七日，巡抚广西等处地方提督军务都察院右副都御史萧永藻敬譔。

　　知县田慕芳，教谕叶开运，训导植国璊，新任教谕张廉，典史朱圻，巡检丁应荣、章元震，举人蒋必超，岁员周卜兆、张宗璠、张同修，监生周三策、陈其智、萧韵、欧维翰、齐世宗，生员齐襄周、崔之翰、李鹏、周吉士及通学等捐修。[13]

【校勘记】

[1] 梯航而止，《恭城县志·艺文》作"梯航而上"。

[2] 凿，《恭城县志·艺文》作"作"。

[3] 己，原碑中误刻为"已"。

[4] 宁，《恭城县志·艺文》作"岂"。

[5] 原，《恭城县志·艺文》作"源"。

[6] 勷，《恭城县志·艺文》作"襄"。

[7] 田，《恭城县志·艺文》误作"由"。

[8] 愽，《恭城县志·艺文》作"博"。

[9] 碑上"为"字右下角似有一小字粘连，难以辨认。

[10] 行，《恭城县志·艺文》作"术"。

[11] 振，《恭城县志·艺文》作"丕振"。

[12] 芹芷，《恭城县志·艺文》作"芹藻"。

[13] "皆康熙四十年岁次"至"通学等捐修"，《恭城县志·艺文》不录。

重建恭城县文庙碑记

【题解】

碑在恭城县文庙，清康熙四十年（1701）刊。石天飞、覃阳雪访碑。

见光绪《恭城县志·艺文》，第 522—525 页。

高联璧，山西青源人，进士，康熙三十九年任广西提学。

重建恭城县文庙碑记

【石刻全文】

重建恭城县文庙碑记（碑额）

恭城县重修文庙记[1]

今天下幅员如是之广也，嗜好若斯之异也，然而党庠塾序之设[2]，礼乐诗书之训，南朔东西，翕然丕变，猗欤休哉！一道同风之治，唐虞三代以来，未有如今日之盛者也。顾懿教之兴，端由学校，尊崇之典，聿重宫墙。文庙之关乎文运，由来尚已。皇上御极之四十年岁次辛巳，余奉命视学粤西，夙夜冰兢，矢公矢慎[3]，惟期克称任，使弊绝风清，以光盛世作人之典，以弘多士登进之阶。岁试按临诸郡，晤诸提调，谆劝勉曰："阐扬圣道，振起人文，学使者之责也。修学宫，崇祀典，宣上谕，明人伦，以端士习而维风化者，贤有司之任也。愿恪共乃职[4]，相与有成！"梧郡试竣将至平乐，恭城令以重修文庙告成，具详请记于余，并赍其鸠修册籍以呈。余按籍查核，知捐俸首倡者，黔中甲戌进士、知恭城县事田慕芳也；共劝厥事者，教谕叶开运、训导植国瓛也；协力调度购材督匠者，典史朱圻也；董理鸠工鼓舞众志者，生员崔之翰、萧韵、欧维翰、齐世宗也。夫恭城为苍梧僻壤[5]，凋敝实甚，官此者拮据孔艰。田令莅任之始，见宫墙圮坏，即恻然动念，愿捐俸以肇创焉。百度未遑，首崇文教，吾儒之经济，洵非文俗所能及也。从此大展鸿猷，由期月而三年，政成人和，知其大有造于恭也。制赐商霖浒陛台省，翼一人而被四国，不于此预卜乎？至粤西广文糊口，每不暇给，而叶、植二子，慷慨乐助，务底于成，有功名教，岂浅鲜哉？且阖邑绅士暨朱佐员，各能量力相资，经营惨淡，不日而庙貌维新矣。向之正殿、两庑、棂星、頖壁，鞠为茂草者，今则金碧辉煌矣。向之启圣、名宦、乡贤诸祠，敝于风雨者，今则丹雘峥嵘矣。人文从此炳蔚，鹏搏鹊起，拭目可俟，搢绅诸士之功亦宏远矣。余职司文衡，未与计始，乐与观成，愿罄微赀以供立石镌珉之费。若夫圣衟之昭垂，亘古弗坠，声教之暨讫，遐迩同风。即殚思竭知，备极铺张，不足以表扬万一也。余弗能文，谨纪其功，录其姓氏，简明质实而为之记。

峕康熙四十年岁次辛巳仲夏谷旦。

赐进士第朝议大夫提督广西通省学政按察使司佥事高联璧敬譔。（印二）

灵川石匠黄玉琏镌[6]。

【校勘记】

[1] 碑题，《恭城县志·艺文》作"重修文庙碑记"。

[2] 塾，《恭城县志·艺文》作"术"。

[3] 公，《恭城县志·艺文》作"恭"。

[4] 共，《恭城县志·艺文》作"恭"。

[5] 恭城，《恭城县志·艺文》作"恭邑"。

[6] "峕康熙四十年"至"灵川石匠黄玉琏镌"，《恭城县志·艺文》不录。

重修协天祠碑一

重修协天祠碑一

【题解】

碑在恭城县武庙，清康熙六十年（1721）刊。石天飞、覃阳雪访碑。

王汧，乡宁（今山西省辖）人，贡生，康熙年间任恭城、平乐县知县。

【石刻全文】

重修协天祠碑（碑额）

重修关夫子庙碑文

粤稽古史，自三代已及秦汉，已知有关夫子挺生吾晋，匡辅帝裔，复振汉祚衰微于四百年之季，直使吴魏英雄闻皆胆丧，不敢并吞疆域，鼎足三分，威震华夏。而一腔忠义之气，充塞两间，光夺日月，可谓神矣。历朝以来敕封帝号，至圣至尊，由直省偏诸郡邑，普天之下莫不崇祀。

夫子巍峨庙貌，以其所奉皆灵，祷求辄验，不啻如鼓之应抱、响之应声也。汧本西鲁下士，矧仰止尤切者矣！岁辛卯钦承简命，除授斯邑。抵恭之始，即虔诣祠庭，瞻礼祝告，祈保我土地，佑我民人，殄灭其灾眚者。迄今十载，而一邑皆蒙亭毒焉。第汧晋谒之初，环顾殿门倾圮，不无慨叹，有欲重新之意。无如俸薄力微，愿难遽毕。然数载于斯，实荷默佑，物阜年丰，益殷其念。至己亥冬，始倡率阖邑士民耆老捐俸捐资，共襄厥美。于是鸠工庀材，甫匝月而功告成焉。自此殿庭内外焕然一新，咸瞻庙貌之璀璨，圣像之庄严，不更令人之心生敬畏，斋肃诚求也耶？又何患其邑之不福、境之不宁者哉！是夫子之显灵，必祈祷而更应矣。辛丑夏忽听新纶特召，汧揣凉德，兼乏嘉猷，所幸邑治民安，其中未始不沐夫子之泽，而幸邀此宠眷也哉！今叩辞北上，低徊靡已，犹望后之贤侯，岁焉修葺，匪所不逮云尔。是为之记。

中殿共用艮四十两零五钱一分，头门连戏台两边檐廊共用艮五十七两七钱六分，二□装修圣像共用艮十九两零三分八□，油柱梁锯匠共用艮三两六钱七分，移照墙砌灰共用艮二两六钱五分，换桅杆缝旗共用艮五两七钱二分，地基打灰砂共用工银一两四钱，椠碑共用银五两五钱。

康熙六十年岁次辛丑季冬月吉旦立。

重修协天祠碑二

重修协天祠碑二

广西恭城县瑶族石刻

【题解】

碑在恭城县武庙，清康熙六十年（1721）刊。石天飞、覃阳雪访碑。

【石刻全文】

重修协天祠碑（碑额）
特旨行取广西平乐府恭城县正堂王
署理平乐府恭城县事、庆远府宜山县军粮厅萧
钦点辛丑科会试同考官文林郎、知广西平乐府恭城县事王
平协左营驻防恭城城守总司郑，助银叁钱。

恭城县儒学教谕黄，助银伍钱。

恭城县儒学训导黄，助银四钱。

恭城县典史舒。

举人王世禄助银三钱。

信生郑会助艮一两，梁士杰助艮三钱，莫群芬助艮三钱，何士良助艮二钱，贡生常方大外捐石料艮拾两正。

信生邓必祚助艮二钱，邓庭材助艮三钱，俸大年助艮二钱，刘伯瑄助艮二钱，齐世宗助艮一钱。

信士林艳茂助艮一两，潘达士助艮伍钱，陈学海助艮伍钱，高升助艮四钱，钟待聘助艮三钱，龙登莲助艮二钱，冯资恺助艮三钱，常梦兰助艮三钱，钟圣悦助艮三钱，田玉科助艮三钱，刘文吉助艮三钱。

周宪叔二钱，罗宇望二钱，钟应璋二钱，叶正茂二钱，郭尚辉二钱，刘君佐二，吴康茂二钱，欧徽二钱，信生蒋禧题簿共艮一两六钱，丁如松题簿共艮六钱，何得乡助艮一钱五分，邓余忠艮一钱。

督理耆民林艳茂、钟待聘、龙登莲，住持道士廖元相，石匠莫维相。

康熙六十岁次辛丑季冬月吉旦立。

丁祭规程

丁祭规程

【题解】

碑在恭城县文庙，清雍正八年（1730）刊。楷书，阴刻。石天飞、覃阳雪访碑。

王佐，时任恭城知县。

【石刻全文】

广西平乐府恭城县奉少保兵部尚书兼都察院右都御史，总督云、贵、广西三省地方军务兼理粮饷，世袭阿思哈尼哈番加十二级纪录二次鄂，为恭逢丁祭大典，严饬各属官司，宜修物以告庆，须先期而斋宿事。窃惟圣先师万世之师表也，冠带集圜桥，天子有临雍之典；春秋届仲月，上丁修释菜之仪。内则命夫胄子三公，外则寄于有司群牧。典綦严也，谁敢懈焉？

本部院每逢丁祭，亲斋沐而宿黉宫，先令儒官较簿书而正祭器，乃知牲或已经宰杀，既失告全致洁之心，物岂尽属肥鲜？更乖博硕蕃兹之义。且或常供不充夫额数，任先后以那移；珍品不给于豆笾，致菹盐之双叠。兼闻各学亦有同风，罔知共竭精诚，但解奉行故事，甚或尊垒未备，畴详牺象之形，琴瑟虽陈，莫辨部簴之状。观者如墙如堵，任彼咆哮；祭者似醉似痴，颓如聋瞽。一尊才荐，满庭之燎火无光；三献未终，两庑之灯辉已灭。于是灯铏与簠簋，悉凭颠倒几筵；鹿兔共榛菱，似遇摩空鹯雀。分甘夺臑，半由承祭之家人；拍地喧天，遑问纠仪之斋长。骏奔髦士，霎时怒发冲冠；舆隶膳夫，一片雄心染指。凡此之类，罪岂胜诛？皆由约束之不严，亦以躬行之未善。不思主爵则身膺一命，幸得窥圣人门墙；分献则职任半澶，原以司泮宫俎豆。岂平时未知化导，已蒙尸位之讥；临事不克恪恭，难免旷官之咎。为此饬郡守、州牧、县令等职，兼以诚教授、学正、谕导诸员，各矢乃心，以襄大典。预期三日，牲牷皆供乎牿牵；先事一朝，品物尽陈于类璧。斋戒沐浴，来观习乐，试歌舞于明伦堂前；料量洁清，退服寝衣，敛精神于尊经阁畔。庶几必诚必信，斯夙夜之惟寅；无怠无荒，知神人之咸格。是并申之条约，用以颁诸学宫。业经滇黔各学，遵照奉行在案。今广西省奉旨归并本部院节制，合行通一体恪遵奉行。今将条约开列于左：

一既奉肇圣五王，不惟簠簋豆笾照数增设，即牲牷亦应各增其四。有议共牲者，其说不可从。考之典礼，惟配享有可以共牲者，专主无共牲之礼。《书》云："文王骍牛一，武王骍牛一。"其明征也。自三代至汉唐，皆不闻有共牲之说。惟后汉有青帝、赤帝共一犊，白帝、黑帝共一犊者，议者非之。唐开元时，五品以室异牲，六品以下共牲，岂有王爵而可共牲者乎？其各照数增一为五可也。

一祭牲祭品皆有定额，一豆一笾，罔可缺遗。况牲取亲割以告虔也，取其血毛以告全也，可既宰而入学门乎？豕曰刚鬣，注谓其豕肥则鬣刚。羊曰柔毛，注谓其羊肥则毛细而柔弱，此博硕肥腯之由称也，可以瘦瘠不堪之羊豕而饮之灌之以充牲牷乎？既宰且不可，瘦瘠且不可，况可缺其额数而肥吏胥之囊橐乎？《月令》曰："牺牲毋用牝。"又曰："命宰祝循行牺牲，视全具、按刍豢、瞻肥瘠、察物色，必比类。量大小，视长短，皆中度。五者备当，上帝其飨。"注曰："上帝且歆享之，况群神乎？"嗣后各官俱须先三日亲至学，视牲牷如法，然后稽其数，使人牧之以待，先一夕亲割。吏虽奸，其何所施乎？

一丁祭先数日集乐舞生演习精熟，先一日与祭官亲同往观，不得草率从事。

一丁祭先一夕凡与祭官齐集学宫斋宿，不得有一员私宿本署。

一丁祭之日，庭燎灯烛务须光明如昼，以俟祭毕后已，除神前灯烛外，即官员不得各自张灯。

一丁祭之日，棂星门内不得容一闲杂人，所有事宜止许学书干办，及小心谨慎。门斗二人或四人照管灯烛，其官员仆从人等，一概于门外伺候，万无使仆从人持灯夹垫，相随上殿及上两庑之礼。君师一体，幸勿自取罪戾，以贻失礼之愆也。

一丁祭之日，既不许容一闲杂人，自无有抢夺祭烛及祭品之人。倘或仍有潜匿门内乘空抢夺者，以盗贼论，实时擒获，解报以凭，尽法重究。

一学宫之地，圣贤灵爽所依，不惟丁祭宜修治肃清，即平时尤宜洒扫洁净。近每见黉宫以内栽瓜种菜，学圃成浇灌之场，曝被晒衣，诸生绝往来之路。甚至丹楹刻桷，徒供蝙蝠栖迟；鸟革翚飞，尽是鼪鼯巢穴。蛛尘百斛，庙貌埋埃垢之中；鼺粪千箕，腥秽闻宫墙之外。皆已安之若素，久且习为固然。甚至先儒、先贤两庑之神牌倒置，乡贤、名宦两祠之神位倾颓。非其子孙，有谁谘问？加之朽蠹，若罔闻知。凡尔学官，所司何职！即诸门斗，多亦奚为！嗣后教官不时巡察，务令门斗分班轮值，逐日扫除。学宫之内，不得容一毫尘垢，庶亦无忝厥司也。慎哉毋忽！特示。

雍正捌年叁月 日捐刻。知县王佐。监刻：教谕罗定午、训导陈让。

恭城令张公平猺传

【题解】

碑存恭城县，具体位置不详。据文中记载推测，约刊于清雍正十年（1732）。碑中所述瑶壮民族"性贪狠，俗剽悍，带兵挟矢，纵横出没"，有对少数民族污蔑之意。

见金鉷雍正《广西通志》卷一百一十八；光绪《恭城县志·艺文》。

张钺，字颐亭，江南山阳（今江苏淮安）人，举人，雍正十年（1732）任广西布政使。

【石刻全文】

恭城令张公平猺传[1]

布政使张钺

公姓张，讳泰阶，蜀之潼川州盐亭人也。少有异才，习知方略。康熙二年，以孝廉令恭城。恭城地隶平乐万山丛莽中，猺獞杂错[2]，性贪狠，俗剽悍，带兵挟矢，纵横出没，有司莫得而禁焉[3]。时猺目黄天贵、黄公辅者纠集丑类[4]，啸众丛木寨，劫取衣被财物，掳掠妇子，焚毁屋庐[5]，民大怨[6]。公赫然震怒曰："方今王道荡平，薄海向化，乃敢负其险固，横肆披猖，藐视天子命吏，四境荼毒生灵，余必血刃贼首，扫荡山林乃止！"阴募邑中干事者，探知贼势，指画分明。状闻于总制屈公，檄广东、湖南二省合师进剿，去丛木寨十里而营。翼日晨兴，公戎服跃马，请授部下数百人冒险先登，大兵随后四面攻击，鼓角震地，烟焰蔽天，摧枯拉朽，鸟逸兽奔，贼众大溃。乘势逐北，歼厥渠魁，余孽悉为煨烬。公又吁请总制曰："今日之役，所以除枭獍，辑善良也。大凶授首而延及无辜，诘暴乃以为暴乎？"请下令军中禁无杀，且遍谕父老子弟："尔等原未从贼，久为贼所害，今幸少甦，其无恐！"师旋，百姓扶老挈幼匍匐马首者，以亿千计。呜呼！武以戡乱，仁以保民，公之绩将不朽矣！

余观山川图略，滇黔百粤间苗蛮种类不一，秦汉以来每多反侧。今仰圣天子湛恩汪濊，沾被群生，喁喁然皆愿为内赤子。即有一二蠢顽尚未革心，总制鄂公与三省中丞奉命宣抚，拓乌蒙、平邓、横城、古州。余时以曹司出守黎平，亲受指挥，戮力行间。今诸蛮俱帖涕泣归，诚独念公一县令，奋身除暴，为民请命，虽屈公之绩不可没，而首建非常。贼氛永绝，宜恭民之尸祝户颂，历六七十载而戴之勿忘也。公后迁深州知州，再迁庐州司马，摄为州事，所至清节自励，与恭城无异。令子汉克肖其父，为南宁守，而余以黔臬调迁，历任西藩，求为立传附之志乘，以余之克记其实，而且与公为同谱也。余详本传中，故不复赘。

【校勘记】

[1] 碑题《恭城县志·艺文》作"张公平猺传"。

[2] 杂错，《恭城县志·艺文》作"错处"。

[3] 焉，雍正《广西通志》无，据《恭城县志·艺文》补。

[4] 者，雍正《广西通志》无，据《恭城县志·艺文》补。

[5] 屋庐，《恭城县志·艺文》作"室庐"。

[6] 怨，《恭城县志·艺文》作"恐"。

龙潭寺碑

【题解】

《瑶族石刻录》录此碑文，注碑在恭城县栗木镇大合村水井边，为"摘录"。清雍正十一年（1733）刊。所录碑文疑有部分舛误，姑照录以存其线索。

见《瑶族石刻录》第13页。

【石刻全文】

恭城县正堂张为恩赏纪勒石以杜科派以安缩众事。龙潭寺北乡千百年共祀香火，因众僧托钵为艰，各擅越施粮田二石有余，立户立僧。承僧户固所施俱系瑶田，历来僧户正供从□杂派，前以杂派横科，僧众措支无计，具供天台，蒙查审结，正供外少是杂派，俾□□照蒙批□□□云。外鹅之侣，而□齐民一例，当差已传，又任支加以杂派，异日僧众鸟散，龙潭之地，不几维茂草乎！遵奉在案，今僧等窃恐法久易驰，仍加科派，伏乞给赏和熙回等勒碑，求杜科啮，以垂不朽，佛僧咸赖……

清雍正十一年八月岁次癸丑吉旦立。

重刊元光祖撰敕封灵济忠祐惠烈王传

【题解】

碑存恭城县城老周王庙。原刊于元至正八年（1348），此为清乾隆五年（1740）重刊。

见《广西恭城碑刻集》第3—5页。

【石刻全文】

敕封灵济忠祐惠烈王传（额）

谨按：《传》曰：渭，字得臣，昭州茶城人。幼孤，养于诸父。力学，工为诗。刘鋹据五岭，昭州皆为一有[1]。政繁赋重，民不聊生。渭率乡人六百逾岭，将避地零陵。未至贼起，断道绝粮，复还茶城，则庐舍煨烬，遂奔道州，为盗所袭，渭脱北上。建隆初至京师，薛居正器遇之。上书言时务，召试赐同进士出身，释褐白马主簿。县大吏犯法，渭即斩之。太祖奇其才，擢右赞善大夫。时魏帅符彦卿专恣，朝廷选常参官彊干者莅其属邑，以渭知永济县。彦卿郊迎，渭揖于马上，就馆始与相见，略不屈降。县有盗伤人逸，渭捕获并暴庋匿者，按诛之，不以送府。

乾德中，通判兴州。州领置口寨，多戍兵。监军傲狠，纵其下为暴，居人苦之。渭驰往谕以祸福，斩其军校，众皆慑怖。诏嘉奖，命兼本砦钤辖。开宝元年，凤州七房冶主吏盗隐官银，择渭往代，岁羡课数倍，赐绯鱼，迁知棣州。殿直傅廷翰为监军，谋作乱，走契丹。事觉，渭擒系以闻，命械之阙下。鞫得实，斩于西市。渭在郡以简肃称，及还，吏民遮道泣留，诏赐钱百万。

太平兴国二年，擢广南转运副使。初，渭之入中原，妻子留恭城。开宝三年平广南，诏昭州访求，赐钱米存恤之。及是，渭始还故里，乡人以为荣。渭奏去刘鋹时税算之繁者，重定田赋，兴学校，迁殿中丞。属有事交趾，主将逡挠无功。有二败卒披甲先至邕州[2]，市夺民钱，渭捕斩之。后至者悉令解甲以入，讫无敢犯。移书交趾谕朝廷威信，将刻日再举。黎桓惧，即遣使入贡，就加监察御史，在岭南凡六年。徙知扬州，进殿中侍御史，改两浙东西路转运使，入为盐铁判官。迁侍御史，历判户部、度支二勾院，出知亳州，赐金紫，俄换宋州，加职方员外郎，为益州转运使。坐从子违诏市马，黜为彰信军节度副使。咸平二年，真宗闻其清节，召还将复用，诏下而卒，年七十七。上闵其贫不克葬，赙钱十万，以其子建中为叶氏主簿。渭妻莫荃，贤妇人也，渭北走时不暇与荃诀。二子该幼，荃尚少，父母欲嫁之。荃曰："渭非久困者，今避难远适，必能自奋。"于是亲蚕绩碓舂，以给朝夕。二子皆毕婚。凡二十六年，乃复见渭。时人嘉其志节。朱昂著《莫节妇传》记其事。

赞曰：宇宙之间，山川之秀，钟而为人。其生也，或用物精多而饕富贵，及其没也，则魂魄不散而惊动祸福。若是者，不可以楼栢计，永如宋御史周王之神可与之齐驱并驾，盖甚鲜也。王本书生，奋身田垄，挟策以干时君，忠肝谊胆，谠言正论，耸动主听，由是历官清要，诞膺节钺，丰功盛烈，所至而是。而其夫人莫氏亦以节义丽美，有益纲常。非若无益之鬼，潜形匿影，妄行□福，邀求血食于民间也。况王屡膺封号，循至王爵，其庙赐额嘉应，列秩群祀，著于昭州。昭州为王之故国[3]，原庙之设，于理尤宜。肖像堂堂凛有生气，过其祠者，孰不式之？至若御灾捍患，民恃以安，或有祷祈，应如桴鼓。

先是，麦侯文贵以是府判官召入史馆，豫修辽金宋三书，因得王本传读之，谓曰："吾尝窃禄王国，欲求此传而不可得，今见于是，岂非王之阴相我乎！"遂亟写以附南使，俾刻庙中以示来者。属前政因循，久之未刻。迨同知王侯惟让倅是邦，亦尝有叩于神，遄臻感应，思答灵贶而未知所图。适郡之父老以是文进，具言其故。侯慨然曰："吾当成之！"今年春，合以阃节分镇右邕，道经昭潭。侯出郊迎，有敬无怠，诘朝谒余而言曰："周王之神，著灵乡国，其来旧矣！幸得王传，将寿诸石。傥得一言，而侯刻之，庶几永永无斁！"余惟明有礼乐，幽有鬼神，此理之常，无足疑者。故事神之道，必殚乎己。神既克事，安有治民而不究其心者乎？余因是举，则侯之为政，盖可见已。既述其概，复为享神、迎送之曲二章，使邦人习之歌以供祀事。辞曰：

昭山兮翠戟，昭水兮绿波。王生其间兮禀天和，时务一书兮千载不磨。

蚤登膴仕兮鸣玉珂，夫忠妇节兮矢糜他邦，人思之兮涕滂沱。岁严祀事兮刑苍鹅，荔丹蕉黄兮复骈罗，愿王来享兮听我以歌。

二章：

昭之州兮摇落，山川相缪兮靡池靡郭。群盗充斥兮民忧剽掠，怆惶莫保兮惟王之托。疾无札瘥兮雨旸时若，王之功兮如山如岳。王之来兮如天雨霉，王之去兮如水归壑。窅无迹之可求兮，愿毋弃乎桑梓之乐。

大元至正八年戊子秋九月朔，中大夫同知广西两江道宣御使司都元帅府事元光祖撰并书。

资善大夫选授湖广等处行中书省左丞广西两江道宣御使都元帅章伯颜篆额。昭信校尉同知平乐府事王惟让立。

大清乾隆五年岁在庚申季冬月谷旦，燕岩刘子梁捐资重刊。

【校勘记】

[1] 昭州皆为一有，《宋史》周渭本传作"昭州皆其地也"。

[2] 披甲，《宋史》周渭本传作"擐甲"。

[3] 昭州，原碑、拓片模糊，《广西恭城碑刻集》无，据文意补。

重修协天祠头门鼎建戏台碑

重修协天祠头门
鼎建戏台碑

【题解】

碑现存恭城县武庙大门外墙右侧，清乾隆七年（1742）刊。石天飞、覃阳雪访碑。

【石刻全文】

重修协天祠头门鼎建戏台碑（碑额）

恭城县正堂加一级纪录三次叶，捐银捌钱。

广西布政司经厅署恭城县正堂加一级阮，捐银贰两。

恭城县正堂加一级王，捐银壹两。

协镇平乐左营驻防恭城城守总司何，捐银壹两伍钱。

恭城县儒学正堂加一级记录一次王，捐银壹两。

恭城县儒学左堂唐，捐银伍钱。

恭城县督捕厅加一级侯，捐银壹两。

特简直隶州副堂署恭城县捕厅事萧，捐银伍钱。

恭城县镇峡寨巡检司夏，捐银壹两。

新任恭城县督捕厅加一级张，捐银伍钱。

特简文林郎四川、直隶、绵州、梓潼县知县梁继德，捐银壹两。

敕封承德郎傅荣偕男，拣受儒林郎候选州同傅肇基，敬捐庙前沟边宅地壹幅。改沟长捌丈，宽壹丈。除捐外，仍系傅姓管业。外新捐银五两。

恭城县总埠信官□定宇，捐银壹两。

信官：陈一凤捐银伍钱，朱源芳捐银贰钱，王曰惠银贰钱。

欧维翰捐银伍钱，黄维英银三钱，费泽平银壹钱。

臧良弼捐银伍钱，杨筠捐银三钱，费壶天银壹钱。

卢孝捐银贰两整，萧上琠银贰钱。

王世禄捐银三钱，何出图银贰钱，费正银玖分五□。

信士刘瑞龙捐银捌两。偕男信生刘在义捐银叁两伍钱。

粤东新会县择日弟子黄万庄捐银伍钱。住持道士吕永恒捐银贰两。

大会众姓弟子陈学海等共捐银拾伍两。楚南弟子翟明锡、翟明瑞捐银伍钱。

信士邓文焕助银三钱、□思贤捐银贰钱。

官桥头龙姓捐磉磴四个。

缘首信官傅廷梅捐银壹两。

信生傅廷槐捐银壹两。

信生邓必礽捐银一钱。

唐选明捐银伍钱。

刘伯瓒、田中来、杨廷瓒、龙振江、曾廷策、信士林仙尧、唐君舜、胡蔚若、林世环，以上九位各捐银一钱。

刘彩容捐银九分。

陈素宾捐银九分。

刘文选捐银伍分。

大清乾隆六年岁次辛酉孟秋月谷旦立。

捐田碑记

捐田碑记

【题解】

碑存恭城县城周王庙内。清乾隆十二年（1747）刊。见《广西恭城碑刻集》第 40 页。

【石刻全文】

立碑人罗人元，原系四川城都府郫县东门□乡民，不幸惨遭奇冤，于雍正柒年发配来邑。躬神圣恩佑，迄今壹拾捌载，得沐皇恩浩荡暨宪泽汪洋，释放回籍，深感熙隆之化，眷顾之仁。弟子特捐银壹拾陆两，叨承杨芳菁将买，受袁玉山东八甲土名拱桥田肆工粮米陆升，禾捌甬出让成买，仍托付本街善信弟子杨芳菁[1]、邓麟科逐年收租，除完粮外租禾奉祀。此田于乾隆二十三年春交庙祝收管捡，盖周王爷爷座前毋□□□□谨助香资，爰勒石永垂。

乾隆拾贰年七月初四谷旦，沐恩弟子罗人元。

【校勘记】

[1] 托，《广西恭城碑刻集》作"记"，盖因形近而致误。据原碑改。

众姓捐制川锡八宝执事碑记

【题解】

碑在恭城县武庙，乾隆十二年（1747）刊。石天飞、覃阳雪访碑。

【石刻全文】

众姓捐制川锡八宝执事碑记（碑额）

傅廷槐捐银贰两外会本银伍钱。

欧维行捐银贰两外会本银伍钱。

黄本中捐银贰两外会本银伍钱。

欧维元捐银贰两外会本银伍钱。

欧显相捐银贰两外会本银伍钱。

刘振纶捐银壹两伍钱外会本银伍钱。

欧邦相捐银壹两伍钱外会本银伍钱。

杨芳菁捐银壹两伍钱外会本银伍钱。

欧维绩捐银壹两伍钱外会本银伍钱。

龙庆捐银壹两伍钱外会本银伍钱。

霍廷亮捐银壹两伍钱外会本银伍钱。

莫群莪捐银壹两伍钱外会本银伍钱。

梁居仁捐银壹两伍钱外会本银伍钱。

欧源捐银壹两伍线外会本银伍钱。

冼智广捐银壹两伍钱外会本银伍钱。

关光贤捐银壹两伍钱外会本银伍钱。

傅固邦捐银壹两伍钱外会本银伍钱。

江义和捐银壹两伍钱外会本银伍钱。

冼恒乐捐银壹两伍钱外会本银伍钱。

吴胜葵捐银壹两伍钱外会本银伍钱。

朱振宾捐银壹两伍钱外会本银伍钱。

朱着宾捐银壹两伍钱外会本银伍钱。

李天爵捐银壹两伍钱外会本银伍钱。

关士璋捐银壹两叁钱外会本银伍钱。

欧崇俊捐银壹两贰钱外会本银伍钱。

梁友葵捐银壹两伍钱外会本银伍钱。

萧英煌捐银壹两外会本银伍钱。

林之蕃捐银壹两外会本银伍钱。

关士琇捐银壹两外会本银伍钱。

黄执中捐银壹两外会本银伍钱。

崔振卿捐银壹两外会本银伍钱。

欧赘相捐银壹两外会本银伍钱。

陆登桂捐银壹两外会本银伍钱。

黄河彩捐银壹两外会本银伍钱。

卢孝捐银壹两。

欧江捐银贰两。

吴胜店捐银壹两外会本银伍钱。

欧崇信、欧崇仪捐铁条一根、故事枪一个。

南关众姓捐铁条一根、故事枪一个。

常绩常绘偕姪本刚本毅本道本达本敬，共捐银柒两外会本银伍钱。

陈炳新捐锡吊灯一对。

以上通共捐银伍拾捌两正，打造香炉一座、花瓶一个、八宝八对、执事五对、吊炉一对，外捐会本银拾柒两，每年利息作帝君出游并整理执事之费。刘子潢捐银壹两伍钱外会本银伍钱。

大清乾隆拾贰岁次丁卯季秋月吉日八宝会立。

奉宪安立界碑

【题解】

碑在恭城县观音乡水滨村牛眠塘前门寨山顶乐善亭内，系恭城县与永明（江永）县分界地碑。清乾隆二十七年（1762）刊。

见《瑶族石刻录》第 21 页；《恭城县志》第 502 页。

【石刻全文】

湖南永州府永明县正堂王，照得本县十二区大畔源与广西恭城县平川源接壤，以前门寨分水为界[1]：岭东系大畔瑶所管，岭西系平川源瑶所管[2]。此订。

乾隆廿七年四月吉日立[3]。

【校勘记】

[1] 分水，《瑶族石刻录》疑其后脱一"岭"字，当作"分水岭"。

[2] 平川源瑶，《瑶族石刻录》作"平川瑶"，疑误。因《恭城县志》作"平川源瑶"，"奉宪丑安界碑"亦有"平川源瑶"之说。

[3] 廿七，《瑶族石刻录》作"二十七"，当误，据《恭城县志》改。

奉宪丑安界碑

【题解】

碑在恭城县观音乡水滨村北麓之碑记坳与湖南永明（江永）县大畔村交

界之处。为四方石柱，碑文分四面刻镌，清乾隆二十七年（1762）刊。碑高80厘米，每方宽30厘米。此碑与奉宪安立界碑内容相同，是分立两地的界碑。

见《瑶族石刻录》第22页。

【石刻全文】

湖南永州府永明县正堂王，照得本县十二区大畔源与广西恭城县平川源接壤，以前门寨分水为界[1]；岭东系畔瑶所管，岭西系平川源瑶所管。此订。□止前门寨亭禁永明恭城界。

乾隆廿七年四月吉日立[2]。

【校勘记】

[1] 分水，《瑶族石刻录》以为其后脱一"岭"字，作"分水岭"。
[2] 廿七，《瑶族石刻录》作"二十七"，当误，据《恭城县志》改。

审照碑记

【题解】

碑存恭城县莲花镇势江村社学遗址外墙，清乾隆五十六年（1791）刊。碑高90厘米，碑宽70厘米。《恭城县志》少量文字未释出，据原碑补。

见《广西恭城碑刻集》第412页；《恭城县志》第503页。

【石刻全文】

审照碑记（额）

势江源八甲，地近山猛。于唐宋元时，每遭寇盗，素无宁息。厥后明末清初，屡次动兵，道经斯境，令民修路送兵，日夜辛苦。平服之后，蒙恩垂怜，令立头目四人，分为八甲，轮流守望，以备不虞；立乡练二人，以办公事；更立社学，以教秀良。其奉公定例，每年充当苦竹三孤二祭猪只[1]，上纳猪税，其余一切杂派夫役俱免。当时曾勒石碑，竖立山子角村前。虽康熙癸亥年，洪水冲破村场，碑模埋没，而例定于前，历无妄派夫役情弊。不料于乾隆五十六年，半保外四甲武生梁嵩、容如珍、李廷辅等，引诱保上二十余村捐凑银钱，借公肥一己，承认将保内夫役飞派八甲。具呈县主庄太爷，蒙恩唤齐，当堂审实二家始末原由，断令八甲仍照前定例，充当苦竹三孤二祭猪税，其外一切杂派，不容歪派。当赏给审照，令伊亲具，永不飞派，甘结是以□□勒碑以垂不朽云。

□□□县□□□□□□五次。

□□□□梁嵩□□□势江源俸询赵□□□伦孝、俸育贤、李彬然、唐举贤等□□□□□

缘势江八甲，系属猺地，向来止纳猪税及供应祭祀猪只，衙内需用□□□□□□差，历有年所。武生梁嵩等，疑系俸询等包庇躲差□□具控到县□□□□备悉前情。查势江八甲猺民，既向来止纳猪税□□□当杂差着仍照□□旧。如遇大差，即应一体同当，不得抗违，两造允服。□□□□□□□附卷。此谳。

其照在廖家楼俸询收存。

大清乾隆五十六年岁次辛亥十二月十四日赏给照，是日刻碑竖立。

【校勘记】

[1] 孤，《恭城县志》作"弧"。

协天祠新改沟路碑记

【题解】

碑文原刻于恭城县武庙，清乾隆四十年（1775）刊。石天飞、覃阳雪访碑。

【石刻全文】

协天祠新改沟路碑记（碑额）

沐恩弟子傅定邦、焕邦、朝均等喜捐协天祠右边新改水沟地壹幅，直长玖丈，横宽一丈四尺余，沟之外仍系傅姓管业。

外签化善姓改沟银两芳名列后：

欧赓相、欧旋纶、关光第、欧达相、梁友葵、欧邦相、欧陟相、恭城埠，以上捌位各捐叁钱。

黄世良、刘子汾、龙庆、刘光枢、黄璈伍位，各捐式钱正。

欧关相、崔士淮、欧洁、何敦相、欧濂、萧英煌、刘性宽、关士瑝、吴胜章、刘志宽、刘玉相、周健刚、朱万合，以上每位各捐银式钱正。

刘玉廷、萧□洵、廖恒足、黄本中、黄先中、黄执中、林之蕃、冼和源、朱泗聚、冼泗源、朱源兴、钟岳灵、吴西胜，以上每位各捐银式钱正。

一支用三十一年重建戏台便卖木料银柒两正。

命匠勒石，同志不朽云。

大清乾隆四十年岁次乙未仲夏月吉旦立。

众立禁碑

【题解】

碑在恭城县栗木镇上炉村，清乾隆四十四年（1779）刊。《恭城县志》注，碑现在上炉村水井旁作垫脚石。

见《恭城县志》第502页。

【石刻全文】

立出石碑。南坪江七甲上炉通村人等，为奉上遵法，议立甲长稽查匪类，下恩赏印，仍照议约立碑，以免风雨损坏，以靖一村事：切思朝廷弥盗，原以儆不法之人或一村不法之人，岂容任其潜行偷盗！况今后山树木严禁，粟、麦、产[1]、豆、花、麻、桐、茶、竹笋、蓝靛、田禾等项，渐渐成熟之后，往往有不法之人游手好闲，日宿夜游，窝藏匪类，徒以偷盗营生。又有村内或各家畜养猪、羊、鸡、鹅、鸭，衣衫洗晒，屡被偷盗，种种可恨，通村不已，鸣锣众会，举立甲长一家，该管九家，随更巡查，毋得徇情隐匿。倘有往来贸易在外歇宿，必预报明邻佑甲长。如有一家一人所行不端，窝藏匪类，查出拿捉指名赴公，干连九家之罪，那时悔之莫及矣，谨之慎之。

一革窝藏匪类。

一革强贼盗劫三五成群。

一革赌博面生歹人。

一革游方光棍纠党害人。

一革惯盗窃害掳掠财物。

一革白日盗窃鸡、犬、牛、羊、猪只。

一革盗田禾地货、家资什物。

一革盗砍桐油、茶子、竹木、柴草野火。

一革盗挖墙壁、主令诡计。

一革纵牛伤践生理。

一革不许乱放猪羊。

一革流民叫化不许入庙停歇。

皇清乾隆肆拾肆年岁次己亥七月拾八日立碑谷旦。

【校勘记】

[1] 产，于意不通，疑误。

重装圣像碑记

【题解】

碑在恭城县武庙，清乾隆四十八年（1783）刊。石天飞、覃阳雪访碑。碑之下部为物所遮。碑完整，但字迹较模糊，录文或有个别误辨。

【石刻全文】

重装圣像碑记（碑额）

今将金捐各善姓银两合□后……

恭城县正堂加三级纪录三次……银贰两。

刘伯琪银叁两，黄世良银叁两，欧达相银叁两，黄本中银贰两，关光第银贰两，黄报中银贰两，欧卯相银贰两，梁渭银贰两，欧关相银贰两，龙居月银贰两，黄河彩银贰两，欧陟相银贰两，王楚杰银贰两，萧英煌壹两伍钱，欧赉相壹两伍钱，黄文珍壹两伍钱，欧洁壹两三钱，崔世宁银壹两，崔如玥银壹两，刘在义银壹两，谢□银壹两，萧洵壹两，崔士准银壹两，钟谟银壹两。

卢朝均、关士璋、彭宗佑、关士禅、何敦相、关士琇、傅朝圭、林宗岎、欧树魁、刘昌任、莫大劲、莫大机、彭宗敏、何敦爵、欧定江、吴胜葵、卢崇文、卢崇志、刘光春、义发店、彭宗政、梁正中俸济秀、张煦，以上各位捐银壹两。

唐□、陈胜荣、杨芳奇、冯云衢、崔如城、刘正建、欧阳书德、萧□、刘志宽、傅焕邦、周荣圣、吴胜章、廖恒足、姜灿文、冯遵祖、刘子淮、陆灿宣、朱尚兴、刘昌玠、赖那、程应佩、刘敏宽，以上各位捐银伍钱。

冼泗源四钱，朱永昌四钱，刘开宗四钱，冼□□四钱，常茂聪四钱，贾维榛四钱、冼和源、周国彰、廖瑞龙、钟霏、黄洋万、聂启瑶、王瑜、刘光彬、霍茂昌、陈绍迁、傅朝璋、刘光橘、贾异球、贾维卿、陈正昌、冼怡夹、欧阳绍泅、游治、陈以达、□云干、何有谟、莫□纪，以上各位捐银三钱。

吴维周、陈宏达、湛世宗、蒙富源、欧北魁、关士祯、何全昌、林胜仕、王良发、何秉铎、源胜店、刘卯信、李武凌、泗聚店、朱德昌、三合店、刘光构、黄毓洛、刘光晳、刘光枞……以上各位捐银二钱。

黄□□、刘光游、莫玉、许陆、陈钧云、梁□圣、□学昌、唐同奂、邓永新、来新昌、曹盛店、来禹昌、欧怀珍、赖鲁麟、欧树范、梁友梅、孙士强、林文信、同益店、刘光松、罗昌店，丰盛店……以上各位捐银……大清乾隆肆拾捌年……

棉花地雷王庙碑记

【题解】

碑存恭城县西岭镇新合村棉花地雷王庙内，清嘉庆四年（1799）刊。高107厘米，宽88厘米。据拓片录。碑之序文与捐资名单间，刻有分隔线。落款"嘉庆四年"中的"年"字，夹刻于"印"字中间。

见《广西恭城碑刻集》第379—381页。

【石刻全文】

恭城县正堂加五级纪录五孙，为恳恩赏印照以杜苛派勒石永远事：本年七月十五日，据下西乡高界猺、大源猺、小源猺、芹菜源猺民邓明全、盘福和、邓广科、赵启相、盘有田、邓广有、赵福林等具禀前来词称情，蚁等祖籍广东肇庆府德庆州封川县良民，于景泰年间，因广西恭城雷五子作叛，招抚蚁等之祖来恭，在于下西乡高界源、大小二源、芹菜源等处，把守隘口有功，无粮度活。蒙朝廷恩赏，将此处猺山土岭，赐与蚁等之祖居住，照依四至界内耕管，永免上纳粮税及苛派一切杂项夫役等事，历久相安无异。迨至康熙五十年及雍正六年、乾隆十九年、二十六年，荷蒙前任张、谢、郑、徐四县，节次给发印照，嗣后如有采买谷石、舡料、香菌，以及一切杂项夫役，暨行豁免，永无苛派。历经年久，不为猺害，感德无涯久矣。不料嘉庆二年，突遭八角岩村陈九日、卢先成冒充山主，将蚁等耕种之猺山土岭，私批与异省民人邹用元、邓显荣、朱化龙、毛万里等开挖耕种杂粮，而伊等不顾一乡粮田，竟将树木尽行砍伐，伤坏水源，有关国赋，又将蚁等已耕种熟地强夺。蚁等与水峝业主陈显祖、欧湛等，具禀案下，复控府辕蒙批，仁天审讯结案，将伊等驱逐回籍，其山场土岭，仍归蚁等照依四至界内耕管，众皆欣慰。乃判墨未干，复遭该乡保约苛派，采买谷石，蚁等亦曾禀明，将前官所给照印呈验，已蒙恩免。此诚天高地厚之恩，保赤爱民之至意也。但蚁等虽屡沐鸿慈，惟恐日久利弊复生，仍有遗累情事，为此备情哀恳，伏乞赏准，给发印照，蚁等勒石，永远子孙占恩，焚香顶祝公侯万代等情到县，据此当批准给照，勒具定第伍号，除批示外合行给照。为此照给猺民邓明全、盘福和、赵启相等派执，嗣后采买谷石及香菌并一切杂项夫役等事，概行豁免，永无苛派。其猺山土岭，尔等仍照旧在于四面界内永远耕营，不得侵越他人地土，以靖猺疆。倘有附近强族及不法乡保人等，藉端私派苛索，或冒充山主，将尔等耕山场私批异民，许即指名具禀以凭，从重严究。尔等猺民，务宜安分守法，匆得希异妄为，仰各禀遵毋须照。

计开：

山场四至：东至龙塘岸、上枧、小源岭、老虎岩、音山帽；南至鼓加山、凤凰山、滴水岩、银仔山、马鹿冲；西至芹菜源、高界岭头，与平乐交界；北至黄良界、涩田冲，石乂岩、铜禄岩、十二猫、梨木界。

遵照。

界山王止、盘福和、邓广有。

又照给猺邓明全、盘有田、赵福林、赵启相、邓广科。

日照。

嘉庆四年（印）八月初五日。

有贵、贵法、友胜、进朱、贵金、守雷、祚蛟、世茂、友惠、有仁、友金、贵田、友清、友坤、世纪、惠冠、陈善、宗仁、生惠、启伦、友潢、贵孝、树礼、世坤、贵周、广现、达秀、厚祯、和美、福良、有凤、广成、种贵、进建、宗义、有进、书兴、世才，供钱五两二。

中选、君中、钟理、欧湘、欧濬、梁超、振谟、积琅、振伦、振勤、作珠、世相、世权、大□、振元、凤相、元远、玉兴、文科、君进、寿恺、祖成、廷碧、梁宗、维仁、种贵、进建、有懿、有成、线文、元上、世俊、树壁、章仁、全和、泗江、君进、祖光、兴美、有和、可书、可瑄供钱乙两五。

广玖、广田、广惠、茂兰、芳赞、元贤、德武、德韬、世林、昌柏、文光、良明、良秀、世朝、青会、世朝、兴烈、敬宗、信川、正书、可善、起真、世德、世成、宋圣、德唐、启昌、启有、世全、上林、学□、世坤，共钱四百二。

才冲、福林、福清、启成，共一两。

福上、贵祖，钱二百四。

贵法、贵正、友才、福坤、福朝、共□、福兴、才受，供钱式两七钱正。

石匠邓弟贵，捐钱四百文。

遗福恭城。

重新鼎建武圣宫正殿头门戏台
两廊墙院沟街巩桥暨修

【题解】

碑在恭城县武庙,清道光二年(1822)刊。楷书,阴刻。碑分三块,碑额横跨三块而刻。石天飞、覃阳雪访碑。

【石刻全文】

重新鼎建正殿头门戏台两廊墙院沟街巩桥暨修(碑额)

武圣宫创始前明,后于康熙五十玖年重建,迄今百有余岁。道光贰年岁在壬午贰月初六日寅时,兴工重新鼎建太王殿,视前规模较濶,统共用费工金贰千余。兹因工成告峻……

代理恭城县知县居棣华捐钱六千文。

署理恭城县知县林光棣捐钱六千文。

协镇恭城汛防守吴正雄捐钱捌千文。

特授恭城学教谕朱煦捐钱一千六百文。

署理恭城学教谕杨世潢捐钱一千八百文。

特授恭城学教谕刘发龄捐钱壹千文。

特授恭城学训导杨运辉捐钱一千六百文。

署理恭城县典史韩开源捐钱二千文。

特授恭城县典史漆振邦捐钱贰千文。

前署宾州学正谢文俊捐钱壹□□。

现任灌阳学训导刘嗣宽捐钱……

现任灵川学教谕钟其矗捐钱……

缘首信生崔上机捐钱四十贰千文。

缘首信士欧永捐钱三十六千文。

总理信生颜其英捐钱二十柒千文。

总理信生吴志扬捐钱二十三千文。

缘首耆民欧启濂捐钱贰十千文。

缘首信生黄秉铎捐钱贰十千文。

缘首信生刘光樱捐钱一十六千文。

缘首信生欧树刚捐钱一十二千文。

缘首耆民欧汲捐钱一十一千文。

缘首信士吴魁南捐钱一十千文。

缘首信士刘盛宽捐钱六千八百文。

缘首信生刘光植捐钱六千文。

缘首信生关汉藩捐钱六千文。

缘首信士刘兆祥捐钱六千文。

缘首信士欧树楷捐钱五千文。

缘首耆民朱经和捐钱五千文。

信士陈宪清偕男其卓、其英捐钱壹百千文。

信生莫华捐钱二十二千文。

职员张若瑛捐钱一十三千文。

恭城总埠捐钱一十千文。

信生欧京林捐钱十千文。

莫瑞竹堂捐钱一十千文。

莫瑞筼堂捐钱一十千文。

耆民韦艳光捐钱十千文。

信士彭绍昌捐钱八千文。

缘首信生吴启琨捐钱五千文。

缘首信士黄灿瑶捐钱五千文。

缘首信士萧钟璵捐钱五千文

缘首信士黄作楫捐钱三千二百文。

缘首信士欧树庸捐钱三千文。

缘首信生欧大受捐钱三千文。

缘首信士关汉杰捐钱二千六百文。

缘首信士欧树模捐钱二千四百文。

缘首信生萧钟扰捐钱二千文。

缘首信士傅朝垲捐钱二千文。

缘首信士欧裕南捐钱一千文。

缘首信士林源捐钱一千文。

缘首信士卢上□捐钱一千文。

缘首信生刘光棣捐钱八百文。

择吉信生钟其瞪捐钱一千文。

信士崔上杞捐钱一千文。

……

沙子裕昌店、全利店、陈骏、广抡店、联生店、熊长兴、李直常、联和店、隆记，每捐钱一千文。

关国林，胡世荣，金正贤，奇香齐，广丰店，陈明亮，陈明章，陈明高，陈明福，每捐钱一千文。

信士朱兴、邝安各捐八千文。简士林、黄立隆，每捐七千文。沙子信生胡胜国、潘永忠，每捐六千文。乐育齐捐钱五千六百文。耆民信生萧淇捐五千二百文。易尚忠、周仁德、周世德、□开化、信生张永顺、邝义胜、陈恒举、冼泰来、陈治善，每捐钱五千文。沙士曾聚利捐四千四百文。大生店、冯茂昌、张志藜、田多亭、崔上集、广盛店、黄湛之、费学范、陶秀兴、永邑监生刘辉道、耆民路崇书、信士船行、倪任署内、倪任众姓，以上各捐四千文。沙子埠捐三千六百文。耆民韦兆□捐三千四百文。贡生韦钟秀、信士林启仁、冼泰章，每捐三千二百文。沙州同吴鸿宗、信生曾绍纯、信士曾和利、宁德景、刘光，每捐三千文。

永明沙子信生周兴祖、周兴仲、周立宗、周正信，每捐二千零五十文。李茂生、胡恒聚，每捐二千。刘嗣昆、源生店、大和店、立生店、杨宋乡、容会芬、容德昌、郭钟英、刘登庸、戈佐陛、吴国昌、李登相、关汉卓、彭述昌、卢相陶、常琢光、蒋如潼、李文瑞、悦合店、怡利店、太和店、保合店、永生店、邵秀章、袁恒心、东利店、刘凤刚、陈发祖、黄开荣、秦世科、陈乃昭、杨之兰、林王松，每位各捐银贰千文。

耆民信士韦艳坦、郑坪、莫绍玉、张发秀、陈和生、黄柏聪、李观保、陈达恒、陈佛应、秦国怀、右岳华、赖德蓉、卢崇灿、欧阳廷照、罗定吉、石胜垣、何聚昌、何福、卢朝杰、王光裕、广发店、俸从级、蓝庆通、陈彩秀、陆上机、卢时刚、吴士兴、邓昌鸿、汪宗奇，每位各捐钱一千六百文。永昌店、信生，各捐一千五百文。常运发、黄太兴、远芳斋、陈省、欧树基、文守开，每位捐钱一千四百文。陈天生、冼元滕、义生店、广泰店，捐钱一千二百文。

武举欧阳光、邓玺、邓琼、卢洋成、刘学礼、周尚爵、刘登瀛、信生杜遐龄、陈善、刘钟灵、李生达、李春荣、何如清、欧忠□、费恭、陈秉夏、黄开仁、刘光彬、莫瀚、梁秉然、吴汉琼、陈学增、周时珍、周溯沂、李时秀、黄宪祖、骆襄骥、戈镜、常希礼、常希智、□□□、□□□、黄现、王牲、王郁动、刘钟琪、曾自勇、曾自刚、易昌远、黄金台，每位捐钱一千文。

信士陈时章、陈裕章、陈祖章、陈连章、陈武章、陈仁章、陈学珠、侯荣科、黄金祖、李金元、容佩禹、张启陛、邓邦治、祝为琪、张启基、姚经模、俸世名、李中珽、俸叙节、莫若辉、郭德堂、文三泰、杨天旺、蒋大洪、蒋大亮、彭时亮、陈世乾、梁振然、梁国相、邓迁楫、钟□昌、□□□、卢崇□、祝振文、周世达、李和谱、周克比、俸举辉、宋元青、李自仲，每位捐钱一

□文。

　　信士王懋修、廖誉华、万聚店、欧其焕、欧其煜、朱元、黄福、刘兆瑞、李洪、成光祖、郑□、王钦□……

　　信生黄仕猷、黄作相、杨宋伯、彭时炳、俸从龙、常好学、李坤彬、贡耆民常树学、粟伯友、刘常之、信士林太生、黄百龄、冼信和、陆树松、同盛店、江文光、吴占南、源聚店、杨雅林、杨三合、耆民容佩桢、贡生明扬每位各捐钱……信生王芝枝、郑荣、信士刘成德、泗和店、刘贞、欧泌、韦玉玥、傅启锡、黄书朝、蒋士瑶、孔光洪、容其畅每位捐钱贰千四百文。悦利店二钱二百文，李文馨二千文。和庆堂欧树楷、颜其华，地庆堂刘光林、傅朝垲，信士唐振茂、罗洪清、阳承锡、李廷魁、广聚店、陈义士……

移建文昌宫记

【题解】

碑在恭城县文庙，或刊于清道光二十五年（1845）。

见《广西恭城碑刻集》第78—79页。

胡承烈，安徽人，时知恭城县。

【石刻全文】

谨将移建（碑额）

移建文昌宫记[1]

　　县治西旧有文昌宫，岁久颓圮，不足栖神灵而馨俎豆。前李大令景骧集邑□□之度地城南隅荒坵之间，升高弥望，得异处焉。阛阓辟易荡□□□□□翳□蒿莱，筑□□于此□□□□□□□簣甫营量移以去，遗兹鼗钜以俟将来。甲辰孟春，烈适承斯乏[2]，下车后明其政刑，多所兴革。群以斯宇草创未就，无片椽之覆，非一木所能支，将使业坠于己□差兴仰屋可若何□踌躇，却虑意匠经营，念民力之普存，幸捐金而用劝，庀徒揆日，竞以悦来。经始癸卯冬仲[3]，迄乙巳季春，观成□殿丹宫，视昔之湫隘丛榛，己矗飞改观矣。玫《握奇经》，皇帝法文昌以命《天官书》斗魁戴匡六星，曰"文昌"，一上将、二次将、三贵相、四司命、五司中、六司禄。《续通考》则称剑州梓潼神张某战没，久为立庙，唐封左丞，更膺顺济、英显王，号元始，加封文昌帝君，明敕赐文宫，以二月三日生辰遣祭，国朝诏明列中祀，厥后祠禩遍行省、州、县。以文运神柄，则贵相司贵之说，理或然欤？宜其应列宿而为明神，旷旷耿光，聪明正直也。帝君之训曰："吾一十七世为士大夫身，未尝虐民酷吏。"凡篇中一切警劝真言，罔弗切于身体力行，以励官箴，以端士范，凛凛如晨莫鼓钟，发人深省。及入庙而瞻帝容，苟至诚足以感神，即事事无惭，往训将处，不失为善士，出入岂徒幸博功名？灵光陟降之余，宜不嘅以笑也。夫拯敝扶衰，有司之责，一端未备，怒焉内疚。厥心曩者将济圣庭，尝嘅尊彝不设，而作人雅化莫先于今日。所谓学堂，亦次第兴为更始，思蔚起乎文明，是有司之志也。今于是宫之成，肃此邦人士以落之，乃伐石镌珉，为文以纪其事，俾昭垂无极焉！

权恭城县事皖南胡承烈谨撰。

恭城县儒学林树勋、熊振翔，恭城县督捕方国源监修。董修：邑人士黄象中、王治宣、郑佐邦、林荣锡、黄云瑞泐石。

翰林院庶起士、前署恭城县事李，捐银壹千毫。钦加同知衔署理恭城县事，即补县正堂胡，恭城县捕主方，捐银四拾毫。恭城县学师熊，捐银四拾毫。

东乡龙虎团：（名单及捐资额略）

治平团：（名单及捐资额略）

经正团：（名单及捐资额略）

城团：（名单及捐资额略）

合安团：（名单及捐资额略）

同心团：（名单及捐资额略）

康乐团：（名单及捐资额略）

升和团：（名单及捐资额略）

忠信团：（名单及捐资额略）

亲睦团：（名单及捐资额略）

合龙团：（名单及捐资额略）

下和亲团：（名单及捐资额略）

清吉团：（名单及捐资额略）

【校勘记】

[1] 碑额及碑题，《广西恭城碑刻集》缺录。

[2] 乏，于意不通，疑误，或当作"邑"。

[3] 冬仲，据句意，疑作"仲冬"。

文昌宫名

碑在恭城县文庙，或刊于道光二十五年（1845）。见《广西恭城碑刻集》第 83—86 页。

【石刻全文】

文昌宫名（碑额）

东乡：（名单及捐资额略）

又水字团：（名单及捐资额略）

金字团：（名单及捐资额略）

修睦团：（名单及捐资额略）

清平团：（名单及捐资额略）

义安团：（名单及捐资额略）

澄江上中源：（名单及捐资额略）

豸峰团：（名单及捐资额略）

治平团：（名单及捐资额略）

廉立团：（名单及捐资额略）

西乡人和团：（名单及捐资额略）

澄江下源：（名单及捐资额略）

廉立团：（名单及捐资额略）

修睦团：（名单及捐资额略）

中和团：（名单及捐资额略）

升平团：（名单及捐资额略）

廉立团：（名单及捐资额略）

永和团：（名单及捐资额略）

西乡木字、清和团：（名单及捐资额略）

永和团：（名单及捐资额略）

西乡人和团：（名单及捐资额略）

西乡水字团：（名单及捐资额略）

上和亲团：（名单及捐资额略）

西乡水字团：（名单及捐资额略）

万顺团：（名单及捐资额略）

瑶族石刻辑校

悔罪碑

【题解】

碑存恭城县莲花镇岩口村寨面河旁,清道光三十年(1850)刊。《瑶族石刻录》原题作"寨面河石碑文"。因未访得原碑,碑文或有讹误处,姑录之以存线索。

见《瑶族石刻录》第 83 页。

【石刻全文】

堡役雷坤、石秀、孔和、莫亮、蔡彬、莫有常等人,今当大老爷台前实悔结等以贿夺堡田等情,赴各宪上控李圣科等一案。奉批仁恩讯详蒙饬□李贤科等并无批耕欠租谋夺等情,实系蚁等一时愚昧,设听旁唆,捏情上控。但蚁等所弃堡兵,并无官给,仍照向系私项私充其未足额。其控告之后,亦不应私堡田租,抗不当差,为公缉带贼等匪罪有应得,本应照治罪,兹蒙姑宽,只将蚁等免其治罪。其堡田应从起佃,另召另批,不敢始终抗踞羁耕,阳奉阴违,妄告瑶民等弊。自其坐罪,中间不肯,所具悔结是实。

道光三十年六月十七日具结。

欧沂庄公祠记

【题解】

碑在恭城县文庙,清咸丰元年(1851)刊。《广西恭城碑刻集》原题作"欧沂庄公祠遗田碑记"。

见《广西恭城碑刻集》第 52 页。

【石刻全文】

窃惟前徽不远,百世仰垂裕之功;祖德难忘,千秋肃享祀之典。念我祖好善乐义,庆积于前;创业开基,泽垂于后。苟非修彼祀事,何以对我先人乎?嗣孙等叨沐前光,忝食旧德。承祖宗之留贻,因念世泽于当年;值霜露之降濡,欲展孝恩于今日。是以会集合族合同商议,将我祖原置粮业以立蒸尝，作为递年春秋备祭之举，且以为我祖供祭墓之需。愿我子孙使毋隐瞒而侵匿，毋利己而狥私。将见祀典绵绵，蒸尝愈传而愈盛；衣冠济济，世代弥引而弥长。盖祖宗无怨恫于九泉，而云礽必昌荣于万祀矣！是为序。

咸丰元年岁在辛亥秋月立。

欧沂庄公祠所遗田工、地段、山场、粮业开列于后：

一处粮并鳌口田八工，坝白岩田八工大小贰坵。

一处粮税田土名墙背洞田三坵（耕佃里陂村陈大占鳌口）。

一处粮税田土名里陂村门口马鹿田二坵（耕佃里陂村欧树成占鳌口）。

一处粮并鳌口土名黄岩田贰坵。

一处粮并鳌口土名牛路田三坵。

一处粮并鳌口土名□背大壹坵。

一处粮并鳌口土名庙门口田壹坵。

一处粮并鳌口土名小水田壹坵。

一处粮地土名车田地壹大鳌（东至张正邦地止，南至杂姓田基止，西至张正心地止，北至路止）。

一处粮地土名挟洲地壹鳌（东至傅姓地止，南至树祥田基止，西至会田基止，北至圳上）。

一处粮地土名东关铺地壹段（前至大街止，后至岭脚止，左至广盛承托栅门外一间右山墙脚止，右自秦五承批一间铺地挨熊姓左山墙止）。

一处粮地土名东关嘉应庙北边第三间之屋地一间。

一处粮山土名凤凰胆山场并生熟地段壹份（东至乐山蔴窝止，西至县危止，南至周王石大路止，北至圣碑岭顶止）。

一处粮山土名凤凰山山场壹份，原有熟地大小计五坵（又于咸丰元年经耕佃成耀祖手，开挖熟地二小坵，此地系在瓦窑北边，其山东至山顶止，其生熟地段西至刘姓地止，南至坤坦已地止，北至御史碑前路并张姓地止）。

一祠后余地一大幅，右直至树培、树穀弟兄围墙脚止，左至纯全、纯佩弟兄山墙脚，一直到后街止，后至后街古沟止。于道光壬寅年批与江姓起造房屋。

新置二处粮并鳌口田土名铁屎塘，大小十二坵，长岭田大壹坵。

税粮田亩碑

【题解】

碑在恭城县文庙，清咸丰十年（1860）刊。《广西恭城碑刻集》原题作"陈知县捐田入庙碑"。

见《广西恭城碑刻集》第76页。

【石刻全文】

本县知县陈自捐俸金壹拾陆两贰分，买得东乡里四排人户莫琚祖田三□四工入庙以助灯油之资[1]。所有田工□数税粮并佃户姓名，开具于后。

计开：

关王庙田拾柒工。

一土名大木根田壹工，佃户□□□；一土名大木根田壹工，佃户新十四。

一土名大木根田贰工，佃户□□□；一土名大木根田壹工，佃户八十一。

一土名走马洞田壹工半，佃户□□□；一土名枧头田贰工，佃户启法。

一土名大木根田壹工半，佃户俸十一；一土名大坝田柒工，佃户之祥。

城隍庙田伍工。

一土名大木根田壹工，佃户成□五；一土名大木根田贰工，佃户法七。

一土名大木根田贰工，佃户三五。

石□庵田柒工。

一土名走马洞田壹工，佃户成十六；一土名走马洞田贰工，佃户□十。

一土名走马洞田壹工，佃户庆十四；一土名走马洞三工，佃户俸□七。

周王庙田伍工。

一土名土陂田贰工，佃户云六；一土名□路田壹工，佃户贵三。

一土名下□山田贰工，佃户公□。

已上各庙田共税壹拾叁两[2]零柒厘玖毫玖丝叁忽柒微，共该米陆斗肆升陆合贰勺柒抄陆撮陆圭贰粒贰粟，其税粮俱寄在□定相[3]户内纳粮免差。

□□丰拾年捌月 日

原业主莫□□

【校勘记】

[1] 灯油，《广西恭城碑刻集》作"登治"，误。

广西恭城县瑶族石刻

［2］两，《广西恭城碑刻集》缺录。

［3］寄在□定相，《广西恭城碑刻集》未释出。

重建粤东会馆碑记

【题解】

碑在恭城县文庙，清同治十二年（1873）刊。碑之上部已残缺。

见《广西恭城碑刻集》第80页。

【石刻全文】

……乎人力以成之，使为其易于前，而不思为其难于后，则其事已往，而其人不传。我粤馆剙自乾隆，供奉天后元君……宦工商，莫不荐馨香而陈俎豆，所以昭其敬也。道光丙午，前人修建重新。当是时，国家闲暇，百费易举，斯为一邑冠冕……奔，疮痍未泯，不独会馆遭残，即居民铺户已多焚毁。欲继其事而兴修之际，此兵燹之余，其势似有难焉者。然会馆不修……后且无以联桑梓而叙乡情，故集我同人分部捐募，鸠工庀材。是役也，经始于同治甲子，越十年而告竣。虽未能媲美于……解囊之踊跃，岂非视难犹易，而人力足征与？

承宣布政使司南海康国器捐银伍拾两正。

署恭城县知县嘉应古魁芳捐五拾两正。

知代理恭城县知县新安郑藻芬捐银拾员。

……百大员，静安堂捐银拾大员、怡耕堂捐银伍大员、韶乐堂捐银三大员……百陆拾贰员、怡庆堂捐银陆大员、联福堂捐银伍大员……百壹拾壹员、联庆堂捐银伍大员、远祭堂捐银三大员。

……拾三员，信隆捐银拾三员半……玖员，恒盛捐银壹拾三员……柒员、冼广聚捐银拾贰员半……贰员，何大勋捐银拾贰员……员，永安捐银拾贰员……员，王锡之捐银拾壹员……员，廖江泰捐银拾员半，均泰捐银拾大员，人和捐银拾大员，东聚捐银拾大员，祐龙捐银拾大员，永利捐银拾大员，德祥捐银拾大员，安兴捐银拾大员，□绍正捐银拾大员，□成兴捐银玖员半……记捐银玖员半……福捐银玖员半……聚捐银玖大员。

广安、健隆各玖员，福源、简世堂、德堂各捌员半，怡聚、黄致堂、耕堂、钟世球、刘高荣、广源各捐八大员，朱敬远、闻思馆、黄隆胜柒大员，合泰陆员半，均安、祐源、陈其瑛、聚兴、刘恩荣、朱承远各捐银陆大员。

瑶族石刻辑校

彭文安四两六钱二分，万全、何万幸、祐昌各陆员，陈联芳伍元半，黄顺堂、德堂、刘仕勋、祥源、温裕和、黎永瑞、崔殿崇、冯同就、邝廷魁、何怀智、刘裕光、张广有、何裕隆、谢兰茂以下各捐伍员，麦裔纯四员半。

朱百福、何全记四员半、钟杰、朱永利、郑义隆、祥合、廖秀广、林庆扬、冯其彪、义记、谢兰蔚、林庆年、福和、王品越、全发、许锦利、唐开茂、泰源、刘玟以下各捐银四员。

何浩祥、其贞、谢四堂、德堂各四员，曹琼初、泰源、谢显礼三员半，刘献文、吴秉仁、何永记、复利、梁世泽、和泰、梁世荣、冼章怡、冯忠安、合记、曹杰昌、宝源、陈忠巨、福盛、广义兴以下个捐银三大员。

陈恢享、周有利、同利、曹厚宽、吴平堂、慎堂、宝和、黄信章、张仕祥、曹泰中、信泰、容云峰、利发、许锦源、泰利、龙鸿才、何沛然、广胜隆、黎聚然、谦泰、益兴、李捷远以下各捐银三大员。

关圣帝君世系谱

关圣帝君世系谱

【题解】

碑在恭城县武庙，清光绪四年（1878）刊。石天飞、覃阳雪访碑。原碑多处模糊，可参见《金石录补》卷六《蜀汉关氏祖宅塔下砖刻》。

【石刻全文】

关圣帝君世系谱（碑额）

圣始祖夏大夫龙逄，曾祖□，祖讳审，字问之，号石磐[1]……秋训子。桓帝永寿三年丁酉卒，寿六十八。考讳毅……廿四日[2]，生圣帝于故里，讳羽，字云长，英秀奇伟，少……献帝廿四年己亥十二月初七日为神于临沮，享年六……午也。少随父任事，躬亲矢石，临阵不离左右，同圣帝金……之弱冠，为侍中中监军，伐吴获雠雪恨。生二子，长曰统……难，犀川请兵报雠。建兴三年从武侯征孟获为先锋。圣……圣仲孙讳彝，嗣汉寿亭侯爵。炎兴元年八月，拜前将军，拒……隐于信都。圣玄孙讳朗，字子明，习《春秋》《易传》，魏屡征不……敕封三代公爵。曾祖光昭公，祖裕昌公，父成忠公……廿四年，汉中王奏封前将军汉寿亭侯，后主景耀三年……玉泉山立为珈蓝之神。宋崇宁元年除解州□池蚩尤……加封义勇，赐庙额曰"昭贶"。炎兴二年三月廿五……万历八年，加封显灵义勇武安英济王。明万历四十……尊关圣帝君。崇祯三年，加封真元显应昭明翊汉……帝。乾隆纯皇帝称为山西关夫子，三十五年征西……忠义神武灵佑仁勇威显关圣大帝。大内颁出……绣金龙长幡一对，神案前六尺高红铜香案……宋崇宁元年，圣子平封武灵侯，宣和五年……加封顺忠王，加封周仓威宁将军，至正……累封助顺驱魔宣义侯，建功侯；廖化封……节，而笃忠贞灵昭千古伏魔荡寇，屡代……神威电扫风驰，么魔立靖，朝廷屡加封……以太平之世，所以激忠义厚风俗……

光绪四年岁……

【校勘记】

[1]"石磬"原碑模糊，据《金石录补》补。

[2] 此句原碑模糊，其内容可参考《金石录补》："父讳毅，字道远，桓帝延熹三年庚子六月二十四日产侯于故里。"

奉县批准议立条规碑

奉县批准议立条规碑

【题解】

碑在恭城县武庙大门右外侧墙根，清光绪八年（1882）刊。石天飞、覃阳雪访碑。

【石刻全文】

奉县批准议立条规碑（碑额）

光绪八年八月初三日，两关呈：

具呈，原任宾州学训导吴汝兰、增生黄垲、都司衔郑世昌、花翎同知衔尽先选用知县颜武纬，职员王怀道，生员傅守成、黄体舒，武生郑世康，试用训导欧其熊，监生王家藩、王家珍，增生熊振璜等，为议立俗规，去虚为实，乞恩核夺，赏准刊碑，俾得永远遵行事。清恭邑土瘠民贫，自兵燹之后，地方更为极苦，殷实城乡有限，大抵皆平常之家。近来人心不古，好尚浮华，仅就冠婚丧葬及生日，变而通之。近来为亲友者不体恤主人，艰难贺吊，务为体面。而主人接受，尽属虚名，办酒酬答，合计填赔则已过半。若稍从俭，则又讥其悭吝；勉强为之，家道又立见其日贫。其日食此田，不务实而专务名之所致也。职等昨日在周王庙，齐集两关大众，议立俗规三条，不丰不俭，所费无多，况礼尚往来，彼此皆能有济，兼之主人亲友极为便宜，大众由善，但当恳县主批饬立碑，方能行之永远。职等为此理合粘呈俗规三条叩恳仁政老父台台前，伏乞查夺，赏准刊碑，作主施行。

一娶嫁必请亲友宴会，在为亲友者，必厚办糍食、对联以为增光，至于花红之钱反行封少。不思糍食要米要柴必烦钱买，主人接受，遇南风天气，必然变味。即以待所请之客，而客谅亦不食，日隔一日，更为臭腐不已，可惜。又办对联，自己善书者，能自书之；不善书者，则必求人，烦难之极。除请母党及月老外，所请之亲友，兹议以办糍食、对联之钱加封入花红之内，俾主人得有资助，足感胜情而为，所请之客亦免多少事务，岂不两家便宜！

一城中男、妇老成甚多，贫者十居其九，如遇生日，亲友庆祝以尽至情，此必然之理也。兹议凑钱壹百，红纸封便开列名单送上。如务体面，办鸡、鸭、酒、肉、炮、烛等物，一礼全收，不必回答。又有从简者，仅备猪肉一斤、酒一壶，亦必全收。至于办席，则量入为出，方为敬老之意。不接受不必再送，免其往反。如接受而议酒席淡菇者，是贪口腹之人，而不足责也。如再送者接，不请席。其殷实之家制锦大庆，听从其便。

一父母之丧，人子哀痛迫切，闻者莫不心惨，一旦骤当大事，衣衾、棺椁俱无从出，何能殡葬？此苦人所以有赗赠之礼，皆矜恤丧家助其葬费也。兹议亲友往吊，折布钱一百文、宝烛一对，丧家贫则宜量加。如仍用布，即刻退回，辞不敢当以布耗费，有名无实。其开堂设奠，亲友来上祭者，每接钱一百五十文，嫌多不来者，不得赴席。至于喜爱来挽联者，仍接钱一百五十文。至亲谊之远近，交情之厚菇，帮数串或数百，更为尽善。酬答酒席，任主人量办。极贫之家，虽帮助，不必以酒席酬答。近来男妇大小，每往丧家赴席，必拿碗碟、酒礶以为得寿，且有一人拿至数人，虽系陋习，实为贪心，最为可鄙。在贫者固难筹办，一经卖缺，即富者无从措手。嗣后男、妇大小往丧家赴席，不得携其子女，而家长宜在家先戒勿拿。家庭亲友在场赴席，见有拿碗碟等物者，彼此互相劝阻，何患此风不息。如殷实之家及乡村来吊祭者，听从其便。

署理恭城县正堂黄，批具呈及粘议章程，抑奢崇俭，去虚为实，其事虽属琐细，然人之所不能免者，即人皆得收两便之益。理从宜，事从俗，准其勒碑以垂永久，俾各遵照粘规附。

今将各姓氏捐钱芳名列后：

颜武纬捐钱一千文；郑世昌捐钱一千文；郑世康捐钱一千文；王家珍捐钱六百文；林芳文捐钱六百文；王家藩捐钱四百文；欧德昌捐钱四百文；福兴店捐钱四百文；余世瑛捐钱四百文；余湛泉捐银四百文；江和记捐钱四百文；其贞店捐钱四百文。

吴汝兰、欧其熊、黄垲、王恠道、黄体舒、邓云高、熊振璜、钟英谟、□同福、张俊德、钟壁瑞、杨荫德以上捐贰佰文。

杨荫培、颜武恭、天香店、新胜记、顺泰店、赟树邦、黄宗富、江时秀、李淑之、闻思馆、□梁祚以上捐二百文。

□连兴、傅守乾、邓汝顺、邓献文各捐二百文。

总共进钱壹拾贰仟六百文，合共支石碑额脚刻字竖碑，并火甂、石灰、人工共支钱壹拾贰仟六百四十文。

光绪壬午八年十壹月初十日公立。

重建周氏宗祠叙

【题解】

碑在恭城县嘉会镇豸游周姓宗祠。清光绪九年（1883）刊。据拓片照片录。

见《广西恭城碑刻集》第 355—357 页。

【石刻全文】

窃维祖庙之立，自古为昭。凡上而报本追远，深水源木本之思，下而睦族敦伦，笃一本九族之谊，意至良，法至善也！若我族者，系传东鲁，派衍道州，合族纵有祠堂，异地难亲祭献。洎乎来粤，卜居豸游两房，秀发孙枝一脉，庆绵子姓。缅怀前辈经营伊始，祠宇本有创垂；迄我后人生齿愈繁，规模稍隣狭隘。用是一堂共议，因而合族同心。非必厌故喜新，实为继志述事。捐资集欤，移旧址另创新模；鸠工庀材，易卑狭俾成巨制。先经始于庚辰仲夏上浣，半落成于壬午孟冬中旬。需金叁仟贰佰一拾有奇，计工伍仟玖佰捌拾而上。不辞勤苦，共竭焦劳。姑且安神，俾祖宗式凭在上；仍录条欤，愿后人恪守无违。庶敬宗睦族之心，万代相承勿替；而添修继造之举，他年日起有功矣。是为序。

爰列条规事宜于右。

一议国课宜早完也。各房子孙有粮者，务宜逐年赶紧完纳，不得拖累。即兄弟叔姪逐年借贷，亦要清欸，以免因财失义。违者公斥。

一议孝悌宜共尽也。各房子孙谁无父母兄长，务宜尽爱尽敬，不得傲慢违悖。倘忤逆不孝及抗顽不悌者，集祠责罚外，仍斥革不准入祠。

一议春秋二祭永远不许缺废也。凡祀事需用一切礼物，先期由值年族长措办，届期不拘远近齐集宗祠。如有一户不到者，罚香赀钱肆佰文以供祭祀；二次不到者，加倍；三次不到者，以不孝论，除家法重责外，仍逐出祠。抱病患者不计。

一议蒸尝宜永守勿替也。祠中碑载各处产业逐年租息，原以储办祭祀、栽培后人之费，各人不得臆想瓜分、吞谋肥己及盗典盗卖。如谁房子孙有倡说分析者，重责；革祭典僧者，赔罚、重责；盗卖者，送究革除。

一议祖坟宜祭扫勿失也。合族公共坟山及各房众墓，均不得徇私盗葬及贪财盗卖。如有子系敢图盗葬盗卖者，定即送究革除。

一议异姓不许乱宗也。各房子孙有乏嗣择继者，由亲及疏，不得任意选立及接外姓承祧，混乱宗支。违者斥革不准入祠。

一议董理宜择举也。祠中事务赖人经理，各房无论老少，总以正直端方公举二人以为合族管长，俾子弟听其约束。逐年祠中所获租息由伊收放，除应用各欸外有无存储，订于每年正月十五日，齐集族人当祖盟心算清、注明部内，并列单标贴，俾众目共觌。

一议公项宜权子母也。祠中逐年除祭祀需费外余存公项，族内有欠赀本谋生须向族长借贷，其息钱酌量减等，务要先交红契，次写借帖，并兑佃将租作息，以免狥情。如外人求借者，照本地方常规生息，以分亲疏厚薄，所执凭据亦照族中事例。

一议伦纪宜共敦也。族内务求翕和，稍有所触不得相争相怨。如事不得已者，始经族长理论，毋得自相残害。若长欺少，罚香资钱肆佰义；少凌长，除罚香资肆佰文外，仍施以家法重责不贷。

一议品行不容或乖也。各房子孙有工为刀笔包揽词讼、刁唆主摆以及为非作歹、奸淫邪盗、非礼乱伦，为村族之害，玷辱祖宗者，集祠送究外，仍斥革不准入祠。

一议廉让宜共笃也。族内有弟兄分爨以强欺弱、不遵族长公断者，重责至分爨之家除一户外，每户捐铜钱贰仟文入祠以广蒸尝。不愿捐者，准其长支一户入祠，凡祠中逐年颁发胙肉等件，以一户分派，后有愿补捐者从之。

一议守望宜相助也。族中各家遇有红白喜事，不拘贫富，务要齐集帮助，违者斥责。有病患者不计。

一议丁口宜汇报也。族中添育丁口，每年祭期到祠报明，载于家乘，以免班辈僭乱名字重复。

一议急困当周济也。各房子孙有贫不能娶妻者，有贫不能殡葬者，集祠会议酌助，以表亲亲之义。

一议子弟宜栽培也。族中长幼读书经蒙及文武，应县府院小试与夫入学补廪并乡、会、殿试，每名俱入祠会议酌助，以示鼓励。

一议蒸尝宜增广也。祠中旧遗蒸尝无几，后人有愿捐轮者，准其立主享祀，并刻石志明，以彰孝义。

大清光绪九年岁次癸未中秋节谷旦，周氏时公宗祠阖族公议敬立。

重建周氏时公宗祠序

【题解】

碑在恭城县嘉会镇豸游周姓公祠。碑无落款，但依"壬午年十二月""越三年余"之说，可推知其应刊于清光绪十二年（1886）。据拓片照片录。

见《广西恭城碑刻集》第359—361页。

【石刻全文】

尝思父有作，子当述之，前人志，后人继之，是宗祠固宜亟修，而宗支尤当碣勒矣！若我族者，原籍山东青州益都县里人，远祖讳归仁公仕隋，授魏博节度使，迁襄州刺史，遂家于襄，即今之湖南地也。六传而至锃、锡二公。锃公子六人、锡公子十八人俱以弘字排名，是为二十四弘。散居各处，不及多赘。而锃第五子讳弘怜者，吾族分支始祖也。先宦居粤西古茶城白面下福祉塘，由怜公十一传至讳千哲公，始迁居豸游村，又八传而至时、旸二公。旸裔谱载，不叙。时公子二，讳镶，讳鉴，俱游庠显仕。时之曾孙、镶之孙讳珏，万历丁丑拔贡、己卯举人，历任云南大理府通判、四川邛州知州，复陞大理府知府。致仕归来，始鼎建镶公宗祠于豸峰下，向北而立。日久颓残，仅存遗址。至国朝嘉庆初年，镶、鉴二房复合建时公宗祠于村后路侧，坐西向东。迄今柒拾余年，甄木不无腐朽，墙宇亦将倾颓。既目击而心伤，亦时至而事起。爰于光绪丁丑三年三月三日，齐集族人共商修建，捐金捐地，众志乐从。□兄弟仰承先泽，不揣庸愚，倡首督理，延请本族堪舆先生学进，选择光绪庚辰年正月十四日寅时移神出火，即日拆卸旧祠。五月十一日寅时动土平基，七月初十日起工架马并伐梁，八月初九日酉时挖根、安根，立正坐向针作辛山乙向兼戌辰三分，八月二十九日酉时行墙、竖柱、安门，十月二十日未时封山、钉盖、陞梁。壬午年十二月初九日巳时入火安神，从新画成三座图形，通作两边厅阁。卜昼卜夜，不惮辛勤。越三年余，仅成贰座，并左厢横廊边房，前面照壁巷口月门间墙。愧乏才能，苦无襄理，独力难持。姑且奉祖升龛，然全体犹未备也。后有振作者，尚祈增修补造，毋负□之厚望焉可。

谨将捐签芳名列后：

人恩捐钱四十仟零六百文，道邠捐钱贰拾六仟六百文，人郁捐钱叁仟贰佰文，学善捐钱叁仟一百文，学进捐钱贰拾仟零六百文，福昌捐钱贰拾零六百文，文光捐钱贰拾零六百文，道芳捐钱壹拾六仟六百文，道平捐钱壹拾仟零六百文，学典捐钱壹拾仟零六百文，学松捐钱壹拾壹仟六百文，学才捐钱壹拾仟零六百文，道辉捐钱捌仟六百文，道禄捐钱捌仟六百文，学儒捐钱捌仟叁百文，学易捐钱陆仟六百文，学隆捐钱陆仟六百文，学游捐钱陆仟文，道球捐钱伍仟六百文，桥昌捐钱伍仟六百文，道彩捐钱伍仟六百文，嗣昌捐钱伍仟叁百文，道信捐钱肆仟六百文，学安捐钱肆仟六百文，必昌捐钱肆仟八百文，学武捐钱肆仟叁百文，人艳捐钱肆仟叁百文，道乐捐钱肆仟壹佰文，达昌捐钱肆仟文，学明捐钱叁仟六百文，人显捐钱三千六百文。

学开捐钱叁仟，文学广捐钱叁仟文，学信捐钱贰仟六百文，隆昌捐钱贰仟六百文，道昭捐钱贰仟六百文，道显捐钱贰仟六百文，学栋捐钱贰仟六百文，道茂捐钱贰仟六百文，道绩捐钱贰仟贰佰文，人经捐钱贰仟文，道尚捐钱贰仟文，学欧捐钱贰仟文，道才捐钱贰仟文，学宜捐钱贰仟文，学孔捐钱贰仟文，恒昌捐钱贰仟文，道裕捐钱贰仟文，道珠捐钱贰仟文，万昌捐钱壹仟八百文，学柳捐钱壹仟八百文，学珠捐钱壹仟八百文，道诗捐钱壹仟文，道亨捐钱壹仟文，学尧捐钱壹仟文，祯昌捐钱壹仟文，人尊捐钱壹仟文，盛昌捐钱八百文。

道礼捐钱叁仟六百文，绪昌捐钱叁仟六百文，经昌捐钱叁仟六百文，学悌捐钱叁仟六百文，德昌捐钱叁仟六百文，道泰捐钱叁仟五百文，人汉、道若、道虎、道玑、道宽、道高、道赞捐钱五百文，道通捐钱叁佰文，道萃捐钱叁佰文，道秀捐钱贰佰文，道动捐钱贰佰文，道旺捐钱贰佰文，道熙、道接、道水。

诚延堂碑记

【题解】

碑在恭城县西岭镇周王庙内。清光绪十年（1884）刊。据拓片照片录。
见《广西恭城碑刻集》第391—393页。

【石刻全文】

诚延堂碑记（额）

窃以我村之周王庙创自前人，每于子卯午酉之年乃逢元宵醮会[1]，合村共演古文以酬圣德，是以约我同人四十二名同心协力，积有数年之久，乃得置创田业以垂久远。虽醮会固赖乎他人，而戏金亦可为一助耳。以是为序。

一议管此会者乃于会内公举正直之人经管。三年办会一回，算清数目所有余钱，以为戏金之助。会内人若见会余钱，遂欲分回家内肥囊，此种小人极为可恶，全不思起会时原为戏金之本意，公议逐出。

一议此会原系四十二名同心协力共成此会，日后子孙不帮不顶。倘有将会顶与他人，他人若来食会以及演戏出红标等事，仍写起会时之名号。新顶会者，即为先起会人之子孙。

一议此田会内之人不准耕种。

一处土名雷陂洞夏十式屯田四工大小式坵，土名雷陂洞黄埠头屯田二工大一坵。共两处屯粮艮二钱六分三厘。土名雷陂洞苏家弄民田二工大一坵，米三升。计开所创田工。

一处土名雷陂洞黄口式拾肆工大小玖坵。随田民米贰斗肆升正。推出五中和贻谋二户收入东六甲诚延户完纳。

一处土名杨梅洞社贝屯田八工大式坵，屯粮艮四钱八分。

廖源岐、周本沂、邓□兴、荣成道、周钦杰、向西河、朱靖邦、周杨义、周城熙、周庆堂、□□□、费日纯、欧其迁、屈谋信、梁文运、周□□、黄桂鸿、周凤□、朱焕邦、王大金、□□□、周升堂、王大纯、周□□、□□□、周德盛、廖中华、周德至、廖中元、周荣义、废中亨、周□□、郭贤法、廖树英、周燕桂、孙有明、周岐镐、费金元、蒋元昌、梁应龙、李含英、郭贤文。

大清光绪拾年仲冬月立。

【校勘记】

[1] "会",《广西恭城碑刻集》无,据句意补。

保安会碑记

【题解】

碑在恭城县西岭镇周王庙内。清光绪二十年(1894)刊。

见《广西恭城碑刻集》第394—396页。

【石刻全文】

保安会碑记(额)

尝思莫为之前,虽美弗彰,莫为之后,虽盛弗传,知此则莫若会之一端也。粤稽我村奉祀周王,每逢子午卯酉之胜会,敬演梨园所须班金,沿村虽有善士解囊乐助,然与其独助之而大美未昭,何若共襄之而事为易举也?是以集我同人捐赏,不拘多寡,敬起一会,名曰保安。近年来荷蒙神明垂鉴,制产与业[1]。窃思无以立碑,则弊端百出,必至会业沦亡,何以见前后之克善哉!故当兹吉岁,谨将在会芳名,以及产业条规,请匠勒石,以垂不朽。而今而后,尚祈和衷共济,毋负神灵之厚泽焉。是为序。

一议会内公举正直之人经收经管。三年以满,算清数目,另行公举。

一议此会不愿在会者,自请石匠涂名,原本领回,亦不得私顶外人。倘有人顶会者,无名也。

一议此会田不准会内之人耕种。

何西源、刘奇香、□□□、朱翠华、周张镐、霍同利、王西盛、霍西隆、荣义胜、周域熙、周义合、杨家彦、周复昌、何西兴、周沛熊。

一处土名雷陂洞黄圫田七工式圻民米七升,村头庙田拾贰工四圻民米壹斗贰升,阴家洞走马洞双排田式工壹圻民米式升,雷陂洞华堂口田六工式圻民米六升,雷陂洞等上田五工式圻民米五升。

光绪贰拾年吉立。

【校勘记】

[1] 与,原碑模糊,《广西恭城碑刻集》录作"与",疑误,据句意当作"兴"。

广西恭城县瑶族石刻

127

周王庙石狮碑记并诗

【题解】

碑在恭城县西岭镇周王庙内。清光绪十年（1884）刊。陆履中撰记，周邦杰作诗。据《广西恭城碑刻集》照片及文字录入。

见《广西恭城碑刻集》第 397—401 页。

陆履中，邑贡生，光绪《恭城县志》纂者。周邦杰，生平不详。

【石刻全文】

尝考《东观记》，汉时疏勒王献狮子于顺帝，窃以为非中土所有而献之也，其以为出凡兽之类而献之耳。然世多模其形于庙前，盖非仅壮观瞻之谓，抑谓德感乎物，虽狮之猛，亦驯伏焉，犹麟游凤至之意也。粤稽惠烈王泽被生民，功昭炎宋，勅专庙崇祀其德，足致狮镇于前也固也。我村嘉应庙建自先人，数百年来独缺此举，是以集我同人选工创造，匝月告竣。观者咸谓对峙环顾，宛乎有率舞之象，其堪应景瑞而召景福者在兹矣！爰志碑端，且并及裕于财者慷慨捐赀，裕于力者踊跃趋事之共成斯美也。

邑贡生陆履中撰。

择期：杨家俊。

信生荣华敬书。

坊老朱承基捐银中员，郭贤法捐银壹员，廖树耀捐银中员。总理周任熙捐银叁员，王大纯捐银叁员。首事何汝亨捐银叁员，荣义胜捐银贰员，周禄昌捐银贰员，周寿堂捐银贰员。周启杰捐银贰员，周瑶熙捐银贰员，陈锦芳捐银贰员，西成店捐银贰员，周张镐捐银贰员，同昌盛捐银贰员，何西兴捐银贰员，朱耀邦捐银壹员，莫远禧捐银壹员，周福昌捐银壹员，朱治邦捐银壹员，费日纯捐银壹员，周名正捐银壹员，何成宗捐银壹员，朱靖邦捐银壹员，周德至捐银壹员，何西河捐银壹员，欧其亮捐银壹员，唐运阶捐银壹员，西栈店捐银壹员，杨梁氏捐银壹员，周均镐捐银壹员，何纯智捐银壹员，王光星捐银壹员，文登璵捐银壹员，邹凤翔捐银壹员，李元兴捐银壹员。周邦杰捐银中员，邓汝翼捐银中员，周歆沂捐银中员，朱明春捐银中员，荣华捐银中员，周扬义捐银中员，廖其祥捐银中员，杨家俊捐银中员，朱镇邦捐银中员，王大经捐银中员，廖中源捐银中员，杨家彦捐银中员，王联昌捐银中员，周名登捐银中员，孙能华捐银中员，李和泰捐银中员，唐鼎升捐银中员，郭仁合捐银中员，王俊柏捐银中员，廖钟华捐银中员。

不去河东吼一声，特来西岭兆文明。

成形岂待月支献，守庙无庸乌弋生。

蹲伏尚能惊百兽，强梁从未汗三庚。

金毛五色何须羡，长辟邪妖永太平。

信生周邦杰敬题。

支用开列于后：

支石狮工价银叁拾大员，支杂项银拾柒员，支刻字银四员，除支存剩银壹拾大员，此银修围墙花街用，楚南石匠苏大廷。

光绪贰拾年仲夏月吉立。

潘氏令公碑记

【题解】

碑在恭城县栗木镇上枧村，清光绪十五年（1889）刊。碑之左侧有一处竖弯破损，致数字缺失难辨。见《广西恭城碑刻集》第328—331页。

【石刻全文】

潘氏令公碑记（额）

盖闻吾始祖潘安平公，原籍江西吉安府吉水县红桥村人氏，始迁居桂林粤头村，所生三子，仁虎、仁威、仁亮。吾祖仁威公人繁各意，移居平乐府恭城县北乡，卜宅上枧村，居住落成，创业兴造。自唐宋元明以来，历朝敬奉令公神像，酬还三冬人丁古愿。六年两遇，三载一酬。其后祖遗分房轮流酬还数代，世传百年尚在。咸丰年间，兵戈以后，各房兴衰不等，爰集合族商议，叔侄喜出，烟户捐金，置买令公祠宇，修整安神。至期各户凑钱买办酬还数载，迄今后裔思无资费，再议各户愿起烟户四百。按：又乐捐资助置买令公田六工，将来后世子孙永作酬还古愿资费。日后众叔侄公议，首事管业收租，临期支用，以绍前徽而志后人者，螽斯衍庆，瓜瓞呈祥，仅承尊先，聊言大概。是以为序。

后裔庆云序。另买猺田土名江仔边田一工半，二坵粮，廿四文。

一处土名金子庙后塘田面田三工壹坵，民米五合。收入定魁母户完纳，清梅施猺田一工三坵，土名垓里，粮廿。

一处土名新村门前猺田三工壹坵，逐年粮钱四十八文，收公粮钱一百文。

许愿每户凑钱八文。

总理：信士忠有、达瑷，信官德祥。

头首：信士道荡、周、梅，道京，德代、潸，德隆、辉、英，德胤，平治。

另买民田土名洋仔仕、牛欄田底共田一工半。

信官达池，达梅、松，达球、波，达赟、浪，信官道游，道传、生，道德、湘，道溪、贵，道澧、才。以上烟户钱四百文。

道兰、涣，道涵、漳，道澄、亮，道沉、天，道宜、萱，道蕴、恩，道辉、通、旺。以上烟户钱四百文。

忠秀、政、标，德熙、宏，德元、训，德振、漳，德洋、著，德仁、望，德康、义、富。以上烟户钱四百文。

德贵、影，德彩，德泛、能，德本、慎，德京、教，德丰、顺，德汝、才，德祯、珠、秀。以上烟户钱四百文。

清富、瑚，德田、邻，平康，清煕、静，清源、俊，清告、汰，清荣、杰，清淳、瑞、吉。潘周氏（夫主道漆）。以上烟户钱四百文。

众叔侄发心喜捐钱刊名烈后[1]，除下买猪谷式百斤。

喜捐钱文达瑷壹千文，道口壹千文，德振捌百文，德元陆百文，德训陆百文，道涣陆百文，道澧伍百文，德祥伍百文，德富伍百文，德贵伍百文，忠有肆百文，道游肆百文，道荡肆百文。

喜捐钱文德代肆百文，德祯口口，德珠肆百文，德秀肆百文，德隆肆百文，忠标叁百文，德宏叁百文，德政叁百文，清源叁百文，达梅式百文，达松式百文，达理式百五文。

喜捐钱文道贵式百文，道口式百文，道京式百文，道政式百文，道恒式百文，道义式百文，孝志式百文，上能式百文，德洋式百文，德慎式百文，德浚式百文，平康式百文，平治式百文。

喜捐钱文清俊式百文，清淳式百文，道康式百文。道梅，道湘，道沉，道德，道亮，道蕴，道恩，道通，德英，德胤，道漳，德才，德望，道辉，双喜。以上喜捐钱壹百文。成俊式百，忠直钱式百。

众叔侄峰保总理收租管理生放每年行利加五将来酬还支用。

龙飞光绪拾伍年己丑岁孟冬月谷旦立。

【校勘记】

[1] 烈，原碑如此，据文意，当作"列"。

皇清殉难义士墓志

碑在恭城县文庙，清光绪十七年（1891）刊。"义士"名单列于墓志正文、正中，正文右侧为序，左侧为歌。《广西恭城碑刻集》第70—71页。

梁经昌，恭城人，以军功咨给六品顶戴。

【石刻全文】

皇清殉难义士

方子之	卢常之	成安元	王日明	文振可	陈绍金	唐荣富	何品昭
黄太赐	卢必成	王□宗	刘文锡	范邦松	陈绍松	黄进元	梁□昌
文志坤	陈泰然	邓昌和	邓月林	李□仔	贺发贤	黄福佑	陈昌佩
王廷吉	张公赐	陈丕凤	胡志信				

墓志

咸丰四年甲寅，红逆窜境，百姓流离。我下西乡同避山猛屡遭搜扰，于六月十五，平、恭、朔三县避难绅民会合山猛，兴义成团，九月十三举旗剿贼，击退各堂股匪，攻破沙子贼巢，随蒋观察克复郡城，奉劳抚院跨剿永福，前后共计三百余仗，阵亡练丁七十六名，均请入昭忠祠崇祀并载邑志。惟六年五月一日，奉招府尊协剿盘踞永明所属之桃川一仗，共亡练丁二十八名。攻至十月十日，始收骸引灵回葬于斯。因地方兵燹，久未复苏，迄今三十五载，经年近七旬。回思往事，邀同三甲将众余资，即其事而铭之石，爰为之歌以吊。

歌曰：

忆贼氛之扰□兮，屠戮波及乎犬鸡。居室焚而无所栖兮，避猛迫及于旄倪。予用□□震□兮，誓灭此而朝食。赖乡勇而仗义兮，屡追奔而逐北。怅南风之□□兮，旋失利于桃川。廿八人而殉难兮，姓字岂与草木同湮。向沙场而死节兮，惟英雄始克能然。裹马革而还葬兮魂其归来，归来将万古而名传。

邑文庠以军功咨给六品顶戴同事里人梁经昌春园氏谨识并书。

大清光绪十七岁次辛卯仲冬月上浣谷旦，人和团福禄寿三甲全立。

文庙叙文

【题解】

　　碑在恭城县文庙，清光绪二十七（辛丑，1901）刊。碑面损毁严重，缺损处文字据民国《恭城县志》之《重修文庙考棚城墙碑记》补。见《广西恭城碑刻集》第 49—51 页。

　　王聘之，恭城县人，举人。

【石刻全文】

叙文

　　自古致治之盛衰，视学校之兴废。学校者，王政之本也。国家重道崇儒，阐扬圣教，凡海隅边塞，莫不有学，学皆有宫，恭祀先圣先贤及历代诸儒之有功正学者，所以肃明禋，昭诚敬。岁时俎豆，举行释典，心焉向往之。俾知以圣贤为依归，定终身之趋向，秀者浸淫于道德诗书，朴者观感于章服礼器，堂哉皇哉，真媲隆三代矣！吾邑自前明成化十有三年，由凤凰山下徙今治黄牛岗，建学宫于县之西。太守杨公凿池于前，名曰"洗砚池"。正德十三年，张副使建腾蛟、起凤二坊于棂星门左右。嘉靖庚申，迁于县之西隅。凡三迁，始定今所。国朝康熙、乾隆间，代有修葺。阅时既久，风雨薄蚀，匪惟棂星门倾圮，各处殿庑栋宇，亦有摧颓之患，兴修孔亟。因工巨费繁，未有倡之，无以启其机而作其气。岁辛丑，徐春塍邑侯分符于兹，以作育人才、振兴学校为首务，谋集金重修，且以旧制湫隘，启圣祠偏居，不足符体制、壮瞻仰，思拓而扩之，于是发部劝捐。甫相阴阳，而郎官星陨。壬寅春，彭直斋刺史权署斯篆，倡率邑人踊跃捐输，征工僦功，督理工程，始终其事，凡三阅岁而落成。又以城垣为地方保障，久圮未治，倡捐一律兴修。至于童试为士子进身之初，观光胜地，向无专舍，甚非严肃关防之制，择学之东偏创建考棚，俾试士称便焉。凡此三者，次第具举。工成，详请咨奏，得如例邀。议叙者三十五人，蒙抚宪奖匾者二十有八人，由县奖匾者一百四十五人。所有未毕未尽之件，又得刘蕙甫邑侯督理完善。洵合邑之盛举，亦一时之嘉会也。夫建学倡义者，守土之善政；急公好义者，士庶之公心。有感必兴，如向斯应，此固大圣人过化存神之奋兴，圣天子政成化洽之妙应。而吾邑何幸，得此贤宰官！曲成栽培，后先接武，以成厥事。俾得宫宇巍峨，金汤巩固，扃闱丕焕，艺苑崇闳，规制肃而气象昌，佳事佳时，良非无自也。伏愿我邑士林，从此亦讲明立学修道之教，为四民表率，仰副圣天子牖民向学、保爱黎元之至意，行见恭江鲲化，银岫鸾翔，俗采轩輶，家登太史，岂不彬彬称盛也哉！聘承贤邑，命随诸君子后，得与斯役。躬逢其盛，谨据事而志其颠末。固知俚而不文，差幸质而存其实云尔。

乙酉科□贡□未[1]……

【校勘记】

[1] 落款原碑磨损、模糊。□贡，据句意，疑作"拔贡"。□未，据句意疑作"乙未"。

恭邑三乡修学碑记

【题解】

碑在恭城县文庙，清光绪二十八年（1902）刊。碑完好，字迹清晰。见《广西恭城碑刻集》第64—66页。

【石刻全文】

光绪拾五年三乡奉县主沈谕饬重修圣宫，坐子向午兼壬丙分金，坐丙子向丙午，宿坐女七度向柳三度。定礎竖柱，用己丑年七月廿三丁卯日辰时。安天枋地脚，用本年七月廿五己巳日巳时。陞梁安门，用本年八月廿癸巳日丑时。入火安神，用本年十一月十八庚申日辰时。共入三乡修籍钱贰仟玖百零五千文，又入罚项钱玖拾捌千文，共支出钱贰千肆百肆拾伍千捌百八十五文。除支外，实存银肆百廿两零陆钱贰分，存钱乙百零九千捌百五十一文。

光绪拾四年北七甲黎树兴户黎琳瑛捐钱叁百伍拾千文。

光绪拾四年北七甲陈邦相户丁贤国、泰，捐钱叁百伍拾千文。

光绪拾四年中西乡对河村东六甲冯永积户户丁显荣，子修安、泰，修吉、文，修祥、德，捐修学钱肆拾千文。

光绪式拾八年西乡八角岩村东八甲廖永益户户丁廖成刚三支德和、修，德建后裔入籍捐公项银肆百毫，又捐书院学堂银捌百毫，又折酒席银式百毫，另捐书院膏火、三乡宾兴银每捌拾毫。

光绪式拾六年城东东五甲江世远户江文睦捐本支后裔入籍银式拾大员，另捐三乡宾兴银五大员，另捐书院膏火银五大员。

光绪式拾式年西乡岩背村罗辉佑户户丁辉治、法、土，辉章、佑，修学五支捐钱三百千文。

光绪拾四年下西乡老寨村东九甲邓武□户户丁源铠、钟、源铭、序澍四支修学捐钱肆拾千文。

光绪拾四年西乡西岭寨何昌荣户户丁何交、悦、朝义捐修学钱贰百五拾千文。

光绪拾四年西乡下宋村东九甲罗顺发户户丁官吉、培，子清和，修学捐钱三百伍拾千文。

光绪拾四年中西乡杉树林村邓刚茂户户丁才刚，子公爵、左，公右、廷四枝修学捐钱肆拾千文正。

光绪拾四年上东乡太平村蒋玉卿户户丁蒋曹科子万廷、朝修学贰支捐钱肆拾千文。

光绪十四年东乡长滩村东三甲陶林兴户户丁陶坤林修学捐钱肆拾千文正。

众修大路善人是富碑

【题解】

碑在恭城县莲花镇杨梅村小势江。碑分三块，碑额横跨，高99厘米，总长182厘米。清光绪二十八年（1902）刊。

见《广西恭城碑刻集》第414—419页。

【石刻全文】

众修大路善人是富碑（额）

今夫人之行道，莫不去曲而取直，避险而趋易，舍远而图近，人情大抵然也。夫顺情而举事，其事易举而就效速也。我境由五冲通势江赴恭邑达莲花，古有三道，皆不若斯道之平且直顺而易也。峻岭夹卫，冬御觱发之风，清泉激湍，夏济炎征之渴。而前人乃不及此者，非谓其智弗若也，盖因洪荒未辟，庶革蕃芜丛林阴翳地势低平者□而不彰[1]，迄今地垦山开草木芟除地势低平者显而可见也。丙申之冬，有善士杨公心顺等相其地势，倡而兴之。但见一倡百喏，人人乐从，或解囊金，或捐工力，启之辟之。无□无陂[2]，修之平之，无反无侧，不日成之。居然大道之荡平，非所谓顺其情而举事，其事易举而就效速也哉！从兹履道坦坦，幽人有贞吉之庆，步趋安安，征夫无险阻之虞，行人受安平之福，善姓树不朽之名。因记其事，以渤于右，俾流百世之芳焉。

总理倡首：杨心顺喜捐功德花银叁拾大元，签首赵开亮喜捐功德花银壹员，签首杨心裕喜捐功德花银壹员正，信伸签首黄泽彰喜捐功德花银玖员正、赵凤陞喜捐功德花银捌员正、黄春才喜捐功德花银弍员正，签首赵如财喜捐钱弍千四百文、何金山喜捐功德花银弍员正、张以发喜捐功德花银肆员正，签首廖修文喜捐功德花艮壹员正、陈慕英喜捐功德花银一十弍毫，签首李世宗喜捐功德钱一千四百文、赵才有喜捐功德银壹元正，善信黄通明喜捐功德钱四千文、黄杨氏喜捐功德花银叁员、陈昌万喜捐功德花银弍元、赵凤明喜捐钱弍千四百文、赵才应喜捐功德花银弍员、黄春霖喜捐功德花银弍元、黄世文喜捐功德花银弍员，善信赵如进喜捐功德花银一元、吴大文喜捐功德花银一员、赵才林喜捐功德花银壹元、黄春庭喜捐功德花银壹元、何盛松喜捐钱壹千弍百文、俸登级喜捐功德花银一员、邓□发喜捐功德花银壹元，善信陈谟为喜捐功德花银壹元、赵才安喜捐功德花银壹员、张祥泰喜捐功德花银壹元、陈先秋喜捐功德花银一员、谢日华喜捐功德花银壹元、赵才荣喜捐功德钱一千文、黄福昌喜捐功德钱壹千文、赵如□喜捐功德钱壹千文、黎柒富喜捐功德钱一千文，周元禄捐艮一元，签首钟明荣捐部一本共捐来钱六千一百一十八文。捐部名□□清不与总理相干。吴昌照喜捐功德花银壹元、邓成连喜捐功德钱一千文、邓金保喜捐功德花银壹元、邵金富喜捐功德钱壹千文。

　　善信郑金凤、郑昌林、杨国兴、罗代祝、盘进学、盘进科，以上各捐钱陆百文，善信黄福盛、盘才华、陈金科、冯章周、李进科、□□□、□□□，以上各捐钱五百文，善信冯金祥、阳添彪、赵才文、冯章金，以上各捐釆八百文，善信黄成荣、赵德才、赵如□、俸元兴、赵如安、邓安福，各名捐釆六百文正。

　　善信黄成周、盘观生、黄成奉、赵进会、赵才贵、赵朝旺、赵才府、周三元、赵进德、郑德昌、郑章安、郑金养、郑连孙、郑金华，以上各名捐钱四百文正；善信郑章□、黄成现、郑金富、黄义成、邓婆生、冯金田、郑连才，善信冯金进、郑连金、赵如广、郑老七、李显吉、周宣和、阳国旺，善信周有光、赵如华、唐景佳、赵成贵、邓苟㼆、赵成香、黄春亮、赵进昌、黄春生，以上各名捐钱四百文正；善信潘忠富、潘忠贵、潘忠仁、潘忠才、赵婆旺、赵宅生、陈公寿、赵德荣，善信陈公旺、赵开礼、赵陞隆、赵宅寿、阳长友、钟国华、苏绍达、卿锡柱，以上各名捐钱肆百文正。

　　善信石秀云、赵才观、阳长祯、秦才昌、邵老五、王定元、邓连才各名捐钱三百文，谢日荣捐钱一百六十文，赵胜富、□崑林 李婆□、□□□各捐钱一百文；善信黄春银、赵才府、陈英蒙、邓金清各名捐钱三百文。

　　善信唐有发、郑文清各捐元弍百六十文、李胜扬、李世兴、赵秀荣、赵昌富、李世昌、赵坤明、李芳奎各捐钱弍百四十文，邓宏贵、汤德泰、谢宜裕各捐元二百文，善信邓金元、邓章保、封昌禄、封应贬、冯章贵，以上各名捐元四百文。结缘杨□兴喜捐□□钱式拾千文。

合共捐来铜钱伍拾千文。

合共捐来花银壹百一十四千三百玖十八文。

一支石匠打砌共用钱五十二千四百三十二文。

一支挖砌小工共用钱五十九千一百文。

一该架桥砌码头共用钱壹十千文。

一支买桥树砍拖共用钱一十七千四百文。

一支发部会部酒席共用钱十四千九百□□□□。

一支打碑石渐名字共用钱十三千四百六十八文。

亏欠钱二十千文。

合共支出工钱三牲利市纸草总共用出钱一百六十四千三百文。

大清光绪二拾八年壬寅岁六月廿二日吉立。

【校勘记】

[1] 缺字据句意，疑当作"隐"。

[2] 缺字据句意，疑当作"岭"。

恭城乡贤碑

【题解】

碑文原刻于恭城县文庙内乡贤祠。石天飞、覃阳雪访碑。无刊刻时间，《广西石刻总集辑校》认为李祖望为康熙五十一年进士，碑当刊立于此后，或在乾隆年间，甚当。光绪《恭城县志》卷三"乡贤"名单中，未记碑中名单之蒋资坤、李祖望二人。

【石刻全文】

乡贤

宋进士，历官御史，追封忠佑惠烈王周讳渭，字得臣。

明举人，任曲靖府知府周讳昌龄，字寿夫。

明岁贡，任威州知州欧阳讳经，字时用。

明岁贡，任南雄府照磨，摄连山始兴县龙讳天瑞，字国贞[1]。

明举人，任南京刑部郎中蒋讳资乾，字天秩。

明举人，任都匀府推官蒋讳资坤，字履亨。

明举人，任任保定府通判常讳梦龙，字伸洲。

明岁贡，任东莞县丞欧阳讳州，字汝行。

明举人，任邓州知州常讳真杰。

以上详刻忠义孝弟碑。

清进士，山西绛县知县，迁銮仪卫经历李讳祖望，东乡白羊村人。

【校勘记】

[1] 国贞，光绪《恭城县志》卷三"乡贤"本传作"国祯"。

重建协天祠

重建协天祠碑（局部，残）

【题解】

　　碑在恭城县武庙，清代刊。石天飞、覃阳雪访碑。碑之左上角残缺，下部为物所遮，且多模糊难辨。据原碑录入。

【石刻全文】

　　重建协天祠（碑额）[1]

　　盖神之于人也，何凭也哉？凭其诚而已。□人无感恪之诚……妄希鬼神乎？故曰有其诚即有其神。文曰"自求多福"，理固然也。恭邑协天祠历年久远……邑侯韦父母合众舒诚，捐金重建，且立天妃宫于其右。时工筑既成，□记于余，镌石以志不朽，余因回忆焉。恭自迁县，而后城廓既筑，祀事举焉，而于协天一祠，犹未营建。适余城西善地一所，山环水带，秀毓……诚天造地设栖神之域也。当时择胜者莫不曰："关帝固宜崇祀，然建祠宇，舍此奚卜哉？"其竭诚已非一日矣。追万历三年，卜云其吉，始获鸠工鼎□。未几，栋□檐阿翚飞雉跂，居然大观。时值告成，首领咸集，谋肖遗像以隆瞻仰。方拟议间，一人龚姓者自……入，望众稽手曰："某杵士也，数日前蒙诸公遣使抵灌见招，特来报命。"闻者互相称□是和非邪[2]，或有无……于其间而然者邪？旋詹期举事，及庄严既毕，俨然亲灸当日威光，正气凛□□□首间□于是再拜稽首□曰："杵士之来，诚有鬼神于其间而然者也。"然此者讵非诚之所格而云然哉！此

137

余自幼传闻父□及后□游诸郡，郡莫不有祠，祠莫不有像。每于瞻礼之余，徘徊熟顾，诚莫如我恭之庙貌□□若生而益……年，殆有鬼神于其间而然者尔。迄今百有余岁，往往游人过客，无不肃其观，为以乎□□圣之威灵同□率土，而圣像之显赫，独现于恭城也。夫神圣既假工匠以示灵□□□于不应未有及也。前此时值升平，士民丰裕，即神之吊矣。若戴天履地，谁识高深，迨后天运鼎革，乱离兵燹，便不可而为。恭虽不□未罹其惨，何莫非……以成。向也竭诚以鼎建，神既示灵于昔，兹者竭诚以重新，神未有不示灵于今也……甫以自卜之矣。缘是以阐神圣当年之赫濯为庙，深邀百代之声灵以永恭邑……恪思其介福也，宁有艾哉！

石匠奠刊碑贰□价银四两……

……月吉旦立。

【校勘记】

[1] 碑额"重建协天祠"后碑残缺字，缺字疑为"碑记"。

[2] 和，据句意，疑当作"邪"。

判决坝案碑记

【题解】

碑存恭城县莲花镇势江村社学遗址墙壁。清宣统三年（1911）刊。碑之中下部"较准拾伍桥算盘之尺式"一行，每字刻以方格。碑之左下底部，字迹模糊。据碑文，此为宣统元年告示，宣统三年所判坝案。

见《广西恭城碑刻集》第420—424页。

【石刻全文】

判决坝案碑记（碑额）

钦加同知衔特授恭城县正堂加五级纪录五次钱，为出示晓谕以资遵守事。案据生员容本位等具控陈钟华等擅开粮坝等情一案，此案缘八甲洞势江河沿一带，向有头圳坝、三圳坝、龙岩坝历来塞水灌溉田禾，因职商陈仲华等开坝运放木簰，经该坝甲将簰截留，彼此争执。控经本县亲诣踏勘集案讯明，农民筑塞坝水灌溉田亩，与该猺内素产杉树，贩卖木料，必由此河运放。农商两重不容偏枯，断令嗣后每年春分以后霜降以前，正田禾急需蓄水之时，每月祇准逢三开坝，一月共三次，每次所放木簰，头圳、三圳两坝限由七点钟起至一点钟止，龙岩坝准放至二点钟止，每次帮回该三坝塞工钱共叁千文。其春分以前霜降以后，无须灌溉，随到随开，不得勒收坝工钱文。所有木簰过坝祇准于旁边坝口放行，不得由坝中坝面任意开放。至所开坝口，以陆尺宽为限，水以柒寸深为限。过坝木簰，限扎六尺宽，限连两簰，不得加宽加长，二比均各悦服。除取具两造遵结附卷外，合行出示晓谕。为此示，仰木商坝甲及沿河居民人等知悉。嗣后永远遵守定章，各木商不得违章，将坝任意开放。该坝甲人等，亦不得违断留难阻滞。倘敢不遵，一经告发查实，定即拘案严惩，决不姑宽。其各凛遵毋违。特示。

宣统元年九月十六日告示。

较准拾伍桥算盘之尺式

宣统三年四月初三日，容本真等不遵前任钱县主所断，改坝口于湾曲浅水之处，宽深不足，尺寸复诬，控木商毁坝各情，以致彼此互禀。当经萧县主亲临踏勘后，谕饬商会劝息，二比悦服，各具遵结，缴县立案批销，以息讼端。兹将结文照勒于后，具遵依劝息甘结人陈钟华、张明渭、陶利昌、俸崇勋、李美昌、莫文彬、彭纯济、龙镇光、容本真、彭近光等，今在恭城商务分会，以一件因争头圳、三圳、龙岩开坝口，各事彼此互禀，现县主饬商会从中调处劝息。兹公同会议，此三坝均照遵前任钱公所断，宽以六尺宽为准，深以七寸深为准。饬照章办理，毋庸再议。惟日后坝口不得在适中开放，致令水湍难塞。亦不得向洲头、湾曲浅水之处，致令木不能行。总之沧桑变更，不能预定，农商并重，不可偏枯。如系木簰过坝，未准有湾浅阻碍，各木商均宜照章纳给三坝共钱叁千文。如有湾浅阻扰，即由木商唤该坝头当场移改，以能通度[1]，坝费仍照章给纳。至所开坝口，两旁竖木为界，坝底横木均要生动。其六尺宽之空、七寸水之深，均由两造□行商定，以十五桥算盘较准为壹尺，不得争长争短。如此和平均各悦服，自愿遵劝息事，理合出具甘结□□□，商会转缴恭城县立案批销。日后二比不得另生滋端，永久遵行，所具遵结是实。

宣统三年四月十六日具

【校勘记】

[1] 通度，《广西恭城碑刻集》作"过□度"，误，据原碑改。

李植之题"绿阴深处"

　　摩崖在恭城西岭镇翠峰山。行书。《桂林晚报》注,此是目前发现的恭城县唯一的一处摩崖石刻;据住在该村的县文化局退休干部梁航云介绍,李植之是民国时期恭城的文化名人,是当地有名的书法家和习武人士。

　　见《桂林晚报》2010年8月19日。

【石刻全文】

绿阴深处

民国廿一年中秋,李植之。

湖南会馆对联石刻

【题解】

　　对联在恭城县城太和街湖南会馆。湖南会馆始建于清朝同治十一年(1872)。题联时间暂系于民国。石天飞访碑。

【石刻全文】

客馆可停骖七溪三湘允矣同联梓里
仙部堪得地千秋百世遐哉共镇茶城

黄坪村条规

【题解】

　　黄坪村条规石牌为木石牌,原存广西恭城县三江乡黄坪寨,用木板书写钉立村旁。因其与石质村规民约有同等意义,姑录之。民国五年(1916)刊。

　　见《瑶族石刻录》第222页。

【石刻全文】

一禁止放火烧山，违者罚款。

一禁止为匪为盗，违者重则解押至县，轻则罚款。

一不得夺取别人山场田地，犯者罚款。

一不得奸污妇女，犯者罚款。

一不准放牛践踏别人禾苗，犯者赔偿或外加罚款。

一不准偷放别人田水，犯者罚款。

一租佃田地要纳租，不得拖欠，若无租缴纳，还应以打工补偿。

恭城县第二区三江团黄坪村众等令同立。

民国五年丙辰岁孟冬月吉日。

建筑恭城县政府大礼堂

【题解】

碑在恭城县文庙，民国三十五年（1946）刊。

见《广西恭城碑刻集》第 74—75 页。

黄振远，贺州人，民国间任职恭城县。

【石刻全文】

建筑恭城县政府大礼堂

上年秋月，余奉命绾篆是邦，适日寇投降，县土重光，巡视属境，宣慰难胞，因知倭奴此次侵恭之惨况。三十三年九月，敌骑踹进历代军事必经之龙虎关，经嘉会、和平乡至城厢，并分窜定岗坳、岛坪、椅子坪，入西岭，会师平乐。三十四年五月，复由龙虎、定岗溃退，转湘投降。离乱经年，当经湘桂边区总指挥钟祖培将军（和平乡人）率健儿，领导机关暨地方人士，随时予敌重创。然而敌人残暴性成，兽蹄所过，焚杀淫掠，无所不至其极，龙虎关内几成一片焦土，栗木、嘉会、城厢民房暨机关屋宇多遭破燬。劫后河山疮痍满目，管教、养卫已应次第实施，而修建县府亦难谓非急务，是于花厅各座先事修复。惟大礼堂一所，尚属败壁颓垣，感诸集会之不便，爰有重新建筑之议。经参议会议长李俊英、副议长容鸣世诸公赞同，厘定预算，且经匠人彭福源以最低工料费稻谷肆佰玖拾玖市担，时值壹仟万元度票投承揽，经之营之，不日成之。自此集会于斯堂，诸君子精神奋发，共谋地方福利，跻我中华民国于富强康乐之国，千年万世永垂无疆之休。

古贺州黄振远。

中华民国三十五年五月七日立。

广西龙胜县瑶族石刻

剿瑶营盘石刻

剿瑶营盘石刻　　　　　　　　　　剿瑶营盘石刻拓片

【题解】

摩崖于广西龙胜县龙脊梯田景区龙脊生态博物馆前巨石。巨石上窄下宽，高 2.47 米，宽约 3 米。清康熙六年（1667）刊。石天飞、覃阳雪访碑。

【石刻全文】

大清康熙六年正月吉日，分守广西永宁兼辖永福、义宁等处地方参府马，奉令统兵征剿湖广城步妖猺，到此札营。

同营

监纪义宁县正堂李刊石永记。

新建桑江工程碑记

新建桑江工程碑记拓片

【题解】

碑在龙胜县楚南会馆，县文物管理所存其拓片。拓片长 165 厘米，宽 82 厘米。清乾隆八年（1743）刊。据县文物管理所拓片录。

杨维清，乾隆六年任广西桂林府龙胜通判。

【石刻全文】

巩固千秋（碑额）

新建桑江工程碑记

桑江万山环峙，五水分流，向隶义宁，为桂林西北藩蔽。乾隆五年夏，苗猺梗化，耆定武功，仰荷皇仁宪德，不忍弃此一方民，乃置协营以资捍卫，设理苗以司教养。建城筑室，伐木开山，工至巨也。而余奉檄董理其事，受命于辛酉之秋，告成于癸亥之夏。两载以来，或藉仔肩，或需佐理，凡建城堡六，衙署营房一千三百有奇，烽堠汛防四十有五。以致营官庙、葺市廛、设义学、实仓廪、兴醢利、均租庸，木拔道通，遮绩咸举，俨然建陵一都会矣！落成日，匠头曾仲熙砻石请纪其事。余惟守土之吏，效尺寸以固疆圉，亦惟是成宪之祗遵，告率由于无罪，而敢曰铭之金石哉！顾肇造巨公，而谨志其岁月，以备后来之稽考，是固不可以无言。至于新疆初开，土瘠民贫，何以登之康阜？礼教未娴，何以沐之诗书？俗剽悍而民易走险，何以使之涤虑洗心，以共路于一道同风之盛？是又在后之君子，恩威并施，兢求胥泯，以奠安兹土于亿万斯年者也，余能厚望也哉！是为记。

大清乾隆八年岁次癸亥六月上浣之吉，广西桂林府分防龙胜理苗厅加一级纪录三次杨维清撰并书。龙胜司巡检□□、□南司巡检王继禹同立，匠头曾仲熙镌字。

访查私派民夫碑

【题解】

【题解】

碑在龙胜县乐江镇，清乾隆二十二年（1757）刊。乐江镇侗、苗、瑶各族杂居。《中国西南地区历代石刻汇编》注：拓片长 122 厘米，宽 78 厘米。楷书。因刻字较浅，碑面刮花较为严重，拓片亦多字不可辨。此据拓片录。

见《中国西南地区历代石刻汇编》第七册《广西省博物馆卷》第 27 页。

【石刻全文】

署广西桂林府龙胜理苗通判□□□为访查私派民夫之……议详禁……民生事乾隆二十二年正月二十七日奉本府转奉……奉……呈详奉□□问□□□□县□□武官员成□公差□□过□经由□撰□夫□七□□七八十□□□□□人兵役□事□□□□派□沿途□远□当□所孙……从巡查勘□府州下县□应给天□何有明□在设有……应其……洵……民夫……乃……文……私派一应……仲分□□□批……户……夫……仲……夫役……道……天下得也□府……不得过寸五□□祥不得过十名□用□票填明差使……使□□留给□迷□□□□不得假□□广……票盖用□□□足雇用钱□□数□□或扣□□□并□明□□公□按给票□□□列□票□给倘有□不□赴□控□该□□即刻□票□□领不许拘□□真□□□□不给计太□持票赴府□控告查究至于文武官员私派地□官□□□□□□□□冬自给□□□□公往□体日给工钱俾资饷呈□此官员亲戚书役如□公事并□□票私自往来□不许□□给票□□□□□自行□用倘有□□□民藉词不愿得价抗违民□□地方官即行严拿□□□再□□□失非惯□□□□……用转□□□□皆□□控扛以□助万□岩山路崎岖□□□□挑□十□□夫七十□□定不许应意□□者不□□□□□□抚部院批□详通饬□□饬碑□遵行□□□拿送查并□部堂批如详通饬勒石永远□县□□事录送查□如有仍前私自派□及短给夫价等，□经查出，定惩不贷。

抚部院批□□碑□票或存□□奉此转饬到府移厅合将□□□拨民夫给发价值，开列于□永远遵行……

……开：

龙胜□□民夫每名每里给银二厘，按里加算。

……乾隆二十二年□月……

奉宪刊行禁革夫役章程碑文

奉宪刊行禁革夫
役章程碑文

【题解】

碑位于龙胜县马堤乡张家村，原被用作洗衣板，后碑面一定程度为不明物质所污，碑文释出或有极个别不够准确之处。龙胜县苗、瑶、壮、汉各族杂居。清乾隆四十四年（1779）刊。碑之内容与《龙胜理苗分府明立章程碑》几同，可相参校。"广西分守桂平郁兼水利驿盐道周"，即时任分守桂平梧郁道周廷俊。石天飞访碑，据原碑录。

【石刻全文】

奉宪刊行禁革夫役章程碑文（碑额）

广西等处承宣布政使司叔、广西分守桂平郁兼水利驿盐道周，为饬定夫役章程以安民业事。奉督宪饬行粤西夫役章程，其实在必须用夫者，何项应官为出票传集，民为应役；何项应自为雇，乃不许票传；何项不准抚用夫，概行革禁；并何项差使需夫若干，分别名目明立章[1]，爰将详

计开

奉准行各条明白晓谕，俾咸知遵守，勒石以垂永久[2]。

一议寻常奉调奉委赴府赴省到任回籍会勘相验，解送军装请领兵饷等项，于自备轿马之外，添用舆夫及行李物件，跟随兵役，令于各地头雇备长夫，无论本属邻属，均不许官为给票拨用民夫。其提挈要犯，摘取印信，指名盘查勘灾青[3]边隘要务，事必遄行者，准其动用民夫。如非本营，准向地方官先出印票拨用，仍依所定名数，照例按里给钱，不得多用短发。其各项在官人役，长随家人，即需脚力，听其自为雇用，概不得沿途出票动用民夫。

一议院司道衙门，有事关紧蜜[4]，并守提催取回文者，必须专差千里马驰递，因程途辽远，每次酌用夫二名。沿途州县拨雇脚夫，照依所定工食给发，总不得过二名之外，毋庸官为给票。

一议解饷抬鞘原领盘费，足资雇用脚力，其兵役本令押护，则应随行防范，不得安坐肩舆，所有沿途拨夫之处，应行革除。

一议督宪巡查勘审，学院考试，经临各大差无点夫及不敷之地，向用乡夫团夫堡夫临时派拨，按照例给钱，守侯兼支盐米菜，应仍其旧。此外有于近塘村，历来每月派值协助铺司递送公文之用，递竣仍回安业，里民遵循弗替，亦应拨仍旧存留，每塘每日应夫二名，轮流充当。向不充当铺司者，仍不许派拨。其余塘夫，悉行革除归乡。如遇差使仍用乡夫，一律应雇。

一议当差解审重囚，其或有老弱疾病，及曾受刑讯不能远涉之犯，该起解之州县，预将夫费酌交长解差役，自行雇夫扛抬，毋得官为给票，拨用名夫。其长解短解兵丁人等，禁止坐兜派用民夫。

一议从前所定道、府、州、县用夫，名数尚未画一，嗣后藩臬用夫八十名，道用夫六十名，府用夫三十名，佐二州县用夫二十名，杂职用夫八名，其应给夫价，各员按日按名，自行捐付。

一议泗城府属之凌云、西隆三州县[5]，镇安府属之天保、奉议二州县，柳州府属之罗城县，民间向设有夫田堡田耕种，以应公差，应仍循其旧。如遇大差需夫多者，原食夫田之人不敷应用，当另为添雇，每名每十里给钱八文，守役之日，给菜钱五文、米一升，不得短少。如此外凡有夫田之州县，从前未经报明者，均依照办理。

以上各条，除议令自为雇觅及所需一二名临时雇用脚夫毋庸给票外，所有一切雇用民夫之差使，俱令州县预期签用印票传集，填註何项差使需夫若干名，不许胥役暗派滋扰。如无印票者，乡夫不必应役。其各州县夫价，仍照乾隆二十一年议定数目给发，并于临用印票时填註钱文，或发清或找给之处，照向例办理。守役之日，每名给米一升，钱五文。如有扣捐情事，许夫役控究，仍将拨夫印票，按季缴驿道察核□□院宪及藩司查考，倘有违例多索及滥行出票[6]，应付察出，分别参处。

乾隆四十□年二月十八日立[7]。

【校勘记】

［1］原碑文如此。据《龙胜理苗分府明立章程碑》，"章"后疑脱一"程"字。

［2］原碑文如此。据《龙胜理苗分府明立章程碑》，"奉准"一句当刻在"计开"之前。

［3］原碑文"青"，据句意当作"情"。

［4］原碑文"蜜"，据句意当作"密"。

［5］原碑文如此。据《龙胜理苗分府明立章程碑》，知所指另一县为"西林"。

［6］"倘有违"碑上三字缺损，据《龙胜理苗分府明立章程碑》补。

［7］缺字据《龙胜理苗分府明立章程碑》，当为"四"。

龙胜理苗分府明立章程碑

【题解】

碑在龙胜县平等镇龙坪村龙坪寨，清乾隆四十四年（1779）刊。平等镇侗、瑶等少数民族杂居。碑文内容与《奉宪刊行禁革夫役章程碑文》同，文字有少许差异。今碑多处已风化磨损，字迹难辨。

【石刻全文】

署理桂林龙胜理苗分府、临桂县正堂加五级纪录六次郑，抄准钦命广西等处承宣布政使司□、特授广西分守桂平梧郁兼水利道周，为饬定夫役章程以安民业事。兹奉督宪饬行粤西夫役章程，其实在必须用夫者，何项应官为出票传集，民为应役；何项应自为雇觅[1]；何项不准用夫，既行革禁；并何项差使需夫若干，分别名目明立章程，爰将详奉准行各条明白晓谕，俾咸知遵守，勒石以垂永久。

计开：

一议寻常奉调奉委赴府赴省到任回籍会审会勘相验，考验解送运军装、请领兵销等项，于自备轿马之外，添用舆夫及行李物件跟随兵役，令于各地头雇备长夫，毋论本属邻属，均不许官为给票，拨用民夫。其有提拿要犯，摘取印信，指[2]名盘查勘灾情边隘要务必遄行者，准其动用民夫。如非本营，准向地方官□出印票拨用民夫，仍依所定名数，照里给钱，不得多用短发。其各项在官人役，长随家人即需脚力，听其自为雇用，不得沿途出票动用民夫。

一议院司道衙门，有事关紧密，并守提催回文者，必须专差千里马驰递，因程途辽远，每日酌用夫二名。沿途州县拨雇脚夫，照依所定工食给发，总不得过二名之外，毋庸官为给票。

一议解饷抬鞘原领盘费，足资雇用脚力，其兵役本令押护，则应随行防范，不得安坐肩舆，所有沿途拨夫之处，应行革除。

一议督宪巡查勘审，学院考试，经临各项大差无点夫及不敷之地，向用乡夫堡夫临时派拨，照例按里给钱，守候兼支米菜，应仍如旧。此外有于近塘村庄，历来每日派夫协助铺司递送公文之用，递竣仍回安业，里民遵循弗替，亦应仍旧存留，每塘每日应夫二名，轮流充当铺司者，仍不许派拨。其余塘夫，悉行革除归乡。如遇差使仍用乡夫，一律应雇堂差。

瑶族石刻辑校

一议解审重囚，其或有老弱疾病，及曾受刑讯不能远涉之犯，该起解州县，预将夫费酌交长解差役，自雇夫扛抬，毋得官为给票，拨用民夫。其长解、短解兵丁人等，禁止坐兜拨用民夫。

一议从前所定道、府、州、县用夫名数，尚未画一，嗣后藩臬用夫八十名，府用夫三十名，佐贰洲县用夫二十名，杂职用夫八名，其应给夫价，各员按日按名，自行捐付。

一议泗城府属之凌云、西林、西隆三州县，镇安府属之天保、奉义二州县，柳州府属之罗城县，民间向设有夫田堡田耕种，以应公差，应仍循其旧。如遇大差需夫多者，原食夫田之人不敷应用，另为添雇，每名每十里给钱八文[3]，守役之日给菜钱五文，米一升，不得短少，如此外凡有夫田之州县，从前未经报明者，均依照办理。

以上各条，除议令自为雇觅及所需一二名临时雇用脚夫毋庸给票外，所有一切雇用民夫之差使，俱令州县预期签用印票传集，填注何项差使需夫若干名，不许胥役暗派滋扰[4]。如无印票者，乡夫不必应役。其各州夫价，仍照乾隆二十一年议定数目给发，并于临用票时填注钱文，或发清找给之处，照向例办理。守役之日，每名每日给米一升，钱五文。如有迫捐情事，许夫役控究[5]，仍将拨夫印票，按季缴驿盐道察核报明院宪及□藩司查考，倘有违例多索及滥行出票，应付察出，分别参处。

乾隆四十四年九月四日示。

告示。发龙坪城实照晓谕。

【校勘记】

[1] 雇觅，《奉宪刊行禁革夫役章程碑文》作"雇，乃不许票传"。

[2] "拨用民夫其提拿要犯摘取印信指"十四字原碑磨损，据《奉宪刊行禁革夫役章程碑文》补。

[3] "每名每十里给钱八文"九字原碑磨损，据《奉宪刊行禁革夫役章程碑文》补。

[4] "名不许胥役暗派滋扰"九字原碑磨损，据《奉宪刊行禁革夫役章程碑文》补。

[5] "有迫捐情事许夫役控究"十字原碑磨损，据《奉宪刊行禁革夫役章程碑文》补。

龙胜理苗分府禁革碑

【题解】

碑在广西龙胜县平等镇广南小学，清乾隆四十四年（1779）刊。《中国西南地区历代石刻汇编》注：拓片长 125 厘米，宽 80 厘米。楷书。原碑模糊，据《中国西南地区历代石刻汇编》录，以《龙胜县志》校补。

见《中国西南地区历代石刻汇编》第七册《广西省博物馆卷》第 45 页；《龙胜县志》第 522 页。

【石刻全文】

永远僧上[1]（碑额）

署广西桂林分防龙胜理苗分府临桂县正堂加五级纪录十次郑，为派供苦极难，当哀思怜恻，赏示豁除苏困事。乾隆四十四年九月初九日，奉署桂林府正堂董关移案，据贵厅猺人龙金全、石唐胜、石富全等，赴府具控广南汛千把外委、兵丁日食鸡鸭鱼物，柴火、马草、围栏、竹签，均令广南、庖田两村挨官轮供[2]，不照市价平买，营房朽坏，亦合四村出料修理等因[3]，移查前来当经转移去后。兹准义宁协镇府求移，据右营复称广南汛官兵柴火、马草并鸡鸭鱼物，以及围栏、竹签等项，俱照市价公平采买，其居住营房，各兵自行修补，并无短价苛派缘由。后覆前来，业经照移。详覆本府在案，合行出示严禁。为此示，仰广南汛兵丁人等知悉。嗣后毋论砍伐民间山场竹木以及派累苗猺，该苗[4]猺亦不得妄为滋事，均毋有违。特示。

乾隆四十四年十月　日示。发广南塘实贴晓谕。

【校勘记】

[1] 碑额"永远僧上"四字，《龙胜县志》缺。
[2] 官，《龙胜县志》作"用"。
[3] 合，《龙胜县志》作"令"。
[4] "派累苗猺该苗"六字拓片模糊，据《龙胜县志》补。

奉宪永禁勒碑

奉宪永禁勒碑拓片

【题解】

碑在龙胜县龙脊村平段寨，清乾隆五十七年（1792）刊。此地壮族瑶族杂居。龙脊生态博物馆存其拓片，据拓片录。

潘天红，龙脊人，在当地被视作为民请愿之英雄。

【石刻全文】

奉宪永禁勒碑（碑额）

署广西桂林府事、柳州府正堂随带军功加二级纪录四次郑，批准尔等自行勒碑呈验，竖立通衢，永远禁革可也。为割切严禁事[1]：照得龙胜地方，獞民杂处，地瘠民贫，自宜加意抚绥，以靖地方，俾不法书役，不能乘机滋事，方为妥善，除现在访查拿究外，合将永远应禁各条明切晓谕革除，逐一开列于后：

一采买茶叶，应照例选差亲信家丁赴各圩场城里，照时价公平采买，毋得任听书差发价向乡民勒买，以致短价累民。

一各衙门采买鸡鸭猪只等项，应在城市圩场照依时价公平采买，毋得混发官价，派勒乡民。

一衙役奉票缉拿要犯，至乡踩缉，均应自备盘费，毋许乘坐兜轿，滥派乡夫及需索酒饭供应。

一给发委牌钱壹千二百文，当堂给领，毋得假手书差，致启需索陋规。

一修理塘房，应官雇工匠，所需物料，随时采买给价，毋得任听书差向民间派收工价钱文。

一上应禁各条，尔书差人等务宜懔遵，如敢抗违，一经本府访闻，或被告发，定将尔等严拿，按例法究，从重办理，决不宽贷。尔地方民猺獞人等，应各守法律，不得妄生事端，听奸狡讼棍捏词兴讼，致干法究。各宜懔遵毋违。特示。

碑贴龙脊团晓谕。潘天红。

乾隆五十七年十月十二日立。

[1] 割切，原碑如此，据文意，当作"剀切"。剀切，意即切实。

奉府示禁碑

奉府示禁碑拓片

【题解】

碑原存广西龙胜县泗水乡周家村白面寨旁，清乾隆五十七年（1792）刊。碑文内容与前碑《奉宪永禁勒碑》一致，据此，则此碑作者当是潘天红。石天飞 2019 年据龙胜县文物管理所拓片录。拓片长 147 厘米，宽 61 厘米。

【石刻全文】

日月

奉府示禁（碑额）

署理广西桂林府事，柳州府正堂随带军功加二级纪录四次郑，为剀切严禁事：照得龙胜地方，苗猺杂处，地瘠民贫，自宜加意抚绥，以靖地方。俾不法书役，不能乘机滋事，方为妥善。除现在访查拿究外，合将永远应禁各条，明晰晓谕革除，逐一开列。

计开：

一采买仓谷，应照例选差亲信家丁，赴各圩场，照市价公平采买，毋得任听书差发价向乡民勒买，以致短价累民。

一各衙门采买米□柴炭，茶叶鸡鸭，猪狌鱼肉菜等物，均应在城市圩场，照时价公平采买，毋得以官价派勒乡民，以致短价。

一征收官租，应平斛响樖，毋得淋尖踢斛，任意多收。除耗米之外，所有陋例小担一项，该书等不得藉端索取。

一盘量社仓，所有家丁书等一切饭食，均应自备，毋许勒令乡保供应，致滋派累。

一衙役奉票缉拿要犯至各乡踢缉，均应自备盘费，毋许乘坐箃轿，滥派乡夫，及需索酒饭供应。

一发给门牌委牌，均应照例当堂给领，毋得假手书差，至启需索陋规之弊。

一修理衙署监仓，所用竹木料物砖瓦片，均应照时价向圩市照时价公平采买，毋得派累乡民，致有短价之弊。凡需夫运送物料，亦应拨夫给价，毋得滥[1]。

一以修理塘房，应官雇工匠。所需物料，随时给价，毋得任听书差向民间派收工匠钱文。

以上应禁各条，尔书差人等，务宜懔遵，如敢抗违，一经本府访问，或被告发，定将尔等严拿，按例法究，从重处理，决不宽贷。尔地方民猺人□，亦宜各守法，一律不得妄生事端，听信奸狡讼棍捏词兴讼，致蹈法究。各宜懔遵毋违。特示永远。众等碑记。

乾隆五十七年六月二十八日立。

【校勘记】

[1]"滥"后疑脱一"派"字。

广西桂林府分防龙胜理苗分府禁约碑

【题解】

碑原立龙胜县马堤乡张家村老桥边。20世纪80年代，此碑被用为新桥石板。碑之右上至中部，有漶漫、摩擦而文字难辨识者，因之录文或有极个别错漏处。左下一小块为水泥覆盖。乾隆五十九年（1794）刊。石天飞访碑，据原碑录。

【石刻全文】

广西桂林府正堂加五级记录十次娄，署理广西桂林府分防龙胜理苗分府涂，为禁除陋规，以安民生事：照得龙胜地方苗猺杂处，地瘠民贫，自应加意抚绥，以靖地方，所有一切陋规，奉各□□□□□□□□□□□□□□宪饬尽核实严禁，为此，公同察核，合将永远应禁各条明切晓谕，逐一开刻于后：

一官田租米数目，六奉□□部文，□□年岁，照岁分数增减。至征收之日，平斛响桄，仍照原发总单输纳押交，倘有折耗，惟该处交租之头甲人等是问，庶书差人等，不得侵渔，亦无赔累。

一凡米谷、柴炭、竹木以及鸡、猪、茶叶各项，但照民价平买平卖，银物现交。查龙胜通无圩市，不能不向村寨采买，而在官人役，毋得恃强勒索，短价私侵。各处外民，亦不得藉示居奇，诡辞揸索，致干并究。

一龙胜僻处山窝，无夫可雇，文武衙遇有公事，必须拔用乡夫。今仍照乾隆五年以来旧例，其自城赴省，则用长夫先期发票，听民自照乡例派定，每各给银二钱陆分，送至义宁县城而止。其自省至龙胜，则另行雇夫，送至官衙而止。不得调派苗民远迎，致滋□累。至本处公事，须用短夫，虽三里五里，具以官发夫票为凭。其票文则两巡检钤印注册，武则两城守钤印注册，以备缴查。凡系差役兵丁，不得私行混派，而乡民亦不得推□抗违，致误公文。

一运解兵粮，照旧给予脚夫钱，倘有偷折，查明究追。

一修理塘房，虽用民力，而木石等项，俱照民价发至，取具领结，不得诈索钱文。

一凡递送公文，例应责令塘兵，倘系文衙门传谕各寨事件，自应逐寨传送，不必派夫守塘。

一凡系兵役查缉匪类逃犯，各项例应逐处严查，但须出具无窝留各申结，不得诈索钱文。

一凡查发门牌委牌，当堂给发，书差不得私行苛索。

一差役、兵丁遇有公事下乡，不得私索鸡鸭等项供应，扰累乡民。

以上九条永宜遵守，务使上下相安，公私两便，倘有玩违，查出重究。

此示。告示。押押。

乾隆五十九年四月二十二日示。发张家塘实晓谕。

王进刚妻赵氏墓碑

【题解】

碑在龙胜县楚南会馆。清嘉庆十七年（1812）刊。县文物管理所存其拓片。拓片长108厘米，宽64厘米。此碑与道光间王进刚墓碑可对照阅读研究。据碑文，撰者"寿山启远"，当是王寿山，启远或其字。

【石刻全文】

皇清勅封孺人晋赠安人故显媲王母赵老太君之墓

……久出自名门，奉同籍永宁赵室闺媛也，于归我父动履绥宜适来至龙胜。我父从戎贵授义协右营把总，秩母从七品受封，益加级例赠举。不孝亦从戈总荣授义协右营，外委秩夫乾震叨阶食称衣锦，幸荷皇仁。嗟我母寿龄既老，痛乎永诀，是奠佳城，思维以劖。距生乾隆丁丑年七月二十五日戌时，殁嘉庆庚午年十月初十日午时进金，寅山申向兼甲庚庚寅庚申分度坐尾宿十三向嘴宿半异数黄花。寿山启远谨志。

武信骑尉夫主王太原郡官印进刚以仁杖存。

孝男成麟，孝媳泰氏、曾氏，孙福秀。

孝姪成鸣、成凤、成翔。

孝姪婿唐亮、女连珠。

堪舆灵邑塔岭廖师大德士、瑞先生吉课。

嘉庆拾柒年岁次壬申癸卯月……

三舍渡口碑

【题解】

碑存龙胜县文物管理所。清嘉庆二十五年（1820）刊。石天飞 2019 年据拓片录。拓片长 92 厘米，宽 60 厘米。

【石刻全文】

千古不磨（碑额）

……官承修以通两河道路事：窃自康熙年间重修之□□□□元生□□□□□抗拒行人，道路不通，望洋兴叹。生等□□□心自将已分得□□□地名三舍河口水田一段，捐舍创修渡舡一双，□□招夫□□□承管修新补坏之费。时有石弟虑前来承任营寨修补，数十年来并无异辞。至嘉庆二十五年，降至弟革管业已久而修补□□之费，不无脱略之弊，众等向□理会。革情愿自将河口渡田一概退完，生舍任从。众等另招田夫耕种，承任修补龙甸渡之费。是年初夏四月初六日，众等招得田夫侯元秀耕种，承任龙甸塘渡修新补坏之费，一人承当，不得捐□。众姓人等自今以后，照依前例，随田耕夫修□资□，不得迟悮阻塞行人。倘有迟悮，侯姓无人承管，任从众等将生所捐渡□□行取出，招夫承管，如是则元生之善念永传千秋而□□之道路不阻而□□。是为碑志存照。

立碑照人：陈永昌、杨进富

侯再金、杨正明

陈正华、侯元秀

嘉庆庚辰□□□月吉日众等立。

龙脊永禁贼盗碑

【题解】

碑在龙胜县龙脊镇龙脊村，清道光二年（1822）刊。今碑已佚无寻。
见《广西少数民族地区石刻碑文集》第156页。

【石刻全文】

永禁安民（碑额）

朝廷有例条，民间有禁约。律法（下缺约二十余字）窃禾贼等，日间负枪假以打（下缺约二十余字）永党[1]，藉指诬赖，邀伙吓咋服礼，如遇不□□以（下缺约十余字）上宪巡抚大人赵赏示，穷极莫做强盗。府宪□谆谆示谕（下缺约十余字）谕□□各团头人，因奉赵大人委郭太爷巡查具结，森严面饬（下缺约十字）患，因于正月二十六日齐众捕获贼头潘学光、潘□宝、侯光□、潘金仁、潘弟□五名，供出侯仁飞、侯光□、潘弟桂、□弟□、侯弟□、潘弟害、猺贼潘老四、潘□保、潘老金/金龙、潘法全/□□、潘法□/通□、潘弟庙、李正德、中陋[2]□贼梁细狗、潘屋保、潘天法十八名。众等候挐齐各名党贼，送官究治。因各贼之亲房哀求，各自戒禁，以后再不敢为匪，情愿书立犯约，交与众等收据，倘后不遵，仍有为非，任由众等将我等家门房族一并送官领罪。今后如遇被贼□，经鸣头甲，任由寻搜，不敢害捏。如遇争讼，必依头人理论带告，如仍勾串害民，皷而攻之。尤恐后来不严，又有一种子弟，贪玩好□，投师入伙，是以录刊贼盗姓名，竖碑为记，永远禁除可也。

众议：如敢剔破碑文字迹者，必是贼等，向贼等，另镌。

道光二年岁次壬午正月十八日龙脊众立。

【校勘记】

[1]《广西少数民族地区石刻碑文集》注："永"字较大，疑衍。
[2]《广西少数民族地区石刻碑文集》以为"陋"当作"漏"。

王进刚墓碑

王进刚墓碑拓片

【题解】

碑存龙胜县文物管理所。清道光二年（1822）刊。拓片长 110 厘米，宽 64 厘米。石天飞 2019 年据龙胜县文物管理所拓本录。

【石刻全文】

皇清敕授武信骑尉故显考王公讳进刚字以仁府君之墓志

吾父永宁人也，于乾隆四十六年来龙入营，五十三出师安南，著绩拔补右营把总，于嘉庆二十年致仕。生于乾隆癸酉年六月初七日未时，于道光元年八月二十六日午时在石村汛官署告终正寝，二年二月初六扶柩出龙，葬于金寅山申向兼甲寅庚寅分度。

孝男成麟，媳秦氏、曾氏，孙男廷槐，孙媳黄氏，孙女闺姑、四姑，

孝侄成鸣、成凤、成翔。

道光二年三月初二日午时吉立。

广西桂林府龙胜苗分府官衙团禁约碑

【题解】

碑原存广西龙胜县白水瑶村大桥头。《瑶族石刻录》注其 1969 年间已被毁。清道光三年（1823）刊。碑刻内容与毗邻之胡子坳原义宁县上北团禁约碑几同。因石刻无寻，暂据《瑶族石刻录》所载录入。碑额据《广西石刻总集辑校》补。

见《瑶族石刻录》第 62—64 页；《广西石刻总集辑校》第 808 页。

【石刻全文】

禁盗碑（碑额）

奉义宁县正堂张县主仝上北团绅士暨合众等，设立禁瑶贼规条[1]，开列于后：

一人墙偷盗家中衣服什物，拿获经众处罚。如不遵者，送官究治。

一偷牛拿获，初犯经里处罚，重者送官究治。

一匪类及本处瑶类，不得窝留。如有查出窝留，人财送官，房屋充公。

一失物如果查出消息后，任便失主经凭村老过村搜查。即寻不出，不得借故反噬。

一偷鸡鸭鹅犬，拿获者本村里处罚，惯盗送官。

一凡查得偷牛，抵价十千者，得以二千回赎。如多索者，即以盗论，公同处罚。

一凡寺庙庵堂，不得收留乞丐人居住。经白事，每名准给四文，不问食。闲日每人发米一杯。毋得三五成群，任情刁强，如违送官。

一偷山内芋头、豆麦拿获者，初犯本处处罚，如不遵者送宫。

一偷盗灰粪砖瓦以及山中桐茶子，拿获本处处罚，如不遵者送官。

一黑夜偷盗，一时不识人，嗣后经本村老向惯盗为业者是问。

一捐团资买田，愿者捐，不愿者免。

一管理者、总管者限三年一更，经管者一年一更。历年九月初一日会[2]，当众算明移交。

一偷盗田中五谷，拿获者处罚钱六千六百文。

一偷盗山中包谷杂粮，拿获者处罚钱五千五百文。

一从事盗桐、茶、棕、茶叶者，处罚钱一千一百文。

一从事盗园中瓜菜者，处罚钱六十文。

一春冬二笋，不许乱挖，处罚钱六百六十文。于十二月二十四日开山，任从乱挖，三十日则止。

一不许停生面之人及瑶类，不得为非作歹。

一不许偷砍生柴，只许捡讨干柴生火。如不遵者，罚钱六百六十文。

一不许放火烧山，如不遵者，罚钱八百八十文。

一不许放浪牛羊，踏损五谷。如不遵者，罚钱五百五十文。年年十一月初，方许牛羊乱放。

以上条规，处罚轻重，经团绅头人议论。处罚之钱，任本团公用，修造道路庙宇。本钱不许私罚肥己。

道光三年癸未岁七月十四日吉时立。

【校勘记】

[1] 据年代地点等，此石刻中"瑶"字在原碑中或作"猺"。

[2] 会，《瑶族石刻录》以为当作"集会"。

龙胜火药厂碑记

【题解】

碑原在龙胜县委，现存县文物管理所。清道光十六年（1836）刊。碑之右上角已缺。无碑额。题目为辑校者所拟。拓片长 177 厘米，宽 98 厘米。石天飞 2019 年据县文物管理所拓片录。

叶璞崇，时义宁知县。生平不详。

【石刻全文】

□□□□□□□□□□□□□□□□为加工配造火药，益求精进事：案照十四年造成之药，鸟枪打靶一百二十号，业经□□□□□□□□□□□□□□□□□□□一百六十号，亦经通咨，各在案。两载以来弁兵造药出力，应行奖赏。鸟枪中靶，准头上紧，操练不难，与八十号标靶成数相同，并无□□□□□□□□□□□□□□□□绝恶劳之劣丁懦弁，暗中惑众，偷减力作，因之废事，不可不防。爰将加工程序刊刷，发给各标营立案备查，开列条款，勒石以垂久远。

一□□□□□□□□□药无多舂工□能□力，换置石臼二十四筒，外方内圆，深一尺四寸，径一尺三寸，营分有大小不同，造药多寡不一。如每岁造药万觔，需□□□□□□□□之多寡，为置臼之增减。

一□□□□□□□□□□□□□□深一尺七八寸俾舂工脚踏得以尽力。

一□□□□□□□硝磺性劲□□□□□如法方能收猛力直前之效。该□工□□□作人等，务须卖力认真照办，先用大锅盛硝四十觔、清水十三觔，细火慢煮。

一□□□□□铲和另用□□□□布口袋幔举缸面，将熬成硝水滤入布袋缸内，口袋滤过十数次即须另换新布，再将滤出清浊分入□缸内，澄□净硝结成饼团，取□□□水气以洁白如□雪面上露出簪芽为佳。

一未开工前，采购□树烧炭存性捣碎研末，用长四尺高四尺宽三尺□□□□□生锅底屉匣连盖长三尺高二尺宽□尺，屉匣上加抽柄一根□出框外手持□□□□成粉。

一硫磺拣□□□□研极细，亦用箩筐生绢□屉匣重□成粉，与制柳炭同。

一每臼用硝八勺，黄粉一勺二两，炭粉一勺六两，掺合入臼，三人轮替换舂不歇，以二万二千脚为率。

一日每臼造药十勺二十四臼，造药二百四十勺，筛晾成珠，先用手掌燃试，以不炙手为度。

一动工宜在夏初，取其昼长，舂选易以见功，晒晾亦复得力。

以上各条系广西抚提镇各标协营，自道光十四年秋季起，□□柳州六营提炼硝磺如洁春造，至十五年秋，各营枪靶逐渐移造至一百六十号，枪子中靶穿至石挡，捡回铅子订成薄□，药力有余，通省各营提炼净尽，硝磺砚计折耗二成半。硝一万七千九百三十三勺，折耗半成。磺四百□□勺，每年二项共需□银六百三十两零□分，已经督抚酌定。自十五年春季□始饬固筹款发给承办州县照数添备，由各营同额倾力配造。现造新药除枪兵打靶动用外，其余操阵枪厂概用陈药，出陈易新，存贮精药，永利军储。查从前有用碾盘□□牛或一驴马之力，一日可碾药一二十勺或数十勺不等，可同原设浅窄药臼一并拆换，改置宽深石臼。各营□□三人之力，每臼一日舂药十勺，药力远近精粗，于此分别。中属初改程序，经岁操持，幸获有效而深籍中军□□□兵暨各标协营承巡员并随时体会，□心出力，从此奋志□公，经久不懈，是所切嘱。

道光十六年岁次丙申孟春谷旦。

署义宁协镇印务思恩□□府叶璞崇□率同□□署中军都司李□□、右营守备杨熹、守备廖寅，左右营千总游光顺、甘应，把总胡廷□、汤启成等公立。

亘古记碑

【题解】

碑在龙胜县平等镇寨枕村，原刊于清道光十八年（1838）。据碑文，民国十一年（1922），村民吴结义上山打猎试枪法，将石碑损坏，遭民众谴责，因而重新造立石碑以免遭处罚。据《龙胜各族自治县碑文集》录。

见《龙胜各族自治县碑文集》第14页。

【石刻全文】

亘古记碑

尝闻《诗》有云："蔽芾甘棠，勿剪勿伐。"然后人思其德，故爱其树而忍伤也[1]。今余境青龙之首，名曰杉木坳，自古栽培松杉等树，惟天惟乔，蔽芾森林。虽非其德，亦是借以遮荫，而且风水有关，岂又忍伤乎！以今大众公议，永世不许剪伐。四围大路，每须要修。自禁之后，仍再胆敢砍伐者，议众全家抄掠后即解官法究，决不宽贷。因是刻石，以垂不朽。是以为序。

大清道光十八年九月初二日立。

民国十一年吴结义失手破坏石碑，自愿造立。

【校勘记】

[1]"忍"当作"不忍。"朱熹《诗集传》云："召伯循行南国，以布文王之政，或舍甘棠之下。其后人思其德，故爱其树而不忍伤也。"

潘内寨乡约碑

潘内寨乡约碑

【题解】

碑存广西龙胜县泗水乡潘内村杨梅寨路边内侧，是当地三大石碑之一。清道光十八年（1838）刊。楷书。碑高 127 厘米，宽 68 厘米，厚约 6 厘米。石天飞、覃阳雪 2019 年访碑。

【石刻全文】

永古流记（碑额）

盖闻奉上明文，以截盗源，以靖地面等安良善事。切思国以民为本，民以食为天。我乡本邑猺民，历来守分苦耕，守法礼，依尊长而不乱也。上古之民，夜阁不闭。道今不古，今有外无籍流离逃窜之徒，三人结党，四五成群，昼则壁上之虎，夜间云里之龙身，鸡犬不得安眠。带撬刀打墙挖孔，害良无厌，目击心伤，乡村无一宁户。我等齐心协力乡禁之盗，论约谆谆，公议款条，开列于后。大则送官究治，小则贼遊团公罚。

一禁不得忤逆不孝。蓻犯尊长者，送上究治。

一禁不许卖。

一禁不许卖业之人自卖之后，永远不得另幡□补。

一禁不许开场窝赌，酗酒打架。

一禁不得停留面生支人，窝盗匪类，在地生端。

一禁各户养生，不得残食禾谷青苗。

一禁本村之人，不得私招铺店。

一禁不许勾引外人来地索许油火事。

一禁桐棕竹木各管各业，不许恃横霸占，以强欺弱。

一禁瓜茄小蔡或茶，不得乱盗。

一禁列年田中禾稻、包谷、□子及仓库沉粮，不得偷窃。

一禁各村□□不得势强隐匿偷葬。

一禁大小事务，地方头人理论不清，方控为□。

首事：粟凤保　□□□粟再样　粟仁发□□□　周才胜　粟贵朝　粟弟胜（以下姓名不详列）。

道光拾八年七月　日　立。

寨枕修路碑

【题解】

碑在龙胜县平等镇寨枕村寨背大田三岔路口。清道光二十年（1840）刊。见《龙胜各族自治县碑文集》第 79 页。

【石刻全文】

万古流芳（碑额）

窃思古人修栈道以驾陈苍[1]，斩荆而复周衍[2]，昔人为之于前，而今岁莫修之于后乎？今有后龙山名曰底盘，虽非南通北达衢，亦是上通南楚之区衡也[3]。乃世远年复年[4]，以牛羊践踏，多是崩颓，农工商贸、耕田凿井者，至此或揭衣而行，或柄粗而杖，早往夜返，无不恶其淋泥之叹！兹因首士大发善心，开枢门右，工程浩大，奈独力不持，慕化乡邻仁人君[5]，随缘乐捐助捐背成美[6]，老者寿享百年，少者子孙荣昌，来名者名金登金榜[7]，来子者五子团圆。是以福有攸归，万善无疆。是焉为序。

清道光二十年仲秋月吉日立。

【校勘记】

[1] 陈苍，据句意，疑当作"陈仓"。有"明修栈道，暗度陈仓"之典故。陈仓，古县名，在今陕西省宝鸡市东。

[2] 从句式之工整看，"荆"后疑脱一字。

[3] 区衡，疑当作"要冲"，因形近而致误。

[4] 世远年复年，据句意，疑当作"世远年复"。

[5] 仁人君，据句意，疑当作"仁人君子"。

[6] 背成美，据句意，疑当作"成美"。

[7] 名金登金榜，据句意，疑当作"名登金榜"，意谓金榜题名。

太上感应天律

太上感应天律

【题解】

碑在龙胜县江底乡九江桐子湾山坡上。据旁所立《捐款姓氏芳名》，当刊于清道光二十三年（1843）。石天飞、覃阳雪访碑。

【石刻全文】

太上感应天律（碑额）

太上曰：祸福无门，惟人自召；善恶之报，如影随形。明义第一。

是以天地有司过之神，依人所犯轻重，以夺人算。算减，则贫耗多逢忧患，人皆恶之；刑祸随之，吉庆避之，恶星灾之；算尽则死。又有三台北斗神君，在人头上，录人罪恶，夺其纪算。又有三尸神，在人身中，每到庚申日，辄上诣天曹，言人罪过。月晦之日，灶神亦然。凡人有过，大则夺纪，小则夺算。其过大小，有数百事，欲求长生者，先须避之。鉴查第二。

是道则进，非道则退。不履邪径，不欺暗室；积德累功，慈心于物；忠孝友悌，正己化人；矜孤恤寡，敬老怀幼；昆虫草木，犹不可伤。宜悯人之凶，乐人之善；济人之急，救人之危。见人之得，如己之得；见人之失，如己之失。不彰人短，不炫己长；遏恶扬善，推多取少。受辱不怨，受宠若惊；施恩不求报，与人不追悔。积善第三。

所谓善人，人皆敬之。天道佑之，福禄随之，众邪远之，神灵卫之。所作必成，神仙可冀。欲求天仙者，当立一千三百善；欲求地仙者，当立三百善。善报第四。

苟或非义而动，背理而行；以恶为能，忍作残害；阴贼良善，暗侮君亲；慢其先生，叛其所事；诳诸无识，谤诸同学；虚诬诈伪，攻讦宗亲；刚强不仁，狠戾自用；是非不当，向背乖宜；虐下取功，谄上希旨；受恩不感，念怨不休；轻蔑天民，扰乱国政；赏及非义，刑及无辜；杀人取财，倾人取位；诛降戮服，贬正排贤；凌孤逼寡，弃法受赂；以直为曲，以曲为直；入轻为重，见杀加怒；知过不改，知善不为；自罪引他，壅塞方术；讪谤圣贤，侵凌道德。射飞逐走，发蛰惊栖；填穴覆巢，伤胎破卵；愿人有失，毁人成功；危人自安，减人自益；以恶易好，以私废公；窃人之能，蔽人之善；形人之丑，讦人之私；耗人货财，离人骨肉；侵人所爱，助人为非；逞志作威，辱人求胜；败人苗稼，破人婚姻；苟富而骄，苟免无耻；认恩推过，嫁祸卖恶；沽买虚誉，包贮险心；挫人所长，护己所短；乘威迫胁，纵暴杀伤；无故剪裁，非礼烹宰；散弃五谷，劳扰众生；破人之家，取其财宝；决水放火，以害民居；紊乱规模，以败人功；损人器物，以穷人用。见他荣贵，愿他流贬；见他富有，愿他破散；见她色美，起心私之；负他货财，愿他身死；干求不遂，便生咒恨；见他失便，便说他过；见他体相不具而笑之，见他才能可称而抑之。诸恶上第五。

埋蛊厌人，用药杀树；恚怒师傅，抵触父兄；强取强求，好侵好夺；掳掠致富，巧诈求迁；赏罚不平，逸乐过节；苛虐其下，恐吓于他；怨天尤人，呵风骂雨；斗合争讼，妄逐朋党；用妻妾语，违父母训；得新忘故，口是心非；贪冒于财，欺罔其上；造作恶语，谗毁平人；毁人称直，骂神称正；弃顺效逆，背亲向疏；指天地以证鄙怀，引神明而鉴猥事。施与后悔，假借不还；分外营求，力上施设；淫欲过度，心毒貌慈；秽食馁人，左道惑众；短尺狭度，轻秤小升；以伪杂真，采取奸利；压良为贱，谩蓦愚人；贪婪无厌，咒诅求直。嗜酒悖乱，骨肉忿争；男不忠良，女不柔顺；不和其室，不敬其夫；每好矜夸，当行妒忌；无行于妻子，失礼于舅姑；轻慢先灵，违逆上命；作为无益，怀挟外心；自咒咒他，偏憎偏爱；越井越灶，跳食跳人；损子堕胎，行多隐僻；晦腊歌舞，朔旦号怒；对北涕唾及溺，对灶吟咏及哭；又以灶火烧香，秽柴作食；夜起裸露，八节行刑；唾流星，指虹霓；辄指三光，久视日月；春月燎猎，对北恶骂，无故杀龟打蛇。诸恶下第六。

如是等罪，司命随其轻重，夺其纪算。算尽则死；死有余责，乃殃及子孙。又诸横取人财者，乃计其妻子家口以当之，渐至死丧。若不死丧，则有水火盗贼、遗亡器物、疾病口舌诸事，以当妄取之直。又枉杀人者，是易刀兵而相杀也。取非义之财者，譬如漏脯救饥，鸩酒止渴；非不暂饱，死亦及之。恶报第七。

夫心起于善，善虽未为，而吉神已随之；或心起于恶，恶虽未为，而凶神已随之。指征第八。

其有曾行恶事，后自改悔，诸恶莫作，众善奉行，久久必获吉庆，所谓转祸为福也。悔过第九。

故吉人语善、视善、行善，一日有三善，三年天必降之福。凶人语恶、视恶、行恶，一日有三恶，三年天必降之祸。胡不勉而行之？

天师静虚先生颂：人之一性，湛然圆寂。涉境对动，种种皆欲。一念失正，即是地狱。敬诵斯文，煨烬心火，驯服气马。既以自镜，且告迷者。

太极真人颂曰：太上垂训，感应之篇。日诵一遍，灭罪消愆。受持一月，福禄弥坚。行之一年，九祖升天。久行不息，寿命绵延。天神恭敬，名列诸仙。

关圣帝君真经

关圣帝君真经

【题解】

碑在龙胜县江底乡九江桐子湾山坡上。据旁所立《捐款姓氏芳名》，当刊于清道光二十三年（1843）。石天飞、覃阳雪访碑。

【石刻全文】

关圣帝君真经（碑额）

人生在世，贵尽忠孝节义等事，方于人道无愧，可立身于天地之间。若不尽忠孝节义等事，身虽在世，其心既死，可谓偷生。凡人心即神，神即心。无愧心，无愧神。若是欺心，便是欺神。故君子三畏四知，以慎其独。勿谓暗室可欺，屋漏可愧，一动一静，神明鉴察；十目十手，理所必至。况报应昭昭，不爽毫发。淫诸万恶首，孝为百行原。但有逆理，于心有愧者，勿谓有利而行之；凡有合理，于心无愧者，勿谓无利而不行。若负吾教，请试吾刀。

敬天地、礼神明；奉祖先、孝双亲；守王法、重师尊；爱兄弟、信友朋；睦宗族、和乡邻，敬夫妇、教子孙。

时行方便，广积阴功；救难济急，恤孤怜贫；创修庙宇，印造经文；舍药施茶，戒杀放生；造桥修路，矜寡拔困；重粟惜福，排难解纷；捐资成美，垂训教人；冤仇解释，斗秤公平；亲近有德，远避凶人；隐恶扬善，利物救民；回心向道，改过自新；满腔仁慈，恶念不存；一切善事，信受奉行；人虽不见，神已早闻；加福增寿，添子益孙；灾消病减，祸患不侵；人物咸宁，吉星照临。若存恶心，不行善事；淫人妻女，破人婚姻；坏人名节，妒人技能；谋人财产，唆人争讼；损人利己，肥家润身；恨天怨地，骂雨呵风；谤圣毁贤，灭像欺神；宰杀牛犬；秽溺字纸；恃势辱善，倚富压贫；离人骨肉，间人弟兄；不信正道，奸盗邪行；好尚奢诈，不重俭勤；轻弃五谷，不报有恩；瞒心昧己，大斗小秤；假立邪教，引诱愚人；讬说升天，敛物行淫；明瞒暗骗，横言曲语；白日咒诅，背地谋害；不存天理，不顺人心；不信报应，引人作恶；不修片善，行诸恶事；官词口舌，水火盗贼；恶毒瘟疫，生败产蠹；杀身亡家，男盗女淫；近报在身，远报子孙；神明鉴察，毫发不紊；善恶两途，祸福攸分；行善福报，作恶祸临。帝作斯语，愿人奉行；言虽浅近，大益身心。戏侮帝言，斩首分形。有能持诵，消凶聚庆，求子得子，求寿得寿，富贵功名，皆能有成。凡有所祈，如意而获；万祸雪消，千祥云集；诸如此福，惟善所致。吾本无私，惟佑善人。众善奉行，毋怠厥志。

敬录保身立命要诀：

五月十五日为天地交，夫妇当分床独宿，若犯禁忌，一年内夫妇双亡。若十五子时犯之，半年内必然夫妇双亡，已验二人。凡每月初一、十五、二十八、三十日，庚申、甲子、丙丁八节本命之日，雷光、火电、大风、大雨、大寒、大暑、阴晦、日月蚀、为病新产，切忌房事，生子广聋喑哑，四体不完，且自损寿。并日月星斗之下，不可向尿，亦减寿算。至嘱戒之。

太微仙君垂训云：

若以善书传一人者，当十善；传十人者，当百善；传大富贵、大豪杰者，当千善；广布无穷重刊不朽者，万万善。

观音大士救劫文

观音大士救劫文

【题解】

碑在龙胜县江底乡九江桐子湾山坡上。据旁所立《捐款姓氏芳名》，当刊于清道光二十三年（1843）。石天飞、覃阳雪访碑。

【石刻全文】

观音大士救劫文（碑额）

本年春雨滴滴，夏日暑气蒸蒸，秋来虫蝗遍野，冬多瘟疫加临。皆因正月元旦，灶君朝见天尊，因将下民恶事，一一上奏天庭。玉皇闻奏大怒，呼骂众界神灵，安享凡间香火，并不劝化众生，如今恶满三界，俱该不受人身。降旨大旱三载，换过此劫生灵，付托诸神作主，并及南海观音。俯伏跪在金阙，几次叩首哀情，恶种皆当殄绝，善恶乞赐攸分。玉皇提笔批下，姑念善恶两情，雨水择地而降，虫蝗看人而生。

当差散瘟元帅，奉旨领鬼殃民。一收怒骂天地，二收不孝双亲，三收毁谤圣贤，四收私奸乱伦，五收抛贱五谷，六收舍弃亲生，七收宰杀牛犬，八收斗秤不平，九收明瞒暗骗，十收药毒鱼鳞。儒生弄舞刀笔，释教亵慢神灵，巫流假道惑众，僧尼饮酒茹荤，官吏虐民肥己，书役卖法舞文，乡保贪财构讼，豪强改契霸耕，医生发卖假药，商贩行使假银，庸医诊脉懈怠，地师假地哄人，中证不秉公道，百艺以伪乱真，旧冢开田架屋，决水纵火害邻，得业忘师训诲，失时毁字烧经，借端欺骗良善，非礼口腹杀生，逞党武断乡曲，理屈白口嘲人，募化隐匿钱米，助人党恶相争，这几十件恶种，不当留在人群。甚有结盟偷抢，尤为恶首痛心，人曹逐一收到，驱入饿鬼畜牲。

又有善恶杂处，须当斟酌而行，若是公平取命，准令尔等超生。倘敢不遵天律，堕入地狱沉沦。定限三载收毕，即当回奏朕闻。玉皇旨意已下，知己难再哀情。四月二十八日，吾往下界访寻。云游不上半月，种种恶鬼成群。见吾打个拱手，叫声莫怪就行。遇着神坛社庙，便去访问姓名。去到人家闭户，再细诘问灶君。押住当坊土地，□令引路施行。方到威宁一处，两日收了千人。唐高顺妻逆母，谢永争财贩亲，虚空作雷一声，霎时化作牛形。宋忠扯经裱壁，即刻双目不明。邓举强奸寡妇，即日烂断肾筋。大生喂猪用米，口吐怪猪亡身。元智两戥两秤，全家尽被火焚。文儒毒鱼用药，七蛇缠足堪惊。戴托王显蔡贵，三个衙役有名，死在衙门墙下，吐些酒肉钱银。一切凶人好汉，吾难个个指名，其余盗贼匪类，尽皆痫症亡身。

有等烧香求救，弥陀世尊不灵。有等书符念咒，天师妙法不灵。有等请医调治，仙丹妙药不灵。有等孝顺儿女，急急设法救亲。有等怪吝儿女，反说老天不平。吾神一见伤惨，不觉泪流满襟。享尔赤子香火，把我作个尊神，如今有难不救，是吾枉自为神。

上界哀求迫切，下界说与人听，见者急当改悔，莫待恶鬼临门。吾今在此显化，明日又到别城。若吾传不到处，托尔识字书生。科第吾来助笔，尔当替吾写文。有钱替我刊刻，一文还尔千金。吾愿世人普渡，不惮再三叮咛。尔等祈雨一事，明朝子时便灵。若是看作闲语，灾祸即刻临身。

四川保宁府南门外万寿宫求雨降笔。

玄天上帝金科玉律

玄天上帝金科玉律

【题解】

碑在龙胜县江底乡九江桐子湾山坡上。据旁所立《捐款姓氏芳名》，当刊于清道光二十三年（1843）。石天飞、覃阳雪访碑。

【石刻全文】

玄天上帝金科玉律（碑额）

吾号治世福神，镇北天大将军。游巡诸天诸地，掌握世界乾坤，扶助末劫天道，护佑国王大臣。不忍五浊恶世，众生受苦遭辛。旱涝饥馑疾疫，水火劫盗刀兵。天下江南江北，朝病暮死七分。吾向三元八节，三会五腊生辰。斗降七斋三七，本命甲子庚申。

腊月二十五日，亲随玉帝降临。统率千真万圣，检察下界人民。纪录作善作恶，较量罪福重轻。轻则减死一半，重则死绝灭门。善者得见天日，恶者不见太平。信者得度末劫，不信丧命亡魂。检举不忠不孝，钞录无义无仁。穷不安分守己，富不念老怜贫。轻重长短称尺，大小斛石斗升。买卖欺瞒良善，交关举用不平。使尽机关肠肚，恶心害众欺群。合舌恶口斗乱，教唆州县乡村。恣意悭贪嫉妒，是非人我争瞋。不识善恶因果，不畏天地神明。强梁不待老死，结冤促寿除龄。故遣天符抄录，疥癣麻痘灾瘟。肚痛赤眼泻痢，恶疮脓血淋漓。咽喉急风唾毒，寒热咳嗽呻吟。打算未尽劫数，十磨九难不轻。天遣帝王治世，灭除恶党纷纷。似吾当初学道，直磨铁杵成针。治尽不平等辈，方始大地成金。奉劝世人敬信，听吾指说叮咛。不可听闻藐藐，各依戒律谆谆。

渐见太平年到，上元甲子当旬。自此风调雨顺，田蚕五谷丰登。天下太平乐业，人民歌咏欢欣。到此人身难得，各宜修省思寻。更有泰山东岳，速报立报司存。莫道造恶不报，直待恶贯满盈。莫道修善无应，直待善果圆成。若有人间私语，天上听若雷霆。不可欺心暗室，神目如电光荧。阴阳误丧人命，修犯地曜天星。医药误伤人命，方脉指下不明。僧道师人积罪，贪求施利食荤。善信诵经有罪，差讹字句不真。溺死儿女有罪，千生万劫冤亲。切戒杀食物命，放火烧害山林。积累无边罪孽，冤冤报屈难伸。切莫杀食牛犬，免堕万劫沉沦。告报行法弟子，天条不可不遵。爱惜一切字纸，遇诸水火漂焚。帝德好生恶杀，簿书日夜具呈。阳有阳间罪孽，阴有阴间典刑。请看冥司录载，太上感应篇云：

　　造作善善恶恶，报应如影随形。一劝敬重天地，心香一炷晨昏；二劝孝养父母，堂前生佛二尊；三劝皈依三宝，儒释道教同伦；四劝修斋布施，报答四重恩深；五劝善男信女，持斋念佛看经；六劝州县官吏，治民如水之清；七劝救济孤老，四生六道苦轮；八劝富家布施，架桥砌路修因；九劝九流技艺，三六九字同伦；十劝广行阴德，福及子子孙孙。但存方寸心地，留与后代耕耘。所作总依本分，与人方便朴淳。若以递相传写，吾当护汝于阴。家有一本供养，全家老幼安宁。身有一本佩带，免遭一切灾迍。若写五本奉劝，寿增半纪余龄。若写十本奉劝，一纪寿算增新。印施百千万本，名同佑圣真君。当境城隍里社，欢喜保举奏闻。三界四府列词，吾同保奏天庭。北府消除罪籍，南司注上生名。现存获福无量，九玄七祖超生。上号金科玉律，下曰劝世戒文。更有能行正直，不昧阴空鬼神。不以祭享加福，不以不祭生迍。有福休夸俊丽，无福休怨鬼神。欲知前世因果，今生受者之身。欲知后世因果，今生作者之心。人能知时速改，切莫更待因循。上帝敕示戒语。留传往古来今。

　　玄天上帝，劝世格言。矫妄求荣，名誉不扬；克剥致富，子孙遗殃。行恩布德，福禄来祥；寡欲薄味，寿命弥长。毋欺暗室，毋昧三光，正直无私，志心忠良。天地介祉，神明卫傍，延生度厄，必济时康。

文昌帝君醒世文

文昌帝君醒世文

【题解】

　　碑在龙胜县江底乡九江桐子湾山坡上。据旁所立《捐款姓氏芳名》，当刊于清道光二十三年（1843）。石天飞、覃阳雪访碑。

【石刻全文】

文昌帝君醒世文（碑额）

帝君曰：吾自一十七世为士大夫以来，皆恐惧修省，厥后道应六匡，职掌二籍，稽查人间善恶，受定下界科名。其余阴阳果报之故，生死轮回之机，曾鉴之其为而可之久矣。凡士子隶吾籍而荣显者，孰不从阴骘中来哉？顾其间有原隶吾籍而转下第者、有未隶吾籍而旋登科者，亦有未隶吾籍不仅登科而使之居高位享厚秩者，更有原隶吾籍不仅下第而使之落魄终身，坎坷无状，及其死也，堕入地狱，受诸罪苦，转入畜道，以至永无出期者。大圣无妄语，此一假伪君子，信否？岂阴骘之无凭与？实由前身与今身，善恶之殊焉耳。盖尝论之：祸福无门，惟人自召。前不善而今善，其为善也，可嘉其隶吾籍也，固宜。独怪夫前善而隶吾籍，今不善为显之苦，至其诛显戮而人仍怙终不悛，乐此不疲者，何哉？夫亦谓：身固我之身，子孙亦我之身，不如此不足以肥其身而福其子孙。岂知福善祸淫，事有必至，惠吉逆凶，捷如影响。《书》言："作善降之百祥，作不善降之百殃。"如是以肥其身而身反受其殃，宁无惧乎？《易》言："积善之家必有余庆，不善之家必有余殃。"如是，以福其子孙而子孙反受其殃，可不畏哉？且无论其身之果殃也，即使不殃，而身前幸漏一时之网，死后必无再世之期。与其死无再世之期，而幸漏一时之网，何如不幸漏一时之网，以保再世之期，出劫转生，复隶吾籍之荣之为愈也？抑不必其子孙之果殃也，即使不殃而生享无穷之福，我死受无穷之苦。与其我死受无穷之苦，以致彼生享无穷之福，何如听子孙享自然之福，免我死受无穷之苦，出劫转生，复隶吾籍之荣之为愈也？况夫我死受无穷之苦，又焉知子孙生享无穷之福？即使子孙生享无穷之福，彼又宁计我死受无穷之苦？若然，则子孙为子孙之身，我自为我之身也，明矣。夫子孙既不能以自有之身代我受苦，我又何乐以无良之行福彼之身乎？与其以子孙之身为我身作诸恶而为彼受罪，何如以我之身为我身，作诸善而为我受福，出劫转生，复隶吾籍之荣之为尤愈也？

呜呼！身非不可肥也，子孙非不当福也，欲肥其身以福其子孙，已宜积德以俟之，行仁以待之。而乃执迷不悟、丧厥心，昧厥良，机械变诈，无所不至，是犹饮鸩酒以止饥渴，吞信石以冀长生也。夫亦毋有不殃回厥身以及其子孙也哉？总之，论道理，则不言劫数灾祥，正人心，则必语因果报应。观燕山之积善功，天锡五桂；白起之坑赵卒，雷击其身宜憪然矣！睹今曷听牸鸣三生牺，记齐襄之见豕立倏作人啼应瞿惊焉？乃自暴者闻之而不信，自弃者见之而生疑，岂以精气为物，游魂为变，原始返终之理，孔圣为人，空谈元妙耶？噫，是亦不知生死之说，未通幽冥之故者也。又乌足以读古人书，而妄冀夫隶吾籍也耶？今而后，吾与若辈期，宜保本始之炅明，存固有之天良，遵吾说而行之。原隶吾籍者迁而坠之，即未隶吾籍者亦录而登之。否则天谴人责，削籍减箕，消灭滋深，困蹐益兴，冥冥中，决不能为尔会宕也。戒之哉！毋作恶为！人物害，而终以自害。

嘉庆癸亥六月十九降笔于邵阳西路罗宅。

此文系《暗室灯》首卷，详看注解。

捐钱姓氏芳名碑

【题解】

碑在龙胜县江底乡九江桐子湾山坡上。刊于清道光二十三年（1843）。碑文前部青苔较多，模糊难认。后部落款清晰可辨。石天飞、覃阳雪访碑。

【石刻全文】

捐钱姓氏芳名（碑额）

向开杰杰二千文……赵才达各捐一百文。

碑文六块，包价钱二十五千文，众捐抬碑工、砌坎工一百三十二个，每一工作工价一百文，共算钱十三钱二百文，石匠寓店刊字柴火钱四百文，连开山立碑祭祀，开后修整路坎钱，大约伍千有零在内。

皇清道光二十三年癸卯岁夷则月中浣吉旦，信人张母武氏偕男媳孙等捐钱无几，信众敬修。

奉宪垂定碑

【题解】

碑原在龙胜县平等镇广南小学，清道光十八年（1838）刊。《广西龙胜民族民间文献校注》注其已于文化大革命中被毁。《中国西南地区历代石刻汇编》注：拓片长 170 厘米，宽 95 厘米。楷书。据《中国西南地区历代石刻汇编》拓片录。拓片显示碑文已模糊难辨，且碑之左下角残缺；残缺处据《广西龙胜民族民间文献校注》补。

见《中国西南地区历代石刻汇编》第八册《广西博物馆卷》第 157 页；《广西龙胜民族民间文献校注》第 13 页。

特授广西桂林府正堂加十级纪录十次俸满即陞兴，指兴仁，内务府镶红旗汉军监生，曾任广西泗城府知府、浔州府知府。署广西桂林龙胜理苗分府事崇善县正堂吴，指吴家懋，广东番禺人，翰林院庶吉士，道光十八年以知县调署龙胜通判。

【石刻全文】

奉宪垂定（碑额）

特授广西桂林府正堂加十级纪录十次俸满即陞兴，署广西桂林龙胜理苗分府事崇善县正堂吴，为申明旧章，严禁滥派，以恤边氓而靖地方事：照得夫役之设，例所不免。国家设官以治民，而民亦竭力以事上，古今之通义也。龙胜自开设以来，清查田土，凡有例应归官者，以耕种分别输纳官租，承当夫役，文武衙门均有定数。自乾隆三十三、五十七等年，叠差各大宪府定章程，通行颁示，惟日久玩生，间有私行多派者。兹据蒙光玉、梁金高等以滥派苛索等情，赴各宪衙门具呈请示批行，本府、分府会同查明示禁，兹特重申旧例，分别应留应革，一一指示，开列于后，以凭遵守。为此示，仰各团寨头人、甲长、民苗等知悉。嗣后如有兵役人等违例滥索，许即指名禀究。倘尔等藉词违抗，以老弱塞责及互相推诿，亦一并提究不贷。各宜懔遵毋违，特示！

一文武官员用夫名数，俱照旧例办理，如营中协镇公出，用夫十六名，上任及携眷用夫二十六名；州守公出，用夫六名，上任及携眷，用夫二十名；千把、外委用夫二名，上任及携眷，用夫十名。如有例外多用，照民价给发。至汛官[1]，不得擅出夫票；如须用人夫，即各向就近之广南、龙胜两巡检出票；如遇大差，由龙胜厅出票。

一由瓢里运送兵米进城，仍照旧章办理，所有脚价，照常给发，毋得克扣。

一修理城垣、衙署、塘房，须用物料，照价给发。絮工每日给米一升，菜钱五文。至署中水火轿夫及一切需用夫役，均随要随传，毋庸守候，仍给食发钱。

一向例每塘派夫二名，每日递送公文。毋许兵丁驱使凌辱，及包揽货物，勒令递送，并派当项差使，藉事勒索钱文。如有勒索，指名禀究。尔等勿违、延误。

一应征各乡官租米谷，系按照年成分数征收，米要干圆洁净，务须公平收纳，毋许例外。

一各乡仓廒所收租米，除就近支放各汛兵糈外，所余米石运回城仓，仍照旧例沿途递送。

一各乡仓廒存贮社谷，仍照旧例责成各乡头人小心看管。如有侵蚀霉烂，照数赔补。

一各乡头人换给委牌，照旧例当堂给发。所有门牌，沿门稽查有无匪类，查对丁口，填注牌册，方行换给。仍照旧章，严禁差役人等，不许需索。

一书役奉公下乡，夫役饭食，俱应遵例自备，无许滥用需索。至书役人等奉票传提词讼案件，并不得违例坐轿及原、被告沿途借夫扰累。如违，准其禀究。

一署中火把、蚊香、捕鱼、牧羊等项，虽照各例发钱给食，究竟无关紧要，应行革除，以恤民力。

以上十条，□民苗等均应谨奉遵守，毋得违例推诿。惟派夫者既已核实申明，不得勒索滥用，当夫者亦当认真。挑夫以五十斤为率，抬夫者以八十斤为止，永远遵行，毋稍有误。

道光十八年秋七月初一日，发西、北、南团晓谕[2]。

【校勘记】

[1] 照民价给发至汛官，拓片模糊，据《广西龙胜民族民间文献校注》补。

[2] 从本文第三款至文末，拓片破损或模糊，据《广西龙胜民族民间文献校注》补。

龙胜分司批陈廖二姓河界告示碑

【题解】

碑在龙胜县乐江镇枫木寨，道光二十三年（1843）刊。楷体。枫木寨为壮村，与瑶寨黄洛屯毗邻。《瑶族石刻录》题作"奉宪照例碑"。据原碑录。

见《龙胜各族自治县碑文集》第1页；《瑶族石刻录》第72—73页。

【石刻全文】

奉宪照例（碑额）

特调广西桂林府龙胜分司加三级随带加二级纪录九次记大功六次俸满候陞徐，为晓谕事：照得普天之下，率非王土，况官荒空地，俱许听民开垦，各占各处，而捕鱼河道，各分各节，原以有旧侵占滋事，况龙胜所属，大半官荒，苗、猺、狑、獞、狪杂处其间，各有旧址。兹廖弟所具禀陈姓等强拆鱼窝之事，当经本司查明，廖弟所既无越界，何遭拆毁，其侵占属实，不问可知，姑暂从宽，除既往不究外，合行出示晓谕。为此示，仰该头人知悉。查明廖陈二比所管地面，埋石为界，仍照旧章，永远遵行，各管各业，均毋侵占滋事。倘有不遵，再行生事，许即禀明查提，详办不贷，凛之毋违。

特示。

村内人陈光祐、福、闹，金全、万，学闵、荣，仕祯、学元[1]。

石匠信必玉。

头人潘才学、文便。

原差秦高[2]、王元。

道光二十三年癸卯十一月初八日告示。发龙脊枫木寨实贴。

【校勘记】

[1] 陈光祐至学元诸人名，应皆为陈姓，此按碑文格式实录，不在每一名字中另加姓氏。

[2] 高，《龙胜各族自治县碑文集》《瑶族石刻录》均作"福"，据原碑当作"高"，径改。

盛世河碑

盛世河碑

【题解】

碑在龙胜县龙脊镇龙脊村黄洛寨，清道光二十七年（1847）刊。碑文清晰。据原碑录。石天飞、覃阳雪访碑。

【石刻全文】

盛世河碑（碑额）

调授广西桂林府龙胜分司加五级记大功二次张，为严禁逾界侵占各安本业事：照得龙胜境处深山，路非孔道，技巧不事，商旅不趋，不耕则无食，不织则无衣，是舍农麻之务，则无饶足之法。所有各团村寨之民，殷实者少，贫苦者多。且喜山多荫植，樵采可需，溪绕清流，灌溉可赖。此外沟河虽有鱼虾之产，就近出息，非比江湖之广，数罟由古皆禁，岂容逾界侵取？理应各遵定界，随时种植培养，乐取本业之地利也。兹据龙脊团头人潘全龙、潘文便、潘元秀等禀称，各寨山土河道，向章分界，各管各业，从无异议。本年五月内，突有平断寨古潘金玉等不遵古制，恃强逾界，私至黄落寨界内河面塞岔捕鱼，以致二比结讼等情前来，据此合行出示严禁。为此示，仰该团各寨人等知。自示之后，尔等各遵向分定界，上桥头下谷承涔耕植樵捕，各安本业，毋得逾界侵占，任意恃强夺取，致干法网。倘敢再蹈前辙，许该头人山长，指名禀赴本厅以凭，按律详惩，定不宽贷，勿谓谕之不切也。各宜懔遵毋违。特示。

具遵结人潘全龙、长贵，潘进发系黄落寨猺民。今当太老爷台前实结得情，伊等以恃强欺弱，越界霸塞等情，具控潘金玉等在案，实伊因至蚁等该管河内捕鱼，致控案下。今蒙讯明断，饬油鱼洞二十丈河面，令平断、平寨管业捕鱼。其上下仍令蚁黄落管业，回家埋石定界。二比遵断，具结回家，遵断管业，不敢滋事，所具遵结是实。

原差：秦高、袁洪、余昇、许兴。

告示。

道光二十七年岁次丁未十二月二十三日示，

发龙脊黄落实贴晓谕。

严规安民

严规安民碑

【题解】

碑在龙胜县龙脊镇龙脊村，清道光二十九年（1849）刊。龙脊生态博物馆存其拓片。石天飞 2019 年据拓片录。

【石刻全文】

严规安民（碑额）

窃维天下荡荡，非法律弗能以奠邦国。而邦国平平，无王章不足以治闾阎。然乡邻缪辖，岂无规条，焉有宁静者乎？条规一设，良有以也。盖因世道衰微，邪暴又作。叹我龙脊地方，田罕土瘠，居民稠密，别无经营，惟赖些产以充岁计耳。贫者十家有九，强梗朋奸□寡[1]，屡倡不善之端。富者十户有一，懦弱踟蹰不前，迭受阴柔之屈。于道光四年，蒙府主倪奉上宪巡抚大人赵，恩发示谕，举行团练，各处张挂，黎庶咸遵。奈吾境内，有饕餮不法之徒，类于梼杌，竟将禁约毁驰，仍踵前弊，非惟得陇，而欲望蜀。男则贪淫好窃，女则爱鸳轻鸡，猖獗不已，滋扰乡村。今幸蒙董□主荣任此方，见著三善三异，讼庭花落，囹圄草生，何啻圣君慈父。民知上有善政，而下安得不凛循为之善化矣。故吾各寨人等，同心镂立石碑，以儆后患。自立碑之后，凡我同人，至公无私，各宜安分守己，不得肆意妄行，排难释纷，秉公处理，勿得贿唆徇情私息，当惧三尺之法，可免三木之刑。吾乡慎遵，庶几风淳俗美，永保无虞，乐莫大焉。是为序。

今将各条胪列于左：

一官衙塘房，从昔分定各修，列分东西左右。其西右边诸房等项，系大木，下半团修理。其东左边等项以及第三层官歇之大房，系官衙，龙脊上半团修理。前分上下、内外交乱，分占修理，错越不一。于道光廿六年，其大房倒塌损坏，故我龙脊依同官衙人等，另将塘房踏看，交合照分，各便修理，免违大公。其官歇大房三间，左厢房上头二间，右桅杆一根，及大门前街以中直至左厢房前街，此项归我龙脊修理，其余俱归官衙人修理。立有定章合同确据。

一值稻粱、菽麦、黍稷、薯芋、烟叶、瓜菜以及山上竹木、柴笋、棕茶、桐子、家畜等项乱盗者，拿获交与房族送官究治。

一在牧牛羊之所，旱种杂粮等物，当其盛长之时，须要紧围。若遇践食，点照赔还，未值时届，禁关牛羊。践食者，不可藉端罚赔。

一离团独村寡居，恐被聚集贼匪昼夜掳掠劫抢，鸣团一呼即至，不得畏缩逡巡，立时四路捕守，拿获送官究治。

一擒拿窝匪，务要赃贼实招，不可以影响疑似之事，妄拿无辜，即幸人赃两获，送官究治。

一恶棍滥崽，闯祸藉端，惯便之徒，牙角相争，平地生波，切不听信作中。若不经鸣老人妄耸差传至乡，宜要揣情，秉公理究，不可藐官欺差，倚禁抗法，如有滥请滥中，架害作诈，酿成大祸不测，岂忍似狼噬羊之害并及中人，呈官究治。

一别省各邑外来之人杂居境内，毋许兴集游棍，引匪留贼，诱赌唆讼，如有此等，送官究治。

一游手丐食为□而生之辈，夜间毋许乱入社庙亭宿，秽污神圣，或三五成群，必致行蛮。凡遇婚丧之事，多食不厌，酗酒放慝，扰乱乡人，鸣同送官，如有蹒跚瞽目者，即便打发勿责。

一遇旱年，各田水渠，各依从前旧章取水灌溉，不得改换取新，强塞隐夺，以致滋生讼端。天下事，利己者谁其甘之。

一田土山场，已经祖父卖断，后人不得将来索悔取补。今人有卖业者，

瑶族石刻辑校

执照原契受价，毋混图利高抬，如有开荒修整，照工除苗做价。

一强壮后生以及酗酒之人，不忍三思，只逞凶恶动气，与人斗殴，恐一时失手伤人，累害不浅，此宜戒之。

一各村或有小事，即本村老者劝释便宜可也。

一本团所属境内，年节月半，亲戚送包礼仪往来，今当地方公议，从今改免包仪日。

以上诸条并非异古私造，依存天理，何敢犯上。官有官例，民有民规，谨此敬刊裕后，万古不朽矣。

道光二十九年岁次己酉三月吉旦，龙脊众立。

【校勘记】

[1] 缺字原碑此处残裂不可认，据文意当作"孤"。

孟公永镇碑

【题解】

碑在龙胜县乐江镇乐江村黑岩，清道光三十年（1850）刊。此是为修孟公菩萨所立碑。相传孟公是个烧木炭的老人，玉帝把他封在阔叶树下凉亭里。民间传说孟公是冶炼兵器的始祖。亦如碑文所记："道路僻静之处，地方冷险之所，多修孟公尊神，以具威灵显应。"

见《龙胜各族自治县碑文集》第48页。

【石刻全文】

孟公永镇碑

盖闻祸福虽由天定，善念却在人为。从来道路僻静之处，地方冷险之所，多修孟公尊神，以具威灵显应。本境岩冲坳虽非通衢大路，亦系要道，但上下左右人烟远隔，每逢阴雨，雾气蒙蒙，即当白昼，凄风惨惨，至于日暮，鬼魔迷人。予等是以起发虔心，建修孟公庙宇，雕塑神像。兼之上元胜会，超度此坊孤□[1]。然资浩繁，独力难成，只得持簿，募化四境。仁人长者，捐钱金以助厥美[2]，则魑魅魍魉自不敢为患而作祟，往来行人尽人赖其保护矣！功果虽微，阴阳齐天，是以首士吴家珍、覃世丁、方从海各捐钱五百文。

（捐款名单略）

道光三十年岁在庚戌仲春月下浣良旦立。

［1］据文意，所缺字疑为"魂"。
［2］捐钱金，"钱"字疑衍。

王正刚父母敕命碑

敕命碑拓片

瑶族石刻辑校

【题解】

碑存龙胜县楚南会馆。清嘉庆元年（1796）敕命，道光三十年（1850）王书龙刊立。县文物管理所存其拓片长 176 厘米，宽 48 厘米。石天飞 2019 年据拓片录。

王正刚，据王进刚墓碑、王进刚妻赵氏墓碑，或即"王进刚"。落款中人名"书龙""书凤"，共用一"书"字。

【石刻全文】

奉天敕命（碑额）

奉天承运，皇帝制曰：宠绥国爵，式嘉阀阅之劳；蔚起门风，用表庭闱之训。尔王体泰乃广西义宁协右营千总王正刚之父，义方启后，谷似光前。积善在躬，树良型于弓冶；克家有子，拓令绪于韬钤。□□覃恩，赠尔为武略骑尉，锡之敕命。於戏！锡策府之徽章，洊承恩泽；荷天家之麻命，永贲泉垆。

制曰：怙恃同恩，人子勤思于将母；赳桓著绩，王朝锡类以荣亲。尔李氏乃广西义宁协右营千总王正刚之母，七诫娴明，三迁勤笃。令仪不忒，早流珩瑀之声；慈教有成，果见干城之器。兹逢□典以覃恩，封尔为安人。於戏！锡龙纶而焕采，用答勋劳；被象服以承麻，永膺光宠。

敕命之宝（印）

嘉庆元年正月初一日。

道光三十年七月吉日，孝孙融怀营把总书龙，署左江镇标中营守备、宾州营千总书凤恭镌并书。

石匠刘德□。

峦山蒋姓墓碑

【题解】

碑在龙胜县龙胜镇峦山，清咸丰三年（1853）刊。据《龙胜各族自治县碑文集》录。依墓碑文体特点，将"皇清"一句提至前部。

见《龙胜各族自治县碑文集》第27—28页。

【石刻全文】

皇清显妣蒋母唐太君行二奶奶老孺人灵座之坟墓

故妣蒋唐氏，湖南永州东安县系平步县唐朝林之女，嫡配麟角村贞父蒋公讳侣郊为室，所生三男一女，移居粤西龙胜分府北门居住。故母原命生于乾隆己卯年润二月二十一日亥时诞生，不幸殁于道光丁未年十月十三日巳时去世。不孝等因路远山遥不能盘归故土，兹择吉地名轿顶山，艮山坤向。

孝男显祥（骑尉）、显祯、显禄。

孙大吉、大顺、大庆。

咸丰三年三月清明立。

邓氏墓碑

【题解】

碑存龙胜县江底乡江底村牛塘寨寨边墓地，清咸丰十年（1860）刊。据《瑶族石刻录》录。依墓碑文体特点，将"清故显"一句提至前部。

见《瑶族石刻录》第404页。

邓富兴，龙胜府江底牛塘村人，为邓文龙、墓主赵氏之长子。

【石刻全文】

清故显妣邓母赵氏老孺人之墓

祖籍广东乐昌，至广西桂林龙胜府江底牛塘成家。吾母系赵元香公之女妹□，配吾父、邓有志公之长子文龙为妻。所生二男二女，个个婚配，可见儿孙矣。母命生于乾隆丙午年八月二十九日寅时，大限殁于道光三十庚戌岁六月十八日巳时告终。卜葬地名大田面坐东南向西北。请匠刊碑，后代子孙挂扫不忘云尔也矣！

孝长男：富兴，媳赵氏。

二男：富起，媳赵氏。

大清咸丰十年清明日吉旦。

永定夫役章程碑

【题解】

碑原存龙胜县和平乡龙脊平段寨，现已毁，仅存一小块于龙脊生态博物馆。清咸丰十一年（1861）刊。据《瑶族石刻录》录，并加理校。

见《瑶族石刻录》第86—87页。

【石刻全文】

奉宪永定章程（碑额）

钦加同知衔补用州署龙胜理苗分府事潘，为晓谕勒石，永远遵行，以息争竞事[1]。案因咸丰十年十月内抚部院刘统兵亲剿石逆溃匪，由省来龙。嗣因夫役，龙脊上半团与平车下半团互相控告，当经讯明出示，统照旧章办理，但恐稍有未协，一遇大差，又必复起争端。本分府念切下半团户少民贫，特捐廉三十千文[2]，交下半团存公生息，以作日后大差帮夫之用，并酌定章程列后，以垂不朽。

计开：

一各处一切小夫，仍照旧章。各塘轮派人夫迎送，不在此列。

一以夫百名外者定为大差，嗣后各送各站。

一下由官箇、龙脊人帮送至双洞，即于此款生息项下动支，每名给辛力钱八十文。

一上由大木、平车人帮送至丁岭，龙脊人筹给每名辛力钱乙百贰十文。

一此项支资，系本分府捐存，专备大差之用。尚后有不肖之徒私行挪用典卖[3]，准地方禀官究办。

一此项现交民人潘正德、潘正佑、潘章泰领取，或买山场，或买地亩，仍须禀明本分府备案查考。即派殷实公正按年轮管交代，如有隐匿侵吞，惟值年经手是问。

三月二十四日发。

廖光元、侯金昌、廖光贤、潘金玉、廖金仁、廖学玉、侯金成晓谕。

大清咸丰十一年岁次辛酉三月二十四日。

[1] 竟，《瑶族石刻录》原作"兢"，据句意当误，径改之。
[2] 文，《瑶族石刻录》原作"丈"，据文意当误，径改之。
[3] 尚，据文意，当作"倘"。

恩垂不朽

【题解】

碑在龙胜县龙脊平段寨。刻于乾隆《奉宪永禁勒碑》上方，为两文刻于一碑。清咸丰十一年（1861）刊。今龙胜龙脊生态博物馆存其拓片。石天飞2019年据拓片录。

【石刻全文】

恩垂不朽
首事潘全玉、学运、学旺。
刻手匠师刘庆才。
咸丰十一年辛酉孟夏，众等修立。

依古历碑

【题解】

碑在龙胜县龙脊镇龙脊村廖家寨，清同治元年（1862）刊。今碑已残，断为数块。龙脊生态博物馆存其拓片。石天飞据拓片录，据《广西石刻总集辑校》补。

见《广西石刻总集辑校》第988页。

【石刻全文】

依古历碑（碑额）
盖闻天下灵坛，自汉明帝始立庙寺，由来久矣。窃念鬼神之为德，其盛矣乎！视之不见，听之则闻。

依古历碑拓片

当昔仁天勅封、明朝勅封广福侯王自六漫江口出世得道，摩王大帝自西州关口出世得道[1]，三将太子王相三郎五通八相郎君，历来护国，世界远播，利济乡民，求之则应，叩之则灵，谁不沾护佑之恩！前祖于乾隆丙辰之春，修在裕先牛塘、李家田背两处地基，系三甲共奉七十九载。次于嘉庆甲戌之夏，兑移坡中安座。自上甲半共奉四十五年。三于咸丰己未季春朔一日巳时吉旦，众村分移至此净地安座，于孟冬朔□未刻十灵福登殿[2]，俱各诚心往来朝叩，得其方便。上议毛呈三寨共祭十分，廖、侯二村共祭十分，是系均匀奉祀敬养。惟沾百福骈臻，千祥云集，圣恩不朽，民敬不废。为此刊刻来历[3]，永远为记。

计开各寨捐钱需用……（以下捐款姓名，字较小亦较模糊，因从略）

同治元年壬戌岁杨月上浣吉旦全立。

【校勘记】

[1] "摩王"二字拓片模糊，据《广西石刻总集辑校》补。

[2] 缺字拓片模糊，《广西石刻总集辑校》作"亦"，疑误。

[3] "为此刊刻来历"六字拓片模糊，据《广西石刻总集辑校》补。

禁修造碑

禁修造碑拓片

【题解】

碑在龙胜县龙脊镇龙脊村。清同治二年（1863）刊。据龙胜县龙脊生态博物馆所存拓片录。

【石刻全文】

立禁封屋场字人侯家众村人等，兹因本寨侯永保欲行后龙竖造一座，定有损坏龙脉，恐后人民不安，不已请中理论，此处寨背，其田当凭地方永远不准修造，恐口无凭，立碑为据。

凭中人：廖金兰、廖金秀、潘金社、廖玉明，共钱一千文。

代笔人潘日映，钱二百文。

同治二年岁次癸亥十一月初二日立。

瑶族石刻辑校

兴安龙胜联合禁约碑

兴安龙胜联合禁约碑

【题解】

碑在龙胜县泗水乡孟山大寨旁大树底下，高约 1.7 米，宽约 0.8 米，清同治三年（1864）刊。《瑶族石刻录》题作"兴安龙胜联合瑶团禁约碑"，并说明此碑是"两个县、三个地区、七个行政乡的区划界限，所有的红瑶村寨全部参加，排除外族或族系外而建立的瑶团共同制定的禁约，职能也仅限于在红瑶内部发挥作用。其组织类似广西金秀大瑶山的石牌制度"。石天飞 2019 年据照片录。

见《瑶族石刻录》第 90 页。

【石刻全文】

永古不朽（碑额）

尝思夷齐高风普共，从同美世，则乡邦无忤，是由恶变时雍，斯廉介之相沿者非一日矣。然而及于目前之所系，泯泯棼棼，蚩尤惟始作乱，奚能追配于前人？《书》云："若跣弗视地，厥足用伤。"若人无远虑，必有近患。今有四乡贤者，举齐四民，统约同乐之事化，如木从绳。夫如是，则接物周旋之际，拘有损益。旧染污俗，咸与维新。再且旁窥今世，盗贼蜂起，赌博狐群，从此人心肆荡，恨杀前辈，老人敢怒而不敢言。何则？况予等籍居偏隅，山多田少，土瘠人稠，则黾勉趋于耕者，尚且怨谘曰："饥寒于冬，祁厥为艰哉！"何况其惰农自安，而竟习于盗博者，安可以不触前辈之恨生？不已纠合众人，同亲会议，设定章程，永遗不废。不必家喻户晓，一概听闻。不必耳提面命，皆禽然知悠归。一有冒犯，鸣鼓攻之。

谨将公议款条刻石列后：

一议地方凡有大小事务者，必要投鸣头甲邻右理论曲直。如说未息，须经本团论之不散、头人带告，方准词讼。

一诚恐贼匪窜入其境，务要同心协力堵剿，不许藉势掳掠。那人胆如违查出，公罚钱　文不饶。

一不许勾引索诈油火，以强凌弱，以众暴寡，以智欺愚。那人如此，鸣众呈上究治。

一凡有大小事非情理，须当而论，不得横行、吞烟、悬梁、诬捏。那人不遵者，鸣众阻挡，另公罚不容。

一富户请其雇工之人或然上山毒鱼涉水，以及助君出力，恐有毙命，主家出钱五千文安葬，二比不得异言，不遵者鸣众阻挡。

一不许开场聚赌，此乃败家，招积隐匿或拿其家即抄。若往山私赌，查出每公罚钱式千四百文不恕。

一或被盗偷窃□物者，一家失盗，众人失主各带盘费，拿获丧命，不遵者公罚不容。

一殡葬坟墓，不得骑脉对门，偏葬无犯以老坟，各宜堆砌勒碑。如有不遵者，挖着无究。

一已经先年卖断之业产，一卖一休，不得找价增补。以后买主出卖广得银，原主不得争论。

一乞丐人等或年幼及年迈残弱者，止许文钱、勺米，少庄全无。如强讨者，鸣众即拿拷打。

一村寨男妇出入，不许乱放野焚山。那人如违，查出公罚钱　文不饶。

一育女当遗，或男或女，均系骨肉，不可溺杀。那人如不遵者，查出公罚不恕。

一结发之亲订上亲者，聘礼八千文，折干礼钱十四千文，不遵者公罚。

一以娶归家，年已三十，若无生育，任从娶妾，外家不得异言，不遵者公罚不恕。

一再瞧之亲，须宜相貌行聘。上亲者礼钱式十千文，下定八百文，媒人钱每千二百，表礼每千一百文，不准多取。如不遵者，公罚不容。

一至秋获或谷或草，亭于南阡北陌，不得乱携。那人胆敢，查出公罚钱　文不容。

一各村寨木林蔬菜，不得窃偷。或找干柴者，不许带刀。那人如违，目觊报信者赏钱二百四十文。若有隐瞒，查出与贼同罚钱　文不恕。

一畜之类，恐被豺豹伤亡，眼见者任从失主施，不可妄取，不遵者重责不贷。

计开各地耆者：

孟山：余才仁、忠海、乔贵，余贵明、龙才、文海，余昌荣、全成、弟爷、少保、桥祥。

水银：王秀书、进金、全成、龙乔。

白面：龙永琇、黄路明、潘正才。

细滩：朱应龙、惟田。

崩里：杨文正、朱眇富、老三。

潘内：粟弟惟、文禄、老四、长才。

金坑：潘金相、惟金、大气、凤正、老四，潘长富、眇龙、财贵、弟四、顶富。

矮岭：李四福、杨眇海。

三舍：陈昌寿、桃通样。

王落：杨富禾、初一、申明。

大清同治三年甲子岁六月　日，兴安、龙胜子民全立。

邓有星墓碑

【题解】

碑存龙胜县江底乡江底村茶冲屯老屋场田面，清同治四年（1865）刊。据《瑶族石刻录》录，并加理校。依墓碑文体特点，将"皇清新逝"一句提至前部。

见《瑶族石刻录》第 405 页。

邓富才，龙胜人，墓主邓有星之孙。

【石刻全文】

皇清新逝寿祖考邓公讳有星老大人墓

生前未有子来愿，

殁后岂无近远人。

窃思万物本乎天，人本乎祖。人之有祖宗，犹水之有本源也。吾祖籍出粤东省韶州府乐昌县，小地名高涧底，移居粤西省桂林府义宁县龙胜分府，居住地名茶冲，兼辛成立，其德齐天。吾祖生于乾隆丁未年十月二十五日戌时建生，享受□□岁[1]，殁于　年　月　日　时告终。就　日　时，葬地名茶冲老屋场，正作丁山癸向，兼午子三分。爰告墓而勒碑石，便后世子孙不亡云尔[2]。

孝孙：邓富才。孙媳：李氏。

玄孙：邓金玉。

皇上同治四年乙丑岁仲夏月初三日吉旦立。

【校勘记】

[1] 受，据文意，疑当作"寿"或"年"。

[2] 亡，据文意，疑应作"忘"。

玉如冲桥碑

【题解】

碑在龙胜县泗水乡泗水村沂潭泗水桥头，清同治六年（1867）刊。据《龙胜各族自治县碑文集》录。

见《龙胜各族自治县碑文集》第30页。

【石刻全文】

窃闻造桥修[1]，帝君曾著圣谟；除道成梁，夏令久垂王政。顾周行我既遵，王道荡平而野渡无人，仿隔天涯于咫尺，则欲免返临河之驾者，是诚宜资横木之约也。吾处玉如冲□，乃水陆之要道，为官商之通衢。原架长桥，藉登彼岸，可谓著中流之砥柱，流下界之慈航。笑然立功，原期不朽，而创业难保无亏。维同治当丁卯之年，时值河伯懈，庚辰之制，桃花浪涌，竹剪奔流，洪水环山，徒杠付海。是由携来攘往，孰指迷津？然揭浅厉深[2]，每嗟病涉。每逢春涨，常闻隔岸之呼。甚至冬寒，深畏褰裳之苦。此当局者不免踌躇，而旁观所为感慨也[3]。吾等素怀利济，大发慈悲，相与经营，共图修复。或捐资成美，皆乐助以青蚨；或因事赴工，敢效劳于乌鹊。鸠工重建，衔石竭诚。鸿业告成，波卧有象。从此鼍梁巩固，往来无匏叶之歌。龙甸通行，永远擅桑江之胜。

是为序。

【校勘记】

[1] 据句意及句式之工整性，"修"后疑脱一"路"字。

[2] 厉，《龙胜各族自治县碑文集》作"励"，误，改之。揭浅厉深，谓渡浅水，可撩起衣服过去；渡深水，撩衣也无用，干脆连衣下水。语出《诗·邶风·匏有苦叶》："深则厉，浅则揭。"毛传："以衣涉水为厉。谓由带以上也；揭，褰衣也。"

[3] 因与前文"当局者"相应，"旁观"后疑脱一"者"字。

江边横桥碑示

【题解】

碑在龙胜县龙脊镇金江村江边寨旁，清同治九年（1870）刊。

《瑶族石刻录》第 471—472 页。

【石刻全文】

江边横桥碑示

窃维世上人间，功德之先祖宜也[1]；天下山川，桥路之首要也。崎岖之路者，以康修为本；险狭之河者，以架渡为良。《书》云：徒杠舆梁之善政，犹疡民于徒涉也[2]。前人乃修以彰徒，后人重修以扬庶，便往行者易。兹今枫木村底河路老桥，因去岁之夏，洪涨推塌，其路外达西江，内通北河，远阻经客贩商，近隔负薪耕田。春水愁难，欲在老处架之，有云："欺犯人寨，不吉。"欲移下边架之。其河涧狭不易[3]，其路弯曲不直。吾视难忍，将桥改上江边寨底巩岩之处，凿开石眼架之。因工大资少，人寡户稀，奈独立难持，募众士易举，业捐资以成果，自集腋以成裘。今已告竣，窃今前经老桥重架重修，捐资者多，木牌无遗，有捐而名，故予惜而不昧，仅勒石牌腾明以传。仁德善士，助金芳名，永固不朽，广增福缘。

计开捐钱芳名于后：（以下捐款名单略）

首事廖仁保刻碑立。

天运同治九年岁次庚午十二月望六丁丑日辛丑时吉日竖。

【校勘记】

[1] 祖，据文意及句式，疑衍。

[2] 徒杠、舆梁之句，非出于《书》，乃本《孟子·离娄下》："岁十一月，徒杠成。十二月，舆梁成。民未病涉也。"徒杠，可供徒步行走的小桥。舆梁，指桥梁。《瑶族石刻录》误"舆"为"与"。

[3] 狭，原作"陕"，《瑶族石刻录》以为当作"峡"。据文意，当作"狭"，径改。

沂潭渡碑序

瑶族石刻辑校

【题解】

碑原在龙胜县城北门渡口，今已无存。据文中所述"丁卯冬秦公创首，惜未济而告终；甲戌夏苏兄发心，约同人以成美"，知或刊于清同治十三年（1874）。

见《瑶族石刻录》第 370 页。

董开甲，廪生，龙胜人，生平不详。

【石刻全文】

沂潭渡碑序

尝思王道平平，归极符九畴之范；履道坦坦，幽贞叶八卦之占。道路有三轨、二轨之容，或由右而由左；康庄即五达、六达之谓，或为纬而为经。故司宏开路于季春，夏令除道于九月[1]，类皆欲使熙来攘往者，咸歌矢直抵平也。兹有龙胜，原近蛮瑶。自出北门，在兹东土。上下三十里，险若羊肠；崎岖数百年，履如虎尾。行履嵯荆榛之碍，规民惮跋涉之劳。萍水相逢，负载有防于艰越；桑江僻处，往来不便于浪行。因而舍旧图新，弃彼惜此。由北关而直上，免涉里伍之溪；致南楚之远来，愿出粤西之路。重新沂潭之渡，用济巨川；创修山径之溪，譬如平地。爰是敢作移山之想，并便鞭石之方。丁卯冬秦公创首，惜未济而告终；甲戌夏苏兄发心，约同人以成美。幸蒙金诺，心乐捐金；遂获玉成，功侔种玉。从此化道而不径，舟而不游。庶几周旋中规，遵路征皇极之建，出途感王政之行。一路福星，千秋善果。是为序。

【校勘记】

[1] 除道，原作"陈道"，误，径改之。除道，犹开路。《左传·庄公四年》："令尹斗祁、莫敖屈重除道梁溠，营军临随。"《国语·周语中》："九月除道，十月成梁。"

永远禁止碑

永远禁止碑

【题解】

碑存龙胜县泗水乡周家瑶村白面寨旁，与《奉府示禁》碑并排而立。清光绪元年（1875）刊。县文物管理所存其拓片，拓片长112厘米，宽62厘米。石天飞据拓片、照片录。龙永珠为此次议定禁止事项之"纠首"即倡议、组织者，非碑文作者。

【石刻全文】

永远禁止（碑额）

我闻在昔，时雍风动，中天沾德化之深；国宁海清，昭代感仁政之善。是以俗美风醇，而为父为子为兄弟者，靡不存心至厚；而为耕为读为贸易者，罔非专靠营生。无从匪彝，无习慆淫，各守尔典。休哉！道何隆欤！今朝廷以德礼致治，本欲举海内而胥归秉正行端也，然而通都大邑近治化而恒多端正，惟我地系边陲，居山林而罔知礼法，兼之异色异服，杂居斯土，不免有欺寡而持众，有熟富而凌贫，积弊深以遂蜂起而成群盗窃之事，更何待言与？迨至祸患频临，不独兆民者无穷灾害，即官员者亦且忧虑无涯。兹我等公议，与其受祸患于既来，毋宁靖患于未至，爰立禁碑，开列禁例，俾既善者率家族而益归于善，无良者亦畏惧而偕从于善，则俗美风醇，悉游光天化日之下矣！

纠首龙永珠。

一议开场赌博，窝留贼盗，如有不遵者，拿获送官究治。

一议忤逆不孝，违悖父母者，鸣族送官，照律究办，决不宽恕。

一议不许索诈油火，勾生吃熟，停留面生歹人。如不遵者，罚钱六千四百文。

一议地方具控者，必要协同头人理论。如不论者，诬控自告自休。

一议不许种烧山柴薪、竹木一切。不遵者，众同公罚。

一议本境乞丐三五成群，强讨强取，众同送官究治。

大清光绪元年岁次乙亥四月二十八日碑记。

禁章合同碑

【题解】

碑原存龙胜县龙脊镇龙脊村黄洛瑶寨，清光绪四年（1878）刊。据《瑶族石刻录》录，并予理校。

见《瑶族石刻录》第108—109页。

【石刻全文】

立甘愿合团聚集事人黄落寨众等情，有地方兹事贼盗，窝留赌博滥棍匪徒，主摆刁唆，勾引外合，□悔祖业田园山土，指藉冒应坟基等情[1]，弱民累被不已[2]，只得议集各寨通知，当立合同团款，不敢各情异语抗违，当从。各奉上宪示禁王章款牌，令吾各掌寨，皈依大众牌禁，公断理办。如有违言虚情者，立即经鸣大团[3]，中呼百诺，患难相顾，通村齐临，从情治究公罚，亦不得各寨远望傍观。若有不遵犯者，均同送官，各自携带盘费。此日当团甘立合同，聚集从众，地方执照。

计开上中下三甲人等胪列于后：

上甲：潘老肥。

中甲：潘方玉。

下甲：潘忠福。

潘长江　潘永富　潘细羊　潘惟仁　潘进益

潘秀发　潘富贵　潘方秀　阳长龄　潘永凤、昌　潘方生

众团合同准此。[钤记]

光绪四年戊寅季春月初九日众同立。

【校勘记】

[1] 应，《瑶族石刻录》以为当作"认"。

[2] 被，据句意，疑当作"疲"。

[3] 鸣，《瑶族石刻录》原作"呜"，当误，径改之。

瑶族石刻辑校

乡党禁约碑

【题解】

碑原存龙胜县龙脊镇黄洛寨，清光绪四年（1878）刊。

见《瑶族石刻录》第110—113页。

【石刻全文】

尝闻朝廷有律法，乡党立禁约，此民条之至重，乃王政之首务也。荷蒙上宪常常示谕，尚且猖獗者极多。乡间往往约肃，尚犹漏谲多端。盖由约法三章，是以纲纪攸著而靖闾阎，苟非律款警世，奚能以正法民乎！为千古善，永作蛮世之美哉！切照本乡地瘠民贫，烟户稀散，所居皆瑶壮汉民，俱系播种山畲务业为生，安分守己，毫无异犯。近因奸徒潜身入境，诡称生理为由，瞧见民人素性愚弱，奸逐趣起狼心事。始则需索酒食，继则吓诈钱财，实属目无法纪，深堪痛恨。况且年来，世态艰难，民情不一，以致盗贼蜂起，肆行窃害。若不设立奉宪严禁，将来农民何得安生？因此不已，只特议团设立款条。凡我同境诸公，齐至公议禁条。自禁之后，各宜恪守，竞遵国朝典削奸剔，以正风俗。庶几吾乡宁谧，则使民阜，共乐盛世矣！

一奉上宪赵大人于道光二年正月内，赏示安居，谕尔无知愚民，窃极莫做强盗事。

一奉府署观大老于道光二年五月内，严禁示谕，除盗安良，需索油火，滋事生端。

一奉府署倪主于道光三年六月内，赏示安良，严禁窝留棍徒赌博，滋事生端。

一奉府署周主于道光七年九月内，赏示严禁，息讼安民，各条注明存照。

一奉府署周主于道光二十六年正月内，赏示各安生业，以息生端滋事。

一奉府署李主于道光三十年七月内，赏示弭盗不如弭窝，盗远必有近窝之计。

一奉府署潘主于咸丰十一年二月内，赏示为严禁窝盗窝赌、滋事生端事。

一奉府署高主于同治五年二月内，赏示严禁窝盗，以绝生端滋事。

一奉府署王主于同治十一年五月内，赏示为严禁民间田土山业，不得生端事。

一奉司署蒋主于同治十二年十一月内，赏示除盗安良，滋事油火生端事。

一奉府署卢主于同治十三年十月内，严禁窝赌、窝盗事。

一奉府署邹主于光绪三年五月内，赏禁强讨乞丐生端及闹莲花事。

一奉司署主钟于光绪四年二月内，赏示严禁强讨，乞丐强壮，仰团禀报。

计开公议各条录于左：

一禁滥棍油火扭捏借故滋索勒逼，放愈鸣团公论[1]。如有不遵者，送官究治。

一禁祖父田园山场地基，早年卖断为业，后代嗣孙，不敢异言，反意增补。如不遵，送官究治。

一禁种土杂粮耕地，于在牧牛之所[2]，各将紧围固好。如牲□残食者，照苗公罚赔补。

一禁种土杂粮之处，于在外界[3]，如牲□残食者，宜报牲主公平照价赔补，不敢生事[4]。

一禁婚姻坟墓争端之事，宜村老解纷不息，经鸣头甲分断。如不遵者，宜头甲带告，送官究治。

一禁村中雀角之事，宜村老解释，以大化小，以小化无。如有不息，鸣头甲公断，不敢主摆[5]，暗唆生端。

一禁有事不从劝解，肆横冒控，不鸣理论当差排理。如有虚情，非理者，宜自了案。

一禁天干年旱，各田照古取水，不敢灭旧开新[6]。如不顺从者，甲头带告，送官究治。

一禁被盗之事，失主经鸣头甲，任由各家搜寻，有无是否，不敢阻拦违抗[7]，借故滋端。

一禁然之事[8]，鸣金立即一呼百喏，通喊齐至，不得违延。违延逆抗躲藏[9]，公议断决。

以上各条，如有不遵，犯者宜头甲公罚于众，归修庙宇。

光绪四年戊寅三月初九日，三甲公议，集团合款，系是禁止。

【校勘记】

[1] 放愈，于意不通，疑误。

[2] 于，据句意，疑当作"宜"。

[3] 于，据句意，疑当作"宜"。

[4] 敢，《瑶族石刻录》以为当作"得"。

[5] 敢，《瑶族石刻录》以为当作"得"。

[6] 敢，《瑶族石刻录》以为当作"得"。

[7] 敢，《瑶族石刻录》以为当作"得"。

[8] 《瑶族石刻录》以为"然"字前脱一"突"字。

[9] "违延逆抗躲藏"一句，《瑶族石刻录》以为有脱文，并改作"如有违延逆抗躲藏退缩"。

瑶族石刻辑校

龙胜理苗分府禁革事项

【题解】

碑在龙胜县龙脊廖家寨风雨桥头，清光绪九年（1883）刊。现碑文已大部模糊。

见《广西少数民族地区石刻碑文集》第 157 页；《龙胜各族自治县碑文集》第 10—11 页；《瑶族石刻录》第 119—120 页。

【石刻全文】

钦加□□□□□龙胜理苗分府□□□□□加五级纪录五次倪，为遵批晓谕，永远禁□□□□□□□□□□□□□□□□到任派差□□□□□□□□□□沿锢习，寔属病民。本分府复任之□□□□□□□□□□□□□□□□□□□□□□□地方立予禁革，若不通禀立□□发章程，殊难□□□□□□□□□□□□□□□□□□□立□现准署桂林府正堂杨移知，奉各大宪批示，准将充□□人一项，永远禁革，并□□□□□□□□□□□□以期家喻户晓，永远遵守等因，准此，合行出示晓谕。为此示，仰通属居民知悉。此项□□□□□□□□□□□□□永□□除。兹将□□开列于后，从此各乡不复再有□累。仰即勒石恪守，遵照章程，□□□□□□□□□□□□及□□□□□□许即鸣官从严究治，其各懔遵毋违。特示。

一嗣后新官到任，不得再派丁书……

一各塘头人不给委牌，永远禁革……

一头甲等不由官委，准各乡自举……

一头甲不得一官一换，准其永远……

一各乡联名公举头人之时，不得……

一乡中议举头人，必须联名禀官，如……

一头人有巡缉匪类、弹压地方之责□□□□□□□□□□□□□□□□□□□□□□□□私举情事，并治其罪。

一现经奉到宪批颁发告示，每……

光绪九年十二月十五日给……

邓晋凤墓碑

【题解】

碑存龙胜县龙脊镇白水村九龙桥的雨落山，清光绪十一年（1885）刊。

见《瑶族石刻录》第412—413页。

邓秀坤，龙胜人，墓主邓晋凤之长子。

【石刻全文】

皇清故侍赠显考公讳邓晋凤法兴老大人之墓堂

吾高祖原籍南京道南海八万乡，至广东韶州乐昌县，到粤西柳州府，至灵川，至兴安居住犀牛望月，至居住九龙桥。吾父、邓龙周之第八男婚配，邓成吾父东升原命生于甲寅年六月初七日辰时建生，享年七二旬，不幸没于乙丑年九月二十一日戌时，在家因病西去。卜葬土名雨落山大地一穴，坐巽乾兼乙亥分金。男孙媳尔等，忆故思恩，请匠刻碑石勒名，以后子孙一见，永远祭扫不忘云耳。

孝男：长邓秀坤。

次邓秀维，媳赵氏。孙邓才、朝。曾孙邓永田、邓永香。

三邓秀行，媳黄氏。

五邓秀文，媳赵氏。孝孙女邓二妹。义子才承。曾孙永陆。

长女女婿赵德珠，外孙女□□□。

皇上光绪十一年乙酉岁八月十九日酉时立。

金坑禁约碑

【题解】

碑原立龙胜县龙脊镇金坑大寨旁，清光绪十三年（1887）刊。

见《瑶族石刻录》第121—125页。

【石刻全文】

万古流芳。众等公议。

盖五行立而天道生，五常明而人道著。众民昂捏泥混沌，天遣帝王活世，灭除恶党草寇。周公置《礼》，孔子造《书》。官有律条，民有禁约，万物咸兴。上古非盗非赌，夜非闭户，路不失遗[1]。今日下有吞烟、自缢、毒害、盗赌、索诈、翻悔田土、女子闲得志、祸患贼偷。惟人心大变，众置酒宜禁，一概不许索诈、吞烟、自缢、翻悔田土、捏害善良。

今将禁约开列于后：

一禁坟前各砌大堆，不许荒生草木，坪坟无葬墓。如有此者，挖着莫怪。以坟前左右离坟一丈，任便耕种。迁坟不许。又后龙穴星至坟，不许别人乱葬。如有乱葬者，众等公罚。

一禁买田土，不许翻悔，一卖一了。父卖子林，出入价钱高低，不与买主相干。如有悔者，众等公罚。

一禁不许重叠抵当，偷买偷卖。如有此者，众等公罚。

一禁不许停留面生歹人，窝盗窝赌。常闻赌者卖产，未闻赌者买田。如有聚赌者，众等罚钱十二千文。

一禁不许偷盗田仓禾谷、衣物、银钱。谁家被盗，鸣锣行众，再三搜检家家仓内屋内，或得赃不得赃，搜人无罪。搜得赃者，众等公罚。

一禁偷盗耕牛，鸣锣纠众，各带盘费守卡隘口。分派团内搜山搜屋，四处出赏花红，擎获不得行贿私放，众等公罚。

一禁春耕夏种，件件秧物不许乱偷，不得乱放猪羊鸡鸭牛马，乱吃乱踩。失主无靠，即害一家性命难活。秋收成熟之日，各田各土各团，不许乱进乱偷。如有乱偷，炮火石头打死，予白莫怪，无罪。

一禁各从朝廷，设有大炮刀枪，紧防恶党贼寇。国家命民，民依国法。现有炮火、石头、刀棍，紧防贼徒小人。谁若为盗，众等提擎，不分生死。生者吊打公罚，死者要盗家房族安葬。族有与盗同党之意，要族休息[2]。如有盗家父母吞烟、割颈、自缢、自伤、毒害，地方人不准。如有此者，众等将赃逐送官究治。出罪入罪，依律例办，众等将贼割耳挖目，予白。

一禁不许乱强谋业产，凡遇大小是非，先请内房。有昂抗理论不清，要地方代告方准。如有不遵者，自告自休。

一禁不许娶讨妻媳贪奸心反不合，深更逃走出外，吞烟、自缢、自伤、毒害，地方人不准。

一禁地方恐有瓦无璋，招赘为儿，光宗耀祖。远火恐有参商不合，逃走出外，不得作算工钱。妻占夫田，子受父业，空手出门无事。

一禁各种桐、棕、茶叶、桑、麻，不许乱偷。如有乱偷，拿获查出，鸣众公罚银四两四钱。

一禁高山矮山，四处封禁，不许带火乱烧。如有砍山烧耕地土，各要宽扒开火路，不许乱烧出外。又清明挂清，各要铲尽坟前烧纸。不许乱烧出外，如有乱烧，拿获查出，众等公罚银二两二钱。

一禁春冬二笋，各管各业，不许乱挖。又有入别人山捡干柴，不准带刀。

195

如有带刀乱砍，拿获者，众等公罚银一两二钱。

一禁乞食之人，遇有红白诸喜，只有米半斤，不许吵闹。踩入华堂乱偷。如有乱偷，众等公罚。

一议有虎匠带有猖邪，不许乱来，谁家米粮发少，就要放猖邪，过后人畜有损，如有再来，众等毒打公罚。

奉天承运，皇帝制曰：臣子笃匪躬之理，国家承法类之恩。朝廷有法律，乡党有禁约。观尧舜之治天下也，揆叙之休，四方有风动之美。剪粮稗以植嘉禾，除盗贼而安民业，自古皆然，即我辈亦依而行之。至今前人往矣！此举不兴，则盗风日炽。我金坑一脉姓潘，方居地僻，山多地少，烟火甚宏，地方各寨，屡被偷盗。兹不得已，故合众团会议，开列规条于左：

一议顺逆。毋忤逆不孝，地方以不孝之罪治究。

一议十二甲人等，坟墓各砌高大，砍伐树木完扫，用官尺量，以二尺四寸为一步，离坟十八步迁坟、挖土、耕种无罪。

一议佳期下定钱二千文，娶嫁钱财十八文，贫富一体，不得高价。如有此情，众等加倍公罚。

一议改嫁婚姻，有归回前夫，妻将财礼退还，不得昂抗。又舅公钱三千二百文。如有高昂起价，众等公罚。

一议先年娶妻，为宗接枝，恐有琴瑟不调，夫妻反目改嫁，财礼钱上等准五十千文正。

一议禁湖南、湖北各省府县，或生理、佣工、匠作诸色人等，有疾病亡故，地方收埋。倘成命案，众团人不准。

一议索诈油火，私造田约，越界霸占，藉端生事之徒，地方出力，捆绑送官究治。

一议不许停留外面之人入地安家；盘情暗算[3]，累及地方，害无底止。为止严靖地方，以安良善。

（以下捐款立碑名单略）[4]

大清光绪十三年岁次丁酉八月十七日谷旦众等公立。

【校勘记】

[1] 失，据文意，当作"拾"。

[2] 休息，《瑶族石刻录》以为当作"体惜"。

[3] 盘情，《瑶族石刻录》以为当作"盘剥"。

[4]《瑶族石刻录》此处有一段文字："大寨、田头寨、旧屋、中禄、金坑众团；大毛界、文界、翁江等（为灵川县属瑶村）群众姓名及捐款立碑名单略。"据文意，此当属所注误入正文，径删。

广西巡抚部院沈示

【题解】

碑存广西龙胜县文物管理所，清光绪十四年（1888）刊。石天飞 2019 年据拓片录。拓片长 109 厘米，宽 62 厘米。

【石刻全文】

广西巡抚部院沈示（碑额）

州县为民父母，分应除弊恤民。

据报命盗案件，勘验必须躬亲。

照例轻骑速往，认真约束随人。

夫马饭食自给，不染民间一尘。

倘有需索扰累，苦主指实上呈。

定必从严查办，当思自顾考成。

各属奉到此示，城乡布告分明。

勒碑衙前竖立，永远垂诚遵行。

光绪十四年五月初日立。

关帝庙捐款碑

关帝庙捐款碑

【题解】

碑原在龙胜县公安局，现藏龙胜县文物管理所。清光绪十四年（1888）刊。碑完整，字迹清晰。石天飞 2019 年据县文物管理所拓片录。拓片长 128 厘米，宽 63 厘米。

【石刻全文】

盖闻神灵赫濯，邦国用切尊崇；圣德昭彰，城乡必宜祭喜。恭维关帝大圣人，忠辅圣朝，公忠铭于史册；义扶王国，大义炳若日星。近在华夏，罔弗钦承；远及山陬，莫不祗祀。即龙胜城，咸仰恩威之庄严，式凭功封之盛典，建立庙宇，敬奉圣神，由来年久。风吹雨洒，墙垣日就崩颓；露染霜摧，栋宇半归凋敝。自古在昔，犹足壮观，越至于今，不堪回首。惟是地方瘠苦，钱财颇微，早欲补修，程功非小。虽有是愿，愧无是资。独力难持，一木焉能支大厦？众功易举，集腋方可以成裘。约祈乐善君子，广为募化，量力助资，共成美举，不胜厚幸焉！谨将捐资芳名胪刻于后。

分府魏南伯捐钱拾千文，协台董星斋捐钱拾千零伍佰文，分司赵吉轩捐钱伍千文，分司施文峰捐钱壹千文，李志华、府署门房各捐钱八百文，李就兴、秦顺隆各捐钱六百文，沈得和、沈祥华、董辅臣、黄德顺、唐喻义各捐钱五百文。

两营中、守府暨两营千把外委世职马步战守兵丁共捐银伸钱四十九千三百二十文，陈长发捐钱四百文，张宏太、祥记号、李学鉴、潘义太、雷祥和、两全堂、曾召贵各捐钱三百文，周复兴捐钱二百文，贲秦氏捐钱乙百文，王永和、贲长兴、陈有才、阳万顺、李荣太、阳裕源、旷宝财、雷祥兴、秦裕隆各捐钱二百文，东团周凤仪、周凤藻各捐钱二千文，周元炘捐钱乙千二百文。秦广陞、苏汝楫、周炳南、秦广郁、吴昌德、苏汝舟各捐钱乙千文，侯乔元捐钱六百文，秦祖兴、周元焘、李明正各捐钱八百文，吴泉锦、侯义合各捐钱三百文，杨进福、吴桥保、杨光武、杨荣炳、苏树昭各捐钱四百文，杨福荣、黄大兴、美具、杨文甫、黄文洋、苏通文、苏通章、苏汝汉各捐钱四百文，张烈富、侯长寿各捐钱二百文，秦定忠、益新店、黄天德、黄大茂、复茂店、苏致昌、杨恒盛、侯长发、侯清贵、侯清友各捐钱三百文。

光绪十四年岁次戊子季冬月吉日建立。

潘内寨团律乡约碑

潘内寨团律乡约碑

【题解】

碑在龙胜县泗水乡潘内村杨梅寨路边内侧，为当地三碑刻之一。清光绪十七年（1891）刊。石天飞、覃阳雪访碑。

【石刻全文】

万古流芳（碑额）

尝闻王法正，则朝廷无奸尻之徒[1]；乡约严，则里党鲜嬉游之辈。斯之者，不相谋而实相合也。今我一带沿塘各村人户，虽非沃野，颇属通衢。回

瑶族石刻辑校

溯当年安分者，方既见止；沿求此日越礼者，实繁有徒。或植党树私，视口法律为儿戏[2]；或日潜夜出，以盗邪为生涯。且藉事生端，良善之受欺不少；捏讼吓索，乡间之彼害良多。阳虽守乎王章，阴实乱乎风俗。默思其故，未必无因。只缘禁之不严，故而世风愈下。爰约乡老，共立章程。整顿此方，同心协力。知情无隐，效虎豹之捉犬羊；遇事从严，举鹰鹯之逐鸟雀。将见父戒子而兄戒弟，共勉良善；士则读而农则耕，各安生业。庶几风移俗易，遂不拾遗；革面洗心，夜不闭户，岂非三代之民也哉！

一议从今卖田卖土，一卖一了，父卖子丢，毋得讲田根补，买主不敢倾勒价钱。此禁永远遵依，若有违者，送官究治。

一议地方各人生身，尽其孝道养育之恩，难报艰苦之情，不可忤逆不孝。如违私约，同众呈官究治。

一议地方遇有大小事务，准请头甲及公举之老人，再三理论，或判不清，方可兴讼。倘有刁顽之辈，不由分论而捏词诬控者，地方齐具公呈，毋得推诿。

一议埋葬风水，不许夭龙斩脉，封门塞墓。若不遵者，小则同众公罚，大则送官究治。

一议春耕下种，六畜头牲，各□管守不得踩坏秧苗五谷等物。若不遵者，公罚有犯。

一议偷盗五谷、瓜茄、豆子拿获，每户凑柴烧火炙，决不姑息，勿谓言之不早也。

一议不许停留面生歹人，刁墙挖孔，勾生吃熟，由火生端。若有违者，查出同众，呈官究治。

粟官保、陈弟和、粟弟维、周弟福、粟宏兴、粟射龙、有富，周富才、仁贵、田方，粟朝才、粟通胜、粟光华、袁天相、侯小楼、粟正才、玉荣、粟弟安、老五。

书题：粟万富、玉秀。

大清光绪十七年辛卯岁次正月望二日。

【校勘记】

[1] 奸尻，原碑作"奸究"，误，径改之。

[2] 口，原碑如此，疑衍。

义学告示

义学告示拓片

【题解】

碑原在龙胜县瓢里中学，现存县文物管理所。清光绪十八年（1892）刊。碑之下部二字缺损，其余字迹清晰。石天飞2019年据县文物管理所拓片录。拓片长91厘米，宽47厘米。

【石刻全文】

义学告示（碑额）

钦加提举衔署理龙胜理苗分府即补督粮府加五级纪录五次李，为奉批给示泐石以垂久远事。光绪拾捌年柒月初肆日准桂林府正堂孙移奉署布政使司胡，札开案奉督部堂李批，据署桂林府龙胜厅禀，厅属西乡瓢里街酌筹会项，兴设经蒙义学两所，延师启□□案缘由[1]，奉批据禀，已悉该商民温习章、倪期亮、唐际昌、吕能魁、温玉祯、向和兴等，一经该倅开导道□等款创设经蒙义学，具见劝谕有方，殊堪嘉尚，准其如禀立案，俾垂永久，仰广西布政司转饬遵照□□[2]，嗣后遇有应兴应革事宜，务再悉心，讲求实力，整顿以裨地方，勿稍懈忽为要，仍候抚部院批示缴等因，奉此合行札饬备札，仰府即便转饬该厅遵照办理毋违等因，由府转移到厅并先□[3]抚宪暨臬、藩、道宪批示该厅瓢里街创设义学，洵属美举，准如禀立案，仰即督饬绅首认真经理以期久远等因，各□厅奉此查此案。前经本分府查得瓢里街原有屠行标会，每年出息二百余串，饬将此项酌提一半□充义学经费[4]。旋据该处绅商遵照办理，延师启馆，妥议章程禀覆前来，即经批准照办，并据情通禀□在案。兹奉批饬前因，除遵照立案并行广南司一体知照外，合行给示泐石。为此示，仰瓢里绅商居□人等知悉[5]。尔等须知屠行标钱，既经酌提充公，即属公款，无论何项急需，不准擅自挪移，应以光绪□八年为始[6]，按年由该首士延聘经蒙两师，分设两馆任从，无力延师子弟分投受读。仍于每年仲春□开师生姓名，呈由广南司核明造册报府，以凭查考。倘敢有始无终，侵吞肥己，一经访闻或被告发，定即拘案究处不贷，各宜遵照毋违。特示。

光绪拾捌年柒月贰拾陆日实贴瓢里街晓谕。

［1］残缺处缺字，据文意疑作"馆一"。
［2］残缺处缺字，据文意疑作"办理"。
［3］残缺处缺字，据文意疑作"报"。
［4］残缺处缺字，据文意疑作"以"。
［5］残缺处缺字，据文意疑作"民"。
［6］残缺处缺字，据文意当作"十"。

李崇山德政碑

【题解】

碑原在龙胜县原广南巡检司南门，现位于广南古城门遗址，为县级文物保护单位，清光绪二十年（1894）刊。据原碑录。

【石刻全文】

去思碑（碑额）

武翼都尉李公崇山大老爷德政

恩宪李君崇山都尉，柳州隶籍，桂岭服官。由行武而保都戎，凤娴韬略；历夫长而迁守篆，懋著勋劳。桑江壮军旅之威，草野靖萑苻之迹。除奸顽之弊窦，雀鼠息争。悯惨黎之饥荒，蝼蚁沐惠。则见上发堂之请，捐廉运粟，共仰鸿恩；修乞籴之书，平价赈饥，群深垲慕。且也监工修庙，同欣鸟革翚飞；御患济艰，共仰凤仪足式。是以三善克备，百废俱兴。四境胪欢，心简冀颂于关北；群情爱戴，口碑遍颂于广南。曩者造伞送碑，啣结莫酬于万一；略陈去思实政，泐石用表于千秋。后车可鉴前车，咸知美盛必传矣！

北团绅耆士庶公颂。

光绪甲午年七月初五日立。

义宁县上北团禁约碑

【题解】

碑在临桂、龙胜交界的佛祖坳，清光绪二十年（1894）刊。

见《广西少数民族地区石刻碑文集》158—159页。

【石刻全文】

永远流芳（碑额）

奉义宁县正堂张县主全上北团绅士暨合众等设立禁猺贼规条，开列于后：

一穴墙偷盗家中衣服什物，拿获经众处罚，如不遵者，送官究治。

一偷牛拿获，初犯经里处罚，重则送官究治。

一匪类及本处猺类，不得窝留，如有查出窝留，人财送官，房屋充公。

一失物如果查出消息后，任便失主经凭村老过村搜查，即寻不出，不得借故反噬。

一偷鸡鸭鹅犬，拿获者，本村里处罚，惯盗送官。

一凡查得偷牛，抵价十千者，得以二千回赎，如多索者，即以盗论，公同处罚。

一凡寺庙庵堂，不得□□□□人居住，经白事，每名准给四丈[1]，不问食，闲日每人发米一杯，毋得三五成群，任情刁强，如违送官。

一偷山内芋头豆麦，拿获者，初犯本处处罚，如不遵者送官。

一偷盗灰粪砖瓦以及山中桐茶子，拿获本处处罚，不遵者送官。

一黑夜偷盗，一时不识人，□后经本村老向惯盗为业者是问。

一捐团资买田，愿者捐，不愿者□。

一管理者、总管者限三年一更，经管一年更。历年九月初一日会，当众算明移交。

一偷盗田中五谷，拿获者，处罚钱六千六百文。

一偷盗山中包谷杂粮，拿获者，处罚钱五千五百文。

一偷盗桐茶棕茶叶者，处罚钱一千六百文。

一偷盗园中瓜菜者，处罚钱六十文。

一春冬二笋，不许乱挖，处罚钱六百六十文。于十二月二十四日开山，任从乱挖，三十日则止。

一不许停生面之人及猺类，□□为非作歹。

一不许偷砍生柴，只许检讨干柴生火，如不遵者，罚钱六百六十文。

一不许放火烧山，如不遵者，罚钱八百八十文。年年十一月初牛羊乱放。

以上条规，处罚轻重，经团绅头人议论。处罚之钱，任在本团公用修造道路庙宇本钱，不许私罚肥己。

光绪二十年甲午岁四月十八日吉立。

【校勘记】

[1] 丈，据句意，疑当作"文"。

瑶族石刻辑校

奉宪章程碑

【题解】

碑在龙胜县平等镇广南小学内，清光绪二十四年（1898）刊。《中国西南地区历代石刻汇编》注：拓片长160厘米，宽100厘米。楷书。据拓片录。

见《中国西南地区历代石刻汇编》第八册《广西博物馆卷》第77页。

【石刻全文】

奉宪章程（碑额）

署理龙胜理苗府事分缺先补用军民府加五级纪录五次冯，给示勒石以垂久远而靖地方事。照得案准桂林府正堂孙、移奉臬宪蔡、札奉抚部院黄批，据龙胜厅属绅民呈称：窃龙胜地方，客土杂居，良莠不齐，往往有不法之徒，或平地起波，或藉□起□。无论田园、屋宇、山场、地基等项，或系先人卖断，或本已卖断，契明价足，犹复翻索。或称卖□不卖□，或假造伪契，既补而复再补。或有当业未经卖断者，契中年限未满，遂向受主勒补价钱，甚至图索不遂，顿□词控告，使□□者被害无穷，乡邻公言排解者亦受株累。是以齐集合厅绅民，仰恳严定条例，饬厅遵办，庶得勒石以垂久远，俾习□□而间阎共安等情。奉批：刁徒肇衅讹索，本为地方之害，亟应出示严行禁止，随整顿以除□□而□□□稽察司即饬龙胜厅遵照办理。此系该地方官应办之事，遇有诈索捏控等案，认真澈究明确，照例严惩，毋稍□切切等因，由府转行到厅。奉此并据该绅民等禀同前由，前来查刁徒肇衅滋扰间阎，实为民生之大□，兹奉前□□□□条款，逐一严禁，合行出示晓谕，为此示，仰厅属客土绅民人等，务宜一体遵照，即将示谕条款□□勒□□□本循办理，切切毋违。特示。

计开：

一凡受当产业若注明年限，看照年限回赎，□不限远近随时□赎，不准勒补勒卖勒赎。

一产业既经卖断，即由受主管业。倘或暂当未断契，因有推业准息字样，亦任由受主管理。如田土□，不准当当主□主依旧□□，屋舍则不准当主卖主依旧霸住。若系典当，契内无推业准息字样，当主自愿年年□息者，不在此论。

一凡产业，无论照原价时价卖断，日后不准翻补。

一凡产业卖断，任由受主阴阳两用，不准藉俗说讹索，辄云卖阴不卖阳，卖阳不卖阴。

一凡产业卖断后，该卖主既立新契交受主收执，日后卖主执出老契作为故纸。

一客土人等□无官谕，不准冒充团总头目街保监理地方是非，武断乡□。

一地方綑送棍徒盗贼赴辕，不准各役需索规费。

一遇刁徒□□油索，该地方公正绅耆，即当秉公排解，指斥其非。如该棍因拂其意乘势放□。许即綑送来辕惩□，以儆效尤……或因□业油索不遂，先行捏词具告者，一经禀差……地方绅耆按实禀覆，晓□以省讼累仿……死扛讼，查寔即治……之罪……讼累起见，本城与四乡，宜照示分勒石碑，永远遵守。

光绪二十四年十二月十二日[1]。

【校勘记】

[1] 碑之左侧文末及落款处已模糊难辨，据《中国西南地区历代石刻汇编》之文字说明补碑之落款。

邓文龙墓碑

【题解】

碑原存龙胜县江底乡江底村牛塘寨，清光绪二十五（1899）刊。

见《瑶族石刻录》第 417 页。

【石刻全文】

皇清待赠望耄寿祖考邓公讳文龙老大人之坟墓

吾祖籍广东韶州府乐昌县小地名高简人氏。先祖有应公，康熙年间移居广西省桂林府义宁县龙胜分府东团泥塘廖家湾。停居数载，后于先祖富荣公，迁居江底年塘盘古庙王祠下，耕种落业。脉传金华公，育传进、传击公，连生八子。长男凤志公，所生三男，长文龙。先祖勤劳，难以酬报，请匠勒碑为记，卜葬地名牛塘，作乙山辛向，子孙永远不忘祭祀云耳。

原命生于甲寅年十月初九日酉时建生。

大限殁于庚辰年十月初一日酉时告终。

男：全兴，媳赵氏；全旺，媳赵氏。

女：赵大妹，婿赵元万；赵妹耐，婿罗金印。

光绪二十五年己亥岁十月二十一日。

盘氏墓碑

【题解】

碑存龙胜县龙脊镇白水村高寨屋底玉茂田头小荒地，清光绪二十七年（1901）刊。《瑶族石刻录》题为"邓姓古墓碑"。

见《瑶族石刻录》第 416 页。

【石刻全文】

皇清显妣盘氏老孺人之墓

盘古开天，伏羲置立瑶民。始祖在于广东韶州府罗昌县竹林坪安居落业[1]，于景泰元年移居广西义宁县上乡里菜瓮江居住。吾母原命生于嘉庆吉年吉月吉时建生，年长配合夫主邓秀香，生育子一人，育女一人，年高长大，婚配完全；没于吉年吉月吉时告终。寻得白水高寨盘龙大地一穴，干山亥向，请匠刊碑安葬，子子孙孙代代永远祭扫不忘云耳。

长房邓龙显，妻邓氏。

曾孙邓贵承，妻邓氏。

玄孙邓金秀，妻邓氏，媳孙邓顺昌。

育女邓大妹，女婿邓德贤，孙妹邓大妹[2]。

孙龙□□龙□。

皇上光绪二十七年辛丑岁正月初八日吉时立。

【校勘记】

[1] 罗昌县，《瑶族石刻录》以为是"乐昌县"之误，当是。乐昌县，今广东韶州乐昌市。落业，疑为"乐业"之误。

[2] 碑中两处"邓大妹"，疑当有一处误，乃因一为"女"，一为"孙妹"。

□仓碑记

【题解】

碑存龙胜县文物管理所。清光绪三十三年（1907）刊。碑之右上角已缺一小块，缺碑额首字和文首数字。石天飞2019年据该县文物管理所拓片录。拓片长122厘米，宽86厘米。"邓良济宣统二年买义仓米自扣除钱贰千文"一句，当是在光绪所刻碑上补刻。文中捐资数额，原以民间计数符号表示，为方便阅读统一以阿拉伯数字表示。

【石刻全文】

□仓碑记[1]（额）

□□□□设义仓，官绅兵民乐捐资数衔名列左：

倡首

□□□5千，覃永隆1千，张玉珖4百，秦吉胜2百，□小楚10千，胡继增1千，阳裕源4百，秦顺昌2百，蒋焕之1千，唐德隆1千，伍大彰5百，德兴福1百，董辅宸1千，吴德元1千，阳日照5百，秦遂庭2百，黄玉安5百，李枝清1千，秦得珍5百，杨昌禄1百，唐信琳1千，余绍功1千，蒋大庆5百，李学斌1百，邓良济2百，潘鹏翼1千，游立雪3百，萧应隆1百，成赓臣8千，李世华1千，吴德贵3百，余美锡1百，招孟节3千，唐喻义1千，伍万诚2百，苏知慎1百，李崇山5千，雷祥和1千，谭德润3百，吴世英1百，李达九1千，吴德禧1千，杨昌炽2百，唐忠魁1百，宋华门5千，杨昌裕5百，唐际隆2百，毛自新1百，罗得昌1千，赵文耀5百，余相臣5百，苏知敏1百，陈长发1千，李安福5百，李鋐磐3百，龙正林1百，蒋文彬5百，黄秉绥5百，李国生3百，卢定恩1百，秦道正1千，秦春景5百，合祥隆2百，邱万云1百，王申如1千，杨贵华5百，杨万兴2百，李新昌1百，赵文尧1千，黄德顺5百，董辉昌2百，余美珍1百，曾连科1千，张宏太5百，杨超元2百，苏承尧1百，彭延福1千，李荣太5百，刘得治2百，秦广太1百，庄以苌1千，李光远4百，周复兴2百，三益堂1百，余美琳1千，阳万顺4百，卢广昌2百。

义仓自光绪癸巳年捐买民田修圳，始置各田，备建各仓，制办器具木枧、水车、风车、磨子、晒簟、谷箩以及工资、酒席零星等项，历岁应用数目合总共计费过钱贰百零贰千七百九拾文，均有细数簿据，诚恐久朽，固特刻铭以垂久远明晰耳，择期竖造义仓。邓良济宣统二年买义仓米自扣除钱贰千文。

光绪三十三年丁未花月念二日立。嘉应黄菊如书。

【校勘记】

[1] □仓，据文意，疑当作"义仓"。

蒙光文墓碑

【题解】

碑在龙胜县泗水乡泗水村，宣统元年（1909）刊。

见《龙胜各族自治县碑文集》第26—27页。

【石刻全文】

皇清例封谣老呈寿显考蒙公讳光文老府君佳城[1]

父籍庆远府南丹州，由乾隆年随先祖移居龙胜东乡寨纳，系太高祖良羊公曾孙，高祖继粮公之孙，曾祖世雅公之子，为人勤俭忠孝。娶祖母牛尿寨蒙氏为室，育吾父及姑二人。荷天之福，均叨成立。享寿七十五，葬寨陇山，作丑未兼癸丁。窃思祖德报答无由，只箴铭永志，俾子孙祭扫，永矢弗谖耳[2]。

泗水蒙氏高祖母生于清朝康熙末年，死于清朝乾隆五十年。

孝男继珊、继现、继林、继强、继粮。

孝孙男世雅；曾孙男光文；玄孙男昌秀。

生于嘉庆七年，死于光绪二年。

孝男昌秀，女有妹。

大清宣统元年立碑。

【校勘记】

[1] 谣老，据文意，当即"瑶老"。

[2] "永矢弗谖"，原作"矢弗谖"，当误，径改之。"永矢弗谖"出自《诗经·卫风·考盘》："独寐寤言，永矢弗谖。"意谓决心永远牢记。

龙脊地方禁约

【题解】

碑存龙胜县龙脊镇侯家寨侯氏后裔家中，已碎为数块，并且字迹也已模糊难辨。据"青天大爷""小民"等字样及碑文内容等，此碑当是清末所刊。

见《广西少数民族地区碑文契约资料集》第195—196页。

【石刻全文】

具恳禀龙脊乡老头甲人□□为恳乞青天大爷台前，非别兹因小民地方不遵法律，肆行伎俩，猖獗不已，所以地方坐视不忍，只得公议禁规，以儆后犯。今小民谨将规式禀矣仁天龙目赐览[1]，倘有错伪，万乞仁天删明，俾小民刊碑，流芳百世，则小民万古啣结报之矣。

计开议款列后[2]：

一禁止地方各户，不得停留外来面生歹人借故需索。如不遵章，任凭地方乡老、头甲送究。

一禁地方各寨各卖田土祖业，如田年久崩塌，买主自砌修补，卖主不得翻悔补田价。如不遵，许诸乡老、头甲送究。

一禁地方各寨，如遇情事，不许暗地刁唆，放备自缢，将尸棺移害，藉索良民。如不遵，任凭乡老头甲送究。

一禁地方各卖管业，柴薪数年禁长成林，卖主不得任意盗伐。如有不遵，任凭地方乡老、头甲送究。

一禁地方各寨各户勤耕产业，不得好食懒做，开场聚赌，贪财图利。如有不遵禁约，任凭乡老、头甲送究。

一禁地方各寨村庄被贼窃偷，三五成群，游手好闲，任凭失主寻搜，地方查拿，乡老、头甲捆送究治。

一禁地方至春忙栽种之际，各户不许放牛羊鸡鸭踩食田禾，如有走失等情，各将田兜赔苗。如有不遵，任凭送究。

一禁地方男婚女嫁，尚未择期过门吉利，不得嫌贫爱富，无辜拆枕另意等情。如有不遵，任凭头甲送究。

一禁地方户、婚、田、土、□角细故，应经乡老、头甲理谕排解，不得任意奔控。如理不清，任凭乡、老头甲带告送究。

一禁地方各寨阴地祖坟，各地墓葬[3]，不得谋地移葬他人后龙穴脉，伤犯左右各角，由界址为断。如有不遵，越界夺地，任凭乡老送究。

以上十款禁条，杜后永远照此上章遵行。如有各条款不遵，各该当头甲百姓指名送究。

一禁地方各处山头棚户、耕土荒地卖与本地管业，久载年来，不得勾引停留外来歹人，藉端需索，央中取利，将买主善良翻悔，山上补价。如不遵，地方送究。

一禁地方楚南棚户，耕山荒地自开田亩新例，任凭当差使夫役公项。如有不遵[4]，任凭地方头甲送究。

［1］矣，据文意，疑应作"呈"，或因形近而致误。

［2］列，原作"例"，据句意当误，径改之。

［3］墓，原作"基"，据句意当误，径改之。

［4］如，原作"为"，据句意当误，径改之。"如"误作"为"，盖因行草书形近而致误。

征官租粮米碑

【题解】

碑现存龙胜县马堤乡张家村一红豆树下。今碑已残，除左下角外，另三角缺损较多，且碑面污损严重，字迹难辨。此处结合访碑情况，并据《瑶族石刻录》补。据《瑶族石刻录》，碑于清宣统二年（1910）刊立；泗水乡水银瑶塘渡口近处有相同内容一碑，解放初期，已有严重缺损，1958年全毁无存。石天飞、覃阳雪访碑。

见《瑶族石刻录》第137—138页。

【石刻全文】

万古千秋（碑额）

钦加同知衔署理龙胜理苗分府事委用县正堂邱，为记饬永远遵照事：照得龙胜厅属，每年应征管租粮米，解缴藩库，历在广南、独车、小江、芙蓉四处设局征收。从前迭遭兵燹，不知始于何时，各局科升大小不一，随征节役，浮收淋尖，不及一升者，亦以一升照算，玩法舞弊一案，奉属桂林府方禀请委员刘，会同前署厅孙，堂诋浮收属资，当经断结，通禀各宪，以后斛斗升合勺钞，均须一律括平，不准浮收淋尖，每斛准加收一升，以作丁书火食之费。请将斛斗升改换，大小一律在案。前署厅未及请顺交卸。宣统元年十一月，本分府奉檄若此邦，当即禀请藩宪魏将部颁铖斛斗升，发出照式制造制成，复请藩宪当面校准，颁发下厅，到任之后，示各乡遵照。平斛平升平斗征收，合勺钞等器，亦照例折准制制造，照数完纳，民颇相信。诚恐日久玩法，再有上项弊端，小民何堪其累，合行谕饬为据。谕仰各乡粮户等知悉，以后即应遵照此谕完纳，毋稍违抗。何人敢再舞弊，许即按名禀许照例治罪。各宜懔遵，切切特谕。

右仰芙蓉张家塘、峒头寨各乡粮户等，准此。

宣统弍年弍月十六日谕。

永定合约

【题解】

碑在龙胜县平等镇平等村牙寨，民国二年（1913）刊。平邓，即今平等村。

见《龙胜县志》第523页。

【石刻全文】

立永定合约以杜后事。窃我平邓各姓，古来所有领山众山，素无得私人买卖者，专因培植贫农自由尽力垦种，扩充地利，共沾发达之目的。窃查曾有奸违约伪造于道光年间，将我牙寨所有权之众山凭契买就，随处阻垦，遂使贫农地无立锥，无由生活。且值注重实业，时代竞争开垦，因更闹成意见。绅等睹此情况，若不合约立碑，垂后将来私契日繁，必贫农的生活日缩，其发达前途何堪设想！故于二年二月二日传集所属父老人等，再行议定，所有捏称契买众山诸家自愿一律取销，永定为公山，不得私买私卖。恐有仍称私契管业，招皷众怒[1]，致肇巨祸者，特立此碑垂后为据。

今将牙寨所有领土众山名称列后：

上部山、成平山、雅门山、地油界、马黄山、平善山、梅榴壕、圳头山、大海山、成甲山、荣更山、岩脚山、辣耍山、尾村山、白岩山。

地方绅士：吴通仁、吴通杰、杨忠义、杨再兴、吴通翰、吴正辉、杨廷俊、杨忠德、吴贵权、石成山、吴通干、吴仁开、陆尚清。

中华民国二年二月二日立。

【校勘记】

[1] 皷，据句意，疑为"致"字之误。

龙胜县知事许示

【题解】

碑存龙胜县楚南会馆内。刊于民国五年（1916）。碑右下部已缺损。拓片长89厘米，宽84厘米。据县文物管理所拓片录。

【石刻全文】

龙胜县知事许示（碑额）

为出示豁免出桂林长佚短佚以恤民……

禄贲鼎钧梁元隆、谭观贞、贲凤和、章炳益……

正贵等联名禀称，现当清赋各区佚田多……

乡办公佚差仍照旧输充外，恳请将出桂……

示泐石，俾垂久远，以纾民困，沾恩靡既等……

役之制由来已久，前清末季个区因免佚……

未报查仍归无效现当清赋之际，细查各……

清赋总局铣电饬将向有佚差佚费各陋……

相符所请先将出桂林省城之长佚短佚……

而体民艰自应照准，惟境内解运官租米及……

充当，毋得藉端抵卸，是为至要。倘在能将所……

巨款，则宽曲尚可再邀也，仰各遵照仍候详报……

都督暨桂林道尹清赋总局核明立案可也等词在呈，除详报并泐石外……

示，仰阖属商民人等一体遵照毋违。特示。

周兆熊、潘荣龄、贲维镛。

中华民国五年六月二十二日。

廖斋墓碑

廖斋墓碑拓片

【题解】

碑在龙胜县和平乡金江村八滩屋背，民国六年（1917）刊。龙脊生态博物馆存其拓片，石天飞2019年据拓片录。

【石刻全文】

明故祖廖公讳斋之佳城

尝思木本水源，千秋不替，宗功祖德，万载常昭。溯自瓜瓞绵绵以来，王灵丕焕，麟趾振振，而后族姓繁昌然。廖姓者，稽诸典则系周西伯文王之裔，惠王时召伯廖之后也。在宋，有祖自山东泰安州宦遊，居广西庆远河池州。后因猺乱四境不靖，有曰广道、德、元兄弟偕至桂林分途居住。广道居灵川廖家塘，广德居全州城外，广元居兴安富江洞明堂口。后有钦楼世邦等居溶江蕉岭，后有尔瞻等居蕉岭新寨。至明万历年间，有登泰、仁兄弟移居龙脊。后登泰复归溶江，登仁独住廖家寨，开辟斯土，创置田园。二世曰恩，三世曰斋，由是而后有分新寨、金竹，有由廖家、新寨、金竹分支而外住者。回思由周召伯廖至今二千六百余年，国中不少同宗历朝递降不可得而知者也。由登仁移居龙脊至今，亦有三百余年，略计代传有五十余世，分居各地亦有数百余家。其中世代流传宗支同异，亦不可得而考者也。然只知乃祖是数村之鼻祖，孙等仰承功德之流传，略尽本源之思想，约兹族姓立其碑铭，贻厥子孙，毋忘祭扫。

历代子孙繁衍未能备载其名，将各寨五十余世孙户数列下：

廖家寨五十八户，马成寨九十二户，岩湾二户，扶六五户，为扦二户，二龙式户，交州三十户。金竹寨六十四户，由此分居马路界八、桥登寨八户，江边五户，雨落三户，毛坡三户。新寨十五户，由此分居黑石六、龙喉三户，岳武八、双洞三户。

民国六年丁巳岁阴历八月十七日巳时全立。

金坑联团乡约碑

【题解】

碑在龙胜县龙脊镇金坑大寨旁。民国六年（1917）刊。《瑶族石刻录》："金坑原为广西兴安县，1959年划拨龙胜各族自治县，属和平乡管辖。金坑联团乡约碑，原为兴安、龙胜毗连的红瑶族人民跨县共立，是金坑大寨三大碑刻之一。"泗水乡潘内村杨梅寨立有同样一碑，属一碑两立。

【石刻全文】

永古遵依（碑额）

窃思古此章身无赖，以羽皮为之，蔽体无露，法于羲黄，以下衣裳之制始兴，历代相传也久矣。及至如今，巧女更幻，执其五彩为服，败坏绒丝，奢华过费。老瞻视箴言，古道犹存，况遇猖狂轻佻，反则毁于议论轻谈，同人亦受乎耻。今有兴、龙两邑，爱集知事之士，书缄颁递各寨，举齐四民，雷同会议，保护团体稽查户户，共乐升平。忖思圣人云，殷因于夏礼，周因于殷礼，胥有损益，旧染汗俗，故有维新之念。从兹文明世代，岂不百道同风？章程设定，万无一失，永不朽败耳。

一凡匪类抢掠人家财物者，拿获沉塘毙命。窝匪窝盗窝赃，地方察确，即将永业充公。

一凡盗窃猪牛仓谷，撬壁雕墙，拿获者鸣团，或割耳刀目，或沉塘毙命。

一凡盗偷鸡鸭、菜蔬、杂粮物件，拿获者公罚八千文。

一凡遇盗偷财物，不拘何人看见，许即拿获。倘有隐匿不报，与贼同罪。一人被盗，众人失主擒盗，各无□贷。

一凡雇工人，倘有风云不测及妇女悬梁自尽，不为立命案。

一凡妇人喉圈、银炮、银带、银树四件，议决改除旧服，准限三年禁绝。如有不遵，公罚不恕。

一凡古风□制五彩，从今改除，以青为服，不许编织彩衣。若有不遵禁，鸣团公罚不恕。

一凡人妻缘配不睦而改嫁者，不许转归原夫，有关风化，以免效尤。

一凡讬媒问亲，二比愿意，发出生庚，准其二人下定□□钱六千正，不许加增，违者不恕。

一凡过聘之时，只许二人送礼钱二十千为准，不许增加。女家送亲，只许亲族男女三十二人。

一凡男家酒筵，无论新旧之客，共同一餐早夜膳食消夜妥宿，迎亲□□□酒肉礼物，依仍照旧勿违。

一凡女家舅公，准办花被一床，草席一张。议决男家馈钱□千文，备六亲尾礼二个。

一凡女既已婚娶，以订终身，不许异心反目。如有反悔，由地方公议可否，如二比愿嫁，凭中与外家订财礼。

一凡招赘入舍，视为骨血一体，不得视作外人。不拘男女，或萌异心，即由地方公论。妇女反悔者，议决与钱四千文；如男家反悔，即着公议，每年□婿钱二千文面斥。各宜遵禁。

一凡旧例，每年送女二节，过于繁浩，今去一节。外甥婚娶，请舅亲者，不许牵羊为礼，只用鸡鸭报期是也。

一凡地方遇有口角是非，各乡理落。如逢重大事务，即经团排解。若判不清，方可兴讼。

以上婚娶制服，改良各款条规，各宜遵禁。如有违犯，齐团公罚钱十二千文，决不宽恕。

水银塘长：王左才、琪福，龙金荣、金科，余启富、义方，朱臣田、吉相，杨新富、公贵。

金坑团长：潘长满、大德、秀武、万才、正德、新寿、昭盛、乔才、大

□、光发、金通、为才、天文。

潘内团长：粟光德、金际、长寿、天保，粟林、通合、洪和、相寿、四团、满□、章保，邓金，黄文玉、良、通、□金，吴朝富、□金。

中华民国六年丁巳岁孟冬月既望日，兴龙二邑团长暨立。

兴龙两隘公立禁约碑

【题解】

碑原存龙胜县龙脊镇金坑大寨。金坑原属广西兴安县，1959 年划拨龙胜各族自治县管辖。

见《瑶族石刻录》第 150—152 页。

【石刻全文】

伏闻冠冕衣裳，至皇帝而首备[1]，婚姻嫁娶，旨伏羲所指兴[2]。盖皇帝以下，分为五种之人民。周公之始，方作六礼之仪制。我境自先人以来，衣食尚俭。迄今人心不古，服饰从奢，着五彩以为衣，制百纶而成服，使妇女做无益之衣裳，而男子费有用之财货[3]。成功不惮年久，费钱何惜囊空。吾等目睹心伤，爰集同仁，公立禁约，嗣后概改前弊，悉听新条。妇女咸令着青，婚资皆欲合道。次言迩来年荒岁歉，匪盗频生，官无定律，民无定主，若不禁束，盗贼由此而生，匪类由斯而起。今后必须父训其子，兄盖其弟。如有犯者，大则沉塘毙命，小则鸣众公罚。勿以亲而免之，勿以徇而敬之。倘有受贿私纵者，与罪盗同罪。务使人人改邪归正，个个化盗为良，共享升平之福，咸称淳厚之风可也。是以为序。

一忤逆不孝，触犯尊长者，经众公罚。

一拦路劫抢，谋财害命，得知拿获者，沉塘毙命。

一迁葬土坟，不得骑龙斩脉，挨坟逼制，左右宜留余地丈许，违者公罚。

一惯盗田禾谷仓及猪牛家财者，拿获沉塘毙命。

一停留面生歹人，勾生吃熟，借故生端者逐。

一盗偷羊、犬、鸡、鸭及什物，竹木柴薪及园中瓜菜者，量拟罪之轻重，公罚不得姑容。

一托媒求亲，红庚相合，下定聘礼六千文正，正聘仪二十千文正，不许增加。如违者罚钱六百四十文，不恕。

一女家送亲之日，只许抬衣柜一乘，请男女客只许两席。多一个者，公罚决不宽贷。

一男家送亲礼米六斗，酒肉照依旧例，亲老二家同席，酒筵一宿两餐即散，付猪尾肉六斤。违者公罚。

一妇女衣饰，不许仍绣五彩，只宜穿青一色，前置五彩者衬内，仍以青服盖之。首饰只许穿带年表、银牌、手镯，余俱不用。

一女舅父送亲，只备花被一床，草席一张，男家赔礼钱四千文，猪肉二斤。

一招赘、填房入舍之事，女家反目者，每年出钱四千文。男反情者，子嗣与彼，无子，每载收钱二千文。违者，反罚不恕。

一有女者，每年只许送年节一届，不许浩费。

一夫妇不和，既已改嫁，归原夫有关风化，如违者公罚。

一地方理事不平，经团众从公排解，兹事索诈，捏情诬控等弊，均系不法，地方从场先行公罚，后论是非。

以上数条禁约，各宜依次遵行，但愿同人猛醒，方知节用于民。

中华民国六年岁次丁巳孟冬月浣日，兴龙两隘公立。

【校勘记】

［1］皇帝，据句意，当作"黄帝"。

［2］旨，《瑶族石刻录》疑应作"为"。

［3］财货，据句意，疑应作"财赀"。财赀即财资，指钱财。

兴安龙胜联团乡约碑

【题解】

碑在龙胜县泗水乡潘内村杨梅寨路边内侧，为当地三大碑之一。民国六年（1917）刊。与原存龙胜县和平乡金坑大寨《金坑联团乡约碑》内容完全相同，属一碑两立。石天飞、覃阳雪访碑。

【石刻全文】

永古遵依（碑额）

窃思古此章身无赖，以羽皮为之，蔽体无露，法于羲黄，以下衣裳之制始兴，历代相传也久矣。及至如今，巧女更幻，执其五彩为服，败坏绒丝，奢华过费。老瞻视箴言，古道犹存，况遇猖狂轻佻，反则毁于议论轻谈，同人亦受乎耻。今有兴、龙两邑，爱集知事之士，书缄颁递各寨，举齐四民，雷同会议，保护团体稽查户户，共乐升平。忖思圣人云，殷因于夏礼，周因于殷礼，胥有损益，旧染汗俗，故有维新之念。从兹文明世代，岂不百道同风？章程设定，万无一失，永不朽败耳。

一凡匪类抢掠人家财物者，拿获沉塘毙命。窝匪窝盗窝赃，地方察确，即将永业充公。

一凡盗窃猪牛仓谷，撬壁雕墙，拿获者鸣团，或割耳刀目，或沉塘毙命。

一凡盗偷鸡鸭、菜蔬、杂粮物件，拿获者公罚八千文。

一凡遇盗偷财物，不拘何人看见，许即拿获。倘有隐匿不报，与贼同罪。一人被盗，众人失主擒盗，各无□贷。

一凡雇工人，倘有风云不测及妇女悬梁自尽，不为立命案。

一凡妇人喉圈、银炮、银带、银树四件，议决改除旧服，准限三年禁绝。如有不遵，公罚不恕。

一凡古风□制五彩，从今改除，以青为服，不许编织彩衣。若有不遵禁，鸣团公罚不恕。

一凡人妻缘配不睦而改嫁者，不许转归原夫，有关风化，以免效尤。

一凡讬媒问亲，二比愿意，发出生庚，准其二人下定□□钱六千正，不许加增，违者不恕。

一凡过聘之时，只许二人送礼钱二十千为准，不许增加。女家送亲，只许亲族男女三十二人。

一凡男家酒筵，无论新旧之客，共同一餐早夜膳食消夜妥宿，迎亲□□□酒肉礼物，依仍照旧勿违。

一凡女家舅公，准办花被一床，草席一张。议决男家餽钱□千文，备六亲尾礼二个。

一凡女既已婚娶，以订终身，不许异心反目。如有反悔，由地方公议可否，如二比愿嫁，凭中与外家订财礼。

一凡招赘入舍，视为骨血一体，不得视作外人。不拘男女，或萌异心，即由地方公论。妇女反悔者，议决与钱四千文；如男家反悔，即着公议，每年□婿钱二千文面斥。各宜遵禁。

一凡旧例，每年送女二节，过于繁浩，今去一节。外甥婚娶，请舅亲者，不许牵羊为礼，只用鸡鸭报期是也。

一凡地方遇有口角是非，各乡理落。如逢重大事务，即经团排解。若判不清，方可兴讼。

以上婚娶制服，改良各款条规，各宜遵禁。如有违犯，齐团公罚钱十二千文，决不宽恕。

水银塘长：王左才、琪福，龙金荣、金科，余启富、义方，朱臣田、吉相，杨新富、公贵。

金坑团长：潘长满、大德。秀武、万才、正德、新寿、昭盛、乔才、大□、光发、金通、为才、天文。

潘内团长：粟光德、金际、长寿、天保，粟林、通合、洪和、相寿、四团、满□、章保，邓金，黄文玉、良、通、□金，吴朝富、□金。

中华民国六年丁巳岁孟冬月既望日，兴、龙二邑团长暨立。

平等蒙洞风雨桥碑

【题解】

碑在龙胜县平等镇蒙洞村，民国十一年（1922）刊。

见《龙胜各族自治县碑文集》第80—81页。

【石刻全文】

名传万古（碑额）

盖闻桥通往来，王者重兴梁之政；民爱厉涉，仁者动利济之思。但善果非独力能成，而胜因必依时而建。□□蒙洞青龙岸边[1]，昔原有桥名曰"接龙"。虽非舆马之要道，亦为往来之通衢。不意岁遇壬寅，触于冯夷之怒。一旦倾覆，潺波遂至。为农者恒兴穷途之嗟，为商者未免塞裳之苦。从此东西隔岸，虽方咫尺，不啻天涯。是以众等目睹，感怀坐观而不抑振前徽者也。幸前数载，雨旸时若[2]，物产顺成。倡首诸人，效前人之规模，为后世之纪念。原依旧势□□列四排石柱，中铺平板，上修阁亭。只因工程浩大，独力难支，所赖四方仁人长者，或施床头之金；善信男女，或□襄内之粟。踊跃输捐，襄成美举。从此工程告峻，勒诸贞珉，永垂不朽。再愿龙桥如冈陵之巩固，老幼善果，共赐福寿以绵延。是以为序。

民国拾壹年壬戌仲春吉日立。

【校勘记】

[1] 据碑题，所缺或是"平等"二字。

[2] 雨旸时若，《龙胜各族自治县碑文集》作"雨瓆时若"，当误，径改。雨旸时若，谓晴雨适时，气候调和。语本《书·洪范》："日肃，时雨若；日义，时旸若。"

缴纳粮税碑

【题解】

碑在龙胜平等镇广南章程亭（广南小学旁），民国十三年（1924）刊。

见《龙胜县志》第 523 页；《龙胜各族自治县碑文集》第 49 页。

【石刻全文】

永远遵行（碑额）

龙胜县公署布告：案奉广西财政厅令[1]，开以县属官租米一项，每石折价银四元缴纳，所有运送伕役一概免除，饬即会议呈覆备案等因，奉此经由参议事会召集全属绅民会议，金称情愿遵令。每租米一石折银四元缴纳，免除伕役以苏民困等情，转谘来县，复派委石绅成山查明，复称东北各团应缴租米，自应每石以四元缴纳。惟北区及小江地处僻远，米价向低，如不遵令，致碍通案。现定小江一处每租米一石，酌折缴银三元六角。不敷之款，由石村一处除照章缴纳四元外，每石附纳银四角。广南、庖田两处除照章缴纳四元外[2]，每石附纳银二角补助小江数目，适合四元，以符功令等情，前来本知事核，与奉定四元数目相符，尚属可行。合行布告，仰合县各民人等一体知悉。兹由十三年起，嗣后各处人民缴纳租米，每石准以四元缴纳。惟北区之小江，每石准以三元六角缴纳。石村一处，每石附加纳银四角。广南、庖田二处，每石附加纳银二角，以补小江，而符定令。至于一切伕役，概行免除。自布告后，永为定例，其各遵照。此布。

中华民国十三年五月十五日。

知事蔡永贵。

【校勘记】

[1] 令，《龙胜县志》作"今"，误，据《龙胜各族自治县碑文集》改。

[2] 外，《龙胜县志》无，据《龙胜各族自治县碑文集》补。

龙胜县公署布告

【题解】

碑在龙胜县楚南会馆。民国十四年（1925）刊。楷书。碑之左下脚残缺。拓片长 86 厘米，宽 84 厘米。据龙胜县文物管理所藏拓片录。

【石刻全文】

永守定章（碑额）

龙胜县公署布告

为布告事，案准龙胜县议、参事会咨开为咨请事，代表石葆美等四十七名联名呈为请愿事，窃查税流弊滋多，前经全属绅民议决每租米一石，拆除伕役以苏民困，北区部分地方辽濶米价贵贱不长补短规定小江一处每租米一石酌拆银三元，由石村一处除照章缴纳四元外，每石附纳银四，除照章缴纳四元外，付纳银二角补助小江数目，蔡前任禀准广西财政厅核准布告在案，窃查各团虽将布……

头门尚未勒有石碑，诚恐年久弊生，无从考……

机关有兴利除弊之责，故特请愿转咨县……

碑以垂久远，而苏民困，实为公便等情，兹……

相应缮文咨请贵知事查照原案给示……

致纫公谊等由准此查县属官租米一……

清理平桂财政处第二一二号训令内……

广西建国军总指挥部令开查该县……

月此次文到之日起准以银四元拆……

覈实仰即转饬遵照办理。切切！此令……

照办理此令等因，奉此兹准前由合……

仰各一体知照。此布。

中华民国十四年二……

知事廖。

广西民政公署禁革陋规布告碑

【题解】

此碑立于龙胜县城北门。碑高 1.3 米，宽 0.9 米。民国十四年（1925）刊。《瑶族石刻录》记："1958 年拆城毁碑。"

见《瑶族石刻录》第 158—159 页。

【石刻全文】

广西民政公署布告第十号

为布告事，案据广西高等检察厅检察长陆培鑫呈称，为呈请遵示事。窃维司法制度，原为保障人民生命财产而设。凡检验履勘命盗案件，尤为司法官职务上应尽之能事。一切费用，不能取诸于民。在昔前清时代，每遇命盗案件发生，有司率领胥役前往勘验，供张有费，红袍有费，解秽有费，差役之草鞋有费，种种名目，不胜枚举。或需索于受害之家，或滋扰于被告之族，甚至附近里邻亦有被波及者。此种弊端，自民国成立以后，早经申令禁止。惟就职厅访闻所及，前项积弊之有无，仍视每任知事之贤否，或甲任禁革而乙任兴回，或丙任再革而丁任又兴，循环往复，以致终未革除。拟请钧长重申禁令，颁发布告，通行各县勒石禁革，庶知警惕而垂久远。此后验勘命盗案件，如有前项需索，或变更名目，任意滋扰情事，即照刑律渎职诈欺等条，从重治罪，以儆贪邪而除积弊。是否有当，理合具文呈请钧长察核示遵等情到署，当经指令呈悉，据称各县司法陋规兴革，非通令各县勒石禁革，不足以知警惕而垂久远。各节尚属实情，仰候令饬各县知事一体遵照办理可也。此令。

除印发并通令外，合行布告，仰各一体知照。此布。

中华民国十四年十二月十九日。

民政厅长黄绍竑。

署龙胜县知事吕硕望谨勒并书。

添丁会布告碑

【题解】

碑存龙胜县龙脊镇龙脊村平段寨，龙脊生态博物馆存其拓片。民国十七年（1928）刊。石天飞 2019 年据拓片录。

【石刻全文】

添丁会布告碑拓片

兰桂腾芳（碑额）

兴安县西外区龙脊团添丁会布告

为布告事，照得今日文明国家，许人民自由集会结社，无非令人讲兴利除弊，以图地方自治，而学会农商会布满天下，若会员能振作精神，竞争进步，以图富强，未尝不占于优胜地位。今我辈设会，意不在此。因吾辈命运乖违，欠缺子息，恐后启之无人，痛先灵之谁靠？不已而推定相续之人，或同宗，或异姓，以承吾之财产宗支。使数百年继续之权，一旦失于他人之手，此中景况，难向人言。不但此也，一家相聚，难免无同异之心，父子同居，或具有彼此之见。有善无可劝勉，有恶无从规戒。不已，前派代表赴县呈请县公署马知事批状，悉准尔承桃备案，自行勒碑，永远竖立通衢，此批。如是而集同况之人，结一社会，又何敢望优胜于社会上也？只求宗支香烟不替，家庭相督有人，或内外房族稍有差池，可于社会讨论，互为劝勉，互为警戒。设此会者，非庆幸也，实自悲也。然无子而有子，无孙而弄孙，螽斯衍庆，麟趾呈祥，又何尝与家族有异同也？切切！此布。

民国十七年岁次戊辰二月二十三日，会员廖肇周、侯永连、潘润德、廖文英、潘永团、陈庭英、侯庭甫、潘玉章、廖吉欢、蒙吉清、陈富朝、陈昌保、廖昌庭、潘保生、潘美玉、罗尧德、潘日甫、侯益定，会员廖肇光、正连、文保、正安、昌兴、昌礼、昌宁、玉屏、华安、吉祥、昌儒、益秀，潘兴、凤、安武、昌永、光荣、玉禄、光庭、光华、昌英、□□、仕明、仕成、凤元、胜丰、富友、光星全立。

金结桥碑记

【题解】

碑位于龙胜县金结桥头公路边，民国三十年（1941）立。碑体为长方体立柱，正面为"湘桂金结，民国三十年三月，罗英题。"此记刻于碑之背面。石天飞访碑。

罗英（1890—1964），字怀伯，江西省南城县株良乡祥岗村人。著名的桥梁建筑专家。1910年经学校保送为"庚子赔款"第一批公费留美学生。1911年，罗英与茅以升、郑华三人进美国康奈尔大学土木工程系学习桥梁专业。1933年，任钱塘江大桥工程处总工程师，1953年应聘为武汉长江大桥技术顾问委员会委员。

【石刻全文】

金结桥碑记（碑额）

庚辰春，英奉令兴修桂穗公路，由桂林经湘境而达黔之三穗。桂段自桂林至宛田，于双十节已完成通车。而宛田至青龙界，路线所经，削壁悬崖，山峦重叠，深溪绝涧，水道纵横，乍燠倏寒，气候恶劣，蛮烟瘴雨，疾疫时行。道路既极险阻，工作又多折磨。乃于是年冬十二月，征调桂民工四万，招募湘石工二万，正式开工，越四月而全段打通。工程之速，实所仅见。金结河桥适位于斯段之中心，因就其原名，冠以"桂湘"两字，盖取两省黎庶协力合作共襄厥工，有如金石契结之义。题碑其间，以示不忘。自今以后，两省间文化习尚之日益沟通，经济、物资之日益发展，举凡有利于国于民者，尤赖于桂湘人士之契结努力者矣！

中华民国三十年辛巳季春，江西南城罗英记。

抚民布告

【题解】

碑在龙胜县江底乡梨子根，民国二十一年（1932）刊。

见《龙胜各族自治县碑文集》第17页。原题为《抚民文告》。

【石刻全文】

布告（碑额）

凡我瑶楚汉民，不必逃若虚惊。

本军此番举动，专意定邦治民。

既有反叛相战，不能干扰百姓。

士农工商买卖，仍旧照样而行。

各地男女老幼，倚门当道勿惊。

告劝军营兄弟，切莫倚强欺凌。

倘若违规强扰，军法决不容情。

各地赠送军米，当然感谢高情。

此时军费缺少，请各当户借征。

日后治平清太，仍然加倍给清。

万万同胞兄弟，务各努力齐心。

得功务须报告，本军既赏功勋。

现在玉玺未用，莫谓白挥无凭。

为此切切布告，仰各一体遵行。

壬申农历三月十五日梨子根宣布大元帅文告。

长征标语一

长征标语一

【题解】

摩崖在龙胜县泗水乡红军岩。当刊于 1935 年。

【石刻全文】

红军绝对保护傜民！

红三宣。

长征标语二

长征标语二

【题解】

摩崖在龙胜县泗水乡红军岩。当刊于 1935 年。

【石刻全文】

继续斗争，再寻光明。
红三军。

长征标语三

【题解】

摩崖在龙胜县泗水乡红军岩。当刊于 1935 年。

【石刻全文】

奇石名贵。
红三军宣。

长征标语四

【题解】

摩崖在龙胜县泗水乡红军岩，当刊于 1935 年。

【石刻全文】

三民论国，慰徭安心！

坚持到底，光明来临！

红三军宣。

潘发达墓碑

潘发达墓碑拓片

【题解】

碑在龙胜县龙脊镇和平村大木组，民国二十五年（1936）刊。龙胜县龙脊生态博物馆存其拓片；拓片顶部缺字无拓。石天飞据拓片录，据《龙胜各族自治县碑文集》补。

见《龙胜各族自治县碑文集》第 11 页。

【石刻全文】

清故始祖潘公讳发达老大人之墓

潘姓系自河南荥阳县迁本省南丹、河池、庆远等县，因苗乱于清乾隆四年，本支始祖发达公复迁龙胜大木村世居焉。厥后日渐蕃衍，分迁各处。今蛰蛰之数百户，同一血统也。溯木本水源，天高地厚，仅勒石碑，以示不忘。

桐子坪坐寅山申向。

本支现住村名大木、马才、龙堡、安背、岭背、猫岭、平段、路底、江路、坪岭、平寨、江边、岳武、纳纲、八难、新寨。

发起人：潘文光、世藩、润达、连举、庭瑞、光山。

民国二十五年丙子八月廿六日午时安碑。

泗水街头大桥序碑

【题解】

碑在龙胜县泗水乡泗水街。刊立年代计在民国前。《龙胜各族自治县碑文集》记："此文系周宝堂所撰。周宝堂号炳南，泗水乡人，前清禀生，于本邑讲学多年，门人蒙其教而扶摇直上者。不幸殁于民国三年，享寿七十。"

见《龙胜各族自治县碑文集》第42页；《广西石刻总集辑校》第1399页。

【石刻全文】

盖闻梁成十月，王乃令于冬期；桥圯经年，民实忧夫春渡[1]。由来桑江地界，山高水陡。不惟道路崎岖，亦且涧水溪阻[2]。倘遇春水泛滥，行人进退两难。隔岸谘嗟，每叹天涯于咫尺；褰裳莫济，常悲歧路于穷途。兼之又属官商之要道，尤为往来之冲衢。至若涧少桥梁，人皆病涉。路不平坦，负载询艰，愈觉难堪。谁能不由，焉敢坐视？吾等念切情殷，久欲利济。卒之身微力小，纵有志而弗伸；独力难持，徒惆怅而抱恨。伏愿仁人长者，乐布工金；更祈义士高贤，亲同参筑。何溪当架桥梁，使征人无病涉；何路力行修补，俾过客喜通行。千夫万杵，动若雷鸣；肩石担坭，奔如雨集。虽工程浩大，而指日可几[3]；即虑始维艰，而图终良易。磷磷雁齿，将与兴德齐隆；蔼蔼龙光，常并恩波不逝。

是为序。

【校勘记】

[1] 夫，据句意或当作“乎”。《固洞振风桥碑》有云“民亦实忧乎春渡”，可为佐证。

[2] 水，《龙胜各族自治县碑文集》无，据《广西石刻总集辑校》补。

[3] 几，据文意，或为“成”之误。

固洞振风桥碑

【题解】

碑原在龙胜县平等镇固洞村，刊立年代计在民国前，现已不存。泗水街头大桥序碑撰者为周宝堂；依时间、地点及行文内容、风格，此固洞振风桥碑疑亦为周宝堂所撰。

见《龙胜各族自治县碑文集》第31—32页；《广西石刻总集辑校》第1398—1399页。

【石刻全文】

名垂千古（碑额）

盖闻梁成十月，王乃布令于冬期[1]；桥圯经年[2]，民亦实忧乎春渡。伊古来济人，利而靡不无亟，善与人同耳，但可欲之谓善。善果蝧独立能成，人之谓："美举必需时而建。"斯我固洞水口之桥也，虽非车马之进行，亦属四民之要道。为之缅想昔日长桥覆浪，免嗟歧路于穷途；复顾今朝隔岸招呼，独恨天涯于咫尺。我等望切河清，情深厉揭[3]。仿效前人之规模，必作后世之纪验[4]。其桥身垫以大木，中铺以平坡，山则翼之以亭开[5]。奈因工程浩大，独力难支，乃属其耆老而告之曰："取诸人以为善可也。"乃乡人皆好之，同心协力。得赖四方仁人长者，喜布金钱；更获义士高贤，概确果[6]。庶烦几共襄厥美，朝夕无病涉之忧；乐观其成，遐迩免塞裳之叹。由是而工之成告竣，勒之贞珉，流芳百世。而今后于乡党，老者安，少者勤[7]，士者义，农者丰，以德报德，同跻仁寿，共享荣昌，猗欤休哉！诚哉是方也！是以为叙。

【校勘记】

[1] 王，《龙胜各族自治县碑文集》录为"旦"，当误，据《广西石刻总集辑校》改。

[2] 圯，《龙胜各族自治县碑文集》录为"纪"，当误，据《广西石刻总集辑校》改。

[3] 情深厉揭，疑当作"深厉浅揭"。《诗·邶风·匏有苦叶》："深则厉，浅则揭。"朱熹集传："以衣而涉曰厉，褰衣而涉曰揭。"

[4] 纪验，据文意，当为"纪念"之误。

[5] 开，据文意，疑作"阁"。

[6] "概确果"疑误，或当作"亲同参筑"，因龙胜县泗水乡泗水街《泗水街头大桥序碑》有句："伏愿仁人长者，乐布工金；更祈义士高贤，亲同参筑。"

[7] 勤，《龙胜各族自治县碑文集》录为"情"，当误，据《广西石刻总集辑校》改。

广西金秀县瑶族石刻

成二下故都等村石牌

成二下故都等村石牌

【题解】

　　原发现于金秀县三角乡三角村庙背。现藏金秀县瑶族博物馆。明崇祯四年（1631）刊。为目前发现之最早金秀石牌。据清同治间《金秀沿河十村平兔石牌》所述"在明朝目下，立昨会律法……在道光目下……"等语，亦可知石牌于明代已产生。《瑶族石牌制》记此石牌1990年被三角村村民于田中挖出。石牌用青灰石板料制成，长90厘米，宽45厘米，厚10厘米，重81千克。成二，即今长二村，属茶山瑶。下故都，又称古都，在今仙家漕、分水岭之间。五甲，不知今之何处。故三，即今寨堡屯。原碑别字、同音字较多；这也是金秀石牌的普遍特点。别字、同音字等，照原碑录，不作改动，亦不出校。金秀县其他石牌，亦作同样处理。石天飞访碑。

　　见《瑶族石牌制》第299—300页。

【石刻全文】

　　大百蚀杀古牛一使，三两，煞诸一使，酒二夭。成二村、下故都策田设立石牌，回定抵照。恩回成二、五甲大兄小弟，合三相良，同心心。治位不得何人作生事。五成二把。古都村不得金村、上秀、平南、石水。故叁□人不得作事，山遑五成二。夫妻男女，生同生，死同水，煞诸一使一办，二夭酒，十一胡。

崇祯四年辛未春二月十八日立石牌。

上秀歌赦二村石牌

【题解】

《瑶族石牌制》记此碑为姚舜安发现，现藏广西民族大学。刊于清顺治十一年（1654）。高约 86 厘米，宽约 30 厘米。上秀，即今金秀村。歌赦，即今白沙村。二村均为茶山瑶，隔河相望。全、龚、苏、陶世代通婚，因而此是姻亲石牌。

见《瑶族石牌制》第 301—302 页。

【石刻全文】

立石牌二村各管折事，不得作事。房二村，弟合心弟意，合艺到大事作小事，又小事无。又二村意水、江河、山界折事，大士小士折则了。

一料上秀河人乱去过歌赦村，□同启事，不服合道里。

二料歌赦河人乱去过上秀村，□同启事，不服合道里。

三料上秀偷盗不关歌赦村，歌赦村偷盗不关上秀村。

四料上秀歌赦二村，河人乱启事生害，强道打蛮，打人死，二村不服合道里。

五料二村河人，不乱启事，不得打无屋，不乱打枪浮，二村不服合道里。

六料上秀河人，托花柳不关歌赦，托花柳不关上秀，各村各管。

七料上部二村百术件，何人不得乱盗。又乱偷盗，二村睁同鬼神定。

八料上秀歌赦二村，何人大事小事，不用锁薄，改老人孙断。

九料上秀歌赦二村客人、状人、瑶人，上下乱打蛮，过界石牌，二村不服道里。

十料二村山水、香草、卯草，何人取牛、取猪，丑一村。弟到不又事了。

十一料二村过去山又沙又且，河人死意，石牌料令降。

十二料□□□生士，二村睁作主外至。又山又田地，同四案意，朝老厄域山界。

大清顺治十一年甲午二月十七日立碑。天灵地准。

二村杀猪二只，艮两正。

全扶尽　龚道恩

全扶高　龚扶要

苏扶晓　苏扶教

上秀：全道艺　陶扶且

歌赦：苏胜金　□□□

门头村石牌

门头村石牌

【题解】

碑现存金秀县六巷乡门头村石牌坪。据原碑及花蓝瑶博物馆材料录。按碑文，碑刊于清雍正元年（1723 年），但碑文中有"东毫"字样，或是依雍正间纸石牌所刻，或凭村民记忆而刻，其刻立时间或在民国。以碑文所显示时间，系于此。石天飞访碑。

【石刻全文】

……次石牌规文

第一条　遥还遥，汉还汉，水不交油铜不交银。

第二条　各村和各个人所有田地不能超界，谁有乱耕过界查清乱罚东毫钱陆拾元。

第三条　本村有事应大事化为小事，小事化为无事。

第四条　有重大事不乱杀人，要通过石牌商量才可杀人。

第五条　任何村人与任何村人有重大事情，都不能拉汉族和他人扰乱，轻重可全家杀光。

第六条　各村各户个人都不能窝匪通匪，若有这种的人与匪同罪。

第七条　不准嫖赌，违者看轻重罚钱。重的杀人。

第八条　不准偷盗行为、拦路打劫，如有违者，重的杀人。

第九条　有事情严重，村以村户以户不能闯村进家，要通过雇老人调解，如不通过，石牌有权处理杀死。七十三、八十四村规家规。

瑶族石刻辑校

230

第十条　不准在石牌内任何人□樟通匪，违者杀头。

第十一条　在本石牌内外，不准乱暗杀人，违者罚钱，男三百陆十元，女二百四十元东毫。

第十二条　土匪打村、抢人、牵牛，报到各村各户，任何户都不能抗拒，如果那村那户不出去打土匪，就是以土匪同罪。

第十三条　以上订十二条，通过众石牌共同守规。

清雍正癸卯年七月廿二日。

界　碑

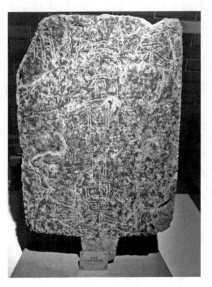

界　碑

【题解】

碑现存金秀县瑶族博物馆。左上角有缺口，左侧中部落款处缺数字。刊于清乾隆四十二年（1777）。石天飞访碑，据原石录。

【石刻全文】

永安州至图县村西界

乾隆四十二年……十五日立碑。

寨保杨柳将军三村石牌

【题解】

《瑶族石牌制》记此石牌原竖立在金秀县六段村功德桥头，后被断为两截，破损严重。清乾隆五十一年（1786）刊。寨保、杨柳、将军三村属茶山瑶，莫姓。碑文中较多同音、近音字，如"至"与"置"、"服"与"伏"、"果"与"过"等，与少数民族地区语言特点有关，今照录，不出校。

见《瑶族石刻录》第176—177页；《瑶族石牌制》第302—303页。

【石刻全文】

天长

石牌大吉

我等立石牌料会。

盘故开壁天地，先至山领，后至人民，注在瑶山，无有田地。养男养女结夫妻，大断价银四两二钱，鸡二只，果无有，肉四斤。

一令伤恶死依二件，肉多少不舞。

二令小斋小酉肉二丁，道人无有。

三令苏□把黎太□盗贼收心。我人又事□□。

四令田地水□上流下，不用乱令，三村不服。

五令山领□简木松杉柱，不用动地乱斩，不伏。

六令强盗人害村，众等同心。

七令别乡□里不伏。

八令山水田地买主人领银，不得翻悔。

九令荡茆草撢田，何人不得乱令。

善人买卖无，有茶有食吃。

又

一令我人翻□果界，勾同打劫，煞人害命。三村不伏。

二令我人谢番果逼男□女，三村就不伏。

三令□□□三村就仰兄弟。

四令我人有事，不用领□□打□，三村不伏。

五令夫妻男女□六□□□，我人不用□□□。

（1）三分三，九分九，石牌六十两。

（2）十月十六日丙戌年三□□时，推夫妻耕种，工成众等我人作下田。

（3）众人三村旧年丙辰生庚禁忌。

（4）到至戊辰，三村夜生庚禁忌，三村兄弟到年礼禁忌夜到事。自二月八日禁忌夜到丁问人乱讲，就不关三村兄弟。

大清乾隆五十一年丙午十月即七日午时。天灵地准。二月初三日立料令。

地玖

万古流名碑

万古流名碑

【题解】

碑现存金秀县瑶族博物馆，据碑文推测，约刊于清嘉庆八年（1803）。碑文左右两侧模糊难认。石天飞访碑，据原石录。

【石刻全文】

万古流名（碑额）

……至茶山同居住六定村……之至者，先日古老□社王当祀□，入修整如今两林粟□□□□人同，我诚心□神灵头应，福有悠归。沐恩弟子苏胜斗偕男□福　施银一百两，应修□□砖之□，自我诚心为福，留后子系[1]。天长地久。嘉庆八年许祭神功得福得财，所以如今还愿修造社庙供二坐。

正主会意。苏胜斗捐银一百两。

会首陶老四木料三根。

大会首苏老五木料十一根。

大信士苏道治捐银二两六二分。

大信士苏扶侣捐银二两。

大信士苏扶村捐银二两二钱五分。

大信士苏扶勤捐银一两二钱五分。

大信士苏……

三片村：信士陶胜□捐艮□□两。

信士苏道□捐艮□□两。

信士苏道高捐艮五钱。

信士□道□捐艮□□。

信士苏扶班捐艮五钱。

湖广信士：毛细有捐艮一两

王金府捐艮五钱。

九排信士：黄老保捐艮一两。

信士周尚□捐艮五钱。

……二□十一日吉日。

[1] 系，据句意，疑为"孙"，因形近而致误。

州正堂龙示禁碑

瑶族石刻辑校

州正堂龙示禁碑拓片

【题解】

　　碑现存金秀县瑶族博物馆，保存完好，个别字漶漫不可认。刊于清嘉庆十八年（1813）。据原石及拓片录。此是象州知州代表官方，为保护山林、水源而作出相关规定的示禁碑。"州正堂龙"，即文中之"龙州主"，时任象州知州的龙舜耕，安徽芜湖举人，嘉庆十八年任象州知州。"沐瑞二州主"，清同治《象县志·国朝秩官志》"知州"载："沐瀚，满洲人，乾隆五十八年任"，"瑞昌，正蓝旗，生员，嘉庆七年任"。

　　见《瑶族石刻录》第49—50页；《瑶族石牌制》第306页。

　　石天飞、吴佳丽访碑。

【石刻全文】

州正堂龙示禁（额）[1]

　　窃维木有本则不绝，水有源则不竭。三江龙挖瓮冲山场乃九村水源，灌溉田禾之山，上应国课数十余石[2]，下养生命万有余丁。前罗国泰大肆伐山场，曾经呈控于前任沐、瑞二州主在案。今有不法地棍复行砍伐树木，断绝水源。九村不已，禀恳龙州主出示永禁，刊碑于圩，以垂不朽。

告示

　　一保护水源，以资灌溉也。查州属大河，上通雒容，下至来宾，有自然水利；其余环绕港，议全资山水流注。而山水须藉树木荫庇，保存涓滴之源灌溉田禾，是树木即属蓄水之本，岂可任意砍伐致碍水源！且系官山，难容私占。兹闻地棍但图目前之利，私行招租批佃，或自行开垦，擅伐树木，放火烧山，栽种杂粮，日久踞为己有，公然告争，以致水源顿绝，田禾受涸，大为民害。其余官荒树木，概不许私佃自垦，伐树烧山，以蓄水源。如还，依律重究。

义路村、古陈村、大泽村、六龙村、花覃村、凤凰村、花芦村、厄村、婆保村。

嘉庆十八年十月初一日九村等刊立[3]。

【校勘记】

[1] 碑额"州正堂龙示禁","州正"二字原石已缺，据博物馆说明资料补。《瑶族石刻录》《瑶族石牌制》亦载此碑，但二书均将此碑名误录为"禁示龙堂碑"。

[2] 余，《瑶族石牌制》作"作"，误，据原石改。

[3] 等，《瑶族石刻录》《瑶族石牌制》均缺，据原石补。

门头下灵黄桑三村石牌

【题解】

《瑶族石牌制》载此碑原立于金秀县六巷乡门头村南端社庙后山坡上，清道光二年（1822）刊。又记此是胞族石牌。门头、下灵、黄桑三村，位于今金秀县六巷乡境内，胡姓，属花蓝瑶，其祖先于明清之际从贵州古州（今榕江）迁来。清光绪间，此三村在与盘瑶黄元明领导的盘瑶抗租斗争中，下灵村人少力弱，只好到门头、黄桑两村居住，现下灵村已不存在。石牌内容是，公开宣布三村有事，不许过界请人帮助，自己的事情自己处理，犯者罚银，内外不同，体现了石牌律法"轻内重外，同事异论"的倾向。今门头不见此碑，亦不见于金秀县瑶族博物馆，据当地居民所传，疑已埋入村中"石牌坪"地下。

见《瑶族石刻录》第178页；《瑶族石牌制》第307—308页。

【石刻全文】

三村立石牌，大事收为小事，小事收为全无。禾田不得则田。有事用请里者[1]，事无就莫播。三村有事，不用挑人。三村有事，不许过介请。若过介请老，众罚银六十两。外村石牌挑得三村，自犯罚银十两。外石牌人犯，罚银三百两。请老不许食银，不得杀人。生易不得卖病猪，从罚。不许播鬼。

道光二年七月二十二日立。

【校勘记】

[1] "者"字，《瑶族石牌制》无，据《瑶族石刻录》补。

凤凰互助等村石牌

凤凰互助等村石牌

【题解】

原位于金秀县大樟乡，现藏于金秀县瑶族博物馆。清道光六年（1826）刊。《瑶族石牌制》评：对"犯规"者的惩罚较轻，多用赔赃和吃酒戒惩，不使用肉刑、死刑；注重用儒家"孝弟"等理论观念教育世人，这为石牌所仅见。《瑶族石牌制》录此碑，然多断句之误，亦有文字缺漏。碑额说明立碑时间，而不再落款，此种形式在石刻中较为少见。不称"石牌"而称"碑"，在研究金秀石牌制中也值得仔细思考。《瑶族石牌制》作"互助等村石牌"，金秀县瑶族博物馆藏石牌实物旁说明文字称"凤凰村石牌"，本书综合二者称"凤凰互助等村石牌"。

石天飞、吴佳丽访碑。

见《瑶族石牌制》第308—309页。

【石刻全文】

道光六年立碑（额）[1]

切一村之安，□于无盗，人心之淳，□以不赌。而安淳之法，先立规戒于前，免临恶罚于后。愿我村人安分守己，非吾之所有，虽一毫而莫取[2]。守望相助，岂不里仁为美哉！无如后生，或奸盗赌有之，不孝不弟有之，以故村中长老恐伤风败俗，引诱后人，特刊碑立规，犯规公罚不□[3]，比送官[4]。比我村人，有则改之[5]，无则加勉。是为序。

条规：

一不孝不弟，犯上作乱，罚钱二千。一件犯奸情罚肉卅斤，并酒饭。

一件偷牛马猪狗鸡鸭，除赔赃外，罚肉五十斤，并酒饭各卅斤。

一犯赌局每人罚钱一千，仓家二千[6]。一九月偷禾稿，每子罚钱一百文[7]。

一偷禾谷除赔赃外，罚猪卅斤[8]，酒饭各卅斤。

一做脚挖屋，拿贼供开[9]，罚肉四十斤，酒饭各卅斤。

一偷园内小菜、瓜菓并柴艹，罚钱一千，拿四百交主，六百归众。

【校勘记】

[1] 碑额"道光六年立碑"，《瑶族石牌制》置于文后，视作落款，误。

[2] 而，《瑶族石牌制》无，据原石补。

[3] □，《瑶族石牌制》作"尧"，并释为"饶"。

[4] 比，《瑶族石牌制》作"并"。

[5] 则，《瑶族石牌制》无，据原石补。

[6] 仓，《瑶族石牌制》作"抢"，误，据原石改。

[7] 子，《瑶族石牌制》作"把"，误，据原石改。一百，《瑶族石牌制》作"二百"，误，据原石改。

[8] 猪卅斤，《瑶族石牌制》作"猪肉三十斤"。文中其余各处"卅斤"，《瑶族石牌制》均作"三十斤"。

[9] 拿贼供开，《瑶族石牌制》作"合贼共干"，误，据原石改。

龙华容洞两村石牌

龙华容洞两村石牌

【题解】

原位于金秀县长垌乡龙华村（属花蓝瑶），现藏于金秀县瑶族博物馆。刊于清道光二十九年（1849）。反映了龙华花蓝瑶与容洞茶山瑶之间的争斗。碑额中"日月丁光"字样，丁、光二字居中，丁字在上，光字在下，呈重叠状，且二字饰以圆形图案。"日月丁光"疑即"日月同光"。石天飞访碑。

见《瑶族石牌制》第309—310页。

【石刻全文】

日月丁光（额）

启立石牌回界，前年容洞村祖公□[1]，到道光二十一年三月初三日启事[2]，到道光二十五年过众□四十二名勘事明白，容洞十六主愿倒化九大倒小了[3]。山地大河上边大岭龙祖分水为界，下来江河龙祖为介，下边大河通程洞为介，上至通上顶为介，到龙兴村所管。龙兴村出艮一百四十两，容洞十六主出艮三百两。两边分明，龙祖上来山地大来到容洞村所管。右边山地下来，通大□为介，容洞十六主所管过。四十二名老分明。

道光二十九年四月初二日立。

【校勘记】

［1］方框所代字难辨，《瑶族石牌制》疑其为"坟"。

［2］初三，《瑶族石牌制》作"初二"，误，据原石改。

［3］倒化九大倒小了，《瑶族石牌制》解释为"大事化为小事"之义。

长二长滩二村共立石牌

长二长滩二村共立石牌

【题解】

原竖立在金秀县长二和长滩两村中间的山坳上大路旁。现藏于金秀县瑶族博物馆。清道光十二年（1832）刊。碑文已极模糊难认。文中成二、长叹，即今长二、长滩。石天飞访碑。

见《瑶族石刻录》第 179—180 页；《瑶族石牌制》第 312 页。

【石刻全文】

成二、长叹二村料令：先适□□□开壁□天地，福照伏羲纸妹造人民。先立瑶，后立朝。我瑶山先祖公三代，□南京县广东猪纸街□□兵马家□□长在□造门□乾隆立在□□造门立□□国法□养人民山水，无有□所管。我族方□□□□方□□山地□有村老□光□。乾隆嘉庆五世界平安，我□□王世界□□□□石牌社□□□□□。

一料二村□□□□瑶□蛮道盗牛□□□□□。

二料二村□□□行人□打□□石牌，就犯石牌罚银二十六两。

三料令二村□□□许何人□□□□□家具□□锁上□□□就犯石牌，罚银一百二十两。

四料（下缺）

五料（下缺）

六料（下缺）

七料（下缺）

八料（下缺）

九料令二村何人（下缺）

十料令不许何人□□□□三百□□□，一百二十□。

十一料令二村不许何人□□□□□□□。

十二料令二村不许何人大小事，不得锁人，庚山庚水□□乱锁□□，石牌（下缺）

道光十二年二月，二村吉日立石牌。□□天灵地準。

安民告示

安民告示拓片

【题解】

碑藏金秀县瑶族博物馆，清道光十四年（1834）刊。今已残，右上角缺。碑面近正方形。石天飞、吴佳丽访碑。

【石刻全文】

……堂加五级纪录□次林，为给示勒……都司□韦国祥等呈称：缘职等世……修□境界犬牙相错，最易藏奸，诚恐有……物传乡间男妇每遇田禾成熟之时，藉……轻恭遇仁宪莅任，下车伊始，首以锄莠安……笃孔迩之谊，公将地方利□庐列数次□请……民人咸知儆惕，外匪无从托足等情并□里不剪，良善难安醇，朝廷设惩恶之条，乡党有攻匪之议，庶几善者之本州莅任斯土，恒由竟竟……惩暴安良为请给示勒碑等情，查閱所议各条，洵属允洽□该里绅民人等知悉，嗣后尔等务须遵照所□盟拜会窝匪抢劫赌博奸拐伙窃诈害等事□一笺，俾里内民人咸知儆惕乐业，安居本州……

道光十四年六月廿七日立碑。

六巷石牌

【题解】

《瑶族石刻录》记此碑原在金秀县六巷乡六巷屯旁（属花蓝瑶）。清道光十六年（1836）刊。条文简单，刻迹粗犷。

见《瑶族石刻录》第 181 页。

【石刻全文】

公议五□律犯者罚。

一议众水乡村矩犯，犯者罚钱四十两。

一议买田知人，当田不得言断田知事，法钱四十两。

一议卖田知人，断不得言当田知事，法钱四十两。

道光十六年八月十六日立。

班愆石牌

【题解】

碑原竖立于金秀县班愆村北端的闸门外。清道光二十年（1840）刊。

见《瑶族石刻录》第 182、183 页；《瑶族石牌制》第 315—317 页。

【石刻全文】

万古流传

立字石牌

班愆村九家兄弟，意祖父住在小地方，客状瑶人，乱匪类欺。九家谪议理论，到兄弟上秀、歌赦、立龙三村，六亲兄弟不伏。意旧老人先□安请班愆村九家，先意先人立字一纸内外人不见。到道光二十一年，照旧老人出字立牌，内外人见石牌字得知。后来班愆村永代子孙，何人不得顽欺福。如有何人乱欺福，匪顾九家[1]。上秀、歌赦、立龙三村众人兄弟，齐心不伏，立牌告知。

苏道□　　龚胜安　　龙道任

龚扶应　　苏扶正　　龙道印

上秀、歌赦、立龙兄弟：

苏抚盏　　苏扶标　　龙胜川

全胜材　　苏胜放　　龙扶倒

全扶□　　全胜境

苏胜□　　陶道案

定浦村：陶通□　陶扶香

道光二十年次庚子二月初四日立牌[2]。天长地九大吉。

【校勘记】

[1]"内外"至"九家",《瑶族石刻录》缺,据《瑶族石牌制》补。

[2]次,据句意,当作"岁次"

遵示立碑严禁乞丐强讨凭官究治告示

遵示立碑严禁乞丐强讨
凭官究治告示拓片

【题解】

碑现藏金秀县瑶族博物馆,清道光二十二年(1842)刊。石天飞、吴佳丽访碑。

【石刻全文】

遵示立碑严禁乞丐强讨凭官究治告示（碑额）

署象州事侯补州正堂加十级纪录十次何,为严禁乞丐强讨滋事以靖地方事,照得老弱残废因贫求乞,原属律不禁,乃有一等少壮无疾之人,并不自谋生业,托名乞丐,沿村强讨,恣意扰害,最为地方之害,迭经本州出示严禁在案。兹据昌化里泰山村生员梁启元等具呈词称,近有强壮乞丐藉乞食为名,结伙多人,排门肆扰,遇有人在家,索钱则一千几百,索米则数十余升。如愿则已,否则终日撒赖不去;若无人在家,撬门窃物,无所不为。呈请示禁等情前来,除批示外,合行示禁。为此示,仰外来乞丐及该村绅民人等知悉。自示之后,尔等乞丐内有年力强壮者,迅即各回故土,图谋生理,尽可自食其力。即因老耄幼稚,或已成残疾,不能力作,无奈外出乞食,亦应向主家善言哀告。如有强讨生事者,许被害之家,立投该管保正堡目,协同擒捕,解赴本州以凭,从重究治。本州言出法随,后悔莫追，毋自噬脐也。各宜凛遵毋违。特示！

道光二十二年六月十七日示（印）。实贴泰山村晓谕。

上下卜泉两村石牌

上下卜泉两村石牌

【题解】

碑现藏金秀县瑶族博物馆，中上部有多处断裂。上下卜泉，即碑文中之"上下卜全"。清道光二十九年（1849）刊。"日月丁光"四字，丁、光二字居中，丁字在上，光字在下，呈重叠状，且二字饰以圆形图案。"日月丁光"疑即"日月同光"。《瑶族石刻录》载：卜泉上下两村，因受山外汉人和盘瑶的攻击扰害，请金秀四村大石牌保护，公认金秀四村为"父母"，自己则是从属，愿归他们管辖。两地同是茶山瑶，均属山主阶层，由于政治上的强弱，则愿为所统驭。

石天飞、吴佳丽访碑。

【石刻全文】

日月丁光

万古流传（碑额）

立字盘古置天立地伏羲子妹造人民[1]，开辟天地，先立徭山，后立朝。置徭山各地立村团，先置社，后置庙。祖公立上卜全、下卜全。祖公立门回主，代代平安。落后到今世嘉庆□年，客人徭人反乱不得安落。到道光拾八年，徭人反乱，有事下作无事下，托生赖事，地方不得安乐，看官救管不得。托生齐齐想义，到徭四村问父母，愿所管上卜全、下卜全，从后代代子孙，系四村所管。故罗村：刘胜客、陶道知、刘胜□、莫胜、奉扶□。昔地村：苏胜堂、苏扶办、道明、道珠、胜同。上秀村：全胜财、龚扶应、苏公盛、全扶才、龚胜案、全胜政、苏扶亲。歌赦村：苏扶□、胜放、胜圆、陶胜广。四村壹百五十主，管上卜全、下卜全。四村管上卜全莫道朝、莫道力、莫道合、道任、道联、莫法香、法李、法界、扶移、扶者。四村管下卜全莫玄道、莫道通、扶客、道镇、道应、扶伦、扶谭、法□、扶丁、玄界、玄奉、玄官、扶竹、扶座、□□、扶场。四村父母过旺到何人家，有吃无有不用怪，不得

瑶族石刻辑校

启事。四村□□□□男女，全村有大事托小事。头人不□小人。你小人不用□头，二边工平教意。你二十六主，不用请兵。上下托事，上下过旺乱事，团我四村父母作主太平。为天灵地准。后代子子孙孙照父母料令，管你上卜全、下卜全，办酒无疏，煞牛二只，煞猪六七只。父母头人代代见知。得我文告过后，太平安。四村立排，大吉大利。

三日完成。

代笔人苏胜举[2]，受二十六主工钱，一主一钱银，字丑不笑也。

大清道光二十九年己酉岁十一月十四卯时立石牌，吉日大旺。

□□□□宝人丁兴旺大吉[3]。

右依□牛马六畜满山川大利。

【校勘记】

[1] 置天立地伏，原碑缺，据《瑶族石牌制》补。

[2] 苏胜，原碑缺，据《瑶族石牌制》补。

[3] 所缺四字，依右联推测，疑为"左招财进"。

这水平霞古平三村石牌

【题解】

碑现藏金秀县瑶族博物馆。清咸丰三年（1853）刊。吴佳丽、石天飞访碑。见《瑶族石牌制》第320—321页。

这水平霞古平三村石牌

【石刻全文】

日月同光

万故流传（碑额）

立□□□太平为石。

恩为盘故至神□皇帝至造人民。先立金坛，后立社庙。祖公立这水村太平安落，祖□□□□村太平安落[1]，祖公立故平村太平安落。到金世不同祖公，有人威理无里，求官难作主，官□□这水、平霞、古平三村齐齐相仪，同心相良，到徭山问四村头人，头人一一愿官。昔地村：苏胜举、胜愿、道明、胜周、道珠、胜远、道寿、胜□、胜转、道管、扶先、扶当、

243

扶托、扶□、道□；故罗村：刘胜艺、胜珠、胜放、扶已、逋坤、胜奉、道法、道学、扶胜、扶心、胜法、扶婆、扶满；上秀村：龚扶应、胜财、胜正、胜堂、道印、扶千、扶祝、道阳、扶连、扶卷、胜奉、扶开、扶理、道□、扶布；歌赦村：胜园、胜□、胜放、扶印、胜度、扶土，五十名父母官你。这水村，陶法学、陶道庆、陶道昌、莫扶枝、陶法置、陶三石、陶玄界；平霞村；陶道阳、陶法旺；古平村；莫道富、莫新永，三村十一主男女，子子孙孙在平安乐，照父母法律，不得乱。更曰徭人、过往客人壮人，过往有契无有，不得启事，天里良心。何人乱庄土，五十名作主。我父母祝你男女同上卜全、下卜全，不得更口。你上卜全、下卜全同十一主，不得更口。各地天里良心，太平为大吉天长。你十一主杀牛一只杀猪三只，酒疏程。父母受后，太子孙知得大利地玖。

代笔人昔地村苏胜举，受工钱八百文正，受你猪儿二只。

大清咸丰三年癸丑岁正月十六日卯时吉立石障平安。

【校勘记】

[1] 缺字处原石残，《瑶族石牌制》以为所缺乃"公安王雷"四字。

罗运等九村石牌

【题解】

碑原竖立在金秀县罗运村与六团村交界的拉河口。清咸丰三年（1853）刊。

见《瑶族石牌制》第 323—324 页。

【石刻全文】

公道家起立石牌大会律廖
第一廖有事要行老。
第二廖屋不得乱抱。
第三廖女人不得捉。
第四廖兄弟不得捉。
第五廖牛不得乱牵。
第六廖禾不得乱斩。
第七廖不得乱轿。

第八廖堰坝不得乱播。

第九廖大事化成小事。

天地大利，日月光明

罗运村头人：扶伊　扶昭　扶晓　扶冬

三寨村头人：扶仁　扶斩　保见

罗俄村头人：扶倩　扶种

白牛村头人：扶情　扶廷

罗丹村头人：扶安　扶晚

初二村头人：扶针　扶乃　扶曾

陆团村头人：扶民　扶邦

南洲村头人：扶消

隆兴村头人：扶满　扶白　扶利

咸丰三年春季三月二十一日。

盘扶伍公亲造立。

金秀沿河十村平免石牌

【题解】

碑原立金秀县田村苗圃附近，今田村已搬迁，苗圃亦为香草水库所淹没。清同治六年（1867）刊。《瑶族石牌制》作"坪免石牌"。沿河十村，即沿河10个瑶村：金秀、白沙、六拉、昔地、田村、刘村、金村、社村、孟村、美村。因10村共390户参与共立石牌，又称"三百九十石牌"。

见《瑶族石刻录》第192—194页；《瑶族石牌制》第324—326页。

【石刻全文】

我等切思，恩为盘古初开天地，付稀姐妹始造人民。在明朝目下，立昨会律法，不准何人乱昨横事。在道光目下，现见金扶盏并无经人□□□去刘扶川。又至田村莫道流，在半路杀死人民田扶眼，众石牌未能得会。目下咸丰世上，又金村十家同如歌望村陶胜有之事，经去外处请来客人邦打。目下现出世界非乱，不知何人非恶，在对角大路等之昔地村，想乱锁人事。昔地众兄报经十村头人，大家和气立启石排，不准何人乱昨事非。在之同治六年正月十六日，被此刘村刘扶鉴、老昌、胜庆三人，不进古矣，恶夭非强，打烂石排。十村等会不伏，要他三人各立石排律法防后。十村头人弟兄载立章呈，齐心准此道白。

众石牌立律防日

一立不论人有事经过老人，正得锁人可也。

二立不论河人，无事半路不得乱杀人命可也。

三立不论河人有事，莫打禾苗田亩百物可也。

四立不论河人有事，不得那牛只畜勿可也。

五立不论河人有事，莫乱山场香草、竹木可也。

六立不论河人去村向数食酒，莫赖生事可也。

七立不论河人有事，阁下弟兄不得那者可也。

八立不论河人有事，不得放火烧屋，不得开禾仓可也。

九立不论河人有事，请启老人言清，不得返悔可也。

十立不论河人见客买卖生意，不得乱昨横事，莫怪石排。

十一立不论河人见客买卖生意，不得乱昨横事可也。

十二立石排河人昨夭非强，石排问他一家弟兄可也。

十三立众石排河人昨生事盏灭男女启杀死可也。

恭喜

同治六年丁卯某月某日吉立发。

甘王田粮碑

甘王田粮碑

【题解】

碑现藏金秀县瑶族博物馆。碑之右上角残缺。据碑文，当刊于清同治年间。石天飞访碑。

【石刻全文】

甘王田粮历来原有叁石陆斗，系甘达户，因年久世乱，以致旧额不符。兹因同治九年奉李州主点派官粮之后，亦禀请仍将甘王之粮点派役额勒之石碑，用垂久远。所有有粮姓名开于后：

（以下名单额度从略）

清明甘王祖墓每年在此粮除谷三百斤祭扫，仰庙祝办。

祖宗古训

祖宗古训

【题解】

碑在金秀县六巷乡门头村石牌坪。清光绪七年（1881）刊。据原碑录，并据花蓝瑶博物馆资料补。石天飞访碑。

【石刻全文】

祖宗古训

我滛门头，四十二家。大大小小，对天讲过。村边四方，画做众山。种木护村，做善积福。毁木霸地，做恶招祸。天地有眼，会有报音。好人好报，恶人恶报。子孙万代，要记在心。

光绪七年祭土地神公之吉日立。

莫村石牌

莫村石牌

【题解】

碑原竖立于金秀县莫村南约半里的大路旁，现藏金秀县瑶族博物馆。清光绪九年（1883）刊。石天飞访碑。见《瑶族石刻录》第195—196页；《瑶族石牌制》第327—329页。

【石刻全文】

立的石牌公仪[1]

因为世界人心则变，□为前三月中旬，在十二步山场失之香草。众等总徭相仪[2]，转古时□道光六年，被外处却害假人命，而后才立有条规，平安至今。为目下己年，小贼并口角是非件多如□□，以经众等仪立律规。日后外客汉杂人如有乱入内徭地方，倍处山中偷盗百物[3]，不要理道，何人见者，直开炮打不容。就是作通，石排有同福。

日后何人乱入小地方[4]，造非横事生理[5]，所有邻近乡村，先将□□□即刻通众一齐食使钱文同尚，或后至外来巢惊地方[6]，另屋闻者，各自使硝铳口粮带俱全，一失无防。

日后何人引通生面，勾熟欺善，众□将家重办。后至往来生意买卖，取物有道。而后过山班猺，在内地方住下耕种，有错各自山主所管。众等公仪大会尽此，禀示道白。

金秀：龚扶彩　全胜印　苏扶连

白沙：苏扶贵、胜传

古罗：陶扶通

清甫：陶胜刘、扶台

昔地：苏道寿、道营、胜全

长滩：陶胜用、道有

都县：陶道宣、扶吊

滴水：陶妙珍、扶才

古营：莫道宪

班现：陶扶道生、虑

成二：陶道坤　胜官

班猺总理：黄元维　赵进连　赵福定　罗意华　赵财富

光绪九年癸未岁次五月廿八日众等发立[7]。

【校勘记】

[1] 仪，疑当作"议"。

[2] 总徭相仪，《瑶族石牌制》作"瑶总商议"，据原石改。

[3] 倍处，《瑶族石刻录》认为当作"随处"。

[4] 小，《瑶族石刻录》《瑶族石牌制》皆作"山"，误，据原石改。

[5] 理，《瑶族石刻录》《瑶族石牌制》皆作"端"，误，据原石改。

[6] 巢惊，《瑶族石刻录》《瑶族石牌制》均作"巢掠"，并疑"巢"当作"吵"。按，"巢掠""吵掠"均与原石不符，于义亦不通，当误。据原石改。

[7] 发，《瑶族石刻录》《瑶族石牌制》皆作"同"，误，据原石改。

金秀白沙两村石牌

【题解】

碑原立在金秀县金秀村村东闸门墙上。因被人拆下，该村龚扶旁抬回家收藏。光绪十七年（1891）刊。

见《瑶族石刻录》第197—199页；《瑶族石牌制》第329—332页。

【石刻全文】

万古流传（碑额）

□字石碑：盘古立天立地，先立瑶，后立朝。我上秀、歌赦二村各公，回立村，先竟社，后竟庙[1]。各地三家四姓，各公至田地，□□山场百物法律，二村齐共一法律。先朝老下立碑，到今世丙子年，二村合意议位石碑，齐意用法律，照天灵地准。上秀村：全道启、全胜印、胜东、胜镇、扶住、扶志、胜郑、道回、道贵、扶海、扶南灵、扶临、道信、扶移、胜奉、道龛、扶声、扶别、胜逢、胜□、扶桂、扶净、扶扒、胜艺、胜灵、扶盏、道里、道武、扶拱、道艺、扶管、公太、扶夹、扶罗、扶朝、公连、公转、扶财、胜光、道朝、胜金、扶屋、女比、道知、扶辛、扶祖、胜知、胜旺、胜客、扶田、扶红、扶府、道□；哥赦村：扶威、扶文、道香、扶话、扶穷、扶噤、扶转、扶胜、胜金、道长、扶愿、道□、胜回、扶能、扶世、扶贵、胜广、道通、道同、道明、胜会、胜殿、扶会。上秀村：全道启、胜印、道信管四主；道贵、扶海、扶移管十三主；扶金、胜直、扶拱管六主；胜和管二主；胜东管二主；□□管二主；胜光、扶朝管九主；扶□、胜客、扶富、道顺管八主。歌赦村：扶威、胜传管四主；道长胜全、道言管八主；道川管二主；扶贵、胜客扶合管十主。

一料：二村齐意位，何人争山场，不得锁人。请老人讲道理，不得锁先，犯二村法律。

二料：二村齐位，何人争田地，不得锁人。请老人分断。何人乱锁先，犯众二村法律。

三料：二村齐位何人争口，不得作事。何人作，同锁人，犯二村法律。

四料：二村齐位何人有事，不得打屋。何人打屋，犯二村法律。

五料：二村齐意位，何人有事，不得打大炮，不得打屋，打人亦不得，犯二村法律。

六料：二村齐意位。何人有事，要请老人，分断不明，□十年八年，同听老人分断，不得乱打乱作，犯二村法律。

七料：二村齐位何人有大事小事，二村老人分断不明白，何人不得上下老人来作，上下犯二村法律。

　　八料：二村齐位何人有事，何人兄弟不得包捉。何人乱锁，二村齐齐脱放。二村不准犯律。

　　九料：二村齐位何人有事，何人不得包事结事，亦不得何人锁何人，亦不得乱锁，犯二村律。

　　十料：二村为客人、状人、板瑶生赖事，二村同心出力，犯二村律。

　　光绪十七年岁次辛卯仲秋七月初八吉日立。

　　天长地久。

　　代笔人：全胜光、陶胜镇

　　全胜印、龚扶移受银四两正

　　苏胜容、苏胜客

　　事因辛卯年六月初九，不知是谁打烂石牌，众议公罚花银四十两正。后如有不法之徒犯律者，照例罚是也。

【校勘记】

　　[1] 先竟社，后竟庙：《瑶族石刻录》认为当作"先敬社，后敬庙"，疑不妥。竟，完毕、落成之意。"竟社""竟庙"与前句"立村"相对。

清代滴水容洞六力大进四村石牌

滴水容洞六力大进
四村石牌拓片

【题解】

　　碑原竖立金秀县容洞村旁，现藏金秀县瑶族博物馆。碑中部分人名被凿出，未知何因。碑额中"日月丁光"字样，丁、光二字居中，丁字在上，光字在下，呈重叠状，且二字饰以圆形图案。"日月丁光"疑即"日月同光"。清光绪辛卯十七年（1891）刊。石天飞访碑。

【石刻全文】

　　日月丁光（碑额）

　　全挽命　滴水村头人全扶透　全扶□　全扶全全扶世　全扶长　全扶平　全扶尾　罗扶古

□扶肝　□□□　□□□　□□□　□□□

六力村：甘扶祖　大进村：黄法明

□□□　覃道灵

立字□四村石牌为界，法律为凭。

一料偷禾仓、挖屋、偷坟三条，一条犯五十两正。

二料何人有事先请老，后锁人。锁，犯五十两正。

三料有事不得打屋、偷牛猪、挖田水圳。一条犯五十两正。

四料偷棉花犯五十两。村招老婆，有子不用，犯一百二两。

五料过村招男女，有子不用，犯六十两。招客罚六十两正。

六料招弟二老婆，犯一百二十两。女人招外客，罚六十两。四村何人批田山新客，犯二十四两正。

光绪辛卯十七年五月十二日立。

八排防盗石牌

八排防盗石牌

【题解】

碑在金秀县桐木镇，清光绪十九年（1893）刊，现藏金秀县瑶族博物馆。石天飞、吴佳丽访碑。

【石刻全文】

钦加同知衔修仁县正堂加五级纪录五次……为晓谕事，照得□□规约十条列后：

一议晚间刮抢，不论何街何方，弥家家齐起，近者声威相应，枪炮齐鸣，远者或邀□□路或蹑尾追踪，务要同心协力，倘有坐视不救，即贼论，禀官究治。

一议遇有抢刮之事，有能登时击贼，不至入门。拿获一名者，□主给花红钱弐拾千文；或追至半路擒获一名，审出寔情者，团内奖钱壹拾□□文，以励勇往。

一议贼刮某家，有探得的情，先来报信，至晚贼果来，幸有俗无患。事主应给花红钱伍仟陆佰文。

一议其缘已被刮去，不论服物等项，有追贼至半路，拾得者以一半归还主人，以一半与逐贼者同分，以为効力之资。

一议被刽贼拒捕因而受伤者，延医治好外酌量予赏。致命者给钱式拾仟文，葬埋超荐外，给钱式拾仟文安家。若无家室，则将其名讳送入昭宗祠，用存优卹，此钱俱由团给发。

一议窝家窝藏匪类以及往来不正之人留宿其家，有能指寔蜜禀者，由局送官审出真情，局内奖钱壹千陸百文，不得挾嫌公报私仇。

一议不拘日间晚间偷盗挖孔，有能拿获一名，赃证两确者，奖花红钱式仟文。

一议所有牛马牲口被盗偷去，有能赃证两获者，失主谢花红钱陸千文。若仅将牲口送至家中，按价多少，失主酌量酬谢。

一议偷盗田禾及杂粮蔬菜，拏获一名，奖花红钱陸百文。看见指证者，花红钱四百文。偷盗之人，罚钱式千四百文入庙，作香油之费。

一议田中禾稿及岭上柴草，须各晒各收，有私行乱挑者，或主人亲见，或旁人指证，罚钱伍千式百文入庙作香资。

光绪拾九年十一月廿五日。

以上各歀之钱由团捐提。条规示。寔贴八排桐木圩。

文武道士碑记

文武道士碑记拓片

【题解】

碑现藏金秀县瑶族博物馆。刊于光绪二十一年（1895）。石天飞、吴佳丽访碑。照原石及拓片录。

【石刻全文】

文武道士碑记（碑额）

夫道师传正教功德□人民，洵为国朝所重也。道光年间道正司黄启祥，以至光绪庚寅年潘学崇，照额每名文武道士新度牒钱取八百文，小钱取五百文，年结四十文，传教甲旨功名，以至童生无结。同治时因贼扰，无牒者另给，并无换规，每年一到一族跟夫二人道正钱。雇合州道士近万，照额已见有余。即邓德成庚寅年充当自大乐古车以及平石新在等村，悉照旧额，其余村则额外骇索，道士愿隐教道众。扶屯寺村覃体端，年八十二，丁工村覃元奉，年七十四，于光绪二十年二月初八日禀谢州主，六月十三日禀年府宪呈，恳准均照旧额。蒙批，仰象州查饬遵准等顾州主奉查，于七月初九日另行招充，照行旧额。以后牒结，悉由老祖师手交与道正，庶无勒索之弊。兹新道正覃启祥于十一月提禀屯寺村覃嘉尚，中朋村陆中佩，抱村蒙世椿、谭玉才，蒙领村覃学海、覃茂橱，义路村盘法佑、盘道寿等，迫得众再扶覃体端，将府宪批准，碑序呈禀详明，是以新道正启祥于正月初十日抵州，不准伊行春，另用人贷，况东安里女武道士近年应古车古溪二庙行春，□求小钱五百文并无，即在乾隆五年碑记道正钟到此，尚且厚助香资以充费用牒结，何肯多取分文。今恐风移世变，故会议各里，勒碑以□旧额于不易耳，并将本里某村文武道士姓名计列于后：

（以下姓名略）

光绪乙未年三月廿六日立碑。

长滩长二昔地三村石牌

【题解】

碑原竖立在金秀县长滩村外半里许的大路边。清光绪二十二年（1896）刊。

见《瑶族石刻录》第202—203页；《瑶族石牌制》第334—336页。

【石刻全文】

众石牌律法

□盘故开天自立地，先立遥山后立朝庭。遥朝各有所管。我遥山全靠田地山场来养男女。在老班祖公管来，并无何人乱偷贼遥山山场物件。如今现见三五年，失物不小。今我众石牌想仪位太平团，照我老班律辉料令。

我小地方养领生，放在领上。大路边山场香草、香信、除良，高岭冲山场吊角物件、吊堂，并有鸟树、板料百物等件，何人心谋，不得乱偷贼。今世恐怕贼□，众石牌位，发有花红钱十二千文。见到偷贼，拿倒贼盗，捆打。和炮火打死，众石牌来办事，□莫□怪也。

石牌名字

昔地村：苏胜段　苏道位　苏道喜　苏扶□

长二村：陶胜接　陶道坤　陶道福　陶扶砖

长滩村：陶胜红　陶扶位　陶胜里　陶胜口

石牌工钱千二百文。

光绪二十二年七月立□。

大吉利市。

两瑶大团石牌

两瑶大团石牌拓片

【题解】

原立金秀县定浦村旁，今藏金秀县瑶族博物馆。清光绪二十二年（1896）刊。碑文刻得较浅，今已模糊难辨。据《瑶族石牌制》等录文。《瑶族石牌制》注：此为茶山瑶 7 个村团与盘瑶 23 个村联合订制，故称"两瑶大团石牌"，因参加的共有 1800 户人家，故又称"一千八百石牌"。

见《瑶族石刻录》第 204—207 页；《瑶族石牌制》第 336—339 页。

【石刻全文】

万故流传

众团特禁石牌（碑额）

因为今年世界□乱，亦有少贼横事，入山乱割香草，盗取抱果、茶叶、小菜食。供村□□宅□□□□□□□□□猪鸭乱盗。各位客往来到各村中乱闹，恶法生事，□有乱取为贼，盗别人□，有作生事□□□□□□□□二村板瑶山丁，莫怪四山主□□。山丁耕种山主之地，粗钱粮纳山主收。若有外人□□□□□□□米，照山主法米一盆。若有不依，乱打入屋，众团全起。山主一力承当。若有构生□□□□□□□棍横事，众团承当。各位买卖生意，各位人各管。年情不等，世界不同。各村□年假害生事人命之事，全起众团；晴天信到，夜黑信到，各人带米房身，到齐莫怪也。若有贼人入山偷香草，□人见贼拿倒交团，出花红钱二十四千，众牌重罚。

一仪瑶山香草、桂树、竹、木、山货、杂粮百件，不得乱取，重罚。

一仪同山共村，皆是前缘。各位男女，畜生不得乱取，重罚。

一仪山丁山主，各人六和、菜种、枝麻百件，不得乱取，重罚。

一仪各村各宅猪畜养物，不得乱取，众团重罚。

一仪各家和苍屋□，牛猪羊□，不得乱取，众石牌重罚。

一仪各村大小男女，入山入地，各种各收，石牌重罚。

一仪瑶山小地，包米杂粮百物，不得乱取，众团重罚。

一仪石牌内人，构生吃熟，大贼小贼，众团重罚。

一仪外人强害山丁，庄假害横事，光棍□打板，众牌一力承当，重罚。

一仪外人想来□生事人命来害，石牌全起。

一仪别外人装□□□村□用□多打门入屋，乱取杂物，石牌不准，由多用多门□，重罚。

一仪各位□□□□□生意，大路任行，并大山，小路乱行，包米地乱入，为贼子，瑶开炮打死莫怪。

村村甲明上齐。

金秀四村山主：全胜印　苏胜灵　龚扶移
　　　　　　　　全胜福　龚胜寿　苏扶朱
　　　　　　　　苏道全　苏扶管　陶胜全
　　　　　　　　苏道寿　苏道全　苏道缘
　　　　　　　　苏道□　苏法故　苏胜德
　　　　　　　　苏扶富　全胜金　苏扶□
　　　　　　　　苏胜□

定浦村山主：蔡政德　陶扶福　苏胜□
　　　　　　蓝廷□　□□□　□□□
　　　　　　□□□　□□□　陶胜□
　　　　　　陶□□

长滩村山主：陶胜旦　陶□□　□□□
　　　　　　□□□　陶道辛　莫扶□

长二村山主：陶道坤　陶道秀　陶胜福
　　　　　　陶胜接　□□□　□□□　　□□□

桂也村：黄□福　　官□村：赵才进
桂□村：黄通安　　马安村：庞贵源
马安村：李章风　　能□村：赵福金
六□村：罗□□　　田头村：庞福广
□□村：罗□金　　介保村：黄通福
□长村：黄通信　　江仰村：冯金寿
岭□村：赵财法　　昔地村：庞贵富
九□村：赵如德　　九箭村：黄进仙

十二部村：赵福保　　□□村：庞贵福

长二村：赵□保　　茶每村：庞贵凤

公差村：庞贵保　　耕广村：黄元学

山介村山丁三人：冯章德、赵□府、冯章凤

黄元为收工钱□□□□□□两瑶会起大团一千八百□□□□。

光绪二十二年丙申岁四月二十六日，两瑶会齐大团，无事大吉，不等所闻村横事……

六段三片六定三村石牌

【题解】

碑原竖立在金秀县六段与杨柳两村间之藤构，亦名藤构石牌。今藏柳州博物馆民族馆展厅。清光绪三十二年（1906）刊。碑之中上部、中下部各有一处破损，所缺文字据《瑶族石刻录》《瑶族石碑制》补。

见《瑶族石刻录》第208、209页；《瑶族石牌制》第339—340页。

【石刻全文】

吉屋

万古流传（额）

祖公苏贵显、陶善保、莫全一三公，立造上段村、三片、故参三村。众团立字藤构石牌律法。

一条开棺挖墓。

一条断龙葬墨。

一条女人七三八四。

一条火烧屋宅。

一条强奸妻女。

一条打劫生事。

一条杀人害命。

一条欺兄某弟。

一条迷魂禁井。

一条挖屋开仓。

一条女人幡乡。

一条贼牛盗马。

一条勾生外合。

一条某山沾国。

何人番天倒地。犯律令照办。

上段村苏扶虬出料，三村出料钱一千二百文。

光绪三十二年丙午春二月十四日吉立，天灵地准。

吉星苏胜得、海代笔钱一千二百文。

劝人世上修善，不用多事，耕田之地，大吉。

罗香七村石牌一

【题解】

《瑶族石刻录》注：罗香七村石牌条文，用纸抄录，为纸石牌，原存金秀县罗香乡罗香村 75 岁坳瑶老人赵杰初家。由坳瑶聚居的罗香、龙军、琼五、罗州、那力、平贡、六合等七村（杂有少部分汉族）共同制定，故名罗香七村石牌。石牌制定时间虽未注明，据赵杰初老人回忆，在清光绪末年他任石牌头人，已有了这份石牌条律，说明在此以前已有制定。民国七年罗香七村石牌该份石牌在本书中名为"罗香七村石牌二"，见后文。或是沿袭这份石牌内容重订。

见《瑶族石刻录》第 210—212 页；《瑶族石牌制》第 343—345 页。

【石刻全文】

一、在我石牌群众，上山同队，落水同途，有福同占，患难同当。

二、在我石牌群众，一志同心同志，团结惟一。

三、户主回家宣传，老幼男妇不得乱开口破石牌公约。如破公约，即召集群众大会治罪。

四、在我石牌内，不得里通外透，作针作钱，接济外患入境。查出证据捉到，经过石牌大会，铲草除荑，决为死罪。

五、偷掘禾仓，偷牛栏羊，查出证据，即要填赃，按罪轻重处罚。

六、入屋偷盗财物衣裳杂物，查出证据，即要填赃，按罪轻重处罚。

七、偷盗鸡母一个，处罚白银六两，偷鸭罚银八两。

八、各户所种十二生产，二十四生理，在地在田，如有贪心偷盗者，查出有据，处罚白银十二两。

九、如山地所种杂粮食物，各种各收，不得乱取。若不守规者，按罪轻重处罚。

十、耕种器具放在工厂，不得乱盗取物件。若贪污偷取物件，查出证据，加罪处罚，轻重不等。

十一、女人种棉花蓝靛瓜菜豆麦，不得乱摘乱取。若不守条约者，按罪轻重处罚。

十二、各人在山场斩伐干柴，各伐各取。若乱行偷取，见证据，处罚三千六铜钱。

十三、各人在山装搭装钳，行山见钳得野兽，不得贪污乱取，见证者处罚。在江河装梁鱼笱得鱼，不得乱取，不得贪污。偷取鱼者，按例照轻重处罚。

十四、如村中田地山场界限不分明，争斗打架，即由父老调处。若不解决，再请邻村父老调处。若不解决，邻村父老同本村父老负责担保，不准斗争，和平解决。

十五、若系械斗，误会打伤打死人命，男命赔偿填命三百六十两，女命二百四十两。

十六、男女结婚，十八岁自由择配。未满十八岁由父母主张。有时夫妻不合意离婚，未有条件，男不要女，赔补六十双禾田，约重五百斤，随他养命过世，然后退原夫子孙。

十七、如系惯盗财物，遵罚三次，石牌宽大三次，再重犯不遵守公约，民众大会决处死刑。

十八、若械斗即请村上父老并外村父老调处，若不解决，不准拿捉。男未满十六岁，女人不准拿捉。若犯此约，罚银一百二十两，民众大会公用。

十九、若红花女子并出嫁离婚、未家无夫之妇怀孕者，遵老规律，罚规律银七十二元或八十四元，石牌开会公用。

二十、如系山上特产香信、木耳、竹笋、薯莨等物，各有投份，不得乱偷盗取。查有证据，按轻重处罚。

二十一、如若邻村械斗，村上父老担负，不准掘圳，踏坏禾苗。

桂田等村石牌

【题解】

《瑶族石刻录》："桂田等村石牌条律是用棉纸抄写的藏件，名为纸石牌，原存广西金秀瑶族自治县桂田乡古培村庞生林家。桂田乡为盘瑶聚居村寨，石牌律法为盘瑶所制定。石牌最后一条，涉及他们所珍藏的《评皇券牒》，显示出它的民族特点。"桂田乡，即今长峒乡桂田村。清宣统二年（1910）刊。

见《瑶族石刻录》第 213—214 页；《瑶族石牌制》第 345—346 页。

【石刻全文】

□□朝廷有律法，乡党有条规，若不众议，变乱□□，今将公议。

一议各□要安分守己，不得为非作歹。若有为□成事，本团断不宽容。

一议各□□□种百物等□□□□有主，不得□□□□。若有不法之徒，贼赃两拿到团，□□□容。

一严禁年岁不等，御匪一事，倘若地方被匪，各听炮令，齐出刀枪救应。闻□不出，以贼同党。

一议各户不得停留面生歹人。如有此事，仰十甲严查。一家犯罪，九家同论。

一议□□□自有之节，奸□□□□□害良善。如□□□□断不容。

一议各户谷出之日，各宜禁管畜牲[1]，不得放出损坏五谷。放出损坏五谷，将畜归公，罚钱在外。

一议各户地内禁长竹木，倘有合用物件，务要问讨，不得丝毫乱取。

一议有外来飞天油火，平地风波，不准赐世食用。若有情明，众捆拿送官究治。

一议各□□户理长之人，为□□□□令之钱，各为各村社庙众用，不准瞒骗。

一议瑶内众等，前蒙圣赐评券牒□封，入山石耕火□□，并与蠲免国税，只居山林，不属国家所管，准令施行。

皇清宣统二年六月十五日，众议立正条规，各踊跃遵照。

【校勘记】

[1] 牲，《瑶族石牌制》作"牧"。

六拉村三姓石牌

【题解】

碑原竖立在金秀县六拉村刘道着屋后山坡。清宣统三年（1911）刊。

见《瑶族石刻录》第 215—216 页；《瑶族石牌制》第 347—348 页。

【石刻全文】

众村石牌

振古于斯

自老班立村伊使，陶道旺后有刘、莫、陶三姓为村，置山场四所，入三姓所管。曾立法律条，开列于左。

一公议：山中各山人香草，各种收，物各有主，不得乱扯偷。如有乱行偷扯，确有赃证，当场拴拿，送回业主。众村赏花红银三十六元。如一人力不能拿，用炮打死亦可。事入众村，但不得扶仇妄拿，以昭公允。

二公议：各人山中塔立香厂，置有锅盘碗盏等物，不准乱行私撬厂内，掠动什物。如有此人，有人确证，或力能拴拿，或用炮打。事入众。尝花红银三十六元。又各人进山，路中放置衣服百物，不得乱取。如有乱取之人，照贼盗论。

三公议：各人各山，各有界限，各有地限[1]，不准乱行界外，以防私心。如有故要行，先问山主方可，何人不听，照贼盗办。事入众村。

四公议：山中杂粮，物各有主，各种各收，不准乱行偷盗。如有偷盗，确有赃证，照贼为办[2]。事入众村。至山中生柴，石排以下，不得乱砍。何人不听，众村罚银十二元。又石凉、支木，不得乱取，亦照贼办。有人确证，尝花红银二两四钱。事入众村。

五公议：吾村老班公共山场四处，河水四条，不准乱行弄鱼弄蛙。如有乱行偷盗，罚银十二两。又四处板瑶，无故不得私行入山。如有私行，准用炮打无论。众村作主。刘道干立法律五料，天灵。

宣统三年岁次辛亥八月十五日，从村同立石排法律为准。

胜寿　道旺　莫胜金

胜红　道光　莫胜知

刘道干　陶胜周

胜财　扶达

胜县

同立。

旧老古封众山，不得被地百物。何人不得请工，世在封禁。

【校勘记】

[1] 各有地限，《瑶族石牌制》无。

[2] 为办，《瑶族石牌制》作"所办"。

瑶族石刻辑校

岭祖石牌

【题解】

岭祖石牌原竖立金秀县忠良乡岭祖仑崩村南端。《瑶族石刻录》载:"因50年前,岭祖茶山村,不服金秀石牌头人统驭,就与金秀'折石牌'(脱离分开),并将这石牌两块中之一打毁。现存这一块藏于兰文才家,垫于水缸底。文革时,又从水缸底掏出打烂。1957年,广西少数民族社会历史调查组已经采集抄录.否则文失无传矣!"已失具体刊刻时间;当刊于清代,故系于此。

见《瑶族石刻录》第243—245页;《瑶族石牌制》第364—365页。

【石刻全文】

奉州主乡禁石牌

尝思修国政,制田里,朝廷立法,原为爱民保民而设。昔唐虞之世,路不拾遗。子产郑大夫,修国政,制田里,铸形书,民歌文毋。此乃上古之遗风,非今日可比也。今我皇上聪明睿哲,惠爱小民,恩及边方瑶地,所有应禁律条,颁行天下,使各上宽遍示瑶愚,同登善良,无非爱民保民之致意也。自于乾隆五十六、七年,有汉棍吴继业、廖国英等入瑶扰派钱文。各瑶公议,出呈禀请州主貌尝示刊名立碑[1],永禁匪徒。又于加庆十七年,小四甲团长李发生、莫谏等,又在州主方,出呈复禀,尝示禁约乡规,颇得宁谧无虞。不料于加庆十年,又有汉棍不法之徒,擅入瑶疆,讹诈吓索,或平地风波,或打头撒赖;种种不法,以至逼死人命,犹然不息。不已,复约乡邻在于石牌路口,另行立碑。俟后再有匪徒入瑶滋生事端者,立即鸣众会议,绑解官究治。加庆二十一年八月二十五日,奉州主周严禁汉奸越界偷窃:"现据岭祖瑶兰玄直等呈称,瑶民世居瑶地,粮田无多,只靠附近山地种植薯莨杂项度活。近年以来,四近居人及外来客民,出入纷纷,莨莠不一;大则偷窃牛支,小则采山场种植之物。陷瑶民有种无收,衣食无赖。呈恳示禁该处居民及外来诸色人等,入瑶贸易,仍许照常出入,不得引诱匪类,欺压瑶愚,偷窃砍伐,恃强滋事,查出按律究办。"又十月二十九日,奉州主张示谕:"严禁本地居民,不许勾引生面游手好闲之人,窝留在家,听其摆惑非为,引诱良民。许即提获送官[2];或被挟仇板连,遗赃架害,任由具结保救,将窝家与匪人一同究治,立即赶逐出村[3]。"于道光十二年奉巡抚部院祁示谕:"瑶民各自安分耕种,切莫听外来奸人煽诱,亦莫被本竟匪类吓诈,惊恐扰乱。如有奸人问善人瑶煽诱吓□者，立即拎拿送官重治，断不连累良瑶。如有扰害[4]，一经控告，即严惩。"又八月内奉州主唐示谕严禁□□滋扰瑶民："照得汉奸流棍，不得擅入瑶地，例禁何等森严，兹本州奉宪代理祈□□，闻有外来游□□本混徒，每籍……"（下缺）

【校勘记】

[1] 示，《瑶族石牌制》作"试"。

[2] 提，《瑶族石牌制》作"抓"。

[3] 赶，《瑶族石牌制》作"直"。

[4] 有，《瑶族石牌制》作"在"。

重修奔腾桥渡筏碑

重修奔腾桥渡
筏碑拓片之一

【题解】

碑现藏金秀瑶族博物馆。碑呈长方体状，四面刻字，一面为序言，三面为捐款名单。此仅录序言一面及文末落款。据落款，当刊于民国元年（1912）。此碑形制特殊，其文字、刻工又较一般金秀石牌为好。石天飞访碑。

【石刻全文】

重修奔腾桥渡筏碑（碑额）

窃维十一月……，以惠民之病涉也。兹□□腾村□□渡。古人□□一月而□□成矣，然临冬则可以利吾行过□，犹可以病吾涉时当□夏洪水滔天，桥梁崩□，行人至此，孰不望洋而致叹哉，吾等踌躇日久无以□，谋□建造竹筏以预洪水之期，俾水大则乘桴以渡，小则修桥以行，不亦□乎！如此若无公项以安，能人远而不朽哉？故欲捐足钱文，买置田亩，以资义渡之□，俾往来过渡不费半文，庶几得今时之方便，又可以成后世之阴功。虽然一木难支大厦，合腋可以成裘，是以爱我同人齐集公议，发部捐修。所望善男信女各解囊捐助成美举，是善非一己而万福攸同。

立碑记管桥渡人，今因合众捐有义渡桥赀田系东安里落田村洞土名上江洞田一坵，粮五升七合六勺，下江洞田一坵，粮二升四合，那办田一坵粮五升七合六勺，大小三坵每年任从管渡人自□自纳。□一切不干缘首之事，古董、新村、古朋、三更、田村共有捐赀，谷三百斤亦凭自运，又领桥板全副筏钱二千文正。□今当众言定，每年桥头筏渡无筏砌桥，每日黎明至夜无稍间断，限过两年任凭交带，仍交一千。

桥板全副筏钱二千，交与新管理人，不得异言，如有此弊，任凭照碑论理。立碑为据，永世不朽。

（以下捐款名单从略）

民国壬子年为渡筏……在乐捐众村得银……交与管渡人，何人不……于二月初二日……后人……若无人管银，转交与村长□执。

民国滴水容洞六力大进四村石牌

【题解】

石牌原立于金秀县容洞村旁。民国二年（1913）刊。

见《瑶族石刻录》第217—218页；《瑶族石牌制》第332—333页。

【石刻全文】

日月丁光

立字四村石牌为界，法律为凭。

一料偷禾苍、挖屋、偷禾坟三条，一条犯银四十大元正。

二料何人有事，先请老，后锁人。不请老锁人，犯银四十大元正。

三料有事不得打屋，偷牛、偷猪、挖田、挖圳，一条犯银四十大元正。

四料偷棉花，犯银二十四大元正。四村石牌招老婆，有子不用，犯银一百大元正。

五料过村招男女，有子不用，犯银一百大元正。招客犯银五十大元正，偷鱼赞犯银一十二大元正。

六料在四村招第二老婆，犯银一百大元正。过村招第二老婆，犯银五十大元正。四村何人犯批田山给客人，犯银二十大元正。

七料甘成罚银二十四大元正。

照书为凭。

滴水村：全扶圣　全扶道　全扶园　全扶学　全扶经
　　　　全道发　罗扶奉　全道游　全扶贵　全扶心
六力村：何扶云　全扶安

容洞村：苏扶缎　苏扶□　苏法仙　全道林

　　　　全扶寅　全扶则　全扶造　全道贵　全扶□

大进村：黄扶云　覃扶任　覃扶佑

民国二年癸丑五月十九日立字。

六十村石牌

【题解】

六十村石牌为纸石牌，原存金秀县金秀村石牌头人陶道进家。民国三年（1914）刊。

　　见《瑶族石刻录》第219—221页；《瑶族石牌制》第348—350页。

【石刻全文】

立字石牌，盘古置天立地，先立瑶，后立朝，我瑶无有钱粮纳汉人。因为于今世界，庚戌、辛亥年间，到处有匪，劫抢毙命，进入瑶内，打单劫屋，杀人死命。瑶人盘瑶不服道理，大家同出追匪散去。到壬子年二月初十日，瑶人盘瑶五十村大会石牌。□有到甲寅年正月初十日又复会石牌，商议规条，列后法律。

一料众石牌有人事争口舌[1]、山水、田土分界，不明失物，千家百事，千祈要听我石牌判，不得请外方人来包事，害我石牌地方，究办。

二料众石牌有人小事大事，不得打，杀人□屋。千祈要请老讲理；先小村判不得，到大村大石牌作老人所判，入理不入亲。包事，究办。

三料众石牌人，不得乱交赖事锁人，犯石牌乱作生事，害石牌地方。小村有小事大事，作老照道理判平，入亲害地方，石牌究治。

四料众石牌人，如有汉人乱赖事，拐带女人，偷屋、山场香草百物，石牌人见到，齐心出力拿贼。拦回，尝花红银五元。知见不报，日后查知，究治。

五料众石牌人，如有每村通匪，黑夜挑出米粮、油盐、腊肉、鸡鸭、小菜，即系运粮济匪。一经查知，依石牌法律究办。

六料众石牌人，若有匪到我瑶山，务要同心协力，起团追捕。如有每村不起团者，与匪同罪究办。

七料众石牌人，如有匪在某山搭厂聚焦，近某村，即报石牌追捕。如有隐匿不报，日后查知，石牌商议究治。

瑶族石刻辑校

八料众石牌人，如有匪在某山，要来报石牌，即尝花红银三大元。倘若擒拿匪者，每名赏花红银五大元。

九料（缺）

十料众石牌人，如有客瑶生意为商，担货出外入瑶，在路中被抢，闻知即起团追拿。如有闻知不起团追捕，究治。

十一料众石牌人，不许带匪入瑶窝藏。如有人胆敢带匪过路事，日后查确，家资杂物，一概充公入石牌。

十二料众石牌人，如有人由瑶地过往，不得乱开炮毙命，必须根问明白，然后拿解石牌，法律究办。

十三料众石牌人不得中途劫抢，以强打单。日后查知，大众石牌究治，

十四料众石牌人，若众商面熟有字号，方准担货入瑶。如假伪客商，以做匪为实，石牌查知，决不容情。而且中途劫抢客商，即起石牌追捕。

十五料众石牌人，如有违法背规条，不遵法律，大众石牌，秉公办理。

白沙村龚道经，金秀村陶道进……共六十余村石牌头人从命立。

民国三年甲寅岁旧历正月初十日辰时立字石牌。天灵地准，大众石牌高升。

【校勘记】

[1] 有人事，《瑶族石牌制》作"人有事"。

三十六瑶七十二村大石牌

【题解】

石牌抄件原存金秀县金秀村大石牌头人陶道进家，为金秀大瑶山总石牌。民国七年（1918）刊。

见《瑶族石刻录》第223—224页；《瑶族石牌制》第351页。

【石刻全文】

维大会石牌事，朝廷以立法为先，我辈瑶山以石牌为先。向年因匪扰乱，曾经大会三十六瑶七十二村。凡我同人，务须协力同心，各相救应合力。因大石牌合瑶公议，凡我瑶山遇有匪兵，或者经过瑶村，务须通报近村，以防不测。再者，遇兵匪攻劫邻村，不帮不报者，即以半通匪论，会同石牌公罚。我众瑶山，务要同心，不得各生异念，可保子孙永远勿虑。特此通知各村，例规是幸。

一立料各村封好插门。

二立料各家办火柴□马。

三立料各家办好君庄炮。

四立料各家千祁同心协力。

五立料各通知音信，日夜时报。

六立料各近村出帮远村石牌。

七立料客人过往，生面查实姓名。

八立料石牌有事，不得请别人。

九立料我石牌不得乱作生事。

十立料我石牌见客人行黑带刀炮，究办。

十一立料我石牌不得隐匿不报。

十二立料有知匪兵在某山，来报，尝花红银五元。

十三立料擒拿匪者，每名尝花红银十元。

十四立料石牌不许窝匪藏匪，田地一概充公。

十五立料石牌不得强势违背规条，不遵法律，大众石牌秉公办理。

列村列名，石牌头目名字所管。

（以下村名人名略）

民国七年戊午岁正月吉日，大众三十六瑶七十二村，众议立料法律。

罗香七村石牌二

【题解】

此条文是坳瑶的纸石碑，原存金秀县罗香乡六合村李日初家。平日收藏，议事和处理违犯石碑律法时，由石碑额人当众宣读，参加议事的有罗香、龙军、琼五、罗州、那力、平贡、六合等七村，故名罗香七村石牌。民国七年（1918）订。

见《瑶族石刻录》第 225—227 页；《瑶族石牌制》第 341—342 页。

【石刻全文】

第一条 各村各人不得为匪。如有为匪，查出即将该犯枪决之罪。众石牌丁，每人自带钱一百文，米粮自备，齐到公地劏猪，公议将该犯由亲族出手枪决，成煲大茶药灌食即死。

第二条 各村各人不得窝匪接济。如有窝匪接济，一经查出，定行枪决之罪，均照上条实行。

第三条　无论匪抢何家，刻即起团追捕，在近起到远，各带米粮，铅药、武器自备。如有不出团者[1]，以匪为论[2]。

第四条　不论偷牛马猪狗鸡鸭，定行重罚。偷牛者填牛，公议另罚。偷猪另罚银五十元以下，三十元以上。偷狗九两。偷鸭八两[3]。偷鸡六两。如有讲错话者，罚银十二两。

第五条　不得穿墙挖屋，偷盗杂物，定死罪。

第六条　无论何人争执田土山场，先请父老调解不下，又请小石牌调解不下，再请大石牌调解，不得擅自开武。

第七条　无论何人争执，父老大小石牌调解不下，断老三朝七日，方准打架。

第八条　调解不下打架，不准捉女人。男人十六岁以下，六十岁以上不准捉。

第九条　调处不下，捉人到家，要请父老调处，不得擅自杀人。

第十条　调处不下捉人，限定三朝七日，要请父老调处明白。过了三朝七日不请父老，作为勒索办法[4]。

第十一条　请父老石牌人等调处捉人，不得两头开枪。错手打死人命，赔银男人三百六十两，女人二百四十两，作为赔命斋烛使款。

第十二条　无论有争论打架，不准放火烧屋、烧禾仓，挖田、挖水坝，牵牛。

第十三条　无论何村何家，有女子未结婚者生育，违犯规则，定行重罚七十三至八十四两罚金。

第十四条　无论何人争执械斗，所有种植秧苗、谷苗、禾苗、杂粮，不得毁坏。

第十五条　无论何人不遵规条，合众石牌将他全家抵罪，田地充入石牌，作为别项使用。使用另定。

民国七年　月　日　吉立。

【校勘记】

[1] 有，《瑶族石牌制》无。

[2] 匪为，《瑶族石牌制》作"为匪"。

[3] 偷鸭八两，《瑶族石刻录》无，据《瑶族石牌制》补。

[4] 本石牌第九条、第十条顺序，《瑶族石牌制》与此相反。

六段仙家漕老矮河三村石牌

【题解】

六段仙家漕老矮河三村石牌文从原存金秀县大瑶山六段村苏风鸣家"各村新甲总簿"上抄录。民国十三年（1924）订。

见《瑶族石刻录》第228—229页；《瑶族石牌制》第353—354页。

【石刻全文】

盖闻朝廷有转国之忧，乡团有从冠之心。列处人伦变动，请帮重起兵权。仰蒙本团集会，公同一体遵规。吾瑶家自盘古王开辟，相传至今几千余年，皆是一体无私。幸福庇佑，叨福阴以平安。兹今近岁，屡有不法之徒，常在边方境侵扰，殊属玩法可恶之极。通瑶会议，特立规条章程，开列于右。

一议凡我瑶如有窝匿匪类，并知而不报者，皆系同谋。一经查出，公同众议，将产冲公，无贻后悔。

一议瑶家凡有枪炮者，各宜修好听用，无得临时挤时，不便齐集，即系玩法违公，议罚。

一议凡有匪抢劫[1]，不拘那时，一闻言[2]，筒角一声，踊跃济集救护，下力剿出贼匪。倘有那时知而不到者，一经查出，公同议罚。

一议凡有客进瑶做买卖者，或生面不识，不准留宿。倘有刁顽强者，宜报知瑶首，当众逐出。

一议凡吾瑶家，倘有勾生吃熟，侵扰团内，有犯石牌规矩，一经查出，公同办罚，无贻后悔。

一议凡有客人进瑶居住，皆宜遵吾瑶规。如果有至亲至厚，探留宿者，皆系住家担当。倘有隐藏生端出事者，我瑶公同酌议办罚。

一议步逢扰乱，各处尽知。倘有边方小贼，入境诱惑，成心私从者，若不通报大团，自行匪类者，一经查出，公同将产充公，旁叔尽罚。

以上所议规条章程，皆系众议，言出必行，特此布告。

民国十三年阴历二月初八日，合团公启。

【校勘记】

[1] 匪，《瑶族石牌制》作"匪徒"。

[2] 言，《瑶族石牌制》作"音信"。

石牌判书

【题解】

原存金秀县金秀村石牌头人全胜祝家。民国十四年（1925）订。
见《瑶族石刻录》第 272 页。

【石刻全文】

启者，今因苏扶品、扶南山主，根向坊田地批，赵如成、富烧地，火烧木以上段。苏扶友老者，办事不公平，胜勿三村众石排到办扶友律，发三千六百钱正。以旧老律坊田，田几年年放火烧不犯过。三村石排头目苏胜良、扶禁、扶文在场，和事不得多言。天灵地镇。

请笔：苏道运

民国十四年乙丑岁四月初八日，石排办书。

象县公署布告

象县公署布告

【题解】

碑原在金秀县桐木镇太山村，现藏金秀县瑶族博物馆。碑之中下部残缺。民国十四年（1925）刊。石天飞访碑。

【石刻全文】

象县公署布告（第一八九八号）

为布告事，现据该区团总韦宝珍、韦本刚，公民韦世规、韦克敬、韦编经、韦玉辉、梁宝榛、梁宝楸、韦定邦等呈称窃盗贼为闾里之忧，淫荡为风俗之害，二者不除，其弊何堪设想？惟赌为盗之源，欲除盗必先禁赌；"采茶"为海淫之事，欲正俗必先禁止"采茶"。拟就村规五条呈请核夺等情，据此查阅规条尚属妥协，自应照准。除指令遵照外，合将规条抄粘布告，俾众周知，仰该处附近各界人等□体遵照毋违。切切此布！

抄规条于后：

第一条　凡村中以及村外附近一带地方，无论领有公司与非领有公司，均不得开场聚赌，违者呈官究办。

第二条　凡村中为匪通匪济匪窝匪之人，众村共全禀官究办，不得宽贷。

第三条　凡村中以及村外所有牲口、衣物、生理、柴草、禾稿、五谷之类，均不得私相盗窃；池中之鱼不得捞取，违者除赔……规银三五七元不等，所罚之银存为公费。

第四条　凡养有牲畜之家，各家严为管理。倘有不严为关禁，致残害他人生理以及禾苗之类者，除赔偿外酌罚如上。

第五条　凡村中无论何人，均不得招集同类设馆演习"采茶"，违者呈官究办。

民国十四年十二月廿七日。

知事罗宗岳。

实贴太山村晓谕。

坤林等五十三村石牌

【题解】

据《瑶族石刻录》，此为纸石牌条律，为棉纸抄件，原存金秀县共和乡（今金秀镇共和村）坤林石牌头人赵明品之子赵成堂家。五十三村，是盘瑶居住的村寨，是盘瑶自己组织的一个大石牌。民国十六年（1927）订。

见《瑶族石刻录》第230—232页；《瑶族石牌制》第354—356页。

【石刻全文】

恃立众等瑶民条规通知：朝廷有律法，便是有条规。今因十二姓瑶等石牌条规，尧乱娶亲礼京、酒份，高添价值不同，谪议世界难当。有钱娶亲，穷苦无量，□□我求，以富期贫，以强凌弱，以众逼寡。众议作凶换吉，以亚换善，以短改长，作多议少。良善容易为瑶人[1]。瑶等各村头目，会齐亲议，同心秦晋规条。

嫁红花女正嫁礼京洋银七百毫正，父母水源银二两四，猪腿二只，每只十八斤；翁婆猪腿一只，十八斤；内兄猪腿一只，十二斤；媒人银两二，猪腿十二斤。酒份三十六份，正伴娘，客郎共三十八份正，酒银二毫，又肉三斤，送嫁肉五斤。肉丁：父母三条，三斤；媒人，行媒四条，二条三斤，二条二斤。又娶寡妻、红花女，干卖同价，礼金洋银九百毫正。父母水源银二两；媒人银两二。二嫁：父母银两二，媒人银六钱。猪腿：父母二只，每只十二斤，媒人猪腿一只，十二斤；送亲猪肉四十斤。又嫁女留思，身价洋银三百五毫正；猪腿一只，十二斤；送亲猪肉四十斤。又嫁男永断，身价银三百五毫；猪腿一只十二斤；送亲肉四十斤。又娶男留思，身价洋银二百五毫；猪腿一只十二斤；送亲肉礼四十斤。又娶男两边系承顶，带肉酒米每样六十斤；送嫁肉二十斤。瑶等各村头目，众议条规，俟后准令。

一议瑶等各村列位众议条规，娶亲高低身价依律，不得骗瞒心大，暗说横行。

二议倘众议各位无哀颓，所歪强凌多事，为凶作善，不以众律辉旨。

三议日后娶婚，好丑为妻，万世其昌，不认拆妻离夫。若是拆妻离夫，不许石牌娶卖，交与家教训。

四议夫妻家计不和，相争多事，要报各村石牌即可。若是不报，气急食药不认办清。

五议各村众律，俟后其人不听规条，休乱石牌，众人重出石牌。若不愿众出，自砌石牌银十二两；若是不愿砌，通知石牌重罚三十六两，为据。

六议今当众等各村由伙抢劫横事，日夜五更连响三炮，等据放卡，同心协力。大小之事，各村有事，各村办清，并无招生食熟。前冤不得后报。若是报前冤，交匪报仇，众等石牌，任由罪[2]同理。

君岭村：赵明品　赵至富　黄文才

更仰村：冯章福　赵至品

马安村：庞文龙　庞文福

田平村：庞文品

十八村：黄春寿

牛角村：盘有万

一共五十三甲头目，各管各村，不准扰乱规条准律。

天运民国十六年丁卯岁正月十二日立起石牌规条法律万岁，稳律准此。

【校勘记】

[1] 瑶人，《瑶族石牌制》作"人"。

[2] 罪，《瑶族石牌制》作"罪匪"。

六巷石牌

【题解】

碑原竖立于金秀县六巷乡六巷村旁，为费孝通先生所发现。民国十九年（1930）刊。

见《瑶族石刻录》第 233 页；《瑶族石牌制》第 356—357 页；六巷乡门头村花蓝瑶博物馆资料。

【石刻全文】

立字据保卫众村人丁，岁在庚午六月初三日，起议开会议法律，费猪肉六千斤[1]。安法治吾村坊，奸嫖、赌博、洋烟主偷盗[2]，这非事，一切解□，各宜照料修身。为后但敢某人不尊照料，再有行为如何好色非事[3]，准十二月罚重本大元洗罪[4]。

一条 不奸淫。

扶秀 扶科

二条 不偷盗。十二扶斜、扶全 一条八目[5]□□

扶斜 扶金

扶芋 扶所

□丁六□头蓝扶义仝□政

扶照 扶义

三条 不可禁□。扶全

四条不可偷禾。扶照　扶太

瑶目：扶太　扶全　兰致君手书[6]。

中华民国十九年六月初三日，立此存照。

【校勘记】

[1] 六千斤，《瑶族石牌制》作"六千"。"六千斤"不合常理，当以"六千"为是。

[2] 主，《瑶族石牌制》作"与"。

[3] "好色"二字，《瑶族石刻录》《瑶族石牌制》缺，据六巷乡门头村花蓝瑶博物馆资料补。

[4] 本，据文意当作"十"。

［5］目，《瑶族石刻录》《瑶族石牌制》作"日"，当误，据六巷乡门头村花蓝瑶博物馆资料改。

［6］手，《瑶族石牌制》无，《瑶族石刻录》作"于"，皆误，据六巷乡门头村花蓝瑶博物馆资料改。

屯坝石牌

【题解】

石牌条文原存金秀县六巷乡屯坝村，为纸石牌。民国二十三年（1934）订。

见《瑶族石刻录》第 237 页；《瑶族石牌制》第 359—360 页。

【石刻全文】

永远千秋

一料　不得乱放别人田水养自己的田。

一料　小心火蜀，不乱点火烧山。

一料　不许乱拿别人东西，不是自己的东西不要。

一料　要养老人，讲话也不乱得罪。

一料　不做匪、窝匪、通匪。见匪要报，起团。

一料　有事莫争莫吵，不能乱打架。

一料　勾生吃熟，不许。

以上犯了那条，开石牌议众[1]，罚钱。

民国二十三年甲戌岁十月立冬吉日，众村同立[2]。

【校勘记】

［1］议众，《瑶族石牌制》作"会议"。

［2］众村同，《瑶族石牌制》无，据《瑶族石刻录》补。

金秀白沙五十一村石牌

【题解】

石牌条文原存金秀县金秀村，为木石牌，钉在该村十字苍巷口闸门墙上。

民国二十五年（1936）订。

见《瑶族石刻录》第 234—236 页；《瑶族石牌制》第 357—359 页。

【石刻全文】

石排规律

立字盘古开天立地，我瑶山小勺的地方，无有粮纳，无有当兵。人人耕种，通行平安。老祈人古立有法律会准。因位庚戌、辛亥二年，有外人匪入瑶内，打单劫屋当人，毙命数人。瑶山板瑶，合心出力，追匪散去了。前我五十一村瑶人板瑶，议法律十五条规，为灵清平安。今世界壬申、癸酉、甲戌、乙亥年，有外客人匪劫田价，杀人毙命四五人。大家复议会旧法律，列后规条。

第一条　我石排何人不得谋财害命，抢劫，偷屋禾仓，猪牛、香草、鸡鸭百物，石排查实知究。

第二条　石排如有何人胆敢通匪，黑夜挑出米粮、油盐、鸡鸭小菜，即系运粮济匪，石排查究办。

第三条　石排如有何人胆敢带客入瑶地方窝藏，判路抢劫生意人，石排知查确实，照公办究。

第四条　如有客匪拐带女人，过石排瑶山地方，石排何人见知，报石排同心协力追捕拦回，解石排究办人匪。

第五条　如有匪来入瑶山，搭厂聚集，近石排某村住夜食，千祈即报追捕。如有隐藏不报，石排查知，重究办。

第六条　如有客、状、瑶人，生意货物买卖，价钱两边自形为准，不得争打；算数不明，位论村团算清。

第七条　如有客、状、瑶人，生意为前，担货出外、入瑶，在我石排各处小路抢劫，见知即报，起团追捕。

第八条料　我石排，如有何人争山水田地、口舌、百物，事不明，要先经报请老，村团分判。

第九条料　我石排何人有大事小事，不准打锁杀人，不经报，无有银钱按过，要犯石排，法律究办。

第十条料　我瑶山石排人，有小事大争，不准打中畜牲，挖田基水侵，山荡厂，禾仓，照老法律，要犯石排，究办。

第十一条料　我瑶山石排，有小大事，听村团判；大事要听石排公审公办，入理不得入亲，不得包办何人。

第十二条料　我大家石排如有何人强势，违背规条，不遵大石排秉公理论，一概充公究议。

金秀总石排瑶团宣告。

民国二十五年丙子岁正月初一日，大家议会。

天灵大吉，平安通行。

王同惠墓志

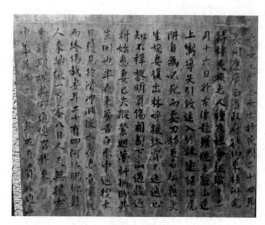
王同惠墓志

【题解】

碑在梧州市白鹤山风景区，民国二十五年（1936）刊。王同惠与其夫费孝通先生在金秀考察瑶族文化，牺牲于金秀瑶山中，因以此碑属金秀县石刻进行考察。

【石刻全文】

吾妻王同惠女士于民国二十四年夏，同应广西省政府特约来桂，研究特种民族之人种及社会组织，十二月十六日于古陈赴罗运之猺山道上，向导失引，致迷入竹林。通误踏虎阱，自为必死，而妻力移巨石，得获更生。旋妻复出林呼援，终宵不返。通心知不祥，黎明负伤匍匐下山，遇救返村，始悉妻已失踪。萦回梦祈，犹盼其生回也。半夜来梦，告在水中。遍搜七日，获见于滑冲。渊深水急，妻竟怀爱而终，伤哉！妻年二十有四，河北肥乡县人，来归只一百零八日。人天无据，灵会难期！魂其可通，速召我来！

民国二十五年五月，费孝通立。

六眼六椅等村石牌

【题解】

石牌条文原存金秀县六眼村山子瑶蒋荣泰家，为纸石牌。《瑶族石刻录》载："六椅团是大瑶山北部茶山瑶、盘瑶、山子瑶联合建立的石牌组织。""直接称石牌为团甲，称石牌法律为团规。团总是茶山瑶山主充任。"民国二十七年（1938）订。

见《瑶族石刻录》第238、239页；《瑶族石牌制》第360—361页。

【石刻全文】

盖闻朝庭有法律，乡党有公义之方。倘有不顺之人，不守团律，自意随心所欲，至此外反内乱，不依瑶团，公共才会结合团体，俾众有律。并列有准备条规六条防后，立此章程于左。

一议　现吾处委有甲长，管户若干。一甲有一甲理，理不妥，即来总团处，不准过村办事，各有各甲。若有不信此[1]，议罚随团。

一议　禁止自偏野团，并外来一切款项或委状，不准收领。若有不信者[2]，公罚三十元。

一议　凡我境内，不俱紧要的事，团总有命即要到，不准抗凹。若不齐合者，捉出勿怪。

一议　凡外政治并偏化人员，不准收留。如贪财偏外者，罚三十元。

一议　凡我境内，村甲长办事，决定上价，甲长四毛，团总一元四毛，定言不悔。

一议　自古以来，原有农家的旧法律，何人若悔改者，众团捉除，不与入团。

此公议团体章程即行，恐后无凭，特此备规六条存照。现再列于后[3]：

一议　杀人劫抢，勾生吃熟，查出枪决。

一议　偷牛盗马，挖屋开仓，□□□□[4]。

一议　窝藏匪类，私通盗贼，查出枪毙。

一议　骑龙当向，抛尸弃骨。

一议　五谷、桐茶不得乱偷，查出议罚，决不失言。

六椅团总：苏宝山　苏风鸣　苏胜灵[5]

代笔人：苏道发

民国二十七年戊寅年仲夏月立。

【校勘记】

[1] 有，《瑶族石刻录》无，据《瑶族石牌制》补。

[2] 有，《瑶族石刻录》无，据《瑶族石牌制》补。

[3] 现，《瑶族石刻录》无，据《瑶族石牌制》补。

[4] 据文意，缺字疑作"查出枪决"。

[5] 苏胜灵，《瑶族石牌制》无。

桂田等十八村石牌

【题解】

桂田十八村石牌条文,为纸石牌。原存金秀县桂田乡古培村庞生林家。十八村均属盘瑶。条文未写明时间,但据内容判断,应为民国时期石牌。

见《瑶族石刻录》第 240—241 页;《瑶族石牌制》第 362—363 页。

【石刻全文】

……（以上缺）

一议　何人先奸后娶,家不合,重罚六十元。

一议　何人其祖不过五代取婚,重罚银六十元。

一议　何人姐妹二代取婚,重罚六十元。

一议　何人取妇取郎不用,那边不愿,重罚六十元。

一议　何人公奸妇,重罚一百二十元。

一议　何人为伯奸媳,重罚一百二十元。

一议　何人偷仓挖屋,重罚一百六十元。

一议　何人生装此事,重罚一百十六元。

一议　何人去奸人妻,打死众夫,一会划平不容情。

一议　何人有事不听石牌公办,乱投百姓,强过石牌,一会划平不容情。

一议　何人招生食熟,一会划平不容情。

一议　何人食财害命,一会划平不容情。

一议　何人招匪害人,一会划平不容情。

一议　何人无事乱开炮打死人命,一会划平不容情。

二十四议　天地灵准令[1]。

批各爹娘肉宛两宛,坐媒两宛。

大石村,赵玉银八家。大厄村,庞文保三家。花芒村,黄通秀十家。金龙村,黄春风六家。连香村,赵成县。贵田村,赵财风三家。平小村,盘有京六家。冲村,冯章安二家。合龙村,盘进龙六家。家先村,赵荣寿十家。伴月村,盘文贵二村三家。田头村,赵德保、盘进林四家。横冲村,赵德文七家。六家村,黄进安五家。昔背村,黄通品二家。牛塘村,黄进林十家。鱼洮村,黄进广二家。浪堕村,庞贵胜四家。

[1] 天地灵准，《瑶族石牌制》作"天灵地准"。

庚广村石牌

【题解】

此为木石牌，原存金秀县大樟乡庚广村。民国二十九年（1940）订。
见《瑶族石刻录》第 242 页；《瑶族石牌制》第 363—364 页。

【石刻全文】

朝廷有法，乡党有规，民有民约。全村石牌公议，列出条文，公布遵守。
一议　山中田地禾苗，不得放牛踩吃，犯者倍回，罚二千文。
一议　山中田地谷子杂物，不得乱拿乱要，犯者绑人，罚二十千文。
一议　不得勾生吃熟，停留生面之人，犯者罚五千文，坏人送官。
一议　一家有事，大家帮忙，帮钱帮米，帮多帮少，同心协力。不帮者格众。
一议　还良愿三年一回，五年一回，同祝同庆，大小平安太平，收成旺盛。
一议　遇事大家讲理，小理村老头人排解，大理鸣众起团，不得动武打架。
一议　村内各人不得为匪抢（下缺）
民国二十九年庚辰岁正月十五日，众村立起石牌条规，准令照行。

大徭山团结公约

大徭山团结公约碑

【题解】

碑藏金秀县瑶族博物馆。1951 年刊。碑右上角残，中部有数条裂痕。据原碑录。新中国成立后订立的"大瑶山团结公约"，有力促进了民族团结和社会稳定，意义重大，故予收录。石天飞访碑。

【石刻全文】

大徭山团结公约（碑额）

我大徭山各族各阶层人民，自解放后，在中国共产党毛主席领导教育下，大家认识到，过去各族及民族内部不团结的主要原因，是国民党反动派和少数徭头挑拨离间所造成。因此，今后大家必须互相谅解，不计旧怨，共同在中国共产党毛主席人民政府领导下，亲密团结，并订立团结公约六条，共同遵守不渝：

（一）长毛徭为了表示团结，愿放弃过去各种特权，将以前号有公私荒地，给原住徭区各族自由开垦种植，谁种谁收；长毛徭和汉人不再收租。过去种树还山者不退，未还者不还。

（二）荒山地权归开垦者所有，但荒芜一年以上，准由别人开垦。杉树山砍后，如隔一年不修种，则该山地可自由开垦，准谁种谁收。水田荒芜五年以内者，经别人开垦后，三年不交租；荒芜五年以上者，可自由开垦，谁种谁收。

（三）老山原有杉树、香菇、香草、竹木等特产，仍归原主所有，不应偷取损害；但无长毛徭培植特产之野生竹木地区，可自由培植香菇、香草。

（四）经各乡各村划定界之水源、水坝、祖坟、牛场不准垦殖；防旱防水之树木，不准砍伐；凡放火烧山，事先各村约定日期，作好火路，防止烧燬森林。

（五）除鸟盆附近外，山上可自由打鸟。各地河流，准自由钓鱼、放网，但如放蘖闹鱼，应互相通知邻村集股作份，不作份者，只能在界外捡鱼。

（六）徭族内部，原有水田的租佃关系可由双方协议，但不得超过主一佃二租额。除地主富农外，有力自耕者，可收回自耕，但不得换佃。

以上公约，如有违犯或纠纷，由各族各阶层人民选出代表成立各级协商委员会调处，并会同各级政府按情节轻重处理。凡住在我大徭山人民（包括汉人）均须遵守。各乡各村可依本地情况另订具体公约，但不得与本公约相违背。本公约修改权，属于大徭山各族各界代表会议。

大徭山各族代表会议

公元一九五一年八月廿八日。

广西桂林市瑶族石刻

平蛮颂并序

【题解】

摩崖在桂林镇南峰（又名铁封山），唐大历十二年（777）刊。篆额。正文隶体，竖书。今摩崖已经难辨，字多残缺模糊，故以《桂故》明本为底本进行整理。《中国西南地区历代石刻汇编》注：高 250 厘米，宽 200 厘米，正文隶书，字径 7 厘米，额篆书，字径 25 厘米。

见《中国西南地区历代石刻汇编》第九册《广西桂林卷》第 7 页拓片；《桂故》卷八；《广西通志》卷一〇五；《桂林石刻》上册，第 6—7 页。

韩云卿，唐大历间人，以文名，是文学家韩愈之叔父。

【石刻全文】

平蛮颂（篆额）

平蛮颂并序

朝议郎守尚书礼部郎中上柱国韩云卿撰。

朝议郎守梁州都督府长史武阳县开国男翰林待诏韩秀实书。

广州府户曹叅军李阳冰篆额[1]。

惟大历十一年，桂林象郡之外，有西原贼率潘长安，伪称南安王，诱胁夷蛮，连跨州邑，鼠伏蚁聚，贼害平人，南距雕题、交趾，西控昆明、夜郎，北洎黔、巫、衡、湘，弥亘万里，人不解甲。天子命我陇西县男昌夔，领桂州都督兼御史中丞，持节招讨，斩首二百余级[2]，擒获元恶并其下将率八十四人，生献阙下。其余逼逐俘掳二十余万，并给耕牛种粮，令还旧居。统外壹拾八州牧守，羁縻反复，历代不宾，皆受首请罪[3]，愿为臣妾。嘉其自新，俾守厥旧。商农渔樵，各复其业；悼耄鳏寡，各安其宅。变氛沴为阳煦，化嶮阻为夷途[4]。五岭之人，若出玄泉而观白日，如蹈烈火而蒙清流[5]。飞书上闻，优诏嘉焉。公卿百辟、将校耆艾，咸愿歌颂勋烈，以铭于石。其辞曰：

皇帝嗣位，十有五载。

淳风横流，声教无外。

蠢兹蛮陬，肆其蜂虿。

恃远怙险，为人蟊害[6]。

爰命陇西，挟节讨绥。

训我师徒，如虎如貔。

卷旗释甲，先喻德泽[7]。

稔恶弗惩，含虿弗息。

矫矫陇西，励尔矛鋋。

鼓奋重泉，兵扬九天。

出其不意，亿万踣颠。

来者面缚，亡者染锷。

搜洞索穴，覆其巢穴。

若鼓洪炉，燎彼毛毳。

若振飘风，摧乎朽脆。

海峤蒙蒙，再开天光。

俾褫作和，化戎为农。

三军卧鼓，四鄙罢柝。

原野萧条，万里澄廓。

明主是嘉，罢人是康。

铭之岭门，用垂无疆。

大唐大历十二年八月廿五日立[8]。

【校勘记】

[1] 广州府户曹叅军李阳冰篆额，《桂林石刻》作"京兆□□□□□李阳冰篆额"。

[2] 百，疑当作"万"。

[3] 受，《广西通志》作"頖"，《桂林石刻》作"顿"。

[4] "变氛"二句，《桂林石刻》作"此□为阳和，一□为夷途"。

[5] 清流，《广西通志》作"清泉"。

[6] 为人蟊害，《桂林石刻》作"为人无贼"。

[7] 先喻德泽，《桂林石刻》作"光逾德深"。

[8] 落款《桂故》缺，据《中国西南地区历代石刻汇编》拓片补。

瑶族石刻辑校

瘗宜贼首级记

【题解】

摩崖在桂林镇南峰（又名铁封山），宋庆历五年（1045）刊。《中国西南地区历代石刻汇编》注：高 270 厘米，宽 132 厘米，正书，字径 5 厘米。额篆书，字径 26 厘米；款正书，字径 4.5 厘米。

见《中国西南地区历代石刻汇编》第九册《广西桂林卷》第 26 页拓片；《粤西文载》卷四十五。

孔延之，字长源，北宋临江军新淦（今江西新干）人，庆历二年（1042）进士，授钦州军事推官，历知新建、新昌等县，擢知封州，历广南西路转运判官、荆湖北路转运使，熙宁四年（1071）知越州，移知泉州、宣州。为人居官，持以忠厚，不矜饰名智，世称"笃行君子"。工诗文，有文集 20 卷，已佚。又有《会稽掇英总集》二十卷。

【石刻全文】

瘗宜贼首级记（篆额）

宋桂州瘗宜贼首级记

广西去国既远，自有边事，主兵之臣怀诈事上，专用姑息，以取官赏，民益受弊，贼盗益得计，至于不可救疗。庆历四年正月十三日，宜之环州有贼欧希范[1]，挟怨聚党攻其州，下之。明日，破带溪普义。又明日，破镇宁，逐其官长，因自称神武[2]定国令公、桂牧，内倚世贼蒙赶，深沟高壁，乘宜州无备，将以驱其党羽龙江而控二广也[3]。于时主者出兵捍御，虽颇攘定，而贼方缮完器甲，张兵势[4]，劳安抚纳故事。四月，以刑部员外郎、集贤杜公杞为转运按察使，得便宜进讨。八月十二日公至，自京师涉桂蹈宜，驻旄于环。经沈谋揆远略[5]，谓安化种类频年深入，使吾数千里之氓，夫耕妇织不能供命，而滨于死者，赶实为之地。今不并诛赶，虽得希范，犹不得也。亦既禽赶，明年正月七日，缚希范于荔波之古绾寨，十三日械至环州。二十九日，诛希范、蒙赶，及其伪置官属二百四十有三人于宜州之城下。配隶之外，并前斩首总一千四百九十四级。公命分送诸郡枭之以示众[6]，而临桂居四分之一，于是桂之官吏相与谋曰："古之诛大恶者，必为京观，所以示戒惧于其后也。今此小丑，敢行称乱，恶已钜矣，宜敛而封之，以应古谊，然后尽以所命，即北郊而瘗之，章大戮焉。公之成功，藏在册府，异时死者得葬，生者得息，含哺鼓腹，无征输之患。传诸故老之口，而不见公之颜色，又无纪述以形圣德之美，何以慰人之思哉？”因略取其粗，而著之石云。时乙酉三月六日，钦州军事推官、将仕郎、试秘书省校书郎、权节度推官孔延之记。

【校勘记】

[1]“有贼欧希”四字原碑残，据《粤西文载》卷四十五《桂州瘗宜贼首级碑》补。

[2]“官长因自称神武”七字原碑残，据《粤西文载》卷四十五《桂州瘗宜贼首级碑》补。

[3]“驱其党羽”四字原碑残，据《粤西文载》卷四十五《桂州瘗宜贼首级碑》补。

[4]“兵”字原碑残，据《粤西文载》卷四十五《桂州瘗宜贼首级碑》补。“兵”字前应有脱字，疑为“其”。

[5]“略”字原碑残，据《粤西文载》卷四十五《桂州瘗宜贼首级碑》补。

[6]“诸”“枭”二字原碑残，据《粤西文载》卷四十五《桂州瘗宜贼首级碑》补。

大宋平蛮碑

【题解】

摩崖在桂林镇南峰（又名铁封山）西面半山，宋皇祐五年（1053）刊。《桂林石刻》注碑额篆书，径9寸，正文真书，径2寸。今碑文模糊，据《桂林石刻》录入，校以《武溪集》《八琼室金石补正》《粤西金石略》等。

见《桂林石刻》上册第30—32页；《桂故》卷八；余靖《武溪集》卷五；《八琼室金石补正》九八；《粤西金石略》卷二。

余靖（1000—1064），名希古，字安道，广东韶州曲江（今广东韶关）人，宋天圣二年（1024）进士。以秘书监知桂州，助狄青平侬智高，以功迁工部侍郎。有《武溪集》。

【石刻全文】

大宋平蛮碑并序[1]（碑额）

大宋平蛮碑

朝散大夫给事中知桂州军州事兼管内劝农使充广南西路都钤辖兼经略（下缺）广南西路诸州水陆计度转运使兼本路劝农使朝奉郎尚书司判员外郎（下缺）给事郎守太常□□□□□□州兼管勾斩抚事（下缺）

圣宋体天法道钦文聪武圣神孝德皇帝在宥之三十一年，天宇之内[2]，海渚之外，毡裘卉服，罔不率俾。粤五月，蛮贼依智高寇邕州，陷其郛，贼虐衣冠，驱虏稚艾，遂沿郁江东下，所过郡县，素无壁垒，倏然寇至，吏民弃走，因得焚荡剽钞，无所畏惮。乃攻围广州五十余日，不克，大掠其民而去。然所存者，官舍仓库而已，百年生聚，异域珍玩，扫地无遗矣。

国家于岭南不宿重兵，故贼起三月而后师集。蒋阶、张忠素号骁将，相继覆没。由是畏懦者望风溃走，贼锋益炽，逼连、贺，毁昭、宾，再穴于邕矣。

驿骑继闻，上甚忧之。枢密副使狄公青以为，将帅之任，古难其才，若再命偏裨，事一不集，则二广之地祸连而不解矣。亟自请行，天子韪之，遂改宣徽南院使、荆湖南北路宣抚使、都大提举广南东西路经制盗贼事。

九月拜命，既授禁旅，仍启以旧镇骑兵荆湖锐卒从行。十二月至桂林，督部伍，亲金鼓，然后兵知节制矣。明年正月甲辰，至宾州。先是，钤辖陈曙领步人八千，溃于昆仑之关，公推其罪，首斩曙及佐吏已下三十一人，然后人知赏罚矣。兵将股栗，咸思用命。

是月己未，引师至邕城一舍，贼悉其徒以逆战。公之行师虽仓卒，道途皆有行列。贼至，驻先锋以接之。公凭高望，玠骑兵以翼焉。贼徒大败，追奔十五里，斩首二千二百余级，生擒五百人，尸甲如山，积于道路，伪署将相死者五十七人。是夕，智高焚营自遁，复入于蛮中。

先是，命湖南、江西路安抚使枢密直学士孙沔、入内押班石全彬过岭，与广西经略使余靖同共经制东西路贼盗，故命公督大提举，然孙、石赞谋而军中悉禀公之节制。

贼之再据邕也，农者辍耕，商者辍行，远迩惶惶，不聊其生。及公之拜命也，朝野之论，中外欢然。以方、召之才，兼机轴之重，出剪狂蛮，无噍类矣。

贼之巢穴曰广源州，交趾之附庸也。父为交趾所戮，遂弃其州奔南蛮界中渊薮悖傲，以僭称号，自名其居曰"云南道"，又曰"南天国"，再名其年曰"景瑞"，曰"启历"。杂名其左右之人，自侍中开府已下署之。其主谋者黄师宓、侬廷侯、侬志忠等战殁于阵。未有剪其羽翼而能飞，刳其腹心而能全者也，故宵遁矣。

呜呼！智高之谋，十余年间招纳亡叛，共图举事。十余月间连破十二郡，所向无前，夫岂自知破碎奔走，在于顷刻之间。乃知名将攻取，真自有体哉！

二月甲戌，改乘辕，其月丁亥，至桂州，诏徙护国军节度，复以枢密副使召。仍曲赦岭南，民得休息矣。遂磨桂林之崖石，以书其勋。其词曰：

有宋之大，天覆地载。四海正朔，百蛮冠带。

蠢兹狂寇，起乎徼外。父戮于交，迅死獠界[3]。

招纳亡命，浸淫边害。边臣罔上，习尚以懈。

卒陷邕郛，乘流东迈。志图全越，肆其蜂虿。

广城言言，梯冲附焉。攻之五旬，掠民而旋。

贼锋一至，千里无烟。还据于邕，五岭骚然。

天生狄公，辅圣推忠。情存义烈，志嫉顽凶。

请缨即路，仗节临戎。英材遴集，猛将风从。

贼之敢斗，实惟天诱[4]。来迓于郊，奄丧群丑。

当我摧锋，易如拉朽。僭补伪署，丛然授首。

羽翼既剪，心腹既刳。虽欲自举，人谁与图？

焚庐而去，回巢以逋。六亲不保，曰献其俘。

厥推邕边，南国之纪。九洞襟带，列城唇齿。

险固一失，兵粮无峙。庶民蚩蚩，鸟兽惊跂。

我公之来，电扫云开。叛蛮斗破，纲领重恢。

师成庙算，民得春台。天声远振，繄公之材[5]。

【校勘记】

[1] 并序，据《八琼室金石补正》补。

[2] 天宇，《桂林石刻》作"大宇"，当误，据《桂故》《武溪集》等改。

[3] 迅死，《桂故》《武溪集》等皆作"逃死"。

[4] 惟，《桂林石刻》作"为"，当误，据《桂故》《武溪集》等改。

[5] 繄公之材，《桂林石刻》作"德公之魂"，当误，据《桂故》《武溪集》等改。繄，音衣，文言助词，无义。

崇宁癸未奖谕敕书

【题解】

摩崖在桂林龙隐岩。《桂林石刻》上册注：行书，径一寸许。宋崇宁二年（1103）刊。今已毁。

见《桂林石刻》上册，81—82页；《瑶族石刻录》第281页。

崇宁癸未奖谕敕书

敕：程节省广西经略司奏安化三州一镇蛮贼，结集八千余人，于地名卸甲岭、吴村、蒙家寨等处作过，黄忱等部领兵丁等二千九百九十余人与贼斗敌[1]，斫到五百四十八级[2]，阵亡一十八人，贼兵大败，夺到孳畜、器械三万余数[3]，得功人乞推恩候敕旨[4]，事具悉。蛮蜒跳梁，为郡邑害。维予信臣，克奋威略。选用材武，提兵格斗。斩首捕虏，厥功着焉。除恶靖民，嘉乃之举。故兹奖谕，想宜知悉。春暄，卿比平安好！遣书指不多及。

二十五日

崇宁二年五月二十七日，桂州龙隐岩释迦禅寺住持传法沙门赐紫仲堪上石。

【校勘记】

[1] 领，《瑶族石刻录》无。

[2] 斫到，《瑶族石刻录》作"砍倒"。

[3] 械，《瑶族石刻录》无。

[4] 恩，《瑶族石刻录》作"思"，当误。

赵崇模德政颂

【题解】

摩崖在桂林象鼻山水月洞，碑文左下部有残缺。宋绍定四年（1231）刊。《中国西南地区历代石刻汇编》注：高200厘米，宽130厘米。正书，字径6厘米。赵公即赵崇模，字履规，名相赵汝愚之子。其兄崇宪，字履常，知静江，有美声。赵崇模经略广西六载，绍定四年进直显谟阁。据拓片录，据《桂故》补。

见《中国西南地区历代石刻汇编》第十册《广西桂林卷》第93页；《桂故》卷六。

张茂良，据碑文知其为修职郎、新潭州善化县主簿。《桂故》卷六记张茂良，并记此赵崇模德政颂碑文。

【石刻全文】

广西经略显谟赵公德政之颂（碑额）

绍定四年秋有诏：帅广西赵公进直显谟阁，易镇宝婺。桂人德公之久，结恋不释，即无量寿佛宇西偏肖像建祠，寓其去思。犹以为未足，乃相与诵述善政，刻之水月洞石崖。此石永存，德名不朽。公丞相忠定公之子，名崇模，字履规。屏翰我邦，六阅岁纪。政先仁恕，镇静不扰。捐利予民，恩惠周浃。本端末整，阖境晏清，人享和平之福，形诸歌颂，理则宜然。颂曰：

帝奠区宇，粤居南土。连帅之尊，桂其治所。
始时桂人，憔悴数罟。诏公于蕃，拯其疾苦。
宣上恩旨，涤以膏雨。疏剔蟊蠹，民胥蹈舞。
喧喧歌谣，谓来何莫？帝曰嘉哉，宽我忧顾。
赐玺增秩，事循汉故。维公之德，不茹不吐。
施于有政，威以仁寓。安民之安，弗庸钩距。
耘耨缉绩，仓箱筐筥。赋尔代输，屡捐帑贮。
环堵晏眠，吏毋扣户。平价发廪，以哺饥阻。
敛散循环，邑有高庾。攻坚易朽，加惠黉宇。
有美南轩，绍其遗矩。吁嗟先贤，魑魅是御。
揭祠烝尝，兰藉椒醑。风化所系，人心起慕。
什伍其旅，乃搜乃捕。筑室万楹，蠡屯分部。
粤俗機鬼，妖巫媻裖。发摘窜斥，绝其根绪[1]。
邻荒民流，襁负蓝缕。赋粟给庐，于时处处[2]。
樆敛道殣，分命缁侣。嗷免狸蚼[3]，惠及骴腐。
凿石他山，康庄坦步。虹梁广济，屹若砥柱。
南渠可舟[4]，瀿堙疏淤。潭潭督府，匠石斤斧。
丽谯凌云，铁瓮安堵[5]。篸带改观，水亭坡墅[6]。
游刃所及，百废具举。民不知役，约己有裕。
江闽湖湘，跳梁狗鼠。逾岭以南[7]，寂然桴鼓。
莫徭岛居，种蔓盘瓠。易扰难安，颒首妥附。
为政以德[8]，计效如许[9]。稚耋相告，公我父母。
今舍我去，如孩失哺。我言匪私，感在心膂[10]。
俾炽而昌，奚斯颂鲁。公寿无疆，受天之祜。
爰作声诗，摩崖江浒[11]。崖石岩岩[12]，昭示千古。
修职郎新潭州善化县主簿张茂良纪。

【校勘记】

[1] 其，原石残，据《桂故》补。
[2] 时，原石残，据《桂故》补。

瑶族石刻辑校

［3］嚔，原石残，据《桂故》补。

［4］舟，原石残，据《桂故》补。

［5］瓮安，原石残，拓片不清，据《桂故》补。

［6］亭坡，原石残，据《桂故》补。

［7］逾岭，原石残，据《桂故》补。

［8］德，原石残，据《桂故》补。

［9］计，原石残，据《桂故》补。

［10］感在心，原石残，据《桂故》补。

［11］江浒，原石残，据《桂故》补。

［12］崖，原石残，据《桂故》补。

广西道平蛮记

【题解】

摩崖在桂林独秀峰（今广西师范大学内），元元统二年（1334）刊。略有缺损。《中国西南地区历代石刻汇编》注：高 226 厘米，宽 173 厘米。正书，字径 5 厘米。

见《中国西南地区历代石刻汇编》第十一册《广西桂林卷》，第 7 页；《粤西金石略》卷十四。

李震孙，福建莆阳人，元元统年间在桂林，任静江路儒学教授。

【石刻全文】

广西道平蛮记（篆额）

广西道平蛮记

岭南控蛮夷窟穴，自古为边患。我皇元受命，威德远加，悉建长统属。大德中，有小丑肇衅，自是宜、宾等洞效尤蜂起，祸延海北，广东、湖南无宁岁。朝廷屡命亲王、重臣征讨。狸鼠负穴，朝班师，而暮复号啸。元统初，元圣天子远念南岭飞龙旧藩，欲俾群生脱艰虞而臻平康，命建屯选将遣才，望臣监临。中议大夫撒竹兀歹公适总宪纲。公简重有韬略，抚众料敌，慨以身任之。时逆俦不自悔，祸尚陆梁梗化。癸酉冬，陷道州，回涉吾境，同知元帅失列吉思战没于南隘[1]。甲戌春三月，复寇吾属邑，长驱入全州。且回，即欲攻桂城。公乃诹幕宾张君师圣、照磨李君君谅，会中顺大夫、宣慰副使也先帖木儿。公暨历周君瑞，及召阖郡文武官僚告之曰："今日之寇，贪而深入，我以逸待劳，邀而击之，必败尔！将军大夫厉甲兵以致天讨，用命有赏，不用命有罚，勖哉！"公乃斋祓告上下有神，昼夜躬巡城郛。自捐帑金，募敢死士。四月己未，贼距城一舍，聚谋乘间攻城。庚申，公督万夫长铁杰总兵出征，用公所募士当先锋军，民兵蹑之。翌日旦，遇临桂廖村，获其伏，计窘逆战，我师斩其旗，随射殪厥酋，鼓而进，大败，斩首数百。公受凯，于东城逍遥楼劳将士，第功赏。惟允得所掠男女，令悉给聚，咸泣谢曰："解倒悬而更生之，公惠也。"逐北余党，馘擒累累，至所擒巨酋相与哭曰："吾同若弄兵发殆种种出转战而入□□□□□，今一败涂地，天亡乎？"初，贼未败之先日，天震雷电，以风折木，扬沙昼晦，江溪水溢。既败日，□□□□□□川气郁葱，则公之精神感格，岂特人效命于明，神亦协力于幽。比讫事，公嗟曰："为暴者幸藉天之威败获，但疮痍者尚呻吟，惸独茹苦，死者或暴露，予恻然于怀！"乃命知事张君发库资二千缗，赈所寇兴安邑四百家，用埋死恤生。噫！昔交阯女子征侧反，尚在化外之地。侬智高叛，不逾年即平。岂若此寇，转攻化地数千里，遗毒蝥生民十年，士卒肝胆脂草野，藩臣边将死难，项背相望。公一旦发踪于堂上，而俘馘于郊外，何易哉！于是邦父老咸嘱震孙曰："猗蟩□□兹举，文学宜纪。"震孙既述其事，复系以诗曰：

> 有寇如鬼，篁茅舒啸。煽厥妖氛，昏蒙岭峤。
> 岁在甲戌，来觊桂城。谋残我人，橐负我□。
> 有赫宪公，克运厥韬。一鼓歼之，如火燎毛。
> 始是来觊，桂人惴惴。临谷恐坠，公曰无□。
> 及既克止，万室按堵。公摩其怖，踊跃欲舞。
> 公曰噫哉，予曷尔保。惟帝之德，无远不冒。
> 假哉帝德，公克祗之。独秀岩岩，永歌垂之。

元统二年十月日，静江路儒学教授莆阳李震孙撰。前全州路儒学教授豫章李时书。

亚中大夫同知广西两江道宣慰使司事副都元帅田忽都不花篆额。

郡文武官怀远将军广南西道上万户府达鲁花赤铁杰，忠翊校尉千户高明，千户李□，嘉议大夫静江路达鲁花赤也先海牙，朝散大夫静江路总管邓观道，中议大夫同知静江路府事高隆礼，郡庠学正何天与、山长苏仙荫、王以仁、罗忠、王璋，父老文用、蒋清、刘谦、龚润、蒋英、胡英、何明等立石。

【校勘记】

[1] 失列吉思，《粤西金石略》考："《元史·惠宗纪》失列吉思作吉列思，其死在甲戌三月，是刻在癸酉冬，又四月之捷，史略而不书，史缺误也。"

平怀远叛猺碑

【题解】

摩崖在桂林普陀山省春岩，碑文清晰。明万历二年（1574）刊。《桂林石刻》注："高一丈二尺，宽七尺五寸。真书，径三寸。"该碑与柳城县《龙船山纪功碑》内容相同，刊刻于同一年，文字有少许差异。

据摩崖录。参见柳城县《龙船山纪功碑》。

殷正茂，字养实，歙县人。明嘉靖二十六年进士，由行人选兵科给事中，历广西、云南、湖广兵备副使，迁江西按察使，擢右佥都御史，巡抚广西，提督两广军务。万历三年，召为南京户部尚书。《明史》有传。

【石刻全文】

万历元年，诏讨怀远叛猺，调集左右两江及湖浙官兵十万员名，十二月初四日，进克板江，连破河潦、田寨、蕉花、潘营、太平、河里、腮江、独峒、呆黄、大地、郡邓、涌尾、天鹅岭、唐朝山八寨一百五十余巢，擒斩渠恶荣才富、杨洪仓、王伯牛、龙扶羊、荣田师、蒙向付等三十五名。首功四千有奇，俘获数万，余党悉抚定。二年二月，移师剿洛容之猺，定洛斗，柳城之上油、下油，永宁之古底、上宋，永福之边山，阳朔之碎江，荔浦之山湾诸巢，擒斩渠恶韦狼要、陶狼汉、黄金党、覃狼印、廖金滥、廖金盏、王朝解、莫鉴从等七十三名。首功五千有奇，俘获亦以万计。维时调度督察，则提督两广军门右都御史殷正茂，巡抚广西军门右付都御史郭应聘，巡按监察御史唐鍊也。总统诸师则征蛮将军都督同知李锡也。监督则按察使吴一介，付使沈子木、庄国祯、徐作，粮赏则参议李文续，统督则参将王世科、钱凤翔、王瑞、王承恩，都指挥汪可大、杨照，原任参将门崇文、亦孔昭、鲁国贤也。先后共事则左布政使杨成、程嗣功，按察使高察、魏文焕，参政郑茂、李凤，副使刘廷举、王天爵，参议高则益、陈应春，佥事江圻、夏道南及都指挥许文也。分理者，知府许岳、彭文质，同知王任重、萧腾凤、陈所学，通判萧时中、谢元光，推官高日化及知州唐执中，知县李邦仁、钟昌、郑佐、黄褒也[1]。

万历二年七月勒石。

【校勘记】

[1] 知县李邦仁、钟昌、郑佐、黄褒也，柳城县《龙船山纪功碑》作"知县王岳、李邦仁、余光裕、钟昌、郑佐也"。

范承勋七星岩题记

【题解】

摩崖在桂林普陀山四仙岩口，清康熙二十五年（丙寅，1686）刊。《中国西南地区历代石刻汇编》注：高 69 厘米，宽 136 厘米。行书，字径 5 厘米。跋正书，字径 1.5 厘米。篇首"文穆"指南宋诗人范成大。范成大（1126—1193）于乾道九年出知静江府兼广西经略安抚使。晚年范成大隐居故乡石湖，号石湖居士，卒谥文穆。

见《中国西南地区历代石刻汇编》第十二册《广西桂林卷》第 21 页；《桂林石刻》下册第 63 页。

范承勋（1641—1714），号看山氏，沈阳人，隶汉军镶黄旗，荫生，其父亲范文程。清康熙三年（1664）官工部员外郎，康熙二十四年二月巡抚广西。三十三年调两江总督，三十八年内迁兵部尚书，四十三年加太子太保。主修《云南通志》。《清史稿》有《范文程传》，《清史列传》有《范承勋传》。

【石刻全文】

姑苏家文穆于宋乾道间经略广西，以恩信抚结民猺，泽垂不朽，暇则登临山水，咏题殆遍。予以康熙乙丑被命抚粤，寻曩哲之风流，而榛芜久矣，仅得碧虚一址，为摩崖旧题，复新亭额。石湖之帅桂也，不两稔而迁蜀。予移制滇黔，亦甫浃岁，咸再有万里之行。虽政事文章，负愧前人远甚，然流连时地，不胜今古之慨焉。敬题石隙，以志仰止。丙寅夏六月，古吴忠宣房后裔沈阳承勋谨识。

范文穆公有《碧虚铭》，岁次丁卯季夏，勒于洞右山石。

康熙岁次丁卯季夏谷旦谨述[1]。

【校勘记】

[1] 跋语"范文穆公有"至"谨述"字较小，原石及拓片均已难辨，据《桂林石刻》补。

瑶族石刻辑校

于向墓碑

【题解】

碑在桂林临桂区两江镇，清同治六年（1867）刊。《中国西南地区历代石刻汇编》注：高 90 厘米，宽 60 厘米，正书，中行字径 5 厘米，左右字径 1.5厘米。左下角残。据拓片录。

见《中国西南地区历代石刻汇编》第十三册《广西桂林卷》第 27 页。

王绍先，训导，生平不详。

【石刻全文】

特封忠佑英烈圣王于公讳向墓

□居临邑西乡尺土西村，迁居洛阳村，汉廷尉讳定国公之后，历魏晋及六朝，俱为大官。其曾祖讳颛，唐德宗朝官至山东节度使。祖讳达，邕州刺使。父讳翰，辞官，以富豪甲于天下。母龙氏，妇张、王氏，子灵山，女宝霞。因唐末僖宗时，黄巢扰乱，猛贼蜂起，于是纠合义兵三千，大战于都狼山口洛阳坡七日，屡战屡胜。因后兵不继，贼以数万之众围王数重，王亦被剑而没。百姓涕泣，为王肖像立祠于都狼大庙。见明问训导王绍先撰。正坐癸山丁向。

大清同治六年季冬月山底村□□周永□□□。

广西全州县瑶族石刻

道光原刊奉姓宗派田地碑

奉姓宗派田地碑

【题解】

碑在全州县东山瑶族乡上塘村。东山瑶族乡为广西设立的第一批瑶族乡之一。此碑内容原刊于清道光八年（1828），1950 年照道光碑重立。上塘村奉氏为瑶族。碑高约 1米，宽约 1.2 米。石天飞访碑。

【石刻全文】

古云事有始终，能知其先后；宗族亦有本脉，知其派别，不误尊卑，会有来源，使后代能易晓该会之开端。股分载明，以免后代之争执也。凡我华塘村一甲，原系始祖奉邦龙公生有二子一女，长曰家禄公次曰家玖公，三女赘配曰家梅公长子分拆为一甲，次子分拆为四甲，三女赘配分拆小四甲，弟兄分为三甲，各创立业。我家禄公居长，生育四子，长曰仕谕，分居本宅，为上房。另支分居子贝冲，后由子贝冲另支分居鸟泥井。次子曰仕财，分居道县分 秋村。后之支派迁移别处，失考不明。三子曰仕清公，分居本宅，在今廿余代，腾芳兰桂四子仕墀公分居黑石岑村，此系我家禄公之后代绵长也。盖闻我子贝村之梅子冲公会之来源，系由子贝冲村奉太宗公置买东良兵全之土名梅子冲大地一块，历受无异。迄至道光七年，乃有唐姓恶霸强占。奉太宗弱小无力应付，系召集五房族老谪议提诉官衙，蒙官署判归奉姓买主。官有将此地充作五房公地，当请石匠开山将週围之地硬从新圈砌归五房叔兄议租，批佃此梅子冲会之来由也。后世以来，分为五房，轮流作会，维下塘之渭田及丘冲之田，系由本会逐渐买成，该田均□有碑作考，维子贝村有一房不占此会者，因当提诉时未负拒诉讼费之责，故而无分，深恐年湮代远，匆匆□衍分拆不明，特依古碑历史，另刊一碑，免致无知之辈蒙生诬会之争执也。所有占分之房，其姓名列刊于左。（下略）

照道光八年之古碑新刊。奉贵题书。匠人杨巨有刊。

民国三十九年三月吉日重立。

清水村重修古路碑记

重修古路碑记

【题解】

碑在全州县东山瑶族乡清水村。刊于清道光九年（1829）。楷书。碑高约120厘米，宽约90厘米。因后来修路，路面升高，碑立于路边排水沟中，一直未移动，保存完好。清水村有李、包、奉、盘多姓氏，但碑之所在主要是李包二姓。石天飞、莫子浩、李龙辉访碑。

【石刻全文】

重修古路碑记（碑额）

李包二姓修砌雨宽行永远子孙为古金。

会首头目：

李生福二百四，李贵周二百四，李贵先二百四，李贵银二百四，李贵禄一百二，李生毫一百二（以下捐款名单略）

饦砖一共吃用钱叁千。

匠人邓世稀。

皇清道光九年十二月望八日修立古路为记。

重修庙停碑记

重修庙停碑记一

重修庙停碑记二

【题解】

碑在全州县东山瑶族乡上塘村，被用于天井平台。字迹清晰可辨。刊于清道光十三年（1833）。高约 2 米，宽约 1 米。石天飞、莫子浩、李龙辉 2019年访。

【石刻全文】

重修庙停碑记（碑额）

尝闻昔传盘古民立置乾坤山河人民，吾族祖遗秦氏自有来由出世。奉四哥、六哥于洪治年间新至恩乡停塘圩上塘立宅居住，后设龙喜庙宇，以复神盟之德，主管人民之庆。神庙年久捆倒，风雨洒落，见神而不忍也。自我上塘上皆黑石岭，三村人等，一唱百和，乐于捐助鼎建前厅，共修后座。圣神感应，年丰雨泽。蒙圣匡祐，扶利后人。凡民吉庆，人人安泰户沾恩，永远传扬，万古流芳，勒碑不朽云耳。

（以下义捐名单略）

皇清道光十三年癸巳岁季冬谷旦刊立庙碑，永远发达。

重修福路碑记

重修福路碑记

【题解】

碑在全州县东山瑶族乡上塘村。刊于清道光十九年（1839）。楷书，阴刻。碑高约120厘米，宽约100厘米。碑面被青苔覆盖，文字难辨，姑录其额并落款，存其线索。石天飞、莫子浩、李龙辉访碑。

【石刻全文】

重修福路碑记（碑额）

古云履道□除途……（以下捐款名单略）

道光十九年腊月谷旦立。

重修路碑

重修路碑

【题解】

碑在全州县东山瑶族乡横田古道。刊于清道光二十一年（1841）。楷书，阴刻。碑高约100厘米，宽约80厘米。为重修横田古道捐资碑。据了解，此前横田古道初修，亦立碑记，惜碑已佚。石天飞、莫子浩、李龙辉访碑。

【石刻全文】

重修路碑（碑额）

会首头目：

李生林钱一千（以下名单暂略）

皇清道光二十一年仲月吉旦。

重新修谱碑

重新修谱碑

瑶族石刻辑校

【题解】

碑在全州县东山瑶族乡上塘村。高约1.6米，宽约1米。楷书、阴刻。碑文下部受潮生苔难辨，又少量为水泥所遮。刊于清咸丰元年（1851）。石天飞、莫子浩、李龙辉访碑。

【石刻全文】

尝闻思人之有宗族，犹水之有宗派、木之有枝，虽远近异势，疏蜜异形，富贵贫贱异境，要其本源，则一也。《礼》曰："尊祖故敬宗，敬宗故收族。"《书》曰："以亲九族，九族既睦。"此皆示人以敦伦睦族为重也。吾族自盘古由蝮中出身七姓民，吾姓奉卜居全州亭塘圩，历传世代，系吾祖法潽公之生授也，是前辈之无闻耳，是以后辈闻之。吾祖宗发娶妻奉氏、继潘氏所生四子，今之所为四房也。受公派□，代传人繁，所以多住于各居。长子起居七宝坑，二子立上塘上皆，三子起居大引大友头，四子置住洞州。至□先历刀耕火种，尤水开田，傜榜所有。民不娶傜，傜不娶民。□天顺年间投税[1]，万历九年收粮，成册立户十二三年，分开管理四十三间，均分上五图公甲是万迪公，至二十□新拆立户榆顺、兴，禄官、茂、祥文、千，奉滔礼已至吾辈十六代，叔侄公孙不知长幼，尊卑乱伦，支派无派。亲疏则疏者□□□者亦疏[2]，已不将等于途人而弗顾乎！我等尝怀修谱之思，凡到族门，留心询记。是宗发公枝派，归即录之。其□于宗族亦可以谓善已[3]，盖心有余而力不足故耳。且我等邂逅谈心，登笃同志，誓为修谱一事，各房支派同协□房捐资，窃谓此举固克成乃祖乃宗尤乃子乃孙志，深幸也夫！然后之君子称为美门，官词推为望族，讵不□哉[4]！时是为记。

（以下一代二代一房二房等名单暂略）

咸丰元年仲夏月，四房通族叔□、□公□仝立。

【校勘记】

[1] 据句意，缺字疑作"至"。

[2] 据句意，所缺三字疑为"不亲亲"。

[3] 据句意，缺字疑作"之"。

[4] 据句意，缺字疑作"善"。

牛角石雄关石寨碑

【题解】

据《瑶族石刻研究》，碑镶嵌在全州县东山瑶族乡牛角石关隘石寨孔道石墙上。刊于清咸丰六年（1856）。此碑之旁，为捐资芳名碑。咸丰间，东山瑶民在牛角界修筑的第一座石寨——牛角石关隘石寨，寨墙全长28米，高6米，厚3.8米，横跨在石板古道上，中部筑成寨门孔道以通行，门孔高1.8米，宽1.5米。咸丰时，东山属全州恩乡下五图地城；"图"为当时农村基层行政组织。

见《瑶族石刻研究》第93—94页。

【石刻全文】

牛角石为我东山下五图众村出入要口，近因世变人非，我等村落四散，倘有不测，防守莫及。众村商议科凑，即令匠于此处砌隘口，以备一时之急。谨刊各村捐资，以垂久远。

大清咸丰六年丙辰岁下五图众村同立。

雷公岭石寨碑

【题解】

据《瑶族石刻研究》，碑在全州县东山瑶族乡清水村南隅。刊于清咸丰九年（1859）。雷公岭石寨寨墙周长250米，高8米（指最高段），厚1米，虽是单墙结构，但平稳坚固。东北面有寨门，高2.1米，宽1.3米，厚2.2米。

见《瑶族石刻研究》第96页。

【石刻全文】

斯岭何为而修乎？尔来时势变，烽烟迭起，此地僻隅，军卫艰难；群公因难见巧，明达就斯岭之险峻，而其上筑砌石寨，防卫虞故耳。事竣属予载迹，何敢以不文芳为之叙其由。并将募捐芳名，碣石已垂不朽。行见皇风被烽火湮灭，然斯事陈迹见云。

大清咸丰九年己未十二月立。

钱粮征收碑

钱粮征收碑

【题解】

碑在全州县东山瑶族乡清水村、东山乡政府出门左转约 100 米路边。碑高约 200 厘米，宽约 90 厘米。同治四年（1865）刊。楷书，阴刻。石天飞、莫子浩、李龙辉访碑。

【石刻全文】

立维钱粮者，朝廷正供我百姓生天高地厚之中，沐日下五匾二甲李包奉公□众皇上髓洽肭沦之泽，所以仰答深仁者，惟此钱粮一项，稍图涓埃之报耳。弟输纳固宜争先，而征收亦患索扰。我州属向奉成规，旧章炳炳，每条银一两完制钱式千文，折一两一千玖百文。米自上仓后将米折钱者每一石叁千式百文，其西延条折一律不价，较减历来照纳无异，讵前宁主突于旧之外，加曾钱肆百文，我民差此浮征困惫实甚。六乡耆民黄增辉、伍正敏等，于同治二年七月内以万姓吁恩示禁浮收，呈恳上宪蒙抚部院张批全州征收条银，既系久有定章，仰布政司严饬该州查照旧章，核实征收，随时认真稽查，毋任胥后浮收滋弊，复于八月朔日续呈请示蒙批，仰布政司檄饬该州照章核实征收，严禁胥后浮征索扰，毋任滋弊。干咎并蕃宪苏府宪赵批示札饬到州，复蒙叶主出示通晓，减去四百文，即是年十月起，仍照旧章征收，各户欢声，遵示完纳，窃圣世垂仁可大，更期可久而愚民颂德一日，尤在百年。今阖邑感戴各仁宪廑念民瘼剔除弊政之恩，合应将征收定额镌诸贞砥，永远恪遵，且以无忘蚌蠊之惠云尔。

一国课征期上下两忙，不论军屯民猺均照旧章踊跃完纳，毋有抗违，自干法究。

300

一正饷条银每一两完制钱式千文正，其票一张完制钱拾捌文。

一折色银每一两完制钱一千玖百文，其票一张完制钱拾肆文。

一民米每一石完制钱叁千式百文正，其票一张完制钱拾文。

一西延米向例每一石完制钱一千陆百文正。

同治四年岁次乙丑仲春月谷旦，合邑公立。

重修横田古道碑

重修横田古道碑

【题解】

　　碑在全州县东山瑶族乡横田古道。刊于清同治五年（1866）。楷书，阴刻。碑高约100厘米，宽约160厘米。为同治间重修横田古道捐资碑。石天飞、莫子浩、李龙辉访碑。

【石刻全文】

　　易曰从古至今，人人盖言修道荡平，不致农夫之梯足也。今有横田路，乃通族之道路，崎岖往来，莫不心伤。匠司鸠砌，非金不能告成。独力难支，得邻友募化，不拘多少，捐者为之隆祥。施工修路宽平，于是行人往来，不叹□途之苦也。永远为序……

　　（以下人名略）

　　同治五年夏月　日立。

平安石寨碑

【题解】

　　据《瑶族石刻研究》，碑在全州县东山瑶族乡平安石寨门右侧。刊于清光绪四年（1878）。平安寨墙全长210米，高6米，厚3米，为双墙夹心结构，即两边墙用长方形石料砌成，中间用黄土拌碎石夯实。石墙的中部寨门高2米，宽1.5米。募化人姓名及金额刻于其旁另一碑上。

见《瑶族石刻研究》第 95 页。

【石刻全文】

募化平安寨奉胜顺、胜安、仲星三房后裔碑序

尝思圣王之世[1]，四方风动之休，万邦著协和之化生，其时不过含哺鼓腹耕田凿井而已。近因长发起之于前，红巾继之于后，烽烟屡警，兵燹叠遭。朝夕奔走，终无藏身之乡；日夜流离，难有托足之所。兹有枫木山，易名平安寨，道路崎岖，石壁险峻。一源泉水，可供百家之需；四面高山，足容万人之住[2]，真吾乡保身家性命之美境也！但西北一带，须加修筑，工程浩大，岂一二人所能成？需费甚多，必数百金方可就。爰修浅语，劝我同人，宜未雨而绸缪，毋临渴而掘井。想到处修桥修路，尚且挥金；岂本境保身保家，反生吝意？兹幸协力合心，解囊成事，刊碑以垂久远。是为序。

光绪四年戊寅岁冬谷旦立。

【校勘记】

[1] 尝，《瑶族石刻研究》作"当"，据句意当误，径改。
[2] 容，《瑶族石刻研究》作"客"，据句意当误，径改。

置水缸记一

奉子先二娘置水缸记

【题解】

水缸在全州县东山瑶族乡上塘村"重修庙停碑记"之旁，刻字在水缸正面之正中，刻于清光绪十三年（1887）。楷书，四行，阴刻。水缸、刻字均仍完好。石天飞 2019 年访。

【石刻全文】

光绪十三年奉子先二娘置水缸一口。

置水缸记二

置水缸记

【题解】

　　水缸在全州县东山瑶族乡上塘村村民家中。"忍"刻于水缸正面正中，字以龙鸟纹饰之。落款分列两侧，楷体，阴刻。刻于清光绪二十三年（1897）。水缸今仍完好，仍在使用中。石天飞 2019 年访。

【石刻全文】

　　忍

　　光绪丁酉岁。

　　奉荣廷古记。

广西柳州市瑶族石刻

哈剌不花等马鞍山题记

【题解】

摩崖在柳州马鞍山岩上层北出岩口左侧。元至正二十年（1360）刊。拓片长78厘米，宽45厘米，楷书。据拓片录。

见《柳州摩崖石刻》第34页。

【石刻全文】

分阃帅守哈剌不花[1]，正议公董五民，万户黄宗寿，奏差丘鼎□，均州千户领都镇捡颜，青皂岭千户龙德明、蒋德，义兵千户李奴沙的迷失，镇阳千户黄威樉，吏日鄢梁祖等，因立营水南驻军，登此一览，以记岁月。

时至正庚子中秋前七日谨题。

【校勘记】

[1] 分阃，《柳州摩崖石刻》作“分涧”，误，径改。分阃，典出《史记·张释之冯唐列传》：“阃以内者，寡人制之；阃以外者，将军制之。”后遂以“分阃”指出任将帅或封疆大吏。剌，《柳州摩崖石刻》作“喇”，误，径改。

鱼峰山题诗

【题解】

摩崖在广西柳州市鱼峰山，正德十年（1515）刊。《中国西南地区历代石刻汇编》注：拓片长 50 厘米，宽 107 厘米，行书。石刻今已无寻，据拓片录。

见《中国西南地区历代石刻汇编》第五册《广西博物馆卷》第 129 页。

姜桂，安仁（江西饶州）人，进士。正德间任柳州府知府。

【石刻全文】

是岁五□五谷稔熟，□□□□□□□□□□□□□□□□右端□犯□□□□□于石……

孤岩屹立郡城边，开辟于今岁□千。

盗贼平除曾□□，生民安乐是何年。

征猺此日□谁□，守令先时有孰□。

试问山灵无一语，怅然归去欲□天。

皇明正德十年岁次乙亥十月朔十日，赐进士前工部郎中知柳州府□安仁姜桂题，□□□。

柳城龙船山纪功碑

【题解】

碑存广西柳州市柳城县城北之龙船山。明万历二年（1574）刊。高 4 米，宽 2.4 米，楷书。该碑与桂林普陀山省春岩《平怀远叛碑》内容相同，刊刻于同一年，文字有少许差异。据《柳州摩崖石刻》拓片录。《瑶族石刻录》收此碑，且重出。

见《柳州摩崖石刻》第 123 页；《瑶族石刻录》第 329—330 页、第 333—334 页。

殷正茂，字养实，歙人。嘉靖二十六年进士，由行人选兵科给事中，历广西、云南、湖广兵备副使，迁江西按察使，擢右金都御史，巡抚广西，提督两广军务。万历三年，召为南京户部尚书。《明史》有传。

【石刻全文】

万历元年，诏讨怀远叛猺，调集左右两江及湖浙官兵十万员名，十二月初四日，进克板江，连破河潺、田寨、蕉花、潘营、太平、河里、腮江、独峒、呆黄、大地、郡邓、涌尾、天鹅岭、唐朝山八寨一百五十余巢，擒斩渠恶荣才富、杨洪仓、王伯牛、龙扶羊、荣田师、蒙向付等三十五名。首功四千有奇，俘获数万，余党悉抚定。二年二月，移师剿洛容之猺，定洛斗，柳城之上油、下油，永宁之古底、上宋，永福之边山，阳朔之碎江，荔浦之山湾诸巢，擒斩渠恶韦狼要、陶狼汉、黄金党、覃狼印、廖金滥、廖金盏、王朝解、莫鉴从等七十三名。首功五千有奇，俘获亦以万计。

维时调度督察，则提督两广军门右都御史殷正茂，巡抚广西军门右副都御史郭应聘，巡按监察御史唐錬也。总统诸师则征蛮将军都督同知李锡也。监督则按察使吴一介，副使沈子木、庄国祯、徐作，粮赏则参议李文续，统督则参将王世科、钱凤翔、王瑞、王承恩，都指挥汪可大、杨照，原任参将门崇文、亦孔昭、鲁国贤也。先后共事则左布政使杨成、程嗣功，按察使高察、魏文焌，参政郑茂、李凤，副使刘廷举、王天爵，参议高则益、陈应春，佥事江圻、夏道南及都指挥许文也。分理者，知府许岳、彭文质，同知王任重、萧腾凤、陈所学，通判萧时中、谢元光，推官高日化及知州唐执中，知县王岳、李邦仁、余光裕、钟昌、郑佐[1]也。

万历二年十月立石[2]。

【校勘记】

[1]"郑佐"之后，《柳州摩崖石刻》录文尚有"黄褒"，未知何据，依拓片改。

[2]十月，《柳州摩崖石刻》录作"廿月"，显系误录，据拓片改。

剿平北三大功记

【题解】

摩崖在柳州鱼峰区岩村路蚂拐岩。明万历六年（1578）刊。高约 10 米，宽约 2 米。

见《柳州摩崖石刻》第 120—121 页。

瑶族石刻辑校

张翀，柳州人，曾任刑部侍郎，卒赠兵部尚书衔，为"柳州八贤"之一。其墓在柳州市城中区油榨村蜈蚣岭，是柳州第一大古墓。其父张全任四川成都府教授，卒赠都御史。张氏家族为柳州望族。

【石刻全文】

剿平北三大功记

广西之寇，在桂林、苍梧，则有古田、府江为最，在柳庆之间，则有怀远、八寨、北三为最。古田、府江、怀远诸贼，先是都御史石汀巡抚殷公暨华溪郭公次第讨平之矣，惟八寨、北山至今未靖，何者？连岁用兵，疮痍未起，加以夷情变诈，巢穴险阻，当事者慎重之也。万历五年，小江吴公适开府广右，訏谟胜筹，武纬文经，乃檄地方诸执事者曰："今日之寇，惟广右僻在南疆，蛮夷为害，梗我中国治久矣。其议所宜，先加兵者。"诸执事议曰："今日之寇，莫忧于八寨，北三。然八寨业已招抚[1]，徐观其后；而北三者，则跳梁已极，且立赤帜于诸蛮之间。使北三不惩，则诸蛮不慑[2]；诸蛮不慑，则八寨之抚不坚。宜先加兵，无愈于此者。"吴公曰："善。"会柳庆守巡各以迁秩去，公遂檄永宁兵宪吴君善来经略其事焉。吴君行，公戒之曰："兵贵潜机，使敌莫测，近而示之，远者法也。君其先声指咘咳、河池乎？"吴君曰："敬闻命矣。"公遂密征兵于各土州司。会守巡该道陈君俊、尹君校各次第抵任，二君素沉机谙练，加之受戒于公，而又合谋于吴君，其猷益壮矣。乃以右江参将倪君中化统柳、庆诸兵，而迁来三哨，则属之永宁参将王君瑞焉。兵果先从他道入，故为影声于河池、咘咳之间，贼不之疑也。不数日，则卷甲趋北山。北山诸贼以为从天而坠，已不及掩耳矣。兵进凡三十日，克破巢寨一百有奇，擒斩四千八百名颗。而俘获贼属，视擒斩倍之。牛马器械，视俘获又倍之。自广右用兵以来，神速称快，未之有也。公又疆理土田，分兵屯种，益为善后计。凡八寨以南，河池以西，靡不联络待命，恐恐焉不保旦暮，孰有纵横出没如昔日态耶？绩上，天子嘉之。晋公大司徒、郡中乡大夫及父老子弟各置酒，为地方庆，且诣守巡使君请记焉，守巡使君转以嘱仆。嗟呼[3]！翀胡能为公记耶？昔石汀殷公平古田，仆书于桂林；华溪郭公平府江，仆书于苍梧；今桂林、苍梧之间颂二公之功者，尚浮于仆之文，是其文不足而其功常有余也！况公之北三，又事倍于古田、府江，而他日颂公之功者，岂不益浮于桂林、苍梧耶？虽然，卉服椎髻，鸟语狼心，不示其威则不惮也。平祸定乱，昭德垂信，不假诸勒则不传也。南山之石，玉屏仙奕，风雨不来，千载一日，此非公之碑如有侍耶？于是父老子弟争趋而磨，悬崖而书，诸洞夷酋莫不相率来视，以手加额，曰："南蛮何敢反乎！何敢反乎！"各寂寂吐舌去。野史张翀氏闻之，乃从前数广西之寇几已殆尽，遂授笔为记。

公姓吴讳文华，福建连江籍，登丙辰□进士云。是役也，柳州府同知朱成武、通判胡中、推官刘正综理兵事，与有劳绩，例得备书之。

万历六年秋九月吉旦。

赐进士第刑部侍郎，前奉总督漕运兼提督事务、兵部右侍郎兼都察院右佥都御史鹤楼张翀拜手书。

【校勘记】

[1] 然，《柳州摩崖石刻》录作"其"，误，据拓片改。

[2] 则，《柳州摩崖石刻》录作"然"，误，据拓片改。

[3] 呼，《柳州摩崖石刻》录作"乎"，误，据拓片改。

龙城书院碑记

【题解】

碑原藏广西柳州市柳侯祠，清乾隆十三年（1748）夏四月刻，今已佚。《中国西南地区历代石刻汇编》注：拓片长125厘米，宽80厘米。楷书，成贵撰，罗应轸书。

见《中国西南地区历代石刻汇编》第七册《广西省博物馆卷》第21页；《柳州石刻集》第186页。

成贵，字廷简，镶白旗人，乾隆十年（1745）任柳州知府。罗应轸，马平县学训导。

【石刻全文】

龙城书院碑记

粤稽三代以来，庠序学校之设，皆以明伦兴行育才……在……增设书院，以广教德，求圣贤之道，修其孝悌忠信，学于古训，蔚为国桢，法至善也。龙城介在岭表，苗猺杂居，风来久矣。自柳侯刺郡，文路始开，教以礼法，民兴于学。其时大□孔□，□□□□之记谓□夷至于有国始循法度，进用文事，学者道尧舜孔子如□□左右执□□□□旋辟进士，时或病焉。其后，时代变迁，盛衰不一，而流风余韵，□□犹存，侯之教泽日长可知矣！圣朝重熙累洽，文教覃敷，士风丕振。诏天下省会郡治分建书院，推广裁成陶淑之方。凡山陬海澨，莫不兴起。柳虽僻□，彬彬□□，殆与□□同风。乾隆七年，右江道宪、令陞湖臬周公人骥命署守谢玉生建书院于柳侯祠[1]，延府教授黄正识课诸生肄业其中，量给膏火。九年，前守谭公襄世□聘马平进士胡□立课程间其尤者优给资斧，以示奖励。岁在乙丑，余奉命来守是邦，督课之余，见诸生恂恂雅饬，著为文章，亦斐然有条理。□若□□□奋志，未免□给每人月米三斗、银一两，资其养赡。掌教每年束修百金，米十二石，月□钱二十四缗。正宪副杨公议修柳侯祠，命余相度经理，撤□新之。既取给于祭祀之余，益以己俸及州□为阴助者，以告厥成。因思书院设于祠内，□近沐侯之教泽，而□志□□即以□□□工费，将捐俸草创，俾肄业有所，俟有余力，以次廓增。请于宪副，公许之，乃于祠左罗池院三楹门垣翼整，其东南益以斋舍。如其数延请明师，专主教席。爰率诸生拜祠下，进而诸生生长于柳侯出治敷教之邦，幸遇右文之世，仰荷各宪乐育人才盛心，其各劖切经史，讲求礼义，身体力行，交相奋勉，以为廷献之本。无或劝始怠终，浮华失实，以贻侯羞。而侯之教泽，且将与菁莪、棫朴之盛□久而是。所需膏火未定章程，区区捐给之资，恐不足以垂久远。因叙其始末，着之于石以俟后。

大清乾隆十三年岁次戊辰夏四月吉旦。

中宪大夫知广西柳州府事辽左成贵……马平县学□□罗应轸书。

【校勘记】

[1] 侯祠，拓片缺，据文意补。

广西贺州市瑶族石刻

临贺修城记

临贺修城记

【题解】

　　摩崖在广西贺州市，宋德祐二年（1276）刊。《中国西南地区历代石刻汇编》注：拓片长 30 厘米，宽 55 厘米。楷书。

　　见《中国西南地区历代石刻汇编》第五册《广西省博物馆卷》第 44 页。

【石刻全文】

德祐贰年岁在丙子三月三日，
郡守陈士宰重建。
郡人毛迈监造。

重修武帝庙记

【题解】

碑在贺州市博物馆，清光绪十年（1884）刊。
见《广西石刻总集辑校》第 1082—1083 页。
全文炳，光绪年间任贺县与平乐知县。

【石刻全文】

　　武庙盈天下，虽穷乡僻壤，莫不整齐严肃，以妥灵爽而壮观瞻，乃民所为者，官或不能为，果汲汲于人道，毋事高谈神道哉！案牍劳形，将以有待也。贺县向祀武帝于东楼，横跨城垣，别无专庙，春秋祀事，各官咸集于斯。按邑志及碑记，一建于康熙五十七年，再建于雍正十一年，道光九年集腋重修，距今六十余年。虽随时补葺，而风雨漂摇，星霜屡易，无日久不倾之势。光绪十五年己丑春，余莅是邦，登东楼，肃礼容，囘环周览，不禁蹙然。俯而察之，居者行者如在岩墙之下，则又不觉悚然。颠危之扶，能再缓乎？夫蚊负弗胜，一肩荷之也；虫行能疾，百足辅之也。爰与附邑暨各乡诸绅耆谋，皆曰善。于是选材鸠工，经营量度。正殿高贰丈三尺，邃三丈陆尺。前为两厢，厅各壹，房各贰。殿右三间，祀武帝先代。殿左为观音阁，覆以重楼。又前为演戏台，翼以两亭。此外若正门，若别室，若庖厨，或创或因，悉撤其旧而更新之。登登冯冯，灿然大备，虽未金碧辉煌，要亦整齐严肃矣！是役也，城乡共集壹千肆百金有奇。不足，捐廉补之。经始于孟夏，落成于仲冬，庶几妥灵爽而壮观瞻，岂好兴作以疲物力哉！抑以神所凭依[1]，为民祈福也。溯查国朝以来，武帝屡著灵应，封号尊崇，祀典隆重。就体制论，专庙为宜。今沿旧章，自是权宜之计。异日经费有余，当另择地基专修庙宇，以求合乎体制。是则余之微意，抑亦邑人所深幸也。功成勒石，笔其缘起，附以规条并书捐助衔名、材料工价，俾后之我者有所考证云。

　　补用同知直隶州知贺县事金谿全文炳敬撰。

　　光绪十年仲春月吉日立。

【校勘记】

　　[1] 凭依，《广西石刻总集辑校》作"冯依"，乃形近而致误，径改之。

修路碑记

【题解】

　　《瑶族石刻录》记此碑原在贺州市北里松瑶区大瓮山畔路旁，清光绪十五年（1889）刊，今已不存。

　　见《瑶族石刻录》第 477 页。

【石刻全文】

里松大瓮山畔，有小径道开山，崎岖险阻，荒废无行人。光绪十五年，瑶人赵金福创修，得石窖子，大如盘，长尺许，状如牛角，不知所自来。欲穷其异，登巅，有池半亩，水清澈，深可数尺。掬而饮之，味若翰墨香。池旁贯名疏绕[1]，如狮鹿犬豕牛马麋鹿形，俯仰有态[2]。石间老树婆娑青翠，四合从莽中[3]，石块如佛像，虽风霜剥蚀，而恍惚可辨，异境也。

【校勘记】

[1] 贯名，于意不通，疑误。

[2] 态，《瑶族石刻录》作"熊"，当误，据句意改。

[3] 从，据句意，疑当作"丛"。

重刊焦山"中"字

【题解】

碑在贺州市浮山。清光绪二十五年（1899）刊。据碑文知为李孝先从江苏焦山拓归重刻。碑文中浮山、环碧亭等，今为贺州八步区著名景点。

李孝先，字南陔，贺州人。赐进士出身，诰授奉政大夫、翰林院庶起士、工部主事营缮清吏司行走，官候补同知浙江余杭知县。

【石刻全文】

中

此焦山石刻也。癸巳往游，拓以归，爰重刻置浮山环碧亭，为浮山增一胜赏焉。

同邑朱□卿星辉、钟子赓、齐飏、钟序东书镌。创蒸□云摽江，晚泉澄清。黄煌甫待璪、杨弼廷、杨贤、黄星、孙维垣、龙思明、□先钦、钟秉初、□彝、龙传夫汉云、朱少、王伟人、龙式□先钰咸出赀赞其成，备书碑侧，以昭来者。

光绪己亥李孝先南陔甫识。（印二）

瑶族石刻辑校

重修沸水寺门地台碑

【题解】

碑在贺州市，清光绪二十五年（1899）刊。《中国西南地区历代石刻汇编》注：拓片长100厘米，宽60厘米。楷书。

见《中国西南地区历代石刻汇编》第八册《广西博物馆卷》第84页。

【石刻全文】

重修寺门地台碑（碑额）

韩昌黎云："莫为之前，虽美弗彰；莫为之后，虽胜弗传。"邑南沸水寺起修于乙酉，落成于丁亥。屋宇垣墙，地台阶级，焕然一新，不独规模□大，……壮观瞻，即游目骋怀，亦无虞蹉跌矣。不料戊戌岁春，因雨潦涨致……地台……首事再申夙议，发簿签题，得金一百有奇。鸠工庀材，于冬□告□成焉。……不……根基未固。己亥岁，因雨复倾。首事等见难于劝捐，将寝其事。有善缘□槛者……，沐□神□，久思图报。况此寺自乙酉重建以来，乐善者不吝于解囊，□□□不辞其辛苦，惟平台之修，终莫克成。如是，欣然乐捐铜钱捌拾□有□，以□此举。当此厥功告竣，爰将前后芳名备勒诸石，以垂不朽云尔。是为序。

□署贺县知县杨时行捐钱贰拾千文。

特调贺县知县黄作霖捐钱□拾千文。

前任湖南郴州□□□县知县龙□家捐钱叁千文。

□贺县□余官□洪捐钱贰拾贰千文。

（以下模糊不清，略）

严禁山石树林碑记

【题解】

碑在贺州市，清光绪三十年（1904）刊。此为当时贺县知县李均琦签署的关于保护石城的告示。

见《贺州市志》第1018页。

李均琦，广东龙门人，癸酉拔贡，光绪二十九年知贺县。

【石刻全文】

署理贺县正堂李均琦为谕饬事：案据职员莫广机，耆民陈日奇、陈步云、陈斗亮等禀控莫启诗等挖取石城山石、毁碉寨等情，据此出示严禁外，合行谕饬。为此谕，仰该职员、耆民等遵照。即便会同铺门团绅，速将石城原有碉寨克日完固。如有不肖之徒，胆敢再行挖取该处山石并周围石山树木，准即指禀，以凭拘案究办。毋违。特示。

光绪三十年仲冬吉旦立。

修大马巷至玉锁楼石道记

【题解】

碑在贺州市博物馆，民国八年（1919）刊。碑断为三节四块。

见《广西石刻总集辑校》第 1275—1277 页。

梁树燎，贺州人，生平不详。

【石刻全文】

重修大马巷至玉锁楼石道记（篆额）

重修大马巷至玉锁楼石路记

盖惟济人利物积德，具有同心；修路平涂善举，尤应注意。贺城东楼大马巷至玉锁楼街，虽名□径，无异通衢。缘此路直接城南方隅，横通县前大道，往来多趋简便，讵舍正路而弗由出？又因避烦嚣，即非康庄而乐步。在昔荒园猿径，仄比羊肠。仅以水石砌成，参差不整；又经频年蹂躏，倾圮实多。往者既补筑未遑，此日之崩颓益甚。伤防跬步，途人咸叹崎岖；艰恫肩挑，行者时形竭蹶。有防公益，承待兴修。岁己未，李南陔太史约同人发起修筑县城东门口内外大路，同时修建河西新旧码头。工既竣，复筹集大马巷路，谋并新之，召工估费，仅云需三百金。舍间先认捐半赀，余由太史募足。议既定，即日进行，举李君里安董其事。是路笃长，绵亘几及二百丈。向之小石嵚崎，泥涂洼陷，悉易以板石而平正之。旁及葵花□、袁家巷各小路，又从而卑者培之、缺者补之。更徇坊众之请，于兴龙社前筑石台焉。

是役于仲夏经始，越三月告竣。共支出五百余□，超出预算者二百有奇。其不敷之款，由树燎与太史设法募足。夫埭成召伯，堤建范公。方之古人，无能为役？然增高培厚，化险为夷，□幸斯民直道之由，聊尽地方自治之责。熙往攘来，永永利赖，洵快事也！因为序其始末，以志胜缘，并将捐金芳名、收支数目悉记□□，用垂不朽云。

中华民国八年岁次己未冬月吉日，绥□梁树燎识。（以下芳名略）

贺县士民张令颂

【题解】

摩崖在贺州市西湾镇观音洞，民国九年（1920）刊。《广西石刻总集辑校》原题为"贺县士民颂张令"。

见《广西石刻总集辑校》第1286页。

【石刻全文】

贺县阉县士民恭颂邑令张公。颂曰：

嗟此岩邑，徭獞跳梁。

我侯至止，之纪之纲。

既植嘉谷，锄彼莠稂。

侯之治行，古指循良。

无人不怀，无隐弗彰。

下民有心，耿耿难忘。

贞珉颂德，山高水长。

庚申伍月谷旦。

广西平乐县昭平县瑶族石刻

平乐府学记

【题解】

碑在平乐县，元至正二十四年（1364）刊。

见《广西通志》卷一百三；《粤西文载》卷二十六。

常挺，福建三山人。淳祐中任昭州教授。

【石刻全文】

广右，岭南重镇，概管十六州。平乐，古昭州，后升为府。其地去大府不数舍[1]，礼义之习，风化所被。前代科目得人，甲于诸郡。故家余俗，犹有存者。府学去城可二里许，居考槃涧之西，国初燬于兵火。前至元己卯，郡监刘怀远、知州孙武德经营创始。岁次壬午，武德之子梦得再知州事，力加修理，规模益宏壮。然官政有通塞，或兴或废，其可称述者盖无几。至正二十有三年，平章荣禄公总制军旅，开署省事。其明年，以昭郡重地，控制梧、贺，选本省理问官拓跋元善摄郡监，兼义兵万户、劝农防御事以镇抚之。君以是年六月莅事，前政多废弛，君乃正身帅下，早晚以思，寝食弗遑，发号施令，与民更始，威惠兼施，宽猛得宜。自郡城达于四境，吏民为之改观。朔望视学，见其上漏旁穿，震风凌雨，日益倾圮，喟然叹曰："兴崇学校，守令责也，予敢不夙夜祗惧，恪勤厥职，鼎建祠庙，以奉祀事！"郡博士赵显祖、文学掾尹龙协力赞成之。乃考核学租之没于某者，得粟一百九十八石，某氏儒士之义助者一十锭，公与学官各捐己俸，共得数千缗。选匠具徒，购木于昭、贺之境。至正二十有四年冬，建立大成殿。旧殿湫隘，不足以奉几筵，则扩而充之。应门两庑，讲堂斋馆，焕然一新。材木之良，工匠之巧，规矩准绳，深广如法。川流山峙，前拱后揖，圣容穆穆，侑坐肃然。祭祀以时，洋洋如在。春夏诗书之教，朝夕弦诵之声，使民沐浴于膏泽，被服先王之道，元善可谓知为政之本矣！

恭惟我国家列圣相承，渐民以仁，摩民以义，孝弟忠信，礼义廉耻[2]，承平且百年[3]。士大夫以名节相尚，变故以来，仗节忠义者无虑数千人，汉唐有愧焉。下至闾阎穷巷，匹夫匹妇与析圭儋爵之君子，同一贞节，不为利回，不为威屈，皎然如日星之光耀，国家仁厚之泽，于此可见。天理之在人心，有非强暴所可夺者。学校有功于世道，岂小补哉？昔卫文公当春秋时，敷教劝学，国以强富，为时贤诸侯。汉文翁守蜀郡，率民子弟，教以经术，蜀文之盛，自文翁始。元善监是郡，不期年而政化大行，吏畏其威，民怀其德，庠序之兴，明伦育俊，化民成俗，有古君子风。事既落成，来谓曰："愿有以记之。"吾闻古者大事书之于策，小事书之于简，作而不记，后嗣何观？建学之大事也，不可以不书。郡监元善[4]，先世西夏拓跋氏龙川公侄，前世显官。由京秩出监象州，再升省理问官。正直廉敏，才略过人，为当时名公卿。予旧居省幕府，相知为甚详，以其言信而有征，谨具其颠末而刻诸石。是役也，湖广省宣使权平乐县令余永、府判梁仓赤、何功应，提控按牍谭绍祖，主簿勾龙缘保，监工千户于德元、府吏范宗杰、直学陈元亨、知事何计孙，皆预有劳焉。是为记。

【校勘记】

[1] "其地"一句，《广西通志》无，据《粤西文载》补。

[2] "孝弟忠信，礼义廉耻"句，《广西通志》无，据《粤西文载》补。

[3] "承"，《广西通志》作"太"。

[4] "郡监"至文末，《广西通志》无，据《粤西文载》补。

平昭平山寇碑

【题解】

碑在昭平县漓江旁。明嘉靖三十六年（1557）刊。《瑶族石刻录》注："平山寇即平瑶。"大中丞吴公，即吴文华。府江兵备徐副使，即徐作。《昭平县志·艺文》无落款，《瑶族石刻录》落款"嘉靖丁巳"，与战事时间不符，或误。

见民国《昭平县志·艺文》第 204—205 页；《瑶族石刻录》第 320—

马万恭，少师，生平不详。

【石刻全文】

百粤远在西徼深山大泽，封豕长蛇犷然凭借。天子震怒，命大中丞吴公曰："汝其击戮蛇豕，夷剿山泽，布我王化，唯汝功！"吴公受命不半祀[1]，遂谋于总督司马凌公[2]，檄府江兵备徐副使曰："定百粤，必先定昭平。为我调兵，募向武诸川汉土官，草薙之以还报天子！"乃会师于李总帅锡，命下四屯哨都司辅文启以偏师，十一月克白壁诸巢，十二月又克白马、板燕诸巢[3]。五年六月克六勒诸巢[4]，斩首四百余级，俘贼属牛马器械称是。又命上四屯哨参将吴京以偏师，十一月攻福村、茅花、大梁、五指，大克之。十二月，取铁钉岩水穿诸岩，黄竹、二岩、捧岩、大峒岩、白马岩，遂入五指[5]二、三岩。正月穴地，入五指老巢，斩首六百级，俘贼属牛马器械称是，余贼悉奔溃四沸，有司土汉兵俘斩有差。露布至，圣心嘉悦，大中丞晋秩一级，赐金币，余并加陞赏。

司马氏曰：余闻百粤有五指、白帽，盖天险云。正德中数攻五指不克，嘉靖中攻白帽亡功[6]。乃吴公五月而举之若破竹。呜呼！深山大泽，非真蛇豕也。若奋焉改图，令田里相安，妻子相保万世无天诛，无血大中丞之刃，岂不愉快！若自作不靖，是鱼游釜也，则无诛故在，大中丞之刃故在。

少师马万恭撰文。

嘉靖丁巳岁吉立[7]。

【校勘记】

[1] 祀，《瑶族石刻录》作"禩"，误。半祀，即半年。

[2] 遂，《瑶族石刻录》作"逐"，当误。

[3] 板，《瑶族石刻录》作"扳"。

[4] 五年，《瑶族石刻录》作"六年"。

[5] "大克之"至"五指"，《瑶族石刻录》缺，据《昭平县志·艺文》补。

[6] 亡功，《瑶族石刻录》作"亡关"，当误。

[7] 据句意，"吉"后疑脱一"旦"字。落款二行，《昭平县志·艺文》无，据《瑶族石刻录》补。

迎仙洞记

【题解】

碑在平乐县，明万历五年（1577）刊。

见《粤西文载》卷二十一；《平乐县志》第799—800页。

罗黄裳，字美至。高明（今广东佛山市高明区）人。领嘉靖己酉乡荐，己未进士，万历二年为平乐知府，晋贵州副使，有政声。

【石刻全文】

万历四年夏五月端午，余谒督府于苍梧[1]，且计事。事竣，溯流还平乐，道经昭平。会府江雨下如注，滩濑湍急[2]，舟人有难色。余索民间竹舆，异从陆路，历里埠、蓬相[3]、桃岭、石面诸峻坂，尽四日将达平乐。郭东十五里，有峰峭厉独峙，约高千余尺，中扃岩洞，俨如天造石屋。呼田叟问之，曰此名"珠岩"，昔有异人栖此炼丹，丹成羽化而去。余异之，修磴援萝，入憩洞中。盘桓瞻顾，锦石缤纷交错，如垂珞[4]，如缀玉，如累茵，如伏狮、驯象，诡状百出。中复有石径萦纡虬转，蹑之若上通洞天，石牀、石臼、丹灶具在，杳与尘世隔绝。余因命石工乘天作之胜，仰除榛莽加甃砌。未几，会余有觐行[5]，厥工未竟。越明年夏六月，余复视郡，觇八屯妖气屏息，四方底宁，乃更遣千户朱濂鸠工缮治之[6]。不越月，洞前渠道成，洞口亭轩成，洞心石砌成，遂命结庐守之。余每政暇，偕郡贰林君、郡倅程君、司理陈君往游洞中，举匏樽相对尽欢，忘形物表，缥缈此身，若跨青云振羽衣于蓬瀛山岛[7]间矣！特匾其洞为"迎仙"云。

【校勘记】

[1] 余，《平乐县志》作"予"。本篇下文凡"余"字皆同此，不一一出校。

[2] 滩，《粤西文载》无，据《平乐县志》补。

[3] 蓬相，《平乐县志》作"相逢"。

[4] 珞，《平乐县志》作"络"。

[5] 余有觐行，《粤西文载》作"余觐有行"。

[6] 缮，《平乐县志》作"善"。

[7] 蓬瀛山岛，《平乐县志》作"蓬莱三岛"。

府江开路记

【题解】

碑在平乐县，明万历十四年（1586）刊。

见《粤西文载》卷四十四；《广西通志》卷一百七。

管大勋，鄞县人。万历间守苍梧、任广西左右布政使等职。

【石刻全文】

夫粤有府江，在漓江下，合蒙、荔水，折而南，盖全省咽喉也。其流入金峡，趋巴江，出丛林。两崖巉嶪，叠嶂连云，茂林密箐，怪石危壑，人迹罕通。诸蛮每每从冲口或蒙阴中出，邀商旅，戕吏民，岁岁为患。虽经诛勦，屯兵列堡，迄未有翦荆伐翳，凿山通道为千年计者。万历十三年春正月，王师平府江，诸将史金谓："自古征蛮犹薙草然，蔓则刈，伏则抚，无他术也。请自今藉盗田修军实，据险守之。"维时督府连江吴公、抚台[1]龙溪吴公，相与协虑而筹曰："剿叛匪艰，而永清之为艰。府江几用兵矣，而旋蠢动，患在巉嶮弗铲，郁垭不通，而疆理之未备乎？"乃合谋于直指黄公，上书阙下。若曰府江固号天险，万屿凌空，千嶂蔽日，循崖径穷，度壑蹊塞[2]，弃为盗区。迄今戡定，风气屯蒙，道途阻阻，善后之策，曷若开路便？上报曰可。于是檄兵备宪副归安韩公总董其事。当是时，戎马甫休息，行间诸务旁午，先为议耕屯防御之略，内调节其军需，而外抚安其残党已遂，召平乐县尹黎来王经纪之，且命单骑往视险易，谂里道孰山宜刊，孰江直疏，孰石宜凿，孰崖宜焚，孰涧宜舟、宜梁，孰地宜馆、宜亭，孰冲达何处，孰村出何所，孰堡接何壤。谂度既周，矩矱略具，乃召千户刘栻、把总李芳辈，勅之曰："遵尔界，驱尔兵，役尔工，毋怠而成。"已而召[3]外郡邑商谢成、郭邦实、张瑞等若而人，依麓凭冲，裹糇粮，集夫力，纵砍伐，输已材而铲榛荆，心惟口裁，宵规昼画，命日授事，分地量工，给饷制器，选能课绩，劳勤策惰，靡遗智焉。税商木[4]以折工直，高铲崇巅，深芟穷谷，顿令众山如童，诸路若坦，百年蒙丛魑魅之区，倏尔四达，视内地云。经始于岁乙酉夏五月，竣事于明年丙戌三月。自小苍板历龙头几、广运堡、足滩、雷霹至铜盆冲，总二百余里。西岸两地，田冲营出沿江冲口、佛槽、猪巷、大铜、江营，一至江口，一自龙塘抵潭脑、小铜、亮营，一至小铜江，一至田冲界，一至塘峒、仙回，一至象几堡、丹竹冲界，一至大小铜亮、铜江，一至水浪、南峒，一至大水冲，一自异村后出佛槽、归化等处，平峒堡一接三妹巢，一至榕峒及潘村。东岸贺县至东安界各若干里，而松林、鼓锣二碛，尤称险绝，则命李芳、刘栻率江浒接地脉，并力疏凿，以接两岸之道，无病涉焉。总之，设公馆二、亭铺四十、渡舟十三、桥梁六百二十五。是役也，治地资兵，伐蒙资商，架构资材，畚锸资石，赏费资羡，而借公帑仅六十余，官不费而绩用成。嗟乎！余于是仰窥三院之訏谟弘远，而兵宪公之苦心矣。与其屡勤屡叛勤我王师也，宁拓辟是图治巉嶒而为康庄，驱郁垲而成孔道，阴珍阳开，气通物阜，狸狸枭伏，一劳而永靖之为快乎！余尝分藩苍梧，往来上下，三岁间凡八度府江矣。今年春移官东泉[5]，顺流过之，烟嶂廓清，新堤迁衍，轮蹄络绎，负担载途，舳舻蔽江，村舍相望，别一境界矣！余喟然而叹：惟皇神武，惟公经略，俾八蛮通道，幽壤同风，不庶几乎与草昧开拓并称，休烈也哉！

【校勘记】

[1] 抚台，《广西通志》作"抚军"。
[2] 循崖径穷，度壑蹊塞，《广西通志》作"循崖径则穷，度壑蹊则塞"。
[3] 召，《广西通志》作"自"。
[4] 木，《广西通志》作"米"。
[5] 泉，《广西通志》作"枭"。

韩绍题"百蛮遵道"

百蛮遵道

【题解】

在昭平县松林峡中段的桂江右岸石壁。《昭平县志》"文物"记：石刻每字宽1.2米，高1.1米。明万历十六年（1588）府江道副使韩绍题刻。因明朝府江（今桂江）一带瑶壮人民屡举义旗，明王朝于万历十三年（1585）再平府江后，派韩绍为董事开筑府江道路。道路于十四年五月竣工，十六年春题刻"百蛮遵道"。石刻现已因昭平水电站而为水所淹。《瑶族石刻录》题作"凿字岩"，且将所刊时间误认为清康熙年间。

见《瑶族石刻录》第 485 页；《昭平县志》第 491 页；《贺州学院学报》2014 年第 4 期。

韩绍，号怀愚。浙江湖州人。隆庆五年（1571）进士，万历间任府江道副使，有政声。乾隆《宁德县志·职官》有传。

【石刻全文】

百蛮遵道

府江道副使韩绍题。

万历戊子春三月吉日。

府江修路碑铭

【题解】

碑在平乐县与昭平县交界之间，位于漓江岸，当刊于明万历年二十二年（1594）。《昭平县志》题作"府江修路记"，《瑶族石刻录》题作"府江修路碑文"。

见民国《平乐县志》卷五"文化"；《昭平县志》第 575—576 页；《瑶族石刻录》第 447—448 页。

冯时可，字符成，又字符敏，号敏卿，松江华亭人，明四铁御史冯恩之子。约生于嘉靖二十年（1541），隆庆五年（1571）进士，万历间任广西按察使副使，官至湖广布政使参政，历嘉靖、隆庆、万历、泰昌、天启五朝。与邢侗、王稚登、李维桢、董其昌被誉为晚明文学"中兴五子"。

【石刻全文】

府江一路介在象郡羊城间，譬之人身，则脉络也，江水自阳江而来[1]，分流为漓，缭绕桂林，合蒙、荔诸水，以出苍梧，下番禺。惊涛急湍，奔湃汹涌，硡硡磕磕[2]，若斗霆，若激矢[3]，趋走数百里于一瞬间[4]。舟随之下[5]，一不戒与石铓相触，则糜溃无踪。其逆溯而上，则用卒数十人牵絚力挽[6]，几前几却[7]，淹辰更朔而始达。其[8]不幸而扼阳侯葬鱼腹者，往往而有。缘江两岸，群山戢戢。或鹏□而骞，或鹜□而惊，或龟突而掘揸[9]，或踞齿而廉利者[10]，错峙于翳莽丛棘之中，蒸岚溆洞[11]，人迹杳绝，郁为封豸雄虺之区而已矣。往年王师既已薙狝，其不若则累累请除道而胼胝惮艰，锱铢缩费，卒议开道，率[12]不能五达六达，比于康庄遐迩，窃以为病。是岁癸已，中丞广陵陈公来抚西粤，孜孜急民，不逾忍诸[13]，废坠竞举，独道梗是念。会侍御南昌涂公行部所属，亲觌险阻，叹曰："孰令是版章土字者而蒙昧若斯耶？夫有身者，脉络不通，则阴阳贼之。有国道路不通，则奸宄贼之。粤多蓷苻，岂独其俗犷悍，亦惟是阻深者为之窟窦耳，若道路既除，则险为我用，而不为贼恃，是随其窟而阨其窦也，虽费，宁已。"乃遂定议于中丞公，相与[14]檄左辖文君作经画，而督以三道：自桂林而下逾阳朔，属郭君宗磐；自平乐而下逾龙门，属不佞时可；自勒竹而下抵苍梧，属苏君濬。各率其属以庇。厥后薙莽劚榛，批岩夷壤[15]。当冲而梁，当津而舫。午餐有顿，宵宿有馆。休憩有亭，干掫有堡。又为之益徒骑，具粮脯，设缉御，周不给。于是宦者、贾者、输将者、传舍者，往来骎骎如驰骤中原齐鲁之郊，无不人人愉快也。告竣之日，宪长胡君心得过，语时可曰："是举也，所以惠兹粤者甚大，非两台真意，实志为元元禔福捍灾，何以率所有位而子来众庶若斯极耶！子不可无辞。"窃惟先生之教曰司空视涂、司寇诘奸，周人羡古公之大业能使昆夷兑喙而本之木拔道通，盖险不能据、莽不能藏，即有诡随乱将焉，兴故夫涂之祝也，乃为奸之诘也。翻于中国为穷荒，诸郡杂蛮彝间，如楚之杂隶平居，耳目懔懔，猝有缓急，首尾不相应臂，指不相使，何以销萌杜蘖而壮虎豹金汤之势？兹役告成，环千里间，绳絜网络，犹之人身，癖痱蹊□而和扁为之决脉结筋，搦髓摸弃以和其荣，卫达其枝，经其何适如之，自此垢秽日湔，闇昧日爽，狐城永杜，鼠穴当封。四方旅游，且以粤为乐土善地，其两台之丕绩哉！役始于[16]癸巳秋九月，成于甲午春二月，凡石路以丈计者五千七百有奇，土路以丈计者七万八千有奇，创铺三十所，在羊角、广运、上仰、沙冲诸堡各二所，在季鱼、昭平、富笼、龙江、勒竹诸堡各一所，仍旧而加修者六所。为深一百五十有七，为渡舫十有八，为官舫一，为亭三。共城旦、马庸、馆人、篙师诸设，所设皆倍于昔，所费羡金共一千八百有奇。其分任有司，则平守黄文炳，桂守周裔先，梧守周宗礼等，咸竭蹶趋事，而平守劳尤最，盖平之役于诸郡中居其七故也。时可则以主簿故佐之，晓其始末[17]，特为之记，敢辞不文哉[18]！且为铭，铭曰：

粤惟荒域，囿山陧川。南梧北桂，昭介其间。五岭枝经，列郡喉咽。漓江分流，惊波决澜。奔恣横放，荡日摇天。□□乘之，若矢脱弦。抵崐触崿，廓碎无坚。溯洄而上，百却一前。挂胃岑岫，魄改魂迁。杨枝生肘，为力何艰。有岐一线，踏蹬攀薛，羊肠蜗角，趾侧身颠。穷险极峻，寇伏妖缠。天讨再加，莫能荡湔。法郁往日，道清斯年。桓桓中丞，三独称贤。英杰侍御，出使无先。广陵涛发，丰城剑劆。驰雷曳电，贲彩相鲜。烛照千里，析如睫端。念兹梗塞，计密画全。爰命我侪，分界除阡。咸率各属，既诿既度。执皋而彝，熟崖而镌。镂塍刻沟，决秽疏堙。我亭我馆，我梁我船。事无敢怠，饩莫敢肱。百八十旬，工用告峻。周道如抵，车骑如泉。邮传堠接，千里蝉联。远屏猰㺄，永卧戈鋋。凡此建树，悉木塞渊。精流神注，元气干旋。天效地应，阴殄阳宣。阜成烝黎，勋猷烂然。立碣题铭，用志岁年。凡我后人，无替无僭[19]。

参政冯时可撰文。

嘉靖十二年甲午岁仲秋月立[20]。

【校勘记】

[1]“府江”句，《昭平县志》作“府江自海阳而来”。

[2]奔湃汹涌，砰砰磕磕，《昭平县志》无。

[3]若斗霆，若激矢，《昭平县志》作“若斗霆激矢”。

[4]间，《昭平县志》作“息”。

[5]随之下，《昭平县志》无。

[6]卒，《昭平县志》无。

[7]几前几却，《昭平县志》无。

[8]其，《昭平县志》无。

[9]鹏□而骞，或鹙□而惊，或龟突而掘㩻，《昭平县志》作“鹏骞龟突”，此从民国《平乐县志》。

[10]踞齿而廉利者，《昭平县志》作“踞齿戟钩”，此从民国《平乐县志》。

[11]蒸岚颒洞，《昭平县志》无。

[12]“之区而已矣”至“率”，《昭平县志》无。

[13]孜孜急民，不逾忍诸，《昭平县志》无。

[14]“会侍御”至“相与”，《昭平县志》无。

[15]夷，民国《平乐县志》作“彝”，此从《昭平县志》。

[16]“窃维”至“役始于”，《昭平县志》无。

[17]晓其始末，《昭平县志》无。

[18]敢辞不文哉，民国《平乐县志》《昭平县志》无，据《瑶族石刻录》补。

[19]“且为铭”至“无僭”，《昭平县志》无。

[20]落款部分，民国《平乐县志》和《昭平县志》无，据《瑶族石刻录》补。据文中“癸巳”“甲午”之说，结合冯时可之生年及任职经历，再结合胡醇臣《府江滩峡记》所述，“嘉靖十二年”当误，疑作“万历廿二年”。

龙头堤记

【题解】

碑在平乐县，明万历三十一年（1603）刊。《平乐县志》题作"龙矶堤记"。

见民国《平乐县志》卷四"文化"；《平乐县志》第 797 页。

唐世尧，平乐人，万历进士，授宁波推官，擢吏部主事，后因忤宦官，居家不复出仕。

【石刻全文】

平乐自汉唐建置以来，数千余载，负山面滩[1]，灵秀钟毓不乏。其北一支水，出楚之桃川，迤逦恭城，南折而会于乐，再折而入于漓。先是，城之西北濒江为县学，环宫墙而为庐舍者无算，盖恭水实西绕之。明兴百余年间，胶庠之彦，斌斌兴起，间阎亦用殷富。至弘正间[2]，渐没于春涨，向之宫墙庐舍并失所在。询之父老，盖屡屡能道其详云。往莅是邦者，咸知宜堤。然筑舍道傍，岁复一岁，江堧龈腭之迹，视城下仅跬步，有足虞者。维时侍御倪公行部昭州，重悯一方之几为鱼也，特允道府转详本县之条议[3]，爰会总督大司马戴公、巡抚大中丞杨公若曰："惟平乐郡治西北，当恭水之冲，昔年溃我县学，圮我前街。惟城下有池，更邻江水，独恃后街一线，几幸旦夕脱。一旦后街不固，则江水灌池，城闉可虑。及今不葺，是无城，无城是无民矣！谓宜筑堤以护之便。"两公皆称善。公遂檄平乐郡邑，其自长吏而下，悉负薪从事，而守巡大吏专司纠督焉。令既具，吾昭之民踊跃听命，乃括帑藏以峙糇粮，相水势以定基址，匠氏伐石，民夫负戴。于是起亭子脚，迄上冲口，绵亘八十余丈，高二丈，阔六尺。堤外为水荡者三，以杀逆湍。盖统计采山石凡若干船，运江石填堤心凡若干船，役民夫凡若干。工始壬寅八月，竣役于癸卯四月，为日凡二百四十有奇。且节省烦费约百金，市田若干亩，岁收子利[4]若干缗以备修筑。嗟乎！三台之所以为昭虑者[5]，挚深远矣。越明年三月，大水自恭来如故，五月再大水，而昭竟无恙。长堤坚固，亘地如虹。江流循堤西注，沿堤以内[6]，渐涨淤沙尺许。有司以状闻公及督抚，两公大悦，并赋诗歌以纪其盛。噫嘻！伟哉！三台明德远矣！郡缙绅而下，咸谓堤工告成，雉堞既增而坚，人文复昌而炽，三台功德我昭人厚矣，子盍有以记之[7]！余惟昭郡，夙称形胜之区，人文丕着。乃河伯弗灵[8]，使西北一隅，沦于水国。盖百年于兹，曾未有创为捍筑之议者。异时庚辰，陈大参公稍稍筑之矣。顾其讲究未精，植根弗固，旋筑旋圮，厥有繇然。矧今费公帑金钱以千百计，而经营胼胝之绩，撬撵版筑之工，更数倍往昔，盖智殚精卫而力竭淇园矣。且役仅数月，民不知劳。遏狂澜而西奔[9]，奠地维于永固。视庚辰之役，难易远近，不大径庭哉？其最可奇验者，兹岁癸卯，士之起奋贤科者[10]，如云蒸霞蔚，即国家薪楗之广，三台菁莪之化乎？而地灵钟毓，气运斡旋，良非偶矣。《诗》曰"文武吉甫，万邦为宪"，又曰"乐只君子，万福攸同"，三台有焉。若《斯干》之六章，吾以期吾士，《鸿雁》之二章，吾以责吾民，于是乎记。

大司马戴公讳耀，闽长泰人。大中丞杨公讳芳，蜀巴县人。侍御佴公讳祺，滇临安人。其慎宪省成则分守大参、今晋总宪林公梓，闽漳浦人。兵巡宪副孙公有敷，闽惠安人。至综理相度，则平乐守张君一栋，闽平和人。司理柳君时芳，浙兰溪人[11]。平乐令易君礼，蜀华阳人，则建议、鸠工、劳勤居最者也[12]。若新任郡丞周君之光，楚湘潭人。别驾彭君学沂，楚桂阳人。署郡事浔州司理谢君嵩，粤番禺人，与昭平副将、今晋留都锦衣杨君元，南京后卫人，并乐观厥成，例得并书[13]。铭曰：

于惟昭郡，襟带桂梧。漓乐孕秀，埒于名都。

有水桃川，聿来自楚。百折南奔，会旦漓渚。

岁岁春涨，其来撼空。啮我北隅[14]，蛟蜃攸宫[15]。

氓庐漂没，宫宇为沼。菰藻交加，烟涛莽渺。

下迨于今，虞及城隍。民患滋深，率吁彼苍。

天启攸明[16]，有待三院。民溺睆怀[17]，乃发帑羡。

役者均力，萃者协谋。工既告成，蠢焉培嵝[18]。

邦人欢呼，孰是竖建。既奠吾居，复昌文运。

民当农隙，财出羡余。惟兹长堤，三台拮据。

凡我士民，奚繇报德。镌词贞珉[19]，昭示万亿。

【校勘记】

[1] 滩，《平乐县志》作"漓"。按句意，当以"滩"为是。此从民国《平乐县志》。

[2] 弘正，《平乐县志》作"弘治"。按句意，当以"弘正"为是。正，为"弘治"之后的"正德"年号。此从民国《平乐县志》。

[3] 条，《平乐县志》作"条约"。按句意，当以"条"为是。此从民国《平乐县志》。

[4] 子利，《平乐县志》作"予利"。按句意，当以"子利"为是。此从民国《平乐县志》。

[5] 昭,《平乐县志》作"昭民"。此从民国《平乐县志》。

[6] 堤,民国《平乐县志》作"是"。按句意,当以"堤"为是。据《平乐县志》改。

[7] 有以,《平乐县志》作"有"。按句意,当以"有以"为是。此从民国《平乐县志》。

[8] 河伯,民国《平乐县志》作"河北"。按句意,当以"河伯"为是。据《平乐县志》改。

[9] 遏,《平乐县志》作"歇"。按句意,当以"遏"为是。此从民国《平乐县志》。

[10] 起奋,《平乐县志》作"奋起"。此从民国《平乐县志》。

[11] 兰溪,民国《平乐县志》作"兰豁",当误。据《平乐县志》改。

[12] 居,民国《平乐县志》无。按句意,据《平乐县志》补。

[13] 例得并书,民国《平乐县志》作"法得备书"。据《平乐县志》改。

[14] 啮,民国《平乐县志》作"嚼"。据《平乐县志》改。

[15] 攸,《平乐县志》作"修"。此从民国《平乐县志》。

[16] 攸,《平乐县志》作"休"。此从民国《平乐县志》。

[17] 睠,《平乐县志》作"眷"。此从民国《平乐县志》。

[18] 嵝,《平乐县志》作"蝼"。按句意,当以"嵝"为是。此从民国《平乐县志》。

[19] 珉,民国《平乐县志》作"氓"。按句意,当以"珉"为是。据《平乐县志》改。

平乐县儒学记

【题解】

碑在平乐县,明万历三十六年(1608)刊。《平乐县志》题作"平乐县学记"。

见民国《平乐县志》卷四"文化";《平乐县志》第795—796页。

唐世尧,平乐人,万历进士,授宁波推官擢吏部主事,后因忤宦官,居家不复出仕。

【石刻全文】

按平乐之为邑,自嘉定间已有之。而邑庠则国朝洪武四年始建于北关外,岂前此皆草昧耶？顾学濒大溪，河伯岁岁为患，而郡邑守令亦岁费金钱不赀，竟与洪涛争尺寸之地而不可得。弘治间，当事始议弃地，举博士弟子员而渐[1]附之郡学焉[2]。为时学废名存[3]，官师如故。迨正德间，有议裁革天下冗员者，于是县学长二三员主爵，不复铨除，而生徒悉隶郡学矣。今百余年间，阊阖既开，光明渐耀，家弦户诵，颇不乏才，即二三大夫，菁莪乐育之麻，其谁能泯？

　　初，县庠之废也，议者咸以府庠专待吾邑人士，而他庠无与焉。数十年来，率循此议，蔑有阑入者。乃岁月滋久，窦浸开[4]，涓涓荧荧，弊将何极？会万历乙巳，兵宪陈公下车，首询县庠久废之因，诸生历历具道如前旨。公恫焉，遂檄行郡邑，及会前督学杨公，共请于大中丞。杨公若曰："邑故有学，亦惟是冯荡昏垫之故。今士类斌斌[5]，迈于畴曩远甚，而黉校不复，士其奚奋焉？且郡有博士三人，冗矣！而廪额稍充，差可分拨，谓宜仰廑奏复，则官不更设而师有余，廪不必加而额可待[6]，庠校幸甚！"大中丞可其请，乃以丙午疏入部议覆[7]。是时邑令陈侯，亟意兴复，猝然废明贤书院而经营焉。不足，又市民廛地纵横若干丈以益之。中为先师庙三楹，东西庑如之。前为戟门五楹，又前为泮池、为棂星门[8]，西北隅为启圣祠，庙以东为明伦堂，皆三楹。堂之前为儒学门，后为博士私宅，亦三楹。工未数月，而垣墉庖湢之属，丹腹涂塈，焕然一新矣！

　　先是，兵宪公及我邑侯先后皆以事去，部议寝阁数年，迄未有覆，至是戊申乃覆，实邀惠今院司郡邑诸大夫之宠灵云。迩者督学胡公都试昭州，既分拨廪增附及新进诸生有差，而礼部颁印之使适至，煌煌宠命，光贲遐陬，远迩竞传，以为一时盛事。太守陈公、署邑包公既如曩议，属司训张君署邑学事矣。已乃[9]谨奉木主于庙，祀典惟虔。而门外竖棹楔者二，东曰"龙池毓秀"，西曰"凤岭呈祥"，盖综理极周，而经制为大备焉[10]。张君谓旷典更新[11]，化行械朴[12]，诸上官大夫德意殚厚[13]，曷可无记？尧尝玩《易》，至卦之复，曰："复亨无咎，利有攸往。"夫震，一阳动而进；坤，群阴顺而退。阳既入而处于下也[14]，又将出而进于上，安得不亨，何患有咎而无利也哉！然复之前为剥，复之后则为临为泰矣！盖五阴既盈，盈极必虚，三阳既开，开者渐着。矧当小往大来之际，又值六五九二之交，然总之非兆于复之初。爻一阳当不及此已，微乎微乎，其易之义乎[15]。县学初创于关外，既百有余年，然岁圮岁修，迄无宁日，盖精卫所不能竟，而淇园所不及支，在《易》为剥之极矣！天启文明，赖当事诸大夫[16]，念轸胶庠，力图恢复，议工役，议帑金，议设官，议取士，至烦庙堂之图，维历数载而始定，何其幸也！夫学患未复耳，革故鼎新，复还旧物，去我凶，德兆嘉绩于兹邦矣。诸士藏修于斯，游息于斯，其益争自濯磨，讲明正学，崇闳其论议，荡涤其尘襟。近以应当世茅茹汇征之期，远以翼圣明志同泰交之运。且令谈者津津，皆曰夫士也，尽复学以后出也。斯无负诸大夫嘉惠雅意，有如异日者处剥之势，顾能顺止以迓天休[17]。乃今阳刚方长之时[18]，反蹈上六迷复之咎，诸士谅不其然。

【校勘记】

[1] 渐，《平乐县志》作"暂"。据句意，从民国《平乐县志》。

[2] 焉，《平乐县志》无。

[3] 为，《平乐县志》作"是"。

[4] 幸窦寝开，《平乐县志》作"幸窦寝开"。据句意，从民国《平乐县志》。

[5] 士类，《平乐县志》作"士学"。据句意，从民国《平乐县志》。

[6] 待，《平乐县志》作"复"。

[7] 部，《平乐县志》作"下部"。据句意，从民国《平乐县志》。覆，《平乐县志》作"复"。

[8] 棂星门，《平乐县志》作"棂星"。

[9] "署邑学事矣已乃"七字，民国《平乐县志》无，据《平乐县志》补。

[10] 备，《平乐县志》作"名"。据句意，从民国《平乐县志》。

[11] 谓，民国《平乐县志》无。据《平乐县志》补。

[12] 械朴，《平乐县志》作"朴械"，误，从民国《平乐县志》。械朴，原指白樱和枹木。《诗·大雅》中有《械朴》篇，后多以"械朴"喻贤材众多。

[13] 上官，《平乐县志》作"当事"。据句意，从民国《平乐县志》。

[14] 也，民国《平乐县志》无，据《平乐县志》补。

[15] 义，《平乐县志》无。据句意，从民国《平乐县志》。

[16] 当事，《平乐县志》无，据《平乐县志》补。

[17] 顺止，《平乐县志》作"顺正"，当误。据句意，从民国《平乐县志》。顺止，意为顺从礼法、礼仪。

[18] 之时，《平乐县志》无。据句意，从民国《平乐县志》。

开辟府江险滩碑文

【题解】

碑存平乐县东南百余里之漓江龙门峡（松林峡），明万历三十六年

（1608）前后刊。

见金鉷雍正《广西通志》卷一百七；《平乐县志》第798—799页；《瑶族石刻录》第441—442页。

翁汝进，明代藏书家，字献甫，一字子先，号周野，会稽人。万历二十三年（1595）进士，万历三十八年（1610）广西兵备、按察副使。

【石刻全文】

盖尝读《易大传》，而叹治理之难竟也。乾坤始交，屯蒙需治，讼而师之，比而畜之，至履而泰矣，乃犹有否存焉。然则君子之裁成辅相以左右吾民者，又安有已时耶？昭州僻西南夷，不隶《禹贡》，从古圣人所为开辟洪蒙，驱除民害，物土之宜，伦常之教，渐被未及。自秦始通中国，历汉、唐、宋，羁縻属之，治具固已疏矣。国朝德教洋溢，经画周详，遐迩一体，二百余祀以来，文明宣朗，瘴雾开霁，此亦泰运亨嘉之会已然，岂遂有否塞其间大为民害，而待今日之驱除者乎？粤西三大江，府江居其一，会漓、乐、恭、荔诸水，建瓴而下，万山夹峙，而惊涛怒波之中，嶙岣怪石林立，凫翔且隐且现，积为航舰之雠，攫之无不糜溃。上下相视，以为天梗不可卒夷，盖自昔为然矣。夫天宁终梗吾民也[1]？今天子戊申[2]，大中丞龙溪蔡公沂江来抚兹土，亲觌从舟之糜溃于所谓马鞍石者，喟然而叹，兴开凿之，思继禹功[3]，以属平乐陈郡守。郡守慨然任之，而时异议纷起，曰："关键逝波，包灵孕秀，地脉不可制也[4]。"曰："是有神据焉，昔尝凿之而流血，且为崇不可犯也。"曰："石作水势，水匿石形，孰入深渊，施五丁力也！"曰："功大费钜，成功不可必，安可辞咎也？"陈守笑不应，募得土舍黄仲拙，足智有才干[5]，数效急公之义。所制三角船、千觔飞撞、五爪龙、蜈蚣铲诸器，匠心独创，口画刊拔状甚悉，中丞公善之。前后制台长泰戴公，吉州张公，侍御晋安吕公议协，许助费醵羡。于是肇举开江之役，属朱贰守董焉。顾必洭寒水落，方可鸠工。笼石维舟，架木悬桯。百夫鹄立澜瀑中[6]，前牵后掣，呼声动天。横空下系，角舟所峙，无湍不分。飞撞所摧，无坚不破。龙爪所擎，无根不拔。蜈蚣所铲，无峭不平。二守既暴露江浒，解衣投醪。而黄仲拙率其五子及所募来韦崈诸兵[7]，尽忘其寒栗颠顿，与激澜砥柱争数十年之命，而竟胜之。戊已之际，藤湾、雷辟、检窖、龙门、龙口平。已庚之际，马滩、上仰、下仰、福登穴口平。庚辛之际，永滩、浪滩、长滩、廖滩、小背、金鸡、猪牙、鳖洲[8]、六木、闹滩平。凡历冬春者三，而工告竣。虽林立凫翔，势不可尽去。而舳舻所经[9]，无一拳之梗矣。虽阳朔、苍梧之境，难以越阻，而险在平乐者，尽夷矣！自今以往，沿遡邪许，出没齐泊，蹈水之道，靡复抵触。而剖判以来，生民鱼腹之祸，当今世而销弭者，伊谁之力！

太行王屋之山，方七百里，高万仞，举而移之朔东雍南，若挈壶酏酱瓿，匹夫精诚而能动上帝，而驱操蛇之神，况一时诸台痌瘝民瘼，率作庶僚，天人助顺，且奏百粤而措之衽席，何有于一江哉？曩时诸蛮蜂屯乌起，攻剽无忌，于是有大征之役。鲸鲵既封，余魂假息，于是有屯戍之役。夹岸层峦截截，翳莽丛棘，郁为封豕长蛇窟窦，于是有刊木除道之役。深潭峭壁，断崖頹岸[10]，四无蹊径，不可蹑足，于是有开峡梁津之役。呜呼！爰有府江，民害非一，赖先后当事钜公次第搜狝，捍灾禔福，并载郡志。顾害在蛮寇，在榛莽，在阻深，虽芟夷凿筑[11]，于今犹虞，其后不无芽蘖圮坏，孰与此九渊魁垒碎而投诸渤海之尾，永贻万世安哉？

是役也，费帑金五百八十余，郡守首捐百金，二守以下捐助有差者，皆不与焉。不佞汝进及前任廉访使漳浦郭公始终襄事，予惟客冬沂虔之十八滩，而来舟触石几溃，而他舟之溃于石者不一而足，窃叹以为平而不复峭者石[12]，死而不复生者民，假令神禹尝涉方焉，宁留患于今日哉[13]？既入府江，而滩工正举，不觉跃然，是以乐为劝云。工竣，伐石纪而铭之[14]。铭曰：

与民同患，时惟圣人。天地参赞，草昧经纶。
昭介炎徼，山川阻深。声教弗暨，谁为亨屯。
于皇昭代，不鄙其民。芟荒平险，视古为勋。
天洗瘴疠，运启文明。衣冠城郭，阜阜殷殷。
崇岗于宵，涤焉如焚。大江中流，舳舻骈臻。
寇盗既夷[15]，探丸不闻。维彼积石，礌砢磷峋。
离立骈峙，蛇伏螭蹲。素流多梗，云泄雷济。
舻艎触之，倏忽隐沦。一前百却，咫尺千寻。
长年相持，篙师骇魂。中丞桓桓，秉钺南巡。
马鞍之阻，有戒于心。三台合策，禹功是绳。
爰命刊凿，惠我黎蒸。谁其尸之，惟守与丞。
庀工率属，授饩董程。严辰肃月，水扬石邻。
操作而前，以与险争。雷霆流响，山谷震惊。
虎牙桀立，譝然豆分。草木三长，厥功告成。
寒波练委，晴川掌平。岨矣有行，元圭锡令。
振方畏途，暂费永宁。谁谓粤险，一苇可行。
沿朔拥楫，婆娑讴吟。万世允赖，四公之仁。
爰作俚词，以勒贞珉。

【校勘记】

[1]"以为天梗"至"吾民也"，《平乐县志》作"似不可开"。

[2] 天子戊申，雍正《广西通志》无，据《平乐县志》补。

[3] 喟然而叹，兴开凿之，思继禹功，雍正《广西通志》作"喟然而叹，思继禹功"，《平乐县志》作"喟然而叹，思绍禹功"，《瑶族石刻录》作"喟然兴开凿之思"。此据句意综合。

[4] 制，《平乐县志》《瑶族石刻录》皆作"创"。

[5] 有才干，《平乐县志》作"多干材"。

[6] 百夫，《平乐县志》无。

[7] 韦崗，《平乐县志》《瑶族石刻录》皆作"来常崗"，当误。

[8] 猪牙、鳖洲，《平乐县志》作"猪鳖洲"，疑脱"牙"字。

[9] 舳舻所经，《平乐县志》作"船舻往来"。

[10] 断崖颓岸，《平乐县志》作"断岸颓崖"。

[11] 芟夷甃筑，《平乐县志》作"芟修甃筑"。

[12] 平，雍正《广西通志》作"中"，疑误，据《平乐县志》改。

[13] 患，雍正《广西通志》作"遗"，疑误，据《平乐县志》改。

[14] 工竣，伐石纪而铭之，《平乐县志》作："功成而纪之，使往者来者知昔之险若彼，今之坦若此，以世世而毋忘四公之明德哉！"

[15] 寇盗既夷，《平乐县志》作"盗寇既止"。

府江险滩峡记

【题解】

《瑶族石刻录》记此碑原存平乐县城东南百余里之漓江龙门峡（松林峡）。清康熙四十八年（1709）前后刊。《瑶族石刻录》注此为明代平府江瑶后开凿府江之碑，误。

见《瑶族石刻录》第444页。

黄大成，江南贡生，康熙四十八年前后为平乐知县，在任十年，兴复书院，续修邑志。

【石刻全文】

按诸滩险狭夷不一，要之可施人力者少，惟长滩、小贝滩水浅流急，乱石磊磊，其沙石水路，似可疏瀹挑筑，使之深阔，以利行舟。而桂林司马萧公宗义则以为不可其说，曰府河三百二十五里，内有险滩五十二处，因桂林形势独高，水往平梧，就下而流，凡过一滩，则势低下数丈，故尔水甚急。

此数百里，皆石子山河，其险处或山麓石拦截半河，或乱石纵横河[1]，其山嘴插入江内，或两岸俱有，或一岸独有，或乱石横布水中，或巨石绵亘数十丈，至水涨，时有没露，且浪卷漩涌，殊为行旅之患。迨水涸时，湍急如故，石浮水中，舟行石中，亦未为坦途。其顶险处既难施人力，其次险处亦有连根硬石，何能如以斧凿耶？若止去水面乱石，而水底连根硬石仍在，则形势既改，舟人难认，故道恐反有垫阁之处。至于浪卷旋涌，系暴水为患，不能预为防御，是诸滩形势最险，俱无从措手也。

【校勘记】

[1] 据句意，"河"字后疑脱一字。

题"忠孝"

【题解】

《广西石刻总集辑校》记摩崖在昭平县桂江岸边，清康熙五十五年（1716）刊。摩崖完整，字迹可辨。楷书。

见《广西石刻总集辑校》第528页。

黄国材，字文化，奉天海城人，隶汉军正白旗。监生。康熙十八年，由监生考补内阁中书，历任都察院都事、迁湖广汉阳府知府、广东雷琼道等。四十三年，授广东按察使。四十八年，迁广西任布政使。五十七年，擢贵州巡抚。六十一年，调福建巡抚。后授正黄旗汉军都统。官至工部尚书，署兵部尚书。桂林多有刻石。

【石刻全文】

忠孝
康熙丙申岁孟夏海州黄国材书。

府江滩峡记

【题解】

摩崖在平乐县东南百余里漓江龙门峡（松林峡）。当刊于清雍正二至四年

（1724—1726）间。胡醇仁撰。《瑶族石刻录》注明"胡醇臣撰文"，为明代平府江瑶后开凿府江之碑，误。《瑶族石刻录》《广西石刻总集辑校》皆记此碑刊于明成化七年，误。《广西石刻总集辑校》指此文为韩雍所作，亦误。

见《瑶族石刻录》第 445—446 页；《广西石刻总集辑校》第 239—240 页。

胡醇仁，山阳人，雍正二年知平乐府，修《平乐府志》二十卷。

【石刻全文】

昭山素号天险，府江尤为峻绝。两岸巍峨，人迹罕通。嵌崟荟蔚，不可名状。而鼓锣、松林二峡，险峻尤甚。万历十三年大征后，副使韩绍以开路请于督府吴善。抚院吴文华可其请，命知县黎来玉经纪之。量工给饷，剪荆伐翳，百年蒙丛魍魉之区，倏尔四达。自龙头矶迄勒竹，凡三百里有奇，悉易崎岖为康庄。布政管大勋及本府推官刘镇有记。万历十九年，知府黄文炳更加修砌，聿加砥矢，副使冯时可有记[1]。三十七年，知府陈启孙允知县文成章之请[2]，再修猫儿、大结、松林、大湾诸堡，而陆路以通。至于荔水，东注恭、荔汇齐，自东江抵龙门，驰骤跳沫，若箭激雷鸣，舟下则捷陨虚[3]，逆流而上，则蹑波挽棹。倚篙攀缆，号呼叫啸，作猿猴状，莫能越。舟人稍不戒，冲突□崖，靡不碎坏。万历三十六年，抚院蔡应科与兵备翁汝进、知府陈启孙计开凿，召土舍黄仲拙[4]制千斤撞、蜈蚣铲、五爪龙、三角船等具，先碎雷辟、藤湾、龙门、险窖、马滩、上仰、下仰、福登、穴口，次辟永滩、浪滩、长滩、廖滩、小背、金鸡、猪牙、鳌州、六禾、闹滩，共三十滩。自是舳舻络绎上下无大虞者，三公之力也。韩雍成化七年秋八月自梧州出巡至平乐[5]，历诸险滩，悯舟子劳，甚感叹有作：

楼船发苍梧[6]，江水何汤汤。弯不时转[7]，石滩险非常。
显伏罗虎兕，参错森剑铓。砰轰地出雷，沸腾釜扬汤。
夹岸山壁立，涧谷缘其侮[8]。深陟力难为，无路兼无梁。
引缆既弗能，操桨亦有妨。篙师极力进，群叫如发狂。
道甫越半干，滩数百十长。□旬始能达，疲惫已莫当。
雇值仅足食，曷有赢余粮。所幸得无虞，劳损不自伤。
长江有巨贾，连舟竖危樯。开帆趁好风，破浪飞汪洋。
无烦役心力，倏至千里疆。得佳重利还，里闾夸富强。
一时或不戒，倾摧见灾殃。乃知覆载间，人事诚渺茫。
淹速虽靡同，夷险未易量。因之发警悟，省已益不遑。
尽瘁固所甘，幸至非所望。循理听自然，终始永弗忘。

【校勘记】

[1] 据冯时可万历《府江修路碑铭》所载"是役也，乃始于癸巳秋九月，成于甲午春二月"，知黄炳文修府江路，其时间当在万历二十一年（1593）至二十二年（1594）间，非万历十九年（1591）。

[2] "知府"句，《瑶族石刻录》断句为"知府陈启、孙允，知县文成、章之"，误。陈启孙，浙江余姚人，恩生，万历三十五年任平乐府知府。文成章，江西永新人，贡生，万历三十七年任平乐县知县。

[3] "舟下"句疑误，或有脱字。

[4] 仲，原作"种"。据翁汝进《开辟府江险滩碑文》"黄仲拙率其五子及所募来韦崮诸兵"句，知当作"仲"，径改之。

[5] 韩雍（1422—1478），字永熙，长洲（今江苏苏州）人，明正统七年（1442）进士，名将、诗人。成化时，以右佥都御史之职镇压大藤峡起义，截断江上大藤，改其名为断藤峡。卒，追谥"襄毅"，后世称其为"韩襄毅"。有《襄毅文集》传世。韩雍为本碑文末诗之作者，非本碑文作者。《广西石刻总集辑校》以韩雍为本碑文作者，误。

[6] 苍梧，《瑶族石刻录》作"巷梧"，当误，径改之。

[7] "弯"前疑有脱文。据句意，全句或作"江弯不时转"。

[8] "侮"字，据句意及押韵等因，当误。

重刻唐代李梁墓碑序

【题解】

碑在平乐县，清乾隆二十年（1755）原刊，乾隆六十年（1795）重刊。《中国西南地区历代石刻汇编》注：拓片长90厘米，宽95厘米。楷书。

见《中国西南地区历代石刻汇编》第七册《广西省博物馆卷》第62页。

李宪元，字龙泉，平乐人，"岁进士"，乾隆年间官任桂林府灌阳县儒学训导。

【石刻全文】

始祖墓碑序

公讳梁，字应君，乃昭山陇西氏创始之祖，唐世宗之十三世孙也。公之先世，宪宗时以王室至亲食邑青州益都，越世而我公生焉。亲于大中之初，虽川岳之献灵，实宗祏之仰庆也。公德性英敏，武略贯群，崛起青州，勅封云南太尉，本欲屏藩王室，翊翼休明，延先朝血食，不意昭宗之世景命将衰，内则宦官专政，外则锋火告警。其时昭州因有岗号称楠木，猺苗聚众寇州，公以亲臣督征，削平宵小，大兵压境，或感以德，或震以威，强苗引领归降。虽天子之德威惟畏，亦我公之造福生灵也。公时报捷于朝，待命于州，未及奏凯，乃天子安图愈安，复命世袭镇守。久之历数去唐全忠挟君令臣，竟移唐祚。公望阙挥涕，悲二十一传之宗社荆棘丛生，遂偕从征诸昆解绶，卜居兹土，远梁祸也，存苗裔也。

公寿八十有奇，终于后唐明宗之末，瘗于狮子岭之阳第前之茔冢。光生马鬣，历千百年，土亏石毁。本支礽耳，感霜露而念宗功，重修坟茔，勒石阐幽，俾公忠义，昭兹来许。诸昆以序嘱予，宪不敏，不敢为溢美之文，惟援世传谱牒之纪载，表公之实迹云尔。惟是书不尽言，言不尽意，并盥手以铭之，曰：

明明我祖，崛起皇唐。
立功立德，孔美孔彰。
生前赫奕，没后馨香。
缅维先烈，山高水长。

时乾隆二十一年岁次丙子仲冬月，岁进士、现任桂林府灌阳县儒学训导、嗣孙宪元龙泉氏顿首拜撰。

乾隆六十年乙卯岁闰二月清明重立敬书。

鼎建戏台碑记

【题解】

《广西石刻总集辑校》记此碑在平乐县榕津村，清嘉庆十一年（1806）刊。

见《广西石刻总集辑校》第776—777页。

【石刻全文】

鼎建戏台碑记

神之为灵，昭昭也，遣灾赐福，莫不皆然。惟我元君之庇护此土，则尤挺然特出。忆榕津之初，民居寥落，朴野为风。自会馆鼎建以来，敬延元君坐镇，遂觉气象一新。言其士则文风日上，言商贾则利路宏开，言农工则安居乐业。揆其由来，莫非庇民之功德所致也。切思会馆之建，虽无翚飞鸟革之睹，羡堪神灵之妥。独是戏台未备，恐无以体神心而娱神志，是亦有憾焉。兹际诞期将及，妥议创立戏台，各宜踊跃乐助资财。倘或不敷，则设抽货头，复启庞公之计，如商酌不日可。夫戏台亦几会馆皆有，何敢以言酬答鸿麻，无非略表吾辈弟子之诚心云尔。至于功成告竣，自将乐助芳名勒之于石，以垂不朽。

总理陆廷玉助银二两（以下捐助名单一百五十五人略）

嘉庆十有壹年岁次丙寅孟夏月谷旦立。

平乐府重建至圣庙碑记

【题解】

碑在平乐县，清道光三年（1823）刻。《中国西南地区历代石刻汇编》注：拓片长 160 厘米，宽 90 厘米。楷书。

见《中国西南地区历代石刻汇编》第七册《广西博物馆卷》第 95 页；《揅经室集》第 54 卷续二集卷二。

阮元（1764—1849），字伯元，号云台、芸台、揅经老人，斋名文选楼，江苏仪征人。乾隆五十四年进士。历河南巡抚、湖广总督、云贵总督等。嘉庆二十二年，调两广总督，曾六次巡视桂林。著有《揅经室集》《两浙金石志》《山左金石志》等，主持修纂《广东通志》《云南通志》等。卒，谥文达。广西各地多留其碑刻。

【石刻全文】

平乐府重建至圣庙碑记

太子少保兵部尚书都察院右都御使两广总督扬州阮元撰。

平乐府治背山面川，峰峦秀发。宋元学宫在城外，明迁城内凤凰山麓[1]。国朝顺治、康熙，凡再修建，百余年来，多就倾圮。道光二年，知府唐鉴倡议重建，知县常煜佐之，于是各邑绅士奋兴从事，钜工乃集。改旧正殿为大成门，而升建正殿于后山高处，是以基廓而地爽，轮奂崇焉。大成殿崇三丈七尺有五寸，广六丈，轮四丈五尺。台广三丈九尺，轮三丈六尺。两庑崇丈八尺。左名宦祠，右乡贤祠。以旧尊经阁为崇圣祠。左尊经阁，右昭文阁。以旧启圣祠为明伦堂。泮池、门壁皆彻新之。道光三年，功既成。九月壬午，奉圣贤主入庙。元适以简阅官兵粤西省，丙戌至平乐，官士以修庙事告。元入庙拜瞻，敬且喜焉。夫修建圣庙，乃官吏、绅士职谊当为之事，无所为誉。惟是时圣天子承平敷政，四海乂安，两广叠出三元、会元、状元，科名鼎盛。元之至此，官称士民之安仁而好义，士民爱戴长官，惜其去也，留之思之。

自元发兵搜山贼之后，各邑民能以保甲自联，安静无警，连岁农田稻秔丰熟，是可慰矣。今而后，文官廉明以养民，武官治兵以卫民，士读经史以孝弟，修天爵而人爵随之。凡事皆当质诸殿中圣贤而不悖以明其道，岂以新庙翼翼而计其功哉！官士请记其事，爰书付绅士汪呈玉、关士馨、李直等勒于石。

道光三年岁次癸未秋九日吉日立。

平乐县□生刘元基书丹。

【校勘记】

[1] 凤凰山麓，拓片无，据《揅经室集》补。

沙子杨梅村乡规

【题解】

碑在平乐县，清道光八年（1828）刊。碑高 0.88 米，宽 1.06 米，字迹、线条清晰可见。

见《平乐县志》第 800—801 页。

【石刻全文】

署平乐县正堂加五级纪录二十二次记功三次又大功一次晋升用谭，为晓谕事：照得本县莅临任，首以除暴安良，业经列款示谕在案。兹据津平里高堆村职员刘应斌，以恳恩赏准乡规出示等事，具禀前来，除批所掌办理乡规事宜，极为妥善。如果实力奉行，自见成效，如禀给示照办可也，该员亦不得敛钱肥己为要。粘存合行给示，为此示谕各塘各村居民人等知悉。自示之后，尔等务宜照定条规，竭力奉行，以求实效，务使盗息民安，共享太平之福，本县有厚望焉。各宜禀遵毋违，特示。

计开勒石条规：

一凡街市、村庄有结盟拜会者，同塘、同团、同牌之人公同纠举，报官拿究。如有外来匪类自称熟晓添第会，以决法引诱拜会，搜出会簿，捆缚送到本县衙门重赏。

一凡拦路抢夺，明火打劫，以及开孔偷窃牛米衣物等件，该管保正、甲长等，得信之时，一面传齐各村，一面派令乡邻分路缉，不难跟踪全获。如保长置之不理，被经失之人赴县禀明，定行重究。

一凡田禾、地货、杂粮等项，各种各收，毋许掳掠偷割，倘或掳掠偷割，该种户查出，邀同保长赴县禀究。

一凡街市、村庄以及庵堂、寺观、舟、村独厂，毋许窝藏匪类、偷窃、拐带人口、赌钱、奸淫、酗酒等事，见者拿获，即许送县重赏究办。

一凡耕牛原系耕种之本，街市、村庄毋许私宰，即有口角微嫌，以及讨账，亦不得纠众强牵，犯者送县重赏惩治。

一凡街市、村庄富户借谷放债，借谷者每百斤加息谷五十斤，借钱者每千钱每年加息钱三百文，不得短价违禁取利，又不许买卖高抬时价，如违查处禀县究治。

一凡贼人藏匿山洞等处，踪迹绝异，倘有牧牛、砍柴之人偶然遇见，即须报知该管保长，密约村人拿送本县重赏究办。

一凡流棚养鸭，该系窝盗之坑，在此上下田洞，损坏田源，致伤国赋，如有恃强故纵设棚，公同保长拿究。

一凡四季之中，各家不得纵放牛、马、猪、鸭下田，损坏田禾、地货。犯者照货赔还，恃强者公同禀究。

一凡各村、各家若有红白喜事，恐有流民叫化，每人赏钱四文，毋得多取，如有恃强索诈者，许尔等公同捆缚，送本县究治。

一凡各村甲长早晚编查各家来往安宿面生之人，以及假冒亲友、来历不明，惟该甲长盘查是问。

一凡如有假冒差役藉以缉拿逸犯等件，刁串乡痞、兹扰良民、私脏累害者[1]，公同保长赴县重赏究办。

道光六年八月初一日呈请，初七日发出条规。

公众勒石，永远不朽。

道光八年戊子五月十二日立。

【校勘记】

[1] 脏，据句意，疑当作"赃"。

捐助元君祠记

【题解】

碑在平乐县榕津村，清道光十三年（1833）刊。

见《广西石刻总集辑校》第840—841页。

叶彩荣，平乐人，生平不详。

盖闻田开小卯，藉获稻以荐馨香；志肃维寅，宜竭绵而筹经费。是以金光铺大地，太子园广布千区；玉带镇山门，东波老流传百代。凡诸载籍，具有明征。生家余儋石之储，敢媲前贤之美。惟是原居东土，久荷天麻；卜籍西方，重承后德。凡先代所贻恒产，无非圣惠之弥纶；在后人合展微忱，用答母慈之庇荫。今信生叶彩荣与弟建荣，谨将昔年祖父开达、父模经分己身所占粮田拾垅陆工半秋[1]粮浮米叁半肆升正，另还米陆合正，捐入会馆奉祀元君，永洁苾芬，聊供边豆。山经蚊负，自惭为力无多；裘藉腋成，更望后来居上。所捐田工敬胪于后：

计开土名张家洞土门前田叁垅，园田壹垅，三角田壹垅共捌工，水冲田壹垅贰工，圳边长田壹垅叁工，庙角田壹垅半工，汪潭田贰垅叁工。

信生叶彩荣、叶建荣偕男春基、春埂。

道光拾叁年岁在癸巳季春月谷旦立。

【校勘记】

[1] 垅，《广西石刻总集辑校》作"秋"。因下文有"田三垅"等语，知"秋"当作"垅"。

捐资奉顺圣母元君碑

【题解】

碑在平乐县榕津村，道光十三年（1833）刊。

见《广西石刻总集辑校》第 841 页。

【石刻全文】

恩信士邱昌荣、昌华喜捐粮田坐落土名诸楼寨石皮冲边田叁垅四工半，册载东乡里东一甲邱德兴户，每年完纳实米三升一合六勺，折银贰分五厘，每年原租净谷四百伍拾斛，作为永远香资，敬奉天太后赞顺圣母元君殿前，永赐康宁。

道光十三年三月吉日立。

古辉祥捐银拾贰两肆钱，任瑞芝捐银贰两伍钱，叶炳苍捐银拾贰两三钱，陈德亮壹两三钱（以下捐款人名省略）。

天太后元君历朝封典

【题解】

碑在平乐县榕津村，清道光二十二年（1842）刊。"天太后元君""天太后娘娘"，即"妈祖"，是中国东南沿海为中心的海神信仰，又称天上圣母、天后、天后娘娘、天妃、天妃娘娘、湄洲娘妈等。民间认为，"妈祖"并非杜撰，而是由真人真事演变而来，是从人民中走出来的、被神圣化了的历史人物。

见《广西石刻总集辑校》第 900—901 页。

【石刻全文】

天太后元君历朝封典

天太后娘娘，林氏女也。始祖唐林披公生子九人，俱贤。当宪宗时，九人各获州刺史，号九牧林氏。曾祖保吉公乃邵州刺史蕴公六世孙，为州牧□之子也，五代周显德中，为统军兵。□时刘崇自立为北汉，周世宗命都检点，六战于高平山，保吉与有功焉。弃官而归，隐于莆之湄□□[1]子承阴世袭为福建总管，孚子惟□讳□[2]，为都巡官，即元君之父也。娶王氏，生男一，名洪毅，女六。元君居其六女也，诞于宋太祖建隆元年庚申三月二十三日，弥月不闻啼声，因命曰□[3]。幼而聪颖，悉悟要典。十六岁窥井得符，屡显神异，当驾云飞渡大海，众号曰"通贤灵女"。越十三载道成，白日飞升，时雍熙四年丁亥秋九月九日也。

历朝显应褒封：宋徽宗宣和四年，赐"顺济"庙额；高宗始兴二十五年，封崇福夫人；绍兴一十六年，封灵惠夫人；绍兴二十七年，封灵惠绍应夫人；孝宗淳熙四年，封灵惠崇福善例夫人；光宗绍熙元年，褒封进爵灵惠妃；宁崇庆元四年，加封助顺灵妃；庆元六年，以神妃护国庇民追封一家；开喜改元，封显惠妃；嘉定改元，封护国助顺嘉应英烈协正妃；理宗宝祐元年，封灵惠助顺嘉应英烈正妃；宝祐三年，封灵惠助顺嘉应慈济妃；宝祐四年，封灵惠协嘉应善庆妃；开庆改元，显妃；元世祖至元十八年，进封护国明著天妃，至元二十六年，封显祐天妃；成宗大德三年，加封辅圣庇民天妃；仁宗延祐元年，封广济天妃；文宗天历二年，加封护国辅圣庇民显祐广济灵感助顺福惠徽烈明著天妃，遣官致祭天下各庙；明太祖洪武五年，封昭孝统正孚济感应圣妃；永乐七年，封护国庇民妙灵昭应宏仁普济天妃之宫；永乐十五年，钦差内官等率领平海卫，官属主祀，庙修，设醮文并赐灯油焉，开香致祭一坛；洪熙元年，钦差赍香帛至庙御赐青纻袍；宣德五年，遣太监并京差及本县官员请□庙致祭，修整庙宇；大清康熙十九年，敕封护国庇民妙灵昭应宏仁普济显祐天妃；康熙二十三年，册命春秋二祭；二十五年，钦差吏部赍香帛御书祭告，时封天后娘娘；五十八年，加封天后娘娘，编入祀典，春秋二祭；六十年，御书匾额曰"神昭海表"；雍正二年，加封天后圣母；四年，加封天后元君；十一年，福建总督郝玉麟以神明功昭海晏，德庇商民，奏请春秋祭祀照龙神之例，□□□奉旨依议颁天下各省府县照行；乾隆三年，敕封护国庇民昭当显著宏仁普济群生教主天后元君；乾隆五十年，加封赞顺圣母、显神妙灵护国庇民英烈圣母天后元君，赐额曰"四海永清"。

昔道光贰拾贰年岁次壬寅季冬月谷旦明邑弟子朱怀峻敬刊。

【校勘记】

[1] 所缺二字，疑为"州""其"。妈祖传为莆田湄州人。

[2] 惟□讳□，疑作"惟悫讳愿"。据妈祖传说，其父名林惟悫，又名林愿。

[3] 传妈祖名林默，故缺字当作"默"。

重建粤东会馆碑序

【题解】

碑在平乐县榕津村，清道光三十年（1850）刊。

见《广西石刻总集辑校》第954—956页。

叶林，字松山，平乐人，道光间国子监太学生。

【石刻全文】

重建粤东会馆碑序

克配上帝，垂兹宏怙冒之恩；孚祐下民，食德矢尊亲之戴。一时山陬海澨，咸需膏雨翔风；贾舶商帆，尽息惊涛骇浪。可由闽宫枚实，瞻依胥本精诚；黍稷馨香，报赛处共祀事矣。我榕津昭州乐土，峤右名区。带阛通阓，半属同乡聚处；望衡对宇，久依我后声灵。自乾隆十三年创兴甲馆，暨嘉庆丁巳岁复焕辛楣。螭角丹墙，擅西漆南油之胜；虹梁紫柱，极雕甍文甃之工。无如日月不居，星霜屡易，□所之庸廙不免，堂皇之剥落何堪？爰集签谋，共襄盛举。缀来狐腋，幸教纯白之成；当即鸠工，适协煓黄之卜。邳张新构，式廓前规。经始于道光己酉仲秋，落成于庚戌二月。殿宇并门屏同建，房廊偕庖湢兼修。共费四千余金，以为伊万斯年之计[1]。从此肃肃清庙，尸祝不祧；雝雝在宫，神歆来格。用泐乐输之姓氏，共镌不朽之贞珉，以诏来兹，庶知缘起云尔。

国子监太学生里人叶林顿首拜撰。（印一：松山。印二：叶林）

总理信绅叶林，喜捐银伍拾两。总理贡生王长龄，喜捐银拾两正。总理信士王元店，喜捐银拾伍两。总理信士天聚店，喜捐银拾三两。总理信士朱怀端，喜捐银拾两正。总理信士庐同记，喜捐银玖两正。总理信士冯三和，喜捐银柒两正。总理信士李友宾，喜捐银陆两正。总理信士古义全，喜捐银伍两正。总理信士黎焕辉，喜捐银肆两正。

谨将缘首喜捐工金芳名列左：

缘首信士祐丰店喜，捐银三拾两。缘首信士余全隆，喜捐银贰拾两。缘首信士天盛店，喜捐银拾伍两。缘首信士余文龙，喜捐银拾伍两。缘首信士张瑞文，喜捐银拾肆两。缘首信士胡章记，喜捐银拾三两。缘首信士源聚店，喜捐银拾三两。缘首信士何万聚，喜捐银拾两正。缘首信士刘裕邦，喜捐银拾两正。缘首信士广宁堂，喜捐银拾两正。缘首信士怡兴店，喜捐银拾两正。缘首信士保和堂，喜捐银拾两正。缘首信士张源盛，喜捐银拾两正。缘首信士义同堂，喜捐银八两正。缘首信士三逢源，喜捐银八两正。缘首信士以义店，喜捐银八两正。缘首信士朱笑兰，喜捐银八两正。缘首信士叶凌撰，喜捐银柒两正。缘首信士冯业长，喜捐银柒两正。缘首信士林能世，喜捐银陆两正。缘首信士黄施泽，喜捐银陆两正。缘首信士林定云，喜捐银伍两正。缘首信士朱韶俊，喜捐银伍两正。缘首信士黄义隆，喜捐银伍两正。缘首信士黄同兴，喜捐银伍两正。缘首信士易敏芳，喜捐银肆两正。缘首信士何文会，喜捐银肆两正。缘首信士刘洞兴，喜捐银肆两正。缘首信士莫光宗，喜捐银三两正。缘首信士何运滔，喜捐银三两正。缘首信士陈德隆，喜捐银三两正。缘首信士邓合利，喜捐银贰两正。缘首信士陈合德，喜捐银贰两正。缘首信士冯叶晖，喜捐银贰两正。缘首信士陈子梅，喜捐银贰两正。缘首信士陈六华，喜捐银贰两正。缘首信士胡芝松，喜捐银壹两正。缘首信士劳干显，喜捐银壹两正。

谨将各堂工金列左：

大有行，喜助工金银肆拾两。永福堂，喜助工金银三拾两。连福堂，喜助工金银贰拾贰两。广福堂，喜助工金银贰拾两。花行会，喜助工金银拾伍两。端玉堂，喜助工金银拾两正。景福堂，喜助工金银拾两正。联福堂，喜助工金银拾两正。同福堂，喜助工金银拾两正。广仁堂，喜助工金银拾两正。荣华堂，喜助工金银捌两正。智乐堂，喜助工金银捌两正。义和堂，喜助工金银五两正。同庆堂，喜助工金银五两正。同乐堂，喜助工金银四两正。端乐堂，喜助工金银四两正。荣和堂，喜助工金银四两正。裕庆堂，喜助工金银三两正。礼和堂，喜助工金银二两正。新和堂，喜助工金银二两正。德英堂，喜助工金银二两正。永德堂，喜助工金银一两正。

信绅潘继兴，喜捐工金银十两正。信耆朱光孔，喜捐工金银十两正。信士财源店，喜捐工金银八两正。信士怡昌店，喜捐工金银七两正。信士朱怀峻，喜捐工金银五两正。

【校勘记】

[1] 伊万斯年，据句意，疑作"亿万斯年"。

购民房助试碑记

【题解】

碑在平乐县公园，清光绪十四年（1888）刊。《中国西南地区历代石刻汇编》注：拓片长 155 厘米，宽 75 厘米。楷书。题目为编者所拟。

见《中国西南地区历代石刻汇编》第八册《广西博物馆卷》第 39 页。

全文炳，光绪年间任贺县与平乐知县。

【石刻全文】

维庠序之士，寒畯居多，大比之年，宾兴有费。而车马逆旅，与夫考具文具，颇形繁耗。观光者自购试卷，费虞弗□。文炳忝为邑宰，每逢乡场，分俸代备试卷，谊所当为，而深病素乏专欵。兹将去任，与都人士恋恋不舍。适有郡城南门外同乐坊陈姓民房壹间贰进，前至官街，后至河边，左右山墙俱系自占，价银贰佰零伍两，每月收租银壹两陆钱陆分，合三年租计之，可充合邑试卷之资。因亟购之，禀达上官，移交后任，由绅董按月收租，存备应用，垂之久远。非敢曰卹寒士，聊尽其力所能尽，并抒区区不尽之心云尔。

补用同知直隶州调补贺县平乐知县全文炳记。

光绪十四年岁次戊子十一月吉日立。

瑶族石刻辑校

平梧开路纪事

【题解】

摩崖在平乐县，清光绪十八年（1892）刊。

见《广西石刻总集辑校》第1142页。

张联桂（1838—1897），字丹叔，江苏江都人。历广西灵川知县、桂林同知、惠州知府等。同治十年，以同知权贺篆。光绪十二年，擢广西按察使。十五年，迁广西布政使。十八年，升广西巡抚。著有《问心斋学治杂录》等。刊刻《延秋吟馆诗钞》二卷，《延秋吟馆诗续钞》三卷。《清史稿》卷二〇四有传。

【石刻全文】

光绪十八年，头品顶戴广西巡抚江都张联桂檄总兵马进祥率丁夫五百八十三人，开通平梧陆路，伐山斩木，推高夷险，自平乐县之榕津，至苍梧县北□□□□□五百四十九里，造桥梁七□□□□□，行馆七所，庭庑垣墙规模□□□□□□月庚子，讫十九年四月辛酉月功[1]，凡用石木工一百六十五人，钱一万三千六百九十缗。

与议者布政使香□黄槐森[2]，巡察使泗州胡燏棻，桂平梧盐□丰润张人骏，桂林府知府郿城赵时熙。以知府萧山任玉森、桂林府同知宛平赵庆蕃、桐□沈焕总其事。主薄徐世昌，巡检王祖燊，监……

【校勘记】

[1] 据句意，此处疑有脱字。

[2] 缺字当作"山"。因黄槐森是香山人。

寔贴黄姚粮局晓谕

【题解】

碑在贺州，清宣统元年（1909）刊。《广西石刻总集辑校》将此碑归为"平乐县告示"，盖因"平乐县正堂"王继文同时"钦加同知衔署昭平县事"。

见《广西石刻总集辑校》第 1216—1217 页。

【石刻全文】

钦加同知衔署昭平县事平乐县正堂王，为出示晓谕事：照得本县各粮局征收钱粮向章每银壹元只作柒钱，伸算小民未免吃亏，曾经党前县查明，禀定无论到何局完粮，每银壹元概作柒钱壹分，伸算前经出示晓谕在案。兹值征收钱粮之际，亟应申明定章，合行出示晓谕。为此示，仰各粮户知悉。尔等完纳钱粮，即便查照，每银壹元作银柒钱壹分，每银壹角作银柒分壹厘核算，勿得另外增数。完纳粮书，亦不得短少减算。各宜懔遵毋违，切切！特示。

遵。

宣统元年八月初一日。

告示。寔贴黄姚粮局晓谕。

修桥记事碑

【题解】

碑在平乐县留公村漓江岸边，民国五年（1916）刊。

见《广西石刻总集辑校》第 1266 页。

【石刻全文】

兹将重修本洲桥头石桥并村门口码头各芳名勒志：

黎绍桃捐银壹佰零叁毫，黎绍书捐银壹佰零叁毫，黎徐氏捐银壹佰柒拾毫。

黎绍礼、黎绍基、黎永利、李绍榜，以上四名各捐陆毫。

黎建勋、黎建复、黎业锟、黎业征，以上四名各捐伍毫。

黎建臣、黎业铭、黎显章、黎绍榕、黎绍明、黎建武、黎谢氏、黎继生、黎业志，以上九名各捐银四毫。

黎业锦、黎绍宣、黎建修、黎业钧、黎绍香、黎建珍、黎业辉、黎绍业、朱五汐、黎建德、朱芳英、黎绍清，以上十二名各捐银叁毫。

裕合兴、黎小安、黎炎峰、黎炳星，以上四名各捐贰毫。

共捐取银伍佰毫，支石桥工价银贰佰毫，支码头工价银贰佰陆拾毫，二共石灰银壹拾玖毫八仙，支刻碑银贰拾毫。

民国五年岁在丙辰孟冬月众立。

刻韩愈书"鸢飞鱼跃"

梁端章刻韩愈书"鸢飞鱼跃"

【题解】

位于贺州昭平县黄姚古镇东门外姚江边天马山文明阁石壁。整幅摩崖石刻宽 148 厘米、高 45 厘米。"鸢飞鱼跃"为右读横书，阴刻，行草。落款"退之"二字，竖写草书。文明阁石壁的"鸢飞鱼跃"四字，是韩愈宰阳山（今广东清远市阳山县）时所书，由清末民初柳江名士覃少海拓归，于民国七年（1918）重修文明阁时梁端章刊刻并加题跋。文明阁始建于明万历年间（1573），主要有步云亭、土地祠、豁然亭、福禄亭、惜字炉、天然图画、财神殿、大堂正殿、不夏亭、桂花亭、魁星楼等十二座建筑。历代文人墨客在文明阁上留有众多摩崖石刻。现属贺州市重点保护文物。石天飞、覃阳雪访碑。

黄瓒、朱汝珍著《广东省阳山县志》（台湾成文出版社 1974 年版）载："韩文公鸢飞鱼跃四字，陆志云：右四字，大八寸许，旁有退之二小字，亦草书，原在县东半里钓几前，久毁。乾隆壬寅邑司训何健得手迹士人家，为重摩勒石，置韩山书院中堂壁，健有跋。……今移县署韩文公祠侧。"韩公钓几即钓鱼台，在今阳山中学内，相传为韩愈垂钓处。今韩愈钓几前"鸢飞鱼跃"题刻已毁。阮元《（道光）广东通志》金石略五录此四字，并云："下刻万承风诗，中云'手迹留鸢鱼，镵摹供资借'，则四字即万所刻。伪作也。"

跋语中，"列觞"诸句，语本东晋王羲之《兰亭集序》"群贤毕至，少长咸集""引以为流觞曲水，列坐其次""一觞一咏，亦足以畅叙幽情""夫人之相与，俯仰一世，或取诸怀抱，悟言一室之内；或因寄所托，放浪形骸之外"诸语，意在以昔时兰亭集会自比此次之雅集。

《瑶族石刻录》第 486 页录此石刻，题为"文明阁石刻"，且正文仅录"鸢飞鱼跃"四字，缺落款及跋语，并不完整。

梁端章，昭平县人，清光绪间副贡。

【石刻全文】

鸢飞鱼跃

退之。

　　此韩公宰阳山时书也，神奇遒劲，古意盎然。覃君少海见而宝之，用搨以归，人争摹仿，纸贵一时。第未经刻石，恐剥蚀于风霜。戊午春，同人莫君臧辰、义甫，覃君少海，古君冶斋、善斋、小池、光庭，郭君齐之，蒙君民础，劳君仲云，李生严谷、达民，吾弟平甫、紫阶等，列觞于此，酒酣谈妙，异想天开，俯仰上下，随在悟化，机之洋溢，因而发思古之幽情，刻昌黎之遗墨。青山无恙，大笔常新，悬诸终古而不磨矣！

　　后学梁端章敬跋。

书"小西湖"

刘宗标书"小西湖"

【题解】

　　位于贺州昭平县黄姚古镇东门外姚江边天马山文明阁石壁。"小西湖"为右读横书，阴刻，行草。落款及跋语，阴刻楷书。"小西湖"三字，是刘宗标清光绪四年（1878）所书，于民国七年（1918）重修文明阁时梁端章刊刻并题跋。石天飞、覃阳雪访碑。

　　刘宗标，原名有科，贺街双莲人。因"有科无举"之嫌，遂改为"忠标"，后其登科，易为"宗标"。光绪二年（1876）丙子科进士，选庶起士，散馆授编修。光绪十四年，任顺天秋试同考官。外任官至浙江台州知府。长于书法、对联，有"原为寒士出身，虽耕田学圃不忘读书，二十年陷在泥途，谁识英雄落魄；本是秀才底子，由拔贡举人连登嗣翰，五十载磨穿铁砚，能教吾辈扬眉""读书难，写字难，作文尤难，能从难处立功夫，方觉先难后易；耕田苦，学圃苦，习艺更苦，要在苦中受折磨，始知由苦得甜""心术求无愧于天地；言行留好样与儿孙"等修身、治学、齐家之佳联。参见《贺州市志》第 907 页。

　　梁端章，昭平县人，清光绪间副贡。

【石刻全文】

小西湖

光绪戊寅初秋刘宗标题。

刘太史海臣戊寅秋来姚访旧，登临到此，因书以羡风景之美，兼志爪泥，迄今阅四十一年，尚属珍藏箧中，同人等偶尔谈及，因出而刻于石，以免湮没云。同人为谁？乃莫怀宝、覃邦佚、梁端章、古昆生、梁源深、古国端、莫与京、李识荆、郭均龄、蒙肇基、古歧生、李树人、梁作舟、古传玉、劳猷长诸人也。

戊午春初跋。

民国七年重修文明阁记

【题解】

位于贺州昭平县黄姚古镇东门外姚江边天马山文明阁石壁，阴刻，楷书。民国七年（1918）重修文明阁时梁端章刊。石天飞、覃阳雪访碑。

梁端章，昭平县人，清光绪间副贡。

【石刻全文】

民国七年重修文明阁记

距黄姚街东南隅一二里有山焉，风景佳绝。乡先辈于林麓山腰之际，建阁于其上，额之曰"文明"。亭台错落，楼阁参差，山水幽奇，长林荫翳，曲径纡徐，左萦右拂，泄千载之秘而成一代之伟观者也。迄于今，年湮世远，兴废不常，非复曩时之盛矣。其尚存者，则豁然亭、福缘台、魁星楼也。其不存者，则信笔、拔秀、不忧、桂花、步云诸亭也。世间无不朽之物，惟修复循环可以维持于不敝。戊午春风月清美，余与莫君臧辰、覃君少海、古君洽斋、光庭、雨昆、玉家、于发林等因小西湖、鸢飞鱼跃之刻，觞会于此，周遭浏览，江山无恙，栋宇摧残。观兹危象，得不怃然？用是联我同心，慨然倡首，按户签题，大款云集，鸠工庀材，甫阅月而百废俱兴，而又创建山门，所以引人入胜。工竣，勒捐款芳名于石，嘱余为文以记之。或曰毋庸记。夫山林朋友之乐，造物不轻予人，殆有甚予荣名利禄也。吾辈每当读书，偶暇诗酒狂时，少约朋侪来恣游览，相互流连风月，啸歌怀抱，盖自少而壮而老，每一过焉，乐而不能去。是山林朋友之乐，造物亦既予之，而不使后人知之，可乎？虽然山林朋友之乐，亦视地方之隆替，为转移，如或政教凌夷，异端蜂起，贼盗满山，干戈遍地。伤百计之穷，感叹民命之倒悬。悲天悯人，方且不暇。而欲歌载酒携朋，放浪于山水之间，乐以忘疲，不可得矣，能勿感欤？而且此阁迭次修复，是修其尚存者；其不存者当留一语，以勉后贤嗣而恢复之，免贻不备不完之憾，又乌可以不记？若夫山水云林、四时烟景而可以备。诗人登高，寓离骚之极目者，则览者自得之，皆不复道。

芳甫梁端章谨撰，并助钱拾千文。

总理古歧生助钱拾千文，劳猷宽助钱捌千文，郭宜记助钱柒千文。

首事劳猷长助钱柒千文，首事梁广崇助钱陆千文，首事古崑生助钱陆千文，首事梁源深助钱陆千文，首事郭均龄助钱陆千文（以下捐款姓名略）。

世平下团农民协会农仓碑文

【题解】

碑在平乐县，民国三十二年（1943）刊。

见《平乐县志》第 801—802 页。

【石刻全文】

二月卖新丝，五月粜新谷。此种挖肉医疮之痛，古今农民，罔不同慨。近代受帝国主义之经济侵略，农村因之而破产，其痛苦较古尤甚。幸我邑民十后[1]，本党组织成立，而一班热心同志深入农村，指导各村组织农民，以求农民自身之解放，成立农仓而免高利贷之剥削，于是我村农仓亦于民国十六年宣告成立矣。不幸政变，本党同志略受打击，而农会无形消灭。惟所积仓谷无多，及节省起见，暂储藏于本村国基学校。迄今十有余载，其谷逐年增加，学校不敷储藏，故于民国三十二年七月，乃由村民大会决议，建立仓廒，为一劳永逸之计，建筑费由本仓息谷项下开支，当今大会一致通过。自兹以后，司其事者，务希慎重出入，以备凶荒而垂永久云云。是为序。

兹将农仓会员芳名列后：

麦焕章	麦建章	麦孟周	麦 荣	张文礼	张池礼
麦穗邦	麦穗久	麦启章	麦日章	张国风	张致礼
何汝光	麦曲章	麦福生	麦瑞熊	陈子丰	张国太
麦品章	麦启光	麦萝熊	陈少卿	李德就	李德发
黄继珍	黄英德	郭贤俊	郑其贤	李玉盛	李日清
黄继文	黄继武	朱有连	何建荣	林玉昌	李永端
张明礼	曾玉刚	黄玉清	余大鹏	吴爱党	张法均
曾玉魁	杨连生	何明镜	余本发	陈祥兴	曾吉良

余本刚	陈春林	卢积耀	张发坤	曾吉星	陈瑞催
何明政	李永富	张周礼	曾志和	陈选催	何明贵
何汝敬	何顺彬	曾国贤	邓启荣	何汝金	何顺习
陈文蔚	陈国忠	何保昌	黄英华	黄加泰	林承源
李春和	李荣华	张法勋	曾吉林	邓启晋	何汝能
何福隆	何顺发	何顺智	何顺林	黄英时	郭贤正
陈子刚	李荣森	刘德金	陈木连	唐六斤	黄荣光
邓启德	河汝政	何顺培	郭贤结	何保林	何保书
陈　恩	陈麟催	李厚卿	蔡忠有	蔡忠存	蔡义和
杨和利	陈子芳	唐天龙	何顺德	何顺深	

建筑农仓数目列下：

支石灰一万七千三百斤正，支桂钞二万零六百一十元正。

支火砖、瓦、泥砖：火砖九千八百四块，瓦三万九千四块，二柱共支谷五千零四十斤，又支瓦八百，谷四十斤。

支杉树、扁角二柱，共支桂钞四万三千七百元正。

支木工唐见新、高广发工资二万零三百元正。

支泥工唐正元工资及打泥砖、门坎三柱，共支桂钞五万六千二百二十元正。

支杂费共支桂钞二万七千五百一十元正。

支石碑郎檐石工资谷七百斤正。

以上统共支出息谷二万零八百七十六斤正。

理事长：麦孟周。

副理事长：张池礼。

经理：郑其贤、何顺林。

理财：曾玉刚。

大中华民国三十二年十月十日吉立。

【校勘记】

[1]"十后"，于意不通，疑误。

新建留公义渡碑记

【题解】

碑在平乐县留公村漓江岸边。当刊于民国初年。

见《广西石刻总集辑校》第 1401—1402 页。

韦大用，宣统己酉年（1909）拔贡，补用两广监经历。

【石刻全文】

义渡

新建留公义渡碑记

国家筑铁路，制轮舟，黄河则架桥以行车，信阳且凿岭以通轨，凡诸兴作，皆以为交通便计。此况乎留公河，盈盈一衣带水耳，而令往来行人致叹艰阻，是不为地方交通计，并不为自治计，恶乎可？或谓是河向有民船，遇客自能买渡，何用鳃鳃过虑为？不知昔日渡船率数过渡者，恒有危心。又每渡一次，辄索钱数文。春夏河水暴涨，有索至数十百文而不以□者，其不便于地方之交通也孰甚？且该河右通马岭、荔浦，左通沙子、恭城，假令长此终古，不便于远人之交通也又孰甚？黎君绍桃有见于此，爰集同志协力捐资，设一义渡。复置田为常年经费，凡有过客随时济渡，毋许索取分文。其于交通之计、自治之义，不两合与？然则□也，诏为地方交通之嚆矢也，可谓为地方自治之权舆焉，亦无不可。因是志其缘起，贞诸石，俾世之君子有所观感，而益用推广焉，幸甚。

己酉拔贡补用两广监经历韦大用撰。

今将乐捐首事及各芳名列后：

黎绍桃捐银壹佰叁拾玖元、黎绍书捐银肆拾元、莫占鳌捐银拾元、莫春晖捐银拾元、陈德虚捐银拾元、李鹏章捐银拾元、夏从赐捐银拾肆元、黎廷珍捐银捌元、彭乐美捐银拾元、黄德宽捐银拾元、黄万德堂捐银拾元。

首事：莫震详捐银伍元、黄明谅捐银贰元、谢登云捐银拾元、黄德琮捐银拾元、黄德慧捐银贰元、黄德仁捐银肆元、韦寿松捐银肆元、黎绍榜捐银肆元、陆炳政捐银贰元、黎显章捐银叁元。

李懋德堂、苏积益、黎国兴、夏启璠上四名各捐银拾元。苏宜之、倪家让、泰安押、刘德裕上四名各捐银伍元。安益号、苏鸿年、莫闰春、莫正德、苏凤恩、利胜昌、张福记、莫绍杰，上捌名各捐银三元。苏友仁、秦鸿庆、潘天登、莫嗣康、双利店、夏春熙、黎成魁、李元清、陆绍良，上九名各捐银贰元。容华昌、莫执□、苏成聚、莫逢功、莫就详、莫尉森、李财利、毛瑞昌、天兄堂、福生堂，上拾名各捐银壹元。

广西河池市宜州区瑶族石刻

沙世坚招抚茆难莫文察碑

【题解】

摩崖在宜州区南山寺双门洞，宋绍熙四年（1193）刊。《宜州历代石刻集》注：碑高 157 厘米，宽 272 厘米。楷书。碑中"茆难"，今称之"毛南"。因该史事以及宜州地区，也与瑶族相关，同时《瑶族石刻录》亦收此碑，综合考虑，予以收录。《宜州历代石刻集》题作"沙世坚平蛮碑"。

见《宜州历代石刻集》第 26—27 页。

【石刻全文】

淳熙十年甲辰岁十二月，安化蛮蒙光渐背叛，破思立、马鞍等寨，战没四将。乙巳岁正月，广西提刑熊飞、督捕世坚，以路钤节制军马，提兵两战，群蛮胆落，匿剑乞降，收复诸寨。越十年绍熙改元岁次辛亥，茆难莫文察围打普义寨，安化蒙令堂围打镇宁寨，复为边扰。三司剡奏，朝廷复命世坚以广西路副总管自兼守蔚[1]，平改宜阳郡，与徐椭两易。时绍熙三年壬子岁七月三日到任，力图抚恤，边扰旋宁。七月末旬，安化蒙光大、光懈首先举族出参犒劳，戒谕就遣还峒。逮十月，州西思恩、河池两界傜酋蒙峒，截劫官盐税印，即日调兵讨捕，七路会合，破二十一峒，获俘斩级，巢穴悉平。州北傜酋袁康蓝追循旧劫[2]，虏天河、宜山两界居民。复分兵丁，出奇五路，直捣其穴，傜蛮股栗，争纳刀弩乞命，乃筑受降台于黄茅岭屯军之所。袁康等一十四峒首领，各牵羊负酒，罗拜台下，刻铁饮血，呼天为誓，愿求忠孝。斫山刊木，尽通故道。乃共申朝省，有旨第赏激劝军士。外至合凤、文、兰、地、华七州及古参、古典、洛遏、思阳、古寻、正易、上中下三旺、上中下安州，各接踵投纳刀弩，酋长尽赴州。公参戒谕，各守疆畎。抚犒四穴，边民悉获安业。

先是，到官之初，城台官府倾塌，纲纪废驰。亟请于朝，准圣旨给赐僧牒，付世坚发卖激犒等用。首先修筑城壁边备，遂自西城蛮人来路，一以受敌，城墙改造，樵楼马面各增高益广外，西门、南门及州城门道各改圈砖筑砌[3]，鼎新创建谯楼仪门，以至添修两狱、学舍、寺观、庙宇。决水入城，凿池取贮，刱造军器，换给蛮夷铁盐新券，刊勒所请、斤重、姓名，大书刻石，共一十八碑，传示久远。各于逐处地方，建忠武侯庙，以固其敬服之心。立博易场，以革其窥伺之渐。创建鼓楼民社，鳞次排款，以戒不虞。申请朝廷，就徙寨堡于险要襟喉之地[4]，以备控扼。即黄茅岭垒巨石，创筑城寨，名以富禄[5]。易兵于戍守，弹压宜山、天河两县界长山、密峒等一带傜蛮。越明年四月，奉圣旨改除建康府驻扎御前前军统制，被旨疾速奏事，椿留所余僧牒，以继修筑，因记岁月云。

下士郭衍书。

【校勘记】

[1] 蔚，《宜州历代石刻集》作"尉"，误，据拓片改。
[2] 蓝，《宜州历代石刻集》作"等"，误，据拓片改。
[3] 道，拓片模糊，《宜州历代石刻集》作"近"，据句意当误，径改之。
[4] 徙，拓片模糊，《宜州历代石刻集》作"荷"，据句意当误，径改之。
[5] 富，《宜州历代石刻集》作"福"，误，据拓片改。

重修白龙洞记

【题解】

摩崖在宜州区会仙山白龙洞，清康熙三十三年（1694）刊。《宜州历代石刻集》注：高 200 厘米，宽 108 厘米。楷书。据拓片录。

见《宜州历代石刻集》第 186—187 页。

杨彪，河南人，康熙二十八年（1689）以军功授柳、庆协副将。

【石刻全文】

余武人也，而有山水之癖。幼学书，长学剑。甲寅之变，因从和硕康亲王南征自此，山剚虎豹，海戮鲸鲵，无日不扰攘于金戈铁马中。然山水癖性，老而愈坚，每于执锐披坚时寻临水登山之乐，所历之地必遊，所遊之地必纪。盖人生如白驹过隙，今纵不能功垂竹帛，名勒鼎钟，而身之所至，亦不可湮没无传。吁！古今无长存之事业，而有不朽之冈陵，此杜预所以沉碑立石也。己巳秋，予奉命来庆远。庆远者，古粤文身地也。城郭虽荒，山川颇胜，其间危峦怪壑，巨浪惊湍，奔汉插云，吞天浮日，变变幻幻，不可殚述。而会仙山，则尤一郡之名胜。山有洞曰白龙，以其中有石龙蟠伏得名，相传唐陆仙翁修炼于此。土人云中有三十二洞，下从江底行地穴十余里，直通南山之龙隐。虽身未亲历，未可尽信。第观此洞，轩然高，豁然明，幽然静，杳然深，其引人会心正远矣！向有平台高阁，今以年远倒塌，圣贤塑像，尽颓毁于风雨荆棘中。予览而悲之，所以复有经营之役也。虽然，予蚊力耳，焉能负泰山之重？所赖以相与有成者，实郡侯赵公、宜山张君、天河沈君、荔波陈君、参军廖子诸大士之力也。予不敏，仰承诸君子教，得以四郊无垒，闲著东山之屐。嘻！予之幸耶？抑山川之幸耶？虽然，是山也，去生于中原文教之区[1]，而生于边野猺蛮之地，骚人墨客，每有过而问者，良足悲矣！今予虽藉君力成此一亭一榭，然沧桑易变，天地无常，焉知今日之台榭，不为异日之寒山野水乎？於戏！后之视今，亦犹今之视昔。则予今日之力，不能不藉今日之君子，而后日之功，又不能不藉于后日之君子也。是为记。

三里营守备于□，忻城土知县莫元相，经历司陈宪耀，千总李雄、齐登名，差官孙繁，把总叶多生、何大元、黄国桢、朱秉英，粤人□万□，石匠祖天荣，督造陈君用、邹国栋。

时大清康熙叁拾叁年岁次甲戌孟秋谷旦。

协镇广西柳、庆二府等处地方都督金事管副总府事中州杨彪立。

住持：僧达莲。

【校勘记】

[1] 去，拓片如此。《宜州历代石刻集》改"去"作"不"。

南山题诗并序

【题解】

碑在宜州区南山寺，清康熙五十五年（1716）刊。拓片难以识别，故多处从略。《中国西南地区历代石刻汇编》注：拓片长 105 厘米，宽 95 厘米。楷书。

见《中国西南地区历代石刻汇编》第六册《广西博物馆卷》第 171 页。

吴锡爵，宜阳（今河池市宜州区）县令，生平不详。

【石刻全文】

粤右僻在天末，多獞猺狑狼类，不可……尤甚。城南有山曰南山……
玲珑秀丽饶奇境……石脊□□如龙……年来……

大清康熙五十五年四月，宜阳令吴锡爵识。

述职碑

【题解】

摩崖在宜州区北山顶上，清雍正十三年（1735）刊。《宜州历代石刻集》
注：高 102 厘米，宽 166 厘米。楷书。据拓片录。

见《宜州历代石刻集》第 196—197 页。

徐嘉宾，字子元，顺天（今北京市）大兴人，贡生，雍正五年（1727）
由梧州知府调任庆远知府。以后历任广西按察使、云南按察使等。另有《平
黔纪事文》。

【石刻全文】

庆郡粤之边徼也，万山环绕，民彝错杂，焚杀劫掠、仇怨相寻者，由来
久矣。予自雍正五年由梧州调补斯郡，目睹猺獞横行，案牍山积，不禁喟然
叹曰："太守，古诸侯之任，如不能惩凶暴、易恶俗，朝廷之设官分职，其奚
以为?"于是早夜图维，讲求利弊。各土司进见，莫不待之以诚，接之以礼，
赏从厚而罚从重，务期其积习痛除，恪恭奉法。至如天河莫东旺、东兰韦咬、
那地罗鸟、永顺邓朝宸等，或劫狱远飏，或争袭仇杀，或父子操戈，皆再三
悬赏，严捕穷搜，然后数十年来未获之巨恶、久悬之案，并归殆尽。又念属
地寥廓，鞭长莫及，清南四里分县丞以专理（连接三岔雷山、沿河时有抢
掠）。龙门一带，设巡检以驻防（向系土司管辖，最为难治）。三巢地方，蛮
贼出没之所也，则拨土兵三百，置屯田，移分府以弹压之。东兰外哨，土族
韦咬旧居也，则改土为流[1]，设知州并吏目以抚循之。审时度势，酌古准今，
盖有必如是而民彝始可以相安者也。予莅庆五年，其间委署泗城印务[2]，监
纪古州军糈，水陆跋涉，在署仅十越月，郡之缺而未举者也，予方抱愧不遑
而卓异。赴京时，士民远道而送曰："自公之来，民安乐，无虎患，非公之德

政而何?"予笑应之曰:"民安乐,斯凶暴敛迹矣。无虎患,亦事之偶然者耳!予何敢贪以为功?"述而志之,冀后之君子加意边荒,非敢自炫也。

特授广西分守苍梧道,管辖桂、平、梧三府郁林一州兼理通省□□事务,按察使司副使加三级,前知庆远府事大兴徐嘉宾勒石于北山之顶。

雍正十三年三月　日。

【校勘记】

[1] 为,《宜州历代石刻集》录为"归",误,据拓片改。

[2] 印务,《宜州历代石刻集》录为"印秒",误,据拓片改。印务,又称"协理事务参领""印房参领",为清朝八旗都统衙门之属官。掌章奏文移、档案、印务之事。

寿民碑

寿民碑拓片

【题解】

碑现存河池市宜州区博物馆,清嘉庆十五年(1810)刊。《宜州碑刻集》注:碑高142厘米,宽79厘米。楷书。石天飞、覃阳雪访碑。

【石刻全文】

星弧昭瑞应交南,陆地神仙纪姓蓝。

百岁春秋卅年度,四朝雨露一身覃。

烟霞养性同彭祖,道德传心问老聃。

花甲再周衍无极,长生宝录丽琅函。

赐广西宜山县永定土司境内寿民蓝祥年一百四十二岁喜成七言用志人瑞。

嘉庆十五年庚午嘉平月御笔。

赖人存裁决土司侵民布告碑

【题解】

　　碑今立于宜州区石别镇永定村关上屯蓝韦氏第四代孙蓝仲达居屋大门两侧紧贴屋基的墙体上。民国三年（1914）刻。据《瑶族石刻研究》，蓝仲达是瑶族，与安定司池花地（今属都安瑶族自治县）的蓝姓瑶共祖。

　　见《布努瑶历史文化研究文集》第 152—153 页。

【石刻全文】

　　奉广西都督兼民政长陆指令开呈。悉关上入口之荒地一所，既据蓝韦氏及韦王瑞等均称系古塘房地，即为官荒。该知事拟请收回官有，尚属正当办法，自应照准。自蓝韦氏住宅北偏一间，据系紧接荒地，较南偏各屋，有平斜新旧之别，然究不能据为官荒之证，是否有实？据呈内并未申述，遂断为侵占官荒，何以折服蓝韦氏及耆民韦王瑞等？果系占筑，该土司等地近咫尺，岂无闻见，何不呈控于先！而乃由争论于今，种种疑窦，殊难索解，所请与荒地，一律充公，应勿庸议，该土司不能约束子侄，以致欺凌孤寡，控案垒垒，亦属难辞其咎，仰仍遵照前令，切实查明，严予处分，勿稍左袒，并将该土司子侄韦克良等查办具报，切切此令。等因奉此当复查确实，蓝韦氏住宅确系民房，应即判归蓝韦氏管业，该区议会应即迁移，不得再事占据，至于未便，其蓝韦氏住宅右偏荒地，原系古塘房遗址，应即收归官有，仍许人民呈请租卖，均收办给。本案情形呈报外，为此仰告该区人民，全体照知。

　　此布。

　　中华民国三年正月初六日发贴关上晓谕。

永定土司卖地契碑

【题解】

　　摩崖于宜州区福龙乡翁同村瑶峒屯（新村）左侧大山峭崖上，与地面相对高度近 40 米，刻石高 1.38 米，宽 1.18 米。民国六年（1917）刊。

　　见《布努瑶历史文化研究文集》第 148—154 页；《瑶族石刻研究》第

42—43 页。

【石刻全文】

窃为三皇治世，五帝化民，唐虞夏禅让相沿，殷周秦征诛事尚，三国分于季汉，晋并而吞，五代绍夫残唐，宋承而受。自元、明、清以既民国，凡得土地者，或以德胜，或以力服，不可备举，况小民置业乎？然而土地如故，业主屡更，昔贤所谓"千年田地八百主"者，良有以也。兹我瑶峒，一庄纵横一十余里，大小一十七峒，四至界限，刻石为记。由清初至今，开荒虽久，耕管无权。庄内仰兴仁、吴大科二先生秉公倡议集众筹资买受全庄永为世也，圣科立户，不惮勤劳，印契昭彰，用铭勒壁以志不朽云尔。是为序。立买断瑶峒全庄田地契业主宜周村韦人杰、偕子荫封，情因先年买获二房侄男荫侯之族庄，土名坐落宜山第十区瑶峒。其中山畬平地共计拾捌份半，旧例每份每年应纳税钱一百文。旱田四份，每份每年钱粮二百文。合庄地税田粮每年共该制二千六百五十文。管业至今，无议。奈年来破费过多，负欠不少，无从藉还，乃与儿孙辈商议，愿将该庄出卖以偿所欠。于是托中向瑶峒庄民会议劝令各户筹款买受，永世业，众亦乐从。当即公酌庄价凭中言定。卖价时用洋银合共一千四百两正。卖主内外房族以暨中证人等签名押彩一概在内。即日银交契立，并无克扣准折等情况。此庄周围十余里内，有长峒、风峒、小花牛峒、中镇瑶峒、岜骂峒、水泵峒、大兜峒、连地根小峒、龙笨峒、龙领峒、延宁峒、加累峒、独山峒、红泥峒、加社峒、加雷上下二峒，总共大小一十七峒。外有乡老田一丘，均属瑶峒庄内之业。至于弯曲地面错杂不齐之处，不能详举，率照向来该庄民原种为度。其中林木水面，四时花果，以及阴阳二宅，一概甘卖尽净。北至加屯小隘外山脚为界；东至岜骂隘口大石为界；南至独山角为界；西至峦山隘口未界。脚踏手指点卖与瑶峒庄民仰兴仁、吴大科、韦绍书，朱月升、潘凤元、蓝祖厚、盘玉龙、王风光、冯源昌、赵有开、李进贤、陆茂秀等余名列后。此庄自卖之后，任由该庄民批革立户，照契勒碑，世为民业。所有从前应缴各项自立契受价一律蠲免，亦不得翻悔取赎，永属异地异民矣！如有来历不明，或内外房族藉端争论者，系在卖主、中人担当，不关庄民之事。庄民只知既卖永断。恐口无凭，特亲立买断全庄一纸，并上韦荫候原卖契一张，韦锦荣之退契一张共原契三张，后亦无因此旧契社事累民，若有设事遗累，概在卖主，中人承担。即堂图记交付收执为据。

众姓名等俱列契后（以下略）。

民国六年丁巳七月十二日吉日众契敬书赵德隆。

广西阳朔县瑶族石刻

阳朔纪事

【题解】

摩崖于阳朔县福利镇之白面山岩内，明嘉靖三十一年（1552）刊。

见《粤西文载》卷四十六；《茅鹿门先生文集》卷二十九；《瑶族石刻录》第318—319页。

王宗沐，字新甫。临海人。嘉靖二十三年进士，嘉靖年间任广西督学、佥事、左布政使等职，与李攀龙王世贞等人以诗文相友善。《明史》有传。

【石刻全文】

广西阳朔县治介盗区，而湖北獞尤称逼肆，联络古田。自弘治中，官兵征之不克，败没总兵参议，因而骜杰遁移，入据鬼子、庄头等巢，时出掠杀其令张士毅，占民里田庐，令不得耕牧。嘉靖三十一年五月，提督府始命都指挥钟君坤秀，统千人戍之。而佥事归安茅公坤，来视府江兵备事。是年八月，贼出掠，公以兵五百益钟徼之擂鼓山，歼五十三人。十月，戍兵又掩捕贼酋四人，其党益急，杀牛誓众谋大举。公密请督府，符下得便宜行事。是月十二日，公部署七哨，合狼柳军兵三千人，约钟君密捣其穴。别以知县王弼，率舟师往来江上，遏其西渡。百户李爵以堡兵驻石井，防其东逸。刘宗武以乡兵守巢后。而独千户陈袭将千人，扬声故渡荔浦江迂道误之。诇者还报，而贼少懈。十五日夜，兵集各战其地。指挥吴国威克庄头、马蹄；千户孔继宗克木罗、水鸡；刘承绪克马骗、外祚；百户李环克炉岩；义勇严琏克新桥、倒龙；千户刘积沧克刀山、强布。惟袭等所当鬼子巢坚箐深，从高下木石拒战，明日始克之。合凡斩首一百六十七级，擒俘三百八十七人，获牛

瑶族石刻辑校

马及走死者称是，威震远近。凯还，赏赉有差。是役也，实督府遂昌应公文武为宪申赏罚法，且许其属以便宜。而茅公又弘才壮志，画中机宜。方战日雨甚，公焚香祷天，愿以己生二年，易晴二日祐将士。其勤类此，故能约兵省费而斩获奇捷，诚传载鹯勤所未尝有。阳朔里户妇子，自是始之乐生，日卧帖席云。

是岁十一月，临海王宗沐新父题。

摩崖府江纪事

【题解】

摩崖在阳朔县境白面山岩内石壁，明隆庆二年（1568）刊。

见《粤西文载》卷三十五；《茅鹿门文集》卷二十九。

茅坤，字顺甫。归安人。明代文学家，屡迁广西兵备佥事，辖府江道。明代中后期著名复古文学流派"唐宋派"的代表人物之一，编有《唐宋八大家文钞》。《明史》有传。

【石刻全文】

嘉靖辛亥春二月，予由南京礼部精膳司郎中升广西佥事，时颇闻执政所构，窃自怜，愿为弃官投檄矣。秋七月，适应警庵公檟总督两广，辄遣吏移文，强之且再，予始以壬子入粤右。粤右诸道，惟府江为最险，两岸山既壁立，盘礴六七百里，而又丛木深箐，诸猺獞数出没，劫杀吏民。正德年间，陈公金大征无功，而府江道兵威不行，遂以孤垒与诸猺獞相羁縻而已。阳朔县特甚。阳朔县抱江而城，盖绾府江之咽喉者。数十年来，古田诸部，劫杀吏民，稍稍蚕食诸州县，甚且缚阳朔县令及其哨江百户杀之。督府欧阳公罩尝疏请三省夹剿，未果。已而应公至阳朔，吏民之泣而请兵者，朝且夕也。比予至，公辄以函牍贺万寿事檄府江道兵备副使杨公而故以署府江道檄予，且以大征一切军兴事宜属之。予抱檄行部，稍稍按往牒及帐下吏士谙兵事者大略，治南粤诸夷，莫善于雕剿，莫不善于大征，何者？夷虽丑类，其凶悍鸷鹜者，特十之一，百之一而已。择渠魁而雕之，而余不以及，则诸部落罪案始分，人人知惧；大征则埋山刊谷而部斩之矣。其为功莫真于鹯勤，而莫赝于大征。鹯勤者师不移时，倏而入，倏而出，如鹯之搏兔，然故其为功最真；而大征者，非征兵储饷者，逾年不办，兵未集，而贼皆走险矣。其始也，兵连祸结，其继也，率斩他馘以缓罪，故其为功多赝，然当事者往往利附大征而不便鹏勷。大征之师，如泰山压卵，奏捷之后，辄冒爵赏；而鹏勷之法，少不利则罪且收坐之矣，予故深忧之。又按故当事并知鹏勷之善而不敢遽行者有三：一曰将士不勤习，二曰向道不审，三曰机事不密。予按部署，诸戍兵凡五千，汰其老者、弱者，及括其空名而隶无籍者。于是严之以古者什伍之法，使之朝夕勤战，而上、中、下其食焉。上焉者则授之摧锋或为伏隘，而以将领之骁悍者统之；次焉者则列炮鼓，赴干橹，而以将领之老练者统之；下焉者，则以给兵马，储粮之役而已。又日出金钱，分给诸将领，各自以所部署之兵相团射，及其枪牌诸技，于是人人颇愿自为战。而又以向道不审者诸猺獞并阻山谷之险，悬崖飞栈，深林茂箐故也。我师之侦者，既不得入，何以测彼己习向背而觇缓急。于是别募死士为缉事军，且令各携善绘事者而入，夜行昼伏，分道深入，至则各图其山川道里以出，某贼巢为左，某贼巢为右，某巢枕某隘，某巢控某江，某巢与某巢相姻，当别为行间。某巢与某相雠杀，可遗金钱使之相夹击而其图。又恐逻者之侦及也，以药笔传之纸，绝无可觌见者。出则又按图别聚沙为山谷状，不二三月间，而府所辖诸夷砦，其最狡且险者八十二处，稍次者亦不下百余处，大略并如掌股间矣。然亦不敢辄案举鹏勷之法，惟日戍兵巡逻山谷间，又往往以刺熟猺獞者出之出，稍稍犒之以牛酒，甚且资之以金钱、绮绣、针线、货物，已而诸熟猺獞又以予故推诚拊之也，亦往往以党中阴事或相雠杀，及其险夷，时时向予指画，予辄厚遗之而归。又未几，他猺獞故行劫杀者，且患予或按兵鹏勷，亦时时随诸熟猺獞出行谒矣。予亦厚遗而遣之。间择其罪案最著者，大桐江辈，劫杀吏民数多，予仅剚一酋之目以归。当是时，予虽未尝按举鹏勷之法，而诸夷酋故行劫杀者，夜则挈妻子窜山谷，昼则携之还故穴，而风雨冻馁，恐恐朝夕矣。

已而入监乡试，事既竣，阳朔吏民复告急。应公且檄予，面授之曰："大征阳朔，事属君久矣，君且指画如何？"予前曰："大征事非陈兵十万不可为功。兵志曰'兴师十万，日费千金'，奔疲于道路者数十万家，且阳朔诸獞，本古田部落，其遗种不下数万，若三省夹征，则兵连不解，为患匪轻矣。由予观之，治夷如击狐，出则急刺之，不出则听其伏穴而已，毁城熏社非计也。倘听某鹏勷，不烦军门一卒之劳，一金之费，则阳朔县可完，江道可通矣！"公又曰："雕剿恐不多斩馘，斩馘少则贼不畏，且奈何？"予又前曰："阳朔堑江而县，左则金宝顶等三十余砦，右则鬼子等一十七砦，相为表里也。鬼子等贼，杀县令张士毅以来，非惟官府吏民愤之，虽其党中诸部落，亦深嫉而怨之。何者？策督抚必征故也。某若声其罪，以雕剿之兵，而按行大征之法，则其党中亦惧而且谋自完，不敢移兵相抗矣。况鬼子砦前则带江，背则枕恭城，扼其江，则贼必奔恭城，远近雠其劫杀久矣，可尽而俘也。"公曰：

"善。"予归括其所部署，得成兵五千人，先遣千人隶都指挥钟坤秀于擂鼓岩，即控金宝顶故处，以断其右臂者也。而诸獞中日遣其党，侦予兵动静，虽予之左右吏胥，亦时时与之私金钱者，且鬼子砦亦揣之吏民，数请兵，故期以十月赛神起兵称乱矣。予乃分所部署兵为七，各按日时，或诈渡荔浦而东，或越富川而南，或扼阳朔江而胁，或从恭城而背，或从平乐而突。并夜则唧枚，昼则伏山窟中。所过道立帜，而辄榜曰军门且进兵十万，讨某贼砦矣。他各闭砦自完，无得擅出，及举兵相向者辄移师夷之。当是时，予之成兵仅五千人，特分道疾入，而又以后扼江，江东西断而为二，诸峡酋并胆落。四望旗帜弥山谷，固不能测官兵若干也；虽诸将领亦各自按牒分兵力攻，亦不自知官兵若干也。不数朝连破十七砦，而予又以恭城之乡兵及他熟獞伏贼之隘；于是结营而蒐，前后俘斩及生擒共二百二十人，并被掳幼口凡千人以归。是役也，军门遂不遣一卒，不费一金，而所夺还民田且十余万亩矣。旋师之日，欢声动地，非独阳朔孤城得以稍完，而他州县凡被夷酋所占没田庐，与劫略牛羊男妇者，并来归，相属者如市。应公始列其事于朝，天子为之加公兵部尚书平蛮将军镇远侯，以下赏赉以差。予亦与都指挥钟秀坤并升二级。提学王宗沐书其事于阳朔江上，而乡大夫苏公术辈，相与率吏民伐石而碑，并祠应公及予钟秀坤三人于其县。此则予之署兵府江之本末也。军门志亦载其略，大较以鹏勒而行大征之法，古今所创，其以獞为导，俘斩数多且千人以上，抑亦古今所未觏者。他欲筑广运、足滩二堡以屯成兵，并槎府江两岸诸山，且仿唐宋故事，令夷酋各出竹木、香蜡诸物，与之互市鱼盐以为利。又议永安、修仁一带，韩襄毅公所剿杀太多，虽设五屯千户所以成守其中，然于今实赘疣也。莫若招东兰、那地、南丹州子孙众而土狭者，听其分兵成守，且耕且战，愿得其地而籍之者。倘于五屯之间，设一夷州，如东兰等土目故事，亦古人以夷治夷之法也。会予明年改为大名道副使，事虽未及施行，而粤之人，至今犹有按其说而传之者。

　　隆庆二年十二月望日书。

民国广西民政厅批字碑一

【题解】

　　碑原存阳朔县福利镇龙尾瑶新村龙尾庙（盘古庙）中。民国二十二年（1933）刊。《瑶族石刻录》："碑高25厘米，碑宽35厘米。碑刻被毁损小部分。碑中所用'瑶'字，乃原文原字，并非编者所改。解放前用此瑶字书写瑶族称呼，实属罕见。"

见《瑶族石刻录》第 145 页。

【石刻全文】

广西民政厅批字第 号

原具呈人平乐赵福淋、恭城□□□、阳朔邓成龙三县瑶民等呈一件，为乡团抽税百货捐，□□准予豁免，以苏民困由。

呈悉，仰候分令平乐、恭域、阳朔等县政府查明呈复，再行核办。此批。

厅长：雷殷

核对：□□

监印：□□

民国二十二年五月□日[1]。

【校勘记】

[1] 二十二年，《瑶族石刻录》作"二年"，误。雷殷于"九·一八"事变后回广西任职；又据民政厅此处另一雷殷批示碑落款时间"民国二十二年"，知当作"二十二年"。径改之。

民国广西民政厅批字碑二

【题解】

广西政厅批字碑二，立于阳朔县福利镇龙尾新村的龙尾庙内。民国二十二年（1933）刊，现仅存碎片，但全文还能辨识。

见《瑶族石刻录》第 157 页。

【石刻全文】

广西民政厅批字六二五号

原具呈人平乐、恭城、阳朔三县瑶民等呈件，为乡团抽收百货捐，恳饬县准予豁免，以发呈悉，仰候分平乐、恭城、阳朔等三县政府查明呈复，再行核办，为此。

厅长：雷 殷

监印：雷宇东

核对：邓志贤

瑶民：盘开和　盘启金　盘启文　邓成文　邓成林　邓宽有

民国二十二年五月六日。

民国免捐护照碑

【题解】

碑原存阳朔县福利镇龙尾瑶族村新村龙尾庙（盘古庙）中。民国二十三年（1934）刊。《瑶族石刻录》："碑高 60 厘米，碑宽 30 厘米。碑中所刻'瑶'字，系原文原字，并非编者更正。"

见《瑶族石刻录》第 168 页。

【石刻全文】

阳朔县政府护照民字第一号

为发给护照事，据县属天顺乡龙尾瑶村正村长邓成龙、副村长赵福林、赵福安、邓元柏、赵财秀、张定荣、赵贵祥、赵贵龙等面称：瑶民多数贫瘠，现已编定户口，恳请政府面示体恤，免除杂捐，俾得安居乐业等情。据此合行发给护照，仰该乡民众一体知照。嗣后无论地方抽收何种捐款，应呈候县府命令遵行。如无县府命令，不得抽收，向瑶民任意摊派，以免骚扰，而杜流弊。切切！此照。

县长张岳灵。

中华民国二十三年五月拾日立。

广西其他地区瑶族石刻

石鉴墓碑

石鉴墓碑

【题解】

　　碑在南宁市西塘区金陵镇大石坡狮子岭石鉴墓前、所立新碑之后，元天历元年（1328）刊。碑高约100厘米，宽约80厘米。石鉴，字大观，号少卿，邕州（今南宁）人，北宋皇祐元年（1049）己丑科冯京榜进士，主要活动于仁宗、英宗、神宗三朝，是邕州历史上首位进士。石鉴与狄青、余靖等平侬，以功授大理丞，累迁湖北钤辖、皇城使、忠州刺史、广南东西路钤辖，值昭文馆，知宣州、桂州、邕州，任职广西二十余载，对广西社会稳定、经济发展、民族团结有着重要影响。石鉴墓今保存完好，是南宁市重点文物保护单位。石天飞访碑。

　　见《北宋名臣石鉴》第70页。

【石刻全文】

太祖翁经略石少卿公之墓

公少卿讳鉴，宋朝科举，始仕蔚林，奉诏趋京，摄授御史大夫，持驿六度口捷和番，以功圣诰授守殿皇城使、工部尚书、银青光禄大夫，充本州经略使，在职十载，仕故回石庄北岸权安厝，后迁御葬公之父金紫光禄大夫大卿墓之傍。至太岁己亥元号大德三年，天祐等父石起、鸿、应、呈、元、俊，乃公七代玄孙，于当年九月丙申日丁时，迁葬附公姚祖敕封普宁郡冯太君墓，未有墓碑记。恐后子孙不知其源流，以天祐等今遇匠人到来，镌立此铭为记，亦太岁戊辰天历元年十一月吉日，八代玄孙石志庚、志达、天赐、天奇、天发、天祐[1]。

【校勘记】

[1]"祐"字，原碑缺口，据前文"天祐"补。

新息马侯庙碑颂

【题解】

碑在横州市伏波庙内，清同治十二年（1873）刊。《中国西南地区历代石刻汇编》注：拓片长 150 厘米，宽 75 厘米。楷书。

见《中国西南地区历代石刻汇编》第八册《广西博物馆卷》，2 页。

王涤心，字子絜，中州（河南）人，时知横州事。

【石刻全文】

新息马侯庙碑颂

炎汉中兴，赤符再启。维时伏波将军立铜柱以判中外，厥功甚伟。因曾驻兵乌蛮滩，建庙以祀百代英灵。岁庚午，余奉命莅槎江，途经大滩，谒将军，凛凛有生气。下车后，即督兵大塘，勠除巨匪，距将军匪遥，心思间曾默祷将军为民请命。越数日，中宵忽闻喊杀不绝，似有数百万兵蜂拥而至，及出外寻视，不见人迹，咸惊神异。贼所恃者南门小村北闸炮楼，可以内外援应。督勇奋力攻击不下，旋出重赏，激励士卒，先破小村，贼势穷蹙。即令各军乘胜向前，急行轰击，火光烛地，喊声震天。三月十三日之夜，新旧贼巢全破。所获逆犯，尽法惩治。邻近各村悉绷送从贼之匪，余孽全行歼灭，而贼首班逆逃逸横宾交界之黄茶新圩，亦伏首就诛。小栅天闸甫七日而一律平燉，刊石示禁，永远不准再立村寨，免留后患。查大塘先出良善诸人，改为惠迪村，民附居邻近各村并□咸安，农田及时耕种，坚心向善，毋从匪舞。迄今惠迪获吉安乐业，共享升平之福者，人以为攻剿之力，不知皆将军神灵所庇佑也。将军定边有策，平蛮树勋，洵为古今瞻仰。兹蒙威武显著，隐摄小丑之游魂；魑魅潜消，共沐大功之底定。嘻嘻！此中非将军隐护一方，暗翦群寇，奚能捣穴擒渠魁为民除害得若是迅速也？尤可异者，嗣获窜匪，询其缘由，咸称未逃之先，闻空中兵将喊杀声势逼人，实不解其所以。呜呼！伏波真福神也，声霈显一时，恩泽及万户。天道昭彰，凡我士庶，为善者益勉于善，为恶者不复作恶，以仰体伏波护国救民之慈心。伏波之德也，苍生之幸也，亦守土者所日夜祷求。望伏波在天之灵诛彊暴，安氓蚩，俾愚顽者化为良善也。因为之敬颂曰：

千载伏波，丹心贯日。

威显后世，英灵洋溢。

封侯庙食，滩声军声。

惠迪被福，万古奇兵。

同治拾二年陆月知横州事中州子絜王涤心立石。

大滩伏波庙碑记

【题解】

碑在横州市，清光绪十七年（1891）刊。本碑文称"恭录疏辞，勒之贞珉"，所录乃广西巡抚马丕瑶上疏"请将汉臣马援、明臣王守仁，凡广西各属已有庙祀书院之处列入春秋祀典，并请颁发御书匾额"之事。

见《横县县志》第687页。

文星昭，清代诗人，时知横州。

【石刻全文】

为恭刊碑记以昭功德事：案奉广西巡抚部院马檄行，照得本部院于光绪十六年十一月初八日，县奏：为功德在民，群思报祀，请将汉臣马援、明臣王守仁，凡广西各属已有庙祀书院之处，列入春秋祀典，并请颁发御书匾额，恭折县陈，仰祈圣鉴事：窃广西地极南徼，土汉杂居，自秦汉以来，达人杰士，垂勋布惠者代不乏人，而能使千百年后，村野之丁男妇孺，土属之椎髻猺獞，无不感慕讴思，旷代如新，争出其纤啬力作之资，私为创造祀庙、书院，则惟汉臣伏波将军马援、明臣两广总督王守仁为最著。臣校阅所经南宁府城及所属，多为马援、王守仁祠庙，而横州之乌蛮滩马伏波庙尤著灵异，水旱患难，祈祷辄应。思恩府城土民所建阳明书院，祀王守仁，今犹重加修茸，讲学其中。至马援庙祠，各府所在尤伙，士人拜彝崇奉不绝。臣尝读汉史，马援征交趾、讨征侧，定六十余城，所过辄为郡县治城廓，穿渠灌溉以利民。又明史称：王守仁总督两广，破断藤峡八寨，降土酋卢苏、王，受抚其众七万。宗传以致良知为本，弟子盈天下，至今粤民犹追思乐道两人之遗事于弗衰。臣惟教养之泽入人心，故报祀之隆，永于身后。马援、王守仁均与有功德于民，则祀之例相符。查王守仁后祀文庙，久荷恩褒，祀典已极隆重，无可再加。然俎豆虽公百代之馨香，而胏盉难已一方之私祝，似并行而不悖，因发劝而易从，与马援均足以兴起顽懦，合亟仰恳天恩俯准，颁赐御书匾额两方，交臣敬谨悬挂横州乌蛮滩马援祠庙，及思恩府王守仁书院。凡所属各府州县，前已建有马援、王守仁祠庙书院之处，饬令地方官春秋专祭，以顺舆情，而宏治化。出自逾格鸿施，所有请汉将臣马援、明臣王守仁列入春秋专祀原由，谨会同两广督臣李瀚章恭折具奏，伏乞圣上圣鉴训示，谨奏。兹于光绪十七年正月二十七日奉到硃批："著准所请。礼部知道。钦此！"并奉御书"铜柱勋留"匾额一方，颁发乌蛮滩伏波祠，合就恭录檄行，钦遵查照，并将匾额敬悬挂具报等因，奉此。窃惟昔余文襄为广南经制使，孙给事为广南安抚使，狄武襄为广南经制使，皆非守土吏也，民到于今怀之，得非经画救时，堪垂久远耶？而伏波将军之功德为最古，入人为尤深。今抚部安阳公惓怀先烈，上达宸聪、煜耀天题，洵堪辉增岭表，昭示来兹。爰恭录疏辞，勒之贞珉，以垂不朽云。

光绪十七年。

融州平猺记

【题解】

摩崖在融水苗族自治县真仙岩，元泰定三年（1326）刊。《中国西南地区历代石刻汇编》注：拓片长135厘米，宽95厘米。楷书，马瑛、卢让等撰，胡明允题额，山童等立石。

见《中国西南地区历代石刻汇编》第五册《广西省博物馆卷》第63页；《粤西文载》卷四十五；（嘉庆）《广西通志》卷二百二十八。

卢让，承德郎，融州知州兼劝农事。胡明允，承事郎，融州融水县尹兼劝农事。马瑛，进义副尉融州判官。张安摊不花，承务郎同知融州事。山童，承事郎，融州达鲁花赤，兼劝农事。

【石刻全文】

融州平猺记（碑额）

泰定乙丑秋，仆假守融州。仓皇下车，瘝旷是惧。虑融在万山间，民受猺害。顾峭壁穷巢[1]，兹为重地。甲子冬，寇贵州。乙丑春，寇柳城。夏逾浔[2]，寇平南，寇藤之赤水。顷之，寇郁林。盗开府库，剽掠元宝，罪不胜诛，故天颜震怒，廷臣佥俞特命资政大夫湖广等处行中书省右丞崔公佩印[3]，分省平蛮，统驭有司，襃宠有秩。凡马步军二万人，属之公，以为西广路府州治一十有六[4]。而静江、柳、庆、宾、融猺寇，为其合谋定计，审势分征，供给有需，转连无乏。公命元帅鄂努正奉往静江之西山，亲王鄂尔杜哈斯董之[5]。元帅伊喇正奉往庆远，兵部尚书李大成、万户郑昂霄董之。副帅张昭毅往宾，中书舍人玛噜董之[6]。若柳重险之要冲，而融群猺之渊薮。公独先之柳，而期以皆后会于融，将为百道并攻之势[7]，以伸三军奏凯之威。长驱而前，席卷遗孽，直抵大塘枫木林。绞峒等团，奏俘奏馘，焚荡殆尽。不逾月，柳寇悉平。诸帅未奏功，而公独先，期以泰定丙寅正月十一日至融，乘胜克敌，势不可缓也，何哉？职官十六日抵长安黄石周村，督战甚急，败获者墨江等凡六团。钦承温诏，嘉与维新。公曰："噫嘻！好生之德，洽于海隅。余敢不对扬圣天子之休命。"乃抚山川之形势，按义兵之丁歆，命万户哈喇不花抵鹅颈岭武阳扶竹团，宣上德意。当雷霆霹雳之余，而沐雨露沾濡之泽。莫不纳甲兵，降帐下，万死无怀异志。乃示威福，遣以安居，王师凯旋。抚循之道，责在司牧。明张公榜，谕以休息，宜融之寇革心革面[8]。凡大搔等来降者二十八团，有与民交易之乐[9]。融民得免征役之劳，皆公力也。仆衰老之踪，力疲供役，转输给饷，幸免于罪，而斯民耆耋屡请石以记公功[10]。仆慨尔叹曰："惟公金貂元勋，硕德良辅。忠显于国，孝行于家。"府君八十余，以山东宣慰致政。公则抗章乞归，欲供子职。浮云轩冕，孝道尽矣。加以爱君忧国，所至有声，沐雨栉风，身先士卒，故曩岁克叛寇于江西，今则奏平猺于岭右，忠职至矣。衮归薇省[11]，王副新崇，犹未足以报公之忠孝。八荒一霖，岂独玉融之幸哉！仆昔侍公[12]，而知公之德，敢因民思而勒之石焉。若夫承流宣化老守之责，勉焉趋事，用不敢辞。

维时分省掾吏赵忠、索祯赞画居多，知印答失海牙、宣使马儿、李肃、颜必孛啰驰驱王事，咸有功焉。融州达鲁花赤山童，州判马瑛，随军帐下同知张安摊不花，供给军需，各宣力以抵于平，故为之颂。颂曰：

於戏皇元，君[13]明臣贤，混一无前。礼度有文，法制有刑，万邦来臣。维兹岭南，地险俗顽，丛生百蛮。瞻天之高[14]，势若可逃，雨啸风号。疾呼其徒，如貀如貙，以速天诛[15]。王人远临，相臣专征，帅将协心。长披余锋，笑剪渠凶，后及玉融。赫然雷霆，熙然阳春，仰瞻德音[16]。蕞尔遗黎，再造于兹，万死无为。凡此武功，左相式隆，克孝克忠。融山之巅，民颂石焉，期万斯年[17]。

泰定三年丙寅三月　日，承事郎融州融水县尹兼劝农事胡明允题额。

进义副尉融州判官马瑛。

承务郎同知融州事张安摊不花。

承德郎融州知州兼劝农事卢让撰[18]。

承事郎融州达鲁花赤兼劝农事山童等立石。

【校勘记】

[1]"泰定"至"穷巢"拓片难辨，据《粤西文载》补。

[2]"子冬"，至"逾浔"，拓片难辨，据《粤西文载》补。

[3]"颜震怒"至"佩印"，拓片难辨，据《粤西文载》补。崔公，即崔彧，字文卿，元代弘州人，时"资政大夫湖广等处行中书省右丞"。《元史》有传。

[4]公，以为，拓片难辨，据《粤西文载》补。

[5]亲王鄂尔杜哈斯董之，拓片难辨，据《粤西文载》补。《广西通志》卷一百五《融州平猺记》作"亲王乌尔图罕董之"。

[6]玛噜董之，拓片难辨，据《粤西文载》补。

[7]势，拓片难辨，据《粤西文载》补。

[8]宜，拓片难辨，据《粤西文载》补。

[9]与民，拓片难辨，据《粤西文载》补。

[10]耆耋，拓片难辨，据《粤西文载》补。

[11]薇，拓片难辨，据《粤西文载》补。

[12]"岂"句幸、哉、仆三字，拓片难辨，据《广西通志》卷一百五《融州平猺记》补。

[13]"知印答失海牙"至"颂曰：於戏皇元，君"，拓片难辨，据《广西通志·金石略》补。"失海牙"，《粤西文载》作"失海牛"

[14]天，拓片难辨，据《粤西文载》补。

[15]天，拓片难辨，据《粤西文载》补。

[16]"仰瞻德音"句，拓片难辨，据《粤西文载》补。

[17]"期万斯年"句，拓片难辨，据《粤西文载》补。

[18]本文作者马瑛、卢让等人，《粤西文载》卷四十五《平猺碑》因前"胡明允题额"，误作胡明允撰。

开邃岩记

【题解】

碑竖立于融安县城南邃岩。明弘治间刻。文中"老人",指老人岩。

见《粤西文载》卷20;嘉庆《广西通志》卷九十八。

桑悦(1447—1513),字民怿,号思玄,常熟人,明代文学家、学者。《明史》本传载:"时常熟有桑悦者,字民怿,尤怪妄,亦以才名吴中。书过目,辄焚弃,曰:'已在吾腹中矣。'"工辞赋,有《南都赋》《北都赋》等。

【石刻全文】

弘治甲寅正月,予筑城于玉融,挥使苗侯廷珍邀予同按行郭外群夷部落,以宣朝廷威德。出城而西,马步杂沓。旗旒鲜明,箫鼓声竞,猺獞头目来谒者络绎,悉慰劳而遣之。及归,侯曰:"闻此地有弹子岩,其胜不减老人者,予盍随文旆一游,可乎?"侯遂与予并马,从马肠洞口而进。盲行将二里,忽见一山横亘,俨如臆对。侯乃驻马,仍陈师守隘,以戒不虞。铁铳一声,雷霆震惊。连山答响,移时乃止。众扶予下马,相翼履峭崒而上数十步。进口稍狭,内甚高明宽敞,穿穴始用火炬。直入逾深,莫知所极。玲珑透漏,户牖相通。左窍别有石室[1],规制如殿。上拥华盖,盖上为阁,壮丽莫比。是处石乳融结玉柱,柱顶多缭以庆云,如天枢,如承露金茎状,其他如塔,如炉,如瓶,如卓[2],如幡幢,如屏障,如狞鬼威神,如天禄辟邪者,凌乱夺目,不可正视。造化结构之精,天孙投其机杼,公输驰其绳墨,荆关董米丧其丹青,亦信奇矣哉!予见通都大邑,多乏山林之胜,好事游赏者肩摩踵接,顽石荒阜,得以被绮罗而听丝竹。有岩如此,而乃置之穷荒之域,虎狼之与居,猺獞之与邻,蒿莱荆棘为之充塞蒙蔽,夫乃宰造物者亦疾其尽夺乾坤之秀,而投之非其地邪?观化工可以推世故,鉴物象可以验人事,非偶然也。岩产圆石子,故以弹子名。在宋元丰间,权融州军事钱师孟易名曰"德"。予惬兹岩甘埋幽僻,深藏不市,且其量之洪足以容民而畜众,又改今名。岩之久闷,理宜大显。呜呼!天之所以处岩,与岩之所以自处,是必有待者矣!朱子云"千载而下,不患知我者之无人",此之谓欤!开是岩后,士女远近游观者,日以千计,杯盘相接,茅塞成蹊,不知为边州落寞之地。凡物通塞有数,理或然也。

【校勘记】

[1] 窍,《广西通志》作"崖"。

[2] 卓,《广西通志》作"卓笔"。

筑城记

【题解】

碑原存永福县凤山麓。明弘治十三年（1500）桂林知府姜洪撰，弘治十七年（1504）刊。

见《瑶族石刻录》第438—439页。

姜洪（？—1512），字希范，号敬斋，安徽省广德人。成化十四年（1478）进士，除卢氏知县，擢监察御史，陈时务八事，弹劾不避权贵，谪夏县知县，迁桂林知府。瑶壮侵扰古田，请兵讨平之，擢云南参政。《明史》有传。

【石刻全文】

唐武德初，置永福于凤山麓，旧无城郭，四周皆深山密林，丛薄蔽翳，瑶壮窟居其间。弘治五年，邻邑古田为壮贼所据，地逼永福，常虞贼至，民无宁居。邑之僚史耆老请于巡抚都御史闵公珪、巡按祁公员，筑城征民，佥曰可。经费不给者，取给司帑，夫役不及者，劝之子来。爰于八年之冬兴工，土薄而疆，累筑累裂。九月，县尹罗子芳沿董其役，公廉不欺，处官如家，概役弗成，率众而力营之。伐木泛江，流至邑门；陶土兴殖，亦在城侧，力省而功倍，至十一月戊午报竣。城高三寻，地袤三里。辟四门，建楼其上，有咫尺金汤之势焉，然后永福之居者恃以无恐。《易》曰"王公设险，以守其国"，则郡邑筑城以居，制也。昔楚惧吴，令尹囊瓦城郢以备之，《春秋》讥其不能修政以自强，而城郢以示弱。永福自唐宋来，城不筑而民亦莫居。当时节度经略如裴公行立、余公靖、张公械、章公伯龙，代有抚御之贤，而贼不能为害，无庸城也。我朝得御史韩公雍，具文武之才，一时搜剔群蛮，自桂及浔，肃清者三十余年。自时厥后，群蛮生聚日繁，势日猖狂，时出抄掠为患，今日为城守计，亦子常城郢计也。噫！四郊多垒，卿大夫之辱，敢为后之官斯土而受重寄者告焉。

明弘治庚申桂林知府姜洪撰文。

明弘治甲子吉旦立。

古田纪事碑

【题解】

摩崖于永福县百寿镇东岸村东面百寿岩内。据碑文当刊于明隆庆五年（1571）。高250厘米，宽270厘米，楷书。

见《永福石刻》第35页。

俞大猷（1503—1580），字志辅，号虚江，嘉靖十四年（1535）武进士，历仕嘉靖、隆庆、万历三朝，官至右都督，卒谥武襄。有《正气堂集》。

【石刻全文】

明隆庆五年正月，管粮参政柴淶，监督副使应存卓、邵惟中、郑一龙，参议龚大器，纪功佥事金柱，统督参将黄应甲、王世科、门崇文、梁高、卢锜，游击丁山，都指挥钱凤翔、董龙、鲁国贤，会合各路官兵，连日攻克古田之潮水、藤浪、马浪、三千、苦累、麻行、天堂、扶台、龙角、西洋、阴山、凤凰、老莫、马骝、思美、头盔、古城、思鹅、君师、王武、石盆、古洛、水头、死马、古底诸巢，斩获巨魁韦银豹、黄朝猛徒党首功万计，俘获数万计。其运谋出奇于上则提督两广军门李迁，巡抚都御史殷正茂，巡按御史李良臣，总监左布政使郭应聘也。协谋则按察使万思谦，副使阴武卿、陈其乐，佥事杨文明及都指挥王德懋也。总统征蛮将军右都督俞大猷谨识。

坐营都指挥侯廷左，知县唐执中，赞画林凤至，把总王纲，经历何仕，主簿廖元刻石。

敕赐永通峡

敕赐永通峡

广西其他地区瑶族石刻

【题解】

此碑以同样字迹摩崖于两处，一在武宣县黔江南岸古绩滩璞玉山石壁，一在桂平大藤峡弩滩六水冲附近石壁。此为武宣刻石。楷书。高约 4.2 米，宽约 1.7 米。大字字径 0.7 米，小字字径 0.1 米。两处刻石均刊于明正德十一年（1516）。

曹学佺《广西名胜志》卷五"武宣县"载："永通峡一名断藤峡，在县南三十里，接浔州界，民谣曰'昔永通，今求通，求不得，葬江中'，谁其作者？噫！陈公，按即都御史陈公金也。"永通峡即断藤峡、大藤峡，位于桂平城区西北约 8 公里的黔江下游，即武宣县黔江至桂平县浔江一段，是广西境内最大最长的峡谷。传说古时有大藤如斗，横跨江面，昼沉夜浮，供人攀附渡江，因而得名。峡中河道曲折，江流湍急，危岩奇突，滩险密布，暗礁四伏，巨浪翻滚，江水汹涌，涛声若雷。由于此峡山高峡险，古往今来，成为兵家必争之地。《明史·广西土司》述："峡中有大藤如斗，延亘两崖，势如徒杠，蛮众蚁渡，号大藤峡，最险恶，地亦最高。登藤峡巅，数百里皆历历目前，军旅之聚散往来，可顾盼尽，诸蛮倚为奥区。桂平大宣乡崇姜里为前庭，象州东乡、武宣北乡为后户，藤县五屯障其左，贵县龙山据其右，若两臂然。"李贤《明一统志》卷八十五亦载大藤峡"在府城西北一百五十里，大山夹江，绵延数百里。山势险峻，中多猺人。"著名的明代大藤峡瑶民起义就在这里爆发。成化中期（1470 年后），明廷采取一些怀柔政策，"量给田使之耕，各遂其生"。到了正德十一年（1516），总督都御使陈金"乃与约商船入峡者，计船大小给之鱼盐"（《明史》列传二百五），因此"道颇通"，以为此法可久，易峡名为"永通峡"，并于武宣县黔江南岸璞玉山石壁、桂平大藤峡弩滩刻"敕赐永通峡"。

【石刻全文】

正德丙子岁秋月之吉分守柳庆右参将张祐奉
勅赐永通峡
总督府太子太保都察院都御使陈合议铭碑勒石。

通断藤峡得景因以赋此

【题解】

在桂平市大藤峡六水冲附近"敕赐永通峡"石刻左下角。《瑶族石刻录》注：碑高 0.54 米，宽 0.53 米。按诗题"断藤峡"及"韩公古绩"等语，知其刊刻当在韩雍事之后、陈金事之前，即在明成化至正德年间。

见《瑶族石刻录》第 308 页。原题为"颂平瑶诗石刻"。

马良，不详。

【石刻全文】

通断藤峡得景因以赋此
峡山翠合隐回春，
绿水云生要路津。
横石孤舟闲落转，
层楼九叠已无崖。
韩公古绩年年古，
房老新民日日新。
白额僧岩浑离浴，
碧滩官驲更延宾。

浔阳马良书。

沈希仪生墓记

【题解】

碑在贵港市，明嘉靖三十三年（1554）刊。沈希仪（1491—1554），字唐佐，号紫江，贵县（今贵港）人。正德三年（1508）袭父职为奉议卫（治今贵港）指挥使，正德十二年升任广西都指挥佥事。后因平荔浦、临桂、灌阳、右田（治今永福寿城）等地"民乱"，升任都指挥同知。因感沈希仪之德，"为木主而生祀之，以配于云祠"，即配祀于山云祠内。山云（？—1438）明初名将，徐州（今属江苏）人，貌魁梧，多智略，初袭金吾左卫指挥使，宣德三年正月命佩征蛮将军印充总兵官往镇柳、庆，四年春讨平柳、浔。此为唐顺之为沈希仪所撰生墓记。

见《荆川集》卷十；《粤西文载》卷七十四；《贵港市志》第1250页。

唐顺之，字应德，武进（江苏）人，嘉靖八年会试第一，官右佥都御史，明古文大家。卒年五十四。《明史》有传。

【石刻全文】

诰封荣禄大夫镇守总兵官右军都督府都督同知紫江沈江沈公希仪之墓
都督紫江沈公生墓记

沈氏世官奉议卫，其先临淮人也，有讳葆者，高皇帝时以功授湖广蕲州卫指挥同知，改广西驯象卫。葆传子忠，调奉议卫。景泰间，迁奉议卫于贵县，于是沈氏家贵县。忠三传至锭，皆世官。锭以功升指挥使。子瑛袭指挥使，娶于鲍，生公。公既贵，而赠祖父皆都指挥同知，祖母、母皆夫人。

公名希仪，字唐佐。以生时紫水出，故号紫江。自少英气磊磊，雄赡略广。俗尚弩[1]，而公独精弓射，能挽强命中。正德三年，袭指挥使。年十八掌卫印。八年，剿木头[2]。十二年征永安，剿陈村。所至常先大军，摧锋，毒弩中膊、中股。陞都指挥佥事。十四年征府江，剿滑石，歼之，夺还贼所掳掠。巢义宁、桑江、杉木诸巢，深入亲斩大酋一人。首虏多礌中其颠。十五年，征古田，先登夺隘为多，陞都指挥同知，掌司印。嘉靖五年，剿龙山，深入。是年田酋猛叛，五哨进兵，公自请当冲哨，夺其隘，而潜结猛妇翁归顺。知州璋使内间，猛以走死。田州平，功最。已而追杀猛弟礼，于阵跌马，折左胁骨。六年，升思田参将。七年剿落春，首虏多。八年，调柳庆参将。居二年，谢病，明年而复为柳庆参将。带镖佩弩，箐栈联络，环广右而巢者以千数，柳庆最劲。小劫大掠，烧城掊库，无月不有，廓清为难，擅地拥兵，杀生恣睢，环两江而州府者以百数，右江最劲。喜人怒兽，吁党斗蠻，无岁不有，钤辖为难。公御诸猛，荡巢摧壁，不专以威，绥辑善猛，视同吾人，是以诸猛畏而信。公御土酋，解纷排难，不专以恩，洞其阴事，坐獝其牙，是以土酋睦而惧。然则世雄之与乌合，情状各异，攻心之与夺气，变化亦殊。猛贼虑其散走，聚其党而猎之，则公之所以歼渌里也。土酋虑其薮众，散其党而孤之，则公之所以缚岑金也。在柳庆先后十三年，所剿皂岭、怀缚、三层、马峡、火黄、马辇、七山、冒应诸谿峒，凡五十余。所获覃、韦、邓、雷诸大姓渠帅，或馘，或磔，或刳目、截耳，纵之凡数十人，首虏积至五千余级。身为大将常先登，散家财为赏，得猺兵死力。尤善用谍，兵行所向，虽肘腋不得先闻。或已传贼垒，贼尚醉酒鼾寝。其入巢，未尝妄杀，是以动辄成功。柳人德之，比于山都督云，为木主而生祀之，以配于云祠。十九年复谢病，二十年起为都督佥事，总兵贵州。居二年，谢病归。二十二年，北虏大入边，召天下名将至京师，公在召中。而佐戎事于宣大，遂总兵江淮二十五年。调总兵广西，公为参将。尝奏言于朝曰："狼兵亦猺獞也[3]，猺獞所在为贼，而狼兵死不敢为贼者，非狼兵之顺，而猺獞之逆，其所措置之势则然也。狼兵地隶之土官，而猺獞地隶之流官。土官法严，足以制狼兵，流官势轻，不能制猺獞。莫若割猺獞地，分隶之旁近土官。得古以夷治夷之策，可使猺獞皆为狼兵矣！或虑土官地大则益难制。土官富贵已极，自以如天之福势，不敢有他望，又耽恋巢穴，非能为变，即使为变，及其萌芽，图之易也。且夫土官之能用其众者，依国家之力也。不然肘腋姻党皆勍敌矣！国家之力足以制土官，土官之力足以制猺獞，臂指之势成，则两广永无盗贼。"其论甚伟，然世莫之能用也。

公善揣事情，练于当世大计，然世独以能将知公。公为将，其奇策远算，世亦不尽知，然世独以胆勇、敢战知公耳！初，田猛既诛，督府议设流官。公曰："必且挟思恩为变矣！"十八年，立堡弩滩以控峡贼。公曰："贼据其险，我乘其冲，此与投肉虎口何异？"后皆如所料。公既连为贼所中，每阴雨辄痛。自为参将，数以病告，制道冠山人服，治生墓，而时往游焉。自江淮徙广右也，以书来请余记。余复以公曰："古之为将者据鞍矍铄，至老不敢言疲。若乃自为茔窦，卧而饮酒，此山泽自放者之所为也。二者甚不两得，而公乃欲兼之邪？虽然，公之志则远矣！"公为人精悍，其临敌目光逆射、两颧颜色，挺刃一呼，人马辟易。其平居嬉怡谑笑，臧获舆庖无不欢然。处族人虽雠至相贼杀不记，更厚施之。与人交重然诺，肠胃如直绳，一视可尽。至于临敌应机，腹裹谿谷，飞箝网络，神鬼不能测。或诮公谲，公曰："吾谲贼耳！非谲人也。"知公者以为然。配帅夫人。子三，长学，有父风。其次觉，次黉，俱业儒[4]。所治生墓在贵县城北，其地曰廖家井[5]，朝望南山[6]，北睇龙山，左黔右郁，两江萦纡，皆公曩所挥戈斩级处。异日有过公墓者，得毋慨然而思乎？且夫古者人君尊宠立功之臣，则或为之象祁连山，象铁山于其墓，以旌其烈于不朽。公平诸猺，靖广右，猺中多大山，则宜何象然？天子方且鞭挞四夷，以大事推毂公，公所建立计不止西南一陲也，其所象盖未定云。

嘉靖甲寅年四月初十日辰时，武进荆川唐顺之撰文。

孝男沈学[7]，沈黉立。

[1] 弩,《贵港市志》作"鸳",当误。

[2] 木头,《贵港市志》作"本头"。

[3] 狼兵,《贵港市志》作"悢兵",当误。

[4] "配帅"句,《贵港市志》作"配帅夫人,子二:长学,有父风,其次黉,业儒"。

[5] "其地"句,《贵港市志》作"其地穴龙隐窝"。

[6] 朝望南山,《荆川集》《粤西文载》皆作"南望渌里"。

[7] "孝",《贵港市志》作"考",当误。

重建浔郡八公祠碑记

【题解】

碑在桂平市中山公园,为残碑,仅存上截。因碑中有"前明"字样,又因桂平县令"余明府"者,有道光十六年任之余继高、道光十九年任之余思诏,故此碑当刊于清代道光年间。行书。

见民国《桂平县志》第2133—2136页。

陈肇波,生平不详。

【石刻全文】

盖闻非常之事,必待非常之人。其人生而为英者,殁则为灵。或以德,或以功,或以言,皆足以光日月,贯金石,历数百祀,风霜兵燹,令人尸祝而弗谖。浔之有八公祠,由来旧矣。八公者,前明韩公雍,王公守仁,毛公伯温,蔡公经,翁公万达,田公汝成,陶公鲁,刘公台也。旧名八贤祠,有周程三先生,而田公、陶公、刘公不与焉。知府王勋重建,以王附周程为四贤,韩、蔡、毛、翁为四公,而合为一祠。知府胡南藩复厘定而变通之,迁祀周程于浔江书院,归王公于四公,益以田、陶、刘,额为"八公祠"云。夫浔介在岭南,其最险者曰大藤峡,生猺踞为窟穴,跳梁出没剽卤无虚日。成化初,韩公以金都御史提大军直趋峡口捣其巢,生擒贼首侯大狗及其党七百余人,斩首三仟级。功未竟,以忧去,遗孽复炽。朝廷起公为两广总督,寄以讨贼。时陶公为新会卫三百人为先锋,冲冒矢石。贼见陶家军望风披靡,所杀及降二万七千余人,摩崖纪事而还。嘉靖间,思土目卢苏、王受之兆乱也，峡贼蠕蠕蠢动，王公上疏成机勒之，遂破牛场、六寺诸寨，穷搜三峒，靡有孑遗。不数年，逸党侯公丁窃发于弩滩，蔡公督师，以军事属副使翁公、参议田公，以计擒斩公丁，诸猺归顺，藤峡乃平。安南陈嵩杀国王黎睭，莫登庸因之为乱，黎氏旧臣告急，毛公藉诸省狼达水兵，三路并进，登庸惧罪请吏，兵不血刃，遐迩蒙麻。神宗时，张江陵秉政，刘公在台谏劾之，谪居于浔。都人士从之学，多薰其德，而善良之数公者，勋业文章，鸟奕霄壤，浔之人被泽尤深，而遽令槟椰几筵委之荒烟蔓草，能无怃然？今太守兴君征文考献，景仰前徽，与余明府声振，阖郡绅士共襄斯举，祀则由旧，而祠特创新，庶典型不坠，藉以起懦立顽，岂为涂饰耳目之观云耳哉！祠成，命肇波为之纪其功绩，勒之贞石，并系以铭曰：

浔介岭表，岩谷箜篌。惟彼藤峡，逼处猺獞。箐林薮草，商露淼风。狉獉未化，凭社依丛。采入挞伐，如罴如熊。风驰电扫，繄谁之功。鹰眼难驯，鸮音未革。桃虫拼飞，芈蜂辛蛰。纠合士酋，吹唇煽惑。屡烦珣戈，渐登衽席。回首面内，繄谁之力？浔有田畴，孰薅而和？浔有庠序，孰弦而歌？匪冶胡范，匪石胡磨。烝我髦士，扇以春龢。君子德风，披拂孔多。此邦之人，岂忘在昔？拔山扒氏，鸠夫重葺。神兮迟迟，松栝有鸟。丹荔黄蕉，洄酌可挹。俎豆馨香，传之无斁。

重建百色粤东会馆碑

重建百色
粤东会馆碑

【题解】

　　碑在百色市粤东会馆内，嵌于会馆内第二进天井东回廊墙内。罗文俊撰文，骆秉章书。刊于道光二十年（1840）。此为"重新鼎建百色粤东会馆碑记"五方碑刻之第一方。碑高约2米，宽约1米。碑额篆书，碑文楷体。"重新鼎建百色粤东会馆碑记"第二至四方，为重建会馆"乐助工金芳名"，第五方为"宁龙奠土乐助工金芳名"。第二至第五方碑刻，刊于道光二十七年（1847）。石天飞访碑。

　　罗文俊（1789—1850），字泰瞻，号萝村，广东南海人。清道光二年（1822）进士，以探花及第授翰林院编修，记名以御史任用。史澄光绪《广州府志》本传载："罗文俊，号萝村，潭堡人。嘉庆己卯举人，道光壬午进士。廷试日大臣拟列第七卷，宣宗拔置一甲第三人，授编修，寻记名以御史用。"后罗氏历任陕甘、山东、山西、浙江学政等，官至工部侍郎。工诗文，有《绿萝书屋遗集》。骆秉章（1793—1867），原名俊，后改名秉章，字吁门，号儒斋，广东花县人，清末封疆大吏，率军抵抗太平军，守长沙，支持曾国藩办团练，又聘左宗棠为幕僚。左氏事无巨细，皆听之，说："所计画无不立从。一切公文，画诺而已，绝不检校。"钱保塘《历代名人生卒录》卷八载："骆秉章，花县人，道光十二年进士，咸丰二年巡抚湖南。当是时，安庆、江宁并陷贼，粤东西土寇接踵，贵州教匪复结逆苗，为乱湖南，边境岌岌。曾文正办团练，公与戮力同心，省城得无恙。"

【石刻全文】

重新鼎建百色粤东会馆碑记（额）

重建百色粤东会馆碑

本馆坐庚向甲，兼申寅之原。箐烟瘴雨，昔歌行路之难；镜水珠池，今作乐郊之适。沐熙朝之雅化，境月异而日新，享前人之成功，事有开而必继，斯百色粤东会馆所由重建也。先是，康熙间，里人梁煜等倡议醵金鸠工葳事，其时关市初通，贸迁未广，而舆情雀跃，旋踵倏成，今且百二十载矣。山非凿而皆通，水无沿而不到。馆同晋绛，至即如归。客似邴商，业皆传世。于以重新旧址，式焕鸿规，亦固其所。然维重建之难无殊创建，前人之绩有待后人。盖为裘以集腋而成，亦筑宣以多谋而败，此而络属，群情变谐。庶论维摩寺之工，费半月能筹；尉迟庠之资，则一帖可办。恐人心不同，如其面焉，其难一矣。况踵事者增华，工繁者用浩。今此度支十倍，畴昔必清勤之，并矢亦干练之需才则克期按度，谁如蕙子程工木屑竹头，安得陶公规画，其难又一矣。顾乃延庶愿合符聿增式廓，丹青炳焕，气宇改观。通两粤之财流，不嫌其壮，萃十郡之冠冕，讵病其华？盖自道光庚子岁鸠工，至壬寅岁告成，历五六寒暑，费二万余赀，凡木石夫工多致自乡土，非梗楠杞梓，谓迁地之无良，而文物声明将固传于不朽，亦以知经营之匪易，垂守之维殷。后之至者，熙熙乎沐圣朝关市之惠，雍雍乎敦故乡桑梓之情，则重建之举，诚有裨也。今之落成，乡人士济济，跄跄登堂，须祷咏竹苞之什，则相好无尤，庆丹护之辉，则有基勿坏。而一时二三执事，克始克终。及题助诸君，咸襄义举，皆宜志勒，以垂未来兹也。爰不辞，而为之记。

赐进士及第、诰授中议大夫翰林院侍读学士加二级、钦命浙江提督学政、前江西陕甘提督学政、已奕科山东正考官、翰林院侍讲学士、教习、庶吉士、詹事府左春坊左庶子、国史馆总修、翰林院编修南海罗文俊拜撰。

赐进士出身、诰授中宪大夫奉天府府丞、提督学政、鸿胪寺少卿、工科给事中、掌江南道监察御史、翰林院编修、国史馆纂修加三级骆秉章拜书。

重建值事：

江昌店、正昌店、万生店、洪茂店、元昌店、美益店、富记店、均裕店、世记店、益和店、更成店、悦隆店、同聚店、叶昌隆店、元生堂、德和店、德安店、广德店、祥泰店、两利店、裕隆德记、元利店、遂芳店、华昌店、天和堂、义来店、源泉店、源顺店、三顺店、王记店、连和店、林伟扬。

道光二十年岁次庚子季冬谷旦勒石。

重修粤东会馆碑记

重修粤东会馆碑记

【题解】

碑在百色市粤东会馆，清光绪二年（1876）刊。石天飞访碑。

谭宗浚，字叔裕，南海（广东）人，同治十三年一甲二名进士及第，工骈文。官翰林院编修撰、国史馆协修、四川提督学政。《清史稿》有传。

瑶族石刻辑校

【石刻全文】

重修粤东会馆碑记

三江西去，盖羁人游眺之乡。六诏东来，是大贾贸迁之地。烟茅瘴箐，久洗荒凉。峒草猺花，近多秾冶。乃有丹青屏障，金碧池亭。峻路启扉，雕梁连栋。回带应诸星野，开阔顺乎阴阳。奠崇基于国初，饰杰构于哲匠。张皇日月，点缀山川。盖康熙年间，我粤东人士所筑旧馆也。其时海寓升平，闾阎殷富。客斯土者，莫不出采珣琪，归驮鍮鉐。陌于阛之月日，小橝谷之英丹。运有通无，达乎数省。胜残去杀，待此百年。继迄咸丰，倏腾浩劫。桂平啸聚，叹青犊以呈妖。柳郡披猖，悼苍鹅而肇衅。游魂放命，钩爪锯牙。犷猭成群，獝狂载道。此地之芝栭藻井，凶燄施摧。昔年之舞榭歌台，逆氛遽烬。遂使莓蕚上壁，愁风雨以漂摇。瓦砾成场，话烽烟之歇息。此则经乱以来，重修难已者也。今日者堂廊焕彩，庌庑增华。旅思弥佳，寄兴于珠池镜水。乡心同系，写怀于羊石鹅潭。甲已洗而兵已销，君宜饮酒。桑必恭而梓必敬，我且歌诗。

赐进士及第翰林院编修撰国史馆协修四川提督学政谭宗浚撰。（印二）

赐进士及第翰林院修撰癸酉科顺天乡试同考官派充武英殿协修乙亥科湖

南乡试正攷官湖北提督学政梁燿枢书。

（以下芳名略）

光绪二年岁次丙子孟冬吉旦立石。

游东湖记

游东湖记

【题解】

　　摩崖于凌云县下甲汾州钓鱼台。明崇祯九年（1636）刊。楷书。长210厘米，高135厘米。据照片及《凌云摩崖石刻》录。今凌云县有伶站瑶族乡、玉洪瑶族乡、沙里瑶族乡、朝里瑶族乡、力洪瑶族乡，是瑶族的重要聚居区。据《凌云县志》，皇祐五年（1053）宋皇朝在凌云设置泗城州，州治在下甲汾洲，明洪武六年（1373）才从下甲汾州迁至古勘峒（今凌云县城所在地泗城镇），而历代土官自此把下甲汾州经营为"别业"，在此间休闲游乐。汾洲钓鱼台旧址，共有明代石刻12幅，其中岑绍勋3幅，岑云汉9幅。岑绍勋、岑云汉父子是著名的壮族文人，凌云岑氏也是广西壮族著名的文学家族。明崇祯三年（1630）秋，在泗城土官岑云汉陪同下，谢子嘉游东湖三日。东湖，即今凌云县伶站瑶族乡下甲镇浩坤湖，位于百色至凌云公路边，为澄碧河水系堵洞成湖。岑云汉后作散文《游东湖记》，镌刻于下甲汾州。因石刻年代久远，有所漶漫。

　　岑云汉（1578—1644），字天章，号中黄，明末泗城（今凌云县）府土官。谢子嘉（1581—1643），广西桂林人，明朝文学家、旅行家。

【石刻全文】

游东湖记

　　庚午秋，友人谢子嘉自邕过访。子嘉固山水中人也，一日与余谈诸山水之胜，神出而赋诗一首，展玩之余，时为卧游，尤蚌蚌似洞庭彭蠡之不休。余且曰："山水之胜，何处无之？即州中道途，景自不恶，况天成之洞庭彭蠡？唯游人贵得其真趣已耳！西湖则风月花柳，世人易舒畅精神。余谓得天下山水之最真趣者，亘古至今，鸥夷子一人也。一叶扁舟，五湖自适，迄今以为美名。子诚山水中人，胡不纵情茹醯，而徒悬情物外，宁不象罡玄，殊乎不胜，曷或与移图其近者，而试一遊焉？虽大小不庄，远近殊致，遊则一也。孰意僻壤之间，弹丸之内，亦自有洞庭彭蠡渤海蓬瀛，荡荡巍巍，灵物之境，珍菓生焉，景亦自胜也。"

子嘉闻之，目睫不相接，手足不能交，鼓舞跳跃，乍舌而赞，攘臂大呼曰："有是乎？天野之大，万象括焉？有此弹丸之内，又具湖山也！诚如禅氏策米中，包罗世界与其微矣，昆鹏鸥鷃，大小逍遥，其致则一，何必西湖之华丽、洞庭彭蠡之浩瀚而后遊哉！"子嘉乃问所向，余指之曰："郡之东八十里，万山之中有一荒谷，四山围绕，作文主汇流，因有所入而无所出，聚以成湖，水深百尺，形若葫芦，五年一泛。泱泱瀼陵中，有五山屹立，水族珍禽异草错杂其间，微波万顷，借风势以成纹，似龙鳞千层，籍光而显耀。湖侧一洞，瀑布为湫，中有一龙，吟鸣如犊。时则吐气，五色成云。"子嘉闻，激情为之壮豪，精神为之飞越，复抚掌大叫曰："行矣！而不必言矣！"

余乃具仆马，发肩舆，率子弟兆禧、霄汉之偕往。盘山越水三十余里以达汾州，余别业也。青松白石，翠竹苍岩。流水小桥，桃林绕屋。碧山如洗，绿水常澄。风月烟霞，花草鱼鸟，不亚网川。对岸则有先人之钓矶存焉，矶有先人遗迹"钓月耕云"诗一首，势若绾秋蛇诚然惊风泣鬼。矶畔则柏兰松竹，桃柳相映。与子嘉遊览至夜半乃归，杀鸡为黍，联榻赋诗，各得其趣，甫就枕则鸡已唱矣。辄起问津，则自是而东尽属水乡矣。乃命扁舟顺流而下，两岸芙容烟雾，恍若天汉遊也。

四十里抵西州，隐隐山谷中茅屋数十间，烟岚两三片，半遮半掩，倚竹偎江。白芷浮天，绿波平岸，村人老幼往来其间，以相迎送，宛若画图。至夜投宿村中，禺人献芹，渔人献鳜。命庖人蒸红菱，切银缕。出青蚨买白酒，与子嘉分韵畅饮，各尽其量，鼓腹陶然，夜分而寝。

天明，又舟行数里许，至麟山垠。舍舟登陆，一径如线。鸟道羊肠，峻石嶙峋。草木蓊蔚，附葛攀藤。跂蹸以度，乃至岭巅。岭多松杉，虬表龙鬣，盘曲苍古，或倒挂于绝壁，或直竖以参天。野鹤唳空，老猿吟树。清风伴雨，叶起涛声。复攀缘而下，层蹬如梯。曲折逶迤，盘旋亍彳。藤萝拂顶，薜荔牵衣。策藤而前，不出数武，石坎如砥，石壁如屏。古桂森其上，遊人憩其下，童童若盖，庇荫半亩。树根作凳，石鼓作墩，以为遊人憩息之所。再行数步至断崖处，中横石板长三丈余，阔可四尺，天然成桥。桥头有柳，舞风飞雪，翻浪垂丝。人执其梢，沿步而度。又十数五，则扪藤荫而出幽谷，接沉彩以睹光明，豁然一洞天矣。只见苍沙宿雁，绿衣浮鸥。万象寂然，一尘不染。

于是伐巨竹为舟，斩柔芝以为桨，与子嘉载酒行歌，遨遊其畔。鸳鸯不

瑶族石刻辑校

惊，鱼龙自乐。举目一眺，万派生辉。渺渺茫茫，水天一色。湖腰两峡，湖面五山，吾指之以语子嘉曰："此方壶员峤岱舆之蓬瀛者乎？子嘉更求于大皇渤海中也，吾将与子渡银海而觅金仙，访丹砂而扣石霜矣，岂但泛沧波以作滇渤，逐鸥夷以作湖游，徒然纪其盛事，以成逍遥之佳趣已哉！"

少顷西山乍暝，东屿流光，玉镜飞天，金波耀汉。荡桨而前，舟横峡口，壁嶂流舟。湖水泻绿，倒影相映，翡翠交生。子嘉曰："奇峭赤壁，吾二人何如东坡佛印之游乎？吾曰："游一也，兴一也，趣一也，情景不殊，二公处于画外坤乾，志在江山清风，山间明月。余二人处于壶中天地，心存乎水中，虎啸谷里，龙吟宁不自快，何必东南望吴楚胜负，品孙曹而浚以为游赏之胜概者耶？况赤城之霞，自绝残阳之焰；大江之水，终为盘湿之淤，奚足以污余二人之眼？况此一湖，自作滇渤，自作蓬瀛，五山并立，入水泓盈，一龙独守，万劫长灵，五年一泛，渔火瀼陵，活活泼泼，渺渺溟溟，纤尘不染，万象归真，今之此舟不可拟为桃源之舫，不可拟为星汉之槎，吾与子共揽其真趣，吾与子共乐以无涯！"已而维舟壁下，忽闻嘹亮一声，波心梅落，乃小弟霄汉之箫也，因而赋诗：

泛泛秋江不系舟，如同身世两悠悠。

洞箫一曲清波上，露冷月斜天尽头。

由此观之，诗情未酬，豪志益发，各自振笔书之壁上。槃薄数篇，淋漓百盏。山光灿明月，水色共长天。鸟钦云间翼，人戏镜中花。船梢出湖腰，荡然瀛瀚，欻乃之间，那睫之际，已达湖之天肺矣。晓风忽动，回波起澜。□落英于西谷，迤挟光乎东山。白云渺渺，黄鸟盘旋。正欲移舟过登诸岛，探龙湫而观云气，采仙草而茹紫芝，方聊浪乎湖天，睥睨乎山水，宾主相乐，与物无竞，形景浑然，抚志将澜。呜呼！心同此水，怡怡洒洒，人我双忘，湖山俱化，快然乐乎澄湛之天矣！

忽一小艇斜刺而来，至问家臣阿恒也。急报细君染恙，请归一治，乃堂诸弟子亦垂手作归请。吾遂抚缆而叹曰："呜呼！天亦妒人好事哉！禀然禀然，一何真乐之不可极，而美景之不可穷，有如此耶！宜呼秦汉楼船，穷年空返，宁靡有由，岂徒尽归罪于澎湃鲸鲵之为阻己哉！嗟呼！人生如隙，世事如云，真境难遇，真景难登，行乐不可极，抱道以安生。尺宅微可守，寸田亦可耕，胡如乎心为形役足逐，流荡于漫滥之行欤？"而与子嘉率诸子弟回舟登陆，循旧路而返。

三宿达郡，胜望城邸烟火，如董市井奔逐，花街柳陌，率然一新。子嘉曰："快哉！游不在远，得会心处便足！"徜徉于是，余等复歌之曰：

眺万仞兮苍苍，睹千顷兮茫茫。山色艳乎秀丽，波光焕乎文章。

惟丈夫之襟度，正舆士以相将。胡令人之曨瞳，惟山高而水长。

歌竟，各谢而归。

皇明崇祯岁在柔兆困敦冬涂月二六日吉旦。

钦依广西都指挥使司都指挥使兼掌泗城州印务加衔授黔副总兵官统督汉土官右将军岑云汉撰。

时因手恙不能亲书，命州中弘一道士黄嵩代笔。学步形骸，不自知其陋劣。吾是篇也，盖别古体，自作一家，观者无徒绝口不道也。

石匠广西桂林封华刻。

山城早市

【题解】

碑在凌云县。山城早市，为咏广西凌云八景之一。《瑶族石刻录》记其录自《凌云壁刻集成》初稿。古磡，即古磡洞，古泗城州府治地，今凌云县城古称。古磡洞成为古泗城州州府治地是在明洪武六年（1373），系由泗城州第一任土知州岑善忠从州治旧址下甲汾州移迁而来。

见《瑶族石刻录》第481页。

黄家德，清代凌云人，生平不详。

【石刻全文】

古磡成城后[1]，朝朝此市开。

鸡声啼月落，人语涌潮来。

妇卖竹筐米，瑶沽松涧材。

山深迟日出，圩散水云隈。

【校勘记】

[1] 古磡，《瑶族石刻录》作"石砌"，误，径改之。

署斋偶成

【题解】

碑在凌云县寿桃山。清道光二十年（1840）刊。

见《瑶族石刻录》第484页。

冯震东，生平不详。

【石刻全文】

三载炎荒漫寂寥，却欣山县异尘嚣。

四畴水足禾苗壮，村野人多瘴疠消。

国事罕闻怜远宦，讼廷不到爱诸瑶。

年来况是文风盛，夜半书声入听遥。

道光庚子夏，五少渠冯震东。

新建届远书院记

【题解】

碑在广西凭祥市小学校内，清光绪十年（1884）刊。《中国西南地区历代石刻汇编》注：拓片长140厘米，宽90厘米。楷书。

见《中国西南地区历代石刻汇编》第八册《广西博物馆卷》第30页。

徐延旭（？—1884），字晓山，山东临清人，咸丰庚辛进士，同治四年任桂平县令。后升任广西布政使，次年3月受命与广西提督，同年10月任广西巡抚，驻军越南谅山，为东线清军北宁前敌指挥。法军进攻北宁，清军不战而溃，徐因此被革职，解京入狱，判斩监侯，后改为充军新疆，未离京即病死。著有《越南辑略》。《清史稿》有传。

【石刻全文】

广西凭祥□□新建届远书院记[1]

古者教行□□间，推于党庠、州序，以达于国，学校之名备矣。后世书院之设，实与学校相表里。至我朝而营建，偏天下遐陬僻壤皆有之，盖欲使文学俊秀之士讲□□业于其中。其为法至周，而其□□至□也。□西地处边陲，太平府属之，凭祥土州又界其南，毗连交趾境□。盖南□烟瘴之区，榛莽丛之，虺虺蛰之，而蛮猺杂处，椎结跣足，或以犷悍相雄长，或安朴野为故常。其俗为……比年以来，文教渐兴，青其……踵相接，喁喁有向学之风。今岁以法越构兵，故余奉天子命出关备边，往返取道凭祥。凭祥之人士来谒，以创建书院为请。余□□有志于学，亟允……百金以助之。鸠工庀材，卜筑爽垲。经始于光绪癸未年仲秋，落成于甲申岁暮春。讲堂学舍，内□状□，栋宇垣墉，既□既饰。自时厥后，讲肆有所，游息有居，有开必先相率于学，以礼让之教消其犷悍之风，以□□之功化其朴野之习。翕翕然，彬彬然，其将与中土文学相埒，而为边徼邹鲁矣。工既竣，余题其额曰"届远书院"。皆……皆盛德以敷，无远弗居。虽荒服之士，涵育熏陶之既久，咸思讲道论艺，去闇昧而就光明，其……也，抑余所……有感焉。同治年间，太镇两郡土寇揭竿，响者四应。凭祥当南关之冲，蹂躏弥甚，且为盗薮。余时……之事兵□军中，求一日之安居而不得。幸国家威灵远播，吴鲸、苏国汉、黄崇英之属，次第削平。修养有年，民气渐复，有志之士不安于其俗，争自濯磨亟亟，惟兴学是务。余得重来兹土，乐观厥成，其欣慰为何如耶？若夫埏埴之工若干，扑斲之工若干，涂塈之工又若干。此书院长修金，学徒膏火之所取资。董其事者悉刊诸石以诒将来，庶使知始事之不易，而以时修筑经□□必有待于后之人，乃可垂诸久远也夫！

赐进士出身赏戴花翎钦差大臣□授光禄大夫钦命兵部侍郎兼都察院右督御史、巡抚广西等处地方提督、越南军务兼理粮饷、节制通省兵马敢勇巴图鲁山左徐延旭敬撰。

大清光绪拾年岁次甲申孟夏月上浣日谷旦竖碑。

【校勘记】

[1] 缺字据正文内容，疑作"土州"。

跋无名氏诗

【题解】

摩崖于忻城县古蓬白虎山卧仙岩。明嘉靖七年（1528）刊。碑高 29 厘米，宽 75 厘米。《瑶族石刻研究》记此诗为王守仁所作，然据孙纲所言"右无名氏诗，莫稽题于何时"，又据同地同时张祐题记"奉兵部尚书新建王委重建筑南丹卫城"，知此或非王守仁诗。

见《忻城县志》第 770 页；《瑶族石刻录》第 315 页；《瑶族石刻研究》第 72 页。

孙纲，中山人，时宾州守备。

【石刻全文】

钧旨于斯八寨游，无村夜泊此岩头。

凶山有意如回顾[1]，恶水无情向北流。

此地传闻生贼种，累朝杀戮使人愁。

从今设置千军镇，歼灭猺蛮永绝休。

右无名氏诗，莫稽题于何时，然已载诸宾志[2]，则其来远矣。此地自古负固不服，游人不通，故世传为异人之笔[3]，细绎结句[4]，似为今日谶也。戊子冬[5]十月，纲奉新建伯尚书王，委筑城垣，至此初见硃书炯然，逮后观览者多，摩挲模糊，恐久失其真也，故为刻之，以俟观风者考焉。

嘉靖七年戊子腊月守备宾州中山孙纲跋[6]。

【校勘记】

[1] 意，《忻城县志》《瑶族石刻录》作"约"，疑误，据《瑶族石刻研究》改。

[2] 载，《瑶族石刻录》脱。

[3] "此地"句，《瑶族石刻录》作"此地自古负固，不服游人，不通世故，传为异人之笔"，据句意当误。

[4] 结句，《瑶族石刻录》作"绝句"，据句意当误。

[5] 冬，《忻城县志》无，据《瑶族石刻录》补。

[6] 七年，《瑶族石刻录》无。

次石壁韵

【题解】

摩崖于忻城县古蓬白虎山卧仙岩。明嘉靖七年（1528）刊。碑高、宽 64 厘米。见《忻城县志》第 770 页。

张祐，字可兰，时协同镇守、副总兵。

【石刻全文】

次石壁韵

仙子何年到此游，漫留真迹识岩头。

诗藏旧诚昭昭在，水绕新城款款流。

八寨定知成俗美，九重无复动边愁。

我来勒石铭功德，地久天长颂不休。

粤城可兰书。

卧仙岩题记

【题解】

摩崖于忻城县古蓬白虎山卧仙岩。明嘉靖七年（1528）刊。碑高 50 厘米，宽 64 厘米。

见《忻城县志》第 770 页。

张祐，字可兰，协同镇守、副总兵。

【石刻全文】

协同镇守副总兵镇国将军张祐奉兵部尚书新建王委重建筑南丹卫城，偶登仙石，惟冀工役早竣，永奠兹土，务俾夷瑶绥服，咸归春台玉烛之中，人马平安，共至寿考康宁之域。庶副委记，乃遂予私。时同事者按察副宪翁公，分理则南宁府同知陈志敬、宾州守备孙纲也。

嘉靖戊子岁闰月十八日题。

千军镇石刻

【题解】

摩崖于上林县小石岩。明嘉靖二十二年（1543）刊。民国《上林县志》注"千军镇"三字"真书，直长二尺八寸四分，横径二尺五寸二分"。为明王朝平八寨时所刻。

见民国《上林县志》卷十五；《瑶族石刻录》第 316 页。

郑登高，进士，嘉靖二十一年到任兵备副使。谢启昆嘉庆《广西通志》将郑登高误作郑高。

【石刻全文】

千军镇

钦差整饬兵备副使郑登高书[1]。

大明嘉靖癸卯八月吉日立。

【校勘记】

[1]"钦差整饬"四字,《瑶族石刻录》无。

金鸡营纪功碑

【题解】

摩崖于上林县乔贤高祥村,明万历七年（1579）刊。《瑶族石刻录》注,此为明代平广西八寨瑶壮起义,李应祥自书纪功。《瑶族石刻录》重收此碑,且碑文不一,多错漏。

见民国《上林县志》卷十五;《瑶族石刻录》第 340、343 页。

李应祥,字仁宇,湖广九溪卫人,以军功任思恩参将。《明史》载:"李应祥,湖广九溪卫人,以武生从军,积功至广西思恩参将。万历七年,巡抚张任大征十寨,应祥与有功,即其地设三镇,筑城列戍。应祥方职营建,会擢松潘副总兵,当事者奏留之,以新秩莅旧任。从总兵王尚文大破马平贼韦王明,寻以署都督金事,入为五军营副将。十三年,改南京左府金事,出为四川总兵官。"

【石刻全文】

此金鸡营也,寨贼首穴。万历己卯冬,予部汉土兵二万扫荡之,即札柳[1]于斯,俘馘计二千五百,嗣移公堂,续前捷,擒斩合三千有奇,随振旅善后。猗欤!无敌之师,奉自天讨,应祥敢亡倡率节制耶?聊纪之。

统督参将楚李应祥书[2]。

【校勘记】

[1] 札柳,《瑶族石刻录》作"札抑",乃因形近而致误。札柳,即扎柳,又称射柳,用弓箭射柳枝,是我国古代的一种射箭活动。

[2] 楚,民国《上林县志》无,据《瑶族石刻录》补。

千军镇题壁诗石刻

【题解】

摩崖于上林县小石岩,距"千军镇"三大字约 7 米。明万历十年

（1582）刊。

见民国《上林县志》卷十五；《瑶族石刻录》第 317 页。

李应祥，字仁宇，湖广九溪卫人，以军功任思恩参将。《明史》有传。

【石刻全文】

白露横江岸[1]，青霞封薜萝[2]。

胜游今此地，畴昔恰如何[3]。

万历壬年冬日[4]，楚人仁宇李应祥。

【校勘记】

[1] 白露，民国《上林县志》作"白云"，当误，据《瑶族石刻录》改。

[2] 薜萝，《瑶族石刻录》作"辟梦"，乃因形近而致误。

[3] 畴昔，《瑶族石刻录》作"时昔"，乃因形近而致误。畴昔，犹往昔。

[4] 壬年，当作壬午。万历十年为壬午年。

纪瑶碑刻

【题解】

该碑文于兴安县漠川乡大坪屯（今保和村公所驻地）潘家小学附近地下三至四米深处埋藏。依碑文内容看，当是明代所刊，姑系于此。《瑶族石刻录》注：碑长 2 米多，宽 1 米余，厚约 0.15 米，重约千斤。1988 年间，在搜集民族古籍时，兴安县民委主任盘桂兴等同志了解这一情况，经过做思想工作，当地瑶族同胞同意挖掘出来，经县民委袁广学抄录后，又埋藏原处。碑刻件抄录稿现存广西壮族自治区古籍整理出版规划办公室。因无原碑，又无其他文献可供校勘，姑照《瑶族石刻录》原文录。文中"瑶"字原碑或作"猺"。

见《瑶族石刻录》第 312—314 页。

【石刻全文】

广西桂林府灌阳县为地方事。据瑶人赵俊胜、李元应、邓福安告称，系广东肇庆府德庆州县铁凌山民瑶，情由山立招至广西，因为恭城倒平源雷五作叛，占过地方。地方有军将保，招立军兵壹拾玖名，把守隘路乡洞，人民尚存。捉贼雷通天、李通地，走进倒平源，立巢招伏，打到上通广西临桂、灵川、兴安、义宁、永福、阳朔，下至平乐、恭城、修仁、荔浦、富川、贺县、灌阳等处，打劫百姓人等，难以安生，占山立王。王积通进永明前往广东，查得青壮手瑶民赵俊胜等来承领把隘。有军邓将保，招立军兵壹拾玖名，招瑶会齐，瑶目赵俊胜、郑海德、李元应、邓福安，引军兵捌名，至景泰元年正月初一日，到恭城西乡倒平源征剿，截杀雷通天、李通地，杀获贼首，获功贰名，解广西桂林府罗太爷验实。

又于本年闰四月，木卫通招，落至瑶山，把守各隘地方要路、山源、水口，不得贼过要路。逢山刀耕火种粟米、糁豆，安耕养命。如过田地，不派税粮，方许把隘守地。不料天顺五年七月十四日，实被荔浦贼流往进倒坪源，有赵俊胜、李元应、郑海德、邓福安告明，带引军兵，截杀贼首七十五伙，解赴县本，赏银壹拾伍两，赏红五条，米柒拾贰担，买赏祥服伍个，赏牛三头，给赏瑶人。各县把守隘路，安静各处地方。又因成化四年八月内，会齐瑶人，不请军兵征剿，自杀贼首壹拾伍功，解赴灌阳县，赏银三两与瑶人安家。又至嘉靖七年，头目赵俊胜、李元应、郑海德、赵元应告明，带引军兵剿□□，擒获主功，送山主王积通、王永明、王□、王家传，解灌阳县，赏银壹两与瑶人安家，杀牛示众。若过贼，许瑶人赵俊胜、李元应、郑海德、赵元应、邓福安、邓将保，同心协力杀贼。今据瑶人等情，到县见得瑶人所种畲地山场，不许黎民开报税粮，不许黎民霸占需索、诈骗瑶人财宝，如违者，许瑶人各处山源洞口会合呈穷，毋得虚移□民。须□帖者，有军邓将保，瑶目邓福安、袁仁珠、蓝广山、李元应等告称，校明结帖守隘处灌阳县山亲顺司，山主王积通、王永明、王周、王尚，头目赵后胜、李元应、郑海德，景泰元年正月初一日招瑶至闰三月初三日给帖执照施行转晋记。嘉靖二年起兵剿义宁两江口大梁瑶人善童德，□兵谢参将被贼杀死。谢参将派瑶把守四源，蓝田源袁仁珠、蓝广山，倒坪源、平川源、拾贰把刀田，瑶耕瑶守六江要路。漕碓源赵俊胜、李元应，白马源、城江源，现有刀枪，由为计田贰□□，立税三亩。盘江邓福安、蒋建广，把守大河江，郑海德把守南回界，奉广道把守盐田源，黄子元把守丁冈扼，□□□把守江口，阴江赵元应把守小河江，赵有良四源把守天门扼、柚子岭、九盘界三处，守隘漠川源、崟岭源等。

香田碑记

【题解】

碑在兴安县岩关，明万历四十五年（1617）刊。此据兴安博物馆藏拓片。

碑文有小部分残缺。

张九法，华亭（今属上海）人，生平不详。

【石刻全文】

香田碑记（碑额）

兴安县为设立香田……

本庵倾欹年久，神像剥落，大□□□□□□□□□□□□□□□仁台捐俸修理，乞将所属宿夹门荒□□□□□□□□□作为修理香灯之费，不陞科，亦不许奸徒霸□[1]，请乞批示缘由，蒙本县正堂陈批：严关当西粤孔道，南北咽喉，最重地也。设庵堂，化度猺夷，为民造福。本县捐俸修葺，助银开垦，以资本庵修理并香火之费。如议蠲其粮差，不与陞科。若地方奸排及土豪势要觊觎霸争[2]，许诸人陈告以凭，尽法重究，仍镌石永为遵守。缴奉此，谨勒于石。斋人名寂云，湖广靖州人，寄居本庵，随缘度日，在兴安修路一十四年，以便行者。本县特嘉其功，□给此田，令其自耕以赡云。

万历丁巳清和月吉旦，知县事嘉禾陈，□礼书□典史罗绅立，守备兴安等处地方都指挥张，为悬恩印照事。据严关庵斋人寂云禀称，会同本县陈爷修葺，并将宿夹门荒地开垦，永作香灯修理，且神人沾恩，造神无穷，伏乞赏照香田缘由。蒙兴安守备府照得严关乃通省之要路，盗贼作判，亦不能越度此关。迩来猺獞二种，悉听抚批，化改为童正里排，年竟得渐为一体之民，使地方之人，尽是本道之修路垦田，便人利众，相率而道化之中，不止诸夷之改为新民矣。书云："在明明德，在新民，在止于至善。"本道名寂云者，其至善之道欤？本府念其苦修，捐俸修庵垦田，各省亦皆捐助。如有奸横扰害侵占，许地方呈禀究治，仍镌石永久遵守。缴奉此，谨勒石为记。

万历丁巳年孟秋吉旦，华亭张九法率同全州哨毕得位、永州哨王体元、衡州哨刘继光、德安哨姚九宫、灌阳哨蔡宗沈。

师海真寂云。

【校勘记】

[1] 因下文云"土豪势要觊觎霸争"，故缺字疑为"争"。
[2] 因下文云"如有奸横扰害侵占"，"奸排"疑当作"奸横"。

永禁官差勒索茶笋竹木等项碑

【题解】

碑原存兴安县华江瑶族乡千样村旧庙前，今已毁。华江六峒，明代以来为瑶族聚居地。清乾隆四十三年（1778）刊。

见《瑶族石刻录》第26—28页。

【石刻全文】

具呈广西桂林府兴安县民粟祥明、侯美政、杨上品、侯天相、梁君连、黄世忠、蔡登佩、侯子位，为沥陈与清乞恩查禁事。民等住居兴邑西隅，山多田少，惟赖茶笋竹木各项，上供国课，下资衣食。近因采买山货，夫差繁重不已。于本年二月内，居民刘定国、龚玉盛、周文杞等，合词由县控府豁免，无如辗转拖延，救弊而弊滋甚。韦秉钢等于九月初三日，条呈院宪，蒙批前藩宪查报，后逐批发前府转发下县，录供议详。署县主王，嗔怒上控，竟将具呈之头目周文杞、龚玉盛杖责锁禁，遂至公道湮没。兹蒙恩批发府提准释放，冤抑得伸。窃思采买夫差之累，川融六峒千余户人家，人人受此苦累，并非杞盛二人。现在出控多人，何独杞盛二人？重杖之余，又遭禁锢。今幸钧批，洞悉民瘼，云天日见，霜雪之后，得被阳和。为此公恳钦命大人台前主持公道，以不忍人之心，行不忍人之政，一切采买夫差，照查原呈，核详豁免。宪天施莫报之恩，穷檐有更生之象。金石讴思，公侯世祝，激切具呈。

乾隆四十一年六月二十五日，署理广西布政使司陈，示兴安县民粟祥明等呈控，署令勒买茶笋竹木一案。前据周绍招、龚延等具呈，当批该府严查革禁。乃该县罔知敬悟，仍循故辙，具办理地方诸事不善可知，业经撤回，另委署理在案，仰桂林府查照。屡次呈批查明妥议详参，并饬嗣后采买茶竹各项，不得仍用官价名包，擅差下乡勒买，苦累小民，有干功令。仍大书勒石永禁，并取碑摹报查等，因蒙署桂林府正堂赵，拟定碑式，详明发刊，遵于乾隆四十二年三月十五日，立碑县衙头门之内。署县主纪，因公晋省，管门家人甘仁锁押石匠，将碑放倒。嗣于四月十一日奉社水巡司林，票取贡茶一千七百斤，峒头目十人，每名下派买细茶一百七十斤。遵即依限于端午前垫价办交，禀请领价。县主嗔怒，将头人蒋光玉、刘大复、侯贵福、粟才羡等四名，各责四十大板。五月三十日，蒋光玉等合词控府。六月初二日，申控藩台朱，蒙批短价勒买峒茶，甫经饬禁，向以该县复行差役勒买，是否实情，仰桂林府作速严查究报，粘单并发。六月初二日，申控泉台哈，于七月十七日审明照旧饬县补给茶价，竖碑划缴。纪主随即病故，经署县主史奉文立碑署前，此案始结。乾隆四十三年五月暑巡司孔，至沭水查边，于应人夫八名之外，多要人夫二十四名，无则每名拆收夫价银三钱，将小甲潘仁举等杖责，勒交夫价。潘仁举等以逼禁勒派等情具控，署县主廖审明，将弓兵责革，当堂追退折收夫价，此案又结。山区瘠苦，陋弊日滋，荷蒙陈藩宪洞烛民隐，严批查禁，更荷列府宪审明驰禁，但恐日久法驰，用是节叙始末，俾不忘推恩所自。

大清乾隆四十三年十二月十二日。

团规碑记

【题解】

碑原存兴安县华江瑶族乡。清嘉庆三年（1798）刊。

见《瑶族石刻录》第36—37页。

【石刻全文】

为严伸大义，盘瓠列规四十八团鸣锣会议，齐集款场刊刻碑永遗不朽矣。且盘王俱瑶等，始祖共来，一脉分枝，乃是照依前评皇之券牒。始祖其一十二姓，良缘配偶，万古纲常。瑶等历来存据评王券牒律，盉王子孙妻女[1]，毋许外民百姓为婚，如不遵者，不得轻恕。恐后人丘地则，游片山林，人户洒散，居民远写。如在所属乡民村境，毋得沧夺家妻女，预正刚常。瑶等历来毫非不染，本分为人，如不遵者，从公罚落。由恐外姓人民计诈，倘若惯便无名油火并及抄家劫掳，十件条律兹扰良瑶，情不得已，以至款场集续大团严禁，不得轻恕。众团至此设立款碑，永古不朽矣！议开例于后：

一议十二姓盘王子孙妻女，毋许外民百姓迎亲交配为婚。

一议不得外姓豪恶，倚势强欺弱伙党，毋许害民。

一议外姓客民入室，各分男女。

一议团内不得偷寒送暖过壶水进缸。

一议团内不得妄生枝节，各守本分为人。

一议不得游手好闲，使人兴讼多事生非。

一议不得毁嫁生妻。

一议团内不得钩引外来闲杂人等串同伙党。以上十条众公取罚。

八团头人盘文龙、赵支文、赵文禄、罗才龙、李成会、冯云福、赵才文、冯成京、盘云耀、赵万福、赵金龙、李成保、罗才良、赵永国、赵万德、张□耀、赵才子、郑成□、张才凤、张祯旺、盘文标、郑成周、赵□恭、赵荣良、罗升一、郑贵朝、赵朝胜、罗云明、李□□、赵永才、邵全志、盘绍堂、赵友县、赵合明、赵富县。

嘉庆三年二月二十六日谷旦立。

【校勘记】

[1] 盉王，据句意，疑当作"盘王"。

严禁沿河居民变卖木商漂流竹木碑记

【题解】

碑原存兴安华江瑶族乡千家祠内。清光绪七年（1881）刊。
见《瑶族石刻录》第117—118页。

【石刻全文】

特授桂林府兴安县正堂加五级纪录五次柳，为出示晓谕严禁事。案据西乡监生蓝崇佑、蓝元中，生员蓝杰，监生黄国华、廖化瘁、黄官礼等，公恳赏示，严禁掳捞，以保商旅而卫地方事情。生等居住六峒，山多田少，本所产稻梁不敷半年食用，全赖禁蓄竹木砍伐编筏，运省发卖，借以养生。惟河身陡狭，水小不能运动，水大每至漂流。幸有冲军湾、爷子口两处，岸高塘曲，竹木至此，多随水势停阻。该处人民帮同捞获，存放一处，俟客人认货，照章收取，不准据为己有，擅行变卖，禀蒙前宪示禁在案。不料年久玩泄，本年五月初一日河水暴涨，有木客刘金才漂去杉木二百余株，流至城坪，被该处孙显标等捞获数十株。金才前往认取，竟有私行变卖之事，因此争闹，具控案下。现蒙恩讯，分别究追完结。生等复思此案虽蒙结息，嗣后犹恐滋事，如不赏示严禁，永远遵行，为害商贾匪轻，贻祸地方更重。只得联名公恳赏示严禁等情到辕等因，据此合行出示严禁，为此示。仰该处沿河乡村圩市居民诸色人等，自示之后，凡遇漂来竹木，尔等随时捞获，如数存放，客人来认，准其照章收取。如敢据为己有，私行变卖，一经查出或被告发，定行提案严办。此系保卫地方民生起见，勿得视为具文，幸贪小利，致于重谴。凛之慎之，切切勿违。特示。

光绪七年八月十一日。

华江龙母殿碑记

【题解】

此碑俗称"打鼓进洞开荒碑"，原立兴安县华江瑶族乡千祥村八郎庙内，后移立河靖村桥头，现存河靖村。清光绪十一年（1885）刊。碑部分缺损。

见《瑶族石刻录》第 473—474 页；《瑶族石刻研究》第 112 页。

【石刻全文】

华江龙母殿碑记

……前人多老有言，盖由明朝□□□□□年间，有村夫……税缴送呈宪，因侵蚀空虚无缴，受责毙命，其子通……通明等，不共戴天，切齿怀恨，邀集诸处于千家寺聚义……私通瑶蛮，恃恶作孽，被上查知，兴兵扎守……处，祸贻一方人民罄尽，田地荒芜，以致田地抛荒四十八年。后于成化王初年[1]，恩赦有十姓等，陆、莫、程、马、袁、侯、蒋、文、潘、梁，复求地境，另新开垦。怎奈勤耕苦种，五谷不熟，央请仙娘降出皆由来，经立庙祀神，以致如是。于是六塘公议，三殿建立九郎龙王庙宇，三地设立八郎龙母武婆，三江建立十郎庙王。凡春祈秋报，夏□冬尝，四时祭祀攸分，不敢愆期有误。于子午卯酉年庆龙母[2]，寅申巳亥庆八郎，辰戌丑未庆武婆。神灵保障，人民育而五谷成。忽于光绪丙子年，洪水为灾，山颓水涌。龙母之殿，风雨消磨，不胜心寒目睹。是以邀集同人于光绪七年，将龙母殿宇接移于此，于九年修建龙母殿宇。予等不惜谫陋朴实，窃闻乡老遗言，不敢妄为赘述，特志数语以垂不朽云耳。

先生蒋善高。

丹书邓启瑞。

石匠阮世贵刊。

训导梁庆云。

首士粟茂萱、粟茂良、苏万富、陶帮用、侯定黼、梁时超、杨成开、潘辉文、宋元汉、潘永珍。

皇恩梁其秀协同三地建修龙母殿事。

大清光绪十一年乙酉岁五月十三日立三地建立龙母殿石碑记[3]。

【校勘记】

[1] "王"字疑衍。

［2］午，原作“年”，当误，据句意改。

［3］龙，《瑶族石刻录》无，据《瑶族石刻研究》补。

岳王碑

【题解】

《灌阳县志》载：此碑在灌阳县文市镇唐家村后。刊于清嘉庆二十五年（1820）。据《灌阳县志》录。

见《灌阳县志》第 801 页。

【石刻全文】

宋太尉岳武穆王平贼驻军于此。

知县：徐木。

大清嘉庆二十五年六月　立。

灌阳禁革碑记

【题解】

碑原存灌阳县城关镇。清光绪元年（1875）刊。文中“猺”字，《瑶族石刻录》皆改作“瑶”，今据《广西少数民族地区石刻碑文集》改，不一一出校。

见《瑶族石刻录》第 103—106 页；《广西少数民族地区石刻碑文集》第 132 页。

【石刻全文】

奉布政司禁革碑记

灌阳县为悬恩赏示，严禁科害，以苏猺民事。奉桂林府详奏布政司批据查看，灌阳上归化里民猺暨科举梁、侯、袁、蓝四姓等，从前只应纳粮，每石刻[1]向例拆粮□□正，□□路免杂差差科，此旧例也。而振奉等，诚恐后来科索[2]，故有悬赏示严禁，以杜将来情由，具控上宪台批察报行[3]。据该县称详[4]，民猺所出猺粮者，嗣后令彼照例每石仍折色银三钱五分，自行赴许差役，额外入户加收科索，至词内单开各款，已令该县出示禁革，不得复行。□□相应杂项加议，是否免裁[5]缘由，奉批具如详。仰官府另行严禁者，即许指名揭报，以凭报院科参不宥[6]。为此，俾[7]仰该县官吏照理。即便出示禁革[8]，此示喻猺人知悉，以后遵禁条尽行禁革，仍准勒石永为遵示。计开严禁各款：

一禁猺人六源三涧，应召猺粮，每米一石，照例倾销。凿字纹银三钱五分正，自行报抵差役，里长不许额收，倾销盐行，如违许猺告究。

一禁革过猺兵丁上下差役，不许拔勒猺夫送担。

一禁奉造花户册索资。

一禁革不许科取枪竿、箭竿、旗竿、轿损、黄心板、木瓢、盆、木耳、香菇、干笋、茶叶、竹簟、[9]蜜糖、黄蜡、茶油等物，如违告究。

一禁民猺赶猎，势棍抢夺假冒，包索取虎皮、鹿山獐、马鹿、熊掌、狐皮、鹇鸡、锦鸡、禽兽，如违许猺告究。

一禁猺人能司禾艺、巫流、师教、木匠、篾匠、染匠，不许奸棍倚科年索，派白蜡封贴，如违告究。

一禁猺人不得擅称土司官职，私置册罚，侵害贫猺。且许猺人各遵法纪，把守后山险隘，禁固地方。如有把守隘的田地，定即申究。

一禁猺人岗内所种杉树、茶树、竹木，不许奸棍强砍强占，不许异棍假藉搬浚土产，□□受害贫猺，如违指名告究。

一禁外棍不许入岗奸侮猺人妻婶和女[10]。不许轻价买猪、牛骨皮等物，如违告究。

一禁猺粮每年不许科派封贴，奉销由单[11]并帮解水脚差、头门子各项水费，如违许猺告究。

一禁猺人能习相教法师，习尚应济。嗣后不许僧道索取灯油封贴，如违许猺告究。

一禁势棍不许加价夺买[12]伪造□□猺田、山场，其有红石、刀耕火种，青石打矿烧灰，如违许猺告究。

一禁猺人源内[13]，不许刁唆词讼，诬败名节，讬具呈词[14]，如违告究。

一禁人毋故不丁忧，杀牛、杀猪，不当祭，七十二项不当差，不许奸棍索取封贴，如违许猺告究。

一禁猺人六源三涧等处，共粮米一百五十一石一斗零一合八勺四摄。每石折纹银三钱五分，以上共折纹银五十二两八钱八分。洪武八年梁、袁、侯、蓝四姓，各占源分田地山场，以共所立四十四户。[15]

猺人粮米照依旧例，每石三钱八分正。有户者[16]，每年轮流里长管理征收上纳[17]，四月完半，十月扫数。□□恶独管，许其告究。

上宪赏示禁革碑记重修缘由具禀在县，至何杜赏准重修。原碑永为遵照。

康熙四十年、乾隆十六年、道光二十九年重修碑记。

大清光绪元年岁次乙亥年桂月中浣日，倡同知衔梁商魁总领各源首士同立[18]。

【校勘记】

[1] 刻，据下文"每石仍折色银"，疑当作"仍"。

[2] 诚恐，《瑶族石刻录》作"诚恳"，据句意当误，据《广西少数民族地区石刻碑文集》改。

[3] 批察，《广西少数民族地区石刻碑文集》作"批查"。

[4] 详，《广西少数民族地区石刻碑文集》作"课猺粮"。

[5] 免，《瑶族石刻录》作"冤"，据句意当误，据《广西少数民族地区石刻碑文集》改。

[6] 科参，《广西少数民族地区石刻碑文集》作"科恭"，误。明代凡制敕有失，得封还执奏，内外章疏下，则由吏、户、礼、兵、刑、工六科给事中参署付部，驳正其违误，称科参。

[7] 俾，《瑶族石刻录》作"碑"，据句意当误，据《广西少数民族地区石刻碑文集》改。俾，使达到某种效果。

[8] 即便，《瑶族石刻录》作"即命名"，据句意当误，据《广西少数民族地区石刻碑文集》改。

[9] 竹簟，《瑶族石刻录》无，据《广西少数民族地区石刻碑文集》补。

[10] 奸侮，《广西少数民族地区石刻碑文集》无。

[11] 由单，《广西少数民族地区石刻碑文集》作"田单"。

[12] 夺买，《瑶族石刻录》作"奇买"，据句意当误，据《广西少数民族地区石刻碑文集》改。

[13] 源内，《瑶族石刻录》作"入隙内"，据句意当误，据《广西少数民族地区石刻碑文集》改。

[14] 讬具，《瑶族石刻录》作"诧县"，据句意当误，据《广西少数民族地区石刻碑文集》改。

[15] 立，《广西少数民族地区石刻碑文集》作"主"。

[16] 者，《瑶族石刻录》作"省"，据句意当误，据《广西少数民族地区石刻碑文集》改。

[17] 征收，《广西少数民族地区石刻碑文集》作"征取"。

[18] 首士同立，《瑶族石刻录》作"首人立"，据《广西少数民族地区石刻碑文集》改。

重建盘氏祠堂碑记

【题解】

碑原立于灌阳县水车乡江塘村盘氏祠堂内。清光绪二十九年（1903）刊。水车乡江塘村此盘氏自然屯为瑶族村落。盘氏祠堂在"破四旧"时，被毁坏，至今未再建，祠堂遗址断壁颓垣，荒草丛生，此碑亦已无寻。石天飞、莫子浩访碑不遇。据《瑶族石刻录》录。

见《瑶族石刻录》第134页。

【石刻全文】

吾族自于洪武年间，始祖盘庚山郎公，原江西省境逆厥，由来灌邑歧石村，明址窄狭，移居大坪。笃若力农，乐业荣生，建立华屋，创修祠堂，购业立祭。顾其斯土税亩均平，书户成业，就入灌阳县籍。迄今烟代远，族巨人繁。于是前人创修举堕落，后人继之葺图，再建基业垂存。源于光绪二十二年丙申岁，学等视之祠宇颓，先灵无以栖所，发心捐资，复修再造。斯时功告竣，将各家捐项芳名于后。

（以下捐款芳名略）

禁例：

一禁村屋不许当卖外姓。

一不得招外姓居住。

一禁百行之首，不得忤逆。

一禁公山公岭以及后龙，不得妄卖阴穴。

一禁赌博顽调，不许在祠作为贸易，不得在内停留。

一禁春秋二祭在祠祭祖饮宴，不得颠酒行凶。

一禁祠内倘有勾结外姓，永远不准入祠。

一禁同宗共一脉相传，不得异姓乱宗。

一禁歧税塘一口我村鱼份，不准当卖外姓。

光绪二十九年岁次癸卯季冬月朔五日，合族同心吉旦立。

题 "洁泽"

【题解】

摩崖于灌阳县西北盐塘五龙庙后坡，刊于民国二十三年（1934）。《瑶族石刻录》载，此为1933年桂北瑶民起义被镇压后，指挥官张淦题之以纪功。

见《瑶族石刻录》第371页。

【石刻全文】

洁泽

张淦题。

中华民国二十三年冬刊刻。

题 "山源清彻"

【题解】

摩崖于灌阳县西北盐塘五龙庙后坡，刊于民国二十三年（1934）。《瑶族石刻录》载，此为1933年桂北瑶民起义被镇压后，灌阳县长陈学澧题之以纪功。

见《瑶族石刻录》第372页。

【石刻全文】

山源清彻

陈学澧题。

中华民国二十三年冬刊刻。

严禁征收钱粮重耗告示

【题解】

碑在灵川县三街镇政府院内，清康熙五十八年（1719）刊。《灵川历代碑文集》注：高 185 厘米，宽 92 厘米，真书，字径 2 厘米。

见《灵川历代碑文集》第 119 页。

【石刻全文】

巡抚广西等处地方提督军务兼理粮饷、都察院右副都御史宜，为再申重耗之禁以裕民生事：

照得本都院莅任以来，日以民生为念，而欲爱养民生，尤以严禁重耗为第一也。本都院访知各属征收钱粮，加耗甚重，已经出示严禁，犹恐视为纸上空谈，怠玩勿遵，仍蹈旧辙，除密访确实，立拿经承书役究处，官则题参外，近各府在辖严加面谕，洁己爱民，转饬各属，亟除重耗，合再申禁。为此示，仰抚属官吏、纳户人等知悉。嗣后征收钱粮，自有壹万以上之州县，比前每两禁去壹钱。自一二千以上之州县，比前每两禁去伍分。庶官无尘瓶，而民易乐输。至于该府年终盘查，查验比薄索取季规等项陋弊，概待禁绝。绅衿、猺目概不许包揽累民。各州县除征收钱粮之外，亦不许一毫私派。自禁之后，如敢仍前重耗及私派等弊，许尔受害民等据实赴辕控告，即刻题参，以为贪劣害民之戒。

本都院仰体皇上爱养黎民至意，并念地方贫瘠之苦，淡薄自守，概绝交接，省此礼节之费，以减钱粮之耗，此恤属正所以爱民也。本都院再四筹划，恐蹈不教之诛，开诚布告，凡尔有司，各宜凛遵，自保身家，毋干功令，后悔莫及。慎之！慎之！

康熙伍拾捌年伍月　日立。

灵川县知县黎勒石。

创立兴隆圩碑记

【题解】

兴隆圩碑，《瑶族石刻录》称现存灵川县兰田瑶族乡兰田堡圩韦乙生家院内。据韦乙生称，韦鼎元、韦大仁、韦邦莹等均系现居住于兰田堡圩上的韦姓祖辈。清同治三年（1864）刊。《瑶族石刻录》录文错漏较多，据《灵川县志》录。

见《灵川县志》第 942—943 页；《瑶族石刻录》第 469—470 页。

【石刻全文】

窃维乡间圩图之设，所以便民交易，亦所借有余补不足也。想我西江自

瑶族石刻辑校

来山多田少，粮食每不能相济，故于咸丰辛酉年合江公议，将兴隆大坪创立圩场，名曰兴隆圩，使四方邻近余米者可以肩运至此发售，且各处所出山货均得交易，则钱有从出，米得通济，不独贫者无忧困乏，而富者亦不致艰应酬。今圩已成多年，谨诸志诸石，并将各段首事姓名刊列于后，永远不朽！

总首事：武生韦鼎元、韦大仁、韦邦莹、陈应祥、梁应熙。

职员：陈凤仪。

西路 第一段：兴隆寨、蓝田堡。韦道煊、涂思仁。

第二段：水坪。阳永太、韦宗茂。

第三段：瑶山。

第四段：板垒界。侯土生。

第五段：南江。

第六段：垒底。周联镒。

东路 第七段：西洲、枫木根。梁书章。

第八段：马鞍、高段。陈圣忠、黄裕喜地基一个。

第九段：新寨、龙胜寨、堰头村。韦宗日、韦宗信。

第十段：大口溇、三仙洞、贡仪岭。韦日元。

第十一段：二十四田。

大清同治三年甲子岁三月十五日（二月）立。

严禁邪蛊示碑

【题解】

碑存灵川县蓝田瑶族乡南坳村新桃黄寨旁，为原兴、龙、灵、义四县八十八寨瑶民，于民国十八年（1929）共同刊立。碑高 132 厘米，宽 86 厘米。真书。"四县联团"四字字径 8 厘米，四县县名字径 6 厘米，题、正文以及落款字径均为约 2 厘米。该碑是研究瑶族"蛊毒"文化的重要史料。文中所录地名，或与今名有少许差异，有待查考。

见《瑶案沉思录》第 61—62 页；《灵川县志》第 943—944 页；《瑶族石刻录》第 162—164 页。

【石刻全文】

兴安、龙胜、义宁、灵川四县瑶族地方联合大团为严禁邪蛊示：照得我偏僻之处，民瑶杂居，风化梗塞，有等不良无知之徒，专信好习邪术，代所

405

流行，相传不息[1]。窃此法术流毒极狠，人民六畜遇此毒法，动辄毙命。以昔效之，迄今繁甚，男女老少，无不学习。况此法术无功无益，惟将灾祸害人。或因私愁嫉妒，即以邪法报复，为挟行嫌怒[2]，亦起邪念残伤。或恶人阳春茂盛，亦即放邪毁损[3]。自古至今，人民遭邪毙命，六畜阳春被邪伤损，殊属多矣。此等法术，乃杳茫之祸患，犹如瘟之鬼神，无影无据无凭，莫能视也，何以见之诚可也？似此不良无知之徒，毫无依从善言劝导[4]，每每惯习邪蛊，残害生灵，殊堪痛甚！无计可施，只得联合各县团以成大团[5]，公同协力磋密查严拿惩治，就地惩罚，以儆效尤，而保全生。其律非由今始，伊古有之，从来常辨，事虽额□□此举发，理宜查访虚实，不得擅行捉拿[6]。实则拿获办罪[7]，不准受贿放生，务宜照律所办，虚则须当即赦[8]，以免擅捉误命。不得借故生端，不可以公报私。至于拿获真切[9]，合团公议，除此恶习，不得操扰其家，不许诈索钱米[10]。为此合行布告，仰各诸色人等，切切懔遵。嗣后如有再施行邪蛊，残害人民六畜阳春等情，定即拿获就地正法[11]，决不宽贷。特此布告[12]，俾众周知。谨将各县属联合大团土名计开于左[13]。众议各处有无之人[14]，包邪窝藏邪蛊[15]，地方查出，亦经通知公同协力，照邪所办。

四省联团[16]

兴安：冯家湾、老寨、新寨[17]、大坪江、坪岭、鱼绞、乾岭、黄腊岭、鱼磨、路底、江头寨、麻岭、岩底

龙胜：茶岭、金竹凹、上烂芋山、下烂芋山[18]、三东寨、乌鸦寨、纳卡寨、白水源头[19]

义宁：东进三寨、上碑底、下碑底、石灰窑、三岔、上石令江、下石令江、龙海、源头、白石、金钱凹、千耦冲、上三渡江、中三渡江、丁岭、小东江、火塘冲、楠木、平水江、长滩、小河、苑毡、纳以冲、割麻塘、观音田

灵川：二十四田、大水涝、洪水、瓮江、上板垒界、下板垒界、上黄皮江、下黄皮江、上深潭王、下深潭王、岩辽、上东梁、中东梁、下东梁、燕子窝、水井界、小鱼跳、杉木岭、马鞍山、上冷水岭、下冷水岭、河口、茶周岭、三仙洞、畔头、牛塘、江头、长岩头、白岩岭、水坪头、十二盘、崩潭、蓬莱、高段、南江界、脚底

民国十八年岁次己巳八月十五日谷旦公立[20]。

【校勘记】

[1] 相，《瑶案沉思录》《瑶族石刻录》作"祖"，疑误，据《灵川县志》改。

瑶族石刻辑校

[2] 挟行嫌怒，《灵川县志》作"挟嫌怨恨"。

[3] 毁损，《灵川县志》作"伤损"。

[4] 无，《灵川县志》《瑶族石刻录》作"不"。

[5] 合各县团以成大团，《灵川县志》作"合各县属以团"，《瑶族石刻录》无。

[6] 擅，《瑶族石刻录》作"善"，当误。

[7] 罪，《瑶案沉思录》作"案"，当误，据《灵川县志》改。

[8] 虚则，《瑶案沉思录》《瑶族石刻录》无，《灵川县志》补。

[9] 至于，《瑶案沉思录》作"□如"。真切，《瑶族石刻录》无。

[10] 米，《瑶案沉思录》作"财"，疑误，据《灵川县志》改。

[11] 定，《瑶案沉思录》《瑶族石刻录》无，据《灵川县志》补。

[12] 特此，《瑶族石刻录》作"特"。

[13] 于，《灵川县志》作"如"。

[14] 有无，《灵川县志》作"恐有无亦"。

[15] 包邪，《灵川县志》作"包卵"。

[16] 四省联团，《瑶案沉思录》《瑶族石刻录》无，据《灵川县志》补。

[17] 新寨，《瑶案沉思录》无，据《灵川县志》补。

[18] 上烂芋山、下烂芋山，《灵川县志》作"上芋烂山、下芋烂山"。

[19] 白水源头，《灵川县志》作"马蹄河口"。

[20] 谷旦，《瑶案沉思录》《瑶族石刻录》无，据《灵川县志》补。

葱坪瑶寨规约碑

【题解】

碑在资源县河口瑶族乡葱坪瑶寨。清咸丰十年（1860）刊。碑高1.77米，宽1米，碑面平整光滑，绝大部分碑文清晰可见。该碑原立于当时的团总部，后改为村公所和小学校。1947年村公所和学校搬迁，石碑仍留原处。1958年"大跃进"运动时，原立碑处开田造地，村民宋洁丞将石碑移至屋前的小水沟架桥，正面朝下，故碑文至今保存较好。

见《资源县志》（广西人民出版社1998年版）第720页。

【石刻全文】

复遵上宪（碑额）

□前事□□规复续者，善继前人之志。兹西乡洪福岭，前人分立五团，上遵宪法，下肃团规。金□尧天舜日，亦云俗美风清，近遭兵燹，连年团练疏松，以致六蠹纷纷，宵小愈盛。我等班班迪启，岂忍疾首傍观，古风莫挽，□不然也！今果协力同心，守望相助，盖欲可以复整云。去冬荣主示民团练，禁革赌博，律法森严。而且县局绅士恳请钦命广西全州县巡抚部院及各大宪，批准赏示十禁，差役下乡行票，不许扰害良民，恩及万民，德颂千秋。是以我境率由旧章，继前人之始创，奉上宪之严示，复整团规，刊碑永禁，庶几盗息民安，而烽烟不作矣！谨将胪列如左：

　　一议赌博，无论婚姻吉庆不许开场叙赌，如有拿获，报团公赏，违者鸣官究治。

　　一议村乡铺户不许停留面生歹人，诡计伙串，私通差役，油火索诈挟嫌□挤，违者鸣官究治。

　　一议各团人户不许窝贼、窝赃、停留匪盗，扰害良民。犯者众问亲房究治，恐有被盗者公同公办，不与失主相涉。

　　一议各户田土山场，只许一当二卖，不许翻田找补，藉业生端，违者公罚。

　　一议我境山多田少，谷米不许出外，高抬时价，斗秤公平，强悍不遵者公罚。

　　一议乞丐不许强谈压讨，如遇老弱残疾，只许文钱勺米，牛厂、灰库、庙宇毋得歇宿，再有猴戏、抽排、看像、弹琴、鼓唱之徒，铺户不许停留。违者公罚。

　　一议夜行举火，不许纵火烧坏杉木，一经查出除赔公罚。

　　一议竹林柴薪园圃瓜菜，一茅一草，各有疆界，物各有主，不许窃取，恃强不服者公罚。

　　一议各户六畜，每年清明日收看，至十月十六日松放，如有纵放践食生芽者除赔公罚。再有各家桐子，每年十一月初二日放野，如有不遵，先期拿获者，即以贼论。

　　一议凡我团人每逢四季会团，如有一团不到，公罚八百文。

　　以上禁条各宜谨遵。

　　咸丰十年仲春月谷旦五团立。

南丹土州改县建置碑

【题解】

碑在南丹县人大门外。民国七年（1918）刊。《南丹土州改县建置碑》详述了南丹县县制改革的历史渊源，为研究南丹县历史发展沿革及南丹白裤瑶社会历史变迁提供了翔实史料。

据《广西少数民族地区石刻碑文集》第181—182页；《瑶族石刻研究》第9—10页。

黄祖瑜，武宣人，时河池县知事承审南丹土州。

【石刻全文】

窃维天地生成，无私覆载，国家政教，一视同仁，特恐吾人不自爱而自外之耳。如南丹土州，虽广西边疆，亦中国内地，历数千年仍居化外，非中国外之也，实南丹人民自外耳[1]。玫南丹为古观州溪峒苗猺错处之地，不受中国政教，固守古之部酋长制度，故常相叛乱。赵宋元丰年间，莫伟勋奉命剿平之，遂以功授世袭南丹土州刺史，将所部十三哨分扎防守，迄元朝始委千总，把总，外委分驻大厂、六寨、者扛等处，以镇慑之。乾隆十年，始设州判。历宋、元、明、清季，其间土民叛乱相寻者屡矣，幸旋起旋平。光绪三十一年，土官莫泌病故，改委弹压，仍归河池承审。民国成立，民气稍开，乃有改县之议，历任均未实行。六年九月，瑜奉委权篆河池，方公天眷弹压南丹，清乡之后，慨及南丹之文化未开，实由无专官制理[2]，遂图为之改县。方公仍偕各绅耆具禀呈请，为之转呈。旋奉各大宪指令照准，瑜乃亲赴南丹，会同方公召集绅耆商议，以前土官旧衙基址建筑县署，由各哨分担经费。兴工于民国七年四月，至□月落成。维此次改县建署，各员办事之艰辛，各哨筹款之踊跃，其功劳应勒碑以垂后世，各绅耆因请为序。瑜不禁喟然叹曰："建筑县署，是亦改县之一着耳，顾改县岂止建筑县署乎哉？后之守是邦、居是署者，其有思乎！民生不遂，思何以扶持之。民气不开，思何以牖启之。民教不敷，思何以振兴之。民荒不辟，思何以劳来之。民利不兴，思何以辅翼之。民害不除，思何以弭息之。如是者，乃符改县之意旨。建筑县署，乃有价值也。倘或不然，民之生命，思摧残之。民之脂膏，思剥削之。民之诉讼，思贿赂之。民之公欵[3]，思侵饱之。民之实业，恩点夺之。民之冤抑，思利埋之。如是者，又何贵改县[4]，则建筑县署奚取焉。况处此共和时代，民主国家，广言之中华者，中华人民之中华也，狭言之，南丹者，南丹人民之南丹也。凡南丹之公益，南丹人应共力兴之。南丹之积弊，南丹人民应共力革之。无似前之南丹自愚南丹，自暴南丹。共缔造一新南丹，使南丹后人子孙，共享中华民国之幸福，则今日之改县建署[5]，乃足兴民国万岁。尤愿南丹人民，今之思后，后之思今。凡追维于斯署[6]，当有感于斯文[7]"。

时中华民国七年九月河池县知事承审南丹土州武宣黄祖瑜谨序。

署理南丹弹压兼办改县事委员方天眷、刘秉塈。

【校勘记】

[1] "实"字后，《瑶族石刻研究》衍一"现"字。

[2] 制理，《瑶族石刻研究》作"治理"。

[3] 欤，《瑶族石刻研究》误作"唉"。

[4] 贵，据句意，疑当作"需"。

[5] "县"字，《瑶族石刻研究》脱。

[6] 斯，《瑶族石刻研究》误作"期"。

[7] 当有感于，《瑶族石刻研究》误作"有当感于"。

题 "积石山"

【题解】

摩崖在百色市右江区汪甸瑶族乡喜乡村高射岭。明万历四十一年（1613）刊。楷书。黄程桂、黄春艳供稿。

【石刻全文】

积石山

万历癸丑仲夏吉旦立。

题 "飞虹桥"

【题解】

摩崖在百色市右江区汪甸瑶族乡喜乡村高射岭。与"积石山"石刻相距仅百米。明万历四十三年（1615）刊。楷书。黄程桂、黄春艳供稿。

【石刻全文】

飞虹桥
万历乙卯岁仲春吉旦立。

湖南江华县瑶族石刻

阳华岩铭

阳华岩铭

【题解】

摩崖在湖南江华瑶族自治县阳华岩。刻于唐永泰二年（766）。阳华岩石刻，元结此铭为最早。三体书，题、序用隶体，落款为篆书，铭文则每字按大篆、小篆、隶体的顺序书写三次完毕，再写下一字。落款双行小字。附刻之"庐陵龙津赵子拜观"为隶书。今碑保存完好。许是历经多次拓片，整体呈现黑色，与其旁石色大异。石天飞、覃阳雪访碑。

见（光绪）《湖南通志》卷二百六十六艺文志二十二；《元次山集》卷六；《全唐文纪事》卷四十五。

元结，字次山，唐代诗人，时任道州刺史。

【石刻全文】

阳华岩铭有序

刺史元结

道州江华县东南六七里有回山，南面峻秀，下有大岩，岩当阳端，故以阳华命之。吾遊处山林几三十年，所见泉石如阳华殊异而可家者未也，故作铭称之。县大夫瞿令问，艺兼篆籀，俾依石经，刻之岩下。铭曰：

九疑万峰，不如阳华。阳华巉巉，其下可家。

洞开为岩，岩当阳端。岩高气清，洞深泉寒。

阳华旋回，岑岭如辟。沟塍松竹，晖映水石。

尤宜逸民，亦宜退士。吾欲投节，穷老于此。

惧人讥我，以官矫时。名跡彰显，丑如此为。

於戏阳华，将去思倈。前步却望，踟蹰徘徊。

大唐永泰二年岁次丙午五月十弍日刻。

庐陵龙津赵子拜观。

寒亭记

【题解】

摩崖在江华县沱江镇老县村蒋家山。刻于唐永泰二年（766）。

见（光绪）《湖南通志》卷二百六十六艺文志二十二；《元次山集》卷九。

【石刻全文】

寒亭记

刺史元结

永泰丙午中，巡属县至江华，县大夫瞿令问谘曰：县南水石相胜，望之可爱，相传不可登临。俾求之，得洞穴而入，又栈险以通之，始得构茅亭于石上。及亭成也，所以阶槛凭空，下临长江，轩楹云端，上齐绝颠，若旦暮景气，烟霭异色，苍苍石塘，含映水木。欲名斯亭，状类不得，敢请名之，表示来世。于是休于亭上，为商之曰："今大暑登之，疑天时将寒，炎蒸之地，而清凉可安，不合命之曰'寒亭'欤？"乃为寒亭作记，刻之亭背。

博陵瞿令问书。

赠洄溪翁诗刻

【题解】

摩崖在江华县。《御选唐诗》:"洄溪在道州江华县境四山之间,乳窦松膏之所渍,泉甘宜稻,饮者多寿。"《湖南通志》记类书载此诗刻:"在江华县。洄溪,县境四山之间。代宗时有隐者王姓居于此,人呼为洄溪翁,元结闻而访之,赠诗刻在溪上。"郑鼎勋《江华县志》:"洄溪翁,太宗时人,姓张名子厚,家于洄溪,元次山闻而就之,见其容若少壮,问其年,已九十余。问何以能此,翁对曰岩下有泉田环于左右,五世居此,饮食取足,无求乎他。乃止次山宿,次山赠之诗,刻于岩下,后不知所终。"类书与县志所载翁之姓氏不一。此篇作于元结任职道州期间,此暂系于永泰年间。

见(光绪)《湖南通志》卷二百六十六艺文志二十二;《全唐诗》卷二四一;《元次山集》卷四;《御选唐诗》卷九补编。

【石刻全文】

说洄溪招退者
长松亭亭满四山,山间乳窦流清泉。
洄溪正在此山里,乳水松膏常灌田。
松膏乳水田肥良,稻苗如蒲米粒长。
糜色如珈玉液酒,酒熟犹闻松节香。
溪边老翁年几许,长男头白孙嫁女。
问言只食松田米,无药无方向人语。
浯溪石下多泉源,盛暑大寒冬大温。
屠苏宜在水中石,洄溪一曲自当门。
吾今欲作洄溪翁,谁能住我舍西东。
勿惮山深与地僻,罗浮尚有葛仙翁。

蒋祺暖谷诗并序

【题解】

摩崖在江华县沱江镇老县村蒋家山。二十四行,正书。刻于北宋治平四年（1067）。

见（光绪）《湖南通志》卷二百八十一艺文志三十七；《八琼室金石补正》卷一百三。

蒋祺，治平间江华令。

【石刻全文】

暖谷诗并序

太常博士知县事蒋祺[1]。延陵林咏书。

夫古之人不偶于时，则肆意于山水间，以至放言遣□，往往皆见其志，元次山有之矣。及其亡也几百年，所存者惟《寒亭》云，来者以其有摩崖之志可验，余莫能知之。丁未治平之孟春，邑尉成纪李君到官始逾月，登亭西，相土石[2]，得岩穴，命劚之，前得地方丈，又劚之，后得周环数尺，至于跂行燕坐者不知可几人，规维相通，皆可爱者。虽户外峭寒，其中莫能知燠如也。岩成，李君请余名，余命之曰"暖谷"，遂作诗云尔。

县南山水秀且清，天地坏冶陶精英。
有唐刺史昔行县，访寻洞穴为寒亭。
屈指于今几百祀，摩崖字字何纵横。
相随栈道倚空险，来者无不毛骨惊。
我此三载迷簿领，有时一到□余情。
娱宾烹茗遽回首，孰知亭侧藏岩扃。
成纪同僚到官始，居然心匠多经营。
乃知物理会有数，繫天通塞因人成。
鸠工畚筑忽累日，旷然疏达开光明。
初疑二帝凿混沌，虚空之□罗日星。
又若巨灵擘华岳，溪谷之响轰雷霆。
大岩既辟小岩出，壶中之景真其□。
洞门春风刮人面，其中安若温如蒸。
叠垂石乳似刻削，周环峭壁无攲倾。
旧梯既去小人险，新径之易君子平。
临流又广□方丈，迭石缔宇为轩楹。
于嗟土石□□□，无情一旦逢时荣。
方今出震□大器，鼎新基构清寰瀛。
我愿天下无冻馁，有如此穴安生灵。
不烦吹律而后暖，千古宜以此为名。

又成五言律诗三首

陵谷有时变，兹岩不可湮。
神仙三岛景，天地一炉春。
鼓动龙蛇蛰，疏通草木新。
寒亭几百载，今始得良邻。

地胜难埋没，规为假手通。
凿开千古意，倾出一壶空。
煦比鲛人室，寒消朔吹风。
从今县图上，此景浩无穷。

客有林泉趣，寻幽蒵薜萝。
半山无石碍，此境得春多。
隔岸桃花坞，临溪竹箭波。
兹应是仙隐，鹤驭几时过。

【校勘记】

[1] 县，《八琼室金石补正》作"周"，据句意当误。
[2] 土，《八琼室金石补正》作"上"，据句意当误。

蒋之奇暖谷铭并序

【题解】

摩崖在江华县沱江镇老县村蒋家山。十三行，又年月一行，正书。刻于北宋治平四年（1067）。

见（光绪）《湖南通志》卷二百八十一艺文志三十七；《八琼室金石补正》卷一百三。

蒋之奇，字颖叔，一作颍叔，北宋常州（古晋陵郡）宜兴人。嘉祐二年进士，官太常博士，擢监察御史，转殿中御史，贬监道州酒税。能诗。《宋史》有传。

【石刻全文】

暖谷铭并序[1]

郴州进士李宏书。

蒋之奇颖叔。

永泰中，元次山为道州刺史，尝巡行至江华，登县南之亭，爱其水石之胜，当暑而寒，遂命之曰"寒亭"而为之作记，刻石在焉。治平四年十月，余陪沈公仪至其上，见其傍有暖谷者，方盛寒，人之而其气温然，虽挟纩炽炭不若也。予甚爱之，问其所以得之者，本邑尉李伯英也，问其所以名之者，县宰吾族叔祺也。噫！是可铭也已！乃为铭曰：

维时有寒，寒不在夏。夏而寒者，兹亭之下。

维气有暖，暖不在冬。冬而暖者，兹谷之中。

物理之常，人不以异。维其反之，是以为贵。

兹亭兹谷，寒暑相配。寥寥千秋，始遇其对。

名自天得，待人而彰。我勒此铭，万古不忘。

治平丁未十月十七日刻。

【校勘记】

[1] 并序，《湖南通志》作"有序"，此从《八琼室金石补正》。

沈绅寒亭诗

【题解】

摩崖在江华县沱江镇老县村蒋家山。八行，正书。刻于北宋治平四年（1067）。《湖南通志》将此诗作者误作"李沈绅"。

见（光绪）《湖南通志》卷二百八十一艺文志三十七；《八琼室金石补正》卷一百三。

沈绅，字公仪，会稽人。仁宗景祐五年进士。英宗治平四年，以尚书屯田员外郎为荆湖南路转运判官。

【石刻全文】

元子始此来，大暑生冻骨。

名亭阳崖角，亭文犹仿佛。

我行冰雪天，噤语类风物[1]。

银江走碧涨，九疑抱云窟。

它年名不磨，至者戒勿忽[2]。

湖南江华县瑶族石刻

417

沈绅公仪治平四年十月甲子作诗于寒亭山壁，晋陵蒋颖叔同游。

【校勘记】

[1] 类，《八琼室金石补正》作"揱"。
[2] 勿，《八琼室金石补正》作"无"。

重刻蒋之奇寒岩铭

【题解】

摩崖在江华县沱江镇老县村蒋家山。原蒋之奇铭刊于北宋治平四年
(1067)，"后治平一百二十有四载"即南宋光宗绍熙元年（1190）庚戌（《湖
南通志》引《金石审》所考），虞从龙、李挺祖等重刻并跋。铭六行，款二
行，隶书，跋六行，正书。

见《八琼室金石补正》卷一百三；（光绪）《湖南通志》卷二百八十一艺
文志三十七。

【石刻全文】

寒岩水石，怪特殊异。
下临银江，上接云际。
公仪颖叔，志乐岩谷。
诣而得之，赏爱不足。
为近寒亭，寒岩是名。
何以表之？颖叔作铭。

治平丁未十月陪沈绅公仪游，蒋之奇颖叔作右铭。元刊于寒亭之上，年
深字浅，几不可读。既新泉亭，得没字碑于岩左，意昔为斯铭设也，乃徙刻
之，且以彰二公爱赏之志云。后治平一百二十有四载，邑尉西隆虞从龙俾邑
人李挺祖……

黄潜寒亭题记

【题解】

摩崖在江华县沱江镇老县村蒋家山。十一行，正书。刻于北宋元丰三年

（1080）。《八琼室金石补正》：末题复修合宫大礼之月，按史神宗本纪是年九月辛巳大飨明堂礼成，盖九月也。

见《八琼室金石补正》卷一百三；（光绪）《湖南通志》卷二百八十一艺文志三十七。

黄潜，江华令，元丰三年任。

【石刻全文】

寒亭始于唐瞿令问，而元次山命之名，其记刻存诸石壁，备矣！旧亭栈木朽桡，至者危之。元丰三年，僧契宗请完之，主簿赵世卿缘崖发石，易穴路，得径以登于层巅，耴[1]废材作二亭曰清胜、摩云，由是远极物象，一新旧观矣。上复修合宫大礼之月令黄潜记。

【校勘记】

[1] 耴，据句意，疑为"辄"之误。

练潜夫阳华岩诗

练潜夫阳华岩诗

【题解】

摩崖在江华县阳华岩。十八行，楷书。当刊于北宋元丰三年（1080）。保存完好。石天飞、覃阳雪访碑。

见《八琼室金石补正》卷一百六；（光绪）《湖南通志》卷二百八十一艺文志三十七。

【石刻全文】

赋得同江华令贯之黄兄遊阳华岩一篇
建安练□潜夫
万里苍山麓，阳华古洞天。
晨光迎海日，昼暝入溪烟。
穴窾蛟龙蛰，峰巉鬼魅镌。

初筵堂半辟，末势雷孤穿。

玉乳垂虚窦，金沙引漫泉。

栏危浮绝壁，庋回跨遥川。

隐约烧丹灶，横斜种玉田。

冽桐鱼烛烛，挝石皷鼞鼞。（祠中有石皷，贯之制相鱼挝之，响震岩谷。）

翠羽岩蕉静，玄幢石桂圆。

扪穹螣黝纠，衬步草茵绵。

暂止苏门啸，来因叶县仙。

篮舆收弱屐，桂楫荡轻舷。

胜赏平生兴，寻幽最可怜。

奇遊陵宇宙，班坐馥兰荃。

谷鸟酤新酿，松风韵古弦。

祗应销永昼，何用蠹尘编。

蒋赋初无得，元铭久更妍。（□□防有诗，元结有铭。）

留连资旷士，吟咏属高贤。

尘土闲中厌，山林老更便。

临分凉月白，回首正依然。

唐夔等阳华岩题名

唐夔等阳华岩题名

【题解】

摩崖在江华县阳华岩。八行，正书。刻于北宋宣和二年（1120）。《八琼室金石补正》："次山铭刻于北宋五月十一日，后元铭五日，是十六日也。"石天飞、覃阳雪访碑。

见（光绪）《湖南通志》卷二百八十一艺文志三十七。

【石刻全文】

零陵唐夔良耜、锦田唐开必先、弟喆保之、侄绍先庆长、邓赫民瞻、永明义将为当时、邑西李珣德均来游。拂尘阅古、缅怀漫叟。宣和庚子后元铭五日。

王肇阳华岩题名

【题解】

摩崖在江华县阳华岩。五行，行书。南宋建炎三年（1129）刊。
见（光绪）《湖南通志》卷二百八十一艺文志三十七。

【石刻全文】

河南王肇因按部至江华，挈家遊阳华岩，时建炎己酉年冬壬寅日。

蔺仲恭等阳华岩题名

蔺仲恭等阳华岩题名

【题解】

摩崖在江华县阳华岩。正书。共六行。前五行题名大字，后一行落款小字。南宋建炎四年（1130）刊。保存完好。石天飞、覃阳雪访碑。

见（光绪）《湖南通志》卷二百八十一艺文志三十七。

【石刻全文】

蔺仲恭、张叔曼、弟元播建炎庚戌正月廿八日同遊。
华严宝老预。

杜季杨阳华岩题名

【题解】

摩崖在江华县阳华岩。五行，正书。南宋绍兴九年（1139）刊。文字从左至右。今保存完好。石天飞、覃阳雪访碑。

见（光绪）《湖南通志》卷二百八十一艺文志三十七。

【石刻全文】

通判学士留题阳华岩。

会稽杜季杨绍兴己未九月庚子行县暇日率令丞巡尉来游。

右文林郎道州江华县令李直清命工刻。

游何题"空翠亭"

【题解】

摩崖在江华县沱江镇老县村蒋家山。空翠亭三字横列，篆书。南宋绍兴十五年（1145）刊。《八琼室金石补正》：石刻无年月，刘思永云十五年任，此刻当次于董堨去任之前。游何阳华岩诗题于绍兴乙丑秋仲，此石刻当亦其时所书，系绍兴十五年八月可也。石天飞、覃阳雪访碑。

见（光绪）《湖南通志》卷二百八十一艺文志三十七。

【石刻全文】

空翠亭

京兆游何书。

曹南董堨立。

游何阳华岩诗

游何阳华岩诗

【题解】

在江华县阳华岩。十四行，正书。南宋绍兴十五年（1145）诗，绍兴十六年（1146）刻。诗题"运属游公"，《八琼室金石补正》云"当是转运判官"，又云："浮溪先生，汪藻自称浮溪翁也。金华居士，何麒自称金华隐居也。碑书徵字缺末笔，避仁宗

瑶族石刻辑校

422

嫌。"石天飞、覃阳雪访碑。

见（光绪）《《湖南通志》卷二百八十一艺文志三十七；《八琼室金石补正》卷一百六。

【石刻全文】

运属游公题阳华岩诗（额）
西风卷痴云，欲压不堕地。
化作碧屏颜，融结在空际。
是名阳华岩，造物一何异！
东山雨脚断，明月招我至。
傍窥嵌宝深，密恐鬼神阒。
细度沆瀣风，旧无卑湿气。
虚阁架其中，榜以浮岚美。
下有潺湲溪，翻雪轰雷比。
阁背两桥分，岩胁双龙起。
石如缨络垂，整整翠绶委。
又如鼙鼛形，挝击声颇厉。
溪水相与喧，锽鞈乱宫徵。
岩穷天忽开，木杪风自靡。
坐久发毛寒，兴逸诗语绮。
无人共一尊，有客自千里。
山僧颇殷勤，相伴亦忘寐。
拂石要题诗，挥毫留汉隶。

绍兴乙丑秋仲冒雨独游阳华岩，胜绝未让淡山岩，恨古今诗人未有奇句，潴上游何临清流以赋之，且棕鞯桐帽怅不一，陪浮溪先生金华居士以徜徉。

丙寅绍兴十六年十月十五日住山僧□□立石。

何麒狮子岩诗

【题解】

摩崖在江华县喜鹊塘村奇兽岩（又称狮子岩）。"师子岩诗"四字为篆额。诗款行书，十行。刊于南宋绍兴十八年（1148）。《八琼室金石补正》："何麒尝撰《道州学记》，惜碑已不存，莫考其在永何职，疑亦谪居于斯者。许颉系永州判官……刘思永系江华令。"

见（光绪）《湖南通志》卷二百八十一艺文志三十七；《八琼室金石补正》卷一百十二。

【石刻全文】

师子岩诗（篆额）

且为阳华游，轩豁谐素志。

那知此嵌岩，近在回翔地。

石如狻猊状，蹲伏呀可畏。

虽无嚬呻威，尚使百兽避。

漫郎嗜泉石，足迹靡不至。

是岩端见遗，定自求其备。

澹岩冠湘中，瑰玮传万耳。

此郎靳一言，亦以山无水。

骨多失荣血，草木咸枯悴。

其谁喜冥搜，韵语发天秘。

石门何晃荡，坐久三叹喟。

径欲挽银潢，淙淙满人意。

金华隐居何麒以绍兴戊辰十二月三日，同襄邑许颛、广川刘思永、盱江刘毅、淮海张扩来游，壻汪憺、子洪偕从。

何麒阳华岩诗

何麒阳华岩诗

【题解】

摩崖在江华县阳华岩。阳华岩诗四字横额，篆书。诗为正书。刊于南宋绍兴十八年（1148）。今除篆额外，已几被磨平不可认。石天飞、覃阳雪访碑。

见（光绪）《湖南通志》卷二百八十一艺文志三十七；《八琼室金石补正》卷一百六。

【石刻全文】

阳华岩诗（篆额）

名山固多岩，兹岩擅天下。

屋大享千人，谷深量万马。

谺谺通一水，旁午飞桥跨。

石砾巧雕锼，松篁森绘画。

古人栖遁处，文字犹凭藉。

语妙元次山，名高陶别驾。

瞿君三体篆，殆可斯翁亚。

却后累百年，吾人来叹咤。

伊予邱壑姿，嗜好若天假。

终焉卜真隐，学道冀陶冶。

丹成生羽翼，召节青童把。

挥手挹霞芒，疏身朝帝者。

金华隐居何麒以绍兴戊辰十二月三日，同襄邑许颛、广川刘思永、盱江刘毅、淮海张扩来游，婿汪憺、子洪偕从。

刘慎修段海舛等阳华岩题名

刘慎修段海舛等阳华岩题名

【题解】

摩崖在江华县阳华岩。五行，正书。南宋刊于绍兴十八年（1148）。保存完好。石天飞、覃阳雪访碑。

【石刻全文】

邑宰刘慎修率广川段海舛、魏人张仲古为阳华清遊。时绍兴戊辰初夏上澣后一日。

刘慎修罗国华等阳华岩题名

【题解】

摩崖在江华县阳华岩。五行，正书。《八琼室金石补正》："有干支而无纪元……己巳是绍兴十九年也。"刊于南宋绍兴十九年（1149）。保存完好。石天飞、覃阳雪访碑。

见（光绪）《湖南通志》卷二百八十一艺文志三十七。

【石刻全文】

刘慎修、罗国华、刘彦珏、陈泽民己巳五月二十二日仝来，为尽日之欢。

蔡周辅等阳华岩题名

蔡周辅等阳华岩题名

【题解】

摩崖在江华县阳华岩。十三行，正书。刊于南宋绍兴二十年（1150）。保存完好。石天飞、覃阳雪访碑。

见（光绪）《湖南通志》卷二百八十一艺文志三十七。

【石刻全文】

县尹蔡周辅下车伊始，遵令劝农，于奉国寺亲勉乡老服田力穑，为务劳之举，皆感悦。晚过阳华，俯空洞，跨浮梁，听鸣玉，荐芳醑，既醉而归。同僚李仲保、唐元经，邑士何时泽、蒋泽万、李颖士、邓致道，寓客罗国华。绍兴庚午春七十有一日。

向源老等阳华岩题名

向源老等阳华岩题名

【题解】

摩崖在江华县阳华岩。八行，正书。刊于南宋绍兴二十二年（1152）。保存完好。石天飞、覃阳雪访碑。《八琼室金石补正》：向鼎，江华令，疑源老即其字。

见（光绪）《湖南通志》卷二百八十一艺文志三十七。

【石刻全文】

邑令向源老因暇日拉玉牒文老丞孙、议臣巡检朱晦叔、尉李超然、知寨吕子明同遊。绍兴壬申七月廿二日，侄宁远宰士鹏，侄孙公营、公𢙏侍行。

程逖等狮子岩题名

【题解】

摩崖在江华县喜鹊塘村奇兽岩（又称狮子岩）。刊于南宋绍兴二十五年（1155）。

见（光绪）《湖南通志》卷二百八十一艺文志三十七。

【石刻全文】

蓬泽程逖季行毕事游狮子岩，县令南阳安珪、尉伊川程盖同来。绍兴乙亥岁十月二十六日。

府判朝议程公按行下邑，因暇率令尉同遊狮子岩，观览移时，公乃亲笔留题以纪岁月，镌刻于石，传之不朽。江华县令安珪谨跋并立石。

程逖寒亭题名

【题解】

摩崖在江华县沱江镇老县村蒋家山。题名五行，隶书，跋六行，正书。刊于南宋绍兴二十五年（1155）。石天飞、覃阳雪访碑。

见（光绪）《湖南通志》卷二百八十一艺文志三十七。

【石刻全文】

蓬泽程逖以职事行江华，登寒亭，窥暖谷，尽得山水之胜。县令南阳安珪、尉伊川程盖同游。绍兴乙亥岁十月廿六日。

府判朝议程公按行下邑，因暇率令尉同游寒亭，登览临眺，无不适意，公亲笔留题以纪岁月，镌刻于石，传之不朽。江华县令安珪谨跋并立石。

程逖阳华岩诗并跋

【题解】

摩崖在江华县阳华岩。二十六行，分书。跋十七行，正书。刊于南宋绍兴二十五年（1155）。程逖诗并跋，安珪刻石并加跋语。

见《永州府志》卷二十二艺文志五；（光绪）《湖南通志》卷二百八十一艺文志三十七；《八琼室金石补正》卷一百六。

【石刻全文】

平生喜伟观，泉石成膏肓。流落天南陬，颇觉宿念偿。阳华甲千岩，岂特魁一方。横开造化奥，不假蒸烛光。洄渊泛澂流[1]，阔步维飞梁。草木被余润，神龙或阴藏。千岁石乳垂，形似分毫芒[2]。客来试击拊，声如浮磬长。缅怀永泰间，四海何披攘。元子把麾符，择胜曾彷徉。鬐鬣发健笔，漫浪忘故乡。别驾何如人，欲挽居其旁。不知果从违，高咏犹铿锵。我今见中兴，随牒潇水阳。官曹既清简，年谷颇丰穰[3]。不忧西原蛮，免奏租庸章。公余且迟留，解衣据胡床。忆昔黄太史，淡岩藉揄扬。地有遇不遇，实在名何扬。赖得金华仙，英辞洒琳琅。

瑶族石刻辑校

绍兴乙亥岁十月二十七日，郡丞蓬泽程逊以职事至江华，因游阳华岩，盘礴赋诗而归，县令南阳安珪尉伊川程盖同来。

府判朝议程公按行下邑，公务之暇，率令尉同游阳华，周览水石之乐，迟迟终日，眷恋忘归。公乃赋诗而还，其英辞妙句，铿然有掷地之声，觉前后名公大儒留题篇章皆不足以望其藩篱也。于是命工镌刻于石，俾永其传，使斯岩之名，自此增重，方来之士有瞻其玉画诵其嘉什者，亦可以知其人也。江华县令安珪谨跋并立石。

【校勘记】

[1] 澂，《永州府志》作"微"，据句意当误，据《湖南通志》《八琼室金石补正》均作"澂"改。

[2] 毫，《湖南通志》《八琼室金石补正》均作"微"。

[3] 颇，《湖南通志》《八琼室金石补正》均作"频"。

安珪阳华岩图并序

阳华岩图并序

【题解】

摩崖在江华县阳华岩。高0.93米，宽1.13米。分三部分，上截图并篆额，下截序四十行，楷书。刊于南宋绍兴二十六年（1156）。描绘了阳华岩20余处自然景观。现除篆额外，已模糊难辨。石天飞、覃阳雪访碑。

见（光绪）《湖南通志》卷二百八十一艺文志三十七；《八琼室金石补正》卷一百六；《江华县志》第494页。

【石刻全文】

道州江华县阳华岩图（篆额）

仙田、浮岚阁、岩门、思来亭、阳华寺、朝彻亭。

予自游宦以来，所过徧历，惟春陵古多奇迹，江山秀丽，浑然天成，如九疑万峰，乃积代圣境，然皆气象荒远，卒无清秀绝特之称。若江华之东南有阳华之严，可谓甲众观也，乃唐元刺史名之，尝于此招陶别驾焉。次山自为之铭，瞿令问为之书，壮其文辞，嘉其字画，亦足以冠绝后世。加之宗工巨儒继以诗章，由是声价益高，遍在湘楚，不其趑欤？上有回山而面南，下有大岩而当阳。岩高且明，洞深气爽，其中石巉然可怪，多不能入画。泉流之清莹然，秀澈玉漱，泠泠之声，与地籁唱和，不待笙磬而五音迭作。前有浮岚阁，后有朝彻亭。次有仙田，高下数顷。长虹架水，萦绕如带，由外而入，宛若壶中，飘飘然忘轩冕之累，浩浩然有远擢之志，信乎人间别有天也！后之人有为山水题评者，当不落天下之第二也！予顷丞邑饱谙佳致，每哦松之暇，辄来往其间，似得所乐。及瓜而去，迄今十余年，朝夕怳然若有所失，今岂意复来作邑，造物者有以从人欲也！予尝公余之暇访于邑之耆耄，乃得思来亭之故基于岩门之外，云已久旷矣。呜呼！废兴成败不可得而知也！彼兴而成之者若何人，废而败之者又若何人耶？于是怃然悼之，乃创工建亭，以成前贤之志，推废兴成败之理于无穷者，斯亭异日又未可知也，故并以列之。昔唐四明道士叶沉囊蓄古画桃源图，而舒元舆尚为之录记，矧斯岩复出东南之美，其可不绘而图之以传诸好事者哉？乃命丹青之士摹写形容，勒之坚珉，以示无极。虽未能尽臻妙，亦可以见髣髴也。庶往来之人，不特观览，且携其本于外，使传者不虚矣。碑成，须得数语以续之，言不成文，聊以纪其万一尔。

绍兴丙子三月中澣日，右从政郎江华县令主管学事劝农营田公事安珪序并立石。

豫章罗煜书。

清虚老人寒亭题名

【题解】

摩崖在江华县沱江镇老县村蒋家山。在杜子是重游题记之左，二行，正书。刊于南宋乾道三年（1167）。

见（光绪）《湖南通志》卷二百八十一艺文志三十七。

【石刻全文】

清虚老人常来。乾道丁亥七夕，男蒋篪书。

胡邦实等寒亭题名

【题解】

摩崖在江华县沱江镇老县村蒋家山暖谷之北崖。行书，五行。刊于南宋乾道四年（1168）。

见（光绪）《湖南通志》卷二百八十一艺文志三十七。

【石刻全文】

长乐胡华公邦实行县之暇拉陈邦庆世荣、周匹休公美、颜敏修子进、王轮德任、郭武仲元德同遊狮子岩，饭罢如寒亭。乾道戊子下元前三日。

邓子由等阳华岩题名

邓子由等阳华岩题名

【题解】

摩崖在江华县阳华岩。八行，楷书。刊于南宋乾道四年（1168）。今保存完好。石天飞、覃阳雪访碑

【石刻全文】

乾道戊子季夏上瀚，衡阳邓子由奉檄来此，邑令陈世荣相拉阳华为避暑饮。同至者颜子进、郭元德、张长卿、蒋季文、彭子声、王朝彦。秉笔以志岁月。男轮侍行。

胡邦实等阳华岩题名

【题解】

摩崖在江华县阳华岩。六行，正书。刊于南宋乾道四年（1168）。《八琼室金石补正》云，以寒亭题名证之，知戊子为乾道四年。邦实为华公字也。

见（光绪）《湖南通志》卷二百八十一艺文志三十七。

【石刻全文】

戊子孟冬十有二日，郡丞胡邦实以职事来江华，公余遊寒亭、暖谷、狮子岩，乘兴至阳华，为终日之款，同至者周公美、颜子进、王德任、郭元德。邑令陈世荣书。

江朝议等阳华岩诗

【题解】

摩崖在江华县阳华岩。刊于南宋乾道六年（1170）。《八琼室金石补正》注此石刻分三截，共三十行，字体行正兼有，并认为朝议非江氏之名，乃其官阶。

见《八琼室金石补正》卷一百六；（光绪）《湖南通志》卷二百八十一艺文志三十七。

【石刻全文】

府判江公留题（篆额）

□□蚤离永明晚抵江华，道中成两绝句

飞沙幂幂路曼曼，万籁风声重晓寒。

涉涧跻危任劳役，服勤王事敢辞难？

舍车跨马喜新晴，倍见旌旗照眼明。

顾我未能流美化，邦人何事喜相迎。

□□遊阳华口占五言八句呈诸僚友

千里云深处，阳华小洞天。

千岩虚夜月，万壑溜寒泉。

石磬生何世，仙田种几年。

神灵自幽显，时序任流迁。

乾道庚寅冬十月府判朝议江公行县，公余遊阳华留诗并以道中二绝示僚属，句新语妙，泉石有光，谨摹刻以永其传。左从政郎道州江华县令主管学事劝农营田公事陈邦庆跋，右迪功郎江华县丞主管学事林丰篆。

谨次府判朝议江公之韵
邑令陈邦庆
未分中原长夜曼，果闻胡房胆先寒。
乾坤正赖英豪整，肯赋诗人行路难。

别驾来临值晚晴，眼中黑白甚分明。
飞黄此去腾夷路，应念区区负弩迎。
右道中

断崖藏胜境，别是一壶天。
怪石垂云乳，飞虹跨玉泉。
丹青难下笔，造化不知年。
文字工题品，漫郎优史迁。
右游阳华。

李长庚空翠亭诗

【题解】

　　摩崖在江华县沱江镇老县村蒋家山。石天飞、覃阳雪访碑。陆增祥《八琼室金石补正》认为此石刻当刊于乾道六年（1170）。

　　见《八琼室金石补正》卷一百三；（光绪）《湖南通志》卷二百八十一艺文志三十七。

【石刻全文】

　　亭倚晴空翠作堆，峰峦奇绝画屏开。
　　凭栏眼力不知远，历历水穿幽树来。
　　登空翠亭。冰壶李长庚。

吕敦仁阳华岩题记

吕敦仁阳华岩题记

【题解】

摩崖在江华县阳华岩。含落款共十行，正书。刊于南宋乾道七年（1171）。《八琼室金石补正》：后题"上旬前一日"，他处罕见此书法，今人以上澣为上旬，此殆以上旬为上澣也。敬字缺末笔，避太祖祖讳。县令"元方"二字为小字。今保存完好。石天飞、覃阳雪访碑。

见（光绪）《湖南通志》卷二百八十一艺文志三十七。

【石刻全文】

吕敦仁来遊于此，真仙神之洞府也，第诚心生敬焉，心意顿爽，尘虑遽忘，清乎哉！焉得静居久处而远世俗之万累，恋恋不已，作礼而退。时乾道七祀秋七月上旬前一日谨书。

心敬肃然，启首大仙。赐我修真，永脱世缘。

节判吕公题于岩石，右从政郎江华县令李元方谨刊。

李长庚阳华岩诗

【题解】

摩崖在江华县阳华岩。三截，四十七行，正书。刊于南宋绍兴乾道间。李长庚数次游阳华，数次题诗。

见《八琼室金石补正》卷一百六；（光绪）《湖南通志》卷二百八十一艺文志三十七。

李长庚，字子西，宁远人，迁江华，绍兴进士，与杨万里友善，斋名"冰壶"，时称"冰壶先生"。有《冰壶集》。

【石刻全文】

乙丑仲冬自宁远来遊阳华
沿崖渡水六七里，划见幽岩画屏倚。
却蹑长虹信步行，下瞰浅清皆脚底。
漫郎泉石之董狐，妙语品题良不诬。
千岩万壑果何似，吾家九疑真不如。

丁卯清明约邓致道遊阳华
我来挈挈倦尘沙，下马无心更忆家。
不怨客中逢熟食，只知醉里是生涯。
花边顿觉春光老，柳外还惊日脚斜。
甚欲与君寻胜去，何妨着脚到阳华。

与致道约遊阳华，寻以雨阻，追和山谷集中岑公洞二绝句韵
垂垂雨脚几时晴，便拟扁舟乘兴行。
想得斜川今更好，胜遊恨不继渊明。

阳华妙处吾能说，泉响风摇环佩声。
定是山灵嫌俗驾，雷光掣过雨如倾。

己巳七月遊阳华
遥指断崖如削瓜，碧云一朵是阳华。
莫言空洞中无物，须信崭巉下可家。
已听泉声响环佩，更看山色媚烟霞。
一邱一壑平生事，不觉归鞍带暝鸦。

长庚绍兴十九年七月十九日尝遊阳华，后十有二年复以是月是日从乡曲诸公再到岩下。感今追昔，因成十韵。
阳华近七里，不到余十年。
乃知声名鞘，能障山水缘。
今日与邻曲，胜遊追斜川。
瘦藤穿荦确，一叶弄潺湲。
岩扃隐翠竹，梵宇净青莲。
一笑蹑飞虹，毛骨清欲仙。

婆娑宝璎珞，放浪玉壶天。
曲肱卧磐石，涤耳听潺泉。
片云飞雨来，更觉秋凛然。
酒尽各归去，千林昏暝烟。

次韵江府判遊阳华。江丈□春间携家来遊。
尘外非无境，壶中自有天。
从来招别驾，于此漱寒泉。
铭已得元结，记须烦子年。
重遊知更好，出谷趁莺迁。

陈士淳主簿举似与严庆曾主簿、邓伯允仙尉同到阳华佳句，且有岩下弄
琴、舟中吹笛之乐，长庚虽不奉胜遊，辄继高韵。
说着幽岩意已清，那堪地近一牛鸣。
尘萦俗累不容到，若见山灵烦寄声。

阳华山水自双清，况弄朱弦金石鸣。
我是行人那敢听，恐翻别调作离声。

云水光中语更清，从他山寺晚钟鸣。
满舡载月归来好，一笛穿云裂石声。

孟坦中阳华岩诗

【题解】

摩崖在江华县阳华岩。十行，行书。刊于南宋淳熙二年（1175）。石天
飞、覃阳雪访碑。

见《八琼室金石补正》卷一百六；（光绪）《湖南通志》卷二百八十一艺
文志三十七。

【石刻全文】

路入潇南地一隅，天开洞府若为模。
石肩高透云常出，洞水中通崖不枯。

来访恍然惊泽国，醉眠清甚在冰壶。

淡岩谁道真稀有，须信阳华天下无。

蓬山孟坦中履道父以淳熙乙未春来遊谨题。

赵师侠寒亭题名

赵师侠寒亭题名

【题解】

摩崖在江华县沱江镇老县村蒋家山。三行，正书。刊于南宋淳熙十五年（1188）。石天飞访碑。

【石刻全文】

坦庵赵介之淳熙戊申六月十三日来游。

赵师侠阳华岩诗并跋

【题解】

摩崖在江华县阳华岩。诗十行，跋五行，正书。刊于南宋淳熙十五年（1188）。赵师侠诗，戴翊世跋。

见《八琼室金石补正》卷一百六；（光绪）《湖南通志》卷二百八十一艺文志三十七。

【石刻全文】

郡丞赵师侠介之同邑令戴翊世汉宗、簿舒俊、卿国英遊阳华，留二绝句于岩中。淳熙戊申岁六月十三日。

出郭曾无十里赊，仙岩迎日号阳华。

云藏奥突岚光润，信美元郎咏可家。

石罅空明石色鲜，霞舒乳滴巧雕镌。

縈回栈道泉湍响，疑是仙家小有天。

九疑万峰，不如阳华一境，此道之里谚也。□□赵公按部之余，游览斯岩□□杰□□□胜概并以墨妙纪之，盖自元次山以来不可多见□□继元公题后用谂不朽云。从政郎道州江华县令主管劝农公事戴翊世谨书。

李长庚阳华岩诗

【题解】

摩崖在江华县阳华岩。《八琼室金石补正》：两截，诗刻卅一行，刻石人名一行，正书。所刊时间或有两种可能，一是上下两截在不同时间刊刻，即南宋绍熙癸丑（绍熙四年，1193）及绍熙甲寅（绍熙五年，1194）；二是于绍熙甲寅同一时间刊刻。现除题额外，已模糊难辨。石天飞、覃阳雪访碑。

见《八琼室金石补正》卷一百六；（光绪）《湖南通志》卷二百八十一艺文志三十七。

【石刻全文】

宫使李大夫诗（额）

绍熙癸丑二月二十六日，蒋助教言正招游阳华，婆娑岩下，薄暮乃归，得诗五绝，以纪其事。冰壶老人李长庚子西。

春风今日扇微和，触目江山发兴多。

如画幽岩无十里，轻衫短帽得婆娑。

偶寻三径到阳华[1]，碧玉珍珑真可家[2]。

追想旧游如梦寐，摩娑石刻但咨嗟。

岩下留连且尽欢，不知红日半衔山。

归时林壑风烟暝，赖有昏鸦相伴还。

我老思为漫浪翁，暂来却恨去匆匆。

山头日色赤如血（是晚所见如此），照映川原草木红。

我识阳华六十年，当时面目故依然。

清泉白石都无恙，华发苍颜只自怜（长庚绍兴甲寅从颖上九叔初游阳华）。

绍熙甲寅五月十七日从令尹张济之早饭狮子岩,晚饮阳华岩,夜阑乘月泛舟而归。

朝游狮子晚阳华,酾水看山乐可涯。
野鹤沙鸥惯看客,一双对立渡头沙。

到此令人忆漫郎,笔端妙语发天藏。
泉声漱玉生秋思,不减湖中五月凉。

雨余山色媚晴晖,无事孤云自在飞。
坐到黄昏尤不恶,载将明月满舡归。
门生蒋大雍刻石,孙光亨书额。

【校勘记】

[1] 三径,《八琼室金石补正》疑应作"山径"。
[2] 珍珑,《八琼室金石补正》指其乃"玲珑"之误。

李大光寒亭诗

【题解】

摩崖在江华县沱江镇老县村蒋家山。十行,正书。刊于南宋嘉泰三年(1203)。

见《八琼室金石补正》卷一百三;(光绪)《湖南通志》卷二百八十一艺文志三十七。

【石刻全文】

嘉泰癸亥夏,陪县尹双湖唐仲谋饮寒亭。省斋李大光中山父。
栈阁横空杳霭间,登临酒罢怯凭栏。
露零万瓦交光渥,月挂千峰倒影寒。
谷煦如春居亦易,亭凉宜夏到乎难。
垂檐星斗方争席,好向天门刷羽翰。

李景庄等阳华岩题名

李景庄等阳华岩题名

【题解】

摩崖在江华县阳华岩。八行，楷书。刊于南宋嘉泰三年（1203）。保存完好。石天飞、覃阳雪访碑。

见（光绪）《湖南通志》卷二百八十一艺文志三十七。

【石刻全文】

武阳李景庄侍外舅历阳徐宜伯赞治春陵，以嘉泰癸亥因游九疑来访阳华，令君临川唐仲谋拉丞、金华宗周卿、簿盱江熊介叔、尉武夷张明伯会饮于岩之亭，盖十月七日也。景庄书之，仲谋欲刻之崖石，合词请明伯董其事，丞簿正棋亦为之欣然。

杨长孺等阳华岩题名

杨长孺等阳华岩题名

【题解】

摩崖在江华县阳华岩。五行，行书。刊于南宋开禧元年（1205）。保存完好。石天飞、覃阳雪访碑。

见（光绪）《湖南通志》卷二百八十一艺文志三十七。

【石刻全文】

开禧元年岁在乙丑夏六月九日，庐陵杨长孺伯子、严陵洪璞叙玉、金华宗强周卿、南丰符叙舜工同来。

毛方平阳华岩诗

毛方平阳华岩诗

【题解】

摩崖在江华县阳华岩。序八行，楷书。诗六行，正书。刊于南宋嘉定五年（1212）。保存完好。石天飞、覃阳雪访碑。

见《八琼室金石补正》卷一百六宋二十五；（光绪）《湖南通志》卷二百八十一艺文志三十七。

【石刻全文】

仆遊九疑道中，得淡岩、阳华之胜。阳华窈而奇，水经岩腹，其来涓涓，而出门之势雄甚，佗状瑰诡，咫尺千变，泉石之妙乃如是。暇日复陪郡掾摄邑事三山王默声父、簿临川陈希望民詹、尉会稽董汶文卿、知寨河朔刘显祖德昭，寻幽追凉，彷徉尽日而犹未满于中者，环阁蔽流，莫遂飞羽觞、踏冰袱，似孤真趣尔。嘉定壬申夏至文安毛方平希元书并勒所赋于左。

蜂房湒湒流石乳，线窦涓涓细蛮语。
门前乃作三峡声，似与幽人商出处。
何年结阁溷天真，危柱下侵蛟蜃怒。
坐令空洞惊勃磎，仙鬼不无号帝所。
要须濯足跨玉渊，枕石漱流涤尘务。
手持白莲骑赤鲤，万壑千岩自风雨。
穷荒秘穴天所靳，稀有中州人访古。
山谷不来次山来，未可歉然怀不遇。

俞昌言等阳华岩题名

【题解】

摩崖在江华县阳华岩。八行，行书。南宋嘉定十六年（1223）刊。
见（光绪）《湖南通志》卷二百八十一艺文志三十七。

【石刻全文】

嘉定癸未，从化民弄兵，郡判官俞昌言师禹奉檄与令佐平之，理曹掾陈
皴子长亦被诸使命从师禹。后二月丙申迄事还，邑令陈治平次唐丞唐有仲，
实劳二客于斯岩。师禹之子伯同侍次，命子长书之石。

张𪩘重刻蒋之奇奇兽岩铭

【题解】

《湖南通志》载，此摩崖在江华县喜鹊塘村奇兽岩（又称狮子岩），铭六
行，隶书，为李长庚之孙李焯所书。跋十一行，行书。南宋端平丙申（端平
三年，1236）邑令张𪩘重刊。
见《八琼室金石补正》卷一百十二；（光绪）《湖南通志》卷二百八十一
艺文志三十七。

【石刻全文】

奇兽岩铭（篆额）
奇兽岩俗曰狮子，在江华邑南二里，蒋之奇颖叔过而爱之，为之作铭曰：
奇兽之岩，瑰怪诡异。
元公次山，昔所未至。
我陪公仪，游息于此。
斯岩之著，自我而始。
勒铭石壁，将告来者。
治平丁未同沈公仪遊。

惟蒋颖叔，文高节奇。

正名兹岩，作为铭诗。

彼何人斯，大字覆之。

来遊来嗟，其孰与稽？

端平丙申[1]，邑令张瓹思永厥传刻此崖际，俾冰壶孙李焯古隶，凡百君子，爱而勿替。

【校勘记】

[1] 丙申，《湖南通志》误作"丙戌"。

庄梦锡寒亭题名

庄梦锡寒亭题名

【题解】

摩崖在江华县沱江镇老县村蒋家山。双行，正书。刊于南宋嘉熙二年（1238）。石天飞、覃阳雪访碑。庄梦锡，寒亭同时有其题诗，落款"清源庄元戌"，知庄梦锡即庄元戌。

【石刻全文】

嘉熙戊戌五月清源庄梦锡捧仓檄来游。

庄元戌寒亭诗

【题解】

摩崖在江华县沱江镇老县村蒋家山。六行，正书。南宋嘉熙二年（1238）

刊。《八琼室金石补正》：冰下当作浸字。

见（光绪）《湖南通志》卷二百八十一艺文志三十七。

【石刻全文】

亭当六月犹冰□，谷到三冬似焰吹。

会得漫郎题品意，爱它冷暖不随时。

嘉熙戊戌初伏清源庄元成题[1]。

赵希鹄题名

赵希鹄题名

【题解】

摩崖在江华县沱江镇老县村蒋家山。二行，正书。南宋嘉熙二年（1238）刊。石天飞、覃阳雪访碑。

见（光绪）《湖南通志》卷二百八十一艺文志三十七。

【石刻全文】

山阴赵希鹄同邑人李廷祖嘉熙戊戌中秋夕抱琴来游。

杜子是寒亭题记

【题解】

摩崖在江华县沱江镇老县村蒋家山。十行，正书。南宋淳祐三年（1243）刊。

见《八琼室金石补正》卷一百三；（光绪）《湖南通志》卷二百八十一艺文志三十七。

【石刻全文】

山巅木栈自元丰间赵公世卿沿崖发石易穴路得径以通，及嘉熙己亥熊公桂伐石以成梯级，然功尚欠缺。吾父子既新寒亭，自马石穴磴以下，碍者夷之，隘者广之，险者安之，乃以石为柱，以竹为阑，虽八九十老翁亦得手扪而上。是径也，诚唐文之三变欤！淳祐癸卯秋，正定杜子是书。

徐铨孙杜汪寒亭诗

【题解】

摩崖在江华县沱江镇老县村蒋家山。南宋淳祐三年（1243）刊。《八琼室金石补正》：徐铨孙杜汪诗分两截刻共十九行，诗草书，题款分书，刻石人又作篆书，亦好奇矣。

见（光绪）《湖南通志》卷二百八十一艺文志三十七；《八琼室金石补正》卷一百三。

【石刻全文】

山水因人胜，穷搜喜得君。
石根瞿令字，亭背次山文。
湍激堪临渴，松阴可避曛。
相望余一舍，猛□杖□云。
徐铨孙衡石汎沅湘、窥九疑，寄题江华杜□香[1]重建寒亭，淳祐癸卯良月中澣。

□韵呈徐□勘□□□杜汪
规广前卧迹，相期幸有君。
搜奇辱佳句，纪实仗高文[2]。
古木风长峭[3]，阴崖日易曛。
何时陪胜赏，举手上霄云。
桂水朱坚刊。

[1] 香,《八琼室金石补正》作"杳"。
[2] 仗,《八琼室金石补正》作"待"。
[3] 峭,《八琼室金石补正》作"悄"。

周颙记杨长孺小飞来亭诗

记杨长孺小飞来亭诗

瑶族石刻辑校

【题解】

摩崖在江华县沱江镇老县村蒋家山。十一行,正书。南宋淳祐三年（1243）刊。整体碑文清晰,部分字迹模糊难辨,据《湖南通志》补。石天飞、覃阳雪访碑。

见（光绪）《湖南通志》卷二百八十一艺文志三十七。

【石刻全文】

江华县前寒亭暖谷,闻其绝胜,栈道朽腐,欲登弗果,徘徊其下,水石崖树,清奇可喜,甚似天竺灵隐。之间有亭未名,予以"小飞来"扁之并赋二诗。庐陵杨长孺伯子[1]。

阴森古木石心栽,清澈寒溪镜面开。
斗起孤峰三百尺,从今唤作小飞来。

拔地齐天可上不,倚岩危栈半空浮。
偶然忆得垂堂戒,前猛还成新懦休[2]。

东山杨先生昔为郡丞,行县临流赋诗越四十载,颙□丞于此,访诸刻,未之见,因冰壶孙李焯录示,辄命工勒于先生小飞来字之左。淳祐癸卯,同里周颙谨书。

【校勘记】

[1] 长孺,《湖南通志》作"万里",误。杨长孺,原名寿仁,字伯子,

号东山，吉州吉水人。杨万里之子。光宗绍熙元年以荫补永州零陵簿。杨长孺为杨万里之子，因而致混。

［2］"前猛"句，语本韩愈《秋怀诗》其五："敛退就新懦，趋营悼前猛。"

杜子是题"寒亭路"

【题解】

摩崖于江华县沱江镇老县村蒋家山。楷书。"寒亭路"大字；落款分左右两行，小字，较为细小模糊。南宋淳祐三年（1243）刊。石天飞、覃阳雪访碑。

【石刻全文】

寒亭路
邑簿……
……淳祐癸卯夏杜子是刻石

杜汪寒亭集杜诗

【题解】

摩崖在江华县沱江镇老县村蒋家山。六行，行书。南宋淳祐四年（1244）刊。

见（光绪）《湖南通志》卷二百八十一艺文志三十七；《八琼室金石补正》卷一百三。

【石刻全文】

集杜工部句咏寒亭
湘南清绝地[1]，长夏热为情[2]。
六月风日冷，炎天冰雪生。
蓬莱如可到，心迹喜双清。
去郭轩楹敞，幽居不用名。
甲辰夏杜汪题。

[1] 湘南，杜甫诗《祠南夕望》原句作"湖南"。

[2] 热，杜甫诗《江阁卧病走笔寄呈崔卢两侍御》原句作"想"。

杜汪暖谷集杜诗

【题解】

摩崖在江华县沱江镇老县村蒋家山。四行，正书。南宋淳祐四年（1244）刊。《八琼室金石补正》：不题年月，以寒亭诗证之，当是淳祐四年。李公，指李伯英也。

见（光绪）《湖南通志》卷二百八十一艺文志三十七。

【石刻全文】

集工部句题暖谷

作尉穷谷僻，官高何足论。

温温有风味[1]，忆昔李公存。

杜汪

【校勘记】

[1] 有，杜甫诗《八哀诗》原句作"昔"。

杜子是寒亭集元结诗

【题解】

摩崖在江华县沱江镇老县村蒋家山。七行，行书。《八琼室金石补正》：不题年月，当是随侍其父而同咏者，书仿山谷，而不逮远甚。据此，当刊于南宋淳祐四年（1244）。

见（光绪）《湖南通志》卷二百八十一艺文志三十七；《八琼室金石补正》卷一百三。

【石刻全文】

集元刺史句咏寒亭

杜子是题

长山绕井邑，嶛嶤天外青。

烟云无近远，水石何幽清[1]。

半崖磐石径，如见小蓬瀛。

时节方大暑，忽若秋气生。

高亭临极巅，登高宜新晴[2]。

俗士谁能来，野客熙清阴。

漫歌无人听，有酒共我倾。

时复一回望，心月出四溟[3]。

【校勘记】

[1] 水石，元结诗《登白云亭》原句作"石水"。

[2] 登高，元结诗《登白云亭》原句作"登望"。

[3] 心月，元结诗《登殊作亭》原句作"心目"。

杜子是重游寒亭题名

【题解】

摩崖在江华县沱江镇老县村蒋家山。三行，正书。南宋淳祐五年（1245）刊。

见（光绪）《湖南通志》卷二百八十一艺文志三十七。

【石刻全文】

金华杜子是自淳祐癸卯至乙巳之秋方了寒亭公案，于是九日拉谭森重遊。

杜汪寒亭题名

杜汪寒亭题名

【题解】

摩崖在湖南江华县沱江镇老县村蒋家山。六行，正书。南宋淳祐六年（1246）刊。石天飞、覃阳雪访碑。保存完好。

见（光绪）《湖南通志》卷二百八十一艺文志三十七。

【石刻全文】

元公以宝应癸卯刺道州，永泰丙午巡江华，为寒亭作记，杜汪以淳祐癸卯复旧亭而益新景，丙午春杪毕工时，与事相符如此。考满东归，泊舟于太平桥下，登亭酌别，援笔以书。子是、子恭仝侍。

林契等阳华岩题名

林契等阳华岩题名

【题解】

摩崖在江华县阳华岩。五行，正书。南宋淳祐十年（1250）刊。保存完好。石天飞、覃阳雪访碑。

见（光绪）《湖南通志》卷二百八十一艺文志三十七。

【石刻全文】

淳祐庚戌中秋朔，长乐林契奉檄拯涝讫事，偕邑同寅唐岩秀、欧阳元衡、虞从龙、子武来游。

赵必㴖寒亭题名

【题解】

摩崖在江华县沱江镇老县村蒋家山。一行，正书。南宋咸淳八年（1272）刊。

见（光绪）《湖南通志》卷二百八十一艺文志三十七。

【石刻全文】

咸淳壬申龙潭赵必㴖濂伯曾游。

余槐寒亭题名

【题解】

摩崖在江华县沱江镇老县村蒋家山。横列，十四字，正书。在程逖题名之上。刊于南宋咸淳九年（1273）。《八琼室金石补正》：咸酉，咸淳九年癸酉也，诏月未详，它处亦未见。

见（光绪）《湖南通志》卷二百八十一艺文志三十七。

【石刻全文】

咸酉诏月番易若溪余槐随侍曾遊。

黄显祖阳华岩题名

【题解】

摩崖在江华县阳华岩。四行，正书。具体年份未详。《八琼室金石补正》：书干支不书纪元，莫由定其何时，要为宋刻无疑也。今保存完好。石天飞、覃阳雪访碑。

见（光绪）《湖南通志》卷二百八十一艺文志三十七。

【石刻全文】

邑令黄显祖以戊寅正月四日公余来游。壻程奎子民表侍行。

黄嘉父等狮子岩题名

【题解】

摩崖在江华县喜鹊塘村奇兽岩（又称狮子岩）。二行，正书。《八琼室金石补正》：不见号年，审其笔意，决非宋以后人。

见（光绪）《湖南通志》卷二百八十一艺文志三十七。

【石刻全文】

九疑黄嘉父赞皇李景魏己亥登高。

题"更寒"

题"更寒"

【题解】

摩崖在江华县沱江镇老县村蒋家山。左旁隐约有字不可辨识。石天飞、覃阳雪访碑。

见（光绪）《湖南通志》卷二百八十一艺文志三十七。

【石刻全文】

更寒

题 "翠屏云岩"

题 "翠屏云岩"

【题解】

摩崖在江华县沱江镇老县村蒋家山脚小溪边石壁。楷体，长约 2 米，宽约 0.4 米。因隔溪水，难以靠近辨识其落款。蒋家山石刻多为宋代所刻，姑系于此。石天飞、覃阳雪访碑。

【石刻全文】

翠屏云岩

题 "水石相胜"

题 "水石相胜"

【题解】

摩崖在江华县沱江镇老县村蒋家山。左旁隐约有字不可辨识。长高各约 0.3 米。蒋家山石刻多为宋代所刻，姑系于此。石天飞、覃阳雪访碑。

【石刻全文】

水石相胜

题 "暖谷寒亭"

题 "暖谷寒亭"

【题解】

摩崖在江华县沱江镇老县村蒋家山。篆体。长高各约 0.8 米。蒋家山石刻多为宋代所刻，姑系于此。石天飞、覃阳雪访碑。

【石刻全文】

暖谷寒亭

题 "寿"

题 "寿"

【题解】

摩崖在江华县沱江镇老县村蒋家山。楷体。宽约 1.5 米，高约 2 米。蒋家山石刻多为宋代所刻，姑系于此。石天飞、覃阳雪访碑。

【石刻全文】

寿

颜妙行阳华岩诗

【题解】

摩崖于江华县阳华岩。楷书，六行。保存完好。阳华岩石刻多刊于宋代，姑系于此。石天飞、覃阳雪访碑。

【石刻全文】

浮梁环□□岩肩，下有清流漱玉鸣。

异迹不容款临眺，区区王事又催行。

丙戌腊中颜妙行书。

桂如篪等阳华岩题名

【题解】

摩崖在江华县阳华岩。楷书，六行。刊于南宋嘉定十年（1217）。保存完好。"雪川"，湖州之别名。石天飞、覃阳雪访碑。

桂如篪，时道州郡丞。《宋诗纪事补遗》载桂如篪：江西贵溪人，绍熙元年（1190）进士，嘉定十年（1217）以朝奉郎权知柳州军州事借紫。

【石刻全文】

春陵郡丞富川桂如篪仲应公檄行县，同邑令鲁阳万俟诚之子成丞、雪川翟畋邦臣、簿武夷詹甫宪卿、尉庐陵陈析成之来游。时嘉定丁丑十二月十二日。

题 "龟石"

【题解】

摩崖在江华县沱江镇老县村蒋家山。楷书。刻于一形状似龟的石头上。蒋家山石刻多为宋代所刻，姑系于此。石天飞、覃阳雪访碑。

【石刻全文】

龟石

题 "龟石"

题 "阳华岩"

题 "阳华岩"

【题解】

摩崖在江华县阳华岩顶。明嘉靖三十一年（1552）刊。"阳华岩"三大字篆书，落款小字楷书。

【石刻全文】

阳华岩

大明嘉靖三十一年六月吉□，署县事、永州卫经历、川西松子□□书。

奉氏劝谕

【题解】

《江华瑶族自治县志》记此碑文抄于上游乡新木泽村（今涛圩镇新木泽村）。清乾隆二十八年（1763）刊刻。

见《江华瑶族自治县志》第629—630页。

【石刻全文】

赵[1]为严禁嫖赌奸盗诈伪以端风化事：予辈通族系富四富五公之后裔也。六届黄册，四公壹届，五公五届。明时分定至今，族人繁衍，其中贤愚集处，合族仰遵，各上宪美。通会千户保甲等赴司主请示留[2]御立为族长，家法严禁。自今以后，父子兄弟各相劝谕，有能者发愤读书，无能者务本耕农。须知亲亲长长守望相劝，疾病相扶持，冠婚丧祭相与提携，无庸坚吝，无因诱骗。大事化为小事，小事化为全无。果有德行兼优者奖之赏之，有不公不法者罚之责之，送官律之究之。勒碑祠堂，家法法亘古，凡我族人触目警心，冀劝敦孝弟，勤耕作，苦读书，尊师长，惧王法，明礼仪，重廉耻，分内外，务六艺，睦乡里。毋嫖赌，毋造逆，毋狭仇，毋唆讼，毋奸盗，毋窝匪，毋残刻，毋逞气，毋犯上，毋奢侈。众族遵禁。示立。生员廷恺谨撰。

乾隆二十八年癸未岁正月二十六日。

【校勘记】

[1] 赵，《江华瑶族自治县志》以为当作"照"。
[2] 留，《江华瑶族自治县志》以为当作"奉"。

湖南其他地区瑶族石刻

步瀛桥记

步瀛桥记　　　　　　　　　　　　步瀛桥记拓片

【题解】

　　摩崖于湖南江永县上甘棠村西头月陂亭。刊于北宋靖康元年（1126）。楷书。石天飞、覃阳雪访碑。

　　韦弁，江永桃川人，生平不详，时讲道上甘棠村。

【石刻全文】

　　步瀛桥记（碑额）

治垣夷者易，平危险者难。缉旧址者易，辟荒榛者难。惰事功者于易犹忽，好修为者虽难必成。能协力而成其难，非有利济之心者弗克也。惟此甘棠之溪，循山沿畛，皆通往还，比官道缭绕，斯颇径焉，故人多由之。然当春夏之泛涨，无舟楫之渡。逮秋冬之凛冽，须揭厉而涉，行人常苦之。此坊所居，惟周氏一族。族之长者有济道讳惟广、子美讳惟彦、显道讳允功，佥议佣工，唱率子侄偕族属辈，共为鸠集衰金几二十万。乃平危险，乃辟荒榛。构石为梁，横跨汹涌。凿山之崖，筑沙为堤。可以乘，可以骑，咸得垣夷而履之。春夏泛涨，秋冬凛冽，无复曩时之苦也。构之以石，非若材木之易坏，所济信无穷已。为子孙之津梁，莫永于是。始而唱之者，岂不曰仁人之言，其利博哉。济道一日踵门丐予名之，兼为之记。予时讲道寓是，目击其勤，义不可默。予闻海上蓬瀛，神仙之隩也，缥缈空虚，望之如云，第见屹然高峙，骏极宵汉，四面波涛渺茫，欲登者无阶而进，惟有功行而成仙骨者不疾而速，不行而至。大唐十八学士，居天子儒官、备顾问，时况以登瀛洲焉。其意亦谓仕官而至华，近者诚在于能修德，而阴有以陟之耳。斯桥之成，行人平步于飞湍旋汇之上，徘徊于嵌岩岛坞之间，林幽鸟鸣，山青水绿。而隔岸楼观，倒影澄渊；望外峰峦，环绕虚洞。翠烟紫雾，或乍卷而乍舒；行客飞云，常自来而自去。观其胜概，俨若画图，殆与昔人言蓬瀛之景可仿佛意游矣，周氏于此修瀛洲之德欤！予生平喜人为善，故乐纪之，遂名之曰"步瀛桥"。冀观者因是而有所劝，幸毋诧予言以为侈也。始创于宣和乙巳十二月，告成于靖康改元丙午二月。桃川韦弁记并书，周唐辅题额，唐弼召刊。

过山榜

【题解】

　　《江永县志》记此碑原件存江永县夏层铺乡唐家村。南宋景定元年(1260)刊。各地"过山榜"载体不同，其文字又差异极大，故此仅依县志录此碑文。

　　见《江永县志》第798—799页。

【石刻全文】

　　正忠景定元年拾月贰拾壹口准目睽为高王犯界，朕心甚忧，命臣征伐，俱无承认。惟盘护佐殿龙犬耀舞踊，朝王拜舞，欢欣中外，独言报□之恩尽在于俾职。王勅誓不虚遂率，惟命饮晏金食赐之，次资其食饮，龙犬大醉而归。赐大将军，汝卿等各送盘护门外，盘护复拜舞而去，如云飞身游海，七日七夜征到王国。午时在朝，认得盘护至此，喜如笑□□：平王有此龙犬不能蓄之，今来投我国，他必败定矣。吾闻曰："异物□□□□吾能蓄此犬，定主建昌。"左右臣僚举皆欣悦，退朝，引护犬恩金嗟美味，待之情如珠玉。每坐朝时，常令住侧。感高王有怜公主太想忘，忽遇游当百花园林行宫，湿芷浓花，酒大醉不醒人事。盘待深恩报主之恩，功赏高王之用，咬杀高王头级，身游大海，回归殿下，污血坠地。臣□游奏报待食问言："盘护，汝因何取得高王头级？""臣先奉命在前去效征服主之恩，更以前件事情告结为奏。"我王坐朝，盘护口唧高王头级，舞拜启奏。陛下先准勅令誓言监立不虚有福德之分，勅令宫女梳妆插带，如花似玉。宫女体态齐齐出朝，盘护向前开口咬住裙脚不放，要女嫁我□□□。王见护有此灵性，感化龙位，就将宫女招之为婿。遂日差人宫女内排宴戚亲，备办乐器，点集□丁五百名，遂送引入青山白云之中安处。逐日差人资送铁[1]粮黄金白银进兴盘护夫妻供应，赐宣一品都尉将军。令各册□路转运司照应，蠲免夫役毋得科派，许己天下山白云之地安居。后宫貌身[2]六男六女，转奏平王，龙颜大喜。勅赐各姓派名盘、沈、包、黄、李、邓、周、赵、胡、唐、雷、冯，高梅酬赏，各补官爵，永脱世务，任耕山田。坑场处所离田三尺锹、水流不到之地系王瑶子孙耕管、养生；以下三锹之地农民耕管、输纳。王赐三锹以上地面任瑶人耕种，山货等项任卖通客与贬自管营身。□偶有豪民游棍，不许欺凌谋夺，而有□□令瑶人扭送该管有司究治。后代时官躬朕一脉之人，准臣盘护子孙一十二姓高也，永远刀耕火种，一切夫役悉行蠲免。后盘护游种过岭打猎，身带弓弩鸟枪，任游天□□□，过渡无刀，不许所属军民盘问，任凭盘护无得异谪。但秋冬祭拜盘护，伊一十二姓子孙摇动长鼓，吹笛笙歌，引出大男小托手把看身着花衣花裙，惊天动地唱不绝，收得黄金入于水亟之中，任王瑶承奉盘护高代掌管，受业无穷罔极之恩，功绩绵连不朽，人俱条例列于左：

一准瑶人所居山林各以刀耕火种，山源荒田营身计，以下三锹大田系农民百姓耕种输纳国赋。三锹以上若有客人伐木、农民耕种，俱系王瑶子子孙□□三百六十竺笋、□流三百六十把、糠粒金绳三丈、食鸡屎三斗，当领纳入宫，小田贷利拨归王瑶子孙承管，盘护高无异施行。一准十二姓各赐官邑爵禄，虽在天下青山白云居住，不许恃势逞凶而有违律□□定行不贷。一准十二姓内自行嫁娶，不许族内交婚及农民，若口族内农民交婚，□□定行不恕。一准诸处山林不问远近丈尺，任便王瑶等姓天下青山采斩，树木栽重等项通妄贩，不许外民诈害，形势妄以名邑取掠，而有违者刺纪施行。一准秋冬祭拜盘护，命用鼓板笙欢乐会，不许外人妄谈怪异。一准天时不雨稼旱黄仰，王瑶子孙依时出外，州府县枣镇济，乡村祈求雨泽以振忠庙。右仰准此。前令王瑶奏上各乞准者。门下议上各赐姓品官爵者，门监尉徐举等奏，乞准：

一长男姓盘名龙，封助国侯，食邑五千户，补充藤州刺史。

一二男姓沈名飞风，封武骑卫侯，食邑五千户，补充赣州司马大将军。

一三男姓包名风，封野尉侯，食邑五千户，补充瑞州刺史。

一四男姓黄名虎，封光禄大夫，食邑三千户，补充饶州都尉。

一五男姓李名应瑞，封镇国大将军，食邑一千户，补充本同仆含郎官。

一六男姓邓名协瑞，封镇国大将军，食邑一千户，补充信州都尉。

一七男姓周名元，封都判使，食三千户，补充韶州王氏夫人。

一赐八男姓赵名元瑞，封都尉镇国公，食邑五千户，补充袁州杨氏夫人。

一赐九男姓胡名珍封，封尉镇部将军，食邑二千户，补充虎州永大夫人。

一赐十男姓唐名瑞，封国公尚书御禄杨嘉夫人。

一赐十一男姓雷名元卿，封定国侯鲁侍郎，食邑甚昌县永化夫人。

一赐十二男姓冯名世瑞，封经国侯尚书，补充司仆尉□□□。

□定品姓名门下大将军学士臣林先，奉议官品门下学士臣刘居正，率东门大将军下骑□□日专，奉南门大将军下飞安伤臣何师任，奉两门大将军元骑尉臣罗行，奉北门大将军□骑尉臣品任，奉中门大将军节骑刘光辉，奉围大夫知国事臣庐节，奉给事含人臣□，奉正谏大将军节庆判使李行□，敬奉金紫大人先禄柱国□全禄臣攀巡宅奉如前，应以一十二姓王瑶等□游天下，随风□浪，乃是助国之人□□□。

朕分忧，任便择居天下山林，州府县不扰害科派，凡有势力之家不得侵夺，无有抗违，忽直荒岁亦在赈济之利。朕安享无虑王等各得平治，不及有疑，按口□□恕前件事理，故牒运司令得瑶等状赴准给评王券牒随身，以免□□各管头贷利身。券一道给与王瑶子孙收记。

景定元年十月二十一日，永远为照。

【校勘记】

[1] 铁，据句意，疑当作"钱"。

[2] 身，据句意，疑当作"生"。

邑侯谦斋彭公大丞平灭贼首邓四功绩歌诗

邑侯谦斋彭公大丞平灭贼首邓四功绩歌诗

【题解】

原摩崖于江永县甘棠岩。明洪武三年（1370）刻。高96厘米、宽80厘米。今存，但因字径较小，刻字较浅，有漶漫不可认者。据上甘党村博物馆所存拓片录文。石天飞、覃阳雪访碑。

【石刻全文】

邑侯谦斋彭公大丞平灭贼首邓四功绩歌诗（额）

诗曰：

永阳边陲扼广右，猺獞伺隙深轶寇。

稔逾三纪蔓诸州，污痣恭富秽莫箒。

前元湔剿递兴师，四省兵车屡驾驰。

连年暴露士马戮，万里飞輓民力疲。

功不补忠致遗患，壬辰邓四踵构乱。（福洞死狗奴也）

狐嘷鼠啸蕃有徒，猿食鸮噬肆无惮。

吞没七乡陷郡城，党周伯颜攻湘酃。（□□亭人氏）

甲午甄师进歼削，邓四暂降旋不庭。

黄签院军全府起，邓右丞师发二水。

倡义向导刘沱江（刘帅仲兴也），七伐八克莫擒取。

圣明威加才胆寒，降矣面革心实顽。

大丞彭公既莅政，深谋远虑祸本芟。

邓四将然旧嚚逆，公奋决策神掩袭。

父子授首巢穴倾，洪武二年夏六月。

不动官储烦郡兵，靡惊妇织妨农耕。

十有八载大难息，我公功烈谁能成。

书生目瞽伤荡柝，业复青坛公盛德。

瑶族石刻辑校

歌颂盛德垂无穷，千古甘棠崖上石。

洪武三年良月日。

匠人莫隆镌，

侄士奘书丹。

永明县儒学教谕王怀实视草。

复业士民复贤周原本撰刻。

云归观重塑圣像舍钱题名记

云归观重塑圣像舍钱题名记

【题解】

摩崖于江永县上甘棠村西头月陂亭。上甘棠村博物馆存其拓片。刊于明天顺五年（1461）。石天飞、覃阳雪访碑。

【石刻全文】

云归观重塑圣像舍钱题名记（额）

逾江之前，观曰云归。为永易之灵宫，作甘棠之巨镇。有宋之间，兴建具备，圣像森严。元李之时，兵戈扰攘，圣像因坏。迨我圣朝宣德间，桃城官舍钱福捐财塑妆三清至圣其诸圣像，盖未有焉。景恭乙亥，叔父周麒等化缘毛珏等塑妆列品圣神，兹幸完成，命予以记之。予遂叹曰："斯观之兴，岂偶然而已哉？盖以关乎气运之盛耳。惟其气运之盛，故人不吝其财而乐施其善，以致圣像焕然俨然，神威赫然烈然，福民之功有所归矣。今兹崖石之碣善名之勒非过也，宜也！"予所以举之于此，俾后之士君子知其善之所在即福之所在，亦皆有以兴其善心焉。天顺辛巳上元节周显书，化缘周麒欧阳玉振。

（以下圣像及捐款人员名单略）

笑天龙石刻

【题解】

位于江永县千家峒瑶族乡。刊刻之年不详，因碑文"予于正德年间"而系于此。见《瑶族石刻录》第 440 页。

【石刻全文】

达尊坊东北一里许，突出此岩，虚豁洞达，形象奇异，肖类乎龙，故古号名为笑天龙，有所自也。予于正德年间，因苗贼生发避乱此岩。因见山之龙势悠远起伏，降气于岩下之田，左右蟠踞。前后峰峦季耸秀[1]，湲水环达于藕舍，为胜境。族捐己财[2]，买亦砖瓦木石[3]，据危命公砌立岩门，筑墙网堵，栽种竹木，建立楼屋宇仓碓，牛马拦厩，基业幸福完善。予讳建立于前面[4]，不记垂亦后，则后之子孙，日久基所自[5]，故特刻之于石，使万代之后贤子暨孙，终其祖而含其父，永远谨守勿替，乾坤并日月，善继善迷云尔。

达尊周绍兴记，长男周福端、次男监生周福琏撰。

【校勘记】

[1] 季，据句意，疑衍。
[2] 族，据句意，疑当作"遂"。
[3] 亦，据句意，疑当作"办"。
[4] 讳，据句意，疑当作"谓"。
[5] 基，据句意，疑当作"忘"。

前芳寺重建梵宇题名记

【题解】

摩崖于江永县上甘棠村西头月陂亭。上甘棠村博物馆存其拓片。刊于明成化七年（1471）。石天飞、覃阳雪访碑。

蒲德深，江永人，庠生，生平不详。

【石刻全文】

前芳寺重建梵宇题名记（额）

佛氏之教，其来远矣。始于晋，盛于唐，而相沿于近代，盖皆以其能觉悟群生，而阴翊王度也。奈其身不长存，故土木设像，金碧妆严，而栋宇星罗，盘据天下名山，巍巍相望。若吾邑之南三十时里许曰甘棠，乃周氏世居，盘临梵刹扁"前芳"，自宋元迄大明历数百年，于兹风奇欹雨塌而为之修葺者不知其几，而断碑遗记又多磨灭不足征。近以宣德甲寅一修，乃住持僧本源合周氏诸君子力也。既而本源职僧会住别寺，寥寥数载间，其徒行祺者继之，于焉焚修。成化丙戌，受度住持灯传有托，独惜栋宇倾颓，弗称瞻仰。于是周氏一门有耆德焉，有名宦焉，又有聪明好事者焉，相与谋议，图惟更张。度力计费，立为乾首，率先题疏，不惟坊团之人乐于施合，而四方贤达亦与同植福田也。各出钱帛，敦请匠氏，撤旧维新，以壬子山丙午向用，成化六年庚寅冬十二月念六日，竖建大雄宝殿东西廊庑，并门屋一十一楹，既勤朴斫，复加涂饰，越明年秋告完。佛灵有妥，暨凡护持神物，与夫坐禅、说法、斋居、寝食，亦各有所，规制焕然，皆旧不侔。噫！众善之功如此，原其用心，无非为福生民、翊王度计，夫岂希名而已哉！行祺不忘厥功，欲奢石为记度久远，不如就山亭之崖，可以背风雨，贻前乐善诸君子氏名于不磨，故请予为题其岁月云。

时大明成化辛卯八月吉旦，邑庠生县东蒲德深书。

（以下捐款名单从略）

邑侯何公惠政之记

邑侯何公惠政之记拓片

【题解】

摩崖于江永县上甘棠村西头月陂亭。上甘棠村博物馆存其拓片。刊于明万历三年（1575）。石天飞、覃阳雪访碑。

【石刻全文】

邑侯何公惠政之记（碑额）

永明之甘棠，周氏子孙居焉，余之母族也。夫甘棠何以名？昔召信臣过化永郡，此土之民尤深德之，故取诗人勿剪勿伐之义名其居，以寄其爱尔，厥义亦远焉哉！余前承之永明，绎甘棠之义，有怀古之志，深致望于令永之后贤焉，而今何侯正其人也！侯以四川豪杰来令是邑，三年之间，政通人和，远迩称颂。一日，余舅氏秉直，属子侄数辈，谓余曰：何侯莅任，律己以廉，驭下以宽，均里甲以便民，兴学校以造士，抚猺夷以靖乱，实心实政，历历可纪，而于吾族尤有厚恩焉。观其取家谱而叙诸首，于祠堂而题其扁，发先世之光，为将来之劝，厥赐渥矣！且坊间禅寺，创自隋唐，近为不肖者所据，侯追复之，又香火载续之时也。兹当考绩，超擢有期，吾族老幼感侯之德，谋刻诸山亭之上，以垂永久，愿祈一言以记之可乎？余谓侯之心之政将公之天下，一邑犹不得私而曷有于甘棠也？顾甘棠本同濂溪公之派，侯于濂之学，方尊而仰之，故因濂以及其族胤，又安得不属意于周氏之谱谍与其祠堂耶？若夫寺之繇复，则有说焉。侯尝易西经废寺为仰濂书院矣，抚台赵公嘉其协义起之制，兵宪边公称其不惑佛老。而于甘棠之寺必复者，非若是其矛盾也。盖寺在祠堂之左，先人建置，非曰崇尚虚无，实荫祠堂灵秀。侯知其然，故为祠堂以存是寺也，孰非爱屋及乌之意哉！然则侯之惠政，被于周族，方诸召公昔之所播，尤为浃洽。而今兹刻石，视诸先人之名其居者，又为显明矣。国初大丞彭谦斋平贼有功，周氏刻颂于石。侯作县中题名记，已取而志之矣。矧兹记也，不为他日铭鼎之资乎？

侯讳守拙，号望湖，川简州人，俗呼为何公云。

万历乙亥九月九日，四川城都府通判何□□撰。耆老周秉直元龙请文。儒学生员周元选书丹。属民周珵周□□刊。

永明县正堂加一级李示

永明县正堂加一级李示

【题解】

碑存江永县上甘棠村博物馆。刊于清康熙五十七年（1718）。石天飞、覃阳雪访碑。

【石刻全文】

永明县正堂加一级李示（碑额）

湖广永州府永明县正堂加一级李，为恳恩赏准批示家规以便约束事。据上甘棠小民族老周□□房老生员周宪藩、周应举、周士铉、周士吉、周士□、周士胜、周继显、周凤生、周继瑞、周兴岐、周兆圣、周继业、周豪、周讼、周祐、周余□、周冲鹏、周理缙、周□□、周正礼、生员周绍先、生员周□、庠生员周之冕、生员周发祥等禀前事，禀称盖彰善瘅恶具王章而防微杜渐，必由家训儒族，一村同姓住居上甘棠，虽历经兵火，尚约有二百余烟，祇因界连粤境，居近富猺，习俗远漓人情□薄，前人见族中子侄滋□藩盛，不无贤愚，而且贸□往来，恐为渐染，若不谨为防，维万一陷身不义，久致有烦上宪，以故遵依国法，设为家规，议立房老头人，使之各房督率每遇朔期，严为诰诫，此启繻等元人因处□其地不得不缘而设法也。自设规以来，子侄等虽未能兴仁兴让，亦大致犯义犯刑，第因先年族长老耄督率不严，其中有秉性顽钝不知义理，以有逾规轶矩之所，凡诸有职莫不为之怅然，咸惧其愈趋愈下，日即于匪□而莫之返也。至本年春，老耄族长亡，故儒循序继接拜见祖庙之余，少长咸集，老成辈辄请振饬遗规，然儒意子侄森然众多，一人难以训诫，倘□□不周，仍□先年故事，爰嘱诸众仿效前人旧辙，仍立房老头人共彭公义申饬规条，上以招朝廷大纲，下以于祖宗遗训。切思不修家教，凡间当或有□然而上有国纪，在小民何敢擅便，谨将祖训十二条开列具禀□□。其二前垂念下情赏准批示，俾启儒等便于约束子侄，无敢玩规，庶民□不致□□村境，得以宁□，合族□恩上禀计开条约十二条。

一钱粮重务须要早完，毋致连累保甲，如违指名送官处究。

一子弟须要孝顺父母尊敬长上，违者家法责三十仍送官处究。

一禁不许勾引外坊贼盗，违者家法责三十罚银一十二两修理祖庙桥路，送官处死。

一禁不许乱伦灭义，违者家法责三十，罚银十二两修理祖庙桥路，送官处死。

一禁后龙山不许砍伐竹木寻笋，以致疏通贼路，违者家法责二十，罚银一两二钱，捉拿者赏银三钱，送官处究。

一禁不许赌博，违者家法责二十，罚银五钱，窝家同罪。

一禁田园瓜果六成生理不许窃取，违者家法责二十，罚银六钱，捉拿者赏银三钱，凡一切窃盗俱以此论。

一禁一更尽而不许夜行，如有紧事，须要持火扬声，违者即以盗论，送官处究。

一吾村界连粤西，贼盗出没不常，凡后生坐盗得一功者，众赏银二两。

一妇女须要谨守闺房，各勤纺织，不许出外游行，违者家法责父兄二十。

一禁不许倚强欺弱，违者罚银一两二钱。家法责二十，仍送官处究。

一禁不许吹毛求疵，违者罚银一两二钱。家法责二十，仍送官处究。

等因据此钦准。

皇上治臻上理，首重教化，钦颁上谕十六条，命州县有司朔望宣讲，无非欲尔民敦伦重行，务本力田，□欲惩忿，防奸弭盗，以期风移俗易，此声可讨□□□僻坏亦皆知向化。今尔上甘棠克遵先训，设立家规约束族人，呈验条款，备见一法奉公，型仁讲让，孝友睦□，其□□□父兄之教，既先则子弟之率自谨，不但可式尔乡，兼足砥砺合邑，深为嘉尚，合行给示。为此示，仰该乡民人知悉。尔照所立家规十二条一体永远遵守，若有逾越纪规，族长房老即行处分送究，凛之慎之毋违。特示。

康熙五十七年七月二十二日示。

儒士周达道书。

新建戏台题名记

新建戏台题名记

【题解】

碑现立于江永县上甘棠村前广场、文昌阁之对面。楷书。刊于清乾隆十年（1745）。石天飞、覃阳雪访碑。

【石刻全文】

新建戏台题名记（额）

志厚堂助银五两正

（以下捐款名单从略）

大清乾隆十年乙丑岁七月初七日建造。

王伟士临刻文天祥"忠孝廉节"

临刻文天祥"忠孝廉节"

【题解】

　　摩崖于江永县上甘棠村月陂亭（甘棠岩）。每字高1.8米，宽1.3米。楷书。此四字为文天祥应同僚、上甘棠村人周德源之请而写；清乾隆二十八年（1763），永明县令王伟士感文天祥为人，将此四字临刻于甘棠岩。落款中甘棠生员周氏三人名字模糊难辨，暂缺。石天飞、覃阳雪访碑。

【石刻全文】

忠孝廉节
大宋忠臣文山公书，
乾隆二十八年永明县正堂黄平王伟士临。
甘棠生员周……

何家湾祠堂碑文

【题解】

　　碑原在湖南江永县厂子铺乡何家湾村祠堂。清嘉庆三年（1798）刻。碑长68厘米，宽38.5厘米。为瑶族捐款兴修祠堂的碑文。
　　见《瑶族石刻录》第466—467页。

【石刻全文】

　　从来予宅向正，作巽山乾向，丙辰丙戌分针。课取嘉庆元年丙辰岁六月二十二日卯时上梁上吉。予宅江陵陋巷，亦可谓落成矣！
　　永廖捐钱八百甘登六百。
　　永振捐钱八百延鼎福满三百二。

469

芳春捐钱六百延川芳阳钱三百。

永润捐钱八百世柱钱二百二。

永京捐钱八百永絭各三百二。

福珠捐钱六百邦厚世盛五百。

永儒捐钱五百永用永瑞五百。

永灌捐钱五百世光永香各五百。

万太捐钱五百永福永辟福瑞有言各二百。

有光捐钱四百永芳世能各二百。

永清捐银二两福安兆德各四百。

永作各捐八百芳陵福志各四百。

永光各捐八百永琼赐福各四百。

世麟各捐八百福孟福康各捐一百。

永会捐六百芳陶永文各捐一百。

芳太捐六百有祯永连各捐一百。

世相捐六百永注捐钱四百五。

瑶族长廷永捐钱八十。

嘉庆三年正月立。

龙岩山修路碑记

【题解】

碑在江永县兰溪瑶族乡勾蓝瑶寨。分刻于两通石碑。清嘉庆三年（1798）刊。见《湖南江永碑刻集初编》第 331—335 页。

【石刻全文】

龙岩山修路碑记（额）

孟氏云"山径蹊间，介然成路"[1]，未有不资夫天工凭夫人力而成者也[2]。余村南东隅履步而登，有一庵焉，名曰龙岩，汉时崇奉佛像，可援磷石五岭，岩净穴秀，实如鹫岭湘山[3]。历至明初，诸佛传钵，玉花已登紫府，自此祈求士女纷纷藉藉，屈指难数，无求不应，叩叩则灵。惜邑志未能收其谩美，俾来游者徒羡空名。然此亦无系佛教云门，但虞拨萝登险[4]，胜于蜀山，嵯峨崎岖，倍于虎尾，登步者每每叹其艰辛。僧广成徒续印住持于斯，恒□修其山径，奈又苦于难支计而邀同福全四方檀越诸君，丁巳九月兴工修砌，劝捐此囊，远迩忻施，或一两或五钱，不日而付，立请匠工将蹊径作成坦径，庶登斯刹者不至前此之艰辛。且佛经有云："发如是愿力，作如是功德[5]"，又云："种菩提树，□菩提心"，可为诸君期矣。功果完，给勒碑刻铭，永垂不朽云尔。

（捐资人名略）

大清嘉庆三年麦秋　月　日谷旦立。

【校勘记】

[1] 介，《湖南江永碑刻集初编》未释出，据拓片补。孟子语出《孟子·尽心下》："孟子谓高子曰：'山径之蹊间，介然用之而成路。'"

[2] 不，《湖南江永碑刻集初编》误作"小"。

[3] 如鹫岭湘山，《湖南碑刻集初编》误作"为鹫岭□山"。

[4] 萝，《湖南江永碑刻集初编》误作"萝萝"。

[5] 如是，《湖南江永碑刻集初编》误作"为量"。

永明县示禁碑

【题解】

碑在江永县源口瑶族乡清溪村。碑分两块，其中第一块已断裂为两截。楷书。刊于清道光十六年（1836）。据《湖南江永碑刻集初编》拓片及录文录入。

见《湖南江永碑刻集初编》第188—191页。

【石刻全文】

摄理湖南永州府永明县正堂辰州府分府加五级唐，为执照事。照得本摄县审看得徭人田彦宏等赴府呈控宋名举等违断占田等情一案，缘宋名举等合族有杨梅、塘宅、礼莱三处田亩，与田彦宏等合徭田界相连，向自瓦窑岗起直至杨梅岗止，以牛头井上公古大路为界路，上属徭路，下属宋。嘉庆二十三年及道光元年，宋姓跳越古路侵占徭田，讼兼杨周两县断结，仍以牛头井上公古大路为界路，上属徭路，下属宋，各管各业。嗣宋姓田亩因水灌荫不到，将田荒弃。因公古大路之上徭田内有田塍一条，自瓦窑岗起湾至杨梅岗地方，宋人遂生觊觎，将田塍捏指为公古大路，被徭挖减图占徭田，于道光十四年九月内乘田禾秋熟，将禾收割。经徭长蒋俊安禀，经前孔署县差唤正诣勘间，适府宪因公按临，徭人蒋卓章以前情呈控。旋经孔县勘明讯结，将徭田内徭人耕田小路误作公古大路，断为民徭分界处，所取结立讞。十五年三月初十日奉府宪将蒋卓章控词批发□县，代理县吴将孔署县断讯缘由摘录驰禀府宪，本摄县到任接准移交并奉府宪札饬，传集人证秉公讯断具详。正票传间，旋据两造请勘前来，随诣得牛头井上有大路一条，西自瓦窑岗起，直至东之杨梅岗止。大路之下又有路一条，据两造指称系通宋村小路，据徭人田彦宏指称宋姓田亩系在大路之下小路之上，现已荒弃，宋姓指称小路之上系属荒岗。查勘大路之下小路之上田塍形迹，现存大路之上田内有田塍一条，自瓦窑岗起湾至杨梅岗地方，田彦宏指称系伊徭人耕田小径，宋姓指称系公古大路。查有此路自瓦窑岗起行不数武或用乱石打砌，或系隘小田塍，或从田中步过，或系路迹全无。再三查看，委非通行大道，勘毕绘图附卷。兹差集两造查讯得悉前情，查徭人田彦宏呈出嘉庆二十三年及道光元年杨周二任讯断执照，吊查旧卷与案相符，宋名举等呈出案簿一本系抄录，何故今任内之案遍查档案并无此卷，其中难保无伪造图占情弊，查系伊先人所遗，世远年湮无从根究，且无论抄案真伪，查阅宋姓控词称被徭人平削古路侵占伊田，但查宋姓所控平削古路之处，自瓦窑岗起至杨梅岗地方计二里有余，徭人非一日所能平削，宋姓自应早为出控，何以自道光二年起，徭人将田耕作，十余年来并不出阻，甘心任听播种收获，种种强辩侵占显然，况大路之下小路之上荒田形迹显露，宋姓田亩坐落大路之下荒弃无疑，何得荒弃己业，觊觎他人田产，殊属不合，本应究惩。始念俯首认罪从宽免议，嗣后以自东起直至西之瓦窑岗之公古大路为界，大路之下通乐村小路之上荒田归宋名举等开复管业，大路之上归猺人田彦宏等照旧耕种。宋姓强割徭人田禾姑免赔偿，嗣后不得再以徭田内田塍作为公古大路，以杜衅端。孔前县所断系属错悮谳语，当堂注销宋名举等所呈抄录雍正八年案簿一本，伪造无疑，涂销附券取具两造遵结备案，合行发给谳语照断管业须至执照者。

右谳给猺人田彦宏兆杰蒋盛益咏林准此，案落刑房。

道光十六年二月初六日。

（以下副首、房老、次首姓名略）

兰溪勾蓝瑶石碑文

【题解】

原存江永县兰溪瑶族村勾蓝瑶寨旁清水庵井边。清道光二十九年（1849）刻。据《湖南江永碑刻集初编》拓片及录文录入。

见《湖南江永碑刻集初编》第345—347页。

【石刻全文】

溯余兰溪大迳，僻处邑之西南隅，穷谷深山，水浅土薄，盖因宋末避寇难而侨居焉。元季各，姓先后来此，遂烟火稠密，原系民籍。明洪武二十九年，因埠陵徭离隘三十余里，不便把守，奉上以斯地易之，号勾栏徭，以守边粤石盘、斑鸠两隘。恩赐徭产，承纳徭粮，量水开垦，报税免丈。并蒙每年赏给花红牛酒，以奖辛劳。迨及万历间，加恩准买民业，钱粮只纳正供，蠲免一概杂差，际我盛朝，德泽尤厚。顺治十五年奉抚部院袁告示，许令徭民自行当印官完纳正供钱粮，印官亲给油票，不许外加分厘，火耗不许衙役里排拦阻把持，需索一毫陋规，不许重派一毫使费。二百年间，遵行无异。不意事久弊生，迩来征书浮索杂钱成册等费，赴柜完纳钱粮之后，揩留串票不发，弊端百出，层剥难堪，是以三村生民签名，备呈禀县宪徐，荷蒙政治廉明，批革除弊，并给印照为据。兹阖众公议，当将硃批印照勒石以纪宪德，以垂悠久云。

正堂示谕

批据禀，该徭应完钱粮，于按忙投纳掣串后，每届成册之年，由买户各出钱二百文津贴经书纸笔之需，此外并无另税等情。查该徭钱粮，既历按上下两忙完纳，经书纸笔亦照成册之年捐给办理，岂容经书外加需索？所有已完上忙钱粮串票，候随堂查发，并候禁革，经书毋许另加需索，以示体恤可也。批查钱粮，攸关正供，固不容庄户拖欠，亦不许经书需索。今该完上忙钱粮，既经赴柜投纳清楚，其串票自应随时发给，岂容经书籍端揩留？候即查发归家安业，至成册等费钱文，是否旧有为津贴经书之需，抑系经书平空勒索，并候查究可也。复批查该徭完纳钱粮，所有杂费，业已如禀焚革。其成册钱文，前据禀称，每届成册之年，由各业户出钱二百文以为津贴经书笔纸之需，已饬遵在案。今该生民自应遵照办理，何得复请批议饬遵，惟既据渎呈，姑候查发串票时，随堂谕饬可也。

己酉闰四月廿八日，悬署湖南永州府永明县正堂加五级纪录六次徐，为准照事。据勾蓝生民周明俊等，以恳赏给照，永垂德泽等情，称该徭僻处穷乡，而妇子盈宁，系蒙本朝格外拨粮抚恤，亦由历来县主分外悯怜，征收正供之外，一切杂役，免其当差，何况钱粮外索？且永邑向分四徭，村号扶灵、清溪、古调、勾蓝，原同一体，徭粮完纳无异，近被粮书欺藐，勾蓝另派成册杂费等弊生民，询查三徭并无此费，不甘受索，备情叩呈，蒙批杂费革免，其成册钱文，每届由各买户出钱二百文以为津贴经书纸笔之需。然恐事久弊生，成为故纸，幸际仁恩德教之主，钱粮平价一体，民徭均沾渥泽，理合叩恳准照，以作甘棠清荫。为此照例准给，永以为据，须至印照者。

（以下姓名略）

案落承发房。印照存文光家。

道光弍拾玖五月廿八日给。

己酉岁南吕月拾陆日立。

大远凤岩山何氏族谱碑

【题解】

大远凤岩山何氏族谱碑，《瑶族石刻录》注其原存江永县大远瑶族乡（今称千家峒乡）凤岩山内，此为"避乱遗记"部分。

见《瑶族石刻录》第406—407页。

何作舟，为何氏族人，生平不详。

【石刻全文】

天下之生，一治一乱，古今皆然。而乱其乱者，适彼乐土，匪不求得所，然轻去其乡。富厚者，失其家赀，贫贱者，荒其田土，残弱者，困于穷途。则求得所者，转为失所也。吾邑自发逆境以来，避乱者约有三途，曰山，曰涧，曰岩。涧则欲深，而老弱步履维艰，粮食苦于转运。岩则昼夜不分，春夏多湿，且千万人由岩口出入，易于围困。惟出日月照临，寒暑循序，以高击下，寡可敌众，虽千万贼之锋，难当一夫之石。是三者之中，山更胜于岩涧也。吾村后龙山东界旧砌石墙高二丈许，不知始自何年，大抵前人为避乱设耳。咸丰五年，红头贼朱洪英蹈城，合村先议登山避乱，因惑讹言，逐弃先人之故址[1]，各自逃散，卒之居岩者以岩困，走涧者以涧穷。流离之苦，修不甚言[2]，虽后悔已无及矣！戊午岁，贼首石达开复蹈县城，业师王业兄偕予兄弟，率族人依山为寨，迁避其中，邻近村庄景附者以数百计，由是量力捐资，按户派工，修其路，砌其门，高其墙，规模焕然一新。是年，逆匪三次蹂躏盘踞城中者七十余日，而寨栅安堵无恙。凡土地田野，并无荒芜之虞。厥后城市之亲友迁居于此者接踵而至，即邑之明府及两广文亦乐于斯侨寄焉！要之，三寨规条宜密人心，贵者日夜守门不与贼通，商庶不泄其机关，壮不得远离寨栅，乃不至临事仓皇。既坚其壁，后清其野，合众志以成诚，将见贼未至而农耕士读，不失其业，乱中之一治境也。贼已来而负戈守险，老弱无忧，乱中之乐土地也。后人则而效之，保聚之计，莫比为善，安有转徙流离之患哉！但恐治久不知乱世情形，仍为谣言所惑，故不揣固陋，援笔而志文。

瑶族石刻辑校

族人作舟撰。

【校勘记】

［1］逐，据句意，疑当作"遂"。
［2］修不甚言，据句意，疑当作"惨不堪言"。

免瑶民过割投税碑

【题解】

碑存江永县古调村会寺宫。清同治十一年（1872）刊。刊立时，将嘉庆十八年给照刻入其中。

见《湖南江永碑刻集初编》第449—450页。

【石刻全文】

四品顶戴署湖南永州府永明县正堂加五级曹，为再赏印照以分民猺事[1]。照得民间置买田房产业，例应投税。兹据扶灵猺石成玉、清溪猺田浚、古调猺蒋国琳、勾兰猺田嘉谷等具禀，该四猺自明洪武招安，各猺把守粤隘，猺田猺粮免丈免量，暨免杂差，所有猺买猺田，历无投税过割。至嘉庆十七年顾前县饬猺投税，经张翼云上控，奉前抚部院景批，据司详司行府讯明，猺买猺产，仍循旧章，给有印照。咸丰年间衙署焚烧，案卷无存。兹据石成玉等照录各前宪印照，禀请存案前来。查该猺人免派杂役，其猺买猺田，历无投税推收过割，既奉有从前印照为凭，自应照旧办理。除禀批示，并行原禀发房存案备查外，合行发给印照。为此照，仰石成玉、田浚、蒋国琳、田嘉谷猺长粮户人等知悉。嗣后尔等猺买猺田，仍循旧章，免其投税过割；若猺买民业，应即遵例过粮，不得隐匿，至于责罚。各宜凛遵，须至照者。

同治十一年九月二十七日给。

右照仰古调猺猺长粮户人等准此。

此照随猺长收存。

特授湖南永州府永明县正堂加五级纪录六次顾，为给照事。照得民间置买田业，例应过割投税，如有隐匿，即于责罚。永邑猺人置买猺产，曾经前县田俯念猺情，给予印示，听照旧章，免其过割投税有案。兹复奉抚宪景批，据司详饬令猺买猺产，仍照旧章办理，毋容纳税等情，因奉此合行给照。为此照，仰古调猺猺长粮户人等遵照，嗣后尔等凡有置买田产内系猺田猺粮，准仍循旧章，免其过割纳税，以示体恤。其余置买民屯田产业房屋等项，务遵先例过割投税，毋得隐匿，致干责罚。该管猺长等，仍随时稽查，亦毋狗延干究，各宜凛遵，须至照者。此照存。（印）

嘉庆拾捌年十一月廿日给照。

右照仰古调猺猺长粮户等准此。

【校勘记】

[1] 印、以分，《湖南江永碑刻集初编》未释出，据拓片补。

重刻扶灵瑶碑记

【题解】

此碑在江永县扶灵瑶寨。与江永古调村免瑶民过割投税碑内容相同。刊于清同治十一年（1872），现代重立。重立之碑文隶书，为计算机刻字。据古调村《免瑶民过割投税碑》校勘碑文。

见《湖南江永碑刻集初编》第120—121页。

【石刻全文】

扶灵瑶碑记

四品顶戴署湖南永州府永明县正堂加五级曹，为再赏印照以分民瑶事。照得民间置买田房产业，例应投税，兹据扶灵瑶石成玉、清溪瑶田浚、古调瑶蒋国琳、勾蓝瑶田嘉谷等具禀[1]，该四瑶自明洪武招安，各瑶把守粤隘，瑶田瑶粮免丈免量，暨免杂差[2]，所有瑶买瑶田，历无投税过割，至嘉庆十七年，顾前县饬瑶投税，经张翼云上控，奉前抚部院景批，据司详司行府讯明瑶买瑶产，仍循旧章，给有印照。咸丰年间衙署焚烧[3]，案卷无存。兹据石成玉等照录各前宪印照，禀请存案前来[4]，查该瑶人免派杂役[5]，其瑶买瑶田历无投税推收过割，既奉有从前印照为凭，自应照旧办理，除禀批示并将原禀发房存案备查外[6]，合行给发印照。为此照，仰石成玉、田浚、蒋国琳、田嘉谷瑶长粮户人等知悉[7]。嗣后尔等瑶买瑶田仍循旧章，免其投税过割，若瑶买民业，应即遵例投税过粮，不得隐匿，至干责罚，各宜凛遵，须至照者。此照随瑶长收存。同治十一年九月廿七日给右照，仰扶灵瑶瑶长粮户人等准此。

特授湖南永州府永明县正堂加五级纪录六次顾，为给照事。照得民间置买田业例应过割投税，如有隐匿即干责罚，永邑瑶人置买瑶产曾经前县田俯念瑶情，给予印示，听照旧章，免其过割投税有案。兹复奉抚宪景批，据司详饬令瑶买瑶产，仍照旧章理办，毋容纳税等情，因奉此合行给照。为此照，仰扶灵瑶瑶长粮户人等遵照。嗣后尔等凡有置买田产内系瑶田瑶粮，仍循旧章，免其过割纳税，以示体恤。其余置买民屯田产业房屋等项，务遵例过割投税，毋得隐匿，至干责罚。该管瑶长等仍随时稽查，亦毋徇延干究，各宜凛遵，须至照者。此照存（印）

嘉庆拾捌年二月廿日给照。右照仰扶灵瑶长粮户等准此。

源蓝清古四大民瑶碑记历史。

重修禅山大寺理事会。

公元贰零零伍年仲秋重立。

【校勘记】

[1] 谷，原作"壳"，据江永县古调村《免瑶民过割投税碑》改。稟，原作"凛"，据江永县古调村《免瑶民过割投税碑》改。

[2] 杂，原作"集"，据江永县古调村《免瑶民过割投税碑》改。

[3] 署，原作"置"，据江永县古调村《免瑶民过割投税碑》改。

[4] 稟，原作"凛"，误，据句意改。

[5] 杂，原作"集"，误，据句意改。

[6] 本句二"稟"字，原均作"凛"，误，径改。

[7] 谷，原作"壳"，据江永县古调村《免瑶民过割投税碑》改。

先贤嘉言事亲

先贤嘉言事亲

【题解】

摩崖于江永县上甘棠村月陂亭（甘棠岩）。上甘棠博物馆存其拓片。光绪三十年（1904）刊。石天飞、覃阳雪访碑。

【石刻全文】

先贤嘉言事亲（额）

事父母者，一在安其心，一在养其身。作好事，为好人，德业长进，闺门和肃，所以安父母之心也。昏定晨省，饥则供食，寒则奉衣，劳则以身代之，疾则择医治之，所以养父母之身也。诗云：生身恩重岂能忘，禽有慈乌兽有羊。为子若还忘孝养，纵居人类是豺狼。

大清光绪三十年甲辰岁蒲月，周道臣述。炳焕周加采书。邵阳刘书林刊。

周邦翰题"月陂亭"

月陂亭

峰氏周邦翰学隶。
邵阳刘书林刊。

【题解】

摩崖于江永县上甘棠村月陂亭（甘棠岩）。清光绪三十二年（1906）刊。石天飞、覃阳雪访碑。

【石刻全文】

月陂亭

光绪三十二年丙午文昌社会公镌。

受降台记

【题解】

原存湖南靖州县西南来威寨。淳熙十六年（1189）刊。《受降台记》记述宋淳熙中率逢原平蛮，筑此台受降。

见光绪《湖南通志》卷三十五地理志；《楚南苗志》卷二；《瑶族石刻录》第282页。

李诵，生平不详。

【石刻全文】

德以柔中国，威以镇八蛮[1]，言异用也。叛则伐之，服则舍之，以从宜也[2]。靖州中洞姚民敖等背叛[3]，攻烧来威、零溪两寨，环地百里合为一款，抗敌官军侵攘境土[4]。统治率逢原被旨讨捕，壮国家之威灵[5]，秉宪台之方略。三命出师[6]，一战破贼[7]。戮其渠魁，焚其巢穴。既复两寨，群蛮皆恐惧屈服，号呼请命。主将不忍尽诛，乃筑台于来威洞前高阜，瘗白羊、白豕于其下，以受其降。又从夷俗，斫铁插血而誓之曰[8]：凡尔诸团，自今既誓之后，各毁尔牌甲，弃尔标弩，平尔壕堑，散尔徒党，无贪我省地，无害我省民，无苦民敦之首乱以自取灭亡[9]，则尔诸团亦得永保室家[10]。如或敢怀奸诈，始服而终叛，暂顺而旋逆，则将剿绝尔类，虽悔何及！尔尚敬听之，至于子子孙孙勿忘！乃撮其辞[11]，为《受降台记》。

淳熙己酉岁孟冬月立[12]。

【校勘记】

[1] 八，《瑶族石刻录》作"入"，误，据光绪《湖南通志》、《楚南苗志》改。

[2] 宜，《瑶族石刻录》作"官"，误，据光绪《湖南通志》、《楚南苗志》改。

[3] 敦，《瑶族石刻录》缺，据光绪《湖南通志》、《楚南苗志》补。

[4] 攘，《瑶族石刻录》作"扰"。

[5] 壮国家之威灵，《瑶族石刻录》作"壮国之威"。

[6] 命，《楚南苗志》作"令"。

[7] 战，《瑶族石刻录》作"占"，误，据光绪《湖南通志》、《楚南苗志》改。

[8] 插，据句意当作"歃"。

[9] "无苦"句，《楚南苗志》"以"字下多一"其"字。

[10] 室家，《瑶族石刻录》作"实家"，误，据光绪《湖南通志》、《楚南苗志》改。

[11] 辞，《楚南苗志》作"词"。

[12] "淳熙"句，光绪《湖南通志》、《楚南苗志》缺，据《瑶族石刻录》补。

奉诏抚猺颂有序

【题解】

碑在湖南宁远县九嶷山虞陵殿前。明万历四年（1576）刊。《瑶族石刻录》注：碑高5米，宽2米余。据永州博物馆拓片录。

奉诏抚猺颂有序

惟我大明皇帝嗣位正统，是为万历纪元。发德音，下明诏，与民更新。两粤余寇虽经剿处，恐潜遁煽惑，令复业，所司优卹甚大惠也。有陈世禄者，系粤寇漏网，九嶷七峒训兵谋叛，诸猺风靡，六年弗共。抚院汝阳赵公、按院德兴舒公，乃更置长吏，增秩受策。分守肥乡郭公、兵巡西蜀边公，密操机宜，曰抚曰剿，期罪人必得，峒猺归正。猺目盘法胜为世禄所持，志犹两可。会迎诏旨，给舍张公以遣祭至，暨贰道及前守王君莅其境，宣示朝廷威德。知州蔡光、祗奉招抚法胜内向云世禄作鲠，因伏兵擒之。数日之间，释矛弩率妻子来归者三千余人，立籍承租，悉为良民。于是论功行赏，远迩胥悦。夫数年之恶，一旦尽除，仙政、太平等乡，有若开拓，此百世之利也。宁远古百粤之地，密迩三苗舞干羽而致来格，斯实再觐诏谕甫及，人心回响。圣君贤相，至诚感动，固文德覃敷，俄倾功化也。敬为颂言，勒之贞珉，以告世世。颂曰：

惟天生人，陶铸至神。肖状别伦，爰有百粤。趾伏疑窟，文身板发。王化渐被，亦既怀只，同仁斯视。有田有租，输公弗通。粤人则吾，彼丑败残。穷归苟安，乃生祸端。厥心孔异，叛窃罔忌。鲠我至治，穆穆中丞。宪典悉凭，蛮夷是膺。日难遥度，吏轸民瘝。进止有绰，戈矛载除。糇粮悉储，议捣其居。傥携可招，租复兵销。何忧有苗，彼凶不知。恃险弗离，逆谋将施。天厌其乱，党与解散。况也永叹，惟明天子。德诏至止，回生起死。昔为桀狷，今则良民。寒谷逢春，伊谁之功。文治大同，吁俞虞风。十有七总，招主猺从。分比顽懵，为帝好生。洽于山氓，奕世其平。

万历四年岁在丙子季夏六月之吉，前进士待经筵官兵科右给事中知永州府事丁懋儒撰。同知邵城篆，通判纪光，训书谭文光，推官徐昜立，道州知州罗斗，同知徐宗夏，判官黄文科，靖州知州管宁远县事蔡光，县丞关镇甸，主薄廖世隆，典史应辰同立。

九疑虞殿奉宪禁采碑

【题解】

原存湖南宁远县九嶷瑶族乡虞陵殿前。虞陵殿已毁，碑刻尚存。清同治三年（1864）刊。碑高约 2.1 米，宽约 1.2 米。

见《瑶族石刻录》第 88—89 页。

【石刻全文】

钦加青军府衔、永州府宁远县正堂加五级纪录五次王，为严示封禁，永杜弊端事。案奉前升藩宪扎，据宁远县附生李象鼎、贡生邓象鼎呈请，于西江源开矿一案，当禀批发。奉府宪杨，委道州知州江，会同本县前诣该处查勘明确。又奉抚宪扎委补用直隶州丁，处县会勘训导乐显钰、黄拔萃，文生王缉熙，呈请封禁情形，均经先后勘绘图贴，说复在案。

兹奉守宪张扎准藩宪谘禀，奉阁督部堂官批查西江源地方，既据委员勘明开采矿砂有碍虞陵，且历年以来，叠酿巨案。现值有事之秋，自应严行封禁，以靖地方。仰南布政司令同按察司，迅即出示封禁，并移该道，督饬地方官，严密巡查，不准偷挖为要。又奉藩宪石礼开奉抚部院恽批，据禀已悉西江源开采，既于地方不便，自不可填之，于始应照所议，仍行封禁，仰布政司查扶饬遵等因，奉此合行出示严禁。为此示，仰合邑士庶及该处团保、瑶总人等知悉。

现据李象鼎等禀，请开矿之西江源即癫子山地界，为九疑来脉。一经开采，于虞陵民生，均大有妨碍。况李象鼎等，系桂阳师籍，原非宁邑生员，胆敢欺朦罔利，业经本县申饬，兹既奉大宪扎示封禁，亟应严行查禁，以靖地方。该民猺人等，均不得伙串私开窃挖，自干法纪，仍令该处团保猺总，随时严密巡查。如有外来奸匪，三五成群，入山偷挖，许即捉获，送案或据实指禀，以凭严拿治罪。如胆敢故违徇隐，一经访闻或被告发，定即一并拘案究办，决不姑宽。再癫子山地界宽广，除西江源外，别名甚多，与九嶷山一带，均为虞陵重地，灵爽式凭之处[1]，且系历来例封禁山，载在老乘[2]，无论有无矿砂，一概严行永远封禁，以杜奸宄，而弭弊端，各宜凛尊毋违。

特示。

同治三年甲子岁夏月谷旦立。

【校勘记】

[1] 处，原作"外"。按：本书所收《九疑舜殿奉宪禁采碑》云"灵爽式凭之处"，据此，"外"当为"处"之误。

[2] 老乘，疑当作"志乘"。志乘，即志书。

九疑舜殿奉宪禁采碑

【题解】

碑原存湖南宁远县九嶷山舜陵殿中，为碑群之一。清同治十三年

（1874）刊。

见《瑶族石刻录》第 107 页。

【石刻全文】

奉宪禁采

同治十四年乙亥仲春月甲辰日。

禁采

大宪札示封禁，亟应严行查禁，以靖地方。该民猺人等，均不得伙串，私开窃挖，自于治纪。仍令该处团保、猺总，随时严密巡查。如有外来奸匪，三五成群入山偷挖，即捉护送案或据实指禀，以凭严拿治罪。如敢故违徇隐，一经访闻或被告发，定即一并拘案究办，决不姑宽。再癞子山地界宽广，除西江源外，别名甚多[1]，与九嶷山一带均为虞陵重地灵爽式凭之处，具系历来例封禁山，载在老乘[2]，无论有矿砂，一概严行永远封禁，以杜奸宄，而弭弊端，各宜凛遵毋违。特示。

大清同治十三年甲戌岁夏月谷旦立。

【校勘记】

[1] 甚，原作"其"，当误，径改之。

[2] 老乘，疑当作"志乘"。志乘，即志书。

广东连州市连山县瑶族石刻

连州刺史厅壁记

【题解】

碑在广东连州市，已佚，唐元和十一年（816）刊。见阮元道光《广东通志》卷二百三《金石略五》；（道光）《广东通志》卷一百三十六《建置略十二》；《刘梦得文集》卷二十六；《全唐文》卷六百六。

刘禹锡（772—842），字梦得，唐代著名文学家，被尊为"诗豪"。贞元九年，刘禹锡于"贞元革新"失败后，与王叔文、柳宗元等八人被贬到边远州郡。刘禹锡开始被贬为连州刺史，行至途中，又再下贬为朗州司马。元和九年十二月，刘禹锡、柳宗元等人奉诏从贬地回到京城。元和十年春，刘禹锡改授连州刺史。元和十四年十一月，刘禹锡因母丧扶柩回洛阳原籍，离开连州。

【石刻全文】

连州刺史厅壁记[1]

此郡于天文与荆州同星分[2]，田壤制与番禺相犬牙。观民风与长沙同祖习，故常隶三府，中而别合，乃今最久而安，得人统也。按宋高祖世析郴之桂阳为小桂郡，后以州统县，更名如今，其制宜也。郡从岭，州从山，而县从其郡[3]。

邑东之望曰顺山。由顺以降，无名而相次者以万数，回环郁绕，迭高争秀，西北朝拱于九疑。城下之浸曰湟水，由湟之外，交流而合输者以百数，沦涟汩濡，擘山为渠，东南入于海。山秀而高，灵液渗漉，故石钟乳为天下甲，岁贡三百铢。原鲜而膴，卉物柔泽，故纻蕉为三服贵，岁贡十笥。林富桂桧，土宜陶旋，故侯居以壮闻。石侔琅玕，水孕金碧，故境物以丽闻。环峰密林，激清储阴，海风驱温，交战不胜，触石转柯，化为凉飕。城压赭冈，踞高负阳，土脉嘘湿，抵壑而散。袭山逗谷，化为鲜云，故罕罹呕泄之患，函有华皓之齿，信荒服之善部，而炎裔之凉圩也。

永贞元年，余始以尚书员外郎坐党累，出补兹郡。居无何，吏让以是迁也不足偿其责，故道贬为朗州司马。后十年，诏书征还抵京师，俄复前命，故佩印绶而南。曩之骑竹马北向相俟者，咸仕郡县，巾鞴来迎。下车之日，私唁且笑。既视事，得前二千石名姓于壁端，宰臣王晙、列卿刘晃、儒官严士元、闻人韩泰金拜焉。或久于其治，功利存乎人民。或不之厌官，翘容载于歌谣。余不佞，从郡公之后，肇武德距于今，凡五十有七人，所举者四君子，犹振裘之于领袖焉。

元和十一年七月二十四日，刺史中山刘某记。

【校勘记】

[1] 壁，（道光）《广东通志·金石略》无。

[2] 于，（道光）《广东通志·金石略》无。

[3] 郡，《刘梦得文集》作"朔"。

祖无择大云洞题名一

【题解】

摩崖在连州市大云洞，北宋皇祐二年（1050）刊。楷书。

见（道光）《广东通志》卷二百六金石略八；《连州石刻史话》第7—11页。

祖无择，字择之，上蔡（今属河南）人，进士，曾任南康军知军、广南东路转运使。李徽之，工部侍郎。

【石刻全文】

祖无择

李徽之

皇祐庚寅孟冬十二日游。

周燮大云洞诗并序

【题解】

摩崖于连州市大云洞，北宋嘉祐四年（1059）刊。楷书。

见《（道光）广东通志》卷二百六金石略八；《宋诗纪事补遗》卷八；《连州石刻史话》第18页。

周燮，道州永明（今湖南江永）人，天圣五年进士，时知连州。

【石刻全文】

大云洞诗并序

尚书职方员外郎知郡事周燮撰。

大云山[1]，湟川之胜景也[2]。畴昔伯氏为郡曹掾，余时随侍，朝游夕赏，未尝倦怠。去此将三十年，来为郡守。始至，命驾晨往，目觌旧物，心休休焉。然居是山者，久非其人。寺宇牢落，物多遁形。乔松修竹，为藤萝延蔓。幽岩怪石，为粪壤埋没。复为桥横塞云洞，殆非昔时景趣也。遽命撤桥以敞洞门，于岩之西为亭，曰"清熙"，为燕游之所。芟夷草莽，松篁秀拔，除去粪壤，岩石峭立，不逾浃辰，清景顿复[3]。因是黜庸举能，精进者遴集。崇师当是举也，舆议许之。吾知大云山从此复兴矣，因吟诗一章勒于岩石。辞曰：

西出州城五里余[4]，大云仙洞最清虚[5]。

近来选得禅师住，是处精蓝尽不如[6]。

宋嘉祐四年四月十九日周诚书[7]，住持传法沙门绍崇[8]监刊。

【校勘记】

[1] 山，《连州石刻史话》脱。

[2] 湟川，为大云山、大云洞所在，《（道光）广东通志》《宋诗纪事补遗》卷八作"湟州"，误，据《连州石刻史话》改。

[3] 顿，《连州石刻史话》误作"顷"。

[4] 出州，《连州石刻史话》误作"去山"。

[5] 最，《连州石刻史话》误作"有"。

[6] 蓝尽，《连州石刻史话》误作"槛画"。

[7] 诚，《连州石刻史话》误作"诫"。

[8] 崇，《连州石刻史话》误作"宗"。

释绍崇大云洞诗

【题解】

摩崖在连州市大云洞。绍宗年间刊。约刊于北宋皇祐四年（1052）。据拓片录。

释绍崇，不详。结合周骘大云洞诗并序称"近来选得禅师住，是处精蓝尽不如"，知释绍崇是周骘建寺时所请来寺中做住持的高僧。

见《连州石刻史话》第20页。

【石刻全文】

绍崇奉命移居是寺，偶成山居二十八字勒于岩石。辞曰：

十年踪迹住湟关，占得幽奇水石间。

纵使王孙多富贵[1]，有钱无处买江山。

【校勘记】

[1] 纵使，《连州石刻史话》作"纵是"，误，径改之。

祖无择大云洞题名二

【题解】

摩崖在连州市大云洞，北宋皇祐四年（1052）刊。篆书。

见《（道光）广东通志》卷二百六金石略八；《连州石刻史话》第7—11页。

祖无择，字择之，上蔡（今属河南）人，进士，曾任南康军知军、广南东路转运使。黄裕，时任连州知州。

【石刻全文】

广南东路水陆计度转运使、太常博士、直集贤院祖无择，太子中舍、知连州军州事黄裕游大云洞。皇祐四年九月丙午题。

向宗道大云洞题名一

【题解】

摩崖于连州市大云洞。楷书。北宋嘉祐二年（1057）刊。

见《（道光）广东通志》卷二百七金石略九；《连州石刻史话》第30页。

向宗道，字符伯，河内（今河南沁阳）人，是北宋宰相向敏中之孙，曾二至连州任职。

【石刻全文】

都官员外郎知军州事周燮与同年都官员外郎欧阳轧曜、郡判官屯田员外郎向宗道游大云洞[1]。嘉祐二年十月十一日宗道题[2]。

【校勘记】

[1] 郡，《连州石刻史话》脱。

[2] 十一，《连州石刻史话》作"十二"。

周敦颐游大云洞题名

【题解】

摩崖于连州市大云洞。楷书。刊于北宋熙宁元年（1068）。

见《（道光）广东通志》卷二百七金石略九；《连州石刻史话》第3页。

周敦颐，字茂叔，号濂溪，道州人，宋代著名理学家。

【石刻全文】

转运判官、尚书驾部外郎周惇颐茂叔[1]，尚书屯田郎中、知军州事何延世懋之，熙宁元年十二月十六日同游。

【校勘记】

[1] 惇颐，因避光宗讳而改。《连州石刻史话》作"敦颐"，且"茂叔"前衍一"字"字。

周敦颐题 "廉泉之源"

【题解】

摩崖于连州市巾峰山。楷书。当刊于北宋熙宁四年（1071）。《连州石刻史话》言"每字一米见方"。《粤东金石略》注评：长宽各二尺，结体朴拙，而笔笔不苟，穆然有道，气象令人起敬……（周敦颐）熙宁元年，以吕文献荐擢广南东路转运判官，三年转虞部郎中，提点广南东路刑狱，四年辛亥正月赴广南任，是年八月改知南康军，此字当刻于是时。

见《（道光）广东通志》卷二百七金石略九；《连州石刻史话》第5—6页。

周敦颐，字茂叔，号濂溪，道州人，宋代著名理学家。

【石刻全文】

廉泉之源
濂溪书。

向宗道北禅寺题名

向宗道北禅寺题名

【题解】

摩崖于连州市北山禅寺。楷书。北宋熙宁四年（1071）刊。

见《（道光）广东通志》卷二百七金石略九；《连州石刻史话》第27页。

向宗道，字符伯，河内（今河南沁阳）人，是北宋宰相向敏中之孙，曾二至连州任职。

【石刻全文】

权发遣广南东路转运使公事尚书职方郎中向宗道元伯、尚书虞部员外郎知连州军州事陆琼宝之，同观燕喜亭旧迹，遂游北禅

寺[1]。熙宁辛亥三月二十七日

【校勘记】

[1] 北禅寺，《连州石刻史话》作"北山禅寺"，误，据原碑改。

向宗道大云洞题名二

【题解】

摩崖于连州市大云洞。楷书。北宋熙宁五年（1072）刊。

见《（道光）广东通志》卷二百七金石略九；《连州石刻史话》第28—29页。

向宗道，字符伯，河内（今河南沁阳）人，是北宋宰相向敏中之孙，曾二至连州任职。

【石刻全文】

予叨领漕事，熙宁五年同郡守金汉公再游。四月戊辰，向宗道记。

大云洞铭

【题解】

摩崖于连州市大云洞。额篆书，正文楷书。北宋熙宁六年（1073）刊。

见《连州石刻史话》第31—33页。

金杰，时假守连州。

【石刻全文】

大云洞铭（篆额）

熙宁六年二月十四日[1]，假守金杰因与郡寮游此，辄留铭焉。

水穴山东，千寻莫穷。其声潺淙，所居者龙。谁何不恐悚而瞰视其中？

石洞山边[2]，中虚外全。奇怪百千[3]，所居者仙。谁何不奔凑而遊咏其间？

[1] 十四，《连州石刻史话》作"四"，误。

[2] 边，《连州石刻史话》作"阳"，误。

[3] 恽，《连州石刻史话》作"在"，误。

李宗仪等燕喜园题名

李宗仪等题名

瑶族石刻辑校

【题解】

摩崖于连州市燕喜园（今连州中学内）。楷书。北宋熙宁七年（1074）刊。"海阳湖"为唐代诗人元结被贬连州时所命名。"海"字残缺。

见《连州石刻史话》第35页。

李宗仪，时任连州提点刑狱。

【石刻全文】

提点刑狱司封郎中李宗仪、郡守职方郎中张阎遊海阳湖[1]。

熙宁七年仲冬月十二日题。

【校勘记】

[1] 阎，《连州石刻史话》作"闻"，误。

杜扞等大云洞题名一

【题解】

摩崖于连州市大云洞。楷书。北宋熙宁十年（1077）刊。

见《（道光）广东通志》卷二百七金石略九；《连州石刻史话》第 51 页。
杜扞，字靖国，时任连州知州。

【石刻全文】

太守杜扞靖国率从事谭粹文叔郑觏朝隐同遊[1]。
熙宁丁巳五月壬申夏至也。

【校勘记】

[1] 杜扞，《连州石刻史话》述其大云洞四处题名，均作"杜杆"，误。

杜扞等大云洞题名二

【题解】

摩崖于连州市大云洞。楷书。北宋元丰元年（1078）刊。
见（道光）《广东通志》卷二百八金石略十；《连州石刻史话》第 49 页。
杜扞，字靖国，时任连州知州。

【石刻全文】

元丰元年戊午秋七月辛丑，太守杜公扞观稼西郊，因招番禺令李勃、曲江掾刘经臣遊大云石室，遂作乐宴于览翠亭，凡二十刻，乃泛舟南下，终饮于悽岩院。幕下郑觏辅行。谨勒诸岩壁以纪其盛云耳。

杜扞等大云洞题名三

【题解】

摩崖于连州市大云洞。楷书。北宋元丰三年（1080）刊。
见《（道光）广东通志》卷二百八金石略十；《连州石刻史话》第 50 页。
杜扞，字靖国，时任连州知州。

【石刻全文】

郡守杜扞率从事张元龟[1]，掾属□璟、李照同遊大云洞，登秀岩亭会饮联句，薄暮而还。元丰庚申岁仲春月戊戌日题。

【校勘记】

[1] 龟，《连州石刻史话》作"黾"。

杜扞等大云洞题名四

【题解】

摩崖于连州市大云洞。北宋元丰三年（1080）刊。

见（道光）《广东通志》卷二百八金石略十。

杜扞，字靖国，时任连州知州。

【石刻全文】

元丰三年仲春二十三日携家遊大云洞，还观八顾亭，移刻而归[1]。男忱
□玗□刘兓侍行孙诜老□□。杜扞靖国题。

【校勘记】

[1] 移刻，道光《广东通志》作"衣冠"，误，据拓片改。

张浚燕喜亭题名

【题解】

摩崖在连州市燕喜亭。南宋绍兴十九年（1149）刊。楷书。《粤东金石
略》曰：后有小字一行，云"门生右从政郎桂阳县□□雷□□刊"，今拓本已
漫灭矣。题名中，陈宗谔，字昌言。连州人。宝庆二年特奏名登进士第。历
泷水丞、摄端溪令。《永乐大典》卷三一四五《陈·陈宗谔》："《湟川志》：宗
谔，字昌言，居州南龙津门……为泷水丞、摄端溪令。"欧阳献可，江西万安
县常溪乡人，北宋政和四年（1114），甲戌江西解试，取得第一名，高中解
元。政和五年（1115），欧阳献可参加礼部乙未科省试，得中进士。宋翔，字
子飞，崇安人，绍兴二十一年进士，官湖南帅司参议，有《梅谷集》。因得张
浚知遇，为张浚十客之一。

见《（道光）广东通志》卷二百九金石略十一；《连州石刻史话》第12—16 页。

张浚，字德远，号紫岩，绵竹人。政和八年进士，南宋著名将领，曾知枢密院事，出任宰相，秦桧揽权后，被贬连州。其子张栻，为南宋著名理学家。

【石刻全文】

紫岩张浚携子栻遊燕喜亭，阳山唐赋、陈宗谔、欧阳献可、欧阳相，武夷宋翔、湘僧元真、蜀僧宗范、大祁同来。皇宋绍兴己巳清明前一日，浚书。

王大宝题大云洞赞

【题解】

摩崖在连州市大云洞。楷书。高 2.02 米，宽 1.30 米，正书，字径 0.10 米。刊于南宋绍兴十七年（1147）。《宋史·王大宝传》载，大宝知连州，张浚亦谪居，命子栻与讲学。文中"假绂"，指因任官而来。绂，同"黻"，指古代系印纽的丝绳，亦指官印。岁阏阳圉，为古代纪年。《尔雅·太岁》记在卯曰单阏，在丁曰强圉，故岁阏阳圉指绍兴十七年丁卯，即公元 1147 年。

见《（道光）广东通志》卷二百十金石略十二；《连州石刻史话》第53—56 页。

王大宝（1094—1170），南宋潮州人，字符龟。建炎初，廷试第二，授南雄州教授，因病归家。赵鼎贬谪潮州，与之游，从讲《论语》。后知连州，张浚亦谪居，与其子张栻讲论理学。后历知袁州、国子司业兼崇政殿说书、提点广东刑狱等职。孝宗即位，授礼部侍郎，擢右谏义大夫。力主抗金，相继弹劾朱倬、沈该、王之望、汪澈等主和大臣，又上章反对汤思退复相。因招致孝宗不满．以敷文阁直学士提举太平兴国宫。乾道元年，召为礼部尚书。

【石刻全文】

岩秀而隐，石巧以垂。宾介主僎[1]，团筵备维。支踈玲珑，可陟可窥。刊遊亘昔，假绂来规。岁阏阳圉，绍兴纪题。潮郡王系，大宝元龟。

【校勘记】

[1] 主僎，《连州石刻史话》录作"以南"，误。僎，意为准备、筹备。

重修燕喜亭题记

【题解】

摩崖于连州市燕喜亭。楷书。刊于南宋绍熙二年（1191）。
见《连州石刻史话》第57—60页。
陈晔，字日华，福建长乐人，宋代诗人。时知连州。

【石刻全文】

知军州事长乐陈晔日华父帅同僚落新亭。
绍熙二年五月晦[1]。

【校勘记】

[1] 绍熙，《连州石刻史话》作"绍兴"，误。

何坦游大云洞题名

【题解】

摩崖于连州市大云洞。楷书。刊于南宋嘉定十六年（1223）。
见《（道光）广东通志》二百十二金石略十四；《连州石刻史话》第61—64页。
何坦，字少平，号西畴，江西广昌人，淳祐十一年进士，历任靖州、江陵府教授，后擢连州知州、广东提刑。死谥"文定"。

【石刻全文】

郡守何坦就持宪节将行，拉提干杨保中、签判谢休复、新签判梁价、教授曹靖、推官郑淡、知录李撰、桂阳令陈汲同游大云岩。嘉定癸未九秋既望后一日，谨志于石。

周梅叟游大云洞题名

【题解】

摩崖于连州市大云洞。楷书。刊于南宋淳祐元年（1241）。

见《（道光）广东通志》二百十二金石略十四；《连州石刻史话》第 65—68 页。

周梅叟，即周亮，字春卿，湖南道州人，周敦颐第七代裔孙，嘉熙二年进士。时任连州教授。

【石刻全文】

赵与必、周梅叟、钱信、林得遇、冯开先、赵公埘、张子构、赵彦金、赵悉夫、龚日千、陈遇、张逢午、张杞。梅叟，濂溪诸孙也。淳祐改元长至后四日，同观濂溪墨迹。

刘燧叔大云洞题诗

【题解】

摩崖在连州市大云洞。南宋淳祐二年（1242）刊。

见道光《广东通志》卷二百十三金石略十五；《连州摩崖石刻集》第 52 页。

刘燧叔，字用斋，莆田人。时任连州知州。

【石刻全文】

淳祐壬寅中秋后用斋刘燧叔携家重遊因纪于石

试携杖屦作山行，一夜秋风桂子生。

犀曳千章稠黛绿[1]，鹅兼万点簇云英。

长哦宾客珠玑句[2]，敬仰濂溪日月名。

我亦黄尘吹鬓者，频来心迹觉双清。

【校勘记】

[1] 章，《连州石刻史话》作误作"辛"。

[2] 宾，《连州石刻史话》作误作"宝"。

翁淼游大云洞题名

【题解】

摩崖于连州市燕喜亭。行书。刊于明正统九年（1444）。

见《连州石刻史话》第 77—80 页。

翁淼，字宏润，又字秀卿，号一瓢，莆田人，成化中以举人署连州事，有《一瓢稿》。

【石刻全文】

郡学官莆田翁淼[1]、万安罗彦洪、建安吴恭，慨前代十二亭台荒颓，乃重刻圈记于泮宫，暇日游览寻古迹质实之，因摩崖以纪，俟夫后之能兴者[2]。正统甲子冬至日书。

【校勘记】

[1] 翁淼，《连州石刻史话》多处作"翁森"，误。

[2] "俟夫"前，《连州石刻史话》衍一"有"字。

永禁地方公务碑记

【题解】

碑在连州市，具体地点不详。清康熙十二年（1673）刊。

据《连州石刻史话》第 105—107 页。

【石刻全文】

广州府连州为勒碑革弊事。据流沙堡地方邓、陈、龚，九陂下堡地方杨、陈、刘等呈为取办已奉严禁，杜患贵垂永久，乞天转详勒石，以苏民困，以惠将来事。窃闻除害即以兴利，而有初必祈克终。广府一十六属，惟连鸷远，土瘠民贫，山多田少，民每岁力耕，除输纳正供而外，其所不足于仰事俯育者，卒资于山林、油麻、花豆之利。是以虽遇凶荒兵役，尚可免强支撑，常怀安土重迁之心焉。迨兵燹后，杀戮过半，田舍荒芜。向时七十二堡，今仅存二十。且一堡之中，比屋居民亦不敌先年每堡之半。使上之人加意抚绥，鸠其哀鸿，除其烦苛，则生聚教训，将见数年之后，未必不复睹盛世遗风也。无如政出多门，民疲奔命，递年采买，络绎相仍。昔时民所赖以为衣食计者，今且转输为各衙门取办物矣。供应既烦，日不暇给。其在乐岁，或可罄室以予；或遇凶年，势必称贷而应。以故乡落小民，凡所为终岁勤劳者，计其所入，计以半予田主。输课之后，一苦于官司之烦扰，一苦于债主之威迫。由是号寒啼饥，即见于西成之日；别乡离井，犹闻于治平之时。视昔云二卖丝而五卖谷，今更鬻产荡家，救眼前而剜心头，甚且剥肤剔骨也。幸仁台下车之初，轸念民瘼，正己绳人，慨然有均役免差之令，与民更始。而各衙门亦能体谅德意，相与有成。二年以来，业已遵行在案。将见疮痍复起，元气渐培，在小民乐有其生，皆德政噢咻所至也。侣严革虽行于一时，而仁恩必被于后世，使非勒之慎珉[1]，犹或虑其变更。为此联名具呈，恳恩作主，一体严禁，以杜将来等情到州。据此，随经沥详前院刘批允行州禁饬外，嗣后各衙门采买油麻、花豆、猪羊、砖瓦、篷篙、柴炭、板料、刑具、马夫等物，并借题取结勒诈结骨银两种种积弊，概行禁革。俾立石通衢，永为遵守施行，须至碑者。

康熙十二年岁次癸丑仲春吉旦，奉直大夫知连州事燕山李赉勒石。

【校勘记】

[1] 慎珉，据句意，当作"磌珉"。

戴熙刻韩愈燕喜亭记

【题解】

碑在连州市燕喜亭。楷书。刊于清道光二十六年（1846）。燕喜亭始建于唐贞元年间，为时任连州司户参军王弘中所建。贞元十三年，韩愈被贬为连州郡所属之阳山县县令，应王弘中之请，将亭命名为"燕喜"，并作《燕喜亭记》。道光间广东学政戴熙应诸学子之请，刊刻韩文碑，立于亭中。据《连州石刻史话》，该碑通篇 18 行，每行 32 字。该碑在"文化大革命"中被逐字破坏，仅"泽"字幸存。碑体被打碎成十三块弃之荒野，后又被农民抬至家中垫猪圈，直至 1982 年才被发现收回，然后重新拼合，立于燕喜亭中。

见《连州石刻史话》第 99—101 页；《昌黎集》卷十三。

戴熙（1801—1860），浙江钱塘人，字醇士，一作莼溪，号榆庵、松屏，别号鹿床居士、井东居士。道光十二年进士，二十六年为广东学政，官至兵部侍郎。死谥文节。

【石刻全文】

太原王弘中在连州，与学佛人景常、元慧游。异日，从二人者行于其居之后，丘荒之间，上高而望，得异处焉。斩茅而嘉树列，发石而清泉激，辇粪壤，燔榴翳。却立而视之：出者突然成丘，陷者呀然成谷，洼者为池而缺者为洞，若有鬼神异物阴来相之。自是，弘中与二人者晨往而夕忘归焉，乃立屋以避风雨寒暑。

既成，愈请名之，其丘曰"竢德"之丘，蔽于古而显于今，有竢之道也；其石谷曰"谦受"之谷，瀑曰"振鹭"之瀑，谷言德，瀑言容也；其土谷曰"黄金"之谷，瀑曰"秩秩"之瀑，谷言容，瀑言德也；洞曰"寒居"之洞，志其入时也；池曰"君子"之池，虚以钟其美，盈以出其恶也；泉之源曰"天泽"之泉，出高而施下也；合而名之以屋曰"燕喜"之亭，取《诗》所谓"鲁侯燕喜"者，颂也。

于是州民之老，闻而相与观焉，曰："吾州之山水名天下，然而无与'燕喜'者比。经营于其侧者相接也，而莫直其地。"凡天作而地藏之，以遗其人乎？弘中自吏部郎贬秩而来，次其道途所经，自蓝田入商洛，涉浙、湍，临汉水，升岘首以望方城；出荆门，下岷江，过洞庭，上湘水，行衡山之下；繇郴逾岭，蝮狖所家，鱼龙所宫，极幽遐瑰诡之观，宜其于山水饫闻而厌见也。今其意乃若不足。传曰："智者乐水，仁者乐山。"弘中之德，与其所好，可谓协矣。智以谋之，仁以居之，吾知其去是而羽仪于天朝也不远矣。遂刻石以记[1]。

皇清道光二十六年五月，熙按试连州书此，从诸生请也。诸生景慕先贤，学政职当鼓舞。或曰："将以传熙书。"熙不足法，熙不敢。内阁学士南斋翰林广东学政戴熙题记。

【校勘记】

[1] "遂刻"句，《连州石刻史话》无，据《昌黎集》补。

剿瑶纪功碑

【题解】

摩崖于连州市大云洞。隶书。刊于清咸丰五年（1855）。

见《连州石刻史话》第 81—86 页。

尹达童，为此次"进剿"之参戎。

【石刻全文】

咸丰五年岁次乙卯五月下浣，参戎尹达童、参军吴廷杰、贰尹李本立、千戎黄锡书，督带舟师，进剿三连，凯旋前二日同遊大云洞石室，敬观濂溪先生墨迹，因纪于石。

连山直隶军民厅严禁架桥寻衅以安民瑶谕

【题解】

碑在连南瑶族自治县；因行政区划变迁，且题目称"连山"，故系于此。刊于清光绪八年（1882）。见《连南八排瑶族研究资料（下）》第 913—914 页；《瑶族石刻研究》第 38—39 页。

【石刻全文】

连山直隶军民厅严禁架桥寻衅以安民瑶谕

知府衔连州直隶州正堂会委员补同军民府即补粮捕冯，署三江□□管辖连阳等处督府黄，三品衔山绥瑶直隶军民厅福，为晓谕严禁架桥寻衅以安民瑶事：照得上吉村虞姓因与瑶人争山，户与积怨多年，以致互相寻仇，移甲怒乙，抢掳斗争，层出不穷，近奉大宪访闻，特札饬本委员会同本州本协本府查办，业经饬传虞姓绅耆及各口瑶人等，同诣土名上茅田勘明互争山场，绘图附卷，复经提集训，据供认个案，均为律例不容，若以情罪论之，俱应从严惩治，第念各民谣等亦良歹不齐，无非其中匪徒借事图利，不顾贻累，妄滋事端，虽属诛不胜诛，未必救无可救，用特宽其既往，予以自新。随据民谣供称悔惧，各所掳男女人口，交案给领，并据同供，以前两造互供枪杀各案，但求免予深究等语，当即持平断结，令将互争上茅田排山场处所，上至高楼顶背分水，下至龙水以外瑶排为界，左至龙水为界，右至乐义下坳为界，概为瑶人管耕，其下坳外之张婆、杰矢二山，则归虞姓管业，以免复相争竞，两造均各输服，愿具遵结，领状柱明绘图，通裹大宪存案。情思民谣两造结怨已深，平日往来如同仇敌，现在案已讯断，诚恐未及周知，难保不无匪徒挟嫌生事，除派兵勇巡查外，合行晓谕严禁，为此示，谕属内民瑶各色人等知悉。尔等须思同居属中，均系乡里之亲，各宜彼此爱护，嗣后务须各安其业，守分营生，所有彼此往来道途，照常买卖交易，切勿以强凌弱，恃众欺孤，若有因事相争，应即呈催官断，如尔各瑶人等，或因远难呈报，尽可秉诉理瑶把总，代为转呈。孰是孰非，自闭官为办理，毋得架桥争衅，强行抢掳斗杀等情。如有违抗，一经查觉，或被告发，定即严行惩办以安瑶，决不宽贷。其各秉违，幸勿尝试，切切特示。

光绪八年四月二十三日。

石炳璋刻韩愈书"鸢飞鱼跃"

韩愈书"鸢飞鱼跃"

【题解】

摩崖于连州市连州中学刘禹锡纪念馆右前侧"醉翁石"背。"鸢飞鱼跃"是韩愈宰阳山（今广东清远市阳山县）时所书，石炳璋于清光绪十四年（1888）刻于此处。黄瓒、朱汝珍著《广东省阳山县志》（台湾成文出版社1974年版）载："韩文公鸢飞鱼跃四字，陆志云：右四字，大八寸许，旁有退之二小字，亦草书，原在县东半里钓几前，久毁。"阮元《（道光）广东通志》金石略五录此四字，并云："下刻万承风诗，中云'手迹留鸢鱼，镌摹供资借'，则四字即万所刻。伪作也。"

幕汶即巾汶，原指燕喜山附近的白水坑，此借指燕喜山。

见《连州摩崖石刻集》第109页。

【石刻全文】

鸢飞鱼跃（韩愈印一）

光绪戊子石炳璋刻于连州幕汶（石炳璋印一）。

云涛九派石刻

【题解】

摩崖于连州市小北江龙湫滩石壁。初刊于清光绪二十年（1894），民国三年（1914）重刊。四字额每字约 1 米见方，行楷。韩愈诗楷书，字体较大。跋语楷书，字体较右侧韩愈诗为小。

见《连州摩崖石刻集》第 150 页。

徐琪，清光绪间广东学政，时按临连州。

【石刻全文】

云涛九派（额）

韩文公宿龙宫滩诗

浩浩复汤汤，涛声抑更扬。

奔流疑激电，惊浪似浮霜。

梦觉灯生晕，宵残雨送凉。

如何连晓语，一半是思乡。

唐之龙宫滩，今之龙湫滩也。余按试连州过此，见石壁天开，下有涨沙，因捐廉就筑龙湫精舍，以祀龙神，兼祀昌黎，而刻其诗于右。连之江水多东泄，是处飞瀑内注，得巽震之气，若士子读书其间，此邦科第知必日盛，亦东坡论飞来寺之遗意也。

光绪二十年岁次甲午秋七月，督学使者仁和徐琪书。特保知县、连州学正新会欧阳瑷，淇潭司巡检山阴俞士恭遇缺先□用训导郡人龙学乾，五品顶戴前任广西柳州府融县思管司巡检郡人马绍廉监工刻。

民国三年仲春后，赵都应知事、试验晤花农先生嘱为重刊。里人冯和□记。

马头山摩崖石刻

【题解】

摩崖于连山县小三江镇南约五公里的马头山上，高约 2 米，宽约 1 米。

清咸丰十一年（1861）刊，现保存完好，字迹清晰。阴刻，楷书。全文共 275 字，记陈金钉（碑文中称"陈金刚"者）、翟火姑活动及当时战事。马头山被称为连山第一名峰，其山脉形势，因酷似黄山，向有"广东小黄山"之称。明清时期，因其有"一夫当关，万夫莫开"之险固，被称为"千户山"。

【石刻全文】

盖马头一山，峋嶙四壁，突兀千寻，从来避乱之胜地也。昔明末猛寇作乱，村民避难在此。及我朝康熙二十四年，陈凤等作乱，村民亦避难在此，旧址犹存。至咸丰四年，盗风四起，父老谋曰："此山实侬等托命之所。"即筑城室，不下千余家，遂居焉。至八年戊午冬十月十二，陈三入寇，焚掠二村两月，幸此山地利人和，累战累胜，贼败霄遁。至九年四月二十七，陈金刚入寇，村民亦在此保全。冬十月十三，北寇翟火姑等统众数万焚掠，两村子弟日夜下山打仗获胜，追杀贼人千余，抢夺骡马金宝无数。十一月十三流寇至马鹿村，众人又避诸此焉。第治乱无常，后之遇变，避此者万无一失。谨志。

首士黄文运、杨世卿、杨益生、谢恩谋、赵长保、黄存兴、杨秀连等志。
郑长禄、韦联禧同刻。
大清咸丰十一年岁次辛酉二月谷旦立。

广东乳源县瑶族石刻

大汉韶州云门山光泰禅院故匡真大师实性碑并序

【题解】

碑在乳源县云门寺碑廊。刊于南汉大宝元年（958）十二月。《玄门宗源流述略》注：碑高1.80米，宽0.91米，厚0.19米，青石质，上端斜角，中间断裂。阴刻，字体以楷书为主，夹杂少量行书和草书，共2309字。

见《乳源文物志》第60—64页；《玄门宗源流述略》第213—216页。

雷岳，南汉内门使、监集贤殿御书院给事郎、守内侍省内常侍、上柱国。

【石刻全文】

大汉韶州云门山光泰禅院故匡真大师实性碑并序

其本岁在重光太溯献正阳月二十有九在武德殿进呈奉事敕宣赐。

内门使、监集贤殿御书院给事郎、守内侍省内常侍、上柱国赐紫金鱼袋雷岳撰。

内五金使充北司都录事、银青光禄大夫、行内侍省内常侍、监集贤殿御书院、上柱国赐紫金鱼袋薛崇誉书。

详夫水月定形[1]，觉浮生之可幻；火莲发艳，知实性之宜修。故妙果圆明，寂尔而不生不灭；真如常住，湛然而无去无来。祛其华则是色皆空，存其实则众魔咸折，亦犹山藏白玉，泥涂不能污其珍；沼出青莲，尘垢不能染其质者也。则故匡真大师业传西裔，性达南宗，戒珠朗而慧日融光，觉海扬而慈霖普润。示非法无法之说，若电翻辉；应真空不空之谈，如钟逐扣。嘉以心唯清净，道本慈悲，常挑智慧之灯，洞照昏衢之路，将俟化周有截，终期证彼无为。故我释迦如来厌绮罗丝竹之音，痛生老病死之苦，逾金城而学道，依坛持以修真，六载成功，万法俱熟；为四十九年慈父，演八万四千法门，现千百亿化身，遍婆娑世界；说多多缘起，开种种导门，誓化迷伦，令超正觉。于时求法宝者是诸沙数，得道者于意云何？小则证须陀洹斯陀含，大则超阿罗汉辟支佛。卷舒自在，莲花中藏十二音声；变化无穷，芥子内纳三千国土。迄后化缘将毕，示灭双林，即以法及衣传于迦叶，叶传阿难，难传商那和修，修传优波鞠多，如此辗转相传，俾令常住世不灭矣。洎至于曹溪大圆满至真超觉大师，是为第三十三祖；若只认达摩禅师传衣法至于曹溪，则中华推为第六祖焉。故西来智药三藏驻锡曹溪，云"一百七十年后，当有无上法宝肉身菩萨于曹溪兴化，学道者如林"，故号曹溪为宝林。自祖师成等正觉后，现有一百六十九员生身菩萨遍在诸方行化，迄后得道者莫知其数，皆曹溪之裔也。故匡真大师又嗣于一叶焉。

师讳文偃，姓张氏，晋齐王冏东曹参军翰十三代孙也。翰知世将泯，见机休禄，徙于江浙，故胤及我师，生于苏州嘉兴郡。师幼慕出尘，乃栖于嘉兴空王寺志澄律师下为童，凡读诸经，无烦再阅。及长落彩，具足于常州坛，后侍澄公讲数年，倾穷四分指归，乃辞澄谒睦州道踪禅师，则黄檗之派也。一室常闭，四壁唯空，或复接人，无容仁思。师卷舒得志，径往叩门，禅师问："谁？"师曰："文偃。"禅师闭关云："频频来作什么？"师云："学人己事不明。"禅师曰："秦时𨍏轹钻。"以手托出闭门，师因是发明。又经数载，禅师以心机秘密，关钥弥坚，知师终为法海要津，定作禅天朗月，因语师云："吾非汝师，莫住。"师遂入闽，才登象骨，直奋鹏程，因造雪峰会。三礼欲施，雪峰乃云："因何得到与么？"师不移丝发，重印全机，遂等截流，还同戴角。由是学徒千余，凡圣莫审，师昏旭参问，寒燠屡迁，抠衣惟切与虚心，得果莫输于实服。因有僧问雪峰云："如何是触目不见道，运足焉知路？"峰云："苍天！"僧不明，问师，师曰："两斤麻，一匹布。"僧后闻于雪峰，峰云："噫！我常疑个布衲。"师于会里，密契玄机，因是出会，遍谒诸山尊宿，颇有言句，世所闻之。后雪峰迁化，学徒乃问峰佛法付谁？峰云："遇松偃处住。"学徒莫识其机，偃者盖师名也。至今雪峰遗诫不立尊宿。辛未礼于曹溪，旋谒灵树，故知圣大师以心机相露，胶漆契情。岁在丁丑，知圣一日召师及学徒曰："吾若灭后，必遇无上人为吾荼毗。"至戊寅，高祖天皇大帝巡狩韶石，至于灵树，知圣迁化，果契前约。敕为爇之，获舍利，塑形于方丈。于时诏师入见，特恩赐紫。次年敕师于本州厅开堂。师于是踞知圣筵，说雪峰法，实谓禅河汹涌，佛日辉华，道俗数千，问答回应，郡守何公希范礼足曰："弟子请益。"师曰："目前无异草。"有学人问："如何是本来心？"师云："举起分明。"别有言句，录行于世。

迄后大师心唯恬默，奏乞移庵，敕允。癸未领学者开云门山，五载功成，四周云合。殿宇之檐楹翼翥，房廊之高下鳞差。邃壑幽泉，挫暑月而寒生户牖；乔松修竹，冒香风而韵杂宫商。近于三十来秋，不减半千之众，岁纳他方之供，日丰香积之厨，有殊舍卫之城，何异灵山之会。院主师傅大德表奏院毕，敕赐"光泰禅院"额及朱记。至戊戌岁，高祖天皇大帝诏师入阙，帝亲问："如何是禅?"师云："圣人有问，臣僧有对。"帝曰："作么生对?"师云："请陛下鉴臣前前语。"帝悦云："知师孤介，朕早钦敬。"宣下授师左右街僧录，师默而不对，复宣下左右曰："此师修行已知蹊径，应不乐荣禄。"乃诏曰："放师归山可乎?"师欣然三呼："万岁!"翌日赐内帑、香药、施利、埔货等回山，并加师号曰"匡真"。厥后每年频降颁宣，繁不胜纪。恭惟我当今大圣文武玄德大明至道大广孝皇帝，岁在单阏，运圣谟而手平内难，奋神武而力建中兴，恩拯八纮，道弘三教，乃诏师入内，经月供养，赐六珠衣一袭及香药、施利等而回，并御制塔额，赐为"宝光"之塔，"瑞云"之院。

师自从示众，卓尔宗风，凡在应机，实当奇特。常一时见众集久，乃云："汝若不会，三十年莫道不见老僧。"时有三僧，一时出来礼足，师云："三人一状。"有问禅者，则云："正好辩。"有问道者，则云："透出一字。"有问祖师意者，则云："日里看山。"有才跨门者则以杖打之。有时示众云："直下无事，早是相埋没也。"迷缘不已，岂不徒然! 略举大纲，将裨后代。师以法无定相，学无准常，每修一忌斋，用酬二嗣讳。师一坐道场三十余载，求法宝者云来四表，得心印者叶散诸山，则知觉路程开，双林果满，诸漏已尽，万法皆空。虽假卧障，未少妨于参问；终云虚幻，乃示寂于韬光。侍者奉汤，师付碗子曰："第一是吾著便，第二是汝著便，记取!"遣修表祝别皇王，乃自扎遗诫曰："吾灭后，汝等弗可效俗教，着孝服，哭泣丧车之礼，否则违佛制，有紊禅宗也。"付法于白云山实性大师、志庠实师，会下已匡徒众。己酉岁四月十日子时，师顺世。呜呼! 慈舟坏兮轮回失度，法山摧兮飞走何依? 缁伦感朝藿之悲，檀信动式微之咏。宋云遇处，但携只履以无还；慈氏来时，应启三峰而再出。月二十有五，诸山尊宿具威仪，道俗千数，送师于浮图，灵容如昔。依师训塔于当山方丈内，法龄七纪二，僧腊六旬六。于日行云敛态，陇树无春，觑岳狐猿，啼带助哀之苦，穿林幽鸟，声添惜别之愁，吊客掩襟，伫立以泣。在会参学小师守坚，始终荷赞，洞契无为。门人净本、大师常实等三十六人知事，皆深明佛性，雅得师宗也。在京弟子报恩寺内供奉悟明大师，都监内诸寺院，赐紫六珠。常一、悟觉大师赐紫六珠，常省、超悟大师赐紫，常荐等七十余人，皆出自宫闱，素精道行，敕赐与师为弟子。法侄内僧录六通大师，教中大法师道聪，洞究本门，尤精外学也。

岳镂冰艺拙，映雪功疏，自愧斐然，滥承厚辞，编成实性，纪彼铭云：
师归何处? 超然寂然，爱河万顷，涉若晴川。其一。

思超四果，难降家魔；迷则万劫，悟则刹那。其二。

是色非色，真空不空，如水涵像，若烛随风。其三。

虽云有佛，难穷于佛，如地有芽，逢春自出。其四。

菩提无种，觉花无子，妙果如成，有何生死。其五。

是法非法，恍惚难寻，无内无外，即心传心。其六。

划石成灰兮丘陵潜煨，大海为田兮人伦斯改。

纪师实性兮刻于贞珉，龙华会开兮师踪如在[2]。

当院小师常遇，嗣法诤□大师赐紫常宝、常部、常罕，都监禅大德赐紫常进、常播、常操、常遂、常厚、常诩、常回、常悦、常道、常表、常溥、常秘、常定、常□、常兴、常艺、常习、常福、常□、常觉、常庆、常谨、常昧、常练、常省、常征、常渥、常益、常广、常徽、常寿、常顼、常㳽、常九、常穆、常勇、常萧、常缓、常裔、常干、常智、常□。

汉大宝元年岁次戊午十二月一日丁丑建。

赐紫金鱼袋李彦通，弟子御院承旨承务郎赐紫金鱼袋甘延，弟子邓怀□□任书，弟子郑留。镌字梁彦晖、邓仁爱。

【校勘记】

[1] 详夫，《玄门宗源流述略》作"相符"，当误。

[2] 在，《玄门宗源流述略》作"往"。

汉韶州云门山大觉禅寺大慈云匡圣弘明大师碑

【题解】

碑在乳源县云门寺碑廊，刊于南汉大宝七年（964）。《玄门宗源流述略》注：碑高2.60米，宽1.30米，厚0.22米，青石质。阴刻，字体以楷书为主，夹杂有少量行书和草书，全文近4000字。

见《乳源文物志》第64—68页；《玄门宗源流述略》第217—222页。

陈守中，西院使集贤殿学士，御前承旨太中大夫，行右谏议大夫，知太仆寺事。

【石刻全文】

汉韶州云门山大觉禅寺大慈云匡圣弘明大师碑（篆额）

大汉韶州云门山大觉禅寺大慈云匡圣弘明大师碑铭并序

西院使集贤殿学士，御前承旨太中大夫，行右谏议大夫，知太仆寺事，上柱国赐紫金鱼袋臣陈守中奉敕撰。

原夫真空无相，劫火销而性相何来？妙法有缘，元气剖而因缘何起？造化莫能为关键，玄黄不可为种根。乩乎十号之尊，出彼三祇之劫。增莫知而减宁睹，讵究始终；望不见而名无言，孰明去往？不有中有，不空中空，非动非摇，常寂常乐。拘留孙之过去，释种圆明；毗婆尸之下生，玄符合契。由是修行道着，相好业成。爰授记于定光，乃度人于摩羯。自是一音演说，二谛宏宣。开八万法门，化三千世界。大乘六而小乘九，慧业难基；欲界四而色界三，昏波易染。所以兴行六度，接引四生。求真者竞洗六尘，修果者咸超十地。尽使昏衢之内，俱萌舍筏之心；大荫人天，俾居净土。其后衣缠白氎，屣脱金沙，示无住之身，现有终之理。于是迦叶结集，阿难澄真，递付心珠，住持法藏。象教远流于千载，觉花遍满于十方。马鸣兴护法之功，龙树显降魔之力。师师相授，法法相承。大化无穷，不可思议。而自我祖承运，明帝御乾。符圣梦以西来，图粹容而东化。金言玉偈，摩腾行首译之文；鹿苑鸡林，佛朔遂身游之化。迨于魏晋，迄至隋唐，达理者甚多，得道者非少。其如历帝历代，有废有兴，未若当今圣明，钦崇教相者也。伏惟睿圣文武隆德高明宏道大光孝皇帝陛下，德参覆载，道合照临，叶九五之龙飞，应一千之凤历。承帝喾有尧之庆，鸿业勃兴；体下武继文之基，圣功崛起。每念八弦纷扰，九土艰虞。耀干戈弧矢以宣威，救生灵涂炭；用文物声明而阐教，致寰宇雍熙。栉沐忘劳，凿大禹之所未凿；造化不测，开巨灵之所未开。庆云呈而甘露垂，嘉谷生而芝草出。其于儒也，则石渠金马，刊定古今，八索九丘，洞穷渊奥；其于道也，则探玄抱朴，得太上之妙门，宝篆灵符，援虚皇之秘诀。于机暇既崇于儒道，注宸衷复重于佛僧。是以奉三宝于虚方，福万民于寰宇。绀宫金刹，在处增修；白足黄头，联辰受供。而乃频彰瑞感，显应昌期。矧以韶石粤区，曹溪胜地。昔西来智药三藏，驻锡于曹溪曰："一百七十年后，当有无上法宝肉身菩萨于此兴化，学道者如林。"故号曹溪曰"宝林"也。二十八祖之心印，达磨东传，三十三代之法衣，祖师南授。自六祖大师登正果之后，所谓学者如林，天下高僧，无不臻凑者矣。

大慈云匡圣弘明大师者，则别颖一枝也。大师澄真不浑，定性自然。驰记薊之高名，蹑迦维之密行。慧灯呈耀，智剑发硎。六根净而五眼清，不染不着；四果澄而三明朗，自悟自修。启禅门而定水泓澄，搜律藏而戒珠莹澈。水上之莲花千叶，清净芬芳；空中之桂魄一轮，孤高皎洁。机无细而不应，道有请而必行。固得百福庄严，万行圆满，尽诸有漏，达彼无为。大师讳文偃，姓张氏，吴越苏州嘉兴人也。生而聪敏，幼足神风，不杂时流，自高释姓，才逾龀岁，便慕出家。乃受业于嘉兴空王寺律师志澄下为上足，披经怿偈，一览无遗，勤苦而成。依年具尸罗于常州戒坛，初习小乘，次通中道。因闻睦州道踪禅师关钥高险，往而谒之。来去数月，忽一日禅师发问曰："频频来作什么？"对曰："学人已事不明。"禅师以手推出云："秦时𨍏𨍏钻。"师因是发明，征而有理。经数载，策杖入闽，造于雪峰会下。三礼之后，雪峰和尚颇形器重之色。是时千人学业，四众咸归，肃穆之中，凡圣莫测。师朝昏参问，寒燠屡迁，昂鹤态于群流，闭禅扉于方寸。因有僧问雪峰曰："如何是触目不见道，运足焉知路？"雪峰曰："吘！"其僧不明，举问师此意如何？师曰："两斤麻，一匹布。"僧又不明，复问何义。师曰："更奉三尺竹。"僧后闻于雪峰，峰曰："噫！我常疑个布衲。"其后颇有言句，繁而不书，乃于众中密有传授，因是出会，游访诸山。后雪峰迁化，学徒问曰："和尚佛法付谁？"峰曰："遇松偃处住。"学徒莫测，偃者则师之法号也。遗诫至今，雪峰不立尊宿。

辛未届于曹溪，旋谒灵树，故知圣大师如敏长老以识心相见，静本略同，俦侣接延，仅逾八载。丁丑，知圣忽一日召师及学徒语曰："吾若灭后，必遇无上人为吾茶毗。"及戊寅岁，知圣大师顺寂，恰遇高祖天皇大帝驾幸韶阳，至于灵树，敕为焚爇，果契前言也。师是时奉诏对，便令说法，授以章服。次年又赐于本州军民开堂。师据知圣筵，说雪峰法，牧守何希范礼足曰："弟子请益。"师曰："目前无异草。"是日问禅者接踵，其对答备传于世。

师尔后倦于延接，志在幽清，奏乞移庵，帝命俞允。癸未领众开云门山。构创梵宫，数载而毕。莫不因高就远，审地为基，层轩邃宇而涌成，花界金绳而化出。晓霞低覆，绛帷微衬于雕楹；夕露散垂，珠网轻笼于碧瓦。匝匝尽奇峰秀岭，逶迤皆泼黛堆蓝。泉幽而声激珠玑，松老而势拏空碧。由是庄严宝相，合杂香厨，抠衣者岁溢千人，拥锡者云来四表。庵罗卫之林畔，景象无殊；耆阇崛之山中，规模匪异。院主师傅表奏造院毕功，敕赐额曰"光泰禅院"。至戊戌岁，高祖天皇大帝诏师入阙，朝对有容，因宣问："作么生是本来心？"师曰："举起分明。"帝知师洞韫玄机，益加钦敬，其日欲授师左右街大僧录，逊让再三而免。翌日赐师号曰"匡真大师"。延驻浃旬，赐内帑、银绢、香药遣回本院。厥后常注宸衷，频加赐赉。寻遇中宗文武光圣明孝皇帝，缵承鸿业，广布皇风，廓静九围，常敬三宝。复降诏旨命师入于内殿供养月余，仍赐六珠衣钱绢香药等，却旋武水，并预赐塔院额曰"瑞云之院，宝光之塔"。师禅河浩淼，闻必惊人。有问禅者则云："正好辩。"有问道者则云："透出一字。"有问祖师意则云："日里看山。"凡所接对言机，大约如此。了义玄远，法藏幽微。化席一兴，岁毕三纪。师于生灭处，在色空中，来若凤仪，作僧中之异瑞，去同蝉蜕，为天外之浮云。于屠维作噩之岁，四月十日寝膳微爽，动止无妨，忽谓诸学徒曰："来去是常，吾当行矣。"乃命侍者奉汤，师付汤碗于侍者曰："第一是吾着便，第二是你着便。"亟令修表告别君王，乃自扎遗诫曰："吾灭后，不得效俗家着孝衣哭泣，备丧车之礼，则违我梵行也。"付法于白云山实性大师志庠。其日子时瞑目，怡颜叠足而化。呜呼！化缘有尽，示相无生，端然不坏之身，寂尔归真之性，慧海虽干于此界，法山复化于何方？峰云惨淡以低垂，众鸟悲鸣而不散。学徒感极，瞻雁塔以衔哀；门客恋深，拜禅龛而雪涕！以当月二十有五日，诸山尊宿，四界道俗，送师入塔，寿龄八十六，僧腊六十六。香飘数里，地振一隅。护法龙神，出虚空而闪烁；受戒阴骘，现仿佛之形容。其后诸国侯王，普天僧众，闻师圆寂，竞致斋羞。

　　而后一十七年，我皇帝陛下应天顺人，垂衣御极。顺三灵而启圣，绍四叶之耿光。大振尧风，中兴佛法。至大宝六年岁次癸亥八月，有雄武军节度推宫阮绍庄，忽于梦中见大师在佛殿之上，天色明朗，以拂子招绍庄报云："吾在塔多时，你可言于李特进（秀华宫使特进李托也），托他奏闻，为吾开塔。"绍庄应对之次，惊觉历然。是时李托奉敕在韶州于诸山门寺院修建道场，因是得述斯梦，修斋事毕，回京奏闻。圣上谓近臣曰："此师道果圆满，坐化多年，今若托梦奏来，必有显现。宜降敕命，指挥韶州都监军府事梁延鄂同本府官吏往云门山开塔，如无所坏，则奏闻迎取入京。"梁延鄂于是准敕致斋，然后用功开凿。菩萨相依稀旋睹，莲花香馥郁先闻。须臾宝塔豁开，法身如故。眼半合而珠光欲转，口微启而珂雪密排，髭发复生，手足犹软。放神光于方丈，晃耀移时；兴瑞雾于周回，氤氲永日。即道即俗，观者数千，灵异既彰，寻乃具表奏闻。敕旨宣令李托部署人船往云门修斋迎请。天吴息浪，风伯清尘，直济中流，俄达上国。敕旨于崆峄步驻泊。翌日左右两街，诸寺僧众，东西教坊，四部伶伦，迎引灵龛入于大内。锣钹铿锵于玉阙，幡花罗列于天衢。圣上别注敬诚，赐升秘殿。大陈供养，叠启斋筵。排内帑之瑰珍，馔天厨之蕴藻，列砌之骊珠斛满，盈盘之虹玉花明。浮紫气于皇城，炫灵光于清禁。圣上亲临宝辇，重换法衣，谓侍臣曰："朕闻金刚不坏之身，此之谓也。"于是许群僚士庶，四海蕃商，俱入内庭，各得瞻礼，瑶林畔千灯接昼，宝山前百戏联宵。施利钱银，不可殚纪。以十月十六日乃下制曰："定水澄源，火莲发艳，夙悟无生之理，永留不朽之名。万象都捐，但秘西干之印；一真不动，惟传南祖之灯。韶州云门山证真禅寺匡真大师，早契宗乘，洞超真觉，虽双林示灭，十七年靡易金躯，只履遗踪，数万里应回葱岭。朕显膺历数，缵嗣丕图，洎三朝而并切皈依，乃一心而不忘回向。仰我师而独登果位，在冲人而良所叹嘉。宜行封赏之文，用示褒崇之典，可赠'大慈云匡圣弘明大师'，'证真禅寺'宜升为'大觉禅寺'。"重臣将命，乳奠伸仪，太常行礼于天壖，纶诰宜恩于云陛，固可冥垂慈贶，密运神通。资圣寿于延长，保皇基于广大。师在内一月余日，圣泽优隆，七宝装龛，六铢裁服，颁赐所厚，今古难伦，当月二十九日宣下李托部署却回山门。

有参学小师双峰山长老广悟大师竟钦赐紫，温门山感悟大师契本，云门山上足小师应悟大师堂宝等同部署真身到阙，亦在内庭受供，恩渥异常。其诸上足门人常厚等四十余人，各是章衣师号，散在诸方，或性达禅机，或名高长老。在京小师悟明大师都监内诸寺赐紫，常一等六十余人，或典谋法教，或领袖沙门。

臣才异披沙，学同铸水，虔膺凤旨，纪实性以难周；愧非雄词，勒贞珉于不朽。乃为铭曰：

于穆大雄，教敷百亿，亭育二仪，提携八极；不灭不生，无声无色，卓尔神功，昭然慧力。其一。

化无不周，道无不备，法既流兮，教既布矣，爰示灭乐，归乎妙理，实性真宗，枝分风靡。其二。

祖祖传心，灯灯散烛，诠谛腾镰，圣贤交躅，种种津梁，门门抒轴，正觉广焉，寻之不足。其三。

厥有宝林，重芳一叶，布无上乘，登无上概，法炬瞳胧，尼珠炜煜，拯溺迷津，救焚尘劫。其四。

南北学徒，抠衣朝夕，无醉不醒，无昏不释，示其生焉，来彰慧绩；示其灭焉，归圆真寂。其五。

湛然不动，塔韫宝光，玉毫弥赫，金相弥庄。时乎末矣，我则晦藏；时乎至矣，我则昭彰。其六。

爰于明朝，现兹法质，如拨障云，重舒朗日，瑞应皇基，福隆帝室，圣览祯祥，恩颁洋溢。其七。

三翼沿溯，千里请迎，迎来丹阙，设在三清，金银罗列，琼璧堆盈，俄生紫气，潜覆皇城。其八。

日陈供席，夜奏笙歌，施亿宝贝，舍万绮罗，神倾蒼卜，天降曼陀，前佛后佛，显应斯多。其九。

明明圣君，仁仁慈主，圣比和风，慈同甘雨，祚与天长，教将地固，勒之贞珉，永芳千古。其十。

维大宝七年岁次甲子四月丁未朔。

列圣宫使、甘泉宫使、秀华宫使、翫华宫使，开府仪同三司行内侍监，上柱国臣李托。玉清宫使、德陵使、龙德宫使、开府仪同三司行内侍监，上柱国武昌县开国男食邑三百户臣龚陛枢承旨。

右街大轧亨寺内殿，共奉等伦渔表，白意大师赐紫□□臣行修奉敕书。右龙虎军控鹤将军陪□□□臣孔廷谓，臣孔廷津，臣陈延嗣，臣邓怀忠等镌字。

瑶族石刻辑校

寺僧移道场记

【题解】

在乳源县云门寺碑廊，刻于"汉韶州云门山大觉禅寺大慈云匡圣弘明大师碑"右上方。立于北宋元祐三年（1088）。楷书，阴刻。高107厘米，宽17厘米。

见《乳源文物志》第68页。

【石刻全文】

实初三日时，长老惠琼移住持云门道场云，大历寺登畅亭留题，元祐三年二月宜翁书，士李修立。道建昌野人许处仁择之同送别，南雄邓邦彦正翁，曲江令梁林国器贞阳贡，会稽顾沂归圣点，仁化冬季武林钱闳仲高。

重建双峰寺碑

【题解】

碑今存乳源瑶族自治县乳城镇双峰山下双峰寺遗址，刊于明成化二十三年（1487），高186厘米，宽90厘米，青石质，阴刻，楷书。

见《乳源文物志》第69页。

【石刻全文】

重建双峰寺记

大雄氏之教，其来远矣，胎于汉，酿于隋唐，盛于五季。迨夫宋元之间，传派繁衍，遍于天下。虽以寂灭为宗，究其所以耸动乎人者，盖以空为智化，福利为仁化，业缘为术化，地狱为劫化。世之高明者，信其明心见性之说；昏昧者，怖于生死轮回之报。上至王公，下而黎庶，靡然从风。凡欲脱罪资福，虽罄橐倾囊以施之，有弗恤也。是以名山胜境，招提兰若，在在有之。噫！佛氏之教，其入人也可谓深矣。

乳源双峰兴福禅寺，乃太平兴国年间开山，乃广悟禅师栖真之所。师之颠末，寺之创建，详载旧碑，历历可考。自元季之乱，僧徒星散，寺宇倾颓，丛林鞠为茂草。邑人王迪循理好善，笃信佛教，睹寺之废址，慨然有复兴之意。于是集邑中耆彦询谋，金同迳南华二僧祖岘、守戒以主其事。顾旧址稍东，诛其藤茅，翦其荆棘，而三区其地。择日鸠工，聚材运石。中建大雄殿，后构祖师殿，前立山门，上架钟鼓楼。仍与邑幕周君理正、乡民刘清，刻三宝于中以供之。续募十方善信，塑罗汉于傍以配之。观音有堂，伽蓝有室。法堂方丈，僧房客舍之所，无不毕俱。经始于景泰乙亥，落成于成化丁未。金碧辉煌，照耀前后，度其规模，策其庄严，殆与师昔之所建者，盖不甚相远也。

迪等走伻求记予，惟师以佛氏之徒，行佛氏之教，其感人盖不减乎智仁术劫之化。是以人之信从乎师者，即所以信从乎佛，不以师去之远而或替。宜乎寺宇废而复兴，僧徒而复振，足以为一邑之壮观者，岂偶然而至哉！佛氏有云："凡有信心，同登彼岸。"今迪等既为之倡于先，众信复为之和于后，并力一心以成胜事，是必能拔去罪根，跻乎善域，不殊高明，不类昏昧，而人人咸囿于智仁术劫之中矣！佛氏之言，盖不欺也。固当勒诸贞珉，以垂水久，俾后之来者，亦将有所劝云。

云门山寺记碑

【题解】

碑现存乳源县云门寺碑廊。立于明万历十二年（1584），高1.8米，宽0.95米。篆额字高0.1米，宽0.09米。正文楷书，阴刻。保存完好。

见《乳源文物志》第70页；《广东碑刻集》第140—141页。

【石刻全文】

云门山寺记（篆额）

云门寺山门记

尝阅六祖《坛经》。以佛之教，其诸经典，多微文隐义，未易了悟。惟《坛经》则直指本体，尽泄秘藏。如初偈云："菩提本无树，明镜亦非台。本来无一物，何处惹尘埃？"其终偈云："兀兀不修善，腾腾不造恶。寂寂断见闻，荡荡心无着。"只此二偈，其真无上等等[1]旨哉！余来尹兹邑，得以谒南华，参六祖真相，知其于曹溪说法化度，得道者如林，皆曹溪之裔也。有若匡真大禅师者，独嗣一叶焉。师承六祖正印，益演法宗，乃得敕赐，开云门山为禅院，肇自后汉大宝元年，迄今垂五百余祀，而师之真相亦垹南华并存。余礼六祖，旋谒云门，诵其碑记，悉出名公巨笔，则知其来，亦知甚古矣。

兹因山门颓圯，僧法传独募缘重葺之[2]，而请余为之记。余惟师嗣南宗正脉，其问答奥义，如非法无法、真空不空等语，则知其真悟本来无物之旨，深得荡荡无著之音，《坛经》授受，密付此心，盖甚于师有赖。然则此地道场，乌可废而不振也？昔释迦求给孤独祇园为说法之场，六祖求曹侯溪为驻锡之所，皆据名山以普化度，则师之灵迹，宜永存之。

呜呼！禅河汹涌，佛日辉华，说多多缘法，开种种导门。凡世沉沦，宜登彼岸多矣。何如求即在目前，而对面千里，莫得其门而入。今大师之门，重以新辟，轩如也，廊如也[3]，人人得瞻宝座，参真相，而礼佛矣。其亦知是法门从妙果入乎？从圆觉入乎？抑从顿悟入乎？上乘者不可得而求之中乘，中乘者不可得而求之下乘，今所喜舍善众，即此善念，其亦得佛之初乘，可以入教矣。尝见市井之人，为争半钱之利，虽骨肉亦不稍让，至其供佛善舍，一无吝心。即此念推之家人，则无争于家，而一家让矣；推之国人，则无争于国，而一国让矣。一家让，一国让，则不必剖斗折衡，无俟鞭朴捶楚，黎民相逊成风，而天下平矣。然则佛法广大，不有以阴助王化者乎？是故设教之一端，要亦不可轻弃者也，特为记之。

峕万历十二年岁次甲申三月朔，知乳源县事、越人东华赵佑卿撰。

武阳巡检张文登助银一两。

儒学训导蔡宋尧助银三钱。

乳源县知县赵佑卿助银五两。

本县典史李钺九助银一两。

儒官、监生、乡官、寿官、阴阳官、募缘首（姓名、助银、助目略）

住持僧法传，徒孙如觉、钦，徒侄道乘、高□。

石匠鲁善辉，篆文李承露，仝立石。

【校勘记】

[1] 等等，《乳源文物志》作"等"，当误，据《广东碑刻集》改。

[2] 葺，《广东碑刻集》作"修"。

[3] 廊，《乳源文物志》作"廊"，当误，据《广东碑刻集》改。

察院苏瑶碑

【题解】

碑原存乳源县大布镇牛婆洞村。《瑶族石刻录》注碑长 115 厘米，宽 74

厘米。崇祯十六年（1643）刊。

见《乳源瑶族古籍汇编（下）》第 1117—1118 页；《瑶族石刻研究》第
53—54 页；《瑶族石刻录》第 6—8 页。

【石刻全文】

察院甦猺官

京赴考进贡广东道韶州府乳源县[1]，为吁台芟除暴敛横科[2]，乞恩给
榜[3]，严禁甦猺[4]。因固全地方事，奉本府太爷黄信牌，奉李本深世袭抚猺
子孙官，分守岭南道参议吴宪[5]，奉巡按御史刘批：据乳源县利井崇德都有
籍猺总李秀红、猺甲刘察、陈宗、李有荣、肖□、李希文等呈前事称[6]，伏
睹联军民内壹款[7]，凡军民之利病，许诸人直言无隐钦遵[8]。猺等祖李本琛
原籍肇庆[9]，于弘治年间奉部院易调乳源，把守连阳、英德、清远交界隘口，
住居地牛婆洞、连塘、茶山、大布、大木角、坪瓮、瓦窑岗、塔塘等处住址，
箱凿糊口，不食钱粮。屡奉府县严拨守猺示，得遇猖獗获功送给[10]，历代无
异，蠲免杂税收赋[11]，近被绅棍动辄欺猺，遇懦妄捺，混派浮桥桅杆、城楼
各项木料、祭猪诸税生禽等物，众人不平。崇祯六年联合赴县，张爷发刊榜
禁革猺，妄生民给[12]。今日久榜朽，奸宄仍生，又被土豪霸占猺官，答应民
役唤仍栓蠹混派前项物料，乘机科敛生事，罗织无端，白捏武断乡曲[13]，种
种惨累，不无安真[14]，寝食不遑。忖思豪强辖骗，无因致害，答应各属例款
等，物额有均，严律法外，平地风波，岂容顾害众猺，发律指敢怒言[15]。若
不乞恩革弊，猺民膏尽髓枯，害无了日，只得历情冒叩羁威，大施霖雨，怜
准原情，乞行有司赐榜四县，勒碑严禁，芟除弊窦以杜患累等情[16]，前赴察
院告准，蒙批行南韶分守道察报宪道，备牌行府，仰县察议详报，依经遵照
行居该地方酌议，结报具猺中评。奉院道府批，允回县竖牌申禁。奉此，除
给示牛婆洞等地方民猺知悉，嗣后不许土豪霸占猺丁应答民役及混派科敛等
项外，合榜议通县衙门人等知照。以后凡取桅杆木料、生禽、花丝、油税、
祭猪各项，不许混派。猺目李秀红、猺甲刘察、陈宗□、李有荣、肖□、李
希文，照旧甲下等猺丁答应。如有市棍子通同积歇衙蠹需索横敛生事害猺
者[17]，该指名赴告拿究不恕。其该地方赋税饷等银[18]，照旧办纳，毋行推
诿[19]，俱无有违。须至榜者，敝猺民膏尽髓枯，害无了日，只得历情冒叩霸
威，大施雨霖，怜准原情，包行司扎榜四县，勒牌严禁，芟除弊窦，以杜患
累等情，前赴子孙实落。右榜谕众通知[20]。

崇祯十六年十二月二十九日给发[21]，仰牛婆洞猺老猺官李有华、成福、
有荣、成华、成乾、秀红、景新、显达、堃源、仁德。

【校勘记】

[1] 京赴考进贡，《乳源瑶族古籍汇编（下）》《瑶族石刻研究》无，据《瑶族石刻录》补。

[2] 吁台芟除暴敛，《瑶族石刻录》作"□台芟敛"。

[3] 乞恩，《瑶族石刻录》作"包思"。

[4] 严禁，《瑶族石刻录》作"严兀"。

[5] 吴宪，《瑶族石刻录》作"吴宽录"。

[6] 刘察、陈宗、李有荣、肖□，《乳源瑶族古籍汇编（下）》《瑶族石刻研究》作"刘凤、陈宗有、李荣霄"。

[7] 联，《瑶族石刻录》作"呈"。

[8] 许，《瑶族石刻录》无。

[9] 李本琛，《瑶族石刻录》作"寺本深"。

[10] 送给，《乳源瑶族古籍汇编（下）》《瑶族石刻研究》无，据《瑶族石刻录》补。

[11] 收赋，《瑶族石刻录》无。

[12] 妄生民给，《瑶族石刻录》作"安生民"。

[13] 曲，《瑶族石刻录》作"典"。

[14] 真，《瑶族石刻录》未释出。

[15] 发，《瑶族石刻录》作"官"。

[16] 累，《乳源瑶族古籍汇编（下）》《瑶族石刻研究》无，据《瑶族石刻录》补。

[17] 蠹，《瑶族石刻录》作"吏"。

[18] 赋，《瑶族石刻录》作"原派"。

[19] 推诿，《乳源瑶族古籍汇编（下）》《瑶族石刻研究》作"催诿"，《瑶族石刻录》作"催诱"。据句意改。

[20] "敝猺民"至"通知"，《乳源瑶族古籍汇编（下）》《瑶族石刻研究》无，据《瑶族石刻录》补。

[21] 二十九日，《瑶族石刻研究》作"十九日"。

鼎建金峰寺碑

【题解】

碑今存乳源县民族博物馆，立于清康熙三十八年（1699），高 145 厘米，宽85厘米，厚18厘米。楷书，阴刻。于2004年12月在观音堂进行整修公园施工中发现。部分字迹漫漶不可辨识。

见《乳源文物志》第71页。

【石刻全文】

鼎建金峰寺记

县治西一里许有山攀然而森秀者[1]，金峰也。山之巅梵宇深受□□□观者，金峰庵也。庵建百余载，风雨侵蚀，日□□□而不□。古吴伍君至乳，尝游览于此，叹曰："此一邑奇观也，何圣像剥落，殿庭□□。"如是□乃更请观音、韦驮、□以真武□官[2]，皆费数十余金，复捐资付善信黄汉奎预物料以征修葺，遂卜吉于岁之冬，请于县主姚公□□□[3]、寺僧明教而谓之曰："创建金峰寺久有此念，奈年来修城修学诸务猬集，未遑及此。今伍君发愿倡首，实获我心。"爰捐俸以襄厥美。□□工费浩繁也，命僧□继之。一时善信皆乐书恐后[4]，庀材鸠工，廓其规模。前用坐亥向己，兹更壬山内向。昔仅一殿，兹则前后两殿，悉撤其旧而易以新，栋宇□然大改旧观，不两月而落成。僧丐予以记其事，予思伍君为人周急济□，好善乐施，皆出于至诚，诸如重新云门，鼎创兹云，罄襄不足，称货以继，务毕其顾而后已。此甚威德安能有此，故姚公尝击郎称赏之，不置一闲其请，遂乐与共成此举，虽香火当兴，而佛化有缘，非偶然者。僧与众信□道姚公、伍君之集福，储应当食，报于兴□也。然岂为一己种己聊益，佛之与教与儒教同，无非启昏觉迷，使人自明其性而已。公与伍君□□提心壮□厥观者，不使登是山睹金煌碧辉之庄严，以敬佛心。思而自识其性，向善之念油然兴而勃然起不能自已者，人心趋善，风俗之□，不由是耶？是功德之及人万世表有也。□时督理黄汉奎暨助金，诸□信其功皆不可泯者，宜并勒石以垂不朽云。□又蒙县主姚太爷，总埠汪□爷，善信周君佑、林春光等□□钱银十□□六两，置费鞋洲坝田、种地□屋……并竹木坪载粮四斗六升八合五勺，永为……佛祖香灯，福有所归。

康熙三十八年岁次己卯季冬吉旦。

吏部候选邝士佑□□□撰并书。

鼎建县主姚太爷讳炳坤捐俸银十两。

古吴伍奕□捐客俸五十两。

湖广石匠李质生镌。

【校勘记】

[1] 攀然，《乳源文物志》以为当作"攀缘"。据句意及字形，疑应作

"郁然"。

　　[2] 官，疑当作"官"。

　　[3] 所缺三字，据落款，疑为"讳炳坤"。

　　[4] 书，据句意，疑当作"输"。

遵奉各宪敕革务项陋规碑记

【题解】

　　碑在广东乳源县政府大院，右下方有缺损。刊于清康熙四十五年（1706）。

　　见《乳源瑶族古籍汇编》（下）1122—1123页。

【石刻全文】

　　广府理瑶厅兼管连阳三州县捕务授理摘取印信事：案照前事先经通报院司道府，革除一切陋规，以除民害。于督抚两院按布二司各道，本府檄行勒石永禁。

　　各宪敕行勒石严革后开各项陋规，永垂不朽。

　　计开：

　　一地钱粮私派均平均公务及商民小税概行革除。

　　一征复色米一切加耗概行革除。

　　一奉查点烟丁地方馈送马脚陋规例概行革除。

　　一柏草桥山场造纸每年例有茶果银两概行革除。

　　一烟皮匠每年例有烟皮银两概行革除。

　　一油坊每年例有田税银两概行革除。

　　一城濠官地每年例有租□银两概行革除。

　　康熙肆拾伍年三月拾伍廪膳生员等督勒。

保护村庄环境禁碑

【题解】

　　现存乳源县大桥镇岩口东京洞村大门内，保存完好。刊于清乾隆八年

(1743)。高 1.04 米，宽 0.84 米，青石质。碑文为阴刻楷书，一连两通，是一组保护村庄环境和周围生态的村规民约碑。

见《乳源文物志》第 72 页。

【石刻全文】

今夫不言法而言禁，不以宽而以严，严禁之昭，此恍乎范围，当前莫越矣。思始法祖荣公，于明记成化年间自闽汀来粤，由武丰至此，见得风清水秀，宋龙过脉，盘旋结穴，以立宫室，坐□山而朝癸水，前后层峦耸翠，左右窝峰突起，关锁不漏，是诚可大可久之处也。迄今生齿日盛，竞相经营世业，只图目前升斗之私利，不顾后日绵远之世福，在于后龙来脉过峡之处，挖土开田，毁坏风水。为此，一门老幼，会集祖堂，立帖严禁，复回原土，永禁锄挖。俾龙安而脉贯，地灵而人杰，勒碑垂后，世世子孙，谨严莫违，长享乐利之休，自获昌大之福矣。所有禁条开列于左：

一严后龙三墩永禁锄挖以镇风水。
一严下沙二墩永禁砍败以收关锁。
一严门前左右永禁挖坏以守堂局。
一严前山树木永禁砍伐以培秀峰。
一严门前右井永禁污秽以净仙境。
一严祖堂客厅永禁堆物以振规模。
一严大门内外永禁拥塞以肃观瞻。
一严茶山树木永禁砍伐以培滋息。

各宜凛遵，如有违者，通众慎勿容情，刻碑送宫。

大清乾隆八年癸亥岁十月十二日众立禁，内另立三帖载明，人各忿数，各宜遵禁守旧，各管嗣后，不得恃为己业毁禁后人亦不得借禁混称通众之业，立碑为据。

尝谓守业创新，踵事而增华，斯足以光前而裕后也。缅维我先人创业垂统，佑启无限，营造屋宇庭阶，建立上下厅堂以及大小门间。迄今世远湮，众叔侄会议前厅，大门创造未为尽善，意欲作新轮，兴耀门庭而振家声，敬詹穀日吉旦，意旧跟新。但其功非一人所能就，藉众人以玉成。为此合门人等，各捐银钱，赞助其事，或多或寡，开刻于后。

（以下人名略）
大清乾隆八年十一月二十三日立。

建造永兴桥碑

【题解】

乳源县洛阳镇泉水村南永兴桥，清代由地方乡民捐资兴建，南北走向，长 24 米，宽 5.3 米，高 8 米，单拱，拱跨 15 米，青石条石拱筑。桥今保存尚好。《建造水兴桥碑》位于桥头，刊于清乾隆十四年（1749），一连三通并列，每通高 1.3 米，宽 0.7 米，青石质。碑文有序文和捐资人姓名，楷书，阴刻。

见《乳源文物志》第 73 页；《瑶族石刻研究》第 90—91 页。

【石刻全文】

乳自宋乾道辟治以来[1]，历今七百余载矣。泉水一津，不惟西陲防汛之通关，且上界连阳，下通楚粤，二省往来交错者甚众。何乃架木为梁，然中四柱久而易颓，倘遇洪水浩荡，担者负者虽不至临驾而返，亦生倾危之患。越于斯也，谁不目击恻然？以思聚石成梁，方免行人之患。然观两岸辽阔，工费浩繁，非得众擎易举，胡以克观厥成。今幸遇始于廷俊等，因谋之众。众曰："此要津也，使不易木为石，永垂利赖，往来亦甚不便！"因提募簿，一倡百和，咸皆乐书，毛聚成裘，足敷其用。鸠工占吉，运土取石，坚者校之，朽者弃焉。旬月之间兴筑，两岸穿砌衢梁，两成阶级，行者咸称荡荡平平。今当事工告竣，诸公问予序，予曰："福履有众，事非偶然。乳开疆已久，前人无久远之规，盖有待耳。今众皆同心，乐捐义助以成王道之观。诸君赞囊之功，永宜勒珉不朽。"

督理首事陈廷俊。

首事（略）。

乾隆十四年岁己巳季夏月立。

【校勘记】

[1] 自，《瑶族石刻研究》作"白"，当误。

万古流芳碑

【题解】

碑在乳源县大桥镇鹿子丘烂泥坳乐善亭，立于清乾隆十四年（1749），高2.2米，宽0.9米，厚0.25米，青石质。楷书，阴刻，保存完好。

见《乳源文物志》第72—73页；《瑶族石刻研究》第98—99页。

【石刻全文】

万古流芳

窃维建凉亭将以避风雨躲寒暑，而非沽名之事也；修道路实以步履免倾危，亦非干誉之为也。然远而施于齐梁雍冀之郊，且近而施于当前络绎之地，遐而修诸鲁卫山燕之境，且进而修诸畿内通衢之间。夫不观前圆山脚有一烂坭坳者乎？乃崎岖巉岩之所，击毂肩摩之地，上通荆楚，下达韶州。遇春雨之淋漓，遭夏日之熏蒸，逢秋露之凄凉，受冬霜之霿烈。暑炎炎而愈酷，雷蠹蠹而多霾，风钑钑而甚惨，雪霏霏而更伤。不但学人智士叹举步之维艰，即往来行人嗟暂息之无所。然欲砌坦平之大路，创歇足之凉亭，一人独立则难，众人辅助则易，将见一士唱而百士和。此也，莫不唯唯而捐金，近者悦而远者来；彼也，无不诺诺而出粟，酿花成蜜，聚腋为裘。爰命鸠工，经以营之，追以琢之，建百年之良□，成千载之鸿规。金曰渡蚁之惠，埋蛇之功，敢与往哲徽猷而并较，丰乐善雨而共垂。惟度其基址，定其方位，造一驰驱之路，作一巩固之亭，愿与大地山河同为悠久焉已矣！至于为善致庆，此则所之真寔[1]，随其自然者卸[2]。

（捐款人芳名略）

皇清乾隆十四年岁次己巳仲冬月吉日立。

衡阳匠彭鱼龙。

【校勘记】

[1] 真寔，《瑶族石刻研究》作"宾定"，当误。

[2] 卸，于意难通，疑当作"耶"。

猴子岭石亭叙

【题解】

今存乳源县大桥镇鹿子丘猴子岭巅心韩亭内，立于清乾隆十八年（1753），高 145 厘米，宽 60 厘米，厚 8 厘米，青石质。楷书，阴刻。个别字被人为敲损。

见《乳源文物志》第 74 页。

【石刻全文】

猴子岭石亭叙

今上龙飞之十□载春，县令有劳民劝相事，余也躬值之。近郊既遍，爰走西偏。缘邑治居县之东，其西北地最广而险。自县城逾腊岭过风门五十里许而上梯云之山，又四十里许而至通济桥村。其前望壁立直上，崎岖最难行者，则俗所呼猴子岭也。是岭也，上通三楚下达百粤必由之路，离大桥民居相距十里，行者常苦其险且峻，既无从别开平坦之途，而又无茂林修竹稍资障蔽，盖此岭居万仞山巅，风雪瞩天，于兹为甚。爰考古迹，岭巅白牛坪有韩文公墓焉。公以忤上贬粤岭者，再为连州牧，路经于斯，岂其卒于斯而窆于斯欤？噫！地以人传，猴子岭白牛坪之幸也。次年冬，贡生罗正璠慨捐百余金，请匠建石亭于岭巅之坪，以停行者，得为憩息，名之曰"心韩亭"。此物此志也大。余闻罗生倡捐义仓以周人急，建大亭于郴宜庄道，置□□□以垂永久，修茸桥道，在所不吝。而且冬出纩缊，寒者温之；夏分笠扇，热者凉之。今此亭也，岂特人给之温凉，芬有无穷之温凉矣。夫在王政修理桥梁道路，每岁为之，势难专致。而县令为政，先其急务，未暇及此。窃喜罗生乐善不倦，实有助焉。然则余叙罗生，即以为劳民劝相之一端也，邑之善士毋亦有感于斯文。

赐进士翰林院庶吉士文林郎知韶州府乳源县事加三级纪录六次段廷机撰。

龙飞乾隆十八年岁次癸酉仲冬月十九日谷旦。

歇凉坳碑

【题解】

碑今存乳源县大桥镇核桃山歇凉坳纳凉避雨亭，立于清乾隆十九年（1754），高210厘米，宽104厘米，厚27厘米，楷书，阴刻，保存完好。

见《乳源文物志》第74—75页。

【石刻全文】

尝思则效古圣，体恤行人，诚盛事也。斯举也，岂乎誉哉，殆有目击艰难，而动于恻隐耳。盖自我邑至楚，险且固多，虎冲岭居其尤焉。噫！是岭也，左右则茎山耸而荆，近下则幽谷而深咸，前有山逶帽笛而数里[1]。既无从别开平坦，又无茂林修竹障蔽，四民经于斯者，无不咨嗟叹息。凡崇山峻岭之难越者，有如是火。予也穷尽此郊，观路人之戴雨号暑，久限解悬之粤来。至本年秋，□我族叔江开士奋然与越对予等而言曰："虎冲岭是楚粤之通衢也，正吾乡之关塞也，往来行人息肩无地，驻足无区，可坐视乎？意欲建一亭也，何如？"等等。道应之曰："善哉！诚昔所谓悬之一策也。"于焉各倡捐金请工[2]，凿石开地，以为庶倪往来者[3]，咸欣避雨纳凉之境矣[4]。夫以石建亭，功繁用奢，若非易成，然唱和有人，初无难事，迨今飨已奏矣，予等一其体恤之意，并即列之所[5]，以及行人者，遂书以名其亭焉。

乾隆十九年岁次甲戌仲冬月谷旦立。

缘首信生江朝海、信士江蓝松偕侄居相仝撰。

【校勘记】

[1]"左右"一句，于意不畅，或有文字错误或脱漏。

[2] 焉，《乳源文物志》作"马"，当误，据句意改。

[2]"倪"字疑误。

[4] 咸，《乳源文物志》作"感"，当误，据句意改。

[5] 即，《乳源文物志》作"郎"，当误，据句意改。

梯云岭建亭碑记

【题解】

梯云岭亭位于乳源县大桥镇梯云岭半山。清乾隆二十一年（1756）建亭立碑，碑高 1.2 米，宽 0.75 米，厚 0.2 米，青石质。阴刻，楷书。碑右上角今已残缺。

见《乳源文物志》第 76—77 页；《瑶族石刻研究》第 99—100 页。

【石刻全文】

建亭碑记

……十里有岭焉[1]，曰云梯[2]。梯云下有溪曰龙溪，岭势□霄，巉岩峻险，溪流湍急……当往楚抵粤，负者、车者、徒而行者，莫不叹临流有褰裳之痛，此山无□劳之体。雍正乙卯，余与张君募金达桥于是溪之上[3]。明同事者有林君，予娴戚□万葱公也。桥成，公向予言曰："涉无利万望者叹其□峻岭之岭不亦无亭也?[4]"□游是而知公云以有志于斯岭矣，耐廿余载而迟迟不果者，公不肯为苟且易朽，云□又苦同之无人。是戚公方决于弟侄同事，倡募仁人君子，而予云建亭兴路[5]。岁秋，余鸠工伐石，砌造云落溪桥之一拱。虹悬恍如天远地设之石室，与乾坤而显永。从前往楚抵粤，负者、车者、徒而行者，皆望山而乐甜思之所室，但临流而软利涉者。落成勒石，予乐公之有志克□也。然公与诸君子不惜财、不辞劳之德，又不丁无以志今传后也[6]，固志其聊弁数语[7]，俾往来者咸寓目焉。

余世模撰。

乾隆廿一年岁次丙子仲冬谷旦立。

【校勘记】

[1] 焉，《瑶族石刻研究》作"嫣"，当误。

[2] 云梯，据文意，当作"梯云"。

[3] 达，据文意，当作"建"。

[4] 此句疑有或误或脱者。

[5] 路，据句意补。

[6] "丁"字疑衍。

[7] "其"字后疑有脱文。

禁山源碑

【题解】

碑现存乳源县东坪镇长溪塘面村，刊于清乾隆二十一年（1756）。高 1.48 米，宽 0.7 米，厚 0.16 米，青石质。碑文阴刻，字体不太工整。右上角已断裂，碑文漫漶难辨。

见《乳源文物志》第 75 页；《瑶族石刻研究》第 26—27 页；《广东碑刻集》第 149—151 页。

【石刻全文】

禁山源碑

为立碑遵照，永禁山源。惟我乡之水，其地名灵排石、楠木坑、牛流坑、居结坑、柑子山五处山场，灌荫粮田共五百余亩，并无溪涧流水，只靠山坑地泉。为此，禁山蓄水，树林畅茂而水源泗达，亦无苦旱之忧，故居民甘余姓厉禁无异[1]。于顺治八年，突被猺人赵念峰混砍山林。时贡生罗万伦尧琪，生员罗万藻等，呈禀前邑主[2]，蒙准颁告示谕禁猺人，并给印照，执据永管。于康熙四十八年，不法乡民砍烧豆地，锄种栽杉，毁禁绝源。通乡会同再申严禁，呈给印贴为凭执照。不料乾隆十八年，又遭平坑猺人赵秀贵、山贵伐砍占种，通乡切齿。时生员谢天眷，子民谢学位[3]、李子文、谢孝先、钟万先等，以砍毁山源，害课绝食等事，赴控县主[4]，奉批，仰[5]猺目陈永太、地保林日昌、山邻黄书生，会同查报，画清地界。猺人旧日砍斜耕种之处，毋得任意越界，混毁山源，取□□来，便遵批到山勘明，一障中分[6]：其山东面天水流归平坑地名山公坑、鹿湖、荆竹园、楠木坪、桐子坪，系猺人旧日砍斜耕种之地：其山西面天水流归长溪乡地名灵排石、楠木坑、牛流坑、居结坑、柑子山，系灌荫水源之山，总以山顶天水分界，据实绘图呈覆。奉批，据呈山图已悉，□□□□□□何日所管理清界址，毋相争占，永敦和好，岂容滋意砍毁致绝水源。复侯差拘而造质讯，呈申熠帖缴验审断照界[7]，民猺各管□□□，远熠山形，上重国课，下恤农民。为此，即抄原案呈缴段宪，当堂谕给印照，免后侵占，俾农民永保税业。蒙二宪给照，无非为□为民至意。我等上体仁恩，自应立禁遵守。犹恐法久生玩，古镜生尘，为此刊刻照贴，遵碑勒石，永禁定例。切猺性顽，法纲难欺，人心不一，禁例森严。自立禁后，合众同守良规，民猺不得违照滋事，永绝争讼，万占不朽。是为记。

今众公议十条禁例开列[8]于上：

一禁巡查猺人不得强砍占种，法律不容。

一禁不得私批客人砍木放茹，烧炭开炉。

一禁不得私开垄口，开蓬搭厂，隐藏匪类。

一禁不得私遂[9]己有，砍烧豆地，锄种栽杉。

一禁外人不得潜入剁砍竹木，放火燃烧。

一禁严查猺贼，肆行损挖，盗偷牛猪家物等项。

一禁不良盗偷禾粟豆麦薯姜芋菜。

一禁盗砍茶桐松杉及各人禁山柴木。

一禁不遵约期盗捡茶桐岭作等项[10]。

一禁不遵乡规祈求科派及毁碑等事。

若有犯禁一列，照簿公罚。强硬不服者，送官究治，绝不容情。为此立碑晓谕，永岳山颜。

（以下人名略）

状照贴人谢只学。

龙飞乾隆二十一年孟冬月立。

【校勘记】

[1] 厉，《广东碑刻集》作"历"。

[2] 主，《广东碑刻集》作"王"。

[3] 学位，《广东碑刻集》作"位学"。

[4] 主，《广东碑刻集》作"王"。

[5] 仰，《乳源文物志》《瑶族石刻研究》作"抑"，当误，据《广东碑刻集》改。

[6] 障，《瑶族石刻研究》校作"嶂"。

[7] 熠，《瑶族石刻研究》校作"照"。

[8] 列，《乳源文物志》《瑶族石刻研究》作"刻"，当误，据《广东碑刻集》改。

[9] 遂，《广东碑刻集》作"遗"。

[10] 作，《瑶族石刻研究》疑其后脱一"物"字。

重修码头碑

【题解】

碑今存乳源县乳城镇沿江西路上街河堤墙中，立于清乾隆二十三年（1758），高 95 厘米，宽 46 厘米。楷书，阴刻。碑已破裂。

见《乳源文物志》第 77 页。

【石刻全文】

重修马头碑

古者桥梁之设，王政之一事也。我街桥头附近城西，诚为通衢大路，历年八月架桥，通邑人士与楚地并连阳商旅往来甚众。其马头旧砌水石，高低不齐，肩挑过此不无倾跌颠踬之虞，凡有利济人心者，莫不恻然久之。今众捐金，易改青石，以便人行，此我王政一举。工匠告竣，应勒诸石，不没人善，以垂不朽。

经理首事（略）。

计开所捐银两姓名列于左（略）。

刘乾始撰。

黄元华书。

石匠彭文世。

乾隆二十三年岁次戊寅葭月仲冬谷旦。

重修桥碑

【题解】

碑原存乳源县游溪镇木龙桥头。乾隆三十年（1765）刊。碑长 83 厘米，宽 47 厘米。木龙桥为汉区通瑶山孔道，是瑶汉两族人民捐助共建。

见《广东碑刻集》第 151 页；《瑶族石刻录》第 464 页。

【石刻全文】

重修桥碑

大清乾隆三十年十一月初一日吉旦。

张三槿又银二钱五。

张世韬、张廷翰、张吉能，各梁一根。

······（下略）

盘德有□□□

缘首：马致远

重修梯云岭碑记

【题解】

位于乳源县大桥镇梯云岭亭。《乳源文物志》注：清乾隆四十七年
（1782）刊，碑高1.9米，宽0.96米，青石质。阴刻，楷书。

见《乳源文物志》第77—78页；《广东碑刻集》第152页。

林秉英，邑人，庠生。

【石刻全文】

重修梯云岭碑记

县治之西北，逾腊岭而上有岭焉，故曰梯云，乃乳邑扼要之区。其势巉
岩峻险，上出云霄，拾级而登，如蹑梯然，古人因地命名，良不诬也。昔唐
昌黎韩公宦游岭南，道经此地，迨后地以人传，名贤经过之区，并其地而俱
馨。至国朝康熙年间，有邑侯裘公，嘉此地之灵秀，寻名贤之芳迹，曾建祠
于梯之巅。虽碑残碣断，殊难阅稽，而山石依然，韩迹可吊，此诚乳邑之胜
景也，可勿继前而重修欤？从前总用石填砌，仅用散石，其中或陡突崎岖，
或覆如龟背，窝如仰瓦，瞻后同道不啻如猿门笋拔，雁基迤逦，殊令往过来
续举步维艰。又梯岭之上距亭不数武有桥曰芦竹，岸石散碎，桥石屡折，必
用砖石固结，帮大桥面，方可久远。盛等近居□土[1]倡募重修，一倡好善乐
施，上下同心。邑侯县尉不恤捐俸施□之资，豪士仁人慨输寸金尺璧之费[2]。
爰命工鞭石，平其陡突崎岖，易其龟背仰瓦，举全梯而重修之。经始于辛丑
之秋，告竣于壬寅之夏，将见千层万级焕然改观，往来行人忘其崎岖，乐其
坦易，无忧梭足而踯躅焉。路成而桥亦与之俱成，不惟登山无峻险之叹，而
且临流免褰裳之忧。后有贤豪辈如韩昌黎其人经游斯地，当亦羡此地之康庄，
而叹诸君输金之功甚伟矣。聊弁数言，镌之于石，以垂不朽云尔。

邑庠生林秉英撰。

县尊郭太爷讳玑捐银二十两。

县尉贾老爷讳诰捐银一十两。

乳邑总埠捐花钱四大员。

（以下捐资人姓名略）

乾隆四十七年岁次壬寅　月　日　吉旦立[3]。

【校勘记】

[1] 土，《乳源文物志》作"士"，当误，据《广东碑刻集》改。

[2] 壁，《广东碑刻集》作"土"。

[3] "乾隆"句，《乳源文物志》无，据《广东碑刻集》补。

驻云亭碑

【题解】

碑今存乳源县乳城镇侯公渡新民茶亭村凉亭，立于清乾隆四十八年（1783），高115厘米，宽80厘米。楷书，阴刻，保存完好。

见《乳源文物志》第78页。

【石刻全文】

从来建亭与建桥修路者，所以利行人通方便者也。我乡分头峒，界连乳曲，路通乐仁，其间商贾奔施，冠盖辐辏，往来行人不知凡几，诚安区也。每观至此者，大知嗟欤，嗟之无从叹停骖之靡所，爰思建亭于此。壬寅冬，鸠工募化，不数月而亭告成。自此风雨骤来有所避，患炎热汗下亦可纳凉。斯非所以利行人而通方便者哉！兹者既蒙遍乡好善解劝成，敬登芳名勒碑，以志不朽。是为序。

信生林□光书丹。

（捐资人名略）

清乾隆四十八年岁次癸卯季春。

好善乐施碑

【题解】

碑今存乳源县云门寺碑廊，立于清乾隆五十年（1785），高175厘米，宽100厘米。楷书，阴刻，保存完好。

见《乳源文物志》第78—79页；《广东碑刻集》第153页。

【石刻全文】

光泰寺为云门古迹，匡真祖师驻锡道场也，原置寺田，岁入谷数百余石，以供香灯斋粥，余则修葺寺宇。前有住持僧经理不善，遘负累累。十数年来，子母相权，愈积愈累，几至诸僧枵腹，而寺宇倾圮，宝相剥落，不暇计及矣。昨岁冬，寺僧妙莲、透禅等以修葺为请。噫！索逋者踵至追呼，方将称贷无门，而更以振弊起衰之事，谋倾助于同人[1]，谁其应之。计为先清其逋，岁有余积，然后鸠工庀材，广呼将伯，此则事之可次第举者也。因语诸首事生员陈锡章、邱道忠、刘功炜、邱道性、欧龙光、邱麟、林栖凤、刘文豹、林际扬，职员李芝惠，耆民刘济注、邹廷俊、胡源泉、张名俊、钟神生等，取寺中逋簿核计之。各债数目，有多寡不等者。窃念民间借贷，尚多义让，而何勒于秃发缁衣，沿门托钵之人乎[2]？昔孟尝君从冯骥焚券之请，至今艳称之，况欲种福田以求善果，对好义者当不乏冯骥其人也。诸逋主咸是余言，尽发愿捐之心，而无龃龉之隔。余顾而乐之，有足以稔其地之易治，其风之醇厚，所谓冯骥其人者，当不得专美于前也。诸首事其亟取愿捐诸善士之名勒之石，通计银谷，悉作捐数，大书而特书之，并饬寺僧位诸檀越而顶礼之[3]。语云"作善降祥"，又云"积善之家，必有余庆"，理固有必然者。况由是逋负尽清，岁有余积，光大寺宇之事，可次第举矣。

敕授文林郎知韶州府乳源县事加三级纪录五次江左桂耳顺撰。

奉委谕捐

乳源县督捕厅候补州右堂赵鹤龄，计开众施主芳名于左（略）

邑庠生刘功炜书[4]。

大清乾隆五十年岁次乙巳仲夏吉日立。

【校勘记】

[1] 倾，《乳源文物志》作"似"，当误，据《广东碑刻集》改。

[2] 秃发缁衣沿门托钵之人,《广东碑刻集》作"沿门托钵之缁衣"。

[3] 顶礼,《广东碑刻集》作"酬报"。

[4] "奉委"至"刘功炜书",《广东碑刻集》缺录。

重修后龙山碑

【题解】

碑今存大桥镇大桥老屋村厅厦,立于清乾隆五十年(1785),一连两通并列,高130厘米,每通宽63厘米,厚20厘米。楷书,阴刻。保存完好。

见《乳源文物志》第79—80页。

【石刻全文】

重修后龙山碑序

切念钟灵毓秀,端在龙身;凝精泄英,寔从地脉。我族居河背村,自四世祖信公于明宣德年间开基立宅,已历居十余代三百余年矣。其屋后土胎背夫坪,上至狮尾顶山,起伏过脉等处,尽属闲圹,从无锄种,总为厚龙身、培地脉、子孙永远风水计。胡至今人烟繁多,心不若古?一人作弊,众乃效尤。将屋后土胎背夫坪及祖山起伏过脉等处,筑堑锄种,龙脉尽为伤坏。呜呼!祖宗之贻谋,最为周至,后嗣之不类,弗克继承,上有负于先人,下无以庇子孙。是以族众齐集会议,修复祖址,用康后人。因请各村族老踏明酌议界限,毁堑填沟,平复还旧,立帖设禁,永不得锄种伤龙坏脉。庶几龙身厚、地脉培,我族子孙得以世世安居于不替也。谨将族老公立禁帖禁条备铭于左,以垂不朽。愿我合族子孙各宜触目守规,毋越志也。是为序。

十一世孙生员景堂撰。

族老圳背房书雄,窝里房拔魁,本房生员景昌、景堂公立禁帖禁条。

立修风水帖人书雄、拔魁等,今因族室大桥河肖村,原系历代住场,近因人家多众,有在后龙背夫围园筑堑,伤残地脉,今据族老长房斯文、二房任学等请集予等各处房族踏明,复还古址。其时有说历管年久者,有说买受有契者,予等因遍观细看,自立胎至狮尾顶,行龙过脉,吐气结穴,最为紧关。不论所管久暂,有无契券,定要平复。其余左右两边,虽有于碍,无甚大关系,不必深求古址。众皆应诺,随即拆毁,爰为立帖立界,以杜后患。自土胎横过,左以狭巷路上至嗣云园门口立界石,直上为记;右以世贤小门口路上至锡文屋后横全应权屋角斜上,又横至蓝成园角,直至乱葬岗边,两边俱至马头里立界石为记。其马头面上，狮尾坪右片以大坑为界，左片以岭下背夫坪兼北上至狮尾顶止。予等从公酌议界限，立帖勒碑，自今以后界内之地，实为屋场风水所关。愿我族叔侄守分安业，不得又说久管有契，违帖锄挖，只图眼前些小便宜而不为后人长久计也。予等派分各房本系一脉，故不惮劳，为兄弟叔侄劈断祸根，造将来福祉也，愿叔侄度量予等苦心可也。

一禁帖界内不得开沟、筑堑、锄种及起造寮宇粪缸，封堆盗葬等，违者公罚钱二百文。

一禁不得偷移界石及打石新开水路，违者罚钱违者二百文。

一禁不得私栽竹木及划削沤粪、做禾坪等项，违者公罚钱二百文。

一禁背夫坪道路照旧通行，不得借筑路为名报复滋事，违者罚钱二百文。

一禁幼小男女废碑石字迹者，罚钱五十文，已成丁者罚钱二百文。

禁帖禁条已承族老立明，我族务宜确守，递年轮人看管。倘有违禁者，轮值年人告知众族，照款公罚。若刁强不服者，即非我族类。凡我信公一脉嫡派，须同心协力，送官究治。如值年人容隐不声明，众族与违禁者同罚。

清乾隆五十年岁次乙巳季春月吉旦。

十二世孙廪生兆麟书丹。

重修路碑

【题解】

碑在乳源县大桥镇核桃山歇凉坳纳凉避雨亭内，刊于清乾隆五十五年(1790)。高 1.85 米，宽 1.18 米，厚 0.3 米，青石质。碑文楷书，阴刻。保存完好。

见《乳源文物志》第 80—81 页；《瑶族石刻研究》第 91 页。

【石刻全文】

重修路碑

闻之《夏令》曰："九月除道"，《孟子》曰："十二徒杠成"[1]，则知修道治涂，由来尚矣。岂世远年湮，遂忽除道徒杠于勿讲乎？石亭坳下，昔名老虎冲岭，上通三楚，下达百粤，自古迄今，往来络绎，诚要区也。奈此岭悬崖径曲，行者跋涉无前矣。业经整修，而多历年所，未免倾颓侧陷。过其途者，孰不嗟窘步而叹维艰？纠首善缘等目击心怆，一唱群和[2]，急思重修斯路[3]。爰工资浩繁，独立难成，众擎易举，是以散簿募化。复蒙四方仁人善愿，同揆开襄慨赐，共勃厥美。功竣之期，此也为之歌荡荡，彼也为之颂坦坦，夫然后庶不负古圣矣。除道徒杠之雅训，以洽惬仁人君子之踩哀乎。兹值告竣，芳名勒石，以垂不朽。是为序。

信生江焕彬撰偕侄负图书。

（捐款芳名略）

龙飞乾隆五十五年庚戌岁冬月中浣吉日立。石匠彭贻谋。

【校勘记】

[1]"十二"句，《孟子》曰："十一月，徒杠成；十二月，舆梁成。"
[2]一，《瑶族石刻研究》脱。
[3]修，《瑶族石刻研究》脱。

龙古坑建桥碑

【题解】

碑原存乳源县游溪镇中心洞龙古坑西独田面路旁。清乾隆五十九年（1794）立。碑长 70 厘米，宽 34 厘米。

见《瑶族石刻录》第 465 页。

【石刻全文】

建桥石碑
赵云藤、赵连、赵□福捐银钱三个。
朱占元等贵柱一百文。
乾隆五十九年三月三十日立。

重修三界楼碑

【题解】

碑今存乳源县乳城镇沿江西路上街河堤墙中，立于清嘉庆六年（1801），高 70 厘米，宽 50 厘米。楷书，阴刻。已破裂。

见《乳源文物志》第 81 页。

【石刻全文】

重修三界楼碑记

天下善举之端，无其基而创之其功难，有其基而修□其事易。县治城闉之西里仁巷口有三界楼，其前人创之旧矣，后人修之屡矣。乃自庚寅整饰以来，已三十余载，楼内一切俱皆倾颓，睹兹破宇，理宜募修。向有善信邑增刘讳珩曾备筵邀集同事者，酌□此举，因方位不利，事遂不果。是岁春，予教读之暇，偶在以义店与彼同事者并坐谈心，珩复题及此事，曰："此善举也，尚得缓诸？"时同事中，有鼎力赞助之。刘君光炜、黄君祥桂、邝君日赞登即发簿募捐。好善之士，群然乐书。不数日间，金题多金。由是鸠工庀材，经始于季夏之望五，落成于仲冬之朔三。予于三界圣君归火之日，登楼庆贺。参拜礼毕，瞻彼花榍板壤，一则以图坚固，登观者凡老冠无□人手毁伤；一则避雨风，奉祀者觉烛亮灯明，俾免摇吹灭。相其栋宇，神座设供棚，于以安三界之宝像；神厅设竖棚，聊以壮多士观瞻。列公理务，惨淡经营，尽美尽善，如是似此。其事虽修而功则倍于创矣，此又不可不知也。是为序。

邑增生刘璇盥手拜撰并书。

督理首事（捐资人名略）。

嘉庆六年岁次辛酉季冬众信全立。

重修码头碑

【题解】

碑今存乳源县乳城镇沿江西路河堤墙中，立于清嘉庆十年（1805），高0.68米，宽0.46米，青石质。碑文阴刻，楷书。此碑原镶嵌在乳城镇上街三界楼首层墙中，2004年修建河堤拆三界楼时，石碑移镶至河堤墙中，已破裂。

见《乳源文物志》第81—82页；《瑶族石刻研究》第92页。

【石刻全文】

重修码头碑记

尝闻匠□营国邑必审门闾沟渠之制，此先王□□□民。人杰者地固灵，□□□灵者人自杰也。我街联桂，原为一邑之冠，南建□楼，楼下马头通荆楚之名区，固□访之锁钥。但景胜城西，虽称坦途，而地跌面南，向虞寒齿。邑人黄军讳兆俊、刘君讳擢龙、李君讳树华，情深舆理，恻然心念，□通街之计，砌马头坎接长增高去水。有春陵御师之固[1]，奠土神位南，内向庇□，复无鲁门斩关之虞。语云观道里城邑地，诚福之基也。《礼》曰"兆五帝于四郊"[2]，神尤民之主欤。行见遗址更旧□新，□此□摩车击尽，至潇湘云梦之材，祈法报功，咸沾福履，亨佳之兆，此我王政之一举也。故修废齐坠，制虽新而起衰，根靡功实倍创。今工匠告竣，欲彰善日无穷，应勒石以垂不朽。

邑庠生李树芳盥手拜撰。

（捐资人名略）

嘉庆十年岁次乙丑葭月仲冬众信同立。

【校勘记】

[1] 御，《瑶族石刻研究》作"禁"，误。

[2] 兆五帝于四郊，《瑶族石刻研究》作"兆北五帝于四□"，误。《周礼·春官·小宗伯》："兆五帝于四郊。"郑玄注："兆为坛之营域。五帝：苍曰灵威仰，太昊食焉。赤曰赤熛怒，炎帝食焉。黄曰含枢纽，黄帝食焉。白曰白招拒，少昊食焉。黑曰汁光纪，颛顼食焉。"

永远尝注碑

【题解】

碑今存乳源县乳城镇宋田村镇溪祠，立于清嘉庆十五年（1810），高 52 厘米，宽 32 厘米。楷书，阴刻，保存完好。

见《乳源文物志》第 82 页。

【石刻全文】

永远尝注碑

从来莫为之前，虽美弗彰；莫为之后，虽盛弗传。我等扩修宫宇以来，增置神田钟鼓，招立庙祀奉，又复营建戏台一座，此诚较诸前美而益彰也，然独虑乎灯油钦供仍未足以传其盛耳。于己未上元日，纠集首事十二人，各捐花银一元，合本一十二大元，着琼生放历。今凑就五十余金，买田一桶一斗，递年租谷五石，土名山下陂，计田二丘，老波丘，计田一丘，共田三丘，额载粮米七升三合，充为盛灯，永远尝注。递年正月十五上元令辰，宜各济济跄跄，洁具酒醴三牲，相与骏奔走，在庙起榜书奉灯油。庶几一为倡而百为和，俾得灯光炳耀，焕若日星。夜听钟声声飞霄汉云皆驻，晨闻鼓响响入源泉鱼出游。《雅》曰"神之吊矣，贻尔多福"，信不诬也，谨引。

沐恩壬子附贡邱焕瑸薰沐敬撰。

修荒坪捐钱芳名并族禁碑

【题解】

碑今存乳源县必背镇板泉村，保存完好。刊于清道光元年（1821）。碑共二通，分别为族禁内容碑和捐款人名碑。其中族禁碑高 0.53 米，宽 0.49 米；捐款人名碑高 0.55 米，长 1.14 米，青石质。碑文阴刻楷书，青石质。

见《乳源文物志》第 82—83 页。

【石刻全文】

修荒坪捐钱芳名并族禁

如违公罚开列如右：

一禁堆放粪草公罚花银一元。

一禁堆放泥石公罚花银半元。

一禁堆放柴木公罚花银半元。

一禁晒衫等件公罚花银半元。

一禁倾覆荆塞公罚花银半元。

一禁祖堂大门台凳不得私取便用以及毁坏罚银一元。

荒坪界址，左右俱私屋壁直下为界，前有石墙为界，后有大门照墙横过为界。凡属公裔，至公无私，日后各造屋宇，不得混占。公地则我辈倡修，荒坪亦□□祖宗之待后而守先也。

（捐钱人名略）

道光元年桂月吉日，倡首兴仁请匠勒石。

永远戏金尝田碑

【题解】

碑今存乳源县乳城镇宋田村镇溪祠，立于清道光六年（1826），高 82 厘米，宽 52 厘米。楷书，阴刻。保存尚好。

见《乳源文物志》第 83 页。

【石刻全文】

永远戏金尝田碑

尝谓倾圮者风雨，修理者人功。我等宏创前规，扩充栋宇，不能长保无虞。亦将嘉庆丁卯年题奉戏金银汇共一百零二元，公议着缵父生放，未经八载不幸父故。缵承父志，协力生放，逐年当众算明，除公项消用外，尚余银两置立田种。迄今道光丙戌年，又经众算明，新旧共置田种九桶半，其田租谷，议首轮收，有坏即修，无修酌用。或为圣诞而齐同恭祝，或为兴至而歌舞梨园，有美毕彰，无瑕可掩，休我何风之降欤。谨将田种土名，田丘粮租并题奉人名一应勒石，永垂不朽。是序。

沐恩信生邱鸿缵顿首拜撰。

（捐银、田种名略）

大清道光六年九月吉日立。

邓家禁碑

【题解】

碑原存乳源县游溪镇。清道光十九年（1839）刊。

见《广东碑刻集》第 155 页；《瑶族石刻录》第 71 页。

【石刻全文】

尝闻朝廷有律法，山中有禁条，□□世居山中，此山各树木风□□□□□□禁此山源，□邓家□风□□山后龙山、水源山，并及松杉□□□□曲□□林业，往四方亲朋人□，不得乱砍。如有乱砍者，公罚铜钱三千六百文[1]，捉手给赏钱□百文。若然有不遵者[2]，送官究徇，决不容情。应立禁于后。谨闻。禁约人邓粮，子龙才、龙金。

道光己亥十九年八月初五日，立禁人邓龙富[3]。

【校勘记】

[1] 铜钱，《瑶族石刻录》作"钱"。

[2] 有不遵者，《广东碑刻集》作"不遵"，此从《瑶族石刻录》。

[3] 立禁，《瑶族石刻录》作"文禁"，当误。

鼎建凉亭碑

【题解】

今存乳源县大桥镇京珠高速公路出口处的象兑亭内，清道光二十八年（1848）刊。长 120 厘米，宽 70 厘米。阴刻，楷书。碑今镶嵌于重修后的象兑亭（当地称五里亭）北面门边墙中，保存完好。

见《乳源文物志》第 84 页。

【石刻全文】

鼎建凉亭碑序

三月三日，偕童冠寻芳引觞于斯，适有遇客谓予曰："此地旧道，杉树数株，干霄蔽日[1]，蓊翳霄森，往来者憩息于斯，清风扑面，爽气迎人，逢酷暑而不侵，遇烈日而无害，较诸腊岭风门、猴岭心韩等亭，似亦无多让焉。但恐风摧雨压，树难千年；霜耐雪经，石堪万古。倘得凉亭一座，以继此树荫翳，功德不更无量乎？"予铭斯言，归告父老，念工程之浩大，慨独力之难支，爰约同心，欣然协力，囊中平探鹅眼，柳外共留马蹄。蒲月经始，菊候落成，勒诸贞珉，俾树于亭，亿载垂荫也。是为记。

（捐资人名略）

大桥信士许维□捐凉亭地基。

道光二十八年冬月谷旦。

【校勘记】

[1] 干，《乳源文物志》作"于"，据句意当误，径改之。

复造文风楼碑

【题解】

碑在乳源县大布镇牛婆洞村风楼大门左侧墙上，刊于清咸丰七年（1857），高 1.25 米，宽 0.58 米。楷书，阴刻，保存完好。

见《乳源文物志》第 84 页；《瑶族石刻研究》第 97—98 页。

　　粤稽古昔盛时，立学校设庠序。此其曲成雅化之意，诚可以继往开来，而振兴文教者也。厥后乡学家塾，亦无非作育人材者。我始祖讳本深李老大人，自成化年间迁入乳地牛婆峒居住，因寇匪作犯，出力剿平，遂获奖赏，奉旨承顶抚猺，经历世世子孙永守勿替，规模鼎峙，而文楼于以设焉。然而历年已久，风雨飘摇，其间不无崩裂。况今复遭寇乱，屋宇实多颓坏，而文楼更几于无存，不禁鞠为茂草。余等实系本深一脉，目观心伤，其能恝然祖业乎？爰是合族商议，编立首事李等，同心以复前规。但鸠工命匠，工费浩繁，一木焉能制厦？聚毛乃成毯。不已，照丁分派，复修文风雅楼，以为子孙万代流遗之计，庶几哉家声丕振，俾炽俾昌，则人文蔚起，而时风于克兴焉。我祖在天有灵，应亦由是而永慰也夫！是为序。

　　大清咸丰七年十一月吉日合族仝立。

重建三界楼碑

【题解】

　　碑今存乳源县乳城镇沿江西路上街河堤墙中，立于清咸丰十年（1860），高85厘米，宽56厘米。楷书，阴刻。已破裂。

　　见《乳源文物志》第85页。

【石刻全文】

重建三界楼碑

　　三界楼之建，由来旧矣，前人创之，后人继修，不可指屈。数年来□锡□□□□□耳，至庙宇俱焚，神明尽腐□，此尤劫水之劫也。而三界圣君□能保厥□□威显，又何如此？独是神虽有灵，楼已就烬。凡经营倡建之，则无以继前矣，更何奠灵爽耶？因而分簿金题，众善信皆之美笔，解囊相助，不日时立竣工矣。勒贞珉以垂永久。

　　邑庠生刘竹如谨撰并书。

　　乳源县正堂李培仁捐杉木十五根。

　　右堂张□□捐银一元。

　　城守莫□□捐银一元。

　　首事（略）。

大清咸丰十年岁次庚申孟冬谷旦立。

重建祖堂大门碑

【题解】

碑今存乳源县必背镇板泉村，清同治三年（1864）刊。一并两通，共长194厘米，高分别为45、65厘米。阴刻、楷书。保存完好。

见《乳源文物志》第85页。

【石刻全文】

祖堂大门之设，□原以妥□先灵，序昭穆壮观□也[1]。予族祖堂、大门山向基址，旧制固尽美尽善，后数次依旧更新，又既尽善，及今数百年，固宜世守勿替耳。惟因咸丰十年，适遭回禄所毁。观先灵之失所，触目惨伤。至十一年辛酉岁，予等倡首，合族金议，照烟科派以及量力输捐，集腋成裘，复襄建立。基址悉遵制，栋宇便稍加增。原规两旁高压，今则堂宇升高，非但图壮观瞻，乃所以避高压也。祖堂上栋左侧，原有小巷，两行堂侧原属金福、多庆私房，众议价求交换，□为大巷以为合族出入之便。兹既各工告竣，观斯成敢曰美益加美，善益加善，惟幸先灵昭穆既之观瞻，聊堪妥之、序之、壮之，略无遗也。至于神我后人亿万年荣华之盛，此赖我祖之显焉者矣。予等孙裔固所显也，特不敢□为希冀。派捐芳名勒垂于后。

计开，倡首（名略）。

凡遇白事，在坝尾住者，照旧制由左片大石街直上，至中厅天井左边横街巷门过入中厅。在邱家住者，照旧制由右片大石街直上，至竹头大门外横街经过，进上大门入中厅。以上各小门外住者，俱由各小门街巷经过入中厅。尚有非命及在他乡辞世者，并不许入大门及各小门。同勒附后，以便永照遵行。

同治三年甲子岁季秋月吉日立。

【校勘记】

[1] 所文据后文"惟幸先灵昭穆既之观瞻，聊堪妥之、序之、壮之"，疑应作"瞻"。

鼎建邓公祠碑

【题解】

碑存乳源县乳城镇侯公渡天德寨邓公祠遗址，清同治七年（1868）刊。楷书，阴刻，保存完好。

见《乳源文物志》第86页。

【石刻全文】

鼎建邓公祠碑

邓公讳可贤，邑之宜寿乡人，国之忠贞义士也。当元朝至正年间，郴州贼首罗一罗二等攻城打寨甚急，继欲袭韶。公潜遣其子一源，从间道超府上方略。贼不能破，败北奔溃，深恨公之父子，复乌为合来攻。凡两月粮尽，谕以忠义大节，筑寨同住者四百余家，并无一降。如是仗剑出战，身赴其难，死之。长官牒奏朝庭，敕封"忠贞义士"，并于县治城东立祠祀焉。诚所谓殁也，名称舍生取义者。其公之为人，始由元迄明，由明迄清数百余年矣。咸丰四五年间，发逆犯顺，蹂躏各处地方，复围斯寨，同居者七百余家，亦无一降。贼用火攻，彼苍忽然降雨；贼断水道，枯井突尔涌泉。同寨同心，屡战屡胜，岂非公之灵英所致哉！爰是合寨商议，创建祠宇，发簿签题。沐恩者，慷慨开囊；慕德者，裒成集腋。不数日而工旋告竣，历数载而石勒芳名，众信人等莫不稽首祀，如岗如陵，俾昌俾炽。公之德泽，永与天德并峙焉。是为引。

建立祠宇捐题缘簿，众信芳名未能悉载。

各地众信人等同立。

大清同治七年九月上浣之吉日立。

寿德亭碑

【题解】

寿德亭位于乳源县大桥镇三元村大坳里，为清同治九年（1870）地方乡民集资兴建，建亭碑记即刊于此年。

见《乳源文物志》第 86 页；《瑶族石刻研究》第 100—101 页。

【石刻全文】

闻之十里一亭[1]，亭者，停也，所以便行旅停车驾是也。此地名曰大坳里，自粤抵楚，称通衢焉。往来行人不始如继，可不设一亭以便息肩之所乎？今冬同发善心，捐赀倡建，受簿签题，共勷义举，幸四方仁人，□□解佩倾襄，因命石工启建。斯亭成，颜之曰"寿德亭"，亦"大德获寿，福音无穷"之意。欣厥功告竣，未敢掠美，欲将芳名勒石，请序于余。余不敏，爰染笔以志不朽也云尔。

（捐款人芳名略）

龙飞同治九年岁次庚午孟冬月吉立。

【校勘记】

[1] 亭，《瑶族石刻研究》作"事"，应误。

重建乳源广州会馆碑记

【题解】

碑在乳源县乳城镇洲中街原广州会馆遗址墙壁中，立于清同治十一年（1872），高 1.3 米，宽 0.64 米，青石质。楷书，阴刻。

见《乳源文物志》第 87—89 页；《瑶族石刻研究》第 101 页。

【石刻全文】

广福堂（篆额）

重建乳源广州会馆碑记

乳源为韶州属邑，环县皆山，自龙归而上有小水可通县城。其地瘠民贫，商贾之往来懋迁者，楚南江右而外，则惟我广属居多焉。自道光初年间创建广州会馆于迎熏门外，负廓而立，规模初具，虽非华美而声应气求，以足以敦梓谊也[1]。讵咸丰甲寅红巾之变，乳城外内居民迭遭蹂躏，屋宇烧毁殆遍，而广州会馆亦为墟矣。迄今十余年来，暂臻安治，居民还定安集。此时，广州客商服贾牵车斯土者，亦半复旧业。遥瞻向时会馆遗址，辄增禾黍之伤，用慨然曰："会馆之不可不复建也！"爰就洲街买地数塅，聊创数栋，如是者亦有年。鸠工庀材，仍未有头门以妥神灵而壮观瞻。同治辛未春日，乃集众议于广行，按店签题。不敷，复仿抽捐条款以足之。经始于辛未年　月　日，落成于　月　日。董其后者工竣时，喜以地杰神灵，余以司训至乳，因详其颠末，邀余弁言，余不辞而为之记。新会何如纲谨序。

（以下商铺名和捐款数略）

同治十一年八月广州会馆值事等全立。

【校勘记】

[1] 以，《乳源文物志》《瑶族石刻研究》均作"亦"，疑误，据句意改。

仰止亭碑

【题解】

碑今存乳源县大桥镇白牛坪仰止亭，立于清同治十一年（1872），长92厘米，宽50厘米。楷书，阴刻。碑两侧之对联录于文末。

见《乳源文物志》第90页。

【石刻全文】

□□亭者，停也。道路所舍，可以停骖而息驾也。昔卫太守凿山通路，列亭置邮，以利行人，由来旧矣。我乡白牛坪大路上通两湖，下通百粤，来者来，往者往，熙攘交错，累如贯珠，路属通衢，多历年所。但自蓝关亭以至猴子岭，相去二十余里，沿途一带，惟有崇山峻岭而无茂林修竹，每值暴雨狂风无躲避，炎天赤日没遮拦，亭之建也，不綦亟欤！无如工程浩大，费用繁多，前人以一人之力而作之者，今人不能以一人之力而成之也。因为之开簿捐写，藉善信之倾地，共襄厥事，鸠良工而构造，咸作其勤，不求华丽以壮观，惟异巩固而耐久。虽属集腋亦可成裘，兹幸工成告竣后，表其额而颜之曰"仰止亭"。夫仰者，何有可仰？而景仰也；止者，何知所止？而于止也。来往高士，或亦怡然安逸，适意宽问，而有把袄临风之快也乎！则是举也，谓之继前哲也可，谓之种福田也亦可，是为序。

（捐款人名略）

清同治十一年壬申□□□。

仰前须赶急，止后莫延迟。

瑶族石刻辑校

官止亭碑

【题解】

碑今存乳源县大桥镇乌鹑岭官止亭。立于清光绪十三年（1887），高 55 厘米，宽 138 厘米。阴刻，楷书。保存完好。碑两侧之对联录于文末。

见《乳源文物志》第 90 页。

【石刻全文】

重九年年，登高眺望。适宜丙戌岁，同伴游于斯岭，遇有过客谓予曰："此岭昔日松林满地，凿树数株，干霄蔽日，掩映萧森，逢酷暑而不侵，遇暴雨而无害，往来者憩息于斯，峰峦拱秀，爽气迎人，草木芳荣，清风拂面。有此佳境，较诸腊岭风门、猴岭心韩等亭，似亦无多让焉。迄今山变地改，树伐无存，上往下来肩息靡所，倘得凉亭一座，以便行人栖风避雨，功德不更无量乎！"予铭斯言，归告父老。念工程之浩大，慨独力难支，爰约同心，欣然协力。襄中乐施鹅眼，柳外书写马蹄。蒲月经始，梅候落成。勒诸碩珉[1]，以垂不朽。

缘首许际浩撰。

许桂煌打石地基。

（首事人名略）

光绪十三年岁次丁亥孟冬月谷旦立。

挑负肩宜息，来往路当思。

【校勘记】

[1] 碩，《乳源文物志》作"石贞"，当误，径改之。

倡建敬止祠碑

【题解】

碑今存乳源县乳城镇洲中街五行会馆旧址墙壁中。立于清光绪二十四年（1898），高 120 厘米，宽 67 厘米。楷书，阴刻。保存完好。

见《乳源文物志》第 91—92 页。

梁麟章，时乳源县司铎（天主教神父）。

【石刻全文】

倡建敬止祠募捐疏

益闻惠连伤逝，致祭不必论交；元振吊亡，助资未尝问姓。亦以推仁同类，展义九幽，未免有情，谁能遣此尔？况夫盟、车盟，笠契既洽于苔岑；同泽、同袍，谊更深于梓里者哉！念乳之有五行商人也，四列百工，人非一地。或来从江右，或至自闽中，或家居广肇之交，或乡自潮嘉之会。思权子母，不辞千里之游；生本文夫，合有四方之志。乃时命之穷通各别，寿年之修短难知，尽多博得青蚨，故国归去，未必招无，朱鸟异地，云组客旅，奔驰浮生，易了鬼中见执，余憾滋多。初骑鹤背以争来旋，逐荧光而并烬。悠悠千古，杳杳九原，然使疾竟难疗。信赵台之无命，犹或死如何作与欤？随武子以同归，亦可恨泯夜台，目瞑幽室，胡为旅有魂而飘泊，乡有梦而迷离。缘水迢绕，素车莫返，青山冷落，白饭常虚。纵属死者之无知，应亦生人所不忍。仆云门作宦，箴绾迭更，念此无告之穷轸，我如伤之隐，用是特邀同志，共结善缘，拟分会馆之数椽，别建灵楼之一室，堂名"敬止"。界辟清凉，庶几殚魄凭依，漫兴悲于红叶；游魂消纳，免寄啸于青枫。第地辟弓，舍宅虽无烦乎鲍侃，而屠成七级，捐资犹有待于许询。所望再世宰官、四方长者，通欲立欲达之念，发救苦救难之心，分一勺之廉泉，首殷唱导，指两困之余粟，共乐布施。则仁宇速成，广庇食气食香之辈，福田遍种，群膺曰寿曰富之畴。凡此善果之克完，都赖婆心之勃发。爰书小引，谨布大方。

光绪二十年正月吉日。

倡建祠事乳源县司铎、香山梁麟章拜撰。

谨将公议条款胪列于左：

一议此敬止祠每年定列春秋两祭，以二、八月初九日为期，风雨不改。

一是祠之设，原为客故此间。穷而无告起见，则议捐牌位。其能按照章程固佳，若万难措办之家，犹须变通办理，以示不忘建祠本意。

一议建祠工竣之后，将余款生息，以为春秋二祭尝用，尚所余捐项众多，既续买山地，俾作义冢使清明便于拜扫。

一议各店义捐会底银二大元以为春秋二祭尝用，其既捐会底者，皆得与祭叙，福至有余。会底外能加捐至三元者，准将其衔名列入长生禄仁龛奉祀。

一议入上座牌位，每捐银五元；入次座牌位，每捐银四元；入三座牌位，每捐银三元。妇女牌位照三座例核捐。

一议所捐之银择交殷寔店贮放生息，以春秋二祭期收还，然后另标开投，

瑶族石刻辑校

息多者得银应用，投银用者要二殷寰店盖图章担保，如有少欠，向担保人填还，毋得推诿。每投一柱约银二三十两，不得过多取，其易于措还。

一议担保人准担保一店，不得担二店。尚生意太细小，虽有会份不能担保。如无会份者，固不得下票投银，并不得担保。

一议每年春秋两祭以二、八月初九日为期，风雨不改，宜首列碑醒目。

一议公举首事二十人，劝捐银两督理修建神楼牌位事宜。另议总理五人，权管银两，经理收支生放数目。其进支数以每年春祭之日清算一次，随交下手接理，届期可否依旧议举，即日当众标明，以示专责。

一议除建祠及义冢地外，岁中积有赢余，随时择当行善事，次第举办以成无量功德。

今将各号先后乐捐银两胪列于左（以下名单略）。

光绪二十四年岁次戊戌仲春吉日。

施茶碑

【题解】

碑今存乳源县大桥镇鹿子丘猴子岭心韩亭。立于清光绪三十年（1904），高143厘米，宽68厘米，厚12厘米。楷书，阴刻。碑体下截已断裂。

见《乳源文物志》第92页。

【石刻全文】

施茶

热不息恶木阴，渴不饮盗泉水，志士之操也。酌贪泉而觉爽[1]，处涸辙以犹宽[2]，达人之□也。若夫昂店月斜，板桥霜重，长亭芳草，渺渺堪怜，古道骄阳，炎炎可畏。饥者易为食，渴者易为饮，常人之情也。故古仁人之用心也，大之以济天下，吾棠阴郁黍而是也。小之以济一邑一乡，齐公子之券书，晋大夫之笔食，下及仁粟义浆皆是也。广狭虽不同，亦各尽其时力之所到而已。云岭张君宰堂、峣冈子忠诸君子者，心乎斯世斯民者也。渠乡猴子岭心韩亭，楚粤衢要，重峦势迥，一勺甘无行李之往来，困疲久矣。岁辛丑冬，金告棠曰："此地予等欲设一施茶会，聊济行人，请与先生谋之。"棠曰："此善举也。"爰寄邮筒，上极梅辽霜龙，下暨均武，纠集成份若干，散捐若干，旋于壬寅夏间开办，迄今两年矣。夫庇渴人于夏樾，会有良时；延台士于夫桑，偶逢胜日。孰若诸君子，五云普阴，八卜□波，此古仁人之用心，易克臻此。惟是天下事创始非经久为难，愿诸君子慎终如始，图保大之业成，永济□功。韩公有灵，当亦过我蓝关，鉴薄茗而居歆也。笔开簿端，且勒诸贞珉以垂久远。

简用遁隶分州丁酉科拔贡生尧思棠甘伯氏谨撰[3]。

当日议定每份酌捐银八大元，今将芳名敬列（名单略）。

【校勘记】

[1] 爽，《乳源文物志》无，据句意补。"酌贪泉而觉爽，处涸辙以犹欢"，语生王勃《滕王阁序》。

[2] 宽，疑应作"欢"。

[3] 丁酉，《乳源文物志》和"下酉"，当误，径改。丁酉，即光绪二十三年（1897）。

重修文塔碑

【题解】

碑在乳源县乳城镇侯公渡宋田村前。刊于清宣统元年（1909），高1米，宽0.6米，青石质。楷书，阴刻，已断裂。文塔始建于明代，乾隆二十年重修，光绪二十年修葺，宣统元年捐资重建。

见《乳源文物志》第93—94页；《瑶族石刻研究》第97页。

邱晋明，据碑文知为壬寅岁（光绪二十八年，1902）贡生、候选儒。

【石刻全文】

重修文塔碑

阴阳先生创为风水之说，乾坤造化，须尽人事之功。我二世祖讳仲贞公开基上大门，三世祖百岁公、九湾公同开基中大门，宋田公自开基凤尾大门，兄弟三人福禄寿星聚会，家运兴隆，莫非始祖法传公吉地龙真穴的勃发祯祥也。斯塔之建年代未传，只留小修一碑，由合思之意必在明代三世祖三兄弟大发达时耳。盖建塔于此鲤鱼墩，祖地后台靠得住，一连三大门水口收得住，则此塔高筑，实我族阴地阳宅所重赖者欤！乃年代久远，至同治四年，顶上一层忽颓。次年，各绅耆倡修未果。延迟四十余载，至光绪三十四年，合族商议，每丁科谷十五斤[1]，每斗粮科谷十五斤[2]，殷实酌量加捐，用冬防众包用完足。先定砖桁各科，择吉宣统元年五月廿二日巳时拆卸，廿三日卯时兴工结砖大利，至六月廿六日全塔粉新修好。八月初五日，文昌开光升座，谢土安龙，合族齐喜，风水重修，承先启后，人文蔚起，大旺丁财。是则祖宗为之于前，既彰其美；子孙为之于后，永传其盛。是序。

壬寅岁贡生候选儒邱晋明撰。

总理绅耆：邱对瀛、邱对炘，邱晋谦、邱先德、邱晋墀、邱锦钊、邱晋彦、邱晋丰、邱晋光、邱绍珑、邱对宸、邱万机、邱对京、邱福贻。

宣统元年季冬谷旦。

【校勘记】

［1］科谷十五斤，《瑶族石刻研究》作"科［捐］谷寸一五斤"，疑误，据句意改。科，即征发赋税、徭役之义。

［2］科谷十五斤，《瑶族石刻研究》作"科［捐］谷十五斤"，疑误，据句意改。

广东其他地区瑶族石刻

唐浈阳果业寺开东岭洞谷铭并序

【题解】

摩崖于英德市南山。唐元和十一年（816）刊。为英德南山最早的一方石刻。宽140厘米、高110厘米。左侧偏上已残，有所缺字。据《英德摩崖石刻》录文和拓片录，有所订正。

见《英德摩崖石刻》第15—18页；道光《广东通志》卷二百三金石略五。

元杰，唐代元和时人，字长夫，河南人，其兄长元昭肃于元和十一年（816）任浈阳（今英德）县令。

【石刻全文】

唐浈阳果业寺开东岭洞谷铭并序

河南元杰字长夫撰。

阴阳精气结为山岳者，则为胜为异，为奥为闭，故万岭交峙，而嵩华辨其方；群岳效灵，而瀛壶拔其类。是知仙居灵宅，其必有党乎。

鸣弦北址，果业之东皐。高不百仞，广才千亩。层岩石室，幽谷灵洞。殊境异观，秀绝奇伟。虽瀑流之下炉峰，悬磴之跻丹峤，路远莫觌，余不知其伦拟焉。按[1]《寺记》云：昔有方士，于是山炼金变形，羽服登仙。故石座丹灶，至今存焉。东岭削成，石莹如玉。岗峦峭竦，岩壁重复。扪蔂而升，如造云根。缥缈婵娟，似霞衣之可攀，真气胜而尘累捐，五盖破而清机闲。荡然放怀，如羽翼之已生，赤诚之可接。噫！境变志迁，若符契之协从也。下临长川，澄波吐澜。烟霞夕收，飞鸟不喧。杳渺逶迤，流注无间。西直巨峪，连嶂如屏。林蔼朝翠，岩光昼清。筱荡藏辉，杉松下冥。虚廓寂寥，涵风有声。缘岭未极，划开洞门。黛容崝嵘，诡状轮囷。疑伏龙怪，镇含烟云。又有古木，倒倚绝壁。盘根网结，挂络空碧。崩崖傍倾，缓逶下仄，羽人幽会此焉。瑶席搏翠壁而直上，轧崎岖于紫氛，双岩屹以中断，奔屏戚而成室。涵孕精爽，澄凝气源。信列仙之攸居，岂尘俗之所止哉！呜呼！鹤驾一去，凤箫响绝。荆榛蔽路，危磴败灭。迹留人境，而举世莫知；地联精刹，而群游莫至。吁可怅乎，其晦藏也。

元和丙申岁秋八月，余以胶离之困，寓居精舍。再从兄昭肃，时假兹邑。政便于人，务亦多暇，与当寺僧智捷，日探道源。捷亦好古饕奇之士也，因语故实，缅思羽客之玄风，以为灵迹神踪，精诚必复。乃操刃持畚，履险通幽。梯绝栈而历巉岩，排蒙笼而登杳蔼。时不更稔，而神居秘躅，粲然皆睹。嗟乎！芝田悬圃，岂远乎哉！天之与人，气通则合。客有顾咨而谂予者，或应之曰："天之运，否泰相济，故善利称德，有下民昏垫。人之道，行藏有数，故棘津蓬累，时惟鹰扬。灵物必通，道在斯着。不然，何荒阻千祀勃焉而兴欤？"乃为铭曰：

凿石通道兮援木枝，仰攀洞口兮践欹危。奔龙伏虎兮势状奇，林攒峰倚兮蟠云螭。下临阴谷兮神以栗，嵌岩□兮洞无极。老松肃瑟兮生远风，兴云霑霑兮烟雾黑。悬岩排空兮色喷黛，坚根网络兮层霄外。披霓解带兮羽翼生，下眺遥江兮入青霭。世道纷纶兮何足谓，朝为荣华兮夕憔悴。不如幽洞兮阅仙经，冀接浮丘兮整烟辔。我窥丹灶兮坐山腹，众峰参差兮隐云族。乃凿仙岭兮望瑶台，朝霞照海兮锦绮开。信赤松之所升降，王乔之所往来。道或用晦兮灵物斯潜，殷道未昌兮说筑傅岩。纷[2]予感此兮勒铭云根，山既不朽兮与山长存[3]。

元和十一年十一月十九日刻。寺西……石鼓在焉。

【校勘记】

[1] 按，原碑、拓片模糊，据道光《广东通志·金石略》补。

[2] "傅岩纷"三字，原碑缺，据《英德摩崖石刻》补。

[3] 山，疑为"岩"之误。

苏缄碧落洞诗

【题解】

摩崖于英德市碧落洞，今存。北宋皇祐四年（1052）刊。宽110厘米，高 112 厘米。据拓片录。

见《英德摩崖石刻》第 183—184 页;《宋诗纪事》卷十四。

苏缄（1016—1076），字宣甫，北宋泉州晋江人。举进士，调广州南海主簿，又调任阳武尉，升秘书丞，知英州。侬智高反宋，苏缄协守广州有功，后迁任廉州、邕州。交趾攻邕州，苏缄率军民死守，全家殉难。

【石刻全文】

碧落洞诗

武功苏缄宣甫

此洞谁疏凿[1]，难穷造化原。

地开疑窟室[2]，岩透若天阊。

藓色高低路[3]，樵声里外村。

云岚青欲滴，烟壁翠堪扪。

一带谿泉急，千枝石乳繁。

鼠飞犹白昼，虎啸近黄昏。

老木吟风韵，枯崖渗雨痕。

屡游心靡倦，不到目常存。

众景能兼有，南方可独尊[4]。

碧澜秋寸寸，宁负羽皇言。

皇祐四年三月二十三日书石。

【校勘记】

[1] 疏，《宋诗纪事》作"开"，与拓片异。

[2] 开，《宋诗纪事》作"幽"，与拓片异。

[3] 色，《宋诗纪事》作"石"，与拓片异。

[4] "屡游"四句，《宋诗纪事》无，与拓片异。

广东路新开峡山栈路记

【题解】

摩崖于英德市南山。《英德摩崖石刻》注：宽 210 厘米，高 216 厘米。隶书。刊于嘉祐六年（1061）。据《英德摩崖石刻》录文及拓片录。

见《英德摩崖石刻》第 22—25 页;见阮元《（道光）广东通志》卷二百

六金石略八。

张俞（《宋史》作张愈），北宋文学家。字少愚，又字才叔，号白云先生，益州郫人。屡举不第，因荐除秘书省校书郎，愿以授父而自隐于家。七诏不起，遨游天下山水三十余年，卒年六十五。创办"少愚书院"，有《白云集》，已佚。

【石刻全文】

广东路新开峡山栈路记

蜀人张俞撰。

度韶岭，由英州济真江达广州，三百八十里，皆崇山密林，回□□□。过排场，逾黄峒，涉板步，渡吉河；攀空旷，履危绝，犯瘴莽，践□域，豺虎伏□，□□岗人。人由此险，甚于死地。又自英由浛光至端州四百里，林岭氛□，□□排场。居者逃，行者顿，黥流转徙，饥疠积道，虽咸灾沙度之域，殆未过也。□南越入中国千有余年，凿山通道，无岁不役，然犹其恶如此，岂昔人未得利之止要乎？

本路转运使、尚书刑部郎中荣公谞，按越地图，将开道于二州间以利舟车[1]。嘉祐五年春，巡行英州，得真阳峡后古径至光口，唯光口抵大岕峡，南望广之涉头六十里，峻岭崭屹石壁上空，上下路绝古莫能议，公遂抵大岕峡，观其险壁曰："可栈险为道如汉中，则由峡道□□□□江平行，经牛栏，历炭步，趋广州，弃迂险，行直道，此天作地设之利。□□□英亦由栈道下清远，经四会入端州，则浛光瘴路可弃。然其要害□□□大岕峡若户之有关键，弩有机牙，然后可以开阖，可以弛张。"乃命屯田□□□知英州陆君起总计其事，又遣番禺县主簿张知明往莅其役，止三十□□日尔。栈道果成，凡七十间，皆凿崖横梁，穴石立柱，翼椽敷板，卫以长栏。峡壁岩岩，峡流浩浩。栈阁既设，道出□际，万人步骤，耸然神造。又并山开涂，循江立塓。邮驿相望，樵采相闻，行有粮，宿有舍，瘴疠远，盗贼销。自有越人，无如此利。

其七月，公以新路地图及利害事上闻，诏可其奏。众谓南□之地，古称荒绝，盗贼由□，世有叛服。近岁侬蛮入寇番禺城下，天子遣将诛讨，而蒋偕辈顿兵英州，不能进尺寸地。□□□蛮渡江而去，亦由道险不通，兵不习险厄故也。□今承平□岁，户口蕃□，□□云集，商旅林行，□赋日繁，屯戍日众，比夫世数十百倍。□□□犹阻□□险阻，岂通道九夷□义乎？今是役也，盖有五利焉：人得便道，无□□之劳，一也；不罹瘴疠，不虞盗贼，二也；国无费财，民不勤力，三也；烽燧忽警，师旅安行，四也；峡险既通，奸萌不止，五也。古所谓用力少，获功多，其是谓乎？

荣公用文学政事，由几密□司，出治广东十六州之地，不衰财，不暴刑，唯利是行，唯弊是去，故远□□□□之。若开斯路也，其利之大者，与昔张九龄开韶岭道，归融治□斜□，皆所劳者众，所利者近。前世犹能称之，况此坦坦大利，可不载乎？勒之岩石，以示后世，且备续《南越志》之故事云。自英至广，减道里八十三，废驿二，罢马铺□□□。自英至三水溪一十四，自英至端减道里百二十。

嘉祐六年岁次辛丑六月壬子朔二十七日戊寅镌石。

朝奉郎、尚书职方员外郎、知英州军州兼管内劝农、提点银铜场公事、上骑尉、赐绯鱼袋借紫茹庭实。

【校勘记】

[1] 车，《英德摩崖石刻》无，据道光《广东通志》补。

招抚峒猺歌

【题解】

摩崖于英德市南山，今存。南宋淳祐五年（1245）刊。正书。《寰宇访碑录》题作"南山英郡太守顾先生招抚峒猺歌"。《（道光）广东通志》题作"颜得遇招抚峒猺歌"。《宋诗纪事补遗》作"招抚峒猺歌"。《粤东金石略》考："此刻字与歌俱不称。捡韶志，淳祐间无顾守，惟顾孺履，淳熙十一年在英州守。按李文溪碧落洞题名，与顾同游，在淳祐六年，正与此合。其题名曰蒲田，亦与此刻壶山相合，此顾守当即孺履。且有抚定峒瑶之功，尤不可使后人不知其名，而志皆缺焉，是可憾也。第据此则志中，淳熙当有讹字，又不应载在嘉定周守之前，然庆元间之余守，乃载在熙宁之前，何足深辩乎！"《瑶族石刻录》误将《粤东金石略》所考之语录于碑文之中。

见《粤东金石略》卷六；《广东通志》卷二百十三金石略十五；《寰宇访碑录》卷九；《宋诗纪事补遗》卷七十。

颜得遇，《宋诗纪事补遗》载颜得遇"字达峰，淳祐中英州推官。"

【石刻全文】

宋淳祐五岁乙巳月甲申日庚戌，英郡太守餙院壶山顾先生，檄摄征庐陵萧宗远，招抚峒猺，即期来款，骈首心叛，斯甚盛事。且俾摄郡博士偕游谢升贤暨联案，以醴饩劳之福星馆。饮彻，纠曹达峰颜得遇书勒南山，载以歌：

率土王民乐陶陶，犬戎亦民今婆娑。

适正人天依中和，日月不老朝山河。

李偕等南山庆功题刻

【题解】

摩崖于英德市南山。《英德摩崖石刻》注：宽 48 厘米，高 45 厘米。行草。刊于明嘉靖四十五年（1566）。据《英德摩崖石刻》录文及拓片录。

见《英德摩崖石刻》第 30—31 页。

李偕，字少峰，江西上高人。嘉靖乡举授大田令，后官至广东兵备道。嘉靖三十六年（1557），李亚元领导矿工先后在河源、翁源、龙门、英德各地起义，后官府以俞大猷为总兵，李偕为监督，周螯等为参将进行围剿。此次碑刻是李偕等人在围剿李亚元后，在南山庆功所刻。

【石刻全文】

大明嘉靖丙寅季夏，少峰李偕、明溪周螯、慎庵亦孔昭、习静梁节、柳沙张允中共事讨二源，贼平[1]，奏凯高会于兹。登亭举目，风景迥殊于昔矣。饮酒乐甚，同谋纪岁月此石，且使英州之民享升平之福者，知福源自也[2]。

【校勘记】

[1] 平，《英德摩崖石刻》录作"乎"，误。

[2] 源，《英德摩崖石刻》录作"怀"，误。

李调元碧落洞题诗

【题解】

摩崖于英德市碧落洞。清乾隆四十三年（1778）刊。行草。宽 47 厘米，高 67 厘米。题刻清晰可辨。据拓片录。

见《英德摩崖石刻》第 225—227 页。

李调元（1734—1803），字羹堂，又字鹤州，号雨村，别童山蠢翁，四川罗江人（今属德阳市），清代戏曲理论家，诗人。乾隆二十八年（1763）进士，改翰林院庶吉士，散馆，授吏部主事。三十九年，充广东乡试副主考，后迁吏部考功司员外郎。李调元与其父李化楠及堂弟李鼎元、李骥元皆中进士，兄弟同入翰林，有"一门四进士，弟兄三翰林"之誉，兄弟三人合称"绵州三李"。与张问陶、彭端淑合称清代四川三大才子。有《童山诗集》四十二卷，《童山文集》二十卷、补遗一卷，《蠢翁词》二卷，《雨村诗话》十六卷。

【石刻全文】

清风两腋生，送我入山腹。晃荡垂云崩，银潢就中出。
古洞何年开，破壁自成屋。巢岩集珍禽，扑面飞蝙蝠。
沉潭蝌蚪影，异石虎豹族。翻令白昼寒，六月不知伏。
从遊得万子，指点豁吾目。亦有二生随，（英德张何二生来接）隅坐如在塾。
绝境少人到，得来岂非福。诗成问山灵，何如苏玉局？
乾隆四十三年戊戌二月廿四日，督学使者巴西李调元题。

大田峒摩崖碑

【题解】

摩崖于恩平县西北石围口山崖壁。元至正十三年（1353）刊。

见道光《广东通志》卷二百十五金石略十七；道光《肇庆府志》卷二十一；《瑶族石刻录》第 296—298 页。

郑文邅，时任儒学正，生平不详。

【石刻全文】

鸿荒有世，圣人治之，□夷溪峒皆□化焉。其大田之峒，四□万山枕□，诸夷之域，西北则有君子、黄沙之峻险，东南而□大人、石岸之嵯峨。峒内去江阳朝□□□□□□谷登，岁丰民乐，纪世相忘□□□中统间，岁在庚申，峒内□□□者，李公之五兄弟忠孝道，□□洞□诸□□梯□，茭禽诸峒俱新昌古□，群猺杂居，□恶狂迅，□害兹□民不安处。李公之兄弟，使能克制，群猺颇静。岁时输□者，□□甚峒民□□□□□之乐□歌鼓腹之欢，四□余年，李公之功致焉。公□则不□□□□□□□岑富之徒逃居于牛□峒，□□猺人□□□境□洞民相聚为盗，□□□之至，皆遭流毒，害良□□分

□□□□□为□□□□□□□□兄弟世家兹土，皆流离奔窜□于东西，或陷□兵大□□□□□贤唐华山父子□猺□祖孙之徒，杀戮无遗其类，峒内张□□□□□之民□非投客□家于猺人赎罪口不免焉。洞民涂炭，□□不可□□□□峒民协同为盗，四方□主□□攸司及藩阃宪□□□□□□□州县□□□兵或营□于三□之原，石□□之险，军兵足迹□□蹂其域，窥□□□□□襄文俱罢去瑶之□□□□四十五年□□是仕□□寨巡检□□□吴公元良□□绵里凯冈，吴公使目之子也。家世积得，公□□□弱冠，历涉经史□□□□□□□□□□□□藩阃奏差□侍亲不仕，亲终居家，至正壬辰邻郡亲昌、新会□□□□起如蜂□□丑徒□□□□□事克制，期年而盗犯境，暨西贼闻风□自遁，□□亦□□□□□□□□□□□□已仲秋，吴公胸次丈义不平之愤□□□□□□□□□□□□□□□林轩李忘远，韩□□□□善，郑文直、梁桂年□可□□数千壮士直杜洞内黄沙径口，洞民从者如归市，或持牛酒相劳。有平坡一村之民，与猺人有□，不忍从，兵焚其仓廪，□其禾囤，于是狂徒来迎赫不搜斩猺人枭令平坡之□□降左□故执之，吴君免其罪，口心大悦，洞民不四日□功成肃清，蛰谧□如故，□□太平亦□□事。吴君进不求名，退不畏罪，惟民是保，有自得无□□来者□□□□□。

至正癸巳十三年十二月良日儒学正郑文遑记，大田洞耆老前恩平寨巡检冯慎□立石，同立□户冯□玉、吴明大。

德庆路镇遏万户王侯政绩碑

【题解】

碑原存德庆县原州署衙之内，今已无存。元至正十四年（1354）刊。阮元《（道光）广东通志》考："碑在德庆州署，不著王侯之名，据郝志名宦传则王良也，惟传称良至正二年以万户镇德庆，碑则在十年，可正志之误矣。又十一年广西峒寇之死，史传志乘皆未载，碑记述详尽，尤可补其阙。至于序阀阅云真定王氏首破金将武仙之兵二十余万以逆王师，案降武仙之功，皆出史天倪，是时王守道为天倪万户府参军耳，而碑云云盖铺张之辞，非实事也。碑后题名皆郝志，职官未载。"

见阮元道光《广东通志》卷二百十五金石略十七；江藩道光《肇庆府志》卷二十一；《瑶族石刻录》第299—302页。

杨铸，从事郎、德庆路总管府知事。余不详。

广东其他地区瑶族石刻

555

【石刻全文】

从事郎德庆路总管府知事、前辽金宋三史校勘杨铸撰文。

奉训大夫德庆路总管府推官马克书丹。

翰林学士承旨荣禄大夫知制诰兼修国史张起岩题额。

昔我太祖皇帝之取中原也，真定王氏首破金将武仙之兵二十余万，以迎王师，是为赵国武康公。而武康公之子恒山忠武王益奋雄烈，为国元勋，朝廷崇德报功，命其允胄，世佩金符，为万夫长，以镇豫章，而又屡著显绩。至于今侯继勋华之业，备文武之才，屡更镇成，克茂厥功，为时名将。至正十年春，以江西行省之命移镇德庆。德庆民瑶杂处，且界广西，数罹寇虐，侯至则抚绥兵民，严为之备。是夏，江水暴涨，怀丘陵灭市肆，民多垫馁，侯为恻然，亟贯米以振之。既而谍报有寇五百，自上游具舟楫、备器械，将乘湍悍，□袭郡镜。侯出其不意，发兵迎击，寇登陆而遁，乃虏其舟以归。藤州獞千余人，欲迎往泷水报仇，所过暴掠，及至近郊，侯亲谕以祸福，乃罗拜而退。十一年六月，广西洞寇由高化历南恩[1]、新州而来者八九百人，掠民船以至南江之口，距郡治三四里耳。侯率诸军乘城以待之，铠仗森列，旌旆[2]飞动，贼相顾失色。日且暮，望见域南草树，皆以为兵，大惊曰："王将军何其兵之多也！"遂仓皇奔溃。十一月，寇复起广西，则迂回以避德庆，而攻陷肇庆也。昔泷水猺连年作耗，郡县莫之能制，致劳阃师出师，久之乃定。迩者聚豺狼之群，恃口谷之险，将复骚动，侯则遣人谕止之。至若郡域战楼之修葺，以环城之树木栅也，照事之厅，故所无也，侯始作焉。高敞宏壮，实称藩府。然侯调度有方，军中不以为劳。君子曰：军旅之事，所以禁暴而戢乱世之言，功者往往在于兵连祸结之后，其亦末矣。孙子云，百战百胜，非善之善者也，不战而屈人之兵，善之善者也，王侯有焉。侯虽世为将相，铭功旂常然，而不以勋阀自矜，平居恂恂儒雅，尤好援[3]引儒生，延礼宾客，盛德被于南服，名声照乎四方，其所树立，可谓杰然者也。侯今摄治分阃，然瓜期已及，代还豫章有日矣！于是德庆之耆老，闻侯将去，曰：保障兹土，使吾属得免疆暴侵略，而享太平之乐者，侯之德也。侯之惠我民，若非勒铭贞石，何以彰示永久哉！遂来请铭。铭曰：

赫赫武康，大邦之杰。

至于我侯，益振英烈。

惟侯之烈，乃国之休。

爰驱虎士，来镇□□。

既敦诗书，载备矢石。

隐然长城，莫此邦域。

耕者糜遑，言具舟楫[4]。

式避寇攘，今也无虞。

我黍我稷，我室我家。

以纺以织[5]，我饥我垫，我俟振之。

俟其归矣，我将畴依。

俟毋遽归，幸振明主。

载秉钧枢，嘉惠斯溥。

至正十四年四月立石。

耆老冯廷翊、陈彦良、徐国辅。

提控案牍兼照磨承发架阁郭道成。

端溪县典史卢宗善。

德庆路总管府经历朱应宝。

端溪县主簿兼尉周志。

武略将军德庆路总管府判官伦思忠。

从仕郎端溪县尹兼劝农事游焆。

忠顺大夫同知总管府事王遇。

万户府史覃宗贤、刘应源。

武德将军益都淄莱万户府管军上千户所达鲁花赤伯颜帖木儿。

忠显校尉都淄莱万户府管军中副千户权德庆镇遏万户府事□泰。

【校勘记】

[1] 恩，《瑶族石刻录》作"思"，当误。

[2] 斾，《瑶族石刻录》作"旗"。

[3] 援，《瑶族石刻录》作"缓以"。

[4] 言，《瑶族石刻录》无。

[5] 以纺句后，疑有四字缺文。

抚猺叶公之墓

【题解】

碑在封开县博物馆。刊于明嘉靖十五年（1536）。高 61 厘米，宽 47 厘米，厚 4.5 厘米。楷书。据拓片录。

叶继儒、叶继家、叶棨，为墓主叶元之子。

抚猺叶公之墓

公讳元字景春，生于丁酉二月十九日酉时，寿五十八，终于嘉靖十三年二月十五日。是年十二月二十二日葬思亚山坐东向西是也。

孝妻石氏、妾魏氏。

男叶继儒、叶继家、叶棠。

女叶妙善适龙通富，叶大理适陈五福。

嘉靖十五年三月之吉日立。

题 "平猺岭"

平猺岭石刻

《连南瑶族自治县概况》第 40 页。

【题解】

位于连南瑶族自治县军寮排西北"百步梯"栈道石壁上，距县城约 16 千米。当刻于明崇祯十五年（1642）。楷书。每字径约 60 厘米。明崇祯十五年五月，明廷调集粤桂楚黔豫闽五省之兵数万会剿排瑶，破八里峒、火烧排、大掌岭、三排，烧军寮排。

见《连州摩崖石刻集》第 167 页；

【石刻全文】

平猺岭

崇祯十五年季冬月五日。

总镇广东左都督宋征。

题 "大兵扫荡猺穴京观处"

大兵扫荡猺穴京观处

【题解】

　　摩崖在连南瑶族自治县城西南军寮排顶烧纸堂。楷书。长110厘米，宽60厘米。当刻于明崇祯十五年（1642）。明崇祯十五年五月，明廷调集粤桂楚黔豫闽五省之兵数万会剿排瑶，破八里峒、火烧排、大掌排、军寮排。

　　见《连州摩崖石刻集》第169页。

【石刻全文】

　　大兵扫荡猺穴京观处

山溪平瑶纪功碑

【题解】

　　摩崖在连南瑶族自治县三排镇山溪村石灰岩。清康熙五十四年（1715）刊。楷书，高0.6米、宽0.5米。康熙五十三年，理瑶同知沈澄偕同副将孙文标率兵在山溪建立左右二营，以扼守瑶排进出之咽喉，进而有效地镇守排瑶，因而排瑶与之发生冲突，几经厮杀。为显示军功，沈澄令孙文标刊此石刻。《瑶族石刻录》题作"正营摩崖石刻"。

　　见《广东碑刻集》第139页；《瑶族石刻录》第351页。

　　孙文标，山东泗水人，副将，生平不详。

【石刻全文】

　　八排猖獗，自古迄今，州志言之详矣。予下车整饬，较昔颇称清宁。后因油岭排瑶杀死流沙乡民一案[1]，司马鉴湖沈公与予会详，各上台指授方略。于康熙五十三年正月，为[2]率同左右二营守备千把[3]暨理猺营弁兵练勇，躬亲[4]督领驻扎山溪，捐资创筑两大营以扼其吭，勒献凶猺，渠[5]丑逆命，纠合各排拒捕[6]，因而挥兵进击，交锋半年，不损一兵，斩获猺蛮无算，通排丧魄，亲缚群凶膝行至营以献，念其服罪，班师回城，即当日三省会剿，亦不过知此摇尾乞怜耳。年来三连安枕，扼吭已有成效，爰纪其事，非曰矜功，愿后之守斯土者安愈图安，以补余志之不逮云。

康熙五十四年乙未仲冬，泗水孙文标谨书[7]。

【校勘记】

[1] 流，《广东碑刻集》未释出，据《瑶族石刻录》补。

[2] 为，《瑶族石刻录》作"内"。

[3] 把，《瑶族石刻录》作"总"。

[4] 亲，《广东碑刻集》作"新"，当误，据《瑶族石刻录》改。

[5] 渠，《瑶族石刻录》作"讵"。

[6] 纠合，《瑶族石刻录》作"纷集"。

[7] 康熙五十四年乙未仲冬，《广东碑刻集》作"乙未年冬"，据《瑶族石刻录》补。

山溪平瑶诗

【题解】

摩崖在广东连南瑶族自治县三排镇山溪村石灰岩。疑与同地平瑶纪功碑同刊于清康熙五十四年（1715）。

见《广东碑刻集》第139页。

温兴仁，辽东人，举人，曾任德阳知县，余不详。

【石刻全文】

予与吴子从龙、刘子勇诸僚友同奉二宪军令，率兵勒献，既而猺服民安[1]，爰题志喜。

授令擒群丑，前驱问罪师。阵云迷滑岭，血刃洗灵池。

险扼猺踪敛，威凌盗俗移。元凶皆缚献，志喜赋新诗。

宪心同保赤，善后设雄军。犬卧花村月，猺春耕岭云[2]。

双营余杀气，八峒争妖氛。深喜宁桑梓，题崖代勒文。

温兴仁题。

【校勘记】

［1］猺,《广东碑刻集》未释出,据原石补。

［2］猺,《广东碑刻集》未释出,据原石补。

其他地区瑶族石刻

公安桥碑记

公安桥碑记

【题解】

碑现存云南省河口瑶族自治县文物管理所院内,清嘉庆七年(1802)刊,楷书,阴刻。此碑为河口县桥头乡修建石桥时所立,记载了桥头街开街的历史和捐资建桥人员名单。据河口县文物管理所提供资料显示:"通过对周边环境观测、查看,发现原建桥桥基为当地河边石材,石材之间的黏合剂为糯米沙灰粉制,河中巨石上也见一桥基,初步推测为三桥墩二跨度平铺木桥,该桥对面为马关县仁和镇,以桥延伸道,发现古驿道直通仁和,下通越南(距越南直线距离约为 10 公里)。古驿道上,马帮走过的石夹槽等古印十分清楚,据当地老人讲,70 年代末通公路后,此路才废弃。该古驿道和古桥地的发现,充分证明了清代或更早之前,下湾子、老街子、老卡、东瓜岭、新店等一带的村民与马关县仁和、木厂一带的交通情况,也充分反映了马关夹寒箐、八寨、小坝子等地的村民与越南孟康、北河的交往情况。"

者果,今之桥头南者果村。河口大汛即河口对汛,桥头为新店汛之副汛。

【石刻全文】

公安桥（碑额）

窃以功德二字原属相因，无功不足以济德，无德不足以成功，顾功资以共济，而德在于一心。即以者果一河，当河口大汛往来通衢，一切行人必由要津。每当河水泛涨，行人受困。向来勉架木桥，不数年而朽坏倾倒。有本寨信士陶其性者，末年乏嗣，生平力耕苦，稍获余资，无敢自利，缘举善念起造桥，嘱其子弟务了善缘。是以四方君子其乐善谆笃相助，以效其成。兹当厥功告竣，立石以记。

（以下捐银者名单 95 人略）

匠人李见唐建造。

嘉庆柒年岁次壬戌季春月吉旦众姓同立。

清朝越南陆地 17 号界碑

清朝越南陆地 17 号界碑

【题解】

碑现存河口县文物管理所。此清朝越南陆地边界云南河口段 17 号旧界碑，是由当时的清政府与法属越南政府，于清朝光绪年间共同修建。原位于桥头乡老街子村委会木城新寨到塘子边过岭丫口路边，坐东北向西南。碑体基本完整，顶部少许沙灰脱落。碑上以外文、中文显示，一边为"中华"，一边为"安南"。碑底座长 80 厘米，宽 80 厘米，厚 10 厘米；碑体长 55 厘米，宽 60 厘米；碑帽下端宽 65 厘米，高 20 厘米；碑顶长 22 厘米，宽 24 厘米。现 17 号旧界碑已经被 2001 年新立的 157 号界碑取代。资料提供：石天飞访碑。河口县文物管理所。

BORNE－N：17
十七界碑
CHINE　ANNAN
中华　安南

石峡槽重修碑记

【题解】

位于河口县大围山西南石峡槽下段老熊洞旁。石峡槽是一条人工开挖的古驿道，由屏边县城穿林过水直通瑶山。东汉元和年间尚书张林主持开凿，历史上是汉唐时期中国与东南亚各国进行经济文化的一条重要通道，现今仍是瑶山地区和金平县马鞍底、卡房一带各族人民往屏边赶街和从事农猎活动所喜走的捷径。清道光七年（1827）当地人集资重修，立功德碑一块。因人马流量大，民国元年（1912）又一次集资重修，立石碑一块为记。此为民国碑记。又称"同人兴善碑"。今碑仍存，但已卧倒并字迹模糊。碑中"大窝子"，即今之屏边县城。

见《河口瑶族自治县志》第751—752页；《河口瑶族自治县概况》第40页。

【石刻全文】

盖闻不朽者三[1]：曰立言，曰立功。兹知立德乎？立言乎？立功乎？皆非也！我大窝子乐……里之石夹槽者，当先鸟道岐湾，曲屈羊肠，乃惟此方一带必由之路。凡人马往来[2]，无不攀藤扶树，步维艰而叹周王之马迹不至，谢公之履不及马道。有杨君衍德，开厂路道于此。……集□人各公德崇善□，逢山开路，遇水搭桥，虽未如王道平，亦可为行人之便。是为序。

（以下捐银人名略）

民国元年十二月初八日功德碑记。

【校勘记】

[1] 此处疑脱"曰立德"三字。

[2] 凡，《河口县志》作"几"，误，径改之。

平寇营官兵墓碑

平寇营官兵墓碑

【题解】

碑原位于云南省金平苗族瑶族傣族自治县城北分水岭垭口"平寇营"。据金平县文物管理所介绍，此碑因宽大平坦，后来长期为当地百姓误作洗衣平台。现已移至金平县文体局大院安放。1940年，为防侵越日寇犯境，国民党滇军第十三旅步兵第六团驻防金平县城北分水岭垭口，建营房"平寇营"，而96名官兵不幸染疟瘴病故。石天飞访碑。

见《金平苗族瑶族傣族自治县概况》（民族出版社2008年版）。题目"平寇营官兵墓碑"为《金平苗族瑶族傣族自治县概况》所加。

【石刻全文】

（官兵姓名略）

副旅长安纯三、团长宋载之率官兵建。

敌未灭土未复君等胡死，国犹病民犹贫我辈愧生。（碑联）

题"虎踞营华国岗哨"

华国岗哨

【题解】

位于金平县金河镇金竹寨村东面150米处、牛栏冲村委会东瓜寨村中越边境线。民国三十一年（1942）滇黔绥靖公署第三旅六团某营某连连长卢泰晋（据当地专家介绍，卢姓应即陆姓）在驻守金竹寨期间，为明示官兵守土保国的爱国主义精神和抗日御敌到底的英雄气概，在此岩壁上阴刻"华国岗哨"4个豪迈大字。刻毕用红漆涂染，极为醒目。高1.62米，宽1.1米，距地面3.4米，现字迹清晰可辨。石天飞访碑。资料提供：金平县文物管理所何俊英。照片提供：何俊英。

【石刻全文】

虎踞营
华国岗哨
连长卢泰晋题书。
卅一年九月。

题"抗日必胜"

抗日必胜

【题解】

位于金平县金水河镇白石岩西南藤条江边白石岩壁。楷体，竖排，高1.5米，宽0.94米。民国三十二年（1943）刻。1941年底，日本侵略越南，并企图进犯云南，于一河之隔的越南八贡、十二楼等地觊觎金平，金平人民奋起抵抗，并摩崖以激励斗志。1986年公布为县级文物保护单位。石天飞2014年访。照片提供：何俊英。

见《金平苗族瑶族傣族自治县概况》，第48页。

【石刻全文】

抗日必胜
大中华民国三十二年。
陆军上尉、连长黄修题。

盘古山碑记

【题解】

《瑶族石刻录》记此碑原存江西省赣县盘古山古祠内，现已毁。按，盘古山在今于都县。宋淳熙十年（1183）刊。

见《瑶族石刻录》第 434 页。

【石刻全文】

南方之山，衡为宗，自衡而南稍东为大瘐，自大庾衾而北又稍东为盘古。其地介闽粤，其势险峻，山峦青翠，迤逦蜿蜒。淳熙九年，炸假会命[1]。明年春，邑事稍闲。会不雨久，乃语丞徐君曰：盘古，祷雨所也。是为记。

淳熙十年夏月吉旦立。

【校勘记】

[1] 炸，据句意，或当作"乍"。

平茶寮碑

【题解】

摩崖在江西赣州市崇义县思顺乡桶岗村小河西岸崖壁。为王守仁平谢志山、蓝天凤起义后，于明正德十二年（1517）刊。

据《瑶族石刻录》第 309 页；嘉靖《赣州府志》卷十一。

【石刻全文】

正德丁丑，猺寇大起江广湖郴之间，骚然且三四年矣。于是三省奉命会征，乃十月辛亥，予督江西之兵自南康入，甲寅破横水、左溪诸巢，贼败奔。庚申后[1]，复连战奔桶岗。十一月癸酉，攻桶岗，大战西山界。甲戌又战，贼大溃。丁亥，尽殄之。凡破巢八十有四，擒斩三千六百有奇。释其胁从千有余众，归流亡，使复业。度地居民，凿山开道，以夷险阻。辛丑，师还。于乎兵[2]，惟凶器，不得已而后用。刻茶寮之石，非以美成，重举事也。

正德丁丑十二月吉日。

【校勘记】

[1] 后，《赣州府志》无，疑衍。

[2] 乎，《瑶族石刻录》作"平"，误，据《赣州府志》改。

平浰头碑

【题解】

碑原存江西会昌县城郊。明正德十二年（1517）王守仁刊。

据《瑶族石刻录》第 310 页；嘉靖《赣州府志》卷十一。

【石刻全文】

四省之寇，惟浰尤黠，拟官僭号，潜图孔蒸。正德丁丑冬，辇猺既殄，益机险阱毒，以虞王师，我乃休士归农。戊寅正月癸卯，计擒其魁，遂进兵击其懈。丁未破三浰，乘胜归化，大小三十余战，灭巢三十有八，俘斩三千余。三月丁未回军，壶浆迎道，耕夫遍野，父老咸欢。农器不陈，于今五年。复我常业，还我室家。伊谁之力？赫赫皇威，非威曷凭[1]？爰伐山石，用纪厥成。

正德丁丑冬月吉旦。

【校勘记】

[1] 曷，《瑶族石刻录》作"易"，误，据《赣州府志》改。

平浰头碑记

【题解】

碑原存会昌县城郊。正德十三年（1518）刊。费宏撰。

据《费文宪公摘稿》（明嘉靖刻本）卷八；《瑶族石刻录》第 311 页。

费宏（1468—1535），字子充，号健斋，又号鹅湖，晚年自号湖东野老。江西省铅山县人，成化二十三年状元，内阁首辅。卒，谥文宪。《瑶族石刻录》误作"费红"。

【石刻全文】

惠之龙川，北抵赣，其山谷贼巢，亡虑数百，而浰头最大。浰之贼肆恶以毒吾民者，亡虑数千，而池仲容最著。仲容之放兵四劫，亡虑数十年，而龙川、翁源、始兴、龙南、信丰、安远、会昌，以迩巢，受毒最数。正德丁丑之春，信丰复告急于巡抚都御史王公伯安。召诸苦贼者数十人，问何以攻之，皆谓非多集狼兵弗济。又谓狼兵亦尝再用矣，竟以招而后定。公曰："盗以招蔓，此顷年大弊也，吾方惩之。且兵无常，奚必狼而后济耶？若等能为吾用，独非兵乎？"乃与巡按御史屠君安卿、毛君鸣冈合疏以剿请，又请重兵、肃军法，以一士心。诏加公提督军务，赐之旗牌，听以便宜区画。惟公之有成，不限以时[1]。时横水、桶冈盗亦起，而视浰为急[2]。公议先攻二峒，乃会兵以图浰[3]。凡军中筹划，多咨之兵备副使杨君廷宣。副使君请汰诸县机兵，而以其佣募新民之任战者，取赎金、储谷、盐课以饷之，而兵与食足焉。二峒之攻，虑仲容乘虚以扰我也，谋伐其交，使辩士黄表、周祥谕其党黄金巢等，得降者五百人，籍以为兵。仲容独愤不容，闻横水破，始惧，使弟仲安率老弱二百人来图缓我兵，且觇我也。公阳许之，使据上新地以遏桶冈之贼，而实远其归途。阅月，仲容闻桶冈破，益惧，为备益严。公使以牛酒饷之，贼度不可隐，则曰卢珂、郑志高、陈兴吾仇也，恐其见袭而备之耳。珂等皆龙川归顺之民，有众三千，仲容胁之不可，故深仇之。公方欲以计生致仲容，乃阳檄龙川廉珂等构兵之实，若甚怒焉，趣浰刊木，且假道以诛珂党。十二月望，珂等各来告仲容必反，公复怒其诬构，叱收之，阴谕意向使遣人先归集众，时兵还自桶冈，公合乐大飨，散之归农，示不复用。使仲安亦领众归，又遣指挥余恩谕仲容毋撤备以防珂党，仲容益喜。前所遣辩士因说之，亲诣公谢，且曰：往则我公信尔无他，而诛珂等必矣！仲容然之，率四十人来见公，闻其就道也，密饬诸县，勒兵分哨，又使千户孟俊伪持一檄经浰巢，宣言将拘珂党，实督集其兵也。贼导俊出境，不复疑。闰十二月下弦，仲容既至赣，是夕释珂等驰归，縻仲容令官属以次犒飨。明年正月癸卯朔，公度诸兵已集，引仲容入，并其党擒之，出珂等所告，讯鞫具状，亟使人约诸兵入巢。越四日丁未，同时并进其军于龙川者，惠州知府陈祥率通判徐玑等从和平都入，指挥姚玺率新民梅南春等从乌龙镇入，孟俊率珂等从平地水入。军于龙南者，赣州知府邢珣率同知夏克义、知县王天与等从太平保入。推官危寿率义官孙舜洪等从冷水迳入。余恩率百长王寿等从高沙保入。军于信丰者，南安知府季教率训导蓝铎等从黄田冈入。县丞舒富率义民赵志标等从乌迳入。公自率中坚，督以捣下浰大巢，副使君督余哨会于三浰。贼党自仲容至赣，备已驰矣。至是，闻官兵骤入，皆惊惧失措，乃分兵出御，而悉其精锐千余迎敌于龙子岭。我兵聚为三冲，掎角而前，恩以寿兵首与贼战，却之，奋追里许。贼伏四起击寿，后寿乃以芳兵鼓噪往援，俊复以珂等兵从傍冲击，呼声震山谷，贼大败而溃。遂并上、中二洌充之各哨兵，乘胜奋击。是日遂破巢十一，曰熟水，曰五花障，曰淡方，曰石门山，曰上下陵，曰芳竹湖，曰白沙，曰曲潭，曰赤塘，曰古坑、三坑。明日，探贼所奔，分道急击。己酉，破巢凡六，曰铁石障、西羊角山，曰黄田坳，曰岑冈，曰塘含冈，曰奚尾。庚戌，破巢凡二，曰大门山，曰镇里寨。辛亥，破巢凡九，曰中材，曰半迳，曰都坑，曰尺八岭，曰新田迳，曰古城，曰空背，曰旗岭，曰顿冈。癸丑，破巢凡三，曰狗脚坳，曰水晶洞，曰蓝州。丙辰，破巢凡二，曰风盘，曰茶山。其奔者尚八百余徒，聚于九连山。山峻而袤，东与龙门山后诸巢接。公虑以兵进逼，其必合，合难制矣。乃选锐士七百余人，衣所得贼衣，若溃而奔，取贼所据崖下涧道，乘暮而入。贼以为其党也，从崖上招呼，我兵亦佯与和应。已度险，陁其后路。明日，贼始并力来敌，我兵从高临下击败之。公度其必溃也，戒设伏以待。乙丑，覆之于五花障，于白沙，于银坑水。丁卯，覆之于乌虎镇，于中村，于北山，于风府奥。分逃余孽尚三百余徒，各哨乃会兵追之。二月辛未，复与战于和平。甲戌，战于上坪、下坪。丁丑，战于黄田坳。辛巳，战于铁障山。癸未，战于乾村，于梨树。乙酉，战于芳竹湖。壬辰，战于北顺，于和洞。乙未，战于水源，于长吉，于天堂寨。谍报各巢之稔恶者，盖几尽矣，惟胁从二百余徒聚九连谷，口呼声称乞降。公遣珣往抚之，籍其名处之白沙。公率副使君及祥历和平相其险易，经理立县设隘[4]，庶几永宁，遂班师而归，盖戊寅三月丁未也。计所捣贼巢三十八所，擒斩大酋二十九人，中酋三十八人，从贼二千六十八人，俘贼属男妇八百九十人，虏获马牛器仗称是。是役也，以力则兵仅数千，以时则旬仅六浃，遂能灭此凶狡，稽诛之虏，以除三徼[5]数十年之大患，其功伟矣。

捷闻，有诏褒赏官公之子世锦衣百户，副使君加俸一秩，于是邢侯夏侯危侯偕通判。文侯运、吴侯昌谓公兹举足以威不轨而昭文德，不可以无传也，使人自赣来请予书其事。嗟乎！惟兵者不祥之器，王公用儒者谋谟之业，而乃躬摆甲胄，率先将士，下上山谷，与死寇角胜争利，出于万死而公平，岂习为杀伐之事，贪取摧陷之功以为快哉！顾盗之与民，不容并育，譬则莠骄害稼而养之弗薅，纵虎狼之狂噬而听挚牧之哀耗，此必仁者所不忍为，而公亦必不以不仁自处也。公之心，予知之，公之功，则播之天下，传之后世，何俟于予之书也！然而人知渠魁之坐缚，凶孽之荡平，以为成功如此其易，而不知公之筹虑如此其密，建请如此其忠，上之所以委任如此其专，宪副君

瑶族石刻辑校

之所以赞任如此其勤，文武将吏之所以奔走御侮如此其劳，而功之所以成如此其不易，是则不可以不书也。予故为备书之，以昭示赣人，庶其无忘，且有考焉[6]。

正德戊寅仲夏月吉旦立[7]。

【校勘记】

[1] "公曰"至"以时"，《瑶族石刻录》无。

[2] 急，《费文宪公摘稿》作"暇"，当误，据《瑶族石刻录》改。

[3] 乃会兵以图湘，《瑶族石刻录》作"以会以图湘"，当误。

[4] "凡军中筹划"至"设隘"，凡一千四百余字，《瑶族石刻录》缺。

[5] "千以时"至"以除三徵"，《费文宪公摘稿》无，据《瑶族石刻录》补。

[6] "捷闻"至"有考焉"，《瑶族石刻录》缺。

[7] "正德"句，《费文宪公摘稿》无，据《瑶族石刻录》补。

荔波瑶山石牌

【题解】

荔波瑶山乡石牌条律，原存贵州省荔波县瑶麓瑶族乡。清同治二年（1863）刊。该乡原存三块石牌，两块为清代立，其中一块模糊难识，一块只是后半部清楚，一块是民国三十七年（1948）竖立。

见《瑶族石刻录》第 191 页。

【石刻全文】

条律

永留后代

……

第四条一议讨外男女，罚牛八只，钱三千。

第五条一议上户财礼二十四斤，中户十八斤，下户十二斤。众议不许多要。

第六条　一议寡妇财礼水牛两只，钱六百文，穷者三百文。

第七条一议犯奸者，按规上户罚钱二十千，中户十八千，下户九千。

（以下署众姓名略）

大清同治二年三月吉日立。

贵州省立荔波水庆乡初级小学校宇记

【题解】

碑在荔波县水庆乡（今茂兰镇水庆村）初级小学牌坊门外侧。刊于民国二十七年（1938）。虽名为苗民学校，但初创时招收两个班七十名学生，全是瑶族和水族子弟。《荔波县志》记此碑文，并注其中"历来苗族居"，实为瑶族。

见《瑶族石刻研究》第 80 页；《荔波县志》第 697 页。

【石刻全文】

贵州省立荔波水庆乡初级小学校宇记[1]

水庆乡瑶麓[2]，荔邑之山村也。历为苗族居，风俗习惯与汉人殊，不读书，未开化。邑宰汪公锦波致力于发展苗民教育，亲赴省请胡氏之捐资三千五百元，创建校宇。命邑绅覃以今、覃质臣与余董其事，阅三月落成，从此苗人沾雨化，桃李笑春风。因乐为记，泐诸贞珉[3]。

校长白正邦题。

中华民国二十七年七月　日立[4]。

【校勘记】

[1] 乡，《荔波县志》无。

[2] 水庆乡，《荔波县志》无。

[3] 贞珉，《瑶族石刻研究》作"贞珉"，当误，据《荔波县志》改。贞珉，指石刻。

[4] 日立，《瑶族石刻研究》无，据《荔波县志》补。

荔波瑶族婚俗碑记

【题解】

荔波瑶族石牌律，是三块古碑之一，原存荔波县瑶麓瑶族乡。民国三十七年（1948）刊。《瑶族石刻录》第 172—173 页录此碑，题作"婚俗碑记"，落款时间为"民国三十八年七月";第 246—247 页又录一碑,题作"荔波瑶族石牌律",落款时间为"民国三十七年正月"。据二碑碑文内容、文字、所在地点,又据荔波三大石碑中二为清代一为民国之说,二碑当是一碑。今以二碑互校互补,合为一碑。

见《瑶族石刻录》第 172—173 页、246—247 页。

【石刻全文】

永流后代

盖闻我瑶麓风俗习惯,自古以来,覃姓与卢姓原系同宗共族,不能通婚。乃有卢金贵,先暗与覃姓之女通奸,后又娶为妻室。查与地方规律[1],有坏伦纪。经地方众老等议定,立碑革除,条例如下:

一、不准卢金贵与瑶族卢、覃、欧、莫、常、韦、各姓族互相工作。

二、不准交借用具。

三、不准与亲戚房族往来。

四、不准其子女与本瑶族通婚。

五、办理婚丧喜事不准参加。

六、如有人犯本规定者,罚洋七百二十毫,猪肉一百二十斤,酒米供全寨民尽量饮食,不得包回。

七、今后有人败坏伦纪者,按照地方规定赔偿,否则亦照实行,立碑革除。恐后无凭,立碑切记。

创立者

保　长:覃金荣

副保长:韦秀优

代　表:韦组宝　卢玉珠

甲　长:卢福安　覃土生　韦仁忠　韦□□　卢士金　覃光辉　莫永才　欧□□　卢树清　韦树生　韦老信　覃正金　覃金德　韦拟高　欧老三　韦银高

民国三十七年正月吉日立。

【校勘记】

[1] 查与,《瑶族石刻录》以为当作"有犯"。

其他地区瑶族石刻

福宁府福鼎县石碑文

【题解】

《瑶族石刻录》："原存广东省汝南郡畲族蓝氏宗祠。摘自广东汝南郡蓝氏宗谱。"福宁府福鼎县，即今福建宁德市辖福鼎市。清乾隆三十九年（1774）刊。

见《瑶族石刻录》第24—25页。

【石刻全文】

石碑文

福宁府福鼎县正堂加三级纪录三次王，为遵批声明，恩准敕石碑事抄，蒙福宁府正堂加五级纪录八次徐，宪票据该县畲民保长，保固地方烟差照例豁免等语，现今有无畲民保长及有无烟差，据实另呈再呈，内有乡保不得勒贴之句，亦指据详细呈明，不得含糊混禀。因成畲民敝处穷谷，人迹罕到，实属深山，五谷索沐皇仁，得沾雨化，历免差徭，由来已久。现各县具有石碑仍存，惟霞石碑被毁。近因村都乡扰，勿论乡愚，确有实情，所以具禀，另请畲烟册，声明籍贯，实属有之。除烟差外，所因乡保额外滥派差徭，索贴差务致成等，仰恳天台一体同皇仁，准照旧敕复碑，以杜滥派，豁免差役徭百年千秋等因到县，蒙此，业经出示，行禁革在案。兹据畲民钟允成等，呈恳勒石，来除呈批准敕石外，合行刊示，仰阖邑人等知悉。嗣后畲民应归畲保长编查约束，豁免差徭，毋许地方滥派及索贴差务，俾其各安生业。倘敢不遵，受累畲民，指名具禀赴县，以凭详究。各宜凛遵毋违。特示。

乾隆三十九年四月二十一日给，右仰遵照。

福宁府霞浦县石碑文

【题解】

《瑶族石刻录》："福宁府石碑文，原存广东省汝南郡畲族蓝姓宗祠。史书有畲瑶混称，汝南曾为瑶居之地。"福宁府霞浦县，即今福建宁德市辖霞浦县。清乾隆三十九年（1774）刊。

见《瑶族石刻录》第23页。

【石刻全文】

福宁府石碑文

福宁府霞浦县正堂加五级[1]。乾隆三十九年六月二十九日，据畲民钟允成等具呈前事词称：成等始祖乃高辛皇，敕居山巅，自食其力，不派差徭，历代相沿，由来已久。叠蒙历朝各宪，布化宣仁，案柄日月[2]。迨康熙四十一年，又蒙董州主赐立石碑，永禁各都乡保滥派畲民差役。各县石碑，现存可考，惟州前即今府前石碑被毁，各都保遂有滥派索贴之弊。成等呈恳府宪，除蒙批侯檄饬严禁[3]，毋许各都滥派尔等差徭，并索贴差务，俾其各安生业可也。合情金恳伏恩准立碑，永彰鸿仁，唧结不朽等情。据此为查畲民钟允成等，前蒙本府宪徐檄行出示严禁在案，兹据前情，除核案批示外，合再示禁，为此示，仰各都乡保人差徭，藉端索贴扰累，许受累畲民，指外直禀，以凭拿究。各宜凛遵毋违。特示。

乾隆三十九年八月十二日给。

【校勘记】

[1] 据句意，此处疑有缺文。

[2] 柄，据句意，疑作"炳"。

[3] 侯，据句意，疑作"候"。

主要参考文献

［1］［唐］元结．元次山集．北京：中华书局，1960.

［2］［宋］余靖撰．黄志辉校笺．武溪集校笺．天津：天津古籍出版社，2000.

［3］［宋］王象之．舆地碑记目．四库全书本．

［4］［宋］范成大．桂海虞衡志．北京：中华书局，2002.

［5］［清］阮元．揅经室集．北京：中华书局，1993.

［6］［明］宋濂，等．元史．北京：中华书局，2000.

［7］［明］茅坤．茅鹿门文集．明万历刻本．

［8］［明］唐顺之．荆川集．长春：吉林出版集团，2005.

［9］［明］张鸣凤，著．桂胜·桂故．杜海军，闫春，点校．北京：中华书局，2016.

［10］［明］曹学佺．潘琦，主编．广西名胜志．桂林：广西师范大学出版社，2012.

［11］［清］彭定求，等编．全唐诗．郑州：中州古籍出版社，2008.

［12］［清］陆心源．宋诗纪事补遗．太原：山西古籍出版社，1997.

［13］［清］翁方纲著．欧广勇，伍庆禄补注．粤东金石略补注．广州：广东人民出版社，2012.

［14］［清］谢启昆．粤西金石略．嘉庆辛酉铜鼓亭刊本．

［15］［清］陆增祥．八琼室金石补正．北京：北京图书馆出版社，2003.

［16］［清］汪森编辑．梁超然校注．粤西丛载校注．南宁：广西民族出版社，2007.

［17］［清］汪森编辑．黄盛陆等校点．粤西文载校点．南宁：广西人民出版社，1990.

［18］［清］汪森编辑．桂苑书林编辑委员会校注．粤西诗载校注．南宁：广西人民出版社，1988.

［19］［清］孙星衍．寰宇访碑录．嘉庆七年刻本．

［20］［清］曾国荃，等撰．湖南通志．扬州：江苏广陵古籍刻印社，1986.

［21］［清］阮元著．梁中民校．广东通志·金石略．广州：广东人民出版社，2011.

［22］［清］谢启昆，修．［清］胡虔，纂．［嘉庆］广西通志．南宁：广西人民出版社，2016.

［23］［清］陈鸿墀，纂．全唐文纪事．上海：上海古籍出版社，1987.

［24］［清］闵叙辑．粤述．北京：中华书局，1985.

［25］［清］陶墫修．陆履中等，纂．［光绪］恭城县志．光绪十五年刻本影印本．台北：成文出版社，1968.

［26］［清］顾国诰，等修．［光绪］富川县志．台北：成文出版社，1967.

［27］潘宝疆修．卢钞标纂．［民国二十二年］钟山县志．台北：成文出版社．1967.

［28］张智林纂．［民国二十九年］平乐县志．台北：成文出版社．1967.

［29］黄占梅等修．［民国九年］桂平县志．台北：成文出版社．1968.

［30］杨盟，李毓杰修．黄诚沅纂．［民国二十三年］上林县志．台北：成文出版社．1968.

［31］北京图书馆金石组．北京图书馆藏中国历代石刻拓本汇编．郑州：中州古籍出版社，1989.

［32］广西博物馆等编．中国西南地区历代石刻汇编．天津：天津古籍出版社，1998.

［33］新文丰出版社编．石刻史料新编．台北：台湾新文丰出版公司，1982.

［34］广西民族研究所．广西少数民族地区石刻碑文集．南宁：广西人民出版社，1982.

［35］广西壮族自治区编辑组，《中国少数民族社会历史调查资料丛刊》修订编辑委员会编．广西少数民族地区碑文契约资料集．北京：民族出版社．2009.

［36］吴滔，于薇．湖南江永碑刻集初编．广州：广东人民出版社，2018.

［37］李花蕾，张京华．湖南地方文献与摩崖石刻研究．上海：华东师范大学出版社，2011.

［38］杜海军辑校．广西石刻总集辑校．北京：社会科学文献出版社，2014.

［39］潘晓军主编．柳州摩崖石刻．南宁：广西科学技术出版社，2017.

［40］程州主编．刘汉忠特约编撰．陶泉杏，董劲林，刘冬编撰．柳州石

刻集．南宁：广西人民出版社，2014．

[41] 韦丽忠，韦茂明主编．宜州历代石刻集．桂林：漓江出版社，2017．

[42] 李楚荣．宜州碑刻集．南宁：广西美术出版社，2000．

[43] 刘志伟主编．邓永飞，江田祥，杜树海，莫纪德整理辑录．广西恭城碑刻集．广州：广东人民出版社，2016．

[44] 韦将良主编．凌云摩崖石刻．北京：线装书局，2018．

[45] 莫金山．瑶族石牌制．南宁：广西民族出版社，2000．

[46] 莫金山．瑶案沉思录．香港：香港展望出版社，2005．

[47] 《乳源文物志》编辑出版工作办公室．乳源文物志．广州：广东人民出版社，2007．

[48] 黄南津，黄流琪．永福石刻．南宁：广西人民出版社，2008．

[49] 曹春生．连州石刻史话．北京：研究出版社，2009．

[50] 本书编委会．英德摩崖石刻．广州：广东人民出版社，2015．

[51] 李刚，俸斌，等．广西恭城瑶族历史资料．桂林：漓江出版社，1990．

[52] 桂林市文物管理委员会．桂林石刻（内部资料）．1977．

[53] 石凌广主编．龙胜各族自治县碑文集（内部资料）．2009．

[54] 雷冠中，潘鸿祥，王昭武，黄靖．广西龙胜民族民间文献校注．北京：民族出版社，2016．

[55] 曾桥旺．灵川历代碑文集．北京：中央文献出版社，2010．

[56] 李默，房先清．连南八排瑶族研究资料（内部资料）．2006．

[57] 郑慧，蓝巧燕，陈妹，著．瑶族石刻研究．北京：民族出版社，2015．

[58] 黄钰辑点．瑶族石刻录．昆明：云南民族出版社，1993．

[59] [日] 户崎哲彦．唐代岭南文学与石刻考．北京：中华书局，2014．

[60] 广西壮族自治区编辑组，《中国少数民族社会历史调查资料丛刊》修订编辑委员会编．广西瑶族社会历史调查．北京：民族出版社，2009．

[61] 富川瑶族自治县志编纂委员会编．富川瑶族自治县志．南宁：广西人民出版社，1993．

[62] 都安瑶族自治县志编纂委员会编纂．都安瑶族自治县志．南宁：广西人民出版社，1993．

[63] 都安瑶族自治县志办公室，都安瑶族自治县政协文史组编．都安文史·第 1 辑．1986．

[64] 巴马瑶族自治县县志编纂委员会编．巴马瑶族自治县志．南宁：广

西人民出版社，2003.

　　[65] 恭城瑶族自治县地方志编纂委员会编．恭城县志．南宁：广西人民
出版社，1992.

　　[66] 大化瑶族自治县地方志编纂委员会编．大化瑶族自治县志．南宁：
广西人民出版社，2016.

　　[67]《钟山县志》编纂委员会编．韦洪宇主编．钟山县志．南宁：广西
人民出版社，1995.

　　[68] 熊光嵩主编．灌阳县志编委办公室编．灌阳县志．北京：新华出版
社，1995.

　　[69] 平乐县地方志编纂委员会编．平乐县志．北京：方志出版
社，1995.

　　[70] 昭平县志编辑委员会编．昭平县志．南宁：广西人民出版
社，1992.

　　[71] 贺州市地方志编纂委员会编．唐择扶主编．贺州市志．南宁：广
西人民出版社，2001.

　　[72] 横县县志编纂委员会编．横县县志．南宁：广西人民出版
社，1989.

　　[73] 凌云县志编纂委员会编．凌云县志．南宁：广西人民出版
社，2007.

　　[74] 忻城县志编纂委员会编．忻城县志．南宁：广西人民出版
社，1997.

　　[75] 龙胜县志编纂委员会编．龙胜县志．北京：汉语大词典出版
社，1992.

　　[76] 罗甫琼主编．贵港市志．南宁：广西人民出版社，1993.

　　[77] 桂平县志编纂委员会编．桂平县志．南宁：广西人民出版
社，1991.

　　[78] 廖江主编．灵川县地方志编纂委员会编．灵川县志．南宁：广西人
民出版社，1997.

　　[79] 贵州省荔波县地方志编纂委员会编．荔波县志．北京：方志出版
社，1997.

　　[80] 高其才．瑶族习惯法．北京：清华大学出版社，2008.

　　[81]《连南瑶族自治县概况》编写组．广东连南瑶族自治县概况．北京：
民族出版社，2008.

　　[82] 湖南省江华瑶族自治县县志编纂委员会编．江华瑶族自治县志．北
京：中国城市出版社，1994.

［83］吴多禄主编．江永县志．北京：方志出版社，1995.

［84］云南省河口瑶族自治县志编纂委员会编．河口瑶族自治县志．北京：生活・读书・新知三联书店，1994.

［85］《金平苗族瑶族傣族自治县概况》编写组．金平苗族瑶族傣族自治县概况．北京：民族出版社，2008.

［86］李默，房先清编．八排瑶古籍汇编．广州：广东人民出版社，1995.

［87］广西壮族自治区编辑组．湖南瑶族社会历史调查．南宁：广西民族出版社，1986.

［88］韦承林主编．连山瑶族．天津：天津古籍出版社，1992.

［89］盘才万，房先清收集．李默编注．乳源瑶族古籍汇编．广州：广东人民出版社，1997.

［90］政协乳源瑶族自治县委员会文史资料委员会编．乳源文史资料（第11辑）．乳源政协文史委员会，1992.

［91］奉恒高．瑶族通史．北京：民族出版社，2007.

［92］玉时阶．瑶族文化变迁．北京：民族出版社，2005.

［93］韦标亮主编．布努瑶历史文化研究文集．贵阳：贵州民族出版社，2003.

［94］胡可先．新出石刻与唐代文学家族研究．北京：北京大学出版社，2017.

［95］胡可先．出土文献与唐代诗学研究．北京：中华书局，2012.

［96］仲红卫．玄门宗源流述略．广州：暨南大学出版社，2014.

［97］刘止平，石天飞编著．北宋名臣石鉴．北京：线装书局，2018.

［98］徐自强，吴梦麟著．古代石刻通论．北京：紫禁城出版社，2003.

［99］北京大学古文献研究所编．全宋诗．北京：北京大学出版社，1991.

［100］钟文典主编．广西通史．南宁：广西人民出版社，1999.

［101］杨兴锋主编．广东历史文化行．广州：南方日报出版社，2011.

［102］柏果成，史继忠，石海波．贵州瑶族．贵阳：贵州民族出版社，1990.

［103］《东山瑶社会》编写组．东山瑶社会．南宁：广西民族出版社，2002.

［104］黄朝中，刘耀荃主编．李默校补．广东瑶族历史资料．南宁：广西民族出版社，1984.

［105］《金秀大瑶山瑶族史》编委会．金秀大瑶山瑶族史．南宁：广西民族出版社，2002.

图书在版编目（ＣＩＰ）数据

瑶族石刻辑校/石天飞辑校．—北京：民族出版社，2020.10
ISBN 978-7-105-16862-0

Ⅰ.①瑶…　Ⅱ.①石…　Ⅲ.①瑶族—石刻—汇编—中国
Ⅳ.①K877.4

中国版本图书馆 CIP 数据核字（2022）第 239832 号

策划编辑：虞　农
责任编辑：丁　蕊
封面设计：海龙视觉
出版发行：民族出版社
地　　址：北京市和平里北街 14 号
邮　　编：100013
网　　址：http://www.mzpub.com
印　　刷：北京盛通印刷股份有限公司
经　　销：各地新华书店
版　　次：2023 年 4 月第 1 版　2023 年 4 月北京第 1 次印刷
开　　本：787 毫米×1092 毫米　1/16　字数：800 千字
印　　张：40.25
定　　价：120.00 元
ISBN　978-7-105-16862-0/K・2910（汉 1677）